PUNISHER

WAR ZONE

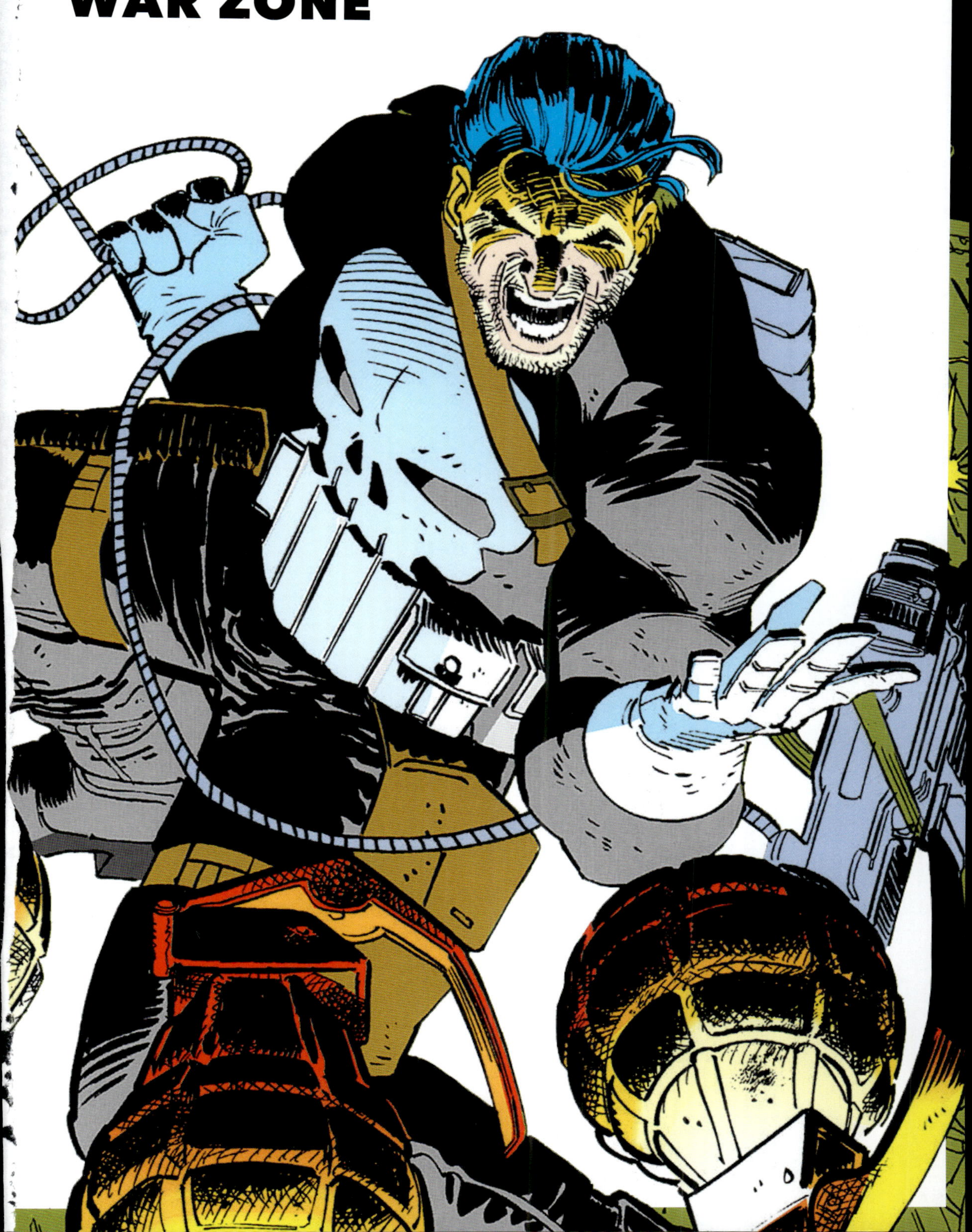

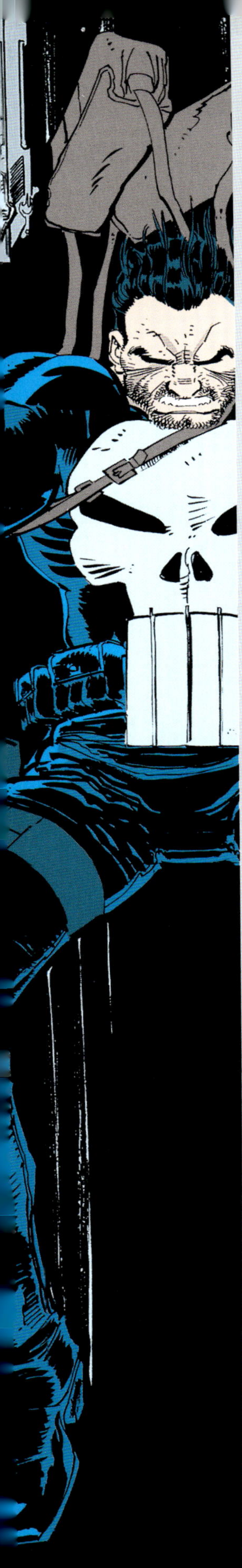

INHALT

MARVEL

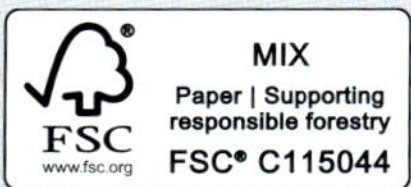

MIX
Paper | Supporting responsible forestry
FSC® C115044
FSC
www.fsc.org

PUNISHER

WAR ZONE

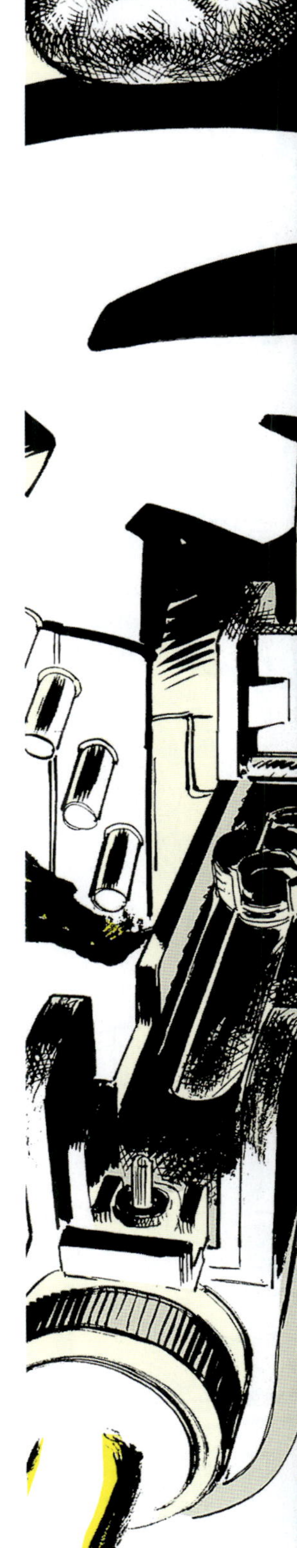

CHUCK DIXON
STORY

KLAUS JANSON
TUSCHE

JOHN ROMITA JR.
ZEICHNUNGEN

GREGORY WRIGHT
FARBEN

ELLETI
STUDIO RAM
LETTERING

DON DALEY
TIM TUOHY
REDAKTION USA

JÜRGEN PETZ
ÜBERSETZUNG

C. B. CEBULSKI
CHEFREDAKTEUR USA

MARVEL MUST-HAVE: PUNISHER – WAR ZONE erscheint bei **PANINI COMICS**, Schloßstraße 76, D-70176 Stuttgart. Druck: Lito Terrazzi S.r.l. – Prato. Pressevertrieb: Stella Distribution GmbH, D-22297 Hamburg. Direkt-Abos auf **www.paninicomics.de**. Anzeigenverkauf: BLAUFEUER VERLAGSVERTRETUNGEN GmbH, info@blaufeuer.com. Es gelten die Anzeigenpreise gemäß der Mediadaten 2024. Geschäftsführer **Hermann Paul**, Publishing Director Europe **Marco M. Lupoi**, Finanzen/Logistik **Felix Bauer**, Marketing Director **Holger Wiest**, Marketing **Fabio Cunetto**, Vertrieb **Alexander Bubenheimer**, PR/Presse **Steffen Volkmer**, Publishing Manager **Lisa Pancaldi**, Redaktion **Carlo Del Grande**, **Christian Endres**, **Harald Gantzberg**, **Matthias Korn**, **Anja Seiffert**, **Nicola Soressi**, **Kristina Starschinski**, **Daniela Uhlmann**, Übersetzung **Bernd Kronsbein**, **Jürgen Petz**, Proofreading **Marlene Eggertsberger**, Lettering **Elleti**, **Studio RAM**, grafische Gestaltung **Marco Paroli** (coordinator), **Cinzia Morando**, **Barbara Sarti**, Art Director **Alessandro Gucciardo**, Redaktion Panini Comics **Annalisa Califano**, **Beatrice Doti**, Prepress **Cristina Bedini**, **Daniela Guidetti**, **Andrea Lusoli**, Repro/Packager **Alessandro Nalli** (coordinator), **Anna Boselli**, **Mario Da Rin Zanco**, **Valentina Esposito**, **Luca Ficarelli**, **Linda Leporati**. Deutsche Edition bei Panini Verlags-GmbH unter Lizenz von Marvel Characters B.V. Cover von **John Romita Jr.**, *The Punisher: War Zone* (1992) 1.

Bibliografische Information der Deutschen Nationalbibliothek
Die Deutsche Nationalbibliothek verzeichnet diese Publikation in der Deutschen Nationalbibliografie; detaillierte bibliografische Daten sind im Internet über dnb.d-nb.de abrufbar

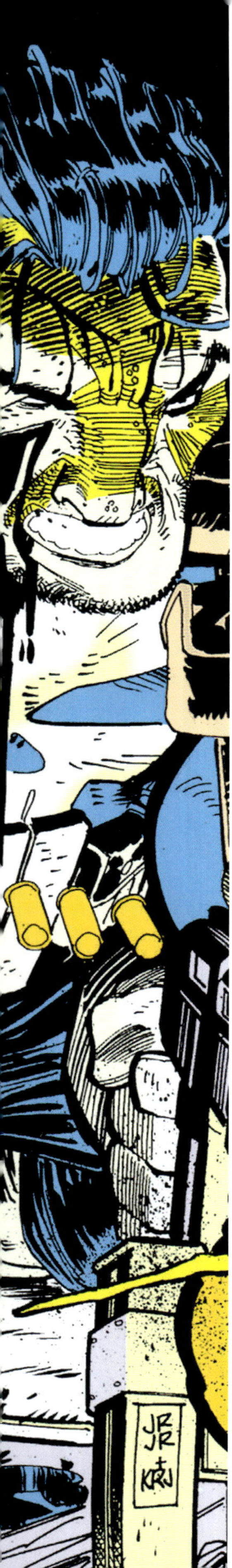

IM KRIEGSGEBIET DER NEUNZIGER

Der **Punisher** debütierte 1974 als **Spidey**-Gegenspieler in *Amazing Spider-Man* 129, erschaffen von Autor **Gerry Conway**, Marvel-Legende sowie Art Director **John Romita Sr.** und Zeichner **Ross Andru**. Nach diversen Gastauftritten hatte sich der ruchlose Verbrecherjäger **Frank Castle** als beliebter Antiheld etabliert, 1986 erhielt er schließlich eine erste eigene Serie als Titelfigur (auf Deutsch nachzulesen in PUNISHER: BLUTSPUR von **Steven Grant**, **Mike Zeck** und Co., vor Kurzem ebenfalls als MARVEL MUST-HAVE neu aufgelegt). 1988 startete außerdem die Reihe *Punisher: War Journal* (Kriegstagebuch) und 1991 war der hochdekorierte Veteran Castle obendrein in Marvels Vietnamkrieg-Comic-Serie *The 'Nam* zu sehen. Anfang 1992 gesellte sich schließlich noch die Serie *Punisher: War Zone* (Kriegsgebiet) hinzu. Keine Frage: Der waffenstarrende Bestrafer aus dem Haus der Ideen hatte seinen Zenit erreicht und schwamm Anfang der 1990er ganz oben auf der Popularitätswelle.

Das hatte sicher auch damit zu tun, dass er als beinharter Antiheld und brutaler Rächer wie für die berühmt-berüchtigten Comic-1990er „gemacht" schien. Seit den 1970ern und Castles Debüt waren die amerikanischen Superhelden-Comics immer düsterer und grimmiger geworden, richteten sie sich doch immer deutlicher an ein erwachsen gewordenes bzw. erwachsenes Publikum. Frühere Beschränkungen in Sachen Gewalt, Drogen oder Horror wurden endgültig überwunden, dafür standen brachiale Antihelden und krachende Action im Fokus. Unterstützt und zuweilen getragen wurde das durch eine neue Generation von Künstlern, die sich in den 1980ern einen Namen gemacht hatten und ganz neue ästhetische Wege beschritten.

Dieser Sammelband mit dem Auftakt von *Punisher: War Zone* ist ein Musterbeispiel für die typische US-Comic-Kunst der 1990er – klar, Autor **Chuck Dixon**, der sowohl bei Marvel als auch bei DC ungeheuer produktiv war, steht quasi stellvertretend für die vielen actiongeladenen, finsteren Geschichten jener Epoche; und **John Romita Jr.** hatte sich nach seinen ersten Storys als Hofzeichner von **Spider-Man** und **Daredevil** als einer der neuen Top-Künstler der (im wahrsten Sinne des Wortes) nächsten Generation hervorgetan, brachte einen eigenen Strich, eine eigene Figurenform und Bildsprache mit auf die Seiten (diese Doppelseiten zum Drehen – Wahnsinn!). Andererseits sind die Punisher-Geschichten von Romita Jr. und Dixon trotz ihrer Verankerung in einer der markantesten US-Comic-Perioden aber auch geradezu *zeitlose* Action-Storys.

Nicht alle Comics aus den 1990ern halten heute noch dem Test der Zeit stand – diese legendären Punisher-Storys allerdings schon. Sie sind geradlinig, sie sind klassisch, sie verbinden auf perfekte Weise Noir-Krimi, Action-Kino und Marvel-Superhelden-Kost, und sie drücken nach wie vor die richtigen Knöpfe für eine Punisher-Bildergeschichte. Damals wurde Castle auf seinem Kreuzzug übrigens von Computer-Crack **Microchip** unterstützt, der 1987 von **Mike Baron** und **Klaus Janson** für das vierte US-Heft der zweiten *Punisher*-Serie ersonnen wurde. Supersöldner **Shotgun** geht dagegen auf *Daredevil* 271 zurück, das **JRJR** und **Ann Nocenti** 1989 realisiert haben. Viel Vergnügen beim Lesen dieses Punisher-Highlights …

Christian Endres

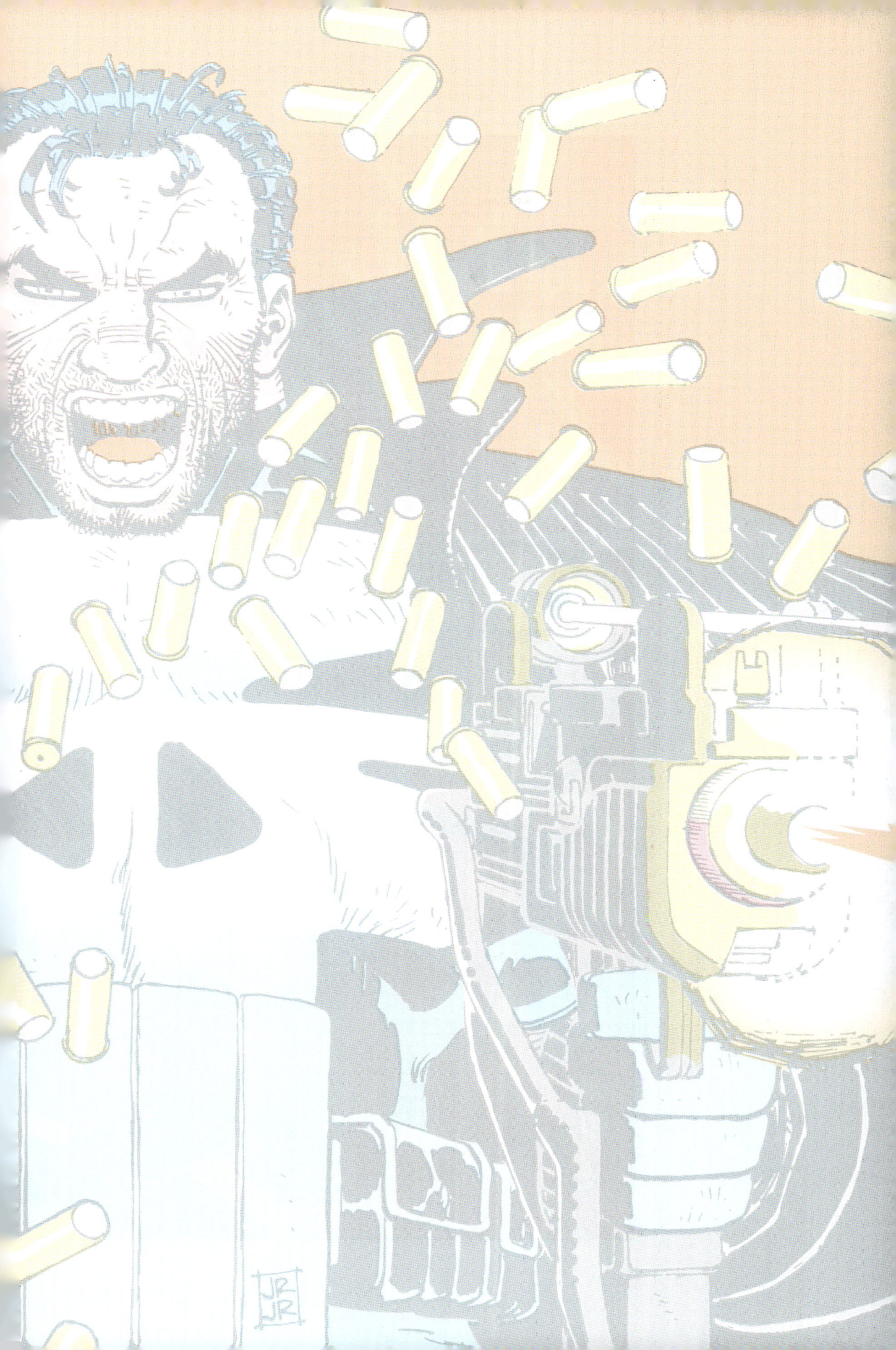
JR
JR

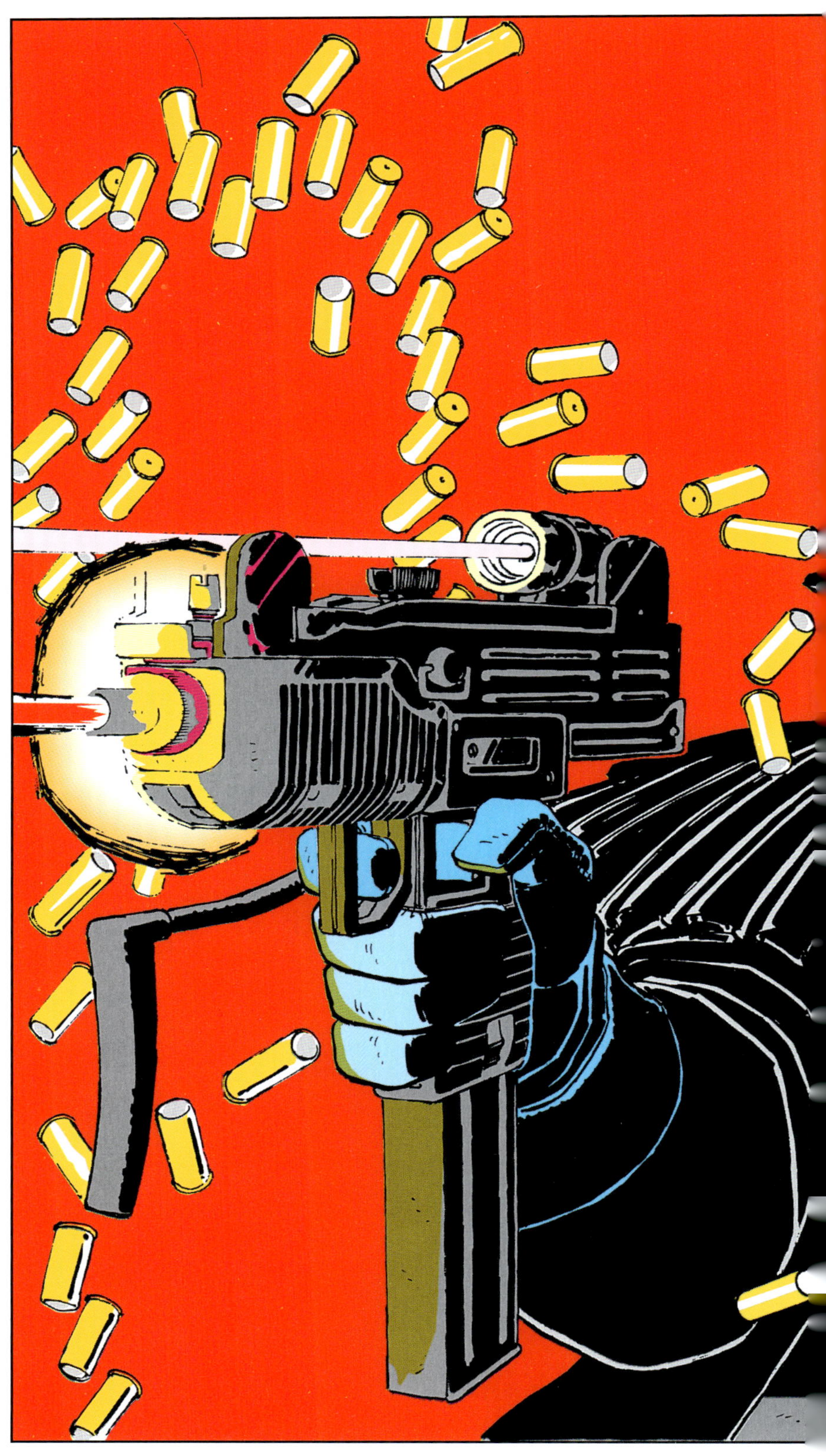

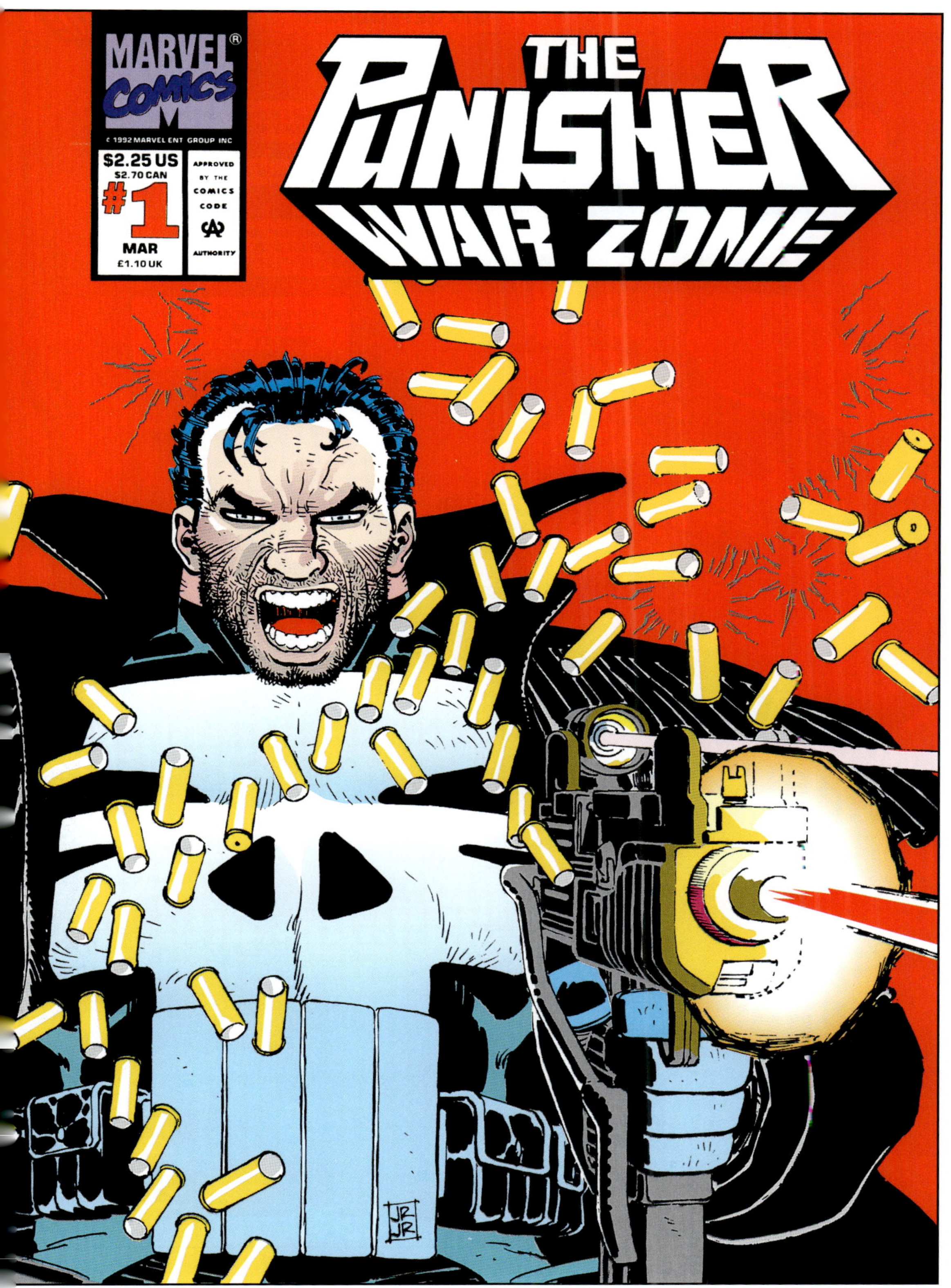

The Punisher: War Zone (1992) 1
Cover von **JOHN ROMITA JR.**

NACHDEM GANGSTER SEINE FAMILIE ERMORDET HATTEN, SCHWOR FRANK CASTLE, SICH DAFÜR DEN REST SEINES LEBENS ZU RÄCHEN. AUSGEBILDET ALS ELITESOLDAT UND MIT EINEM ARSENAL MODERNSTER WAFFEN AUSGERÜSTET, FÜHRT ER NUN EINEN EIN-MANN-KRIEG GEGEN DIE UNTERWELT!

STAN LEE PRÄSENTIERT:

PUNISHER WAR ZONE

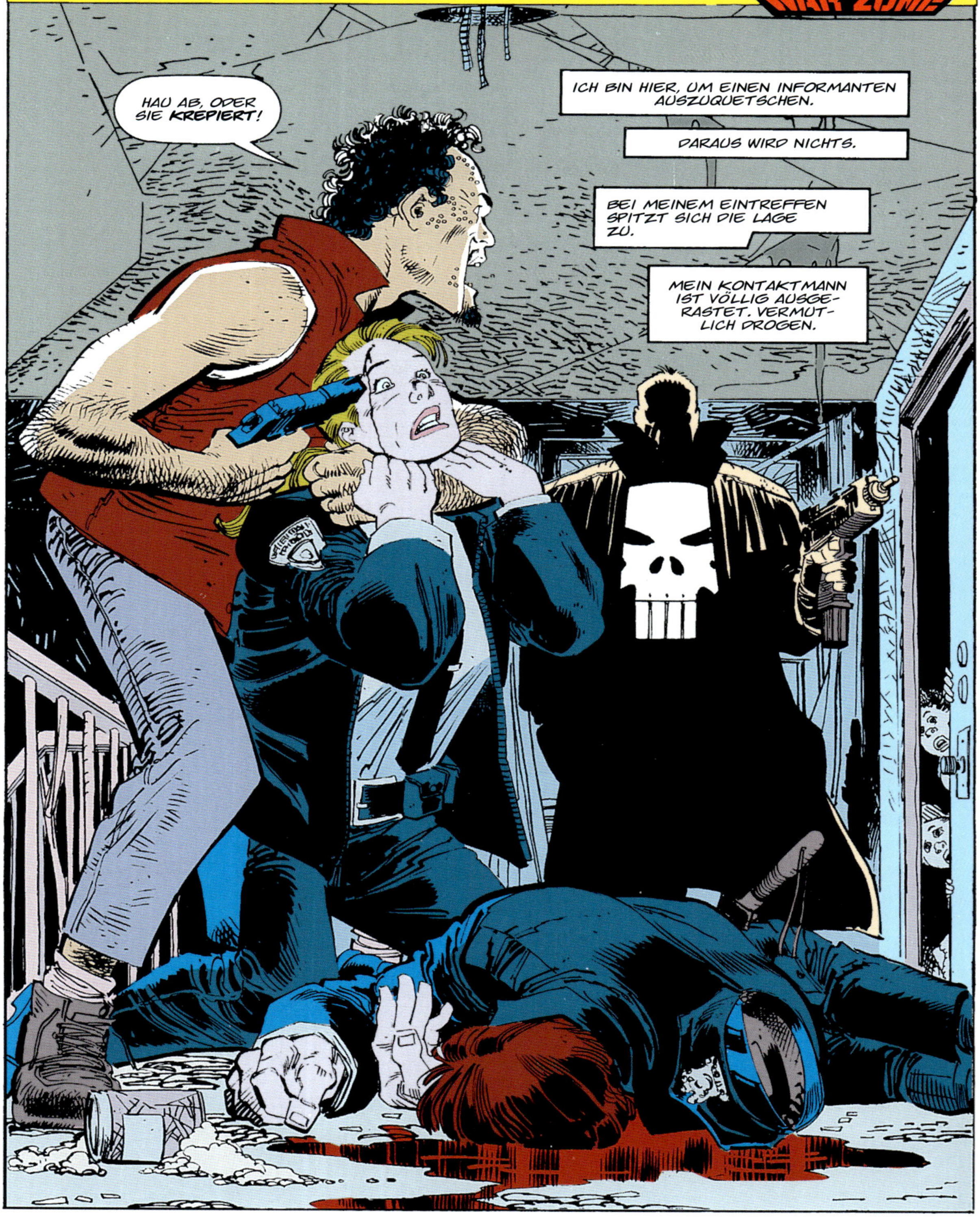

HAU AB, ODER SIE **KREPIERT!**

ICH BIN HIER, UM EINEN INFORMANTEN AUSZUQUETSCHEN.

DARAUS WIRD NICHTS.

BEI MEINEM EINTREFFEN SPITZT SICH DIE LAGE ZU.

MEIN KONTAKTMANN IST VÖLLIG AUSGERASTET. VERMUTLICH DROGEN.

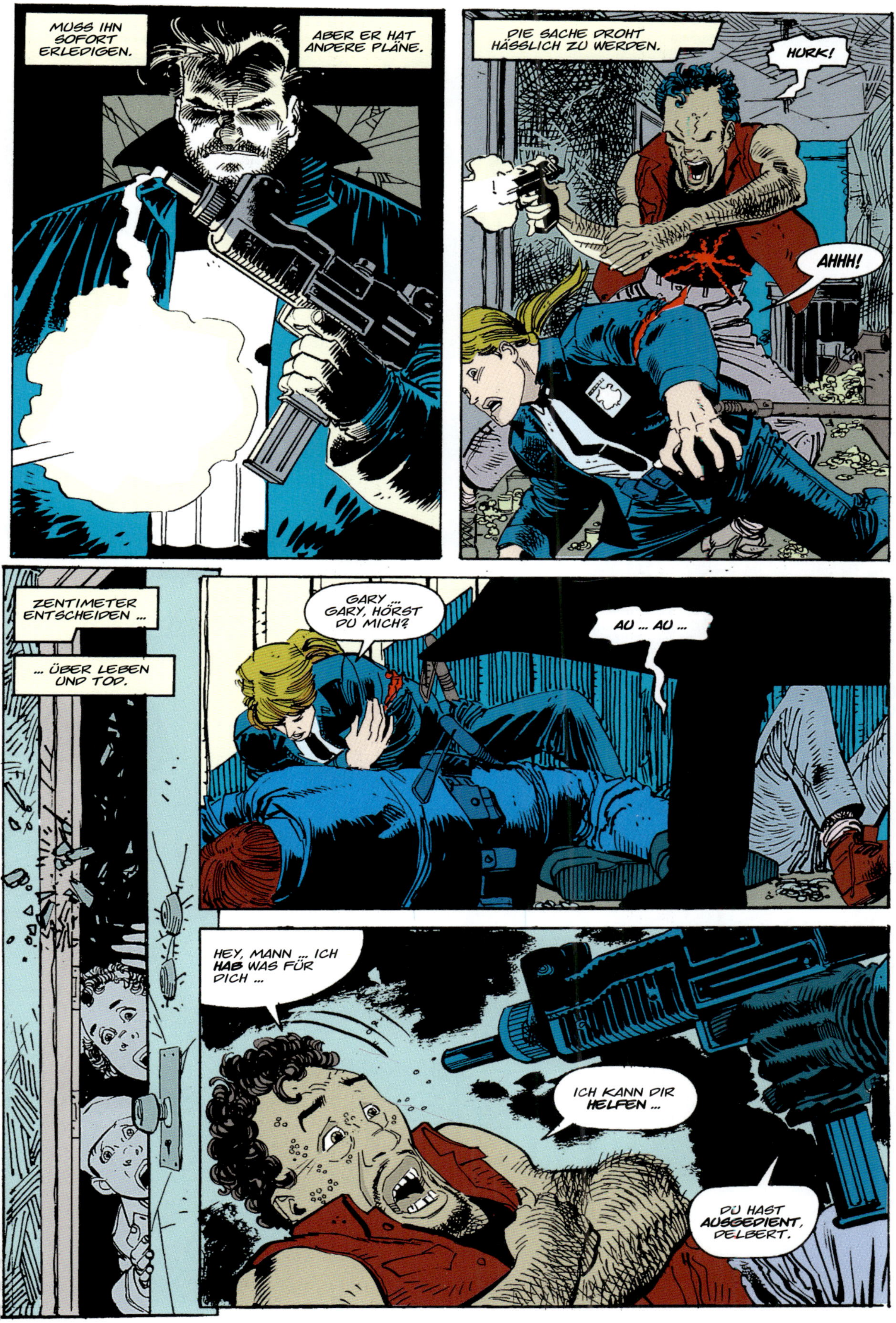

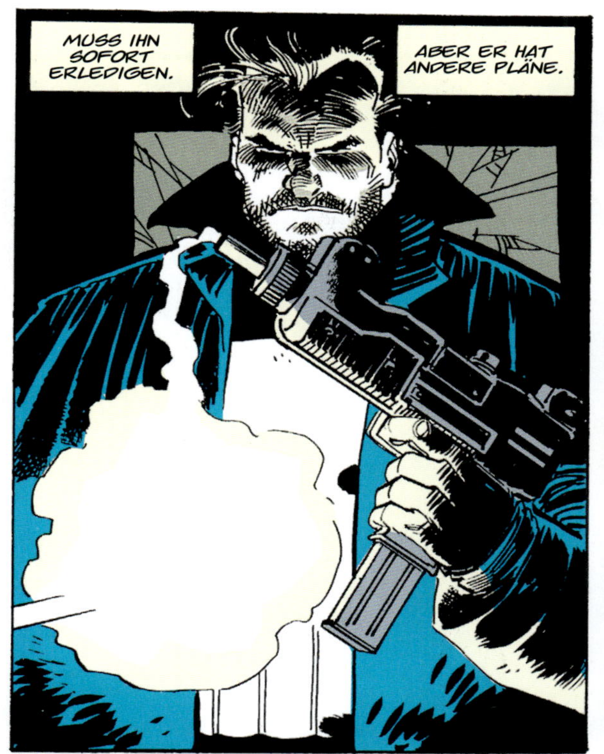
MUSS IHN SOFORT ERLEDIGEN.
ABER ER HAT ANDERE PLÄNE.

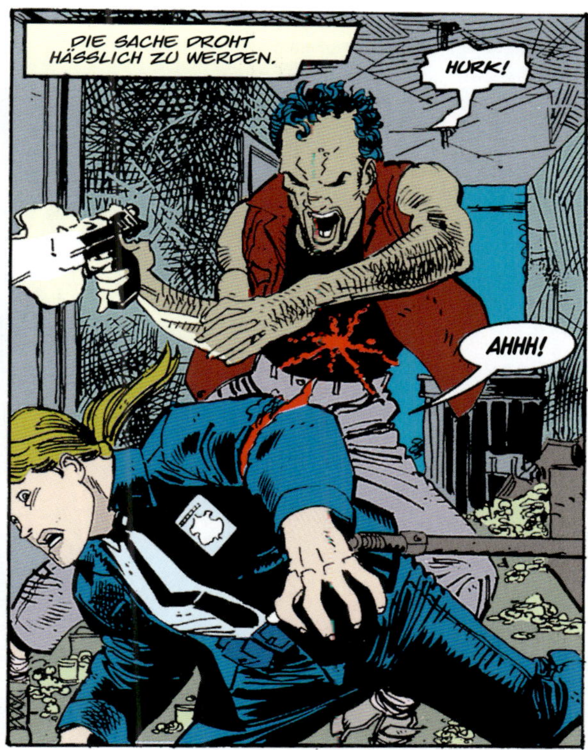
DIE SACHE DROHT HÄSSLICH ZU WERDEN.
HURK!
AHHH!

ZENTIMETER ENTSCHEIDEN ...
... ÜBER LEBEN UND TOD.
GARY ... GARY, HÖRST DU MICH?
AU ... AU ...
HEY, MANN ... ICH **HAB** WAS FÜR DICH ...
ICH KANN DIR **HELFEN** ...
DU HAST **AUSGEDIENT**, DELBERT.

ONLY THE DEAD KNOW BROOKLYN
DELBERT WAR EINMAL NÜTZLICH.
ER HÖRTE, WAS IN DER GOSSE GEREDET WURDE.

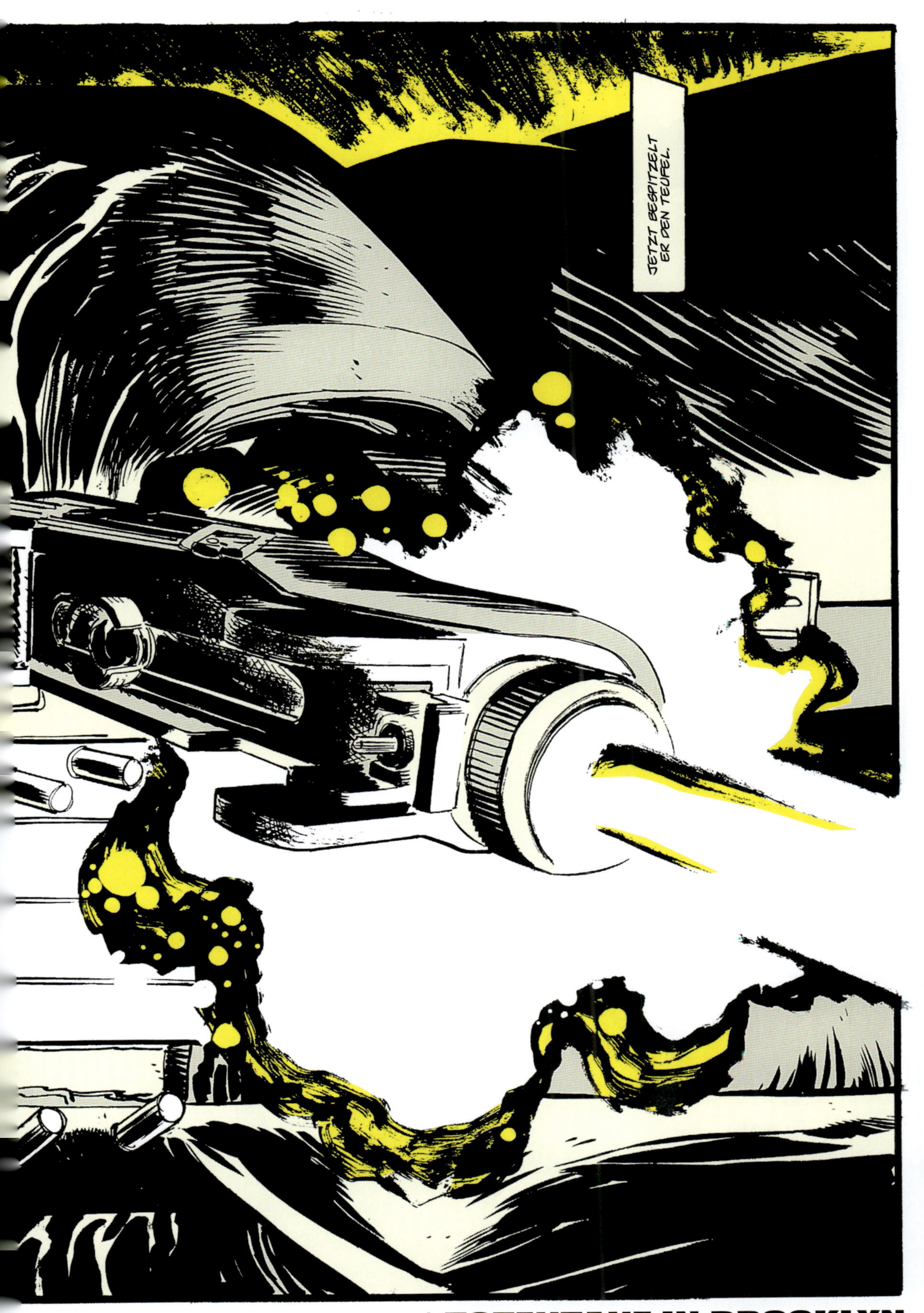
JETZT BESPITZELT ER DEN TEUFEL.

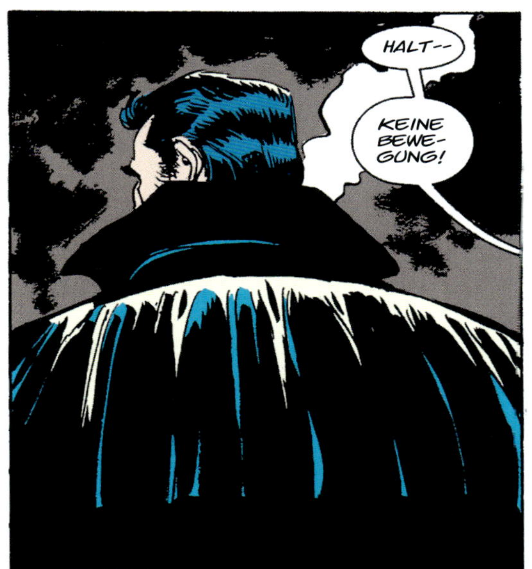

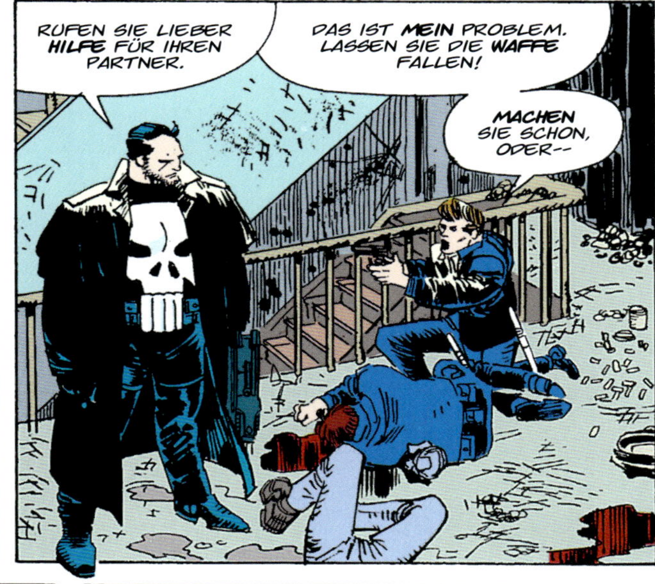

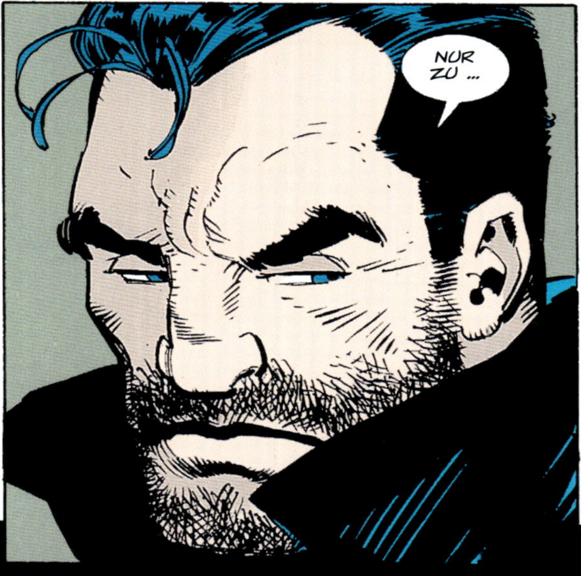

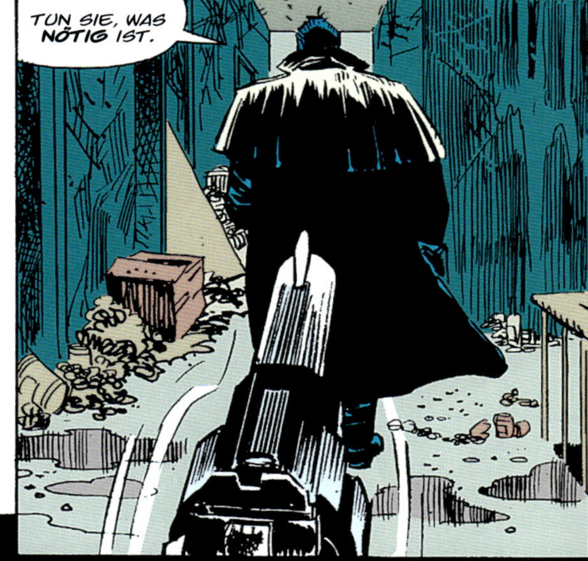

... KANNTE DEN SCHÜTZEN, NANNTE ABER KEINEN NAMEN.

WIE SAH ER AUS?

HAT ER ETWAS GESAGT?

ICH ...

ICH ...

... WEISS ES NICHT ...

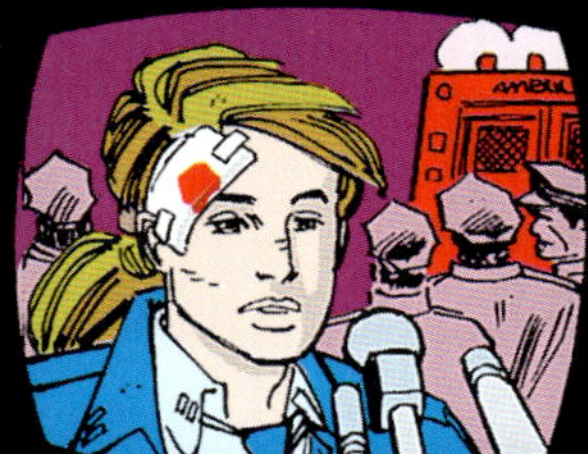

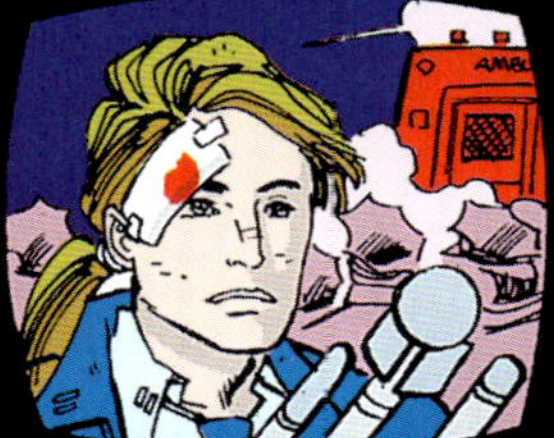

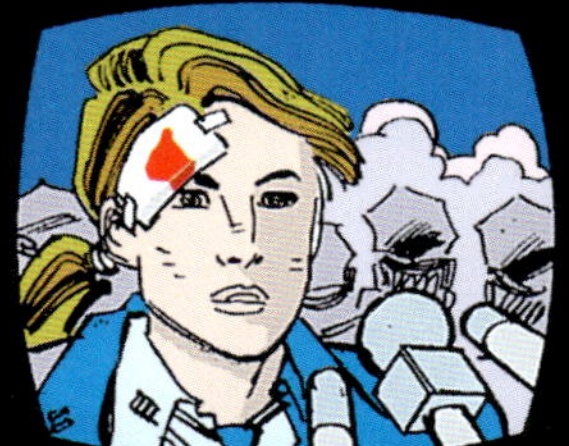

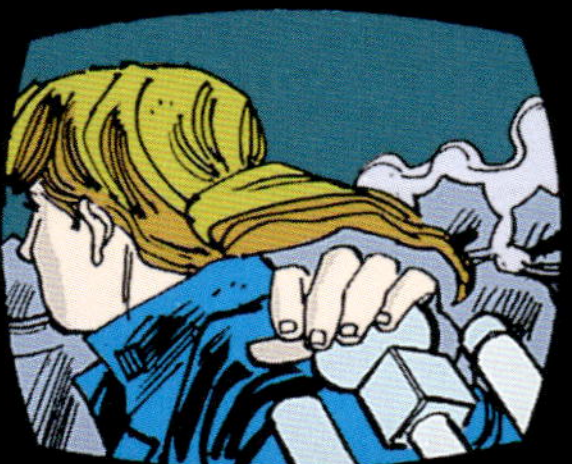

OFFICER COYLE, WAR ES MÖGLICHERWEISE DER **PUNISHER**?

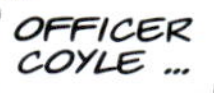

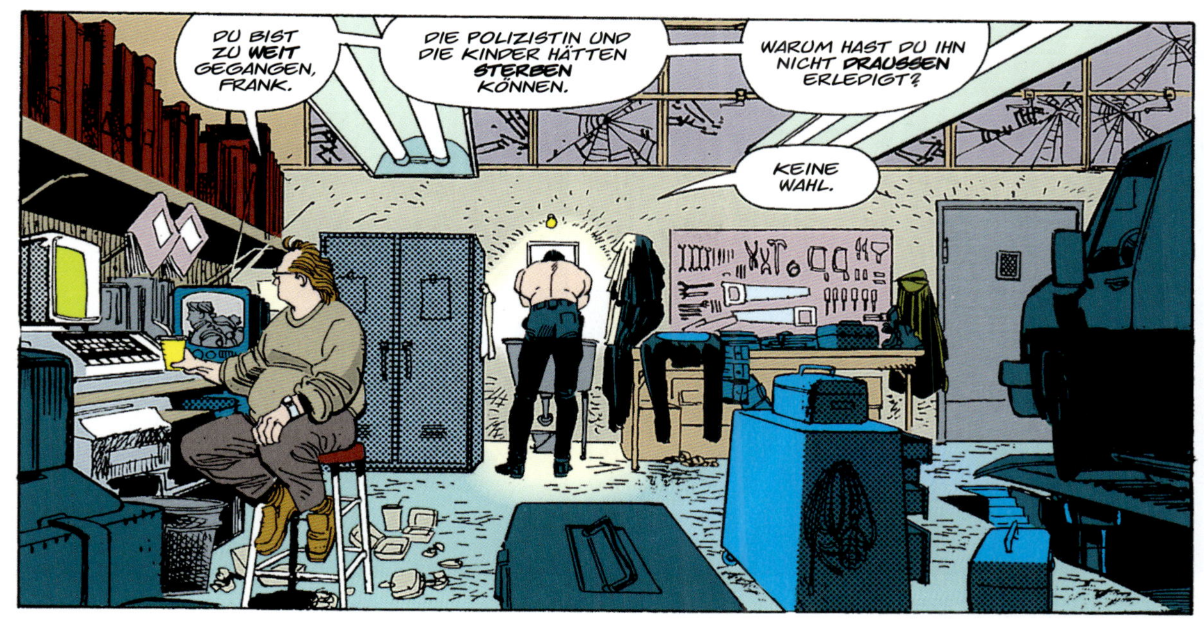
DU BIST ZU WEIT GEGANGEN, FRANK.
DIE POLIZISTIN UND DIE KINDER HÄTTEN STERBEN KÖNNEN.
WARUM HAST DU IHN NICHT DRAUSSEN ERLEDIGT?
KEINE WAHL.
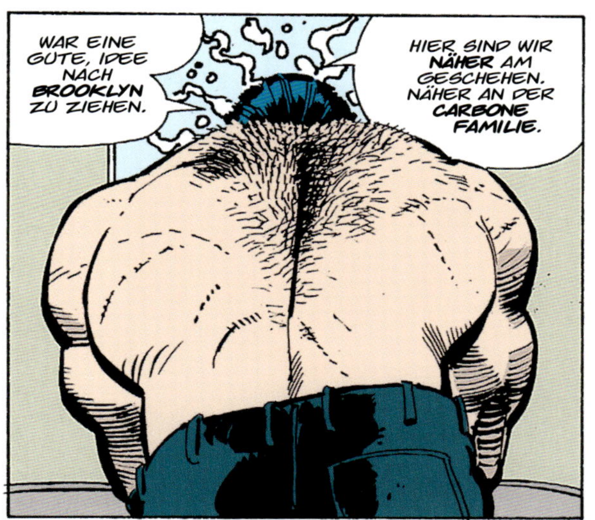
WAR EINE GUTE IDEE NACH BROOKLYN ZU ZIEHEN.
HIER SIND WIR NÄHER AM GESCHEHEN. NÄHER AN DER CARBONE FAMILIE.
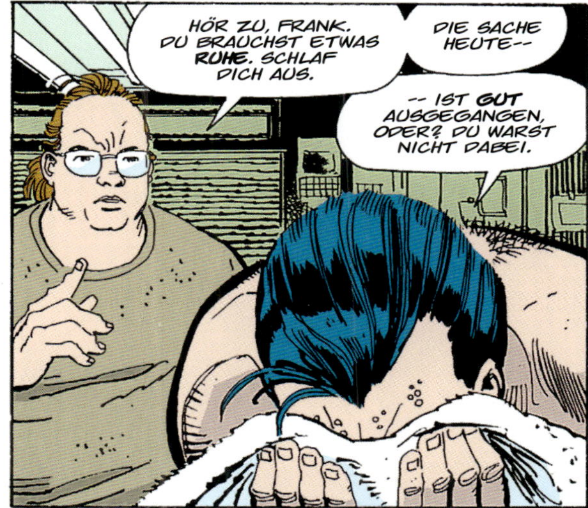
HÖR ZU, FRANK. DU BRAUCHST ETWAS RUHE. SCHLAF DICH AUS.
DIE SACHE HEUTE--
-- IST GUT AUSGEGANGEN, ODER? DU WARST NICHT DABEI.
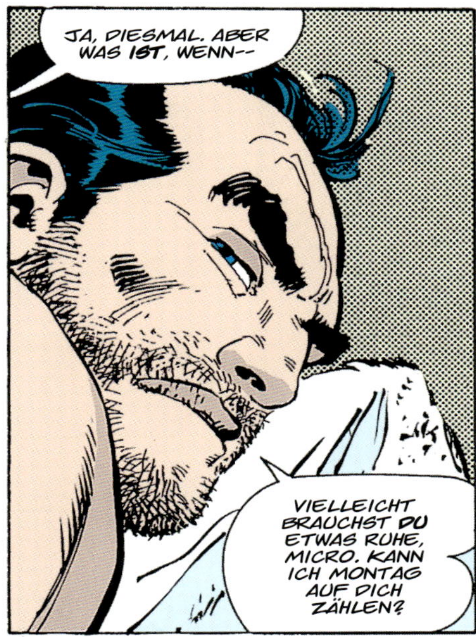
JA, DIESMAL. ABER WAS IST, WENN--
VIELLEICHT BRAUCHST DU ETWAS RUHE, MICRO. KANN ICH MONTAG AUF DICH ZÄHLEN?
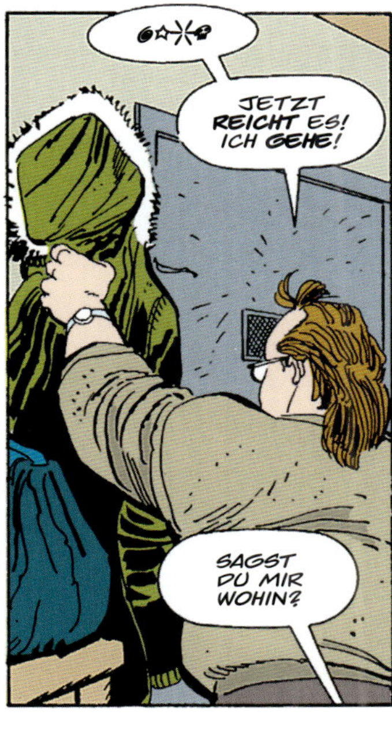
JETZT REICHT ES! ICH GEHE!
SAGST DU MIR WOHIN?
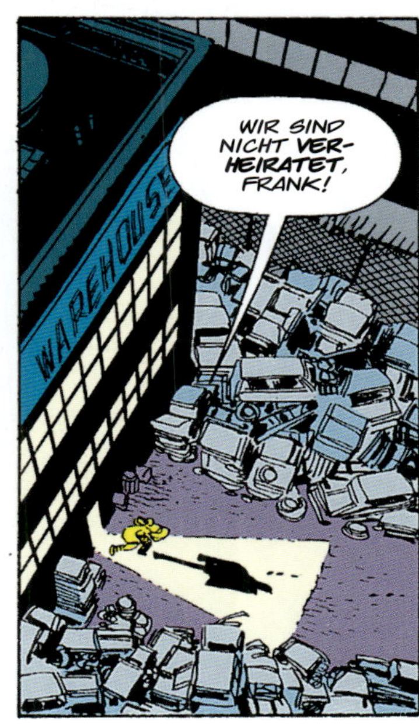
WIR SIND NICHT VERHEIRATET, FRANK!
WAREHOUSE

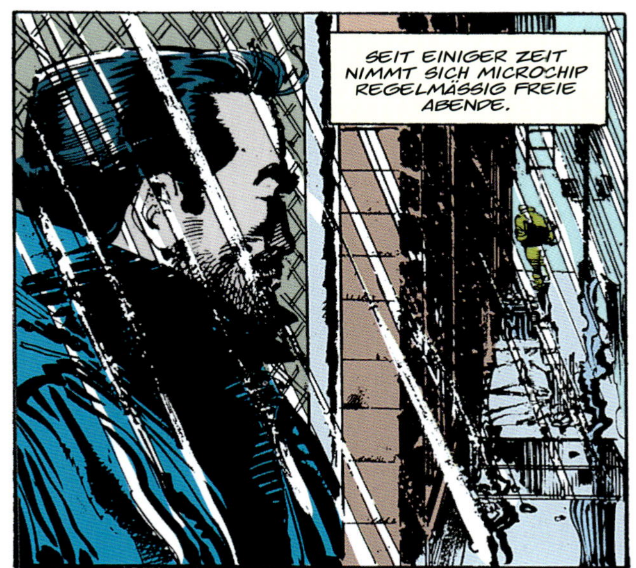
SEIT EINIGER ZEIT NIMMT SICH MICROCHIP REGELMÄSSIG FREIE ABENDE.

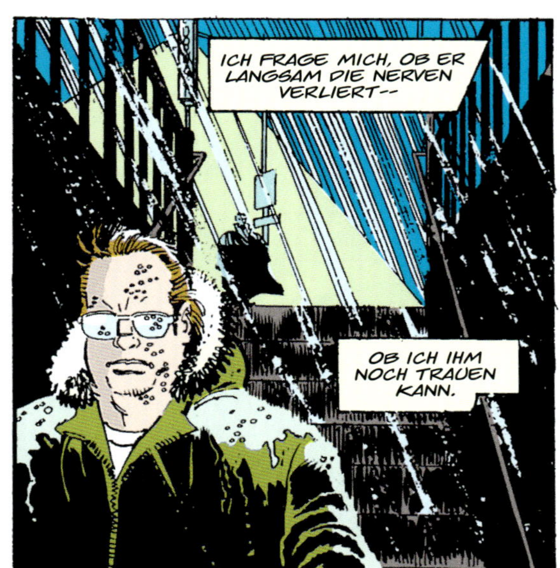
ICH FRAGE MICH, OB ER LANGSAM DIE NERVEN VERLIERT--
OB ICH IHM NOCH TRAUEN KANN.

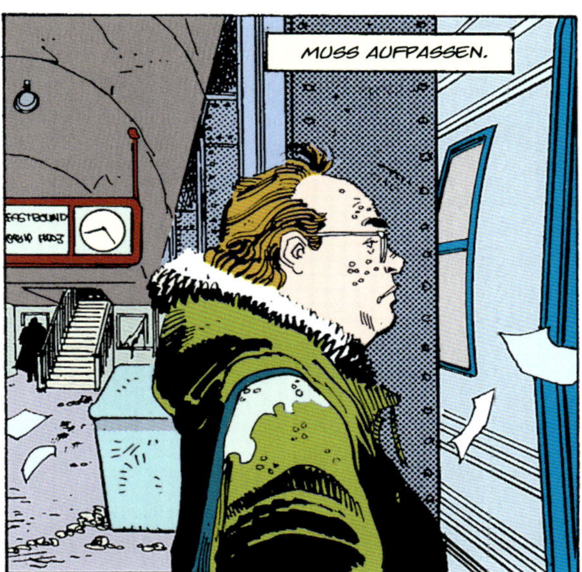
MUSS AUFPASSEN.

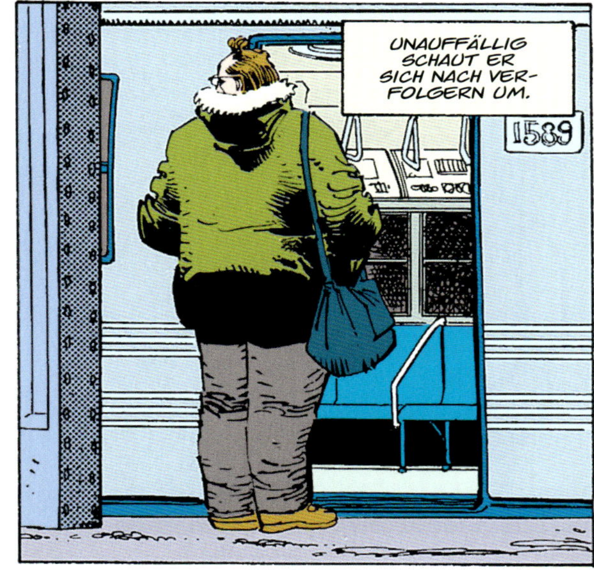
UNAUFFÄLLIG SCHAUT ER SICH NACH VERFOLGERN UM.
1589

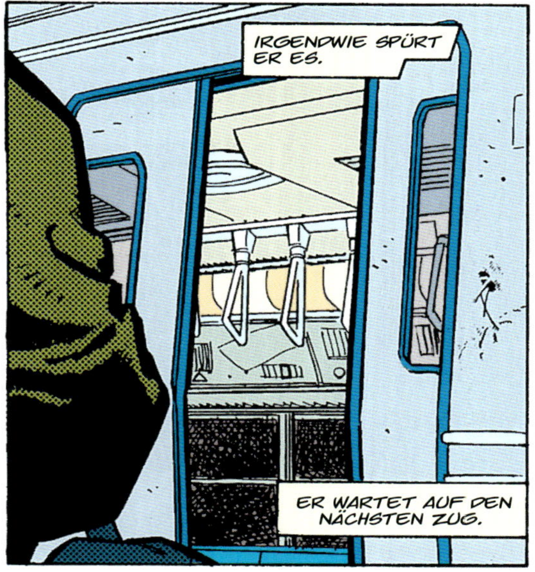
IRGENDWIE SPÜRT ER ES.
ER WARTET AUF DEN NÄCHSTEN ZUG.

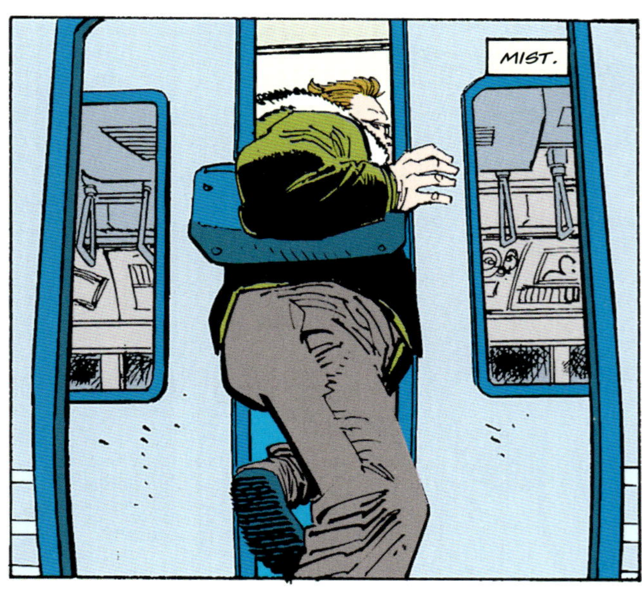
MIST.

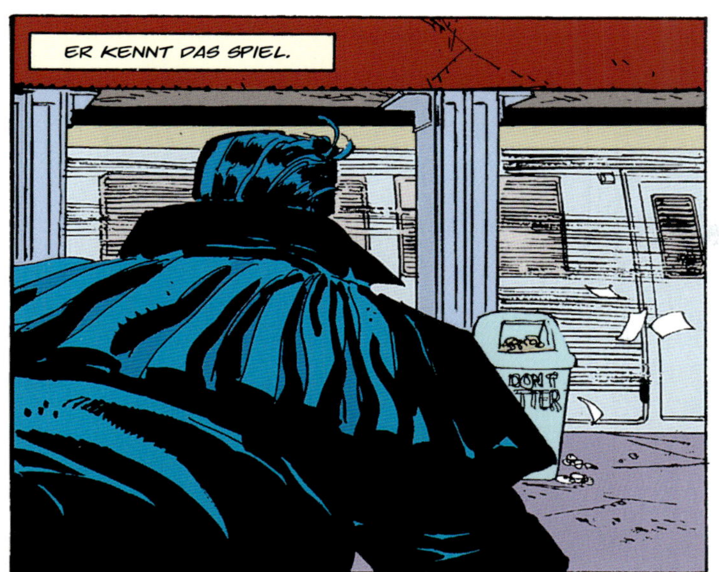
ER KENNT DAS SPIEL.
DON'T LITTER

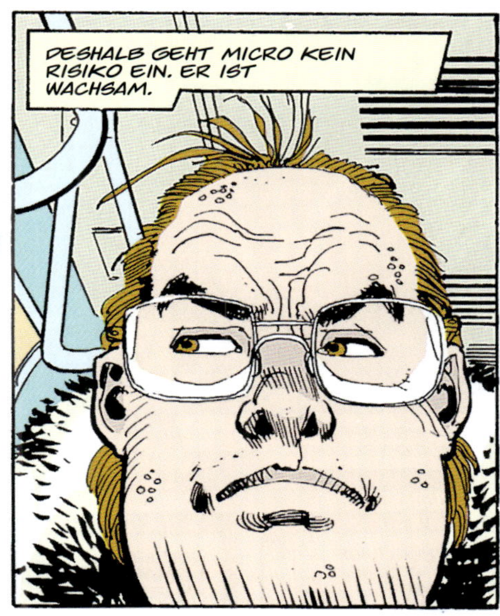
DESHALB GEHT MICRO KEIN RISIKO EIN. ER IST WACHSAM.

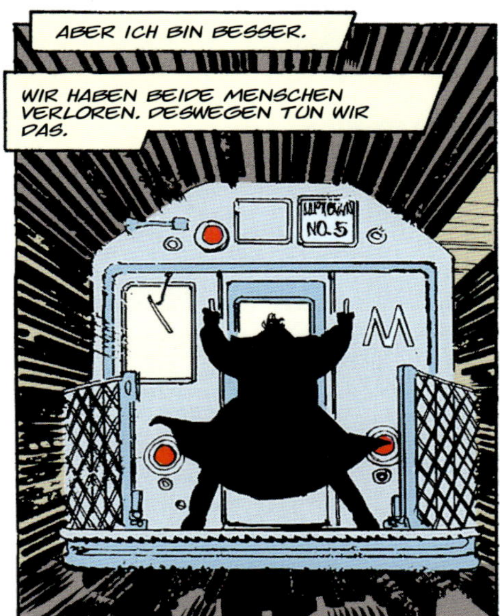
ABER ICH BIN BESSER.
WIR HABEN BEIDE MENSCHEN VERLOREN. DESWEGEN TUN WIR DAS.
UPTOWN NO. 5

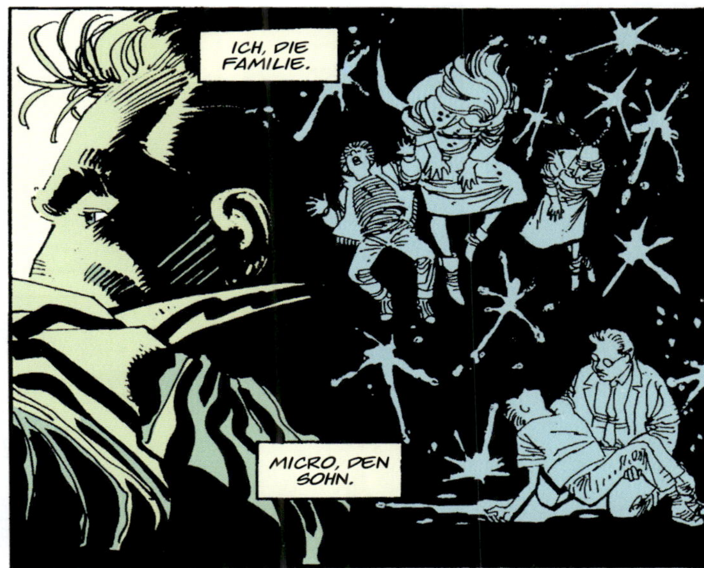
ICH, DIE FAMILIE.
MICRO, DEN SOHN.

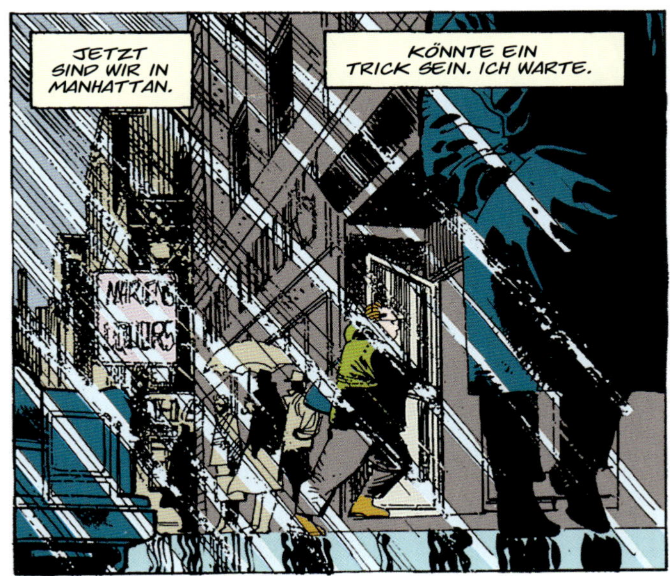
JETZT SIND WIR IN MANHATTAN.
KÖNNTE EIN TRICK SEIN. ICH WARTE.

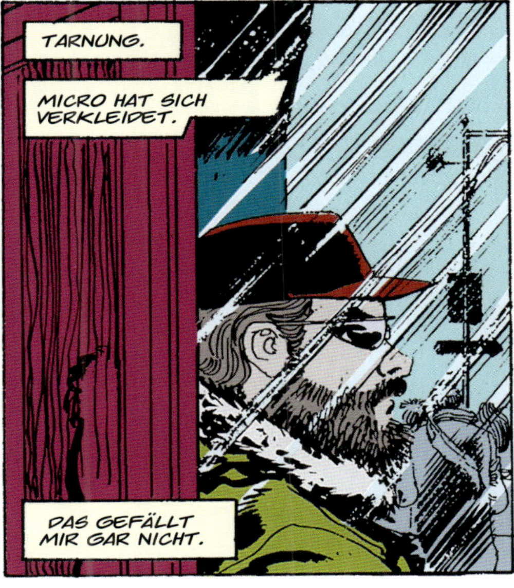
TARNUNG.
MICRO HAT SICH VERKLEIDET.
DAS GEFÄLLT MIR GAR NICHT.

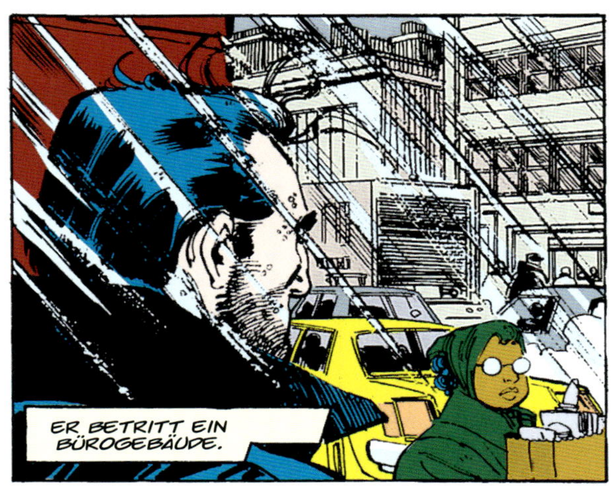
ER BETRITT EIN
BÜROGEBÄUDE.

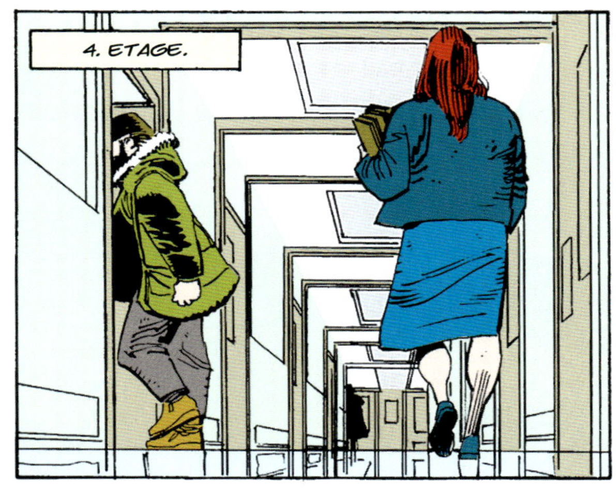
4. ETAGE.

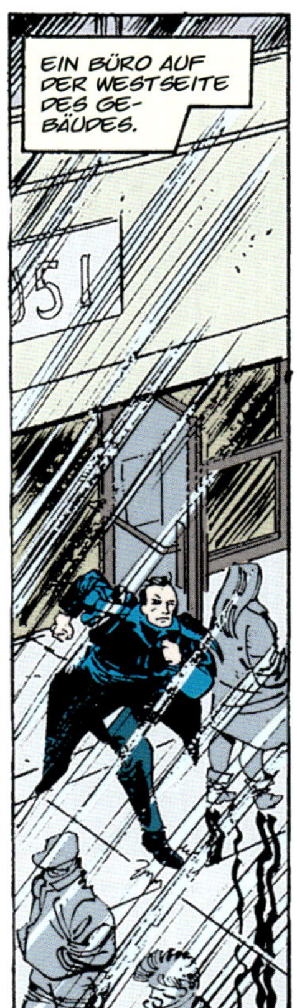
EIN BÜRO AUF
DER WESTSEITE
DES GE-
BÄUDES.

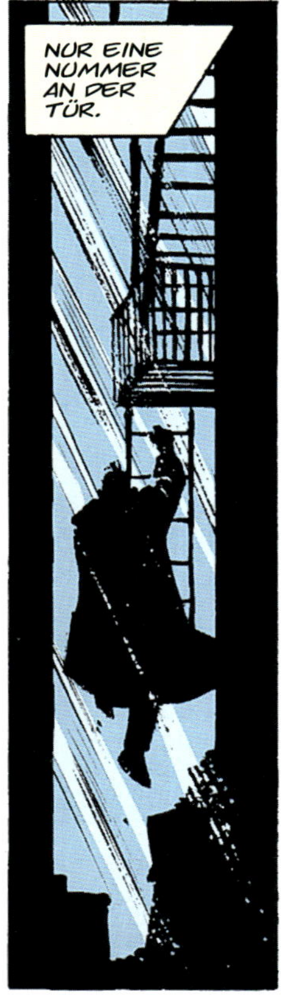
NUR EINE
NUMMER
AN DER
TÜR.

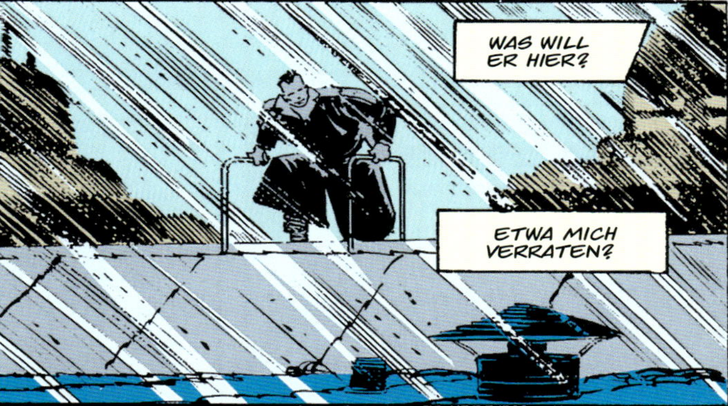
WAS WILL
ER HIER?
ETWA MICH
VERRATEN?

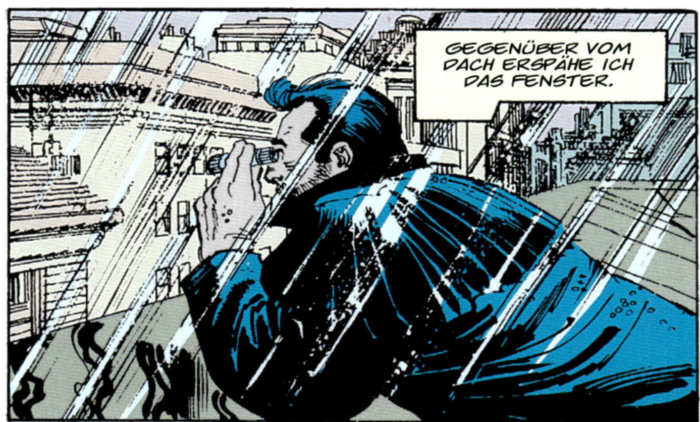
GEGENÜBER VOM
DACH ERSPÄHE ICH
DAS FENSTER.

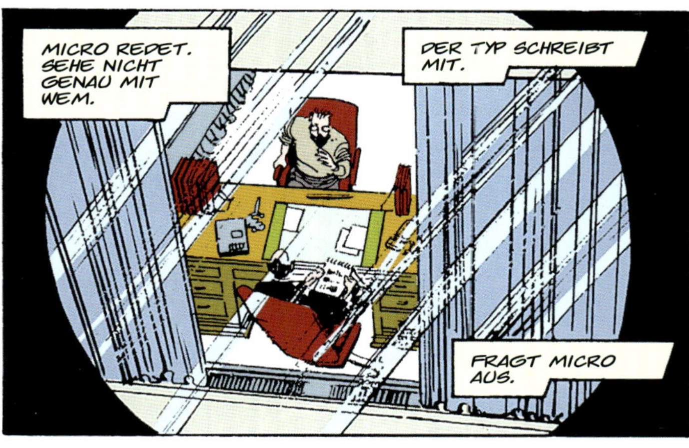
MICRO REDET.
SEHE NICHT
GENAU MIT
WEM.
DER TYP SCHREIBT
MIT.
FRAGT MICRO
AUS.

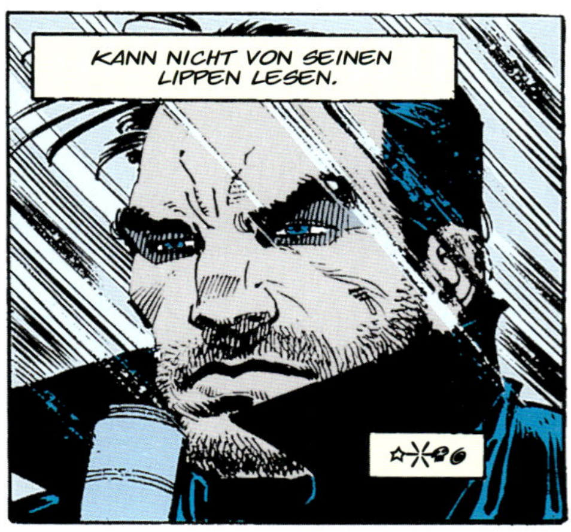
KANN NICHT VON SEINEN
LIPPEN LESEN.

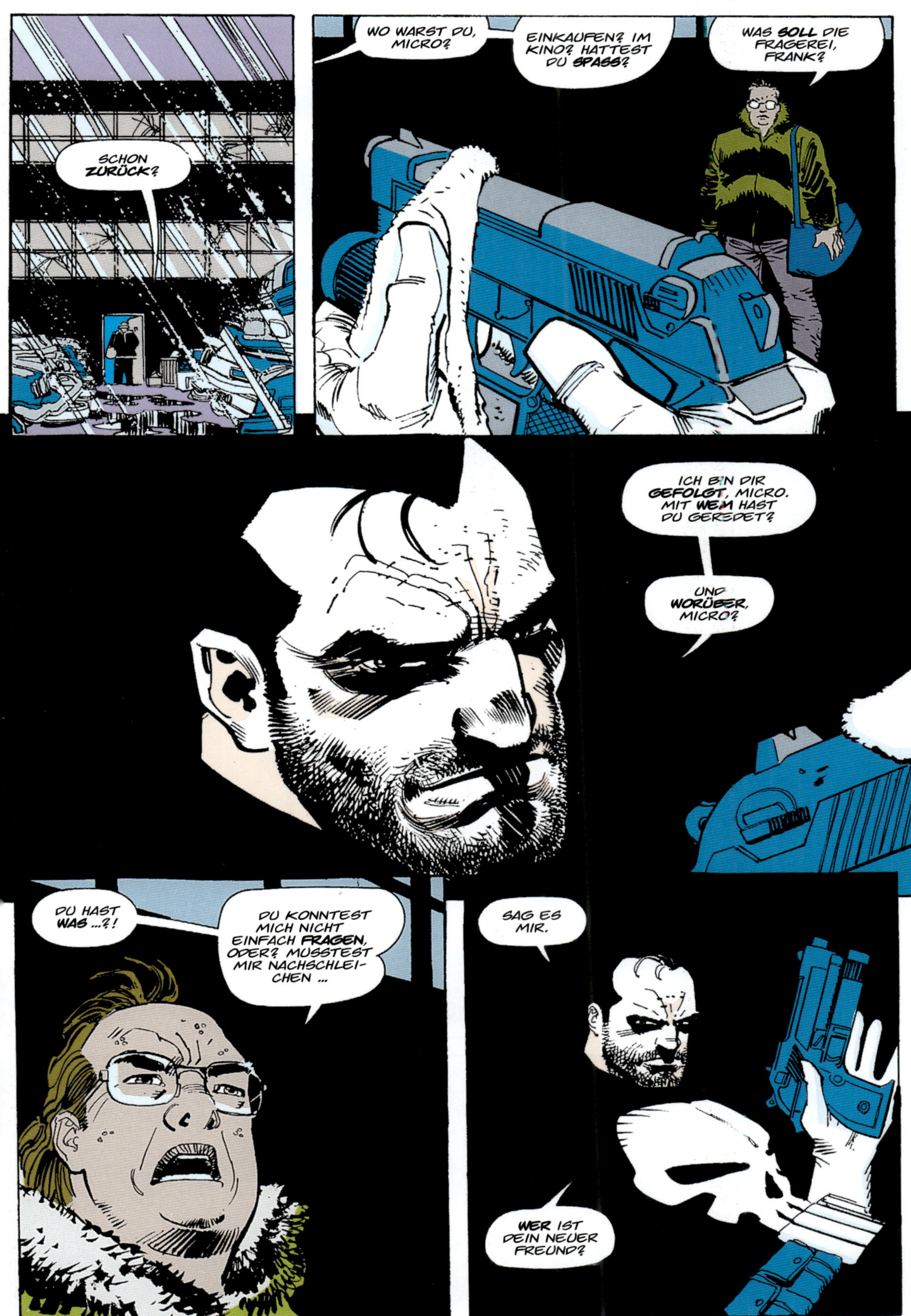

SCHON ZURÜCK?
WO WARST DU, MICRO?
EINKAUFEN? IM KINO? HATTEST DU SPASS?
WAS SOLL DIE FRAGEREI, FRANK?
ICH BIN DIR GEFOLGT, MICRO. MIT WEM HAST DU GEREDET?
UND WORÜBER, MICRO?
DU HAST WAS ...?!
DU KONNTEST MICH NICHT EINFACH FRAGEN, ODER? MUSSTEST MIR NACHSCHLEICHEN ...
SAG ES MIR.
WER IST DEIN NEUER FREUND?

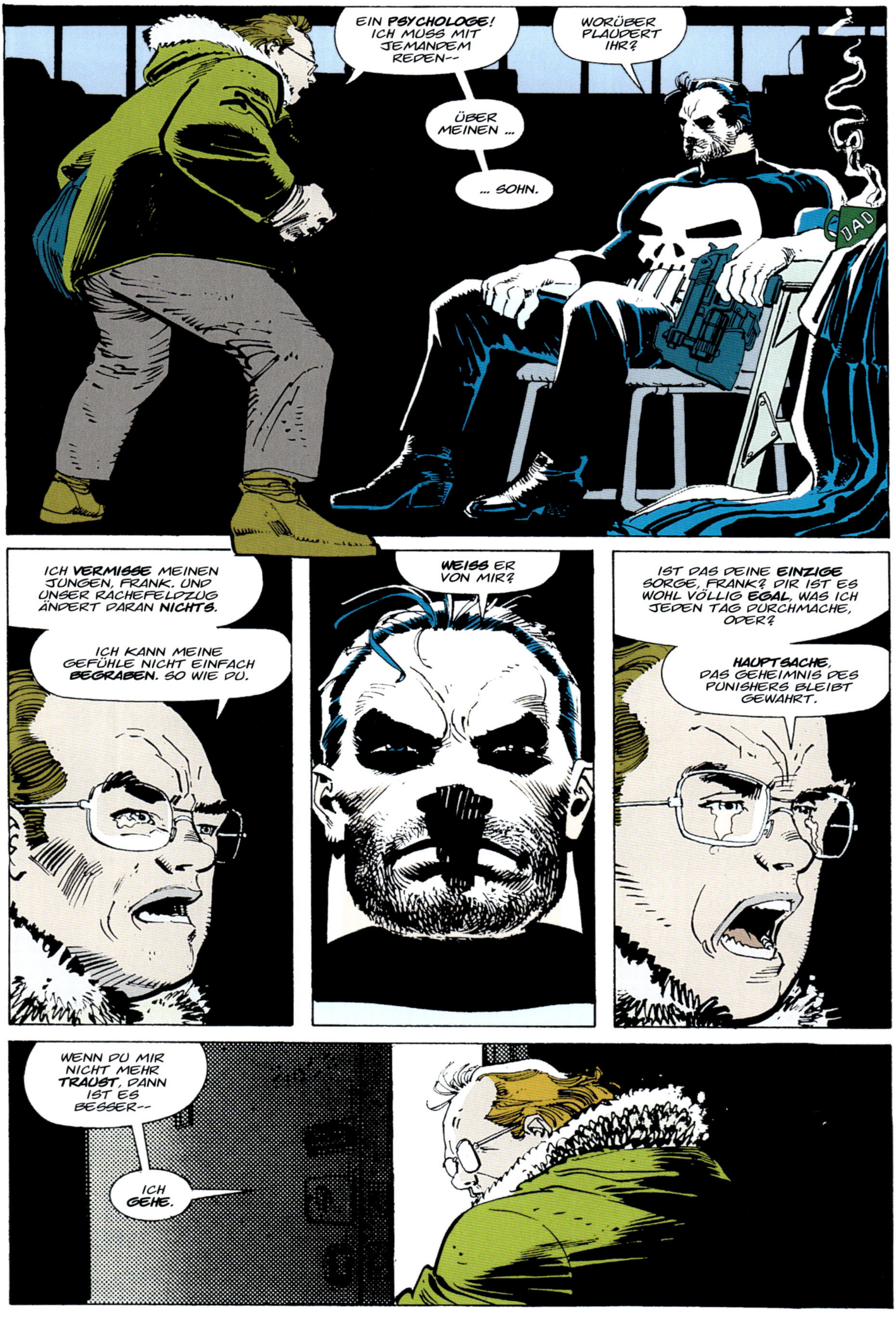

EIN **PSYCHOLOGE**! ICH MUSS MIT JEMANDEM REDEN--
WORÜBER PLAUDERT IHR?
ÜBER MEINEN ...
... SOHN.
DAD

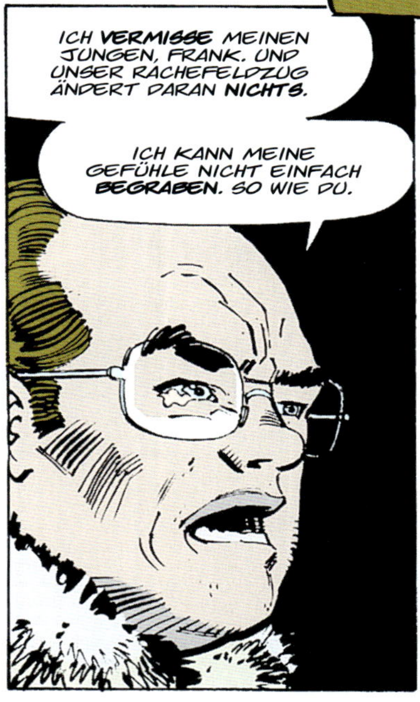
ICH **VERMISSE** MEINEN JUNGEN, FRANK. UND UNSER RACHEFELDZUG ÄNDERT DARAN **NICHTS**.
ICH KANN MEINE GEFÜHLE NICHT EINFACH **BEGRABEN**. SO WIE DU.

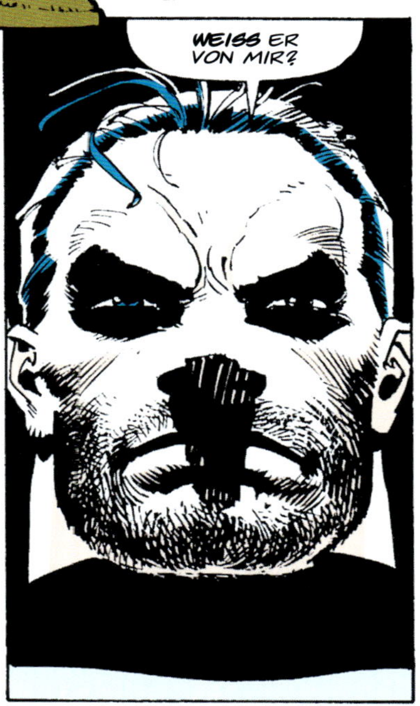
WEISS ER VON MIR?

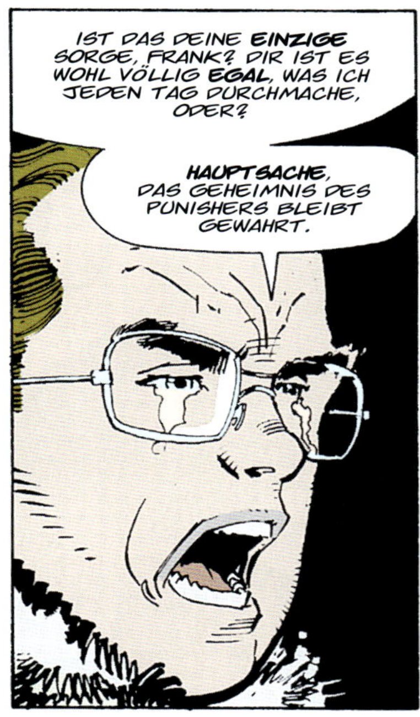
IST DAS DEINE **EINZIGE** SORGE, FRANK? DIR IST ES WOHL VÖLLIG **EGAL**, WAS ICH JEDEN TAG DURCHMACHE, ODER?
HAUPTSACHE, DAS GEHEIMNIS DES PUNISHERS BLEIBT GEWAHRT.

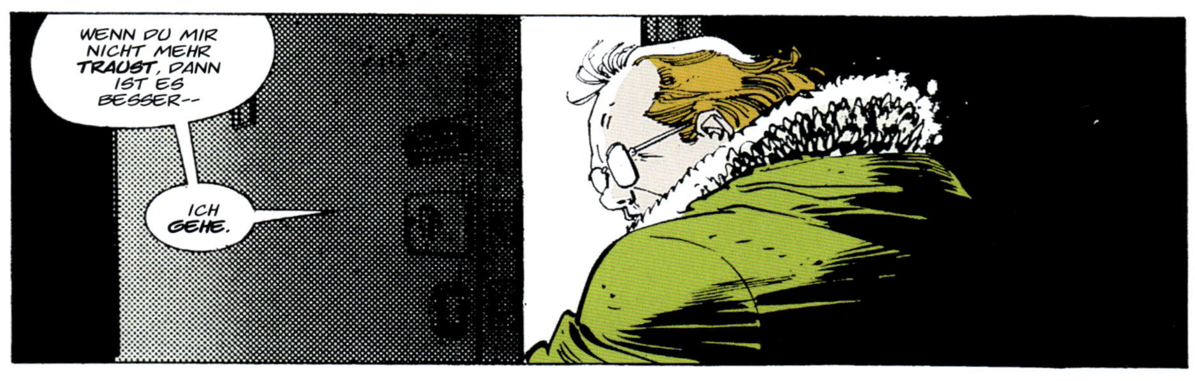
WENN DU MIR NICHT MEHR **TRAUST**, DANN IST ES BESSER--
ICH **GEHE**.

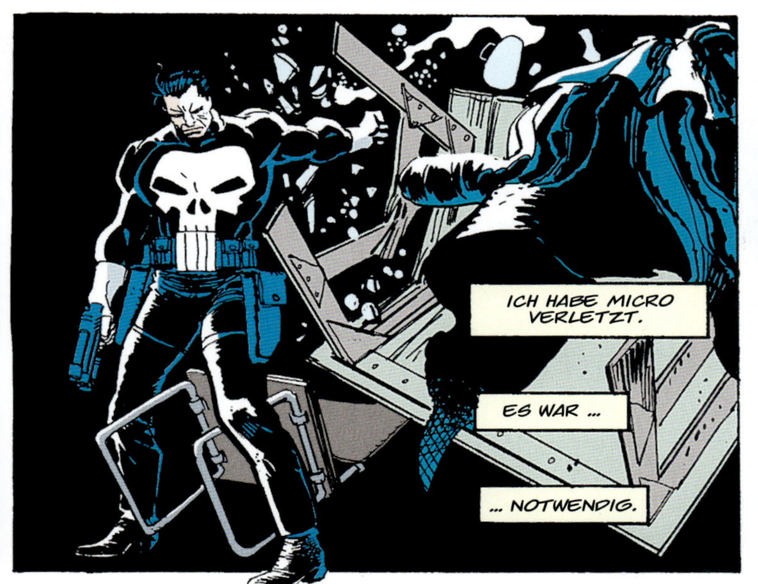
ICH HABE MICRO VERLETZT.
ES WAR ...
... NOTWENDIG.

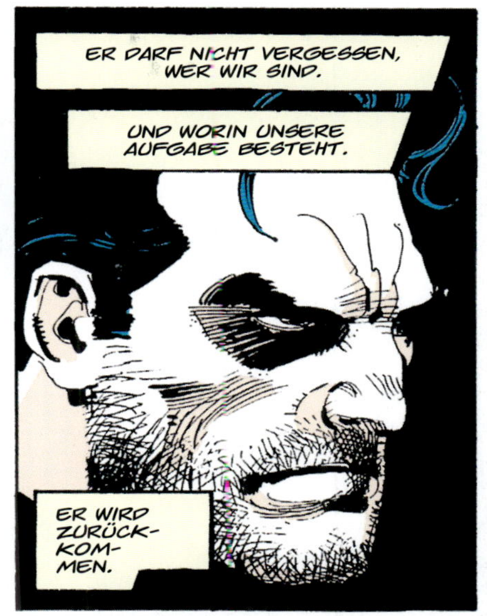
ER DARF NICHT VERGESSEN, WER WIR SIND.
UND WORIN UNSERE AUFGABE BESTEHT.
ER WIRD ZURÜCK-KOM-MEN.

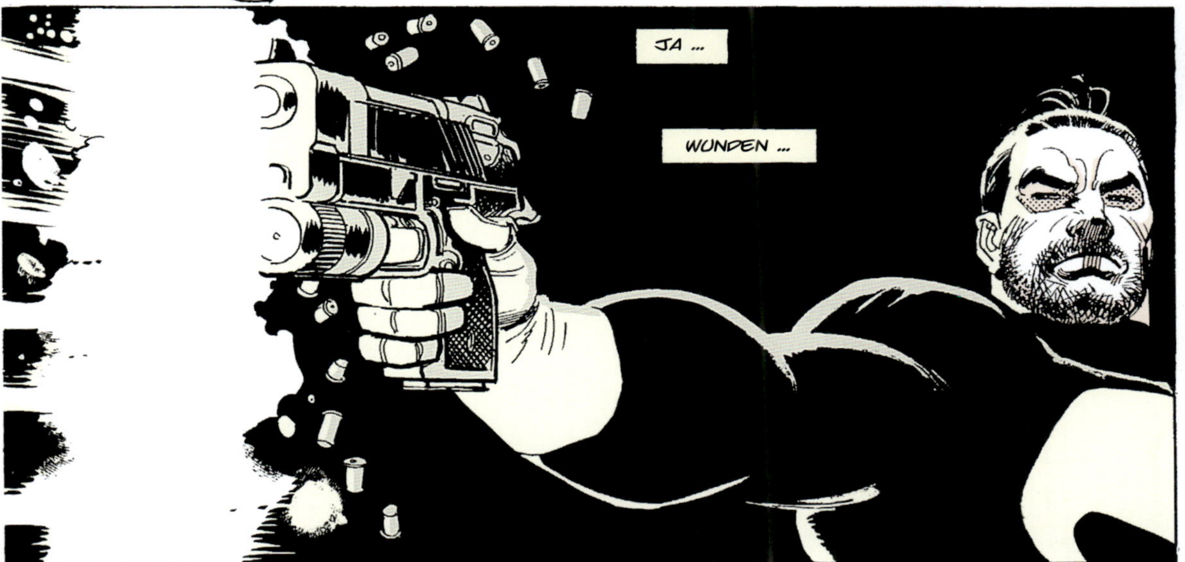
JA ...
WUNDEN ...

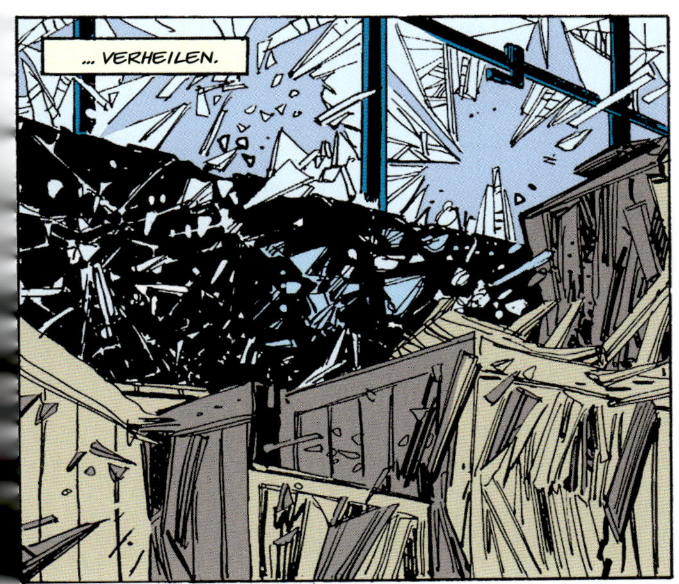
... VERHEILEN.

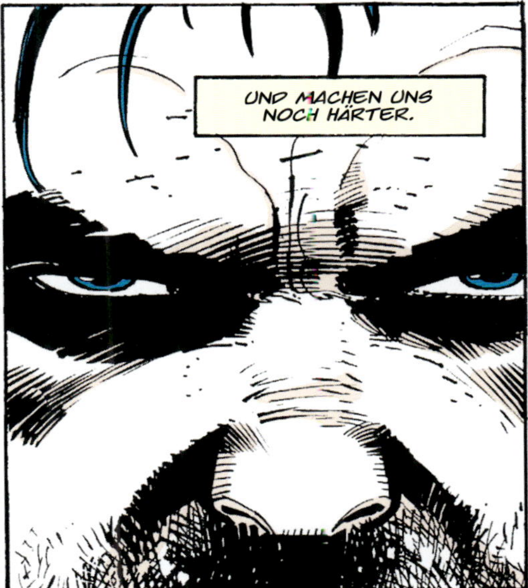
UND MACHEN UNS NOCH HÄRTER.

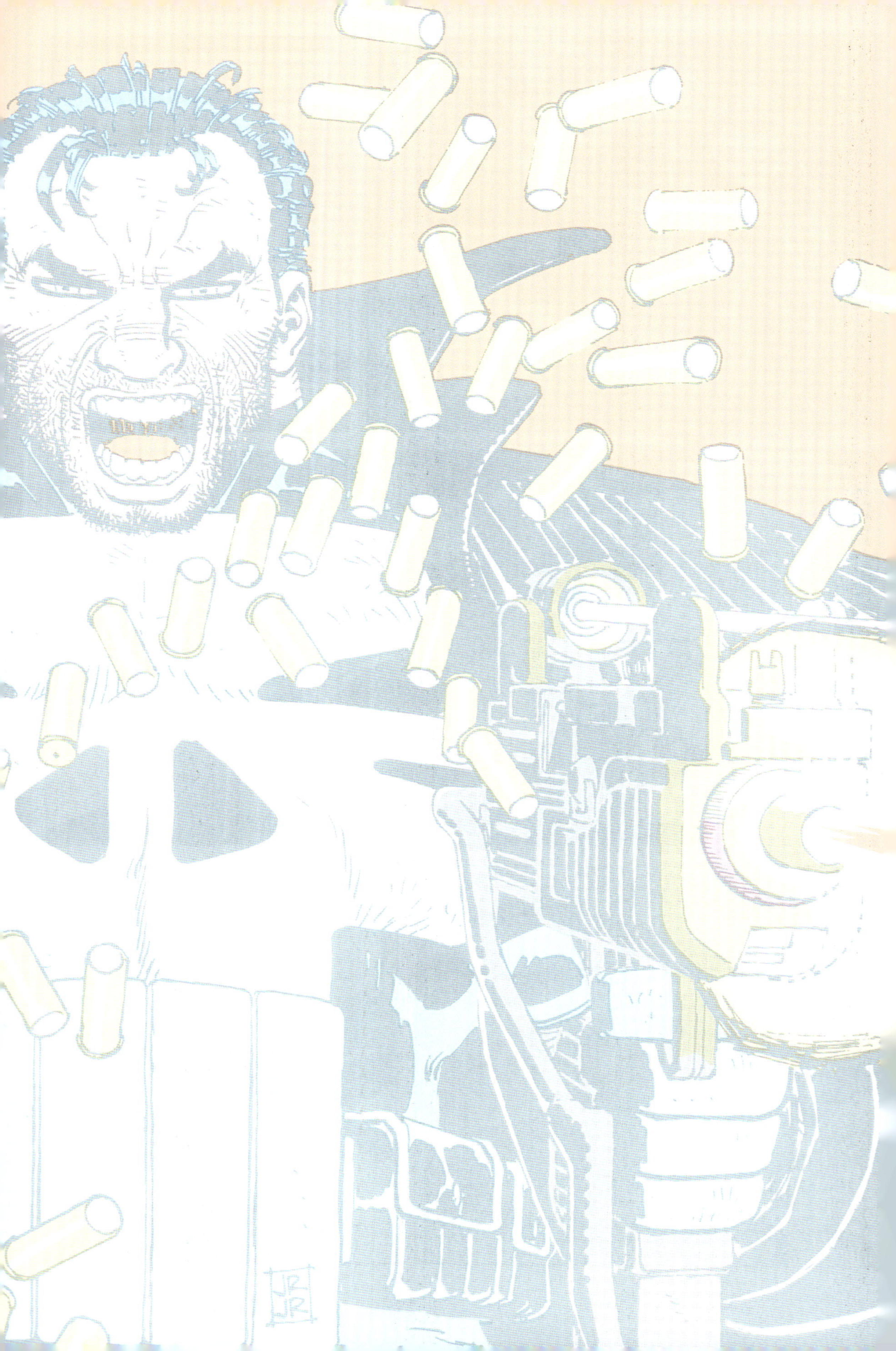

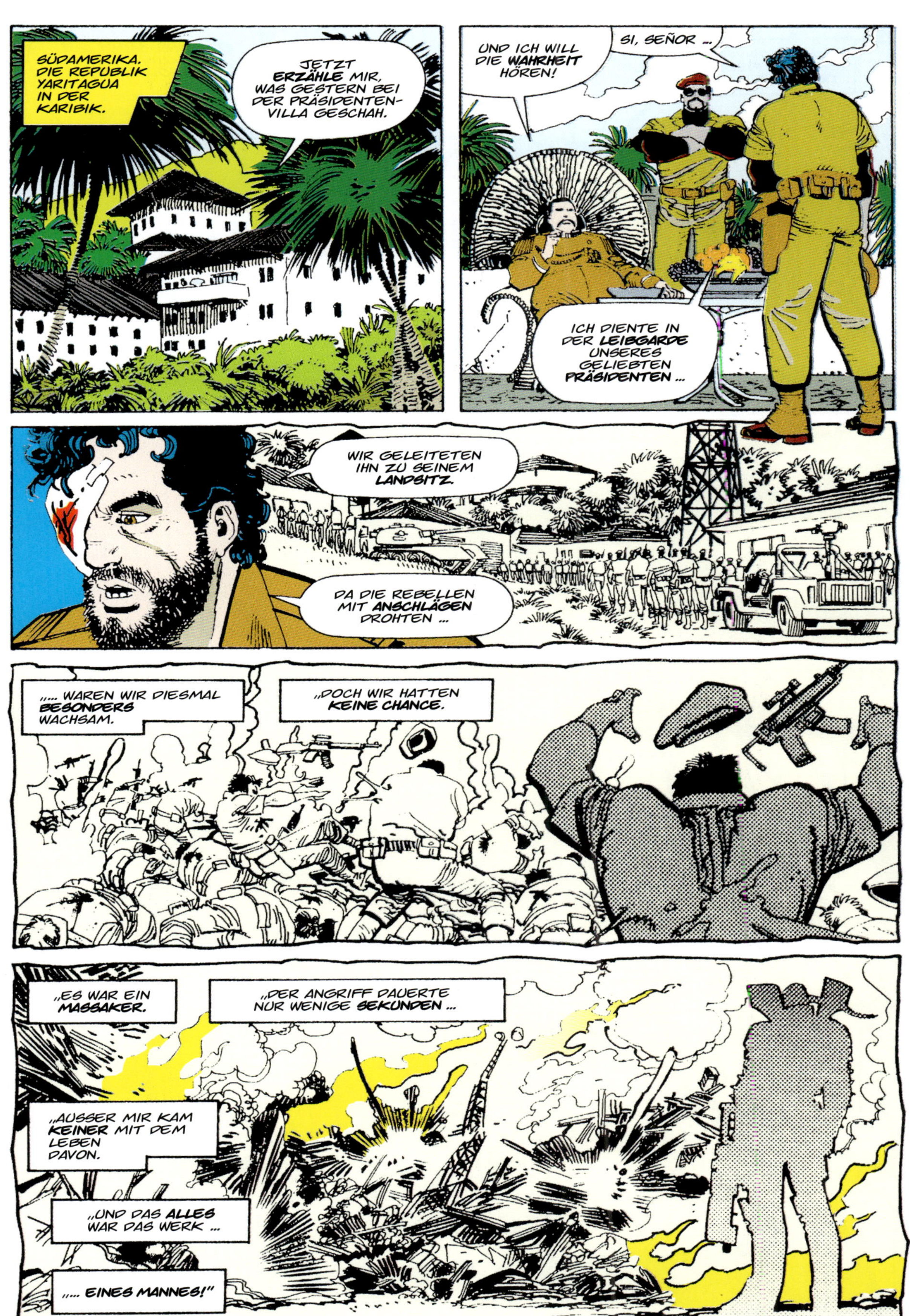
SÜDAMERIKA. DIE REPUBLIK YARITAGUA IN DER KARIBIK.
JETZT ERZÄHLE MIR, WAS GESTERN BEI DER PRÄSIDENTEN-VILLA GESCHAH.
UND ICH WILL DIE WAHRHEIT HÖREN!
SI, SEÑOR ...
ICH DIENTE IN DER LEIBGARDE UNSERES GELIEBTEN PRÄSIDENTEN ...
WIR GELEITETEN IHN ZU SEINEM LANDSITZ.
DA DIE REBELLEN MIT ANSCHLÄGEN DROHTEN ...
„... WAREN WIR DIESMAL BESONDERS WACHSAM.
„DOCH WIR HATTEN KEINE CHANCE.
„ES WAR EIN MASSAKER.
„DER ANGRIFF DAUERTE NUR WENIGE SEKUNDEN ...
„AUSSER MIR KAM KEINER MIT DEM LEBEN DAVON.
„UND DAS ALLES WAR DAS WERK ...
„... EINES MANNES!"

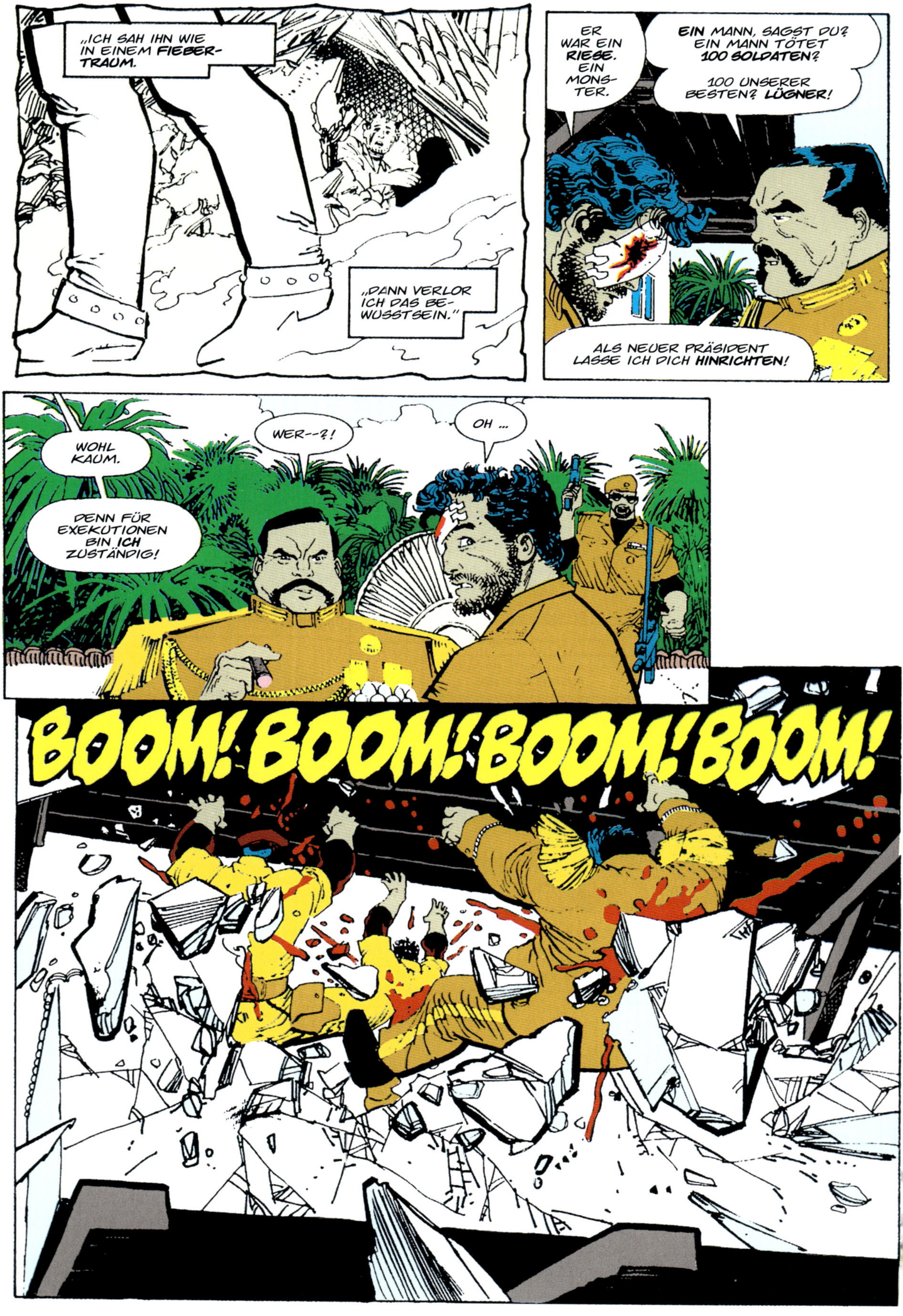

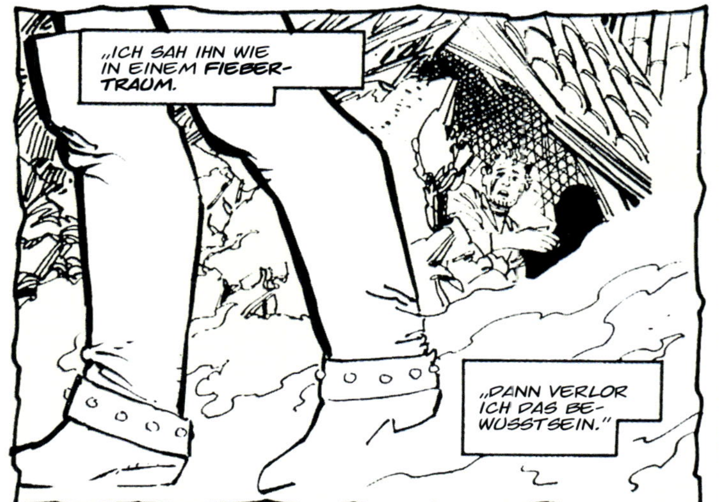
„ICH SAH IHN WIE IN EINEM FIEBER-TRAUM.
„DANN VERLOR ICH DAS BE-WUSSTSEIN."

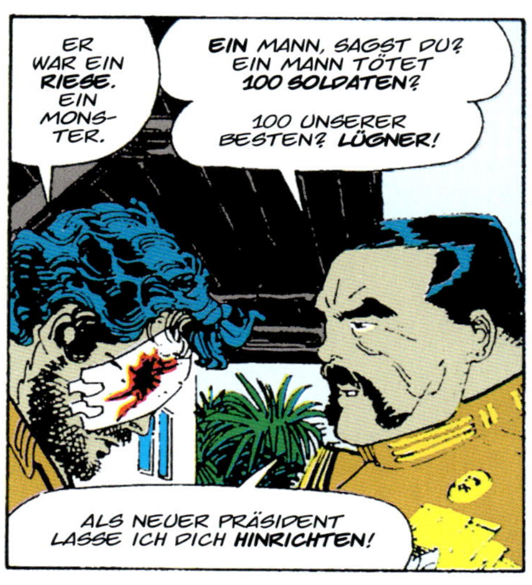
ER WAR EIN RIESE. EIN MONS-TER.
EIN MANN, SAGST DU? EIN MANN TÖTET 100 SOLDATEN?
100 UNSERER BESTEN? LÜGNER!
ALS NEUER PRÄSIDENT LASSE ICH DICH HINRICHTEN!

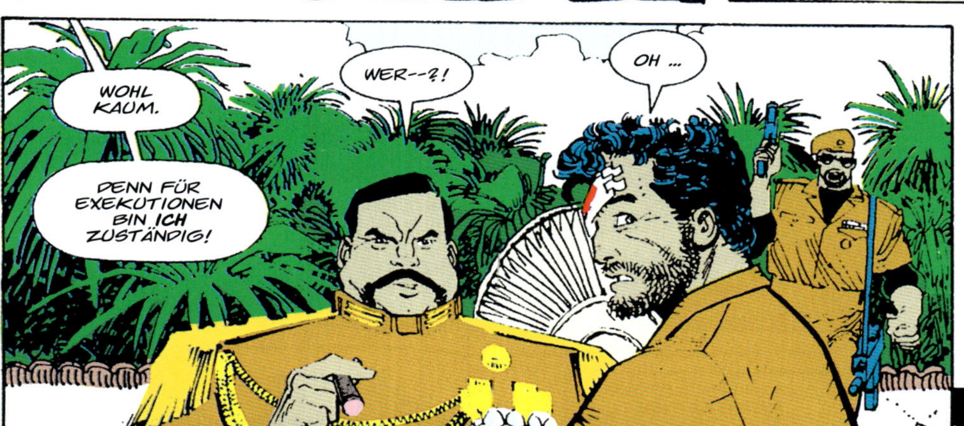
WOHL KAUM.
DENN FÜR EXEKUTIONEN BIN ICH ZUSTÄNDIG!
WER--?!
OH ...
BOOM! BOOM! BOOM! BOOM!

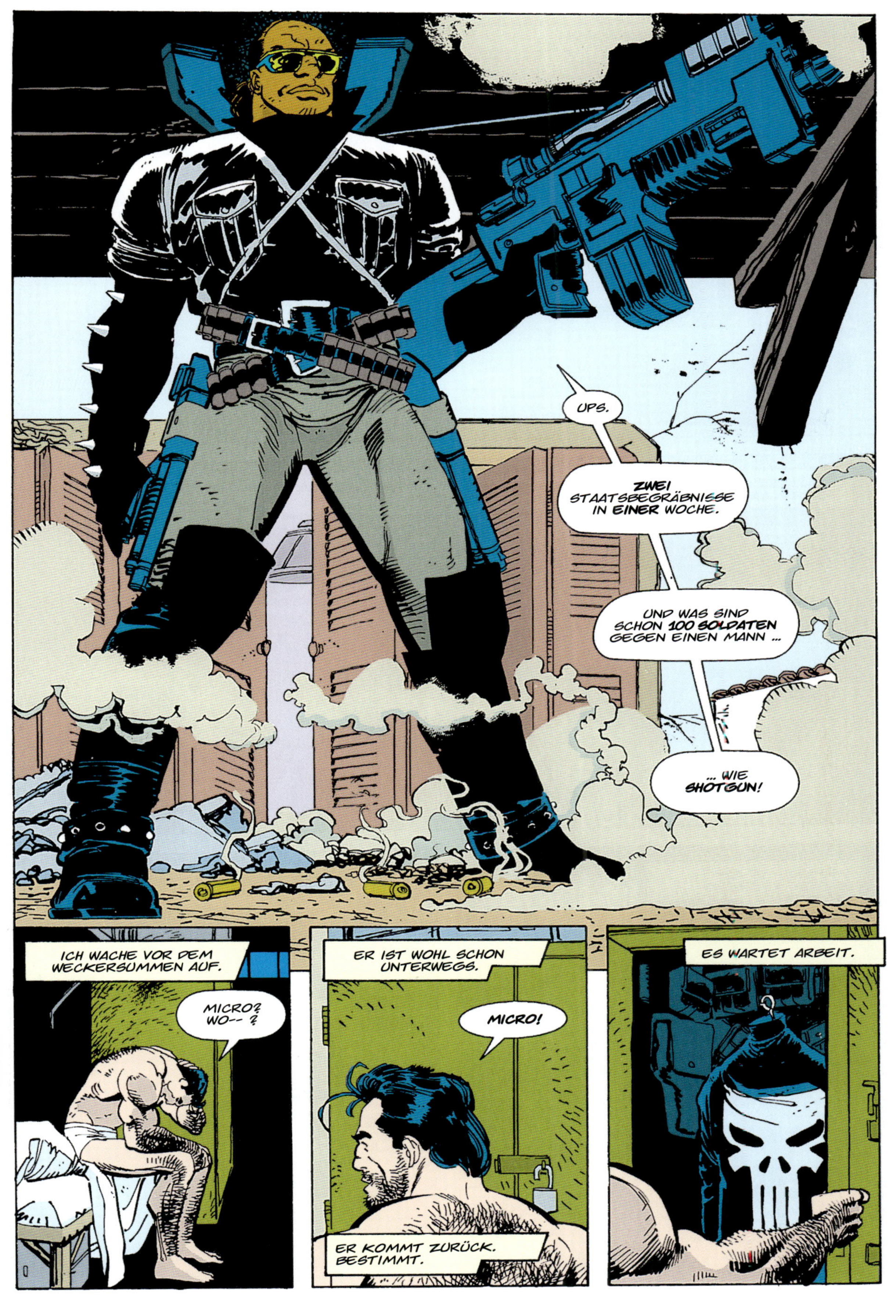
UPS.
ZWEI STAATSBEGRÄBNISSE IN EINER WOCHE.
UND WAS SIND SCHON 100 SOLDATEN GEGEN EINEN MANN ...
... WIE SHOTGUN!
ICH WACHE VOR DEM WECKERSUMMEN AUF.
MICRO? WO-- ?
ER IST WOHL SCHON UNTERWEGS.
MICRO!
ER KOMMT ZURÜCK. BESTIMMT.
ES WARTET ARBEIT.

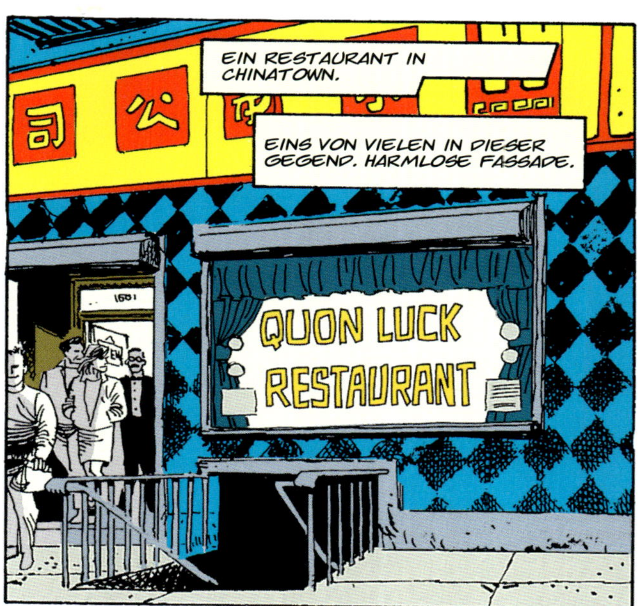
EIN RESTAURANT IN CHINATOWN.
EINS VON VIELEN IN DIESER GEGEND. HARMLOSE FASSADE.
QUON LUCK RESTAURANT

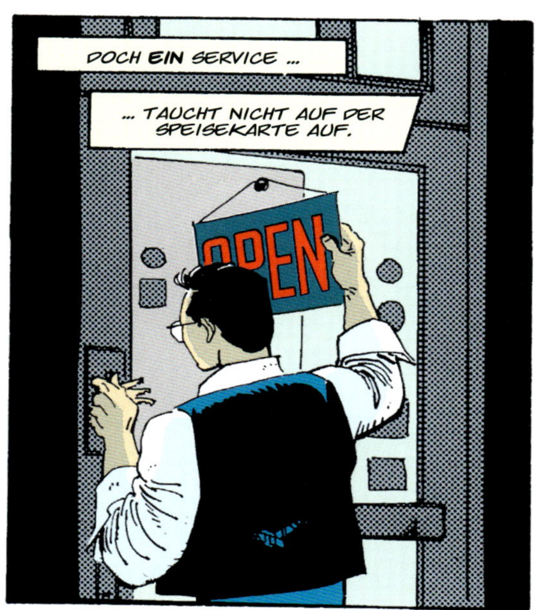
DOCH EIN SERVICE ...
... TAUCHT NICHT AUF DER SPEISEKARTE AUF.
OPEN

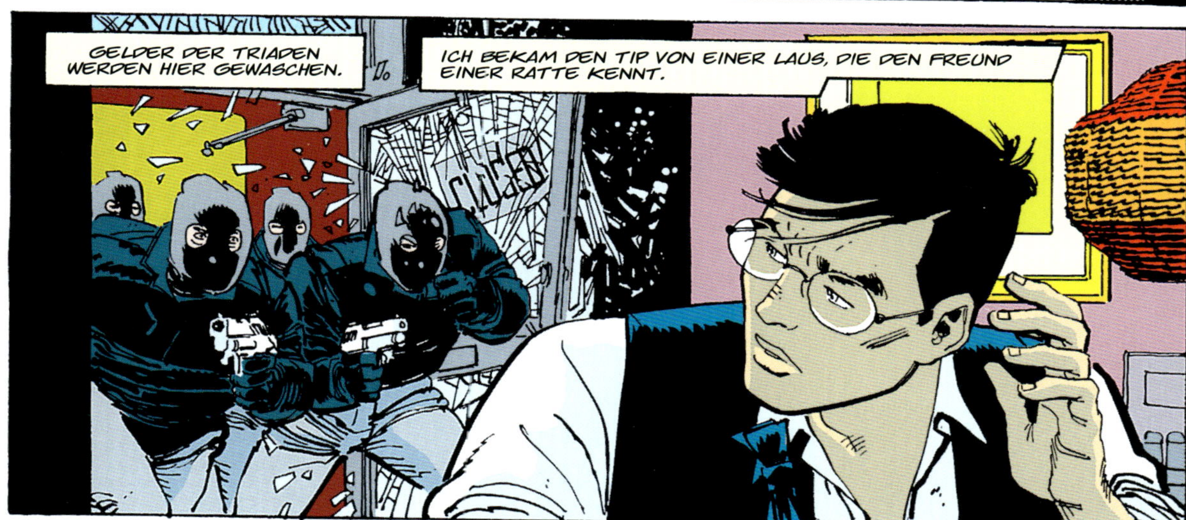
GELDER DER TRIADEN WERDEN HIER GEWASCHEN.
ICH BEKAM DEN TIP VON EINER LAUS, DIE DEN FREUND EINER RATTE KENNT.

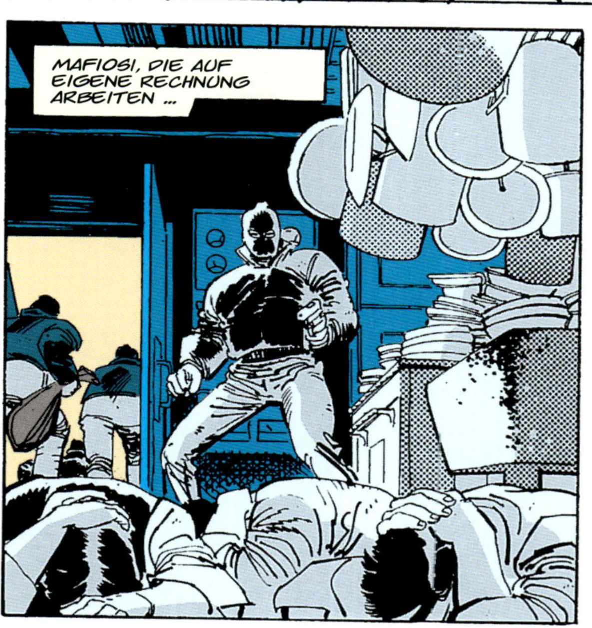
MAFIOSI, DIE AUF EIGENE RECHNUNG ARBEITEN ...

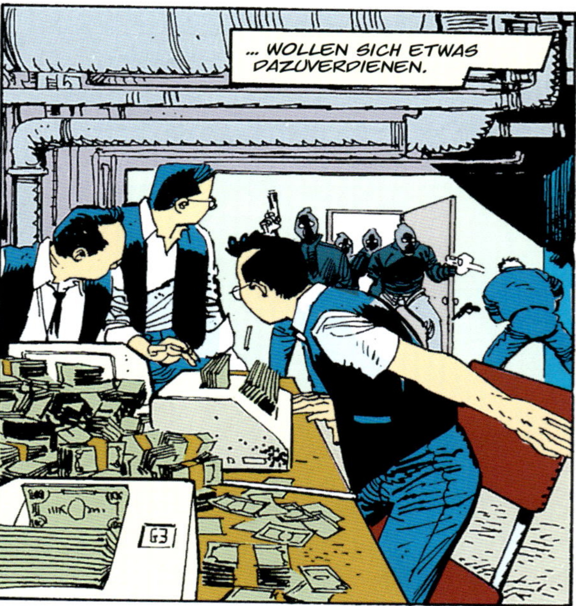
... WOLLEN SICH ETWAS DAZUVERDIENEN.

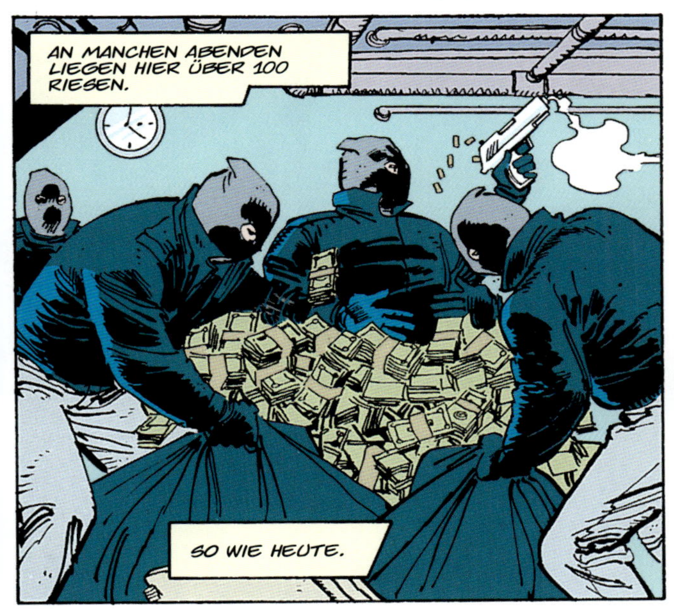
AN MANCHEN ABENDEN LIEGEN HIER ÜBER 100 RIESEN.
SO WIE HEUTE.

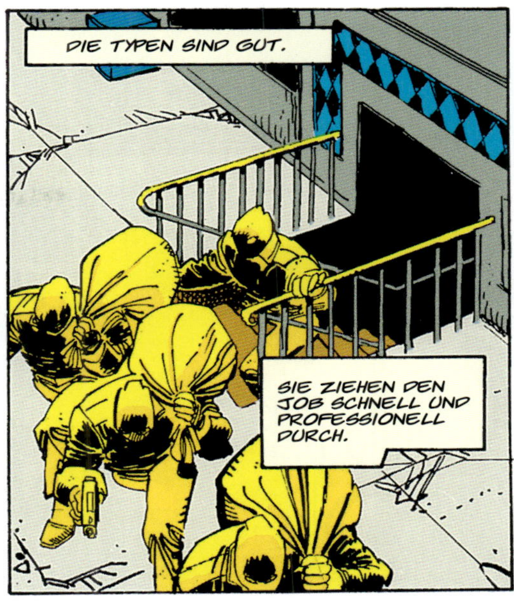
DIE TYPEN SIND GUT.
SIE ZIEHEN DEN JOB SCHNELL UND PROFESSIONELL DURCH.

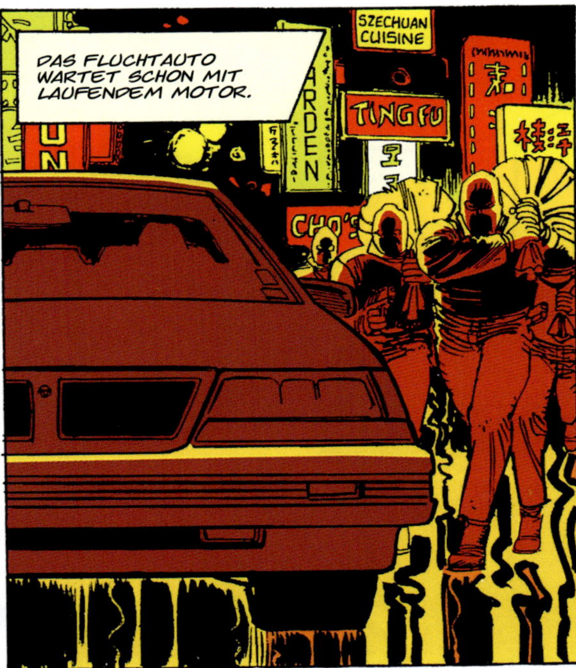
DAS FLUCHTAUTO WARTET SCHON MIT LAUFENDEM MOTOR.
SZECHUAN CUISINE
TINGFU

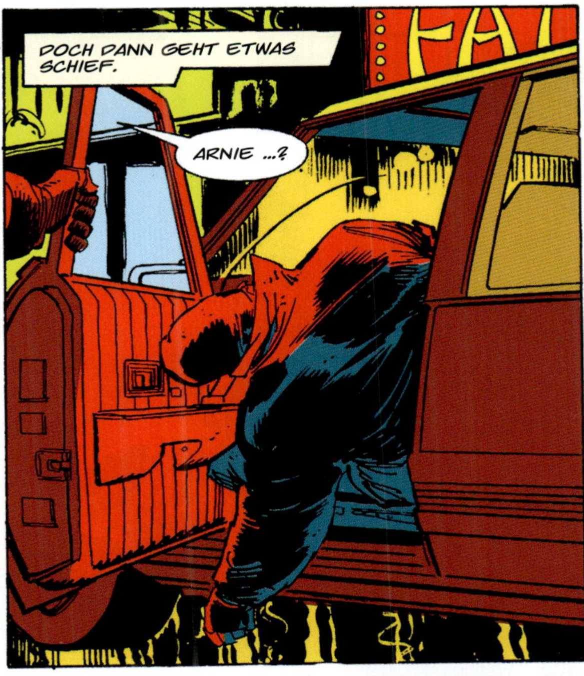
DOCH DANN GEHT ETWAS SCHIEF.
ARNIE ...?

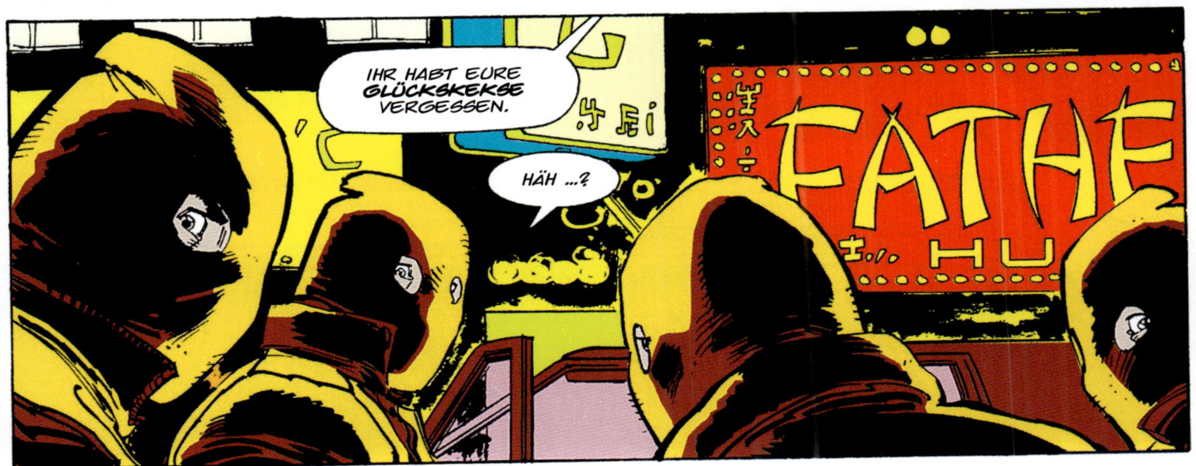
IHR HABT EURE **GLÜCKSKEKSE** VERGESSEN.
HÄH ...?
FATHE
HU

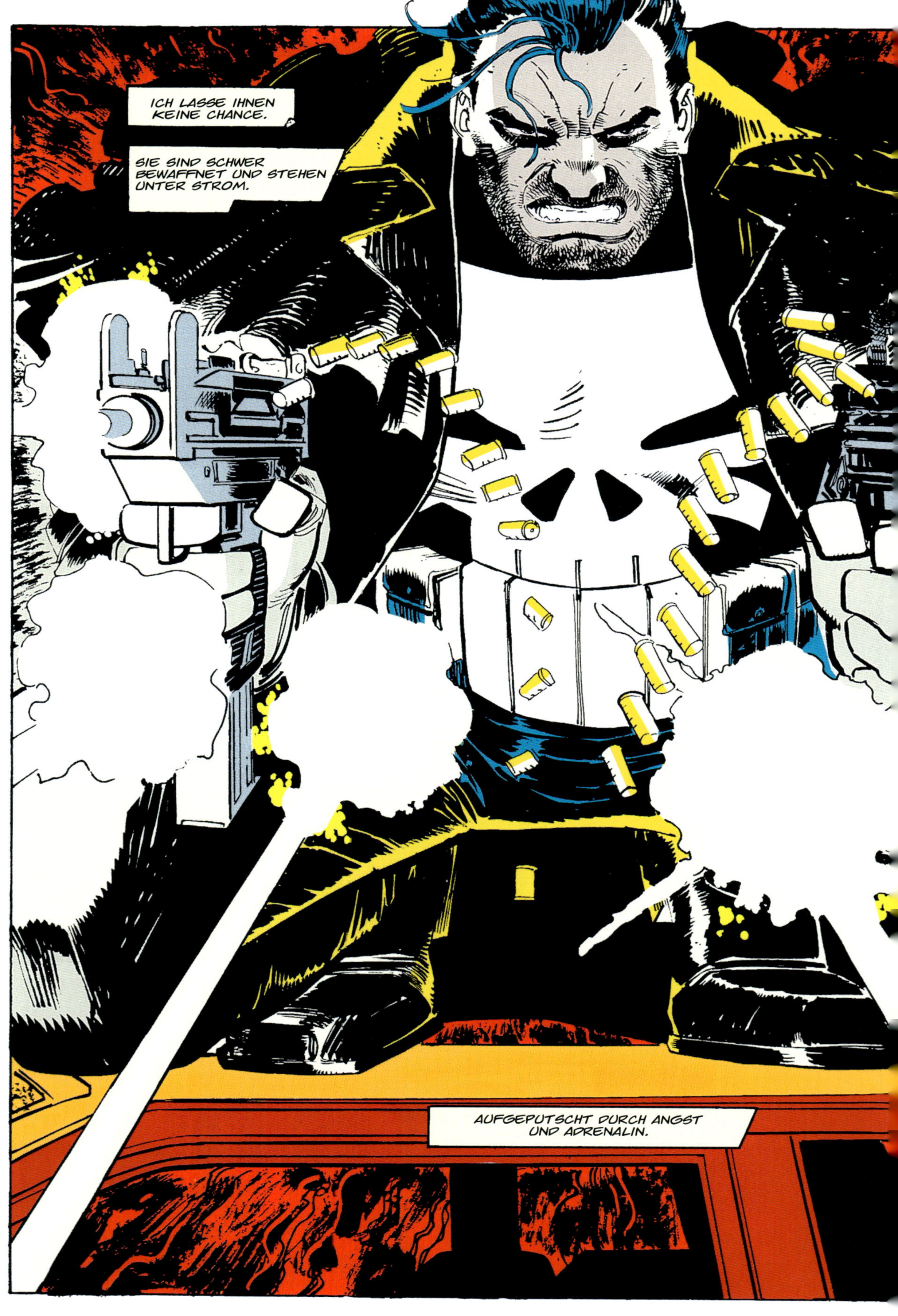
ICH LASSE IHNEN KEINE CHANCE.
SIE SIND SCHWER BEWAFFNET UND STEHEN UNTER STROM.
AUFGEPUTSCHT DURCH ANGST UND ADRENALIN.

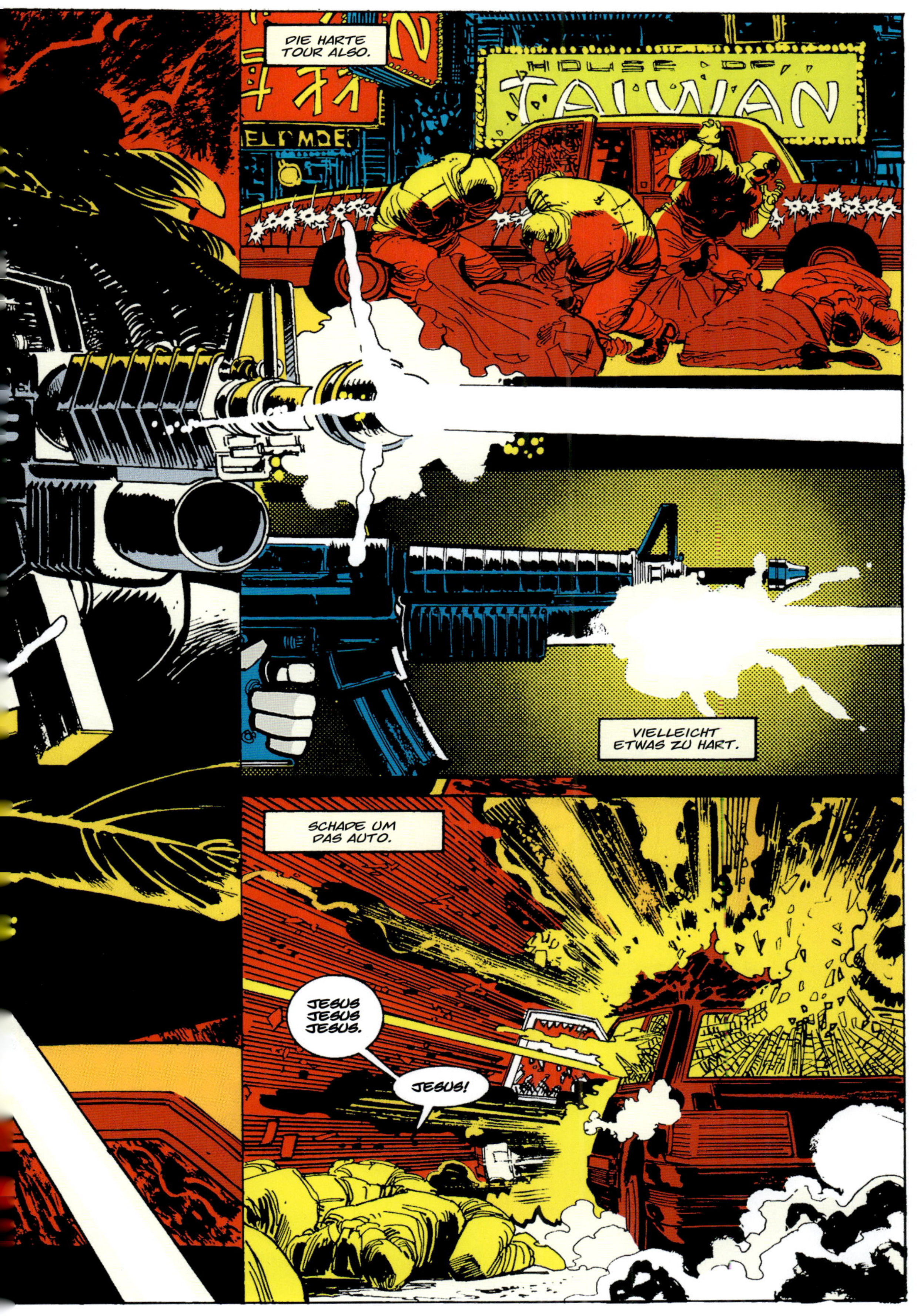
DIE HARTE
TOUR ALSO.
HOUSE OF
TAIWAN
VIELLEICHT
ETWAS ZU HART.
SCHADE UM
DAS AUTO.
JESUS
JESUS
JESUS.
JESUS!

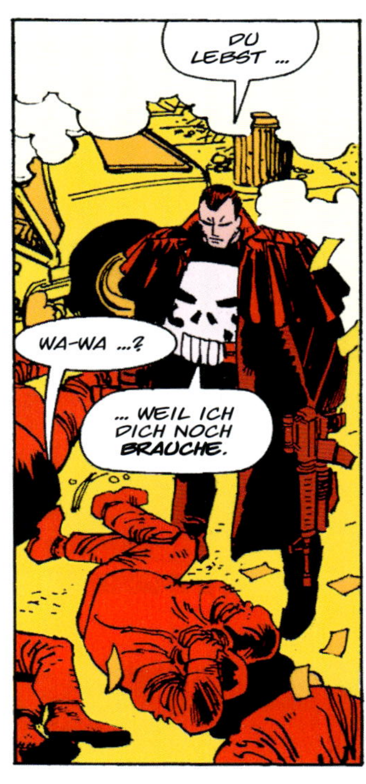
DU LEBST ...
WA-WA ...?
... WEIL ICH DICH NOCH BRAUCHE.

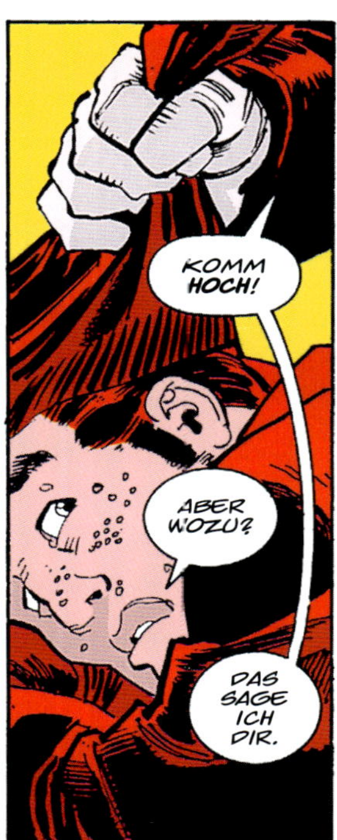
KOMM HOCH!
ABER WOZU?
DAS SAGE ICH DIR.

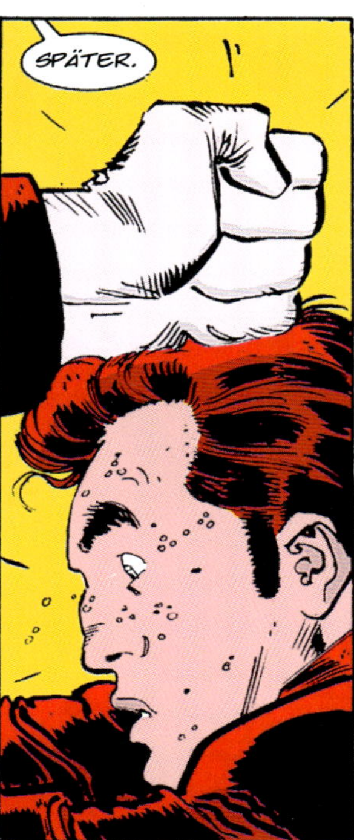
SPÄTER.

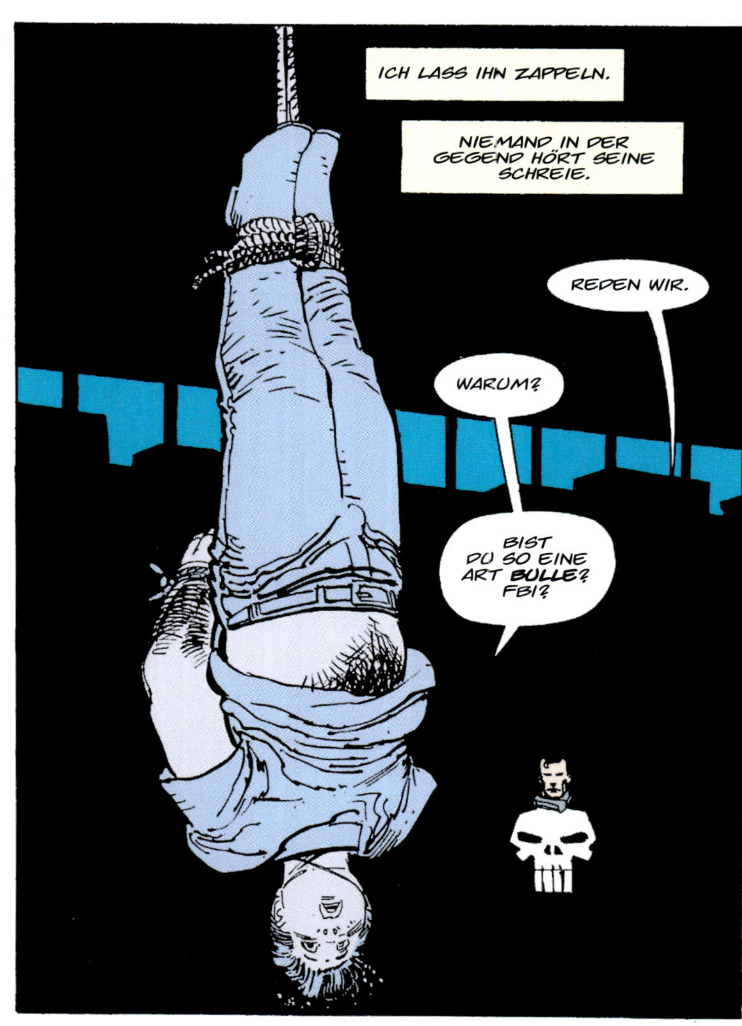
ICH LASS IHN ZAPPELN.
NIEMAND IN DER GEGEND HÖRT SEINE SCHREIE.
REDEN WIR.
WARUM?
BIST DU SO EINE ART BULLE? FBI?

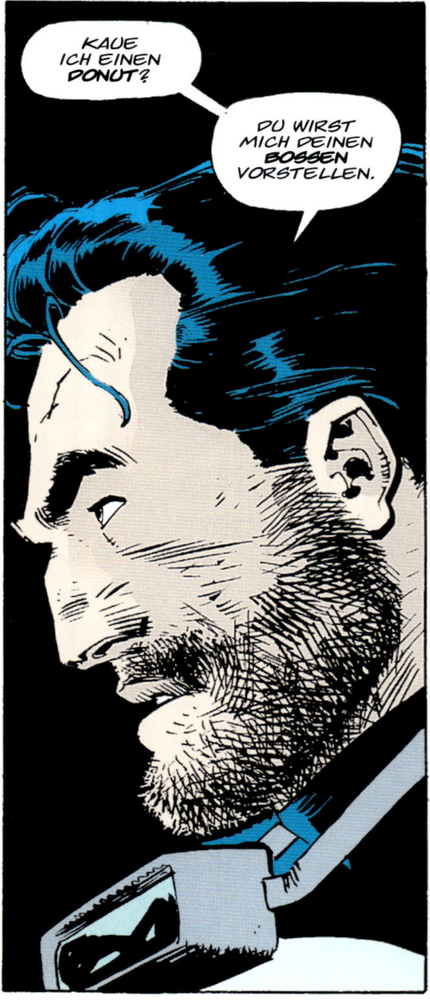
KAUE ICH EINEN DONUT?
DU WIRST MICH DEINEN BOSSEN VORSTELLEN.

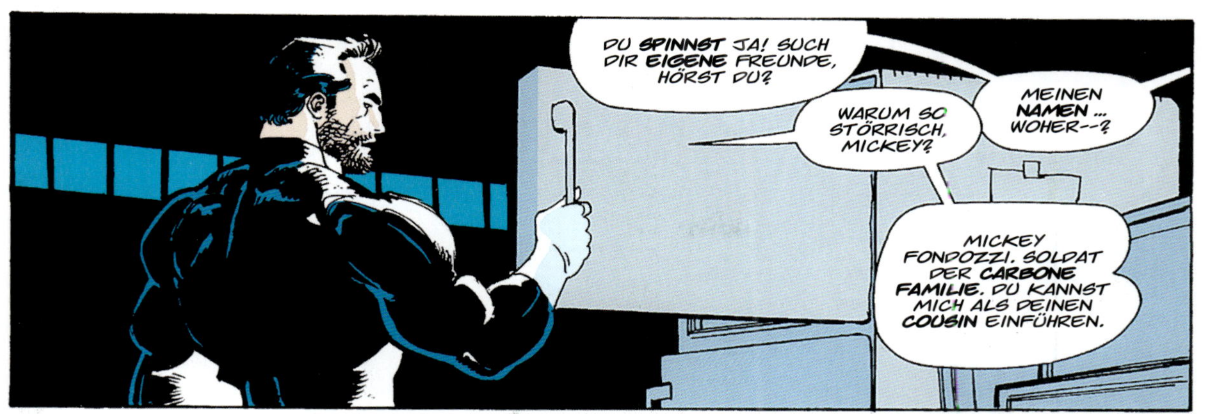
DU SPINNST JA! SUCH DIR EIGENE FREUNDE, HÖRST DU?
MEINEN NAMEN ... WOHER--?
WARUM SO STÖRRISCH, MICKEY?
MICKEY FONDOZZI. SOLDAT DER CARBONE FAMILIE. DU KANNST MICH ALS DEINEN COUSIN EINFÜHREN.

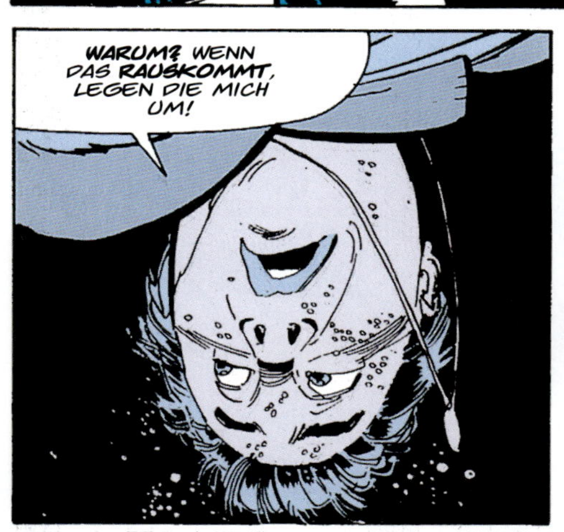
WARUM? WENN DAS RAUSKOMMT, LEGEN DIE MICH UM!

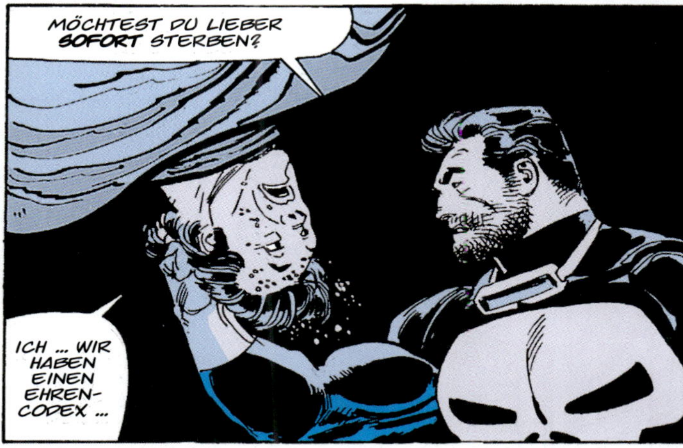
MÖCHTEST DU LIEBER SOFORT STERBEN?
ICH ... WIR HABEN EINEN EHREN-CODEX ...

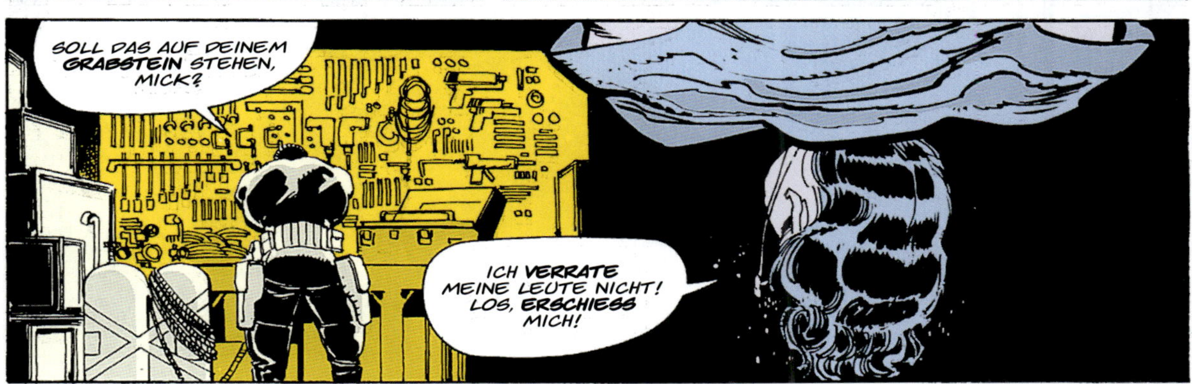
SOLL DAS AUF DEINEM GRABSTEIN STEHEN, MICK?
ICH VERRATE MEINE LEUTE NICHT! LOS, ERSCHIESS MICH!

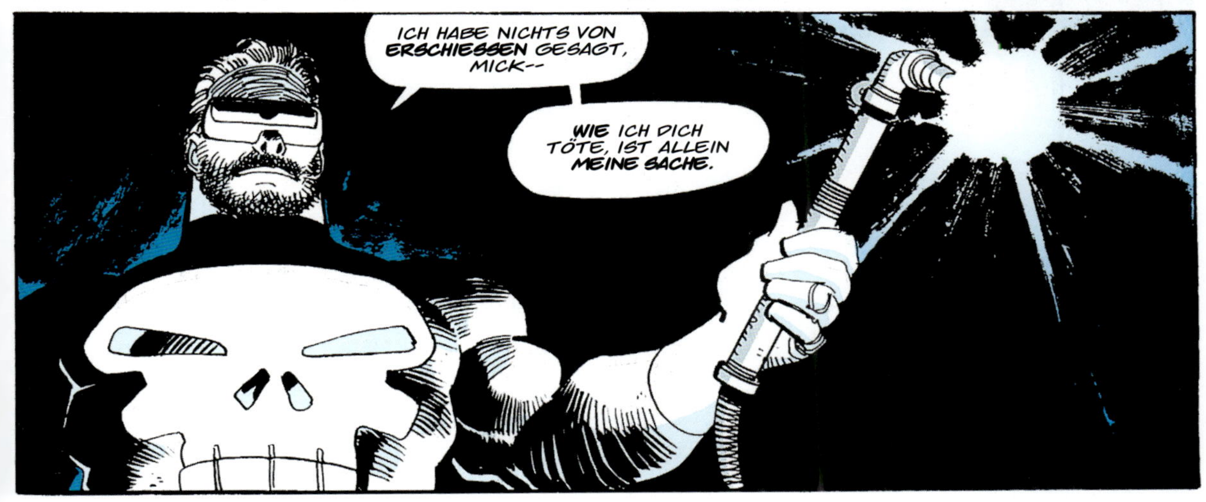
ICH HABE NICHTS VON ERSCHIESSEN GESAGT, MICK--
WIE ICH DICH TÖTE, IST ALLEIN MEINE SACHE.

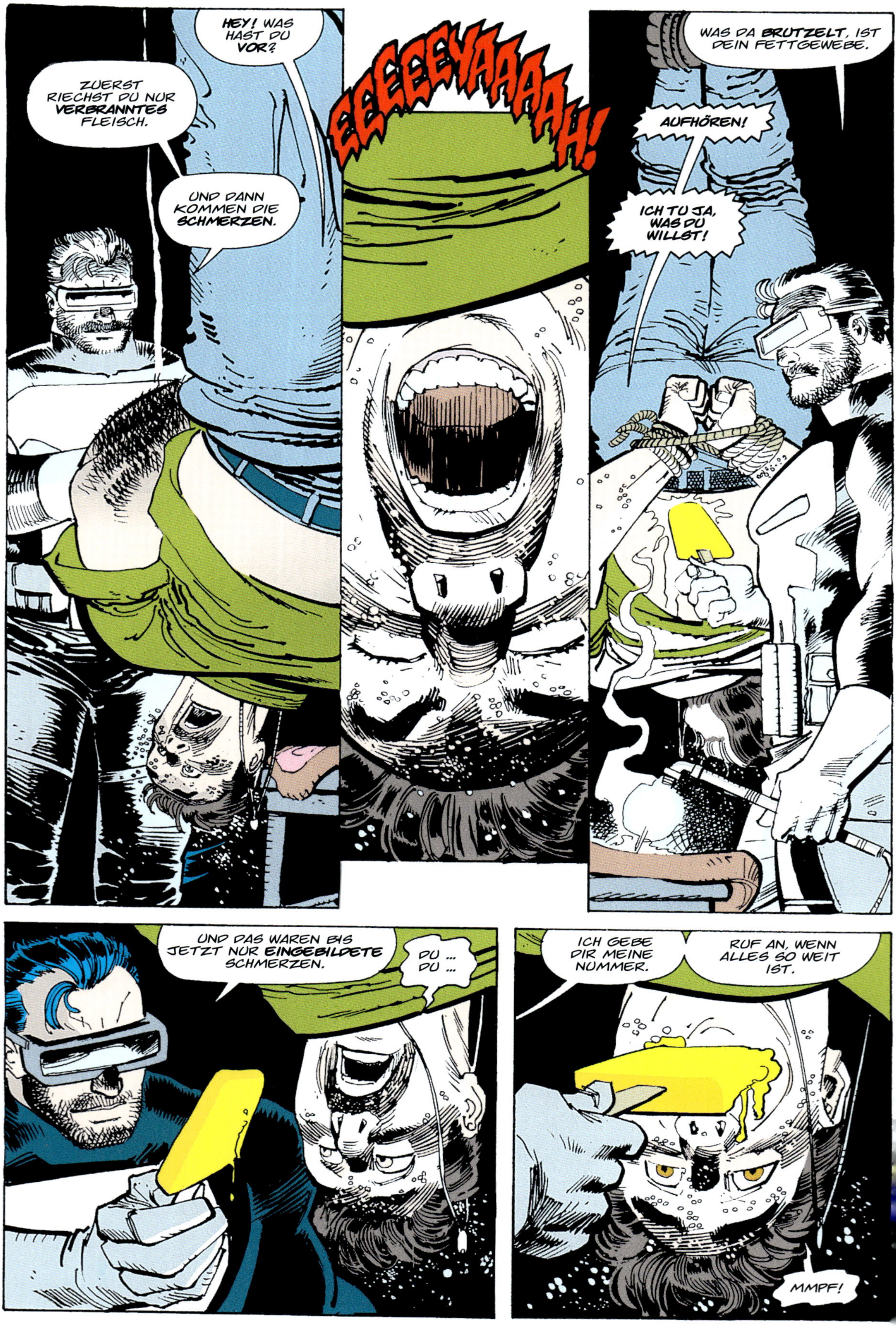

HEY! WAS HAST DU VOR?
ZUERST RIECHST DU NUR VERBRANNTES FLEISCH.
UND DANN KOMMEN DIE SCHMERZEN.
EEEEEYAAAAAH!
WAS DA BRUTZELT, IST DEIN FETTGEWEBE.
AUFHÖREN!
ICH TU JA, WAS DU WILLST!

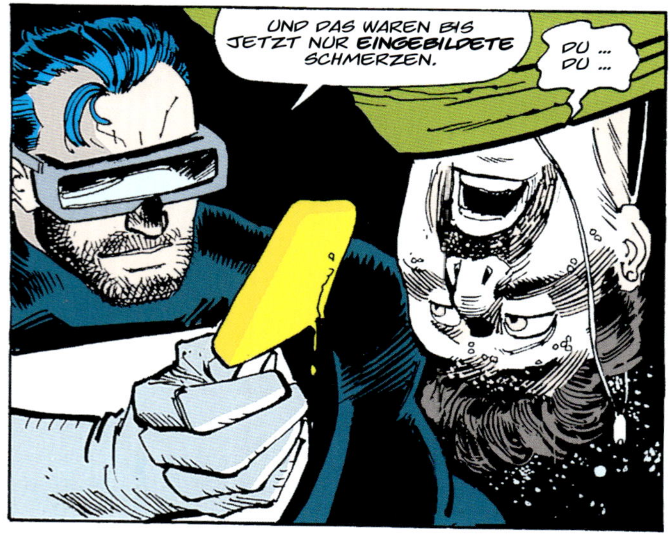

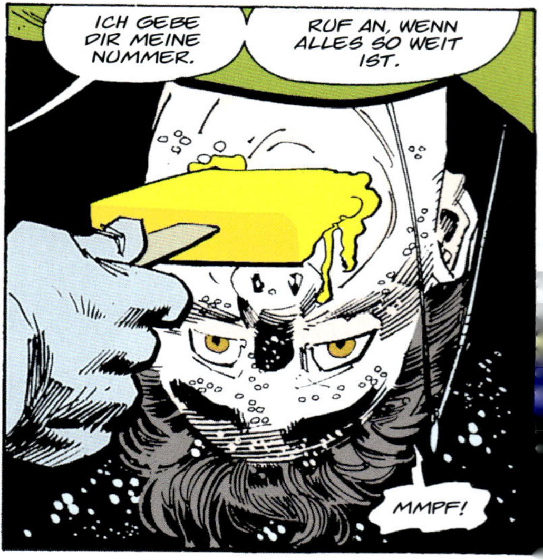

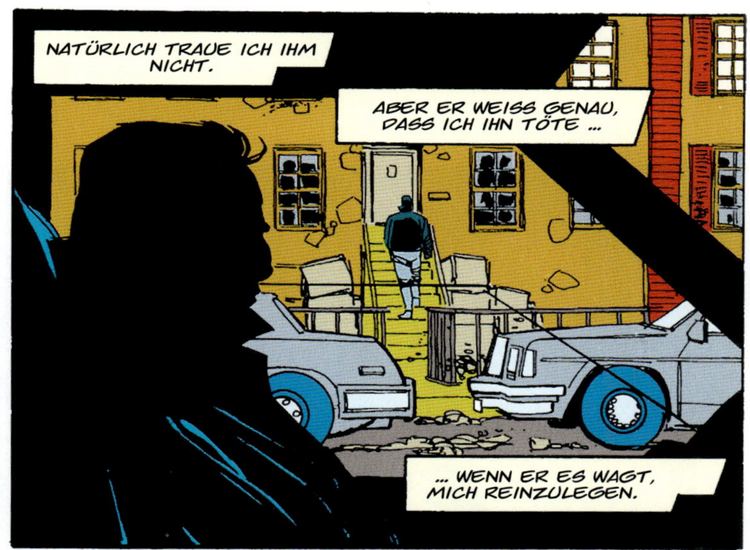
NATÜRLICH TRAUE ICH IHM NICHT.
ABER ER WEISS GENAU, DASS ICH IHN TÖTE ...
... WENN ER ES WAGT, MICH REINZULEGEN.

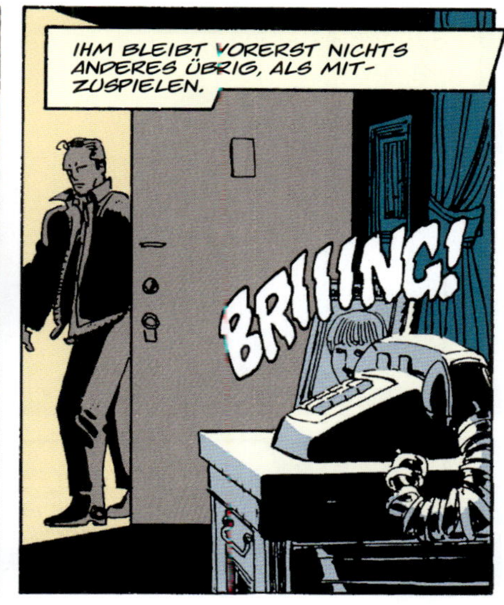
IHM BLEIBT VORERST NICHTS ANDERES ÜBRIG, ALS MITZUSPIELEN.
BRIIING!

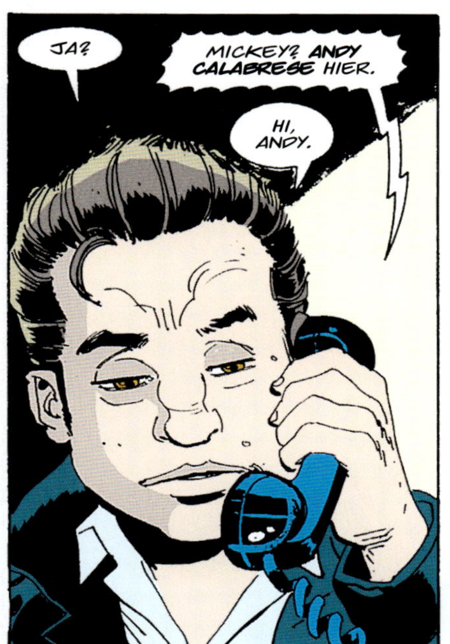
JA?
MICKEY? ANDY CALABRESE HIER.
HI, ANDY.

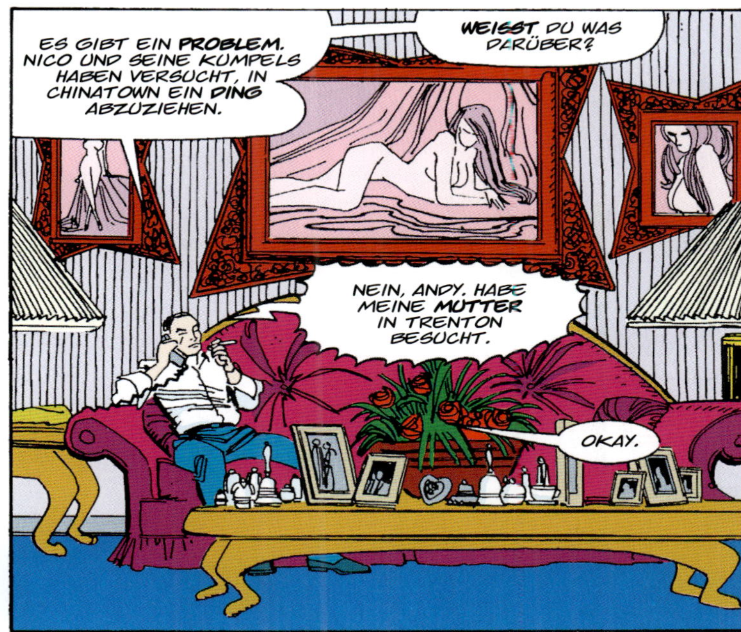
ES GIBT EIN PROBLEM. NICO UND SEINE KUMPELS HABEN VERSUCHT, IN CHINATOWN EIN DING ABZUZIEHEN.
WEISST DU WAS DARÜBER?
NEIN, ANDY. HABE MEINE MUTTER IN TRENTON BESUCHT.
OKAY.

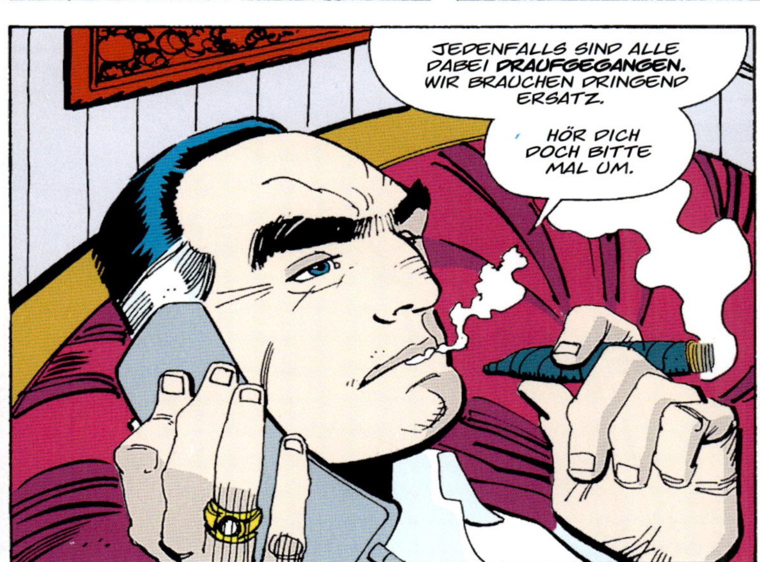
JEDENFALLS SIND ALLE DABEI DRAUFGEGANGEN. WIR BRAUCHEN DRINGEND ERSATZ.
HÖR DICH DOCH BITTE MAL UM.

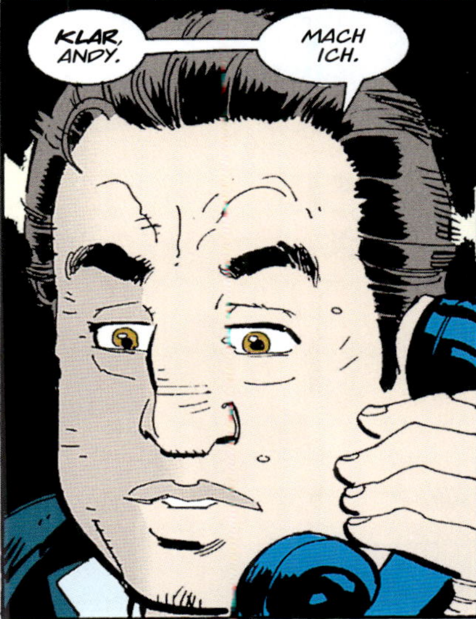
KLAR, ANDY.
MACH ICH.

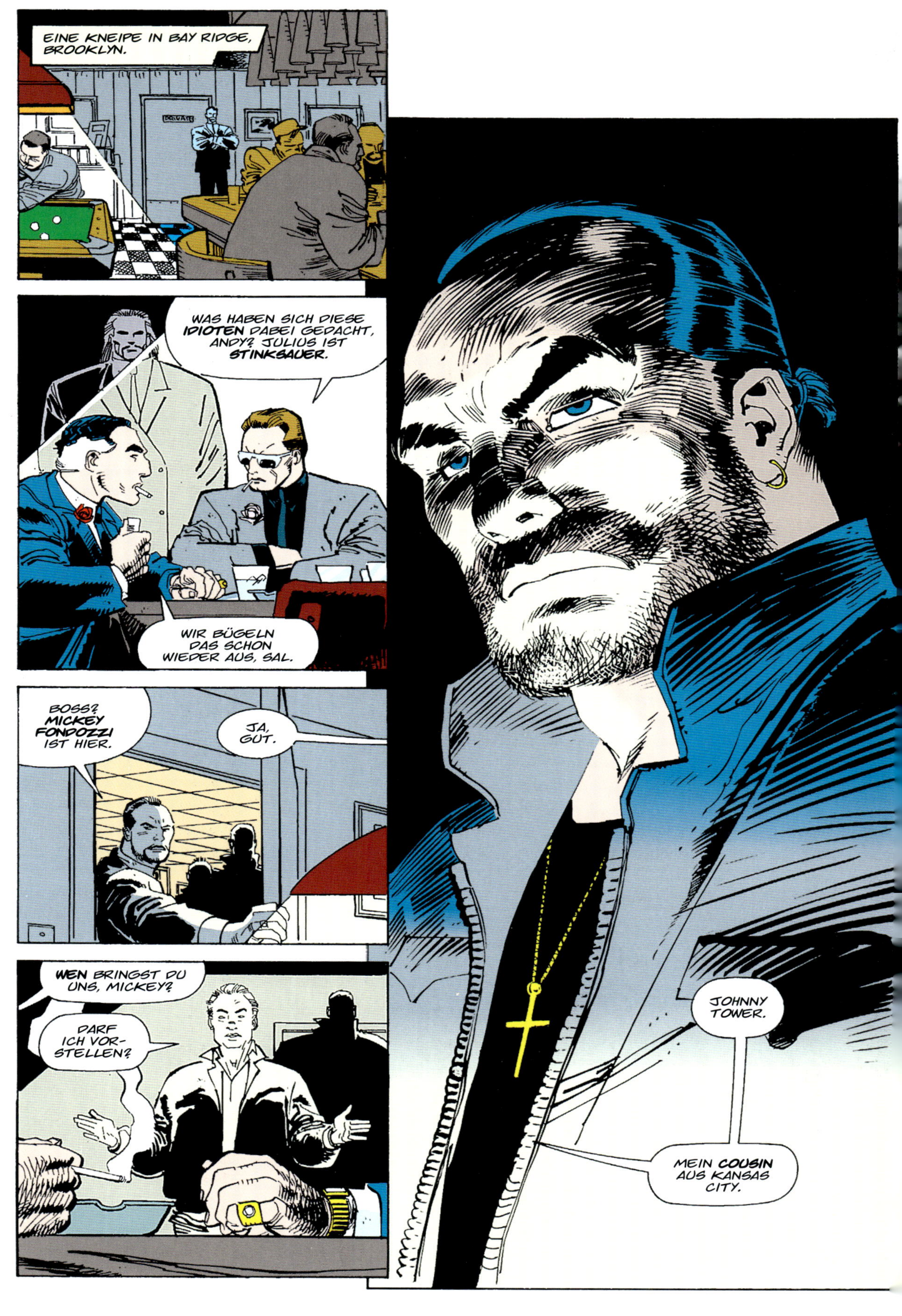
EINE KNEIPE IN BAY RIDGE, BROOKLYN.
WAS HABEN SICH DIESE IDIOTEN DABEI GEDACHT, ANDY? JULIUS IST STINKSAUER.
WIR BÜGELN DAS SCHON WIEDER AUS, SAL.
BOSS? MICKEY FONDOZZI IST HIER.
JA, GUT.
WEN BRINGST DU UNS, MICKEY?
DARF ICH VORSTELLEN?
JOHNNY TOWER.
MEIN COUSIN AUS KANSAS CITY.

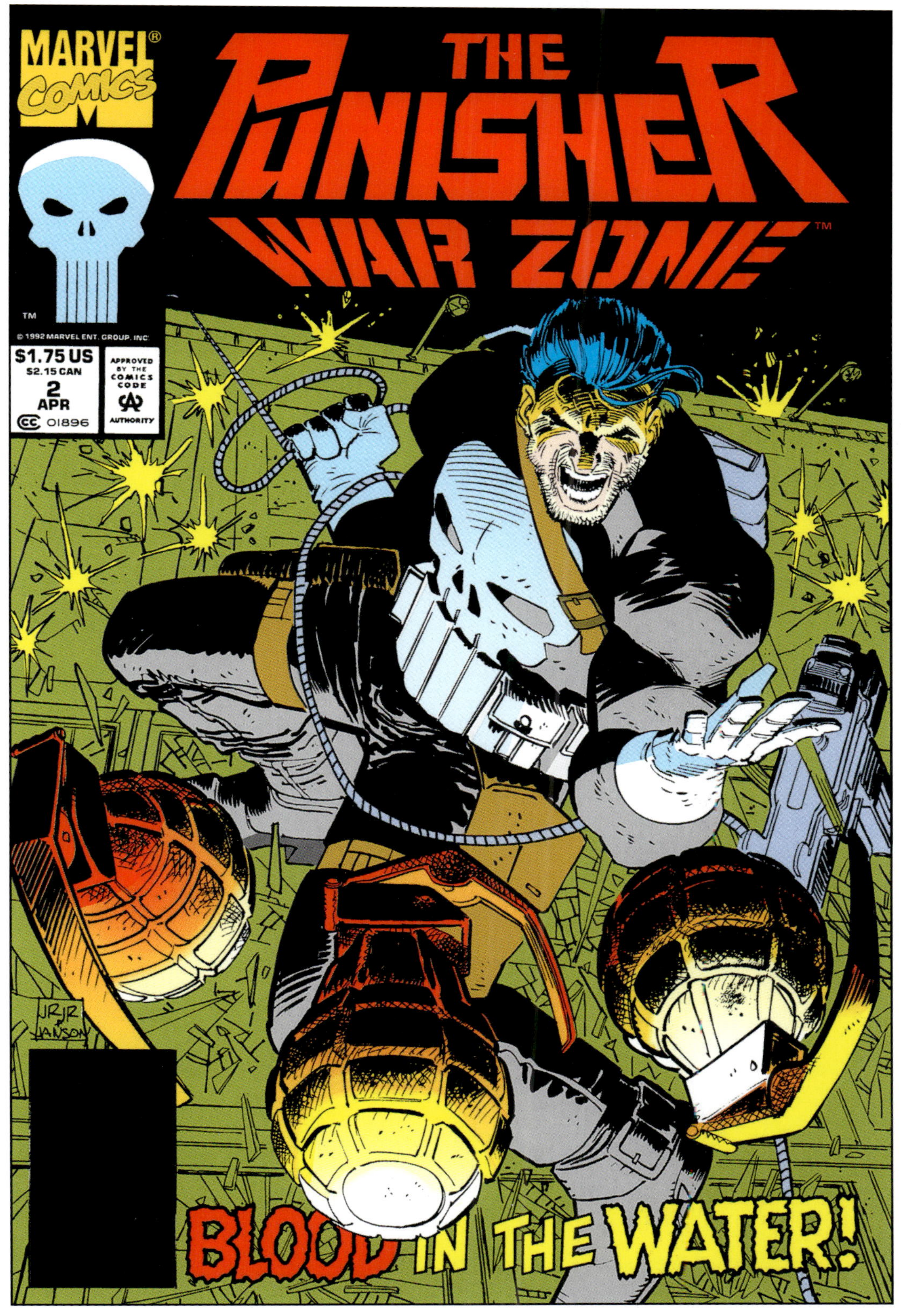

The Punisher: War Zone (1992) 2
Cover von **JOHN ROMITA JR.**

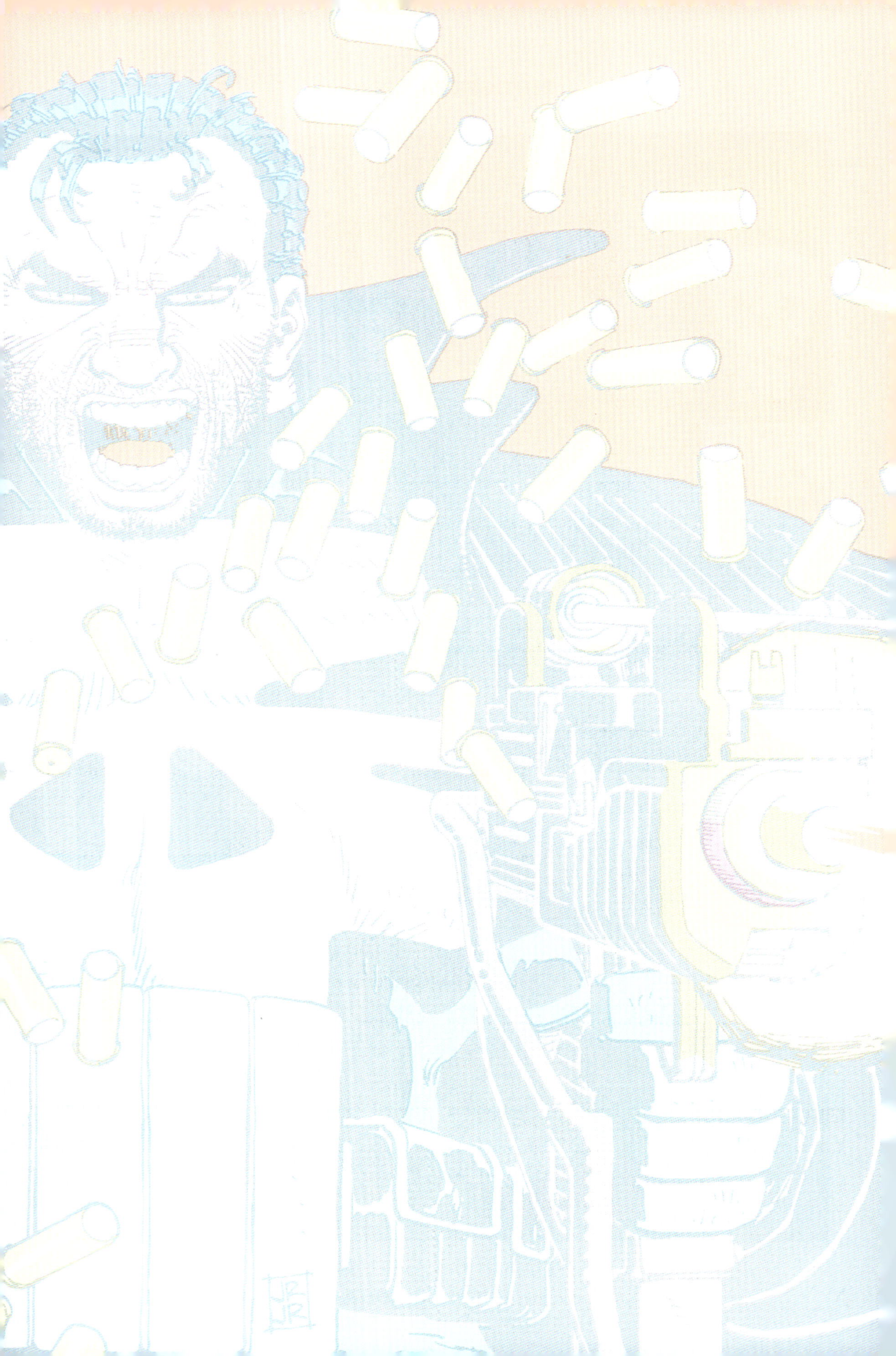

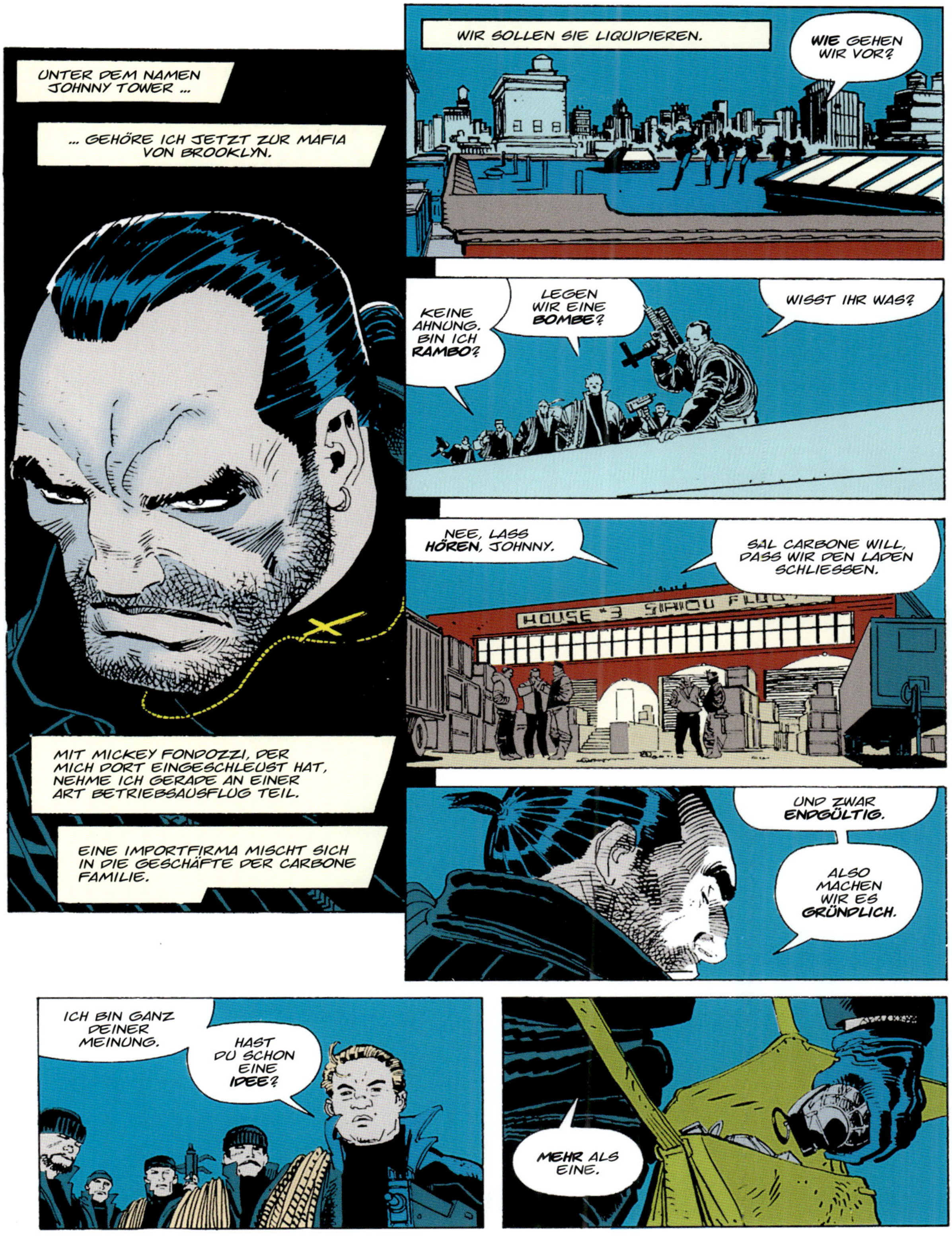

UNTER DEM NAMEN JOHNNY TOWER ...

... GEHÖRE ICH JETZT ZUR MAFIA VON BROOKLYN.

MIT MICKEY FONDOZZI, DER MICH DORT EINGESCHLEUST HAT, NEHME ICH GERADE AN EINER ART BETRIEBSAUSFLUG TEIL.

EINE IMPORTFIRMA MISCHT SICH IN DIE GESCHÄFTE DER CARBONE FAMILIE.

WIR SOLLEN SIE LIQUIDIEREN.

WIE GEHEN WIR VOR?

KEINE AHNUNG. BIN ICH **RAMBO**?

LEGEN WIR EINE **BOMBE**?

WISST IHR WAS?

NEE, LASS **HÖREN**, JOHNNY.

SAL CARBONE WILL, DASS WIR DEN LADEN SCHLIESSEN.

UND ZWAR **ENDGÜLTIG**.

ALSO MACHEN WIR ES **GRÜNDLICH**.

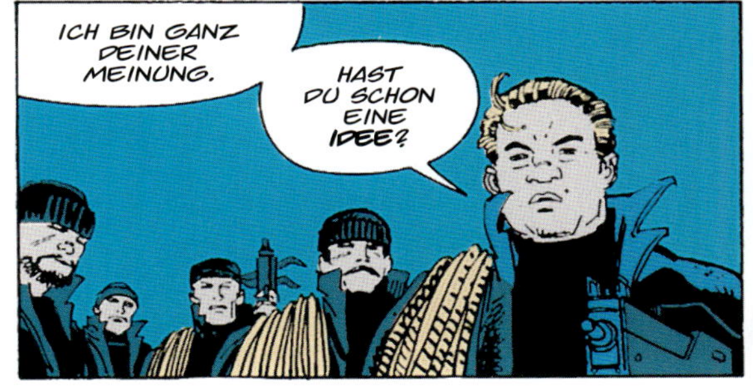

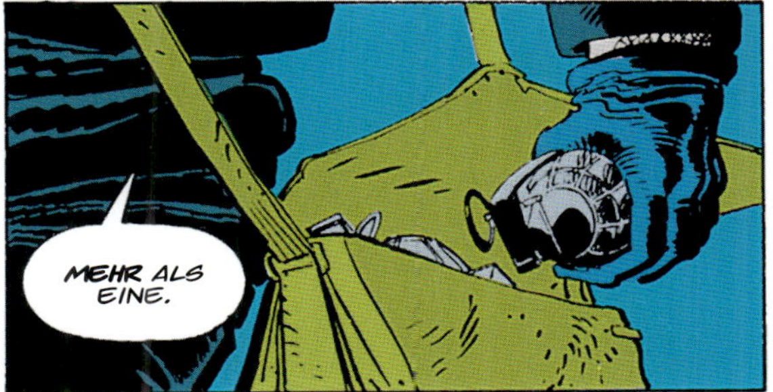

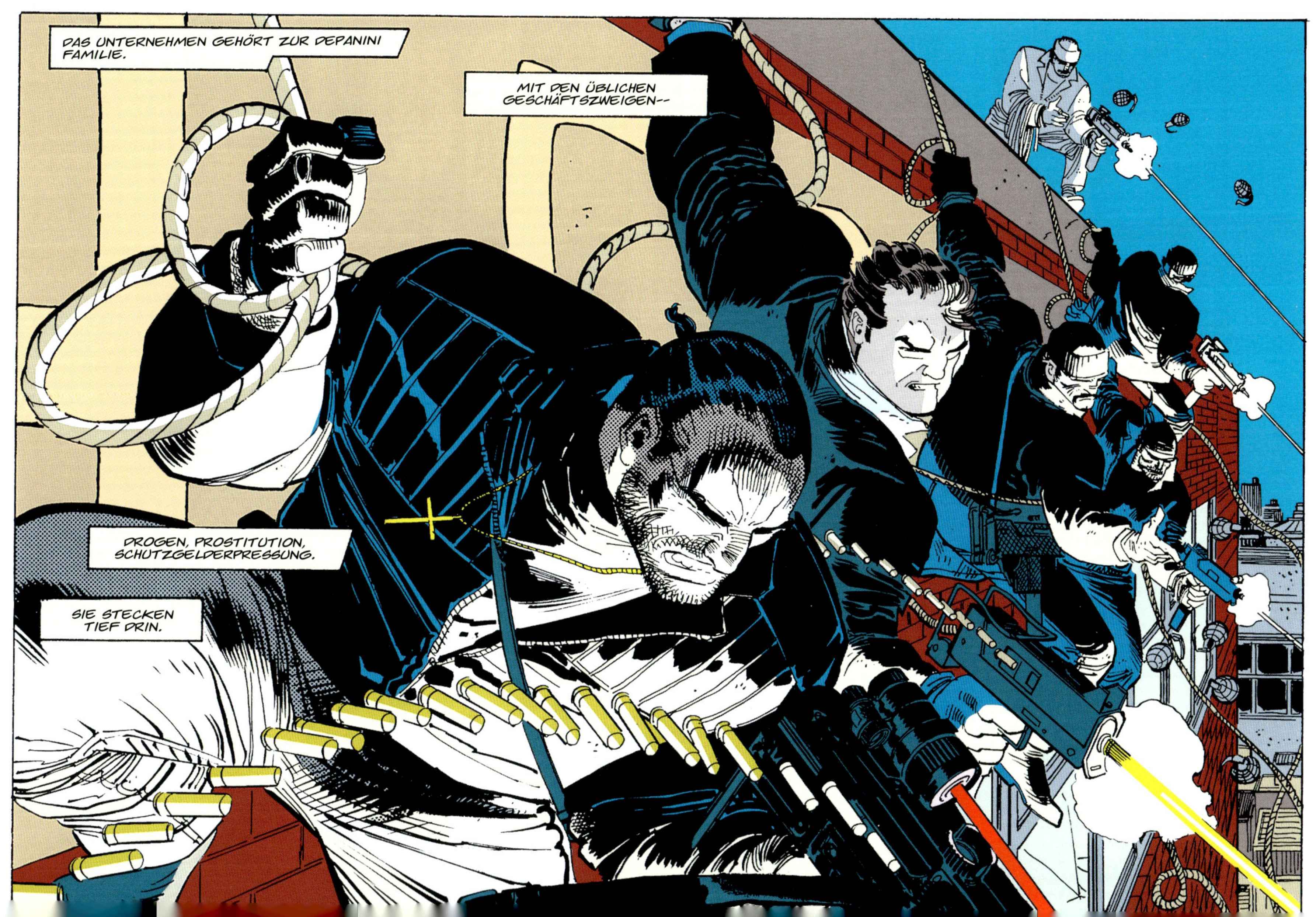
DAS UNTERNEHMEN GEHÖRT ZUR DEPANINI FAMILIE.
MIT DEN ÜBLICHEN GESCHÄFTSZWEIGEN--
DROGEN, PROSTITUTION, SCHUTZGELDERPRESSUNG.
SIE STECKEN TIEF DRIN.

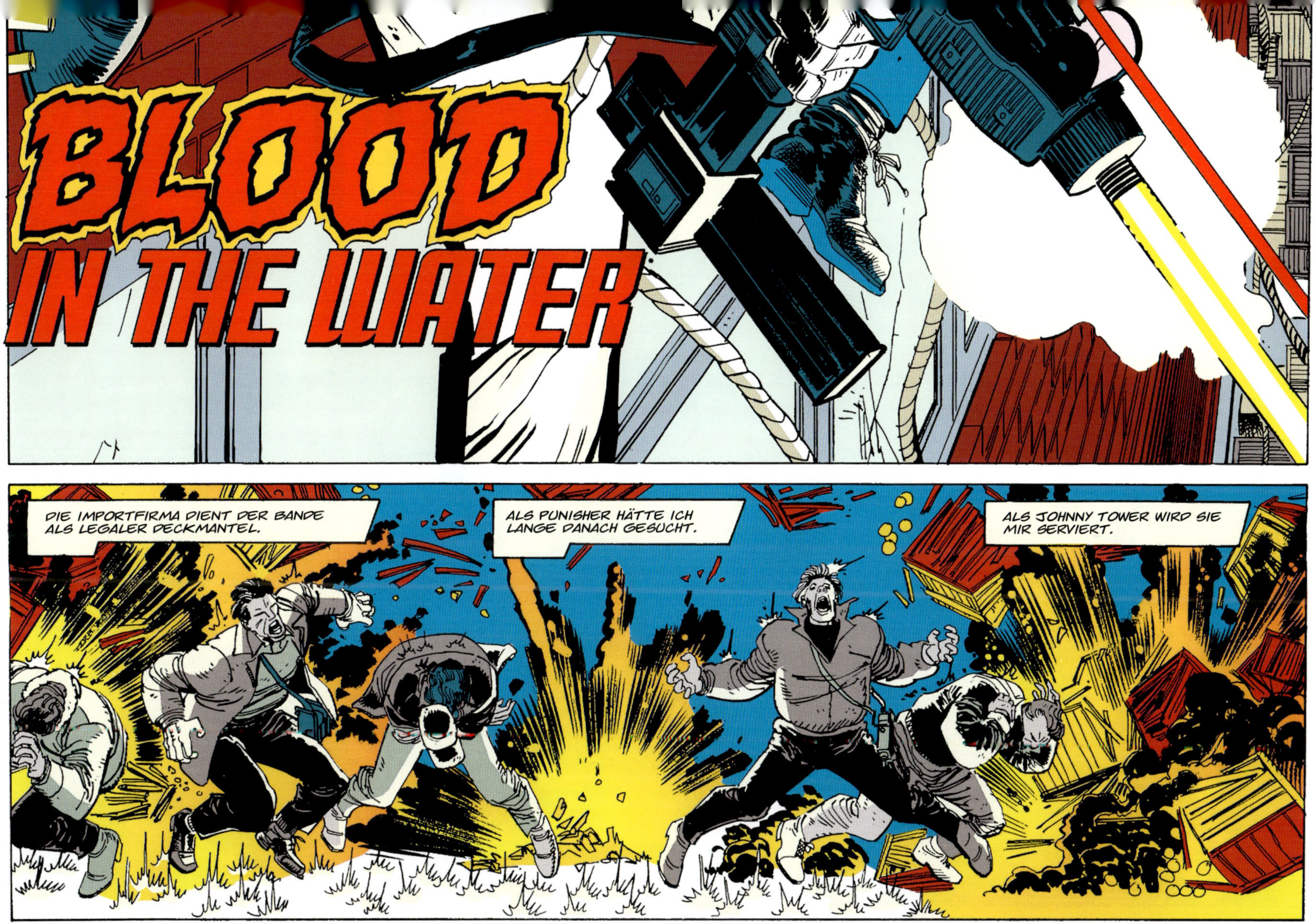

* BLUTIGER ZAHLTAG

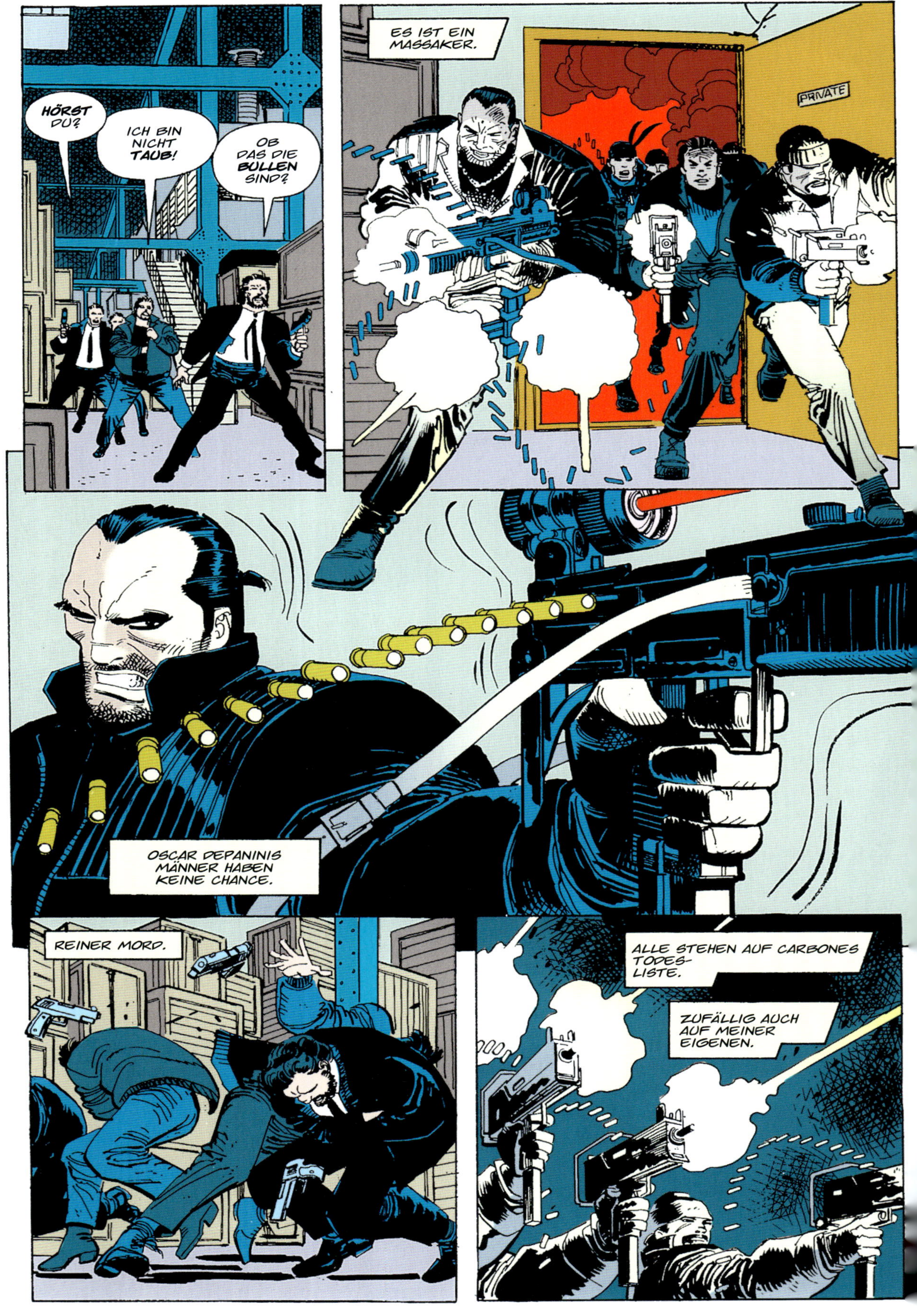
HÖRST DU?
ICH BIN NICHT TAUB!
OB DAS DIE BULLEN SIND?
ES IST EIN MASSAKER.
PRIVATE
OSCAR DEPANINIS MÄNNER HABEN KEINE CHANCE.
REINER MORD.
ALLE STEHEN AUF CARBONES TODES-LISTE.
ZUFÄLLIG AUCH AUF MEINER EIGENEN.

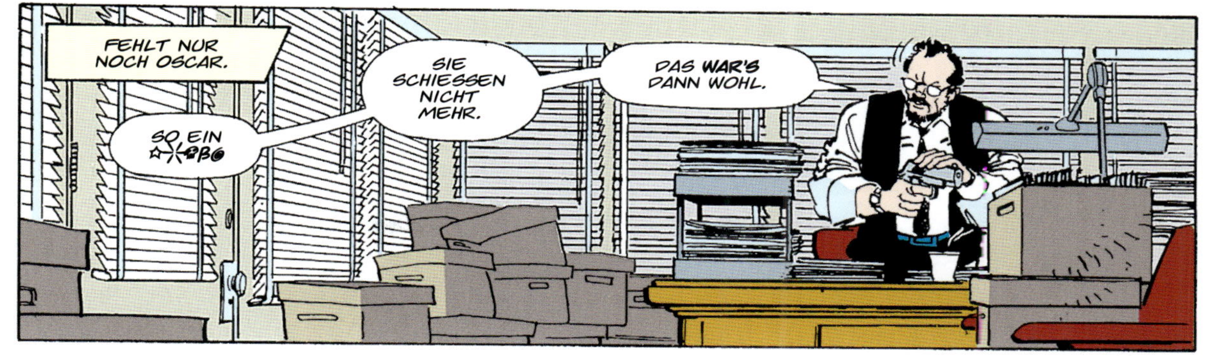
FEHLT NUR NOCH OSCAR.
SO EIN ☆!#@
SIE SCHIESSEN NICHT MEHR.
DAS **WAR'S** DANN WOHL.

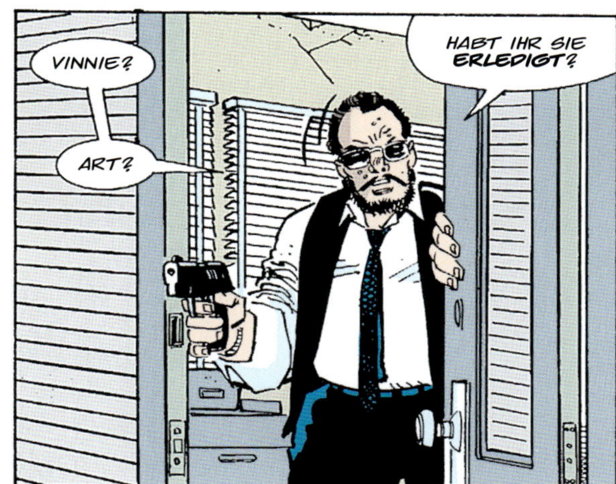
VINNIE?
ART?
HABT IHR SIE **ERLEDIGT**?

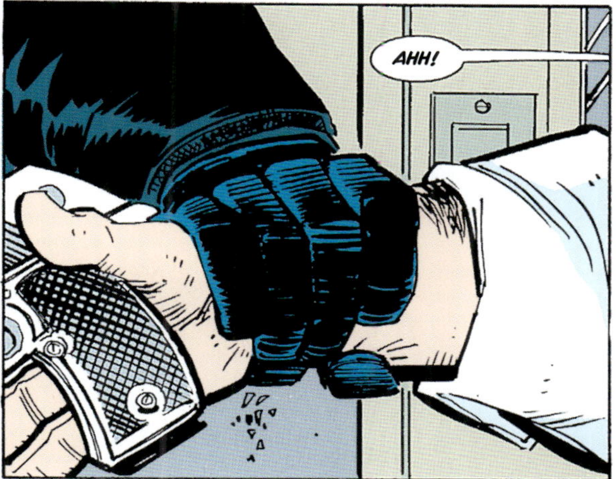
AHH!

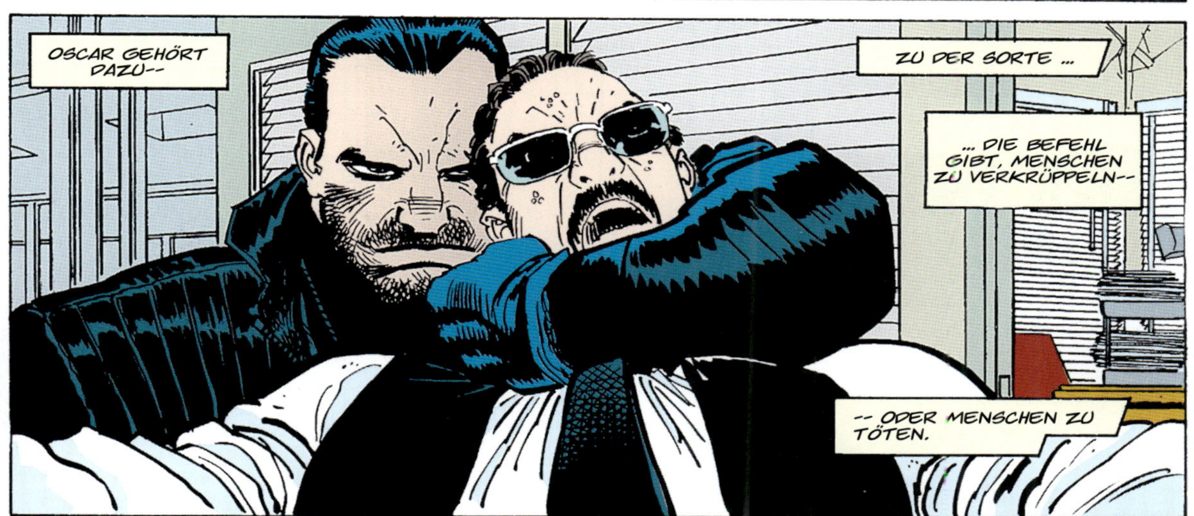
OSCAR GEHÖRT DAZU--
ZU DER SORTE ...
... DIE BEFEHL GIBT, MENSCHEN ZU VERKRÜPPELN--
--ODER MENSCHEN ZU TÖTEN.

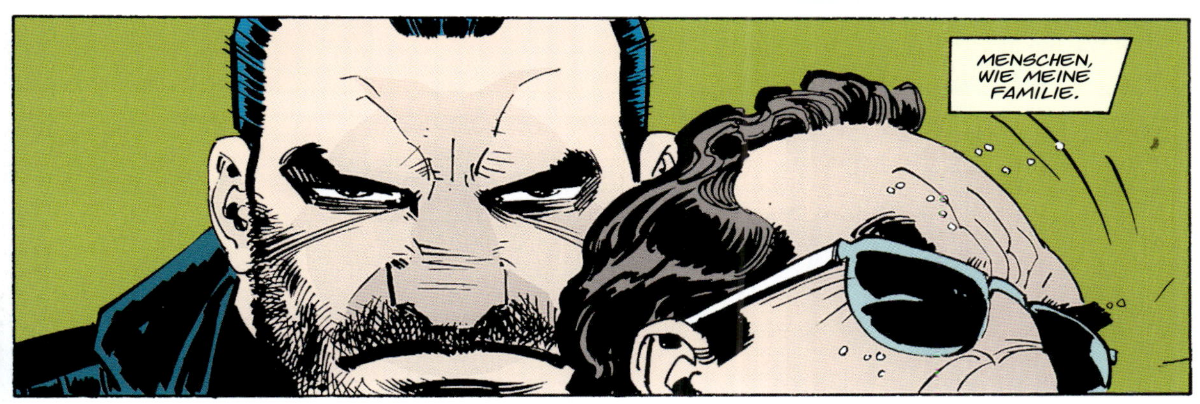
MENSCHEN, WIE MEINE FAMILIE.

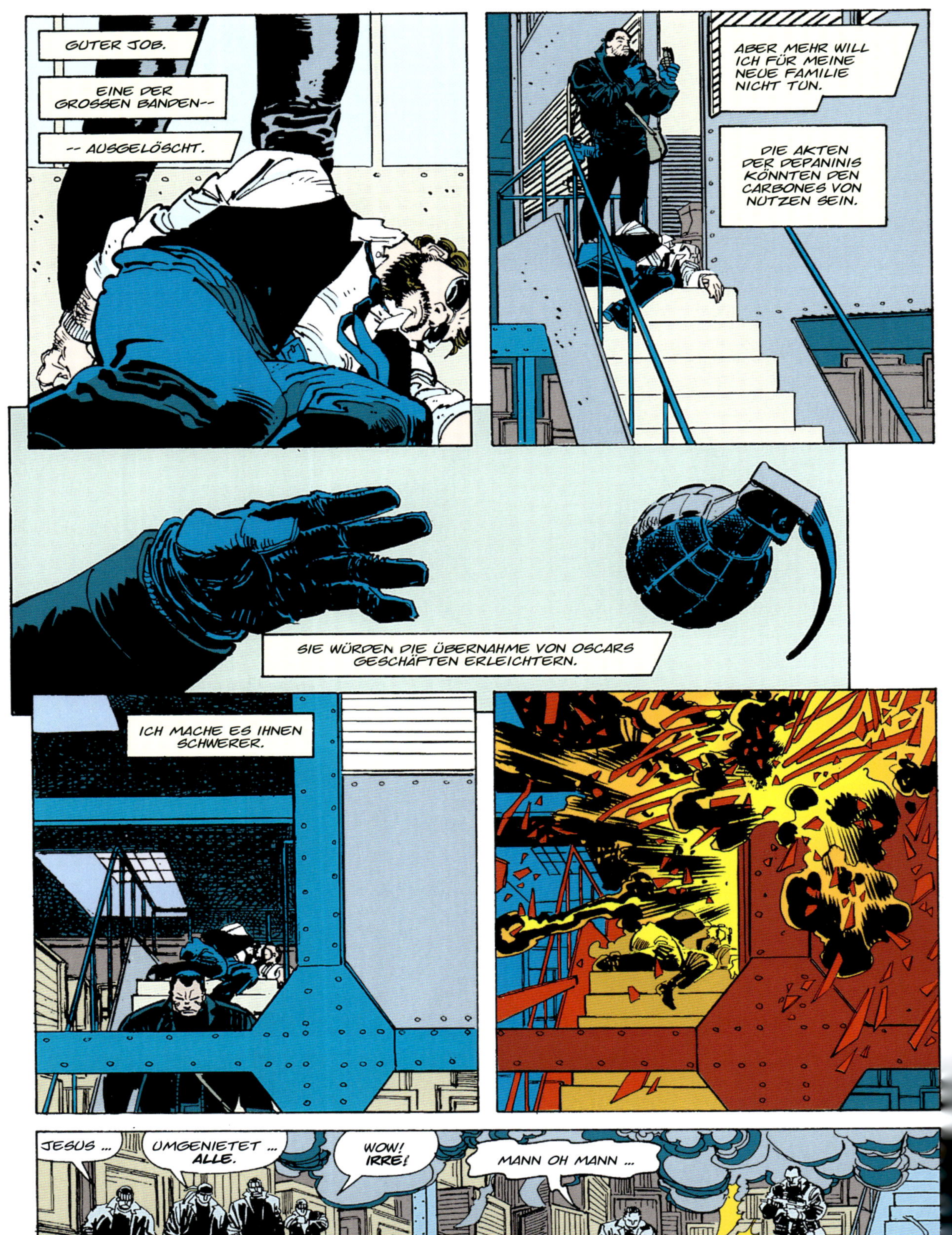
GUTER JOB.
EINE DER GROSSEN BANDEN--
-- AUSGELÖSCHT.
ABER MEHR WILL ICH FÜR MEINE NEUE FAMILIE NICHT TUN.
DIE AKTEN DER DEPANINIS KÖNNTEN DEN CARBONES VON NUTZEN SEIN.
SIE WÜRDEN DIE ÜBERNAHME VON OSCARS GESCHÄFTEN ERLEICHTERN.
ICH MACHE ES IHNEN SCHWERER.
JESUS ...
UMGENIETET ... ALLE.
WOW! IRRE!
MANN OH MANN ...

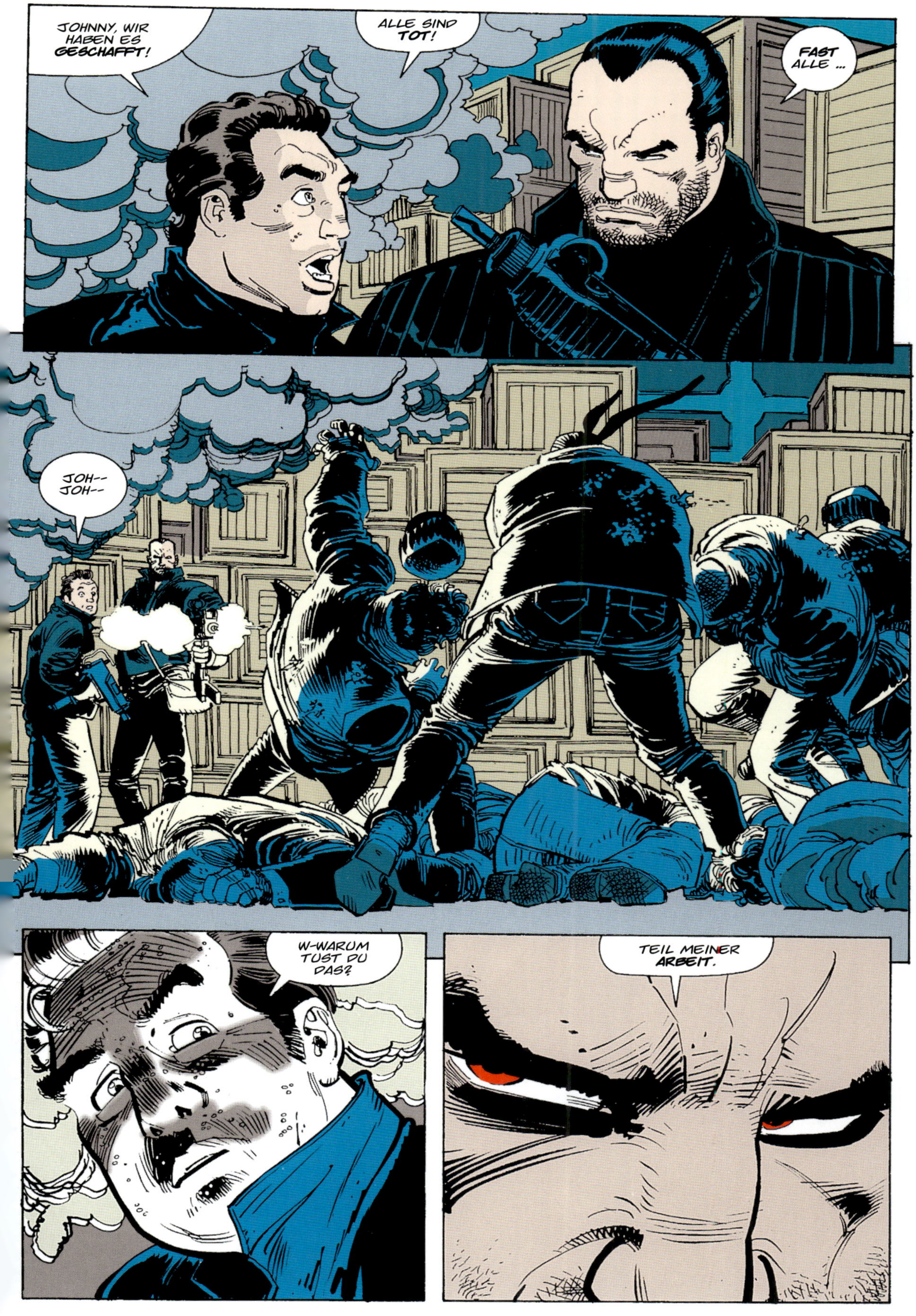

JOHNNY, WIR HABEN ES GESCHAFFT!
ALLE SIND TOT!
FAST ALLE ...

JOH-- JOH--

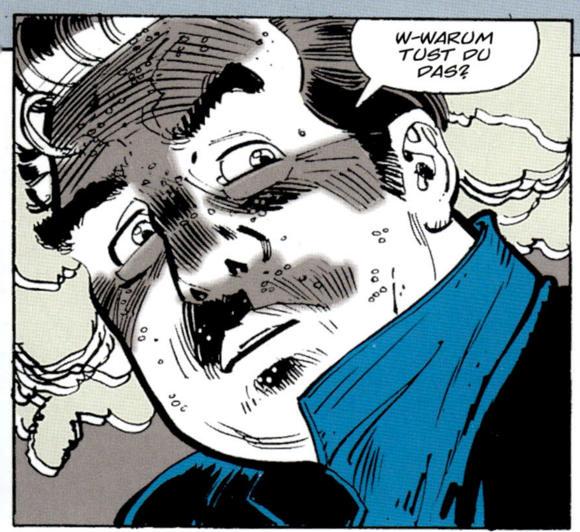

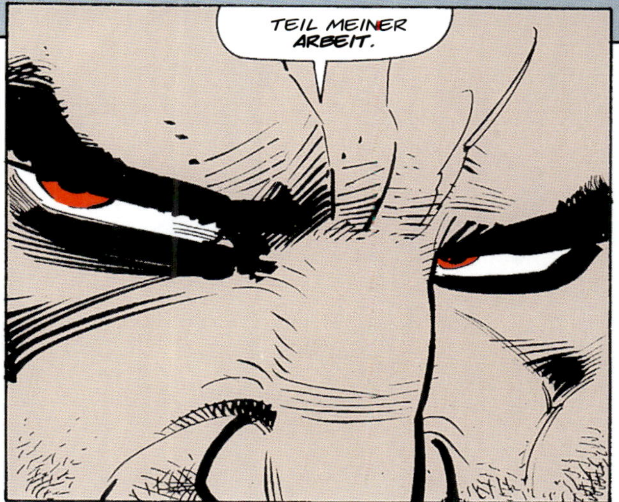

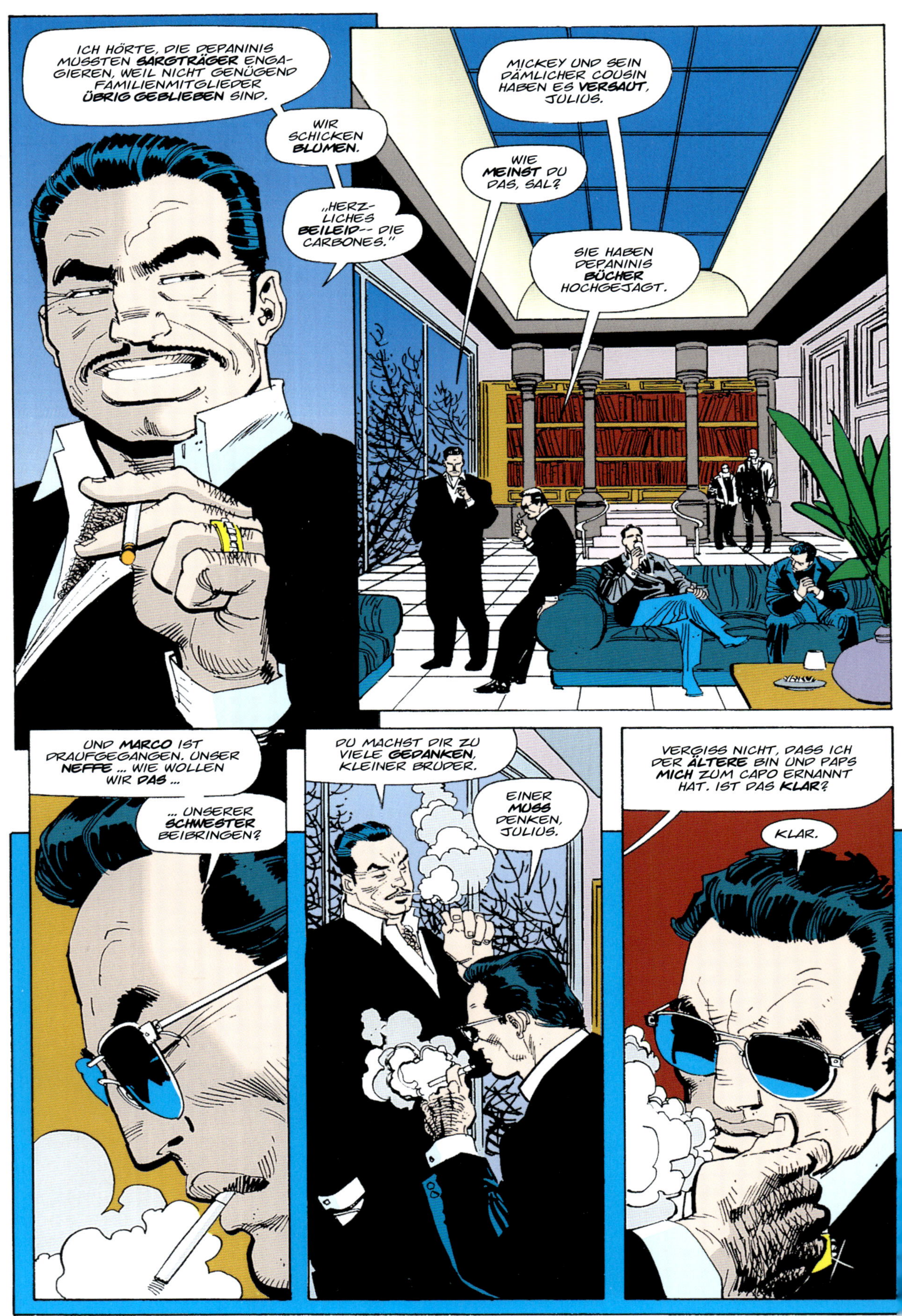
ICH HÖRTE, DIE DEPANINIS MUSSTEN SARGTRÄGER ENGAGIEREN, WEIL NICHT GENÜGEND FAMILIENMITGLIEDER ÜBRIG GEBLIEBEN SIND.
WIR SCHICKEN BLUMEN.
„HERZLICHES BEILEID-- DIE CARBONES."
MICKEY UND SEIN DÄMLICHER COUSIN HABEN ES VERSAUT, JULIUS.
WIE MEINST DU DAS, SAL?
SIE HABEN DEPANINIS BÜCHER HOCHGEJAGT.
UND MARCO IST DRAUFGEGANGEN. UNSER NEFFE ... WIE WOLLEN WIR DAS ...
... UNSERER SCHWESTER BEIBRINGEN?
DU MACHST DIR ZU VIELE GEDANKEN, KLEINER BRUDER.
EINER MUSS DENKEN, JULIUS.
VERGISS NICHT, DASS ICH DER ÄLTERE BIN UND PAPS MICH ZUM CAPO ERNANNT HAT. IST DAS KLAR?
KLAR.

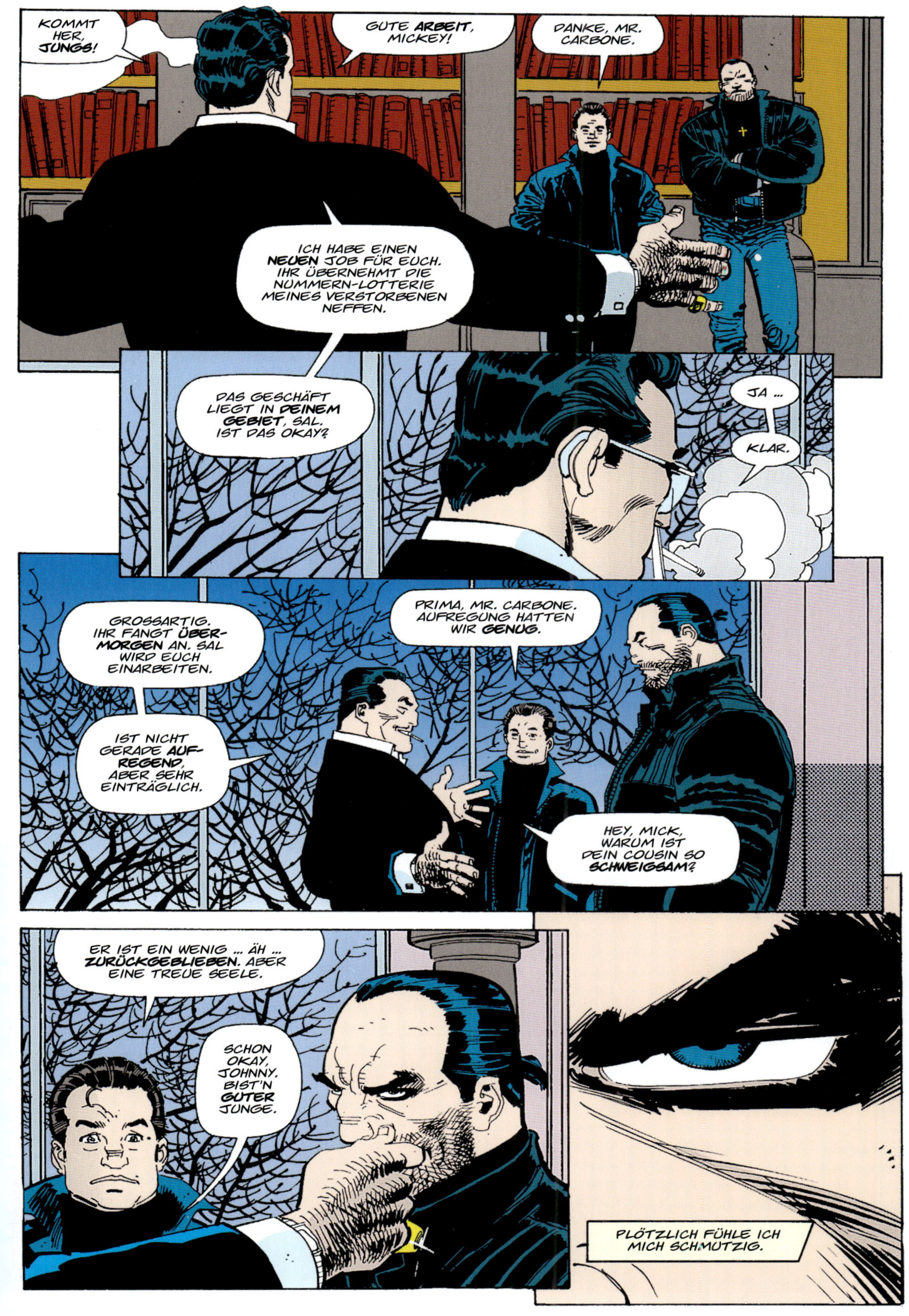
KOMMT HER, JUNGS!
GUTE ARBEIT, MICKEY!
DANKE, MR. CARBONE.
ICH HABE EINEN NEUEN JOB FÜR EUCH. IHR ÜBERNEHMT DIE NUMMERN-LOTTERIE MEINES VERSTORBENEN NEFFEN.
DAS GESCHÄFT LIEGT IN DEINEM GEBIET, SAL. IST DAS OKAY?
JA ...
KLAR.
GROSSARTIG. IHR FANGT ÜBERMORGEN AN. SAL WIRD EUCH EINARBEITEN.
PRIMA, MR. CARBONE. AUFREGUNG HATTEN WIR GENUG.
IST NICHT GERADE AUFREGEND, ABER SEHR EINTRÄGLICH.
HEY, MICK, WARUM IST DEIN COUSIN SO SCHWEIGSAM?
ER IST EIN WENIG ... ÄH ... ZURÜCKGEBLIEBEN. ABER EINE TREUE SEELE.
SCHON OKAY, JOHNNY. BIST'N GUTER JUNGE.
PLÖTZLICH FÜHLE ICH MICH SCHMUTZIG.

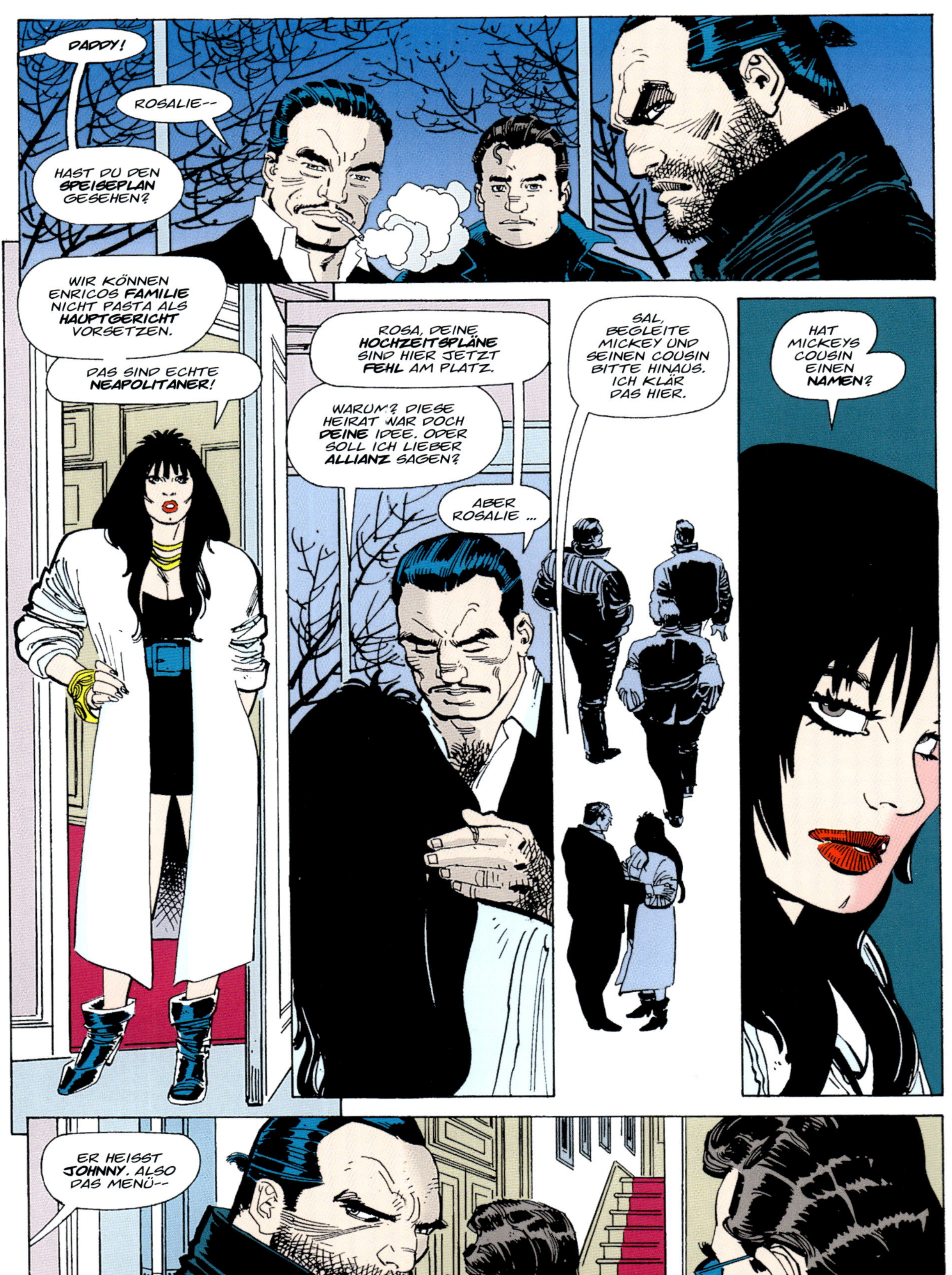
DADDY!
ROSALIE--
HAST DU DEN SPEISEPLAN GESEHEN?
WIR KÖNNEN ENRICOS FAMILIE NICHT PASTA ALS HAUPTGERICHT VORSETZEN.
DAS SIND ECHTE NEAPOLITANER!
ROSA, DEINE HOCHZEITSPLÄNE SIND HIER JETZT FEHL AM PLATZ.
WARUM? DIESE HEIRAT WAR DOCH DEINE IDEE. ODER SOLL ICH LIEBER ALLIANZ SAGEN?
ABER ROSALIE ...
SAL, BEGLEITE MICKEY UND SEINEN COUSIN BITTE HINAUS. ICH KLÄR DAS HIER.
HAT MICKEYS COUSIN EINEN NAMEN?
ER HEISST JOHNNY. ALSO DAS MENÜ--

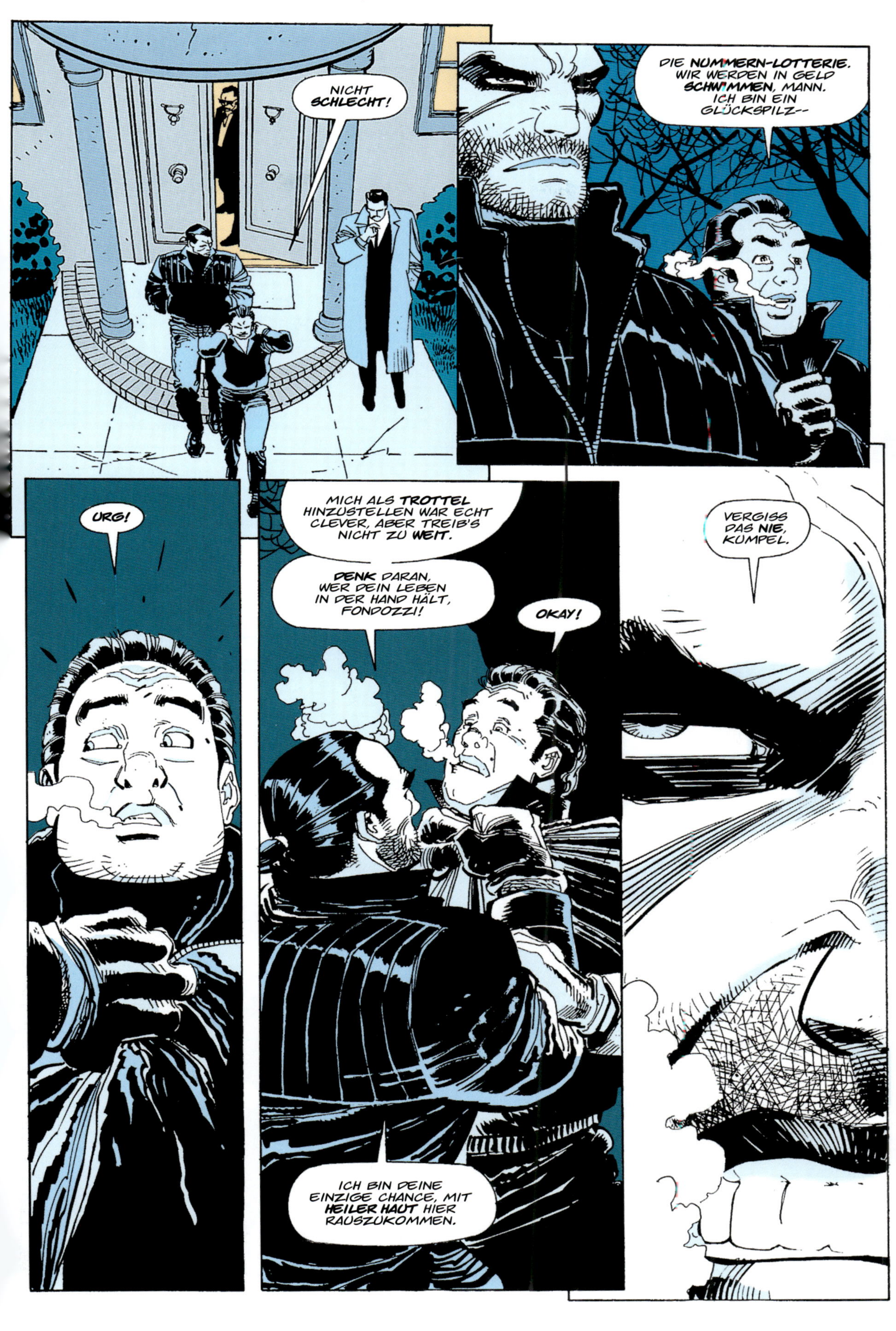
NICHT SCHLECHT!
DIE NUMMERN-LOTTERIE. WIR WERDEN IN GELD SCHWIMMEN, MANN. ICH BIN EIN GLÜCKSPILZ--
URG!
MICH ALS TROTTEL HINZUSTELLEN WAR ECHT CLEVER, ABER TREIB'S NICHT ZU WEIT.
DENK DARAN, WER DEIN LEBEN IN DER HAND HÄLT, FONDOZZI!
OKAY!
ICH BIN DEINE EINZIGE CHANCE, MIT HEILER HAUT HIER RAUSZUKOMMEN.
VERGISS DAS NIE, KUMPEL.

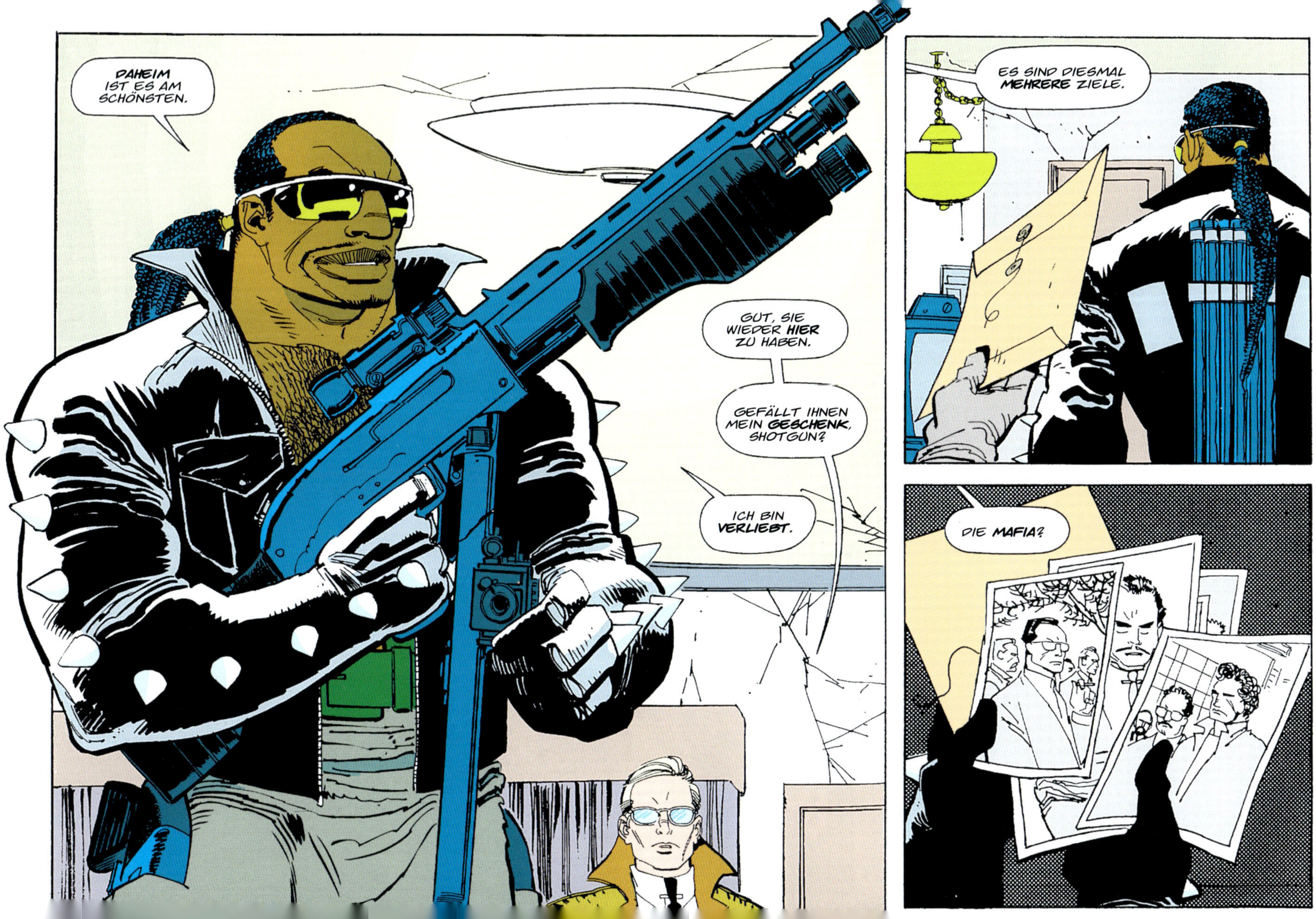

DAHEIM IST ES AM SCHÖNSTEN.

GUT, SIE WIEDER **HIER** ZU HABEN.

GEFÄLLT IHNEN MEIN **GESCHENK**, SHOTGUN?

ICH BIN **VERLIEBT**.

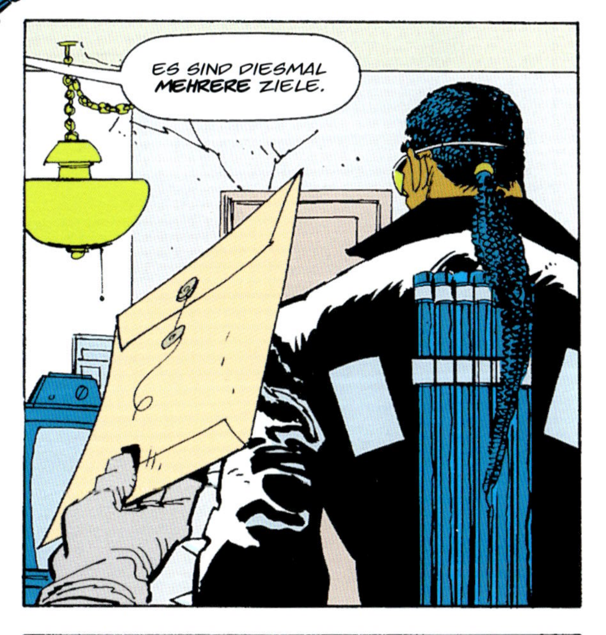

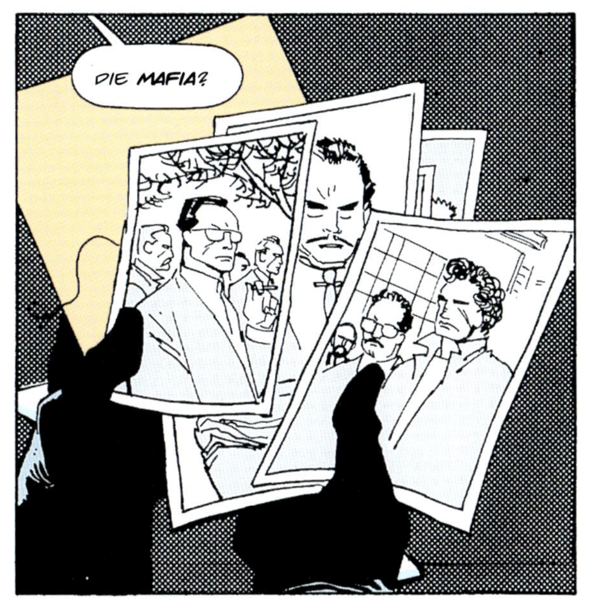

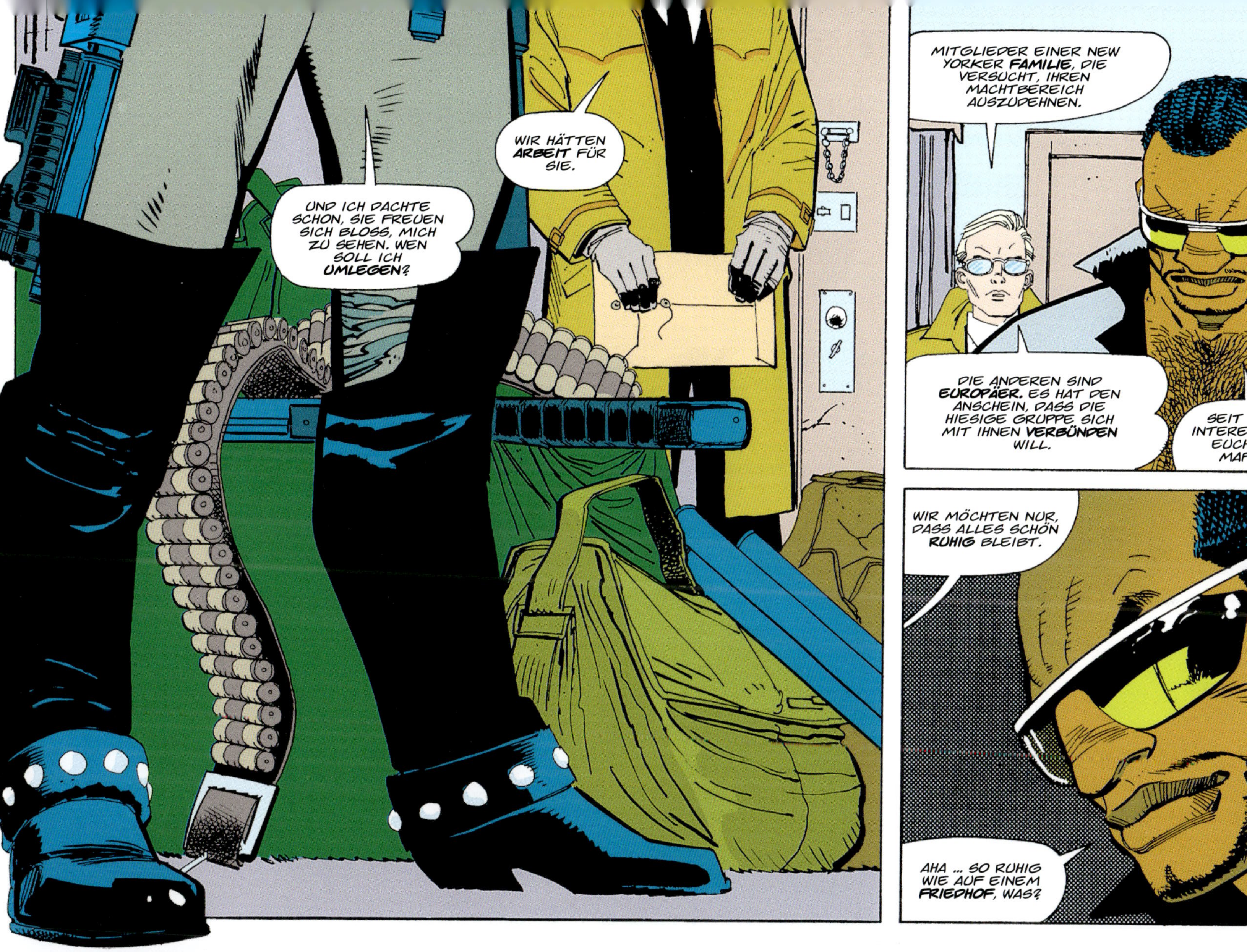
WIR HÄTTEN **ARBEIT** FÜR SIE.
UND ICH DACHTE SCHON, SIE FREUEN SICH BLOSS, MICH ZU SEHEN. WEN SOLL ICH **UMLEGEN**?
MITGLIEDER EINER NEW YORKER **FAMILIE**, DIE VERSUCHT, IHREN MACHTBEREICH AUSZUDEHNEN.
SEIT **WANN** INTERESSIERT EUCH DIE MAFIA?
DIE ANDEREN SIND **EUROPÄER.** ES HAT DEN ANSCHEIN, DASS DIE HIESIGE GRUPPE SICH MIT IHNEN **VERBÜNDEN** WILL.
WIR MÖCHTEN NUR, DASS ALLES SCHÖN **RUHIG** BLEIBT.
AHA ... SO RUHIG WIE AUF EINEM **FRIEDHOF**, WAS?

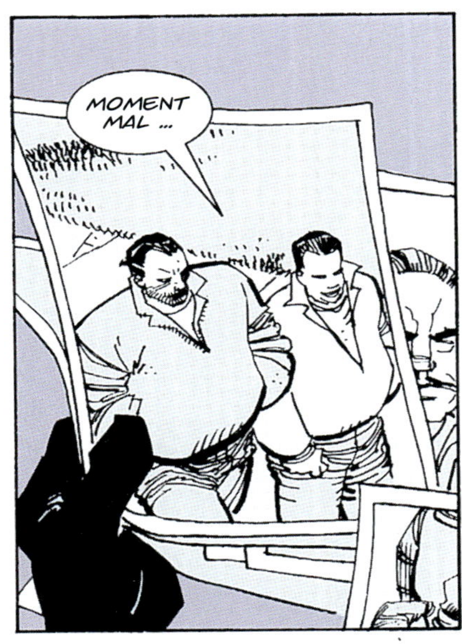

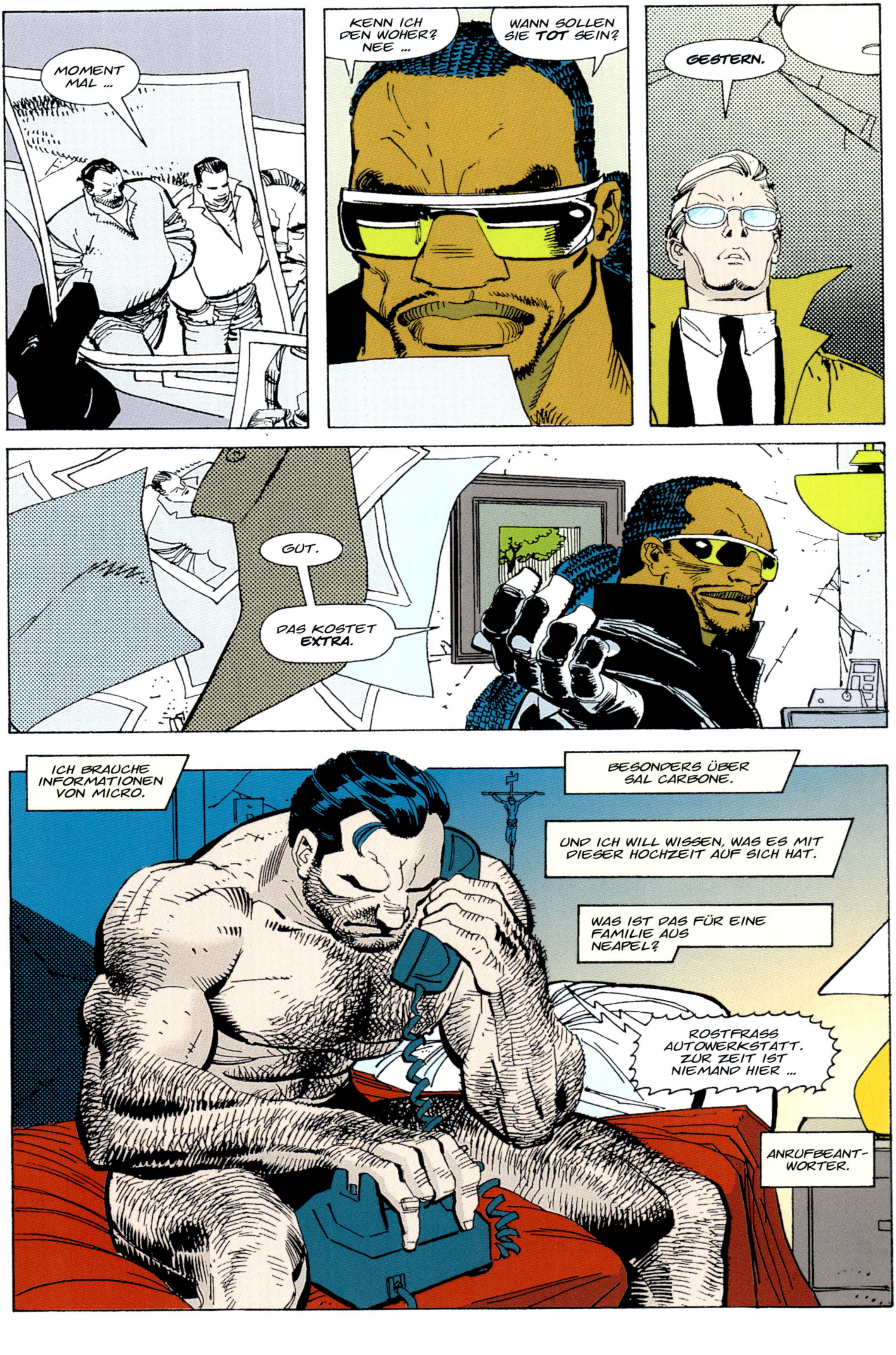

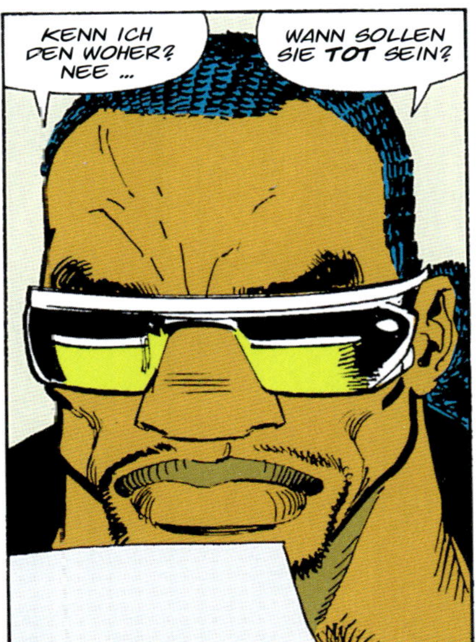

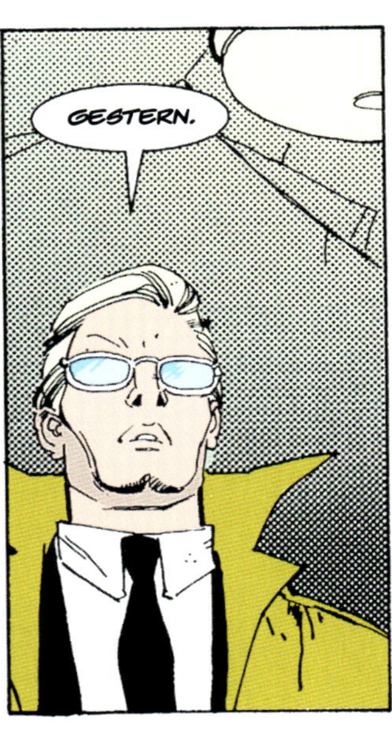

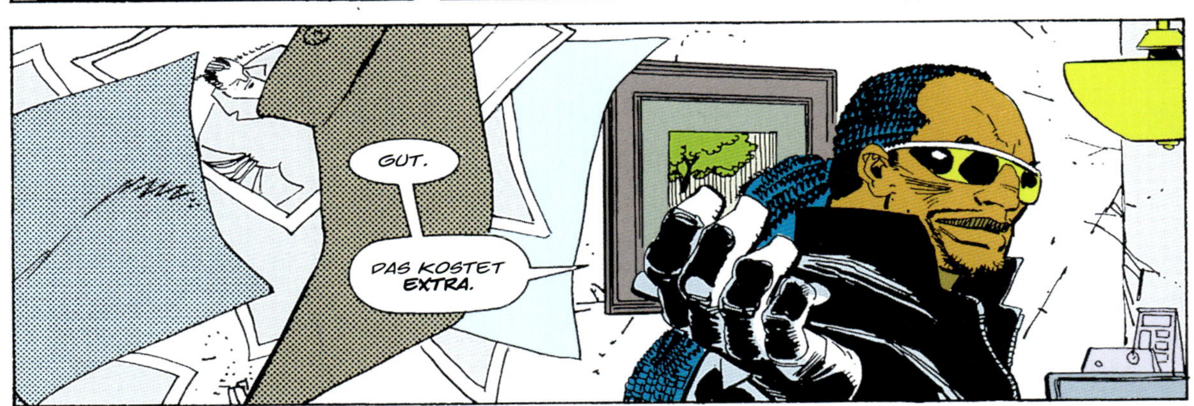

ICH BRAUCHE INFORMATIONEN VON MICRO.

BESONDERS ÜBER SAL CARBONE.

UND ICH WILL WISSEN, WAS ES MIT DIESER HOCHZEIT AUF SICH HAT.

WAS IST DAS FÜR EINE FAMILIE AUS NEAPEL?

ROSTFRASS AUTOWERKSTATT. ZUR ZEIT IST NIEMAND HIER ...

ANRUFBEANT-WORTER.

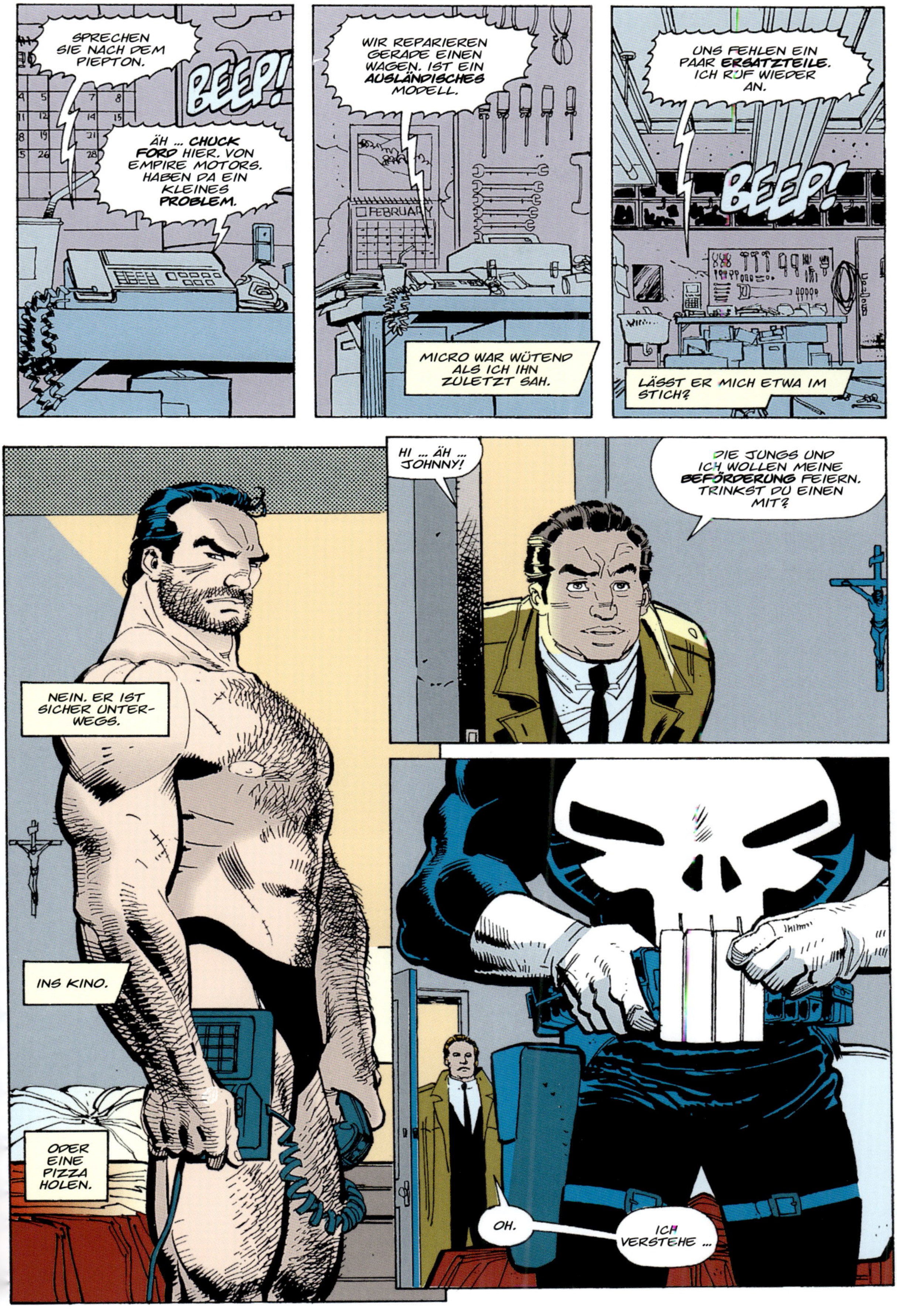

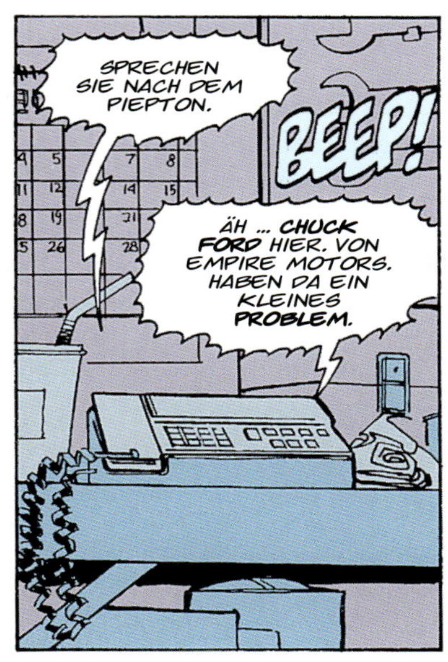

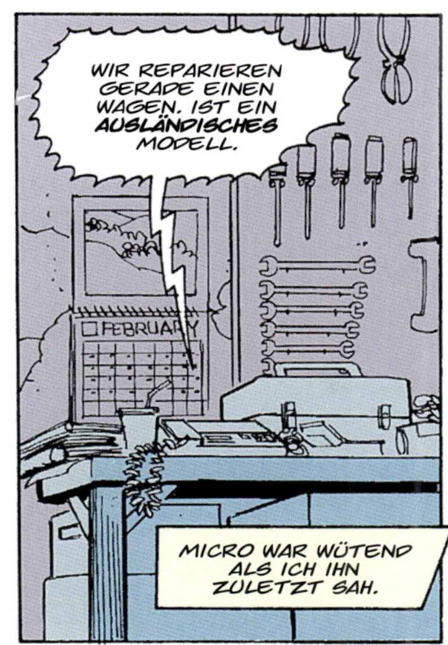

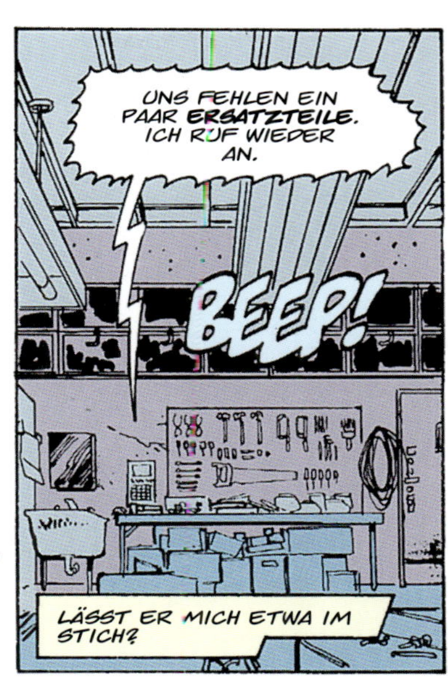

NEIN. ER IST SICHER UNTERWEGS.

INS KINO.

ODER EINE PIZZA HOLEN.

HI ... ÄH ... JOHNNY!

DIE JUNGS UND ICH WOLLEN MEINE **BEFÖRDERUNG** FEIERN. TRINKST DU EINEN MIT?

OH.

ICH VERSTEHE ...

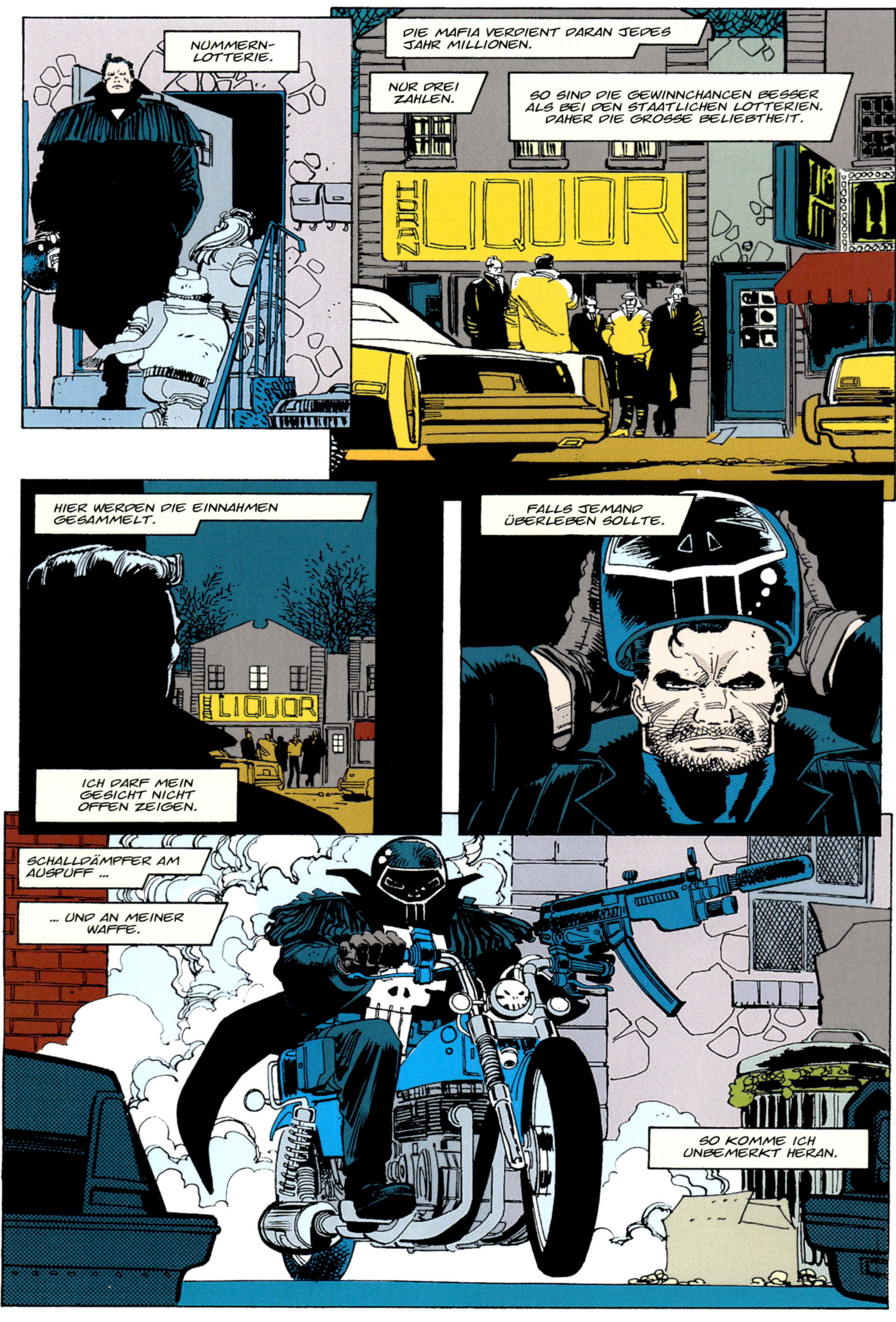
NUMMERN-
LOTTERIE.
DIE MAFIA VERDIENT DARAN JEDES JAHR MILLIONEN.
NUR DREI ZAHLEN.
SO SIND DIE GEWINNCHANCEN BESSER ALS BEI DEN STAATLICHEN LOTTERIEN. DAHER DIE GROSSE BELIEBTHEIT.
LIQUOR
HIER WERDEN DIE EINNAHMEN GESAMMELT.
LIQUOR
ICH DARF MEIN GESICHT NICHT OFFEN ZEIGEN.
FALLS JEMAND ÜBERLEBEN SOLLTE.
SCHALLDÄMPFER AM AUSPUFF ...
... UND AN MEINER WAFFE.
SO KOMME ICH UNBEMERKT HERAN.

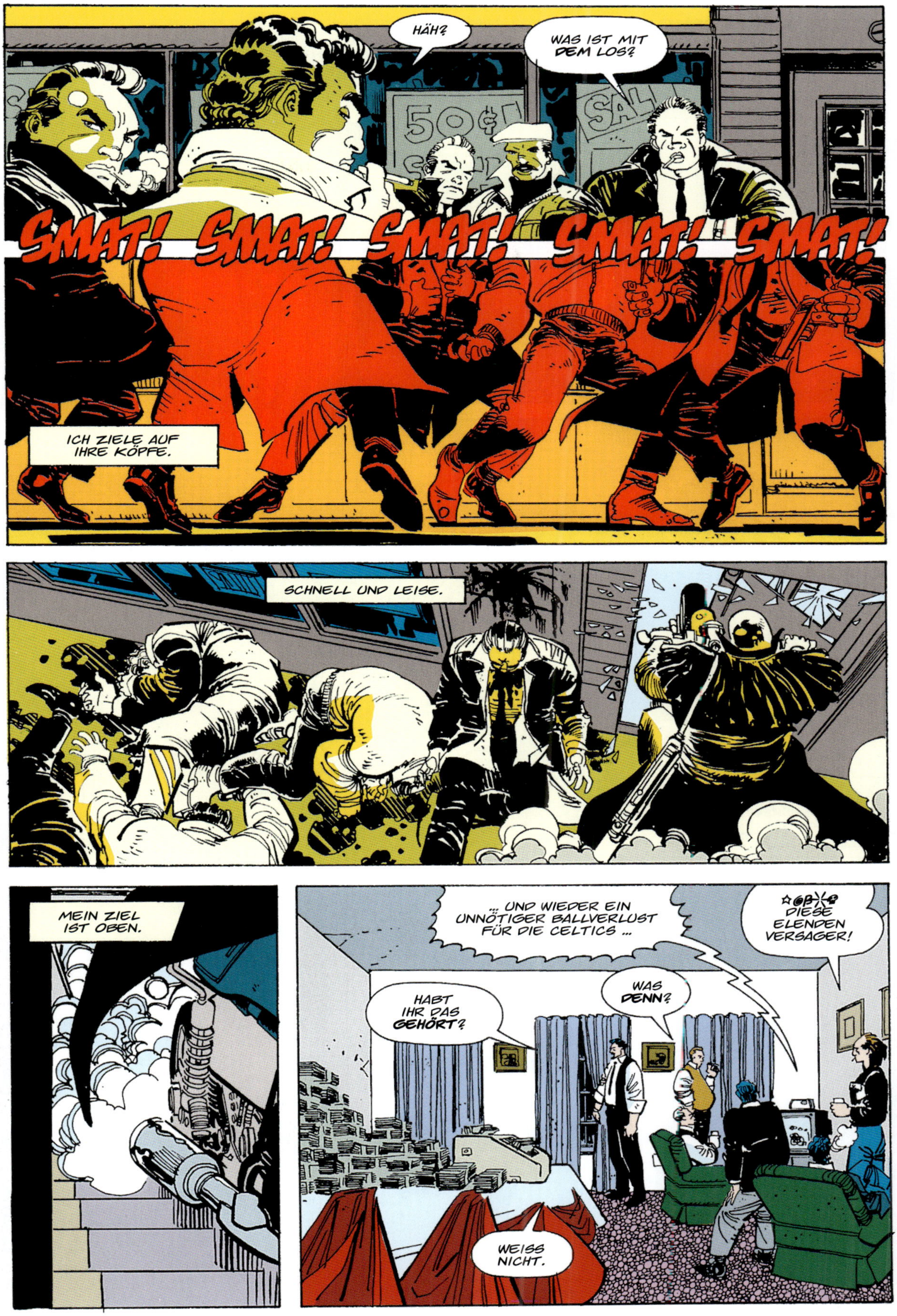

HÄH?
WAS IST MIT DEM LOS?
SMAT! SMAT! SMAT! SMAT! SMAT!
ICH ZIELE AUF IHRE KÖPFE.

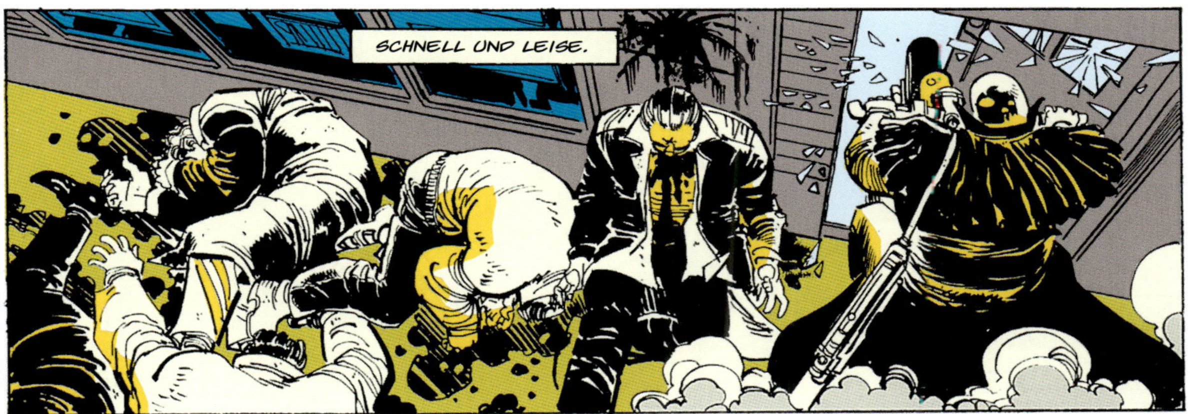
SCHNELL UND LEISE.

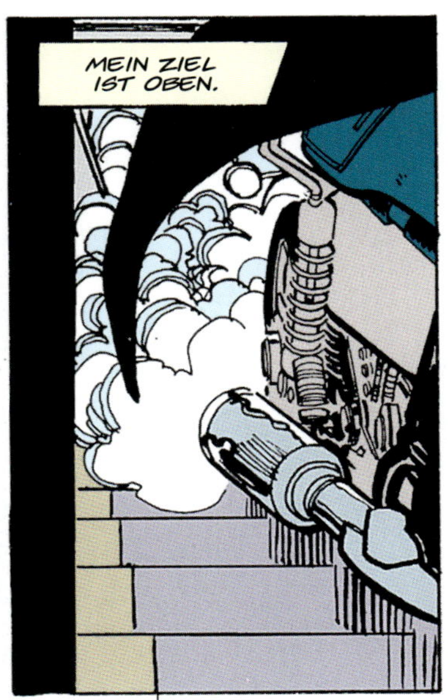
MEIN ZIEL IST OBEN.

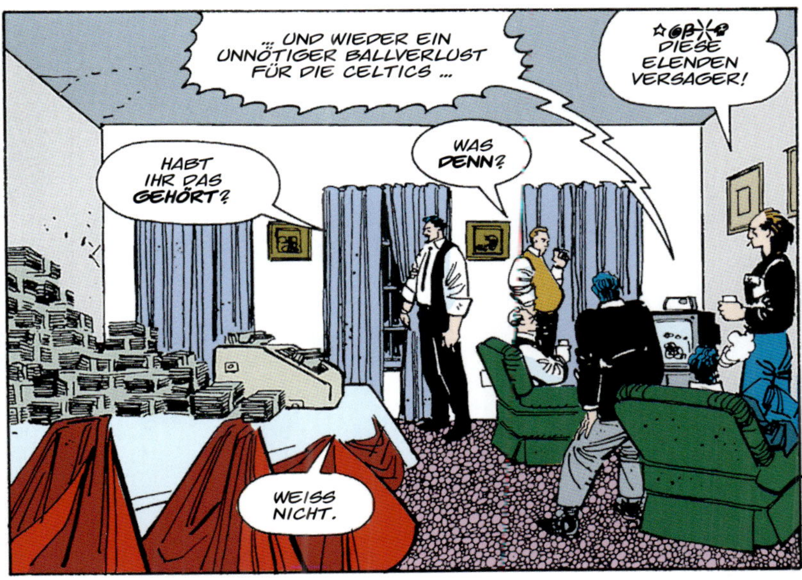
... UND WIEDER EIN UNNÖTIGER BALLVERLUST FÜR DIE CELTICS ...
DIESE ELENDEN VERSAGER!
HABT IHR DAS GEHÖRT?
WAS DENN?
WEISS NICHT.

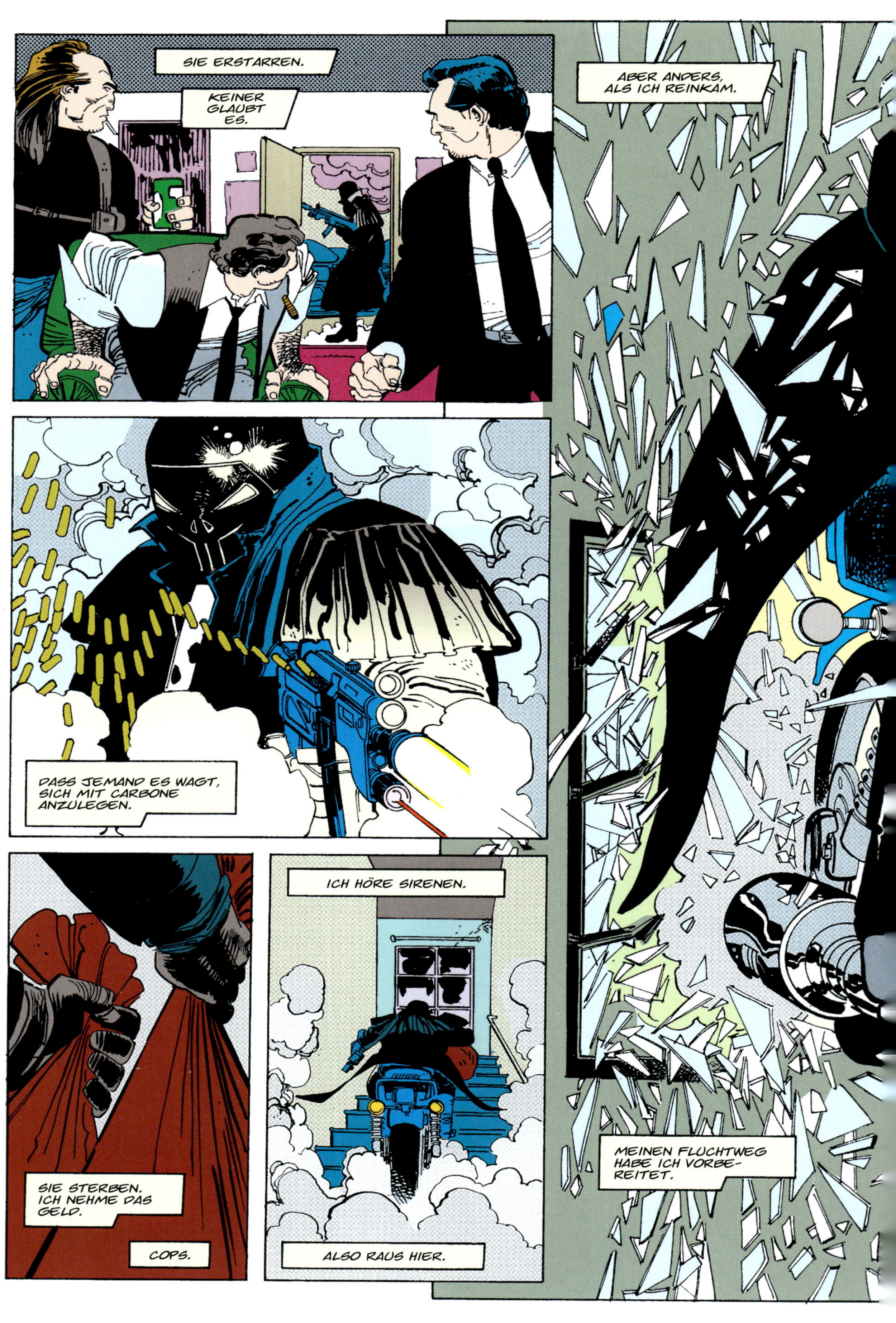
SIE ERSTARREN.
KEINER GLAUBT ES.
ABER ANDERS, ALS ICH REINKAM.
DASS JEMAND ES WAGT, SICH MIT CARBONE ANZULEGEN.
SIE STERBEN. ICH NEHME DAS GELD.
COPS.
ICH HÖRE SIRENEN.
ALSO RAUS HIER.
MEINEN FLUCHTWEG HABE ICH VORBEREITET.

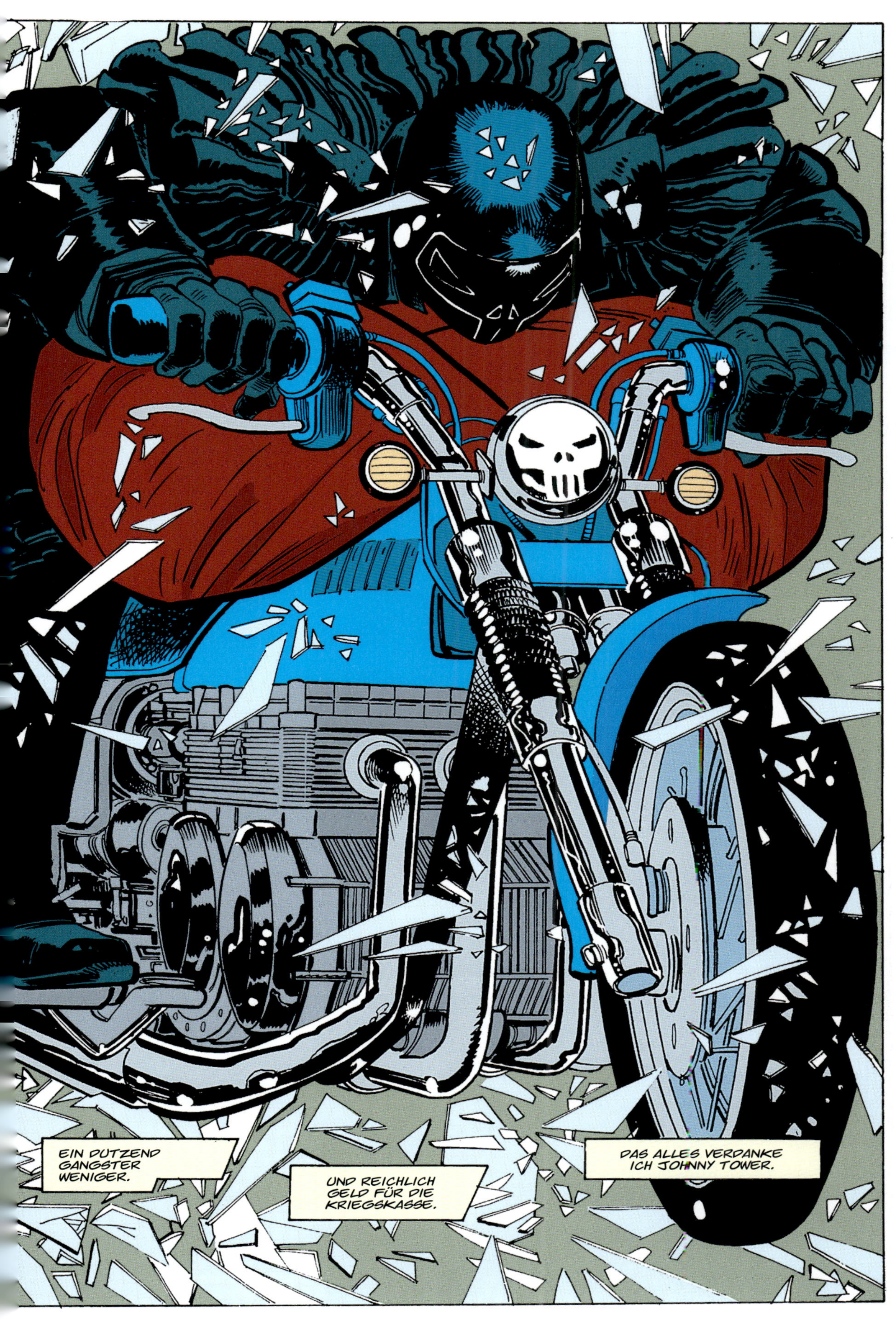
EIN DUTZEND GANGSTER WENIGER.
UND REICHLICH GELD FÜR DIE KRIEGSKASSE.
DAS ALLES VERDANKE ICH JOHNNY TOWER.

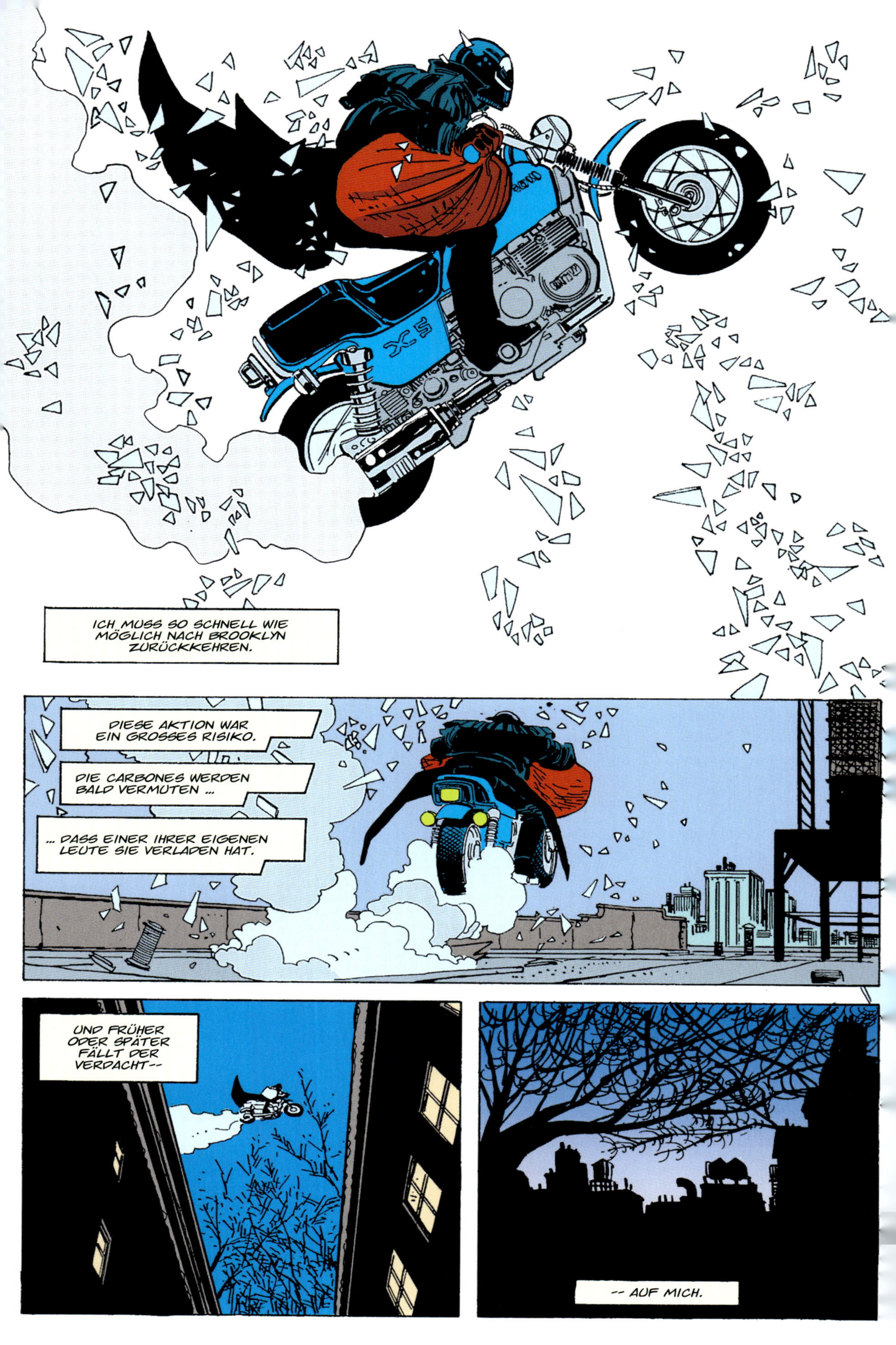

ICH MUSS SO SCHNELL WIE MÖGLICH NACH BROOKLYN ZURÜCKKEHREN.
DIESE AKTION WAR EIN GROSSES RISIKO.
DIE CARBONES WERDEN BALD VERMUTEN ...
... DASS EINER IHRER EIGENEN LEUTE SIE VERLADEN HAT.
UND FRÜHER ODER SPÄTER FÄLLT DER VERDACHT--
-- AUF MICH.

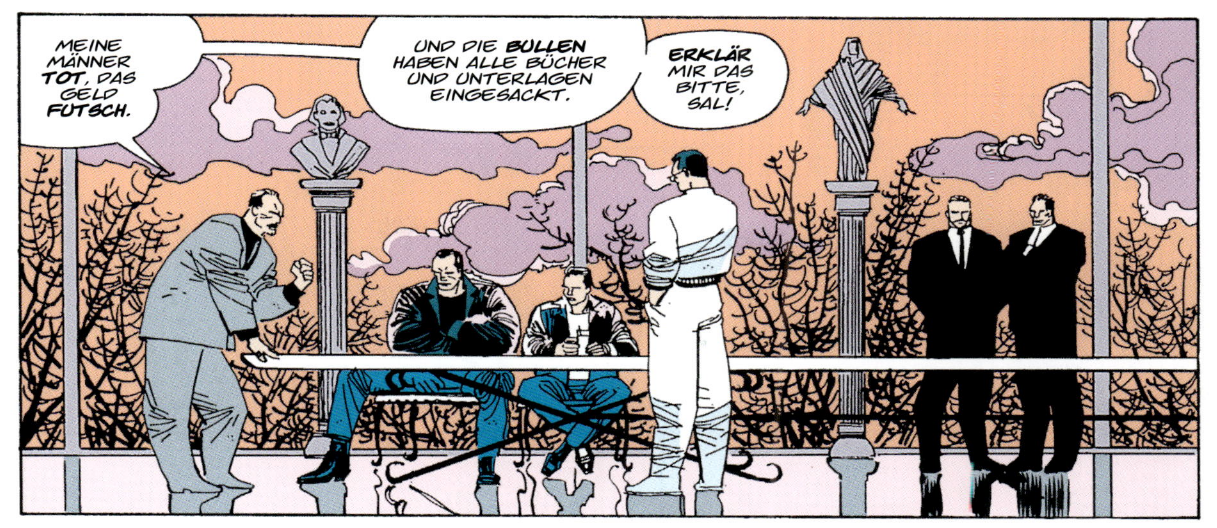
MEINE MÄNNER TOT, DAS GELD FUTSCH.
UND DIE BULLEN HABEN ALLE BÜCHER UND UNTERLAGEN EINGESACKT.
ERKLÄR MIR DAS BITTE, SAL!

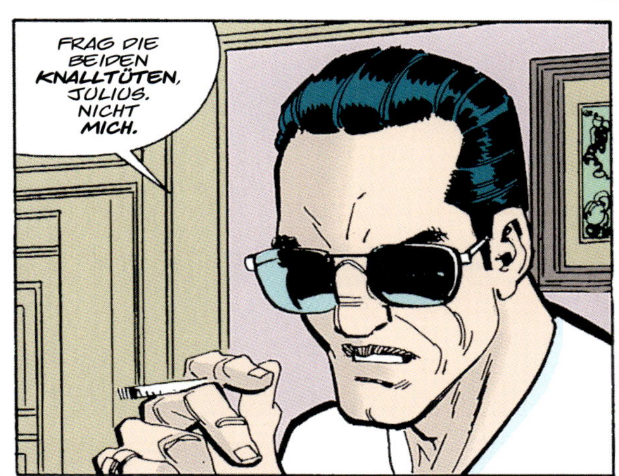
FRAG DIE BEIDEN KNALLTÜTEN, JULIUS. NICHT MICH.

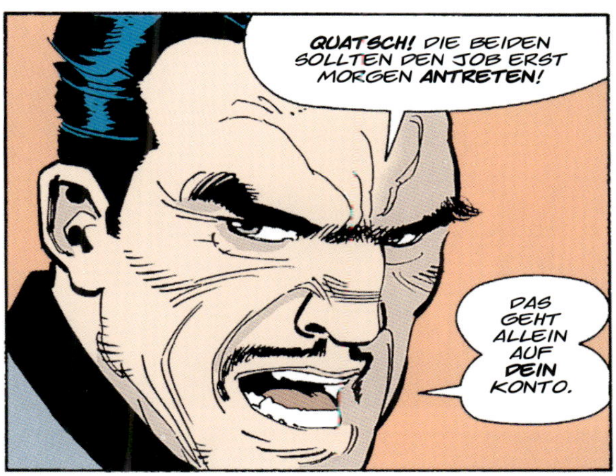
QUATSCH! DIE BEIDEN SOLLTEN DEN JOB ERST MORGEN ANTRETEN!
DAS GEHT ALLEIN AUF DEIN KONTO.

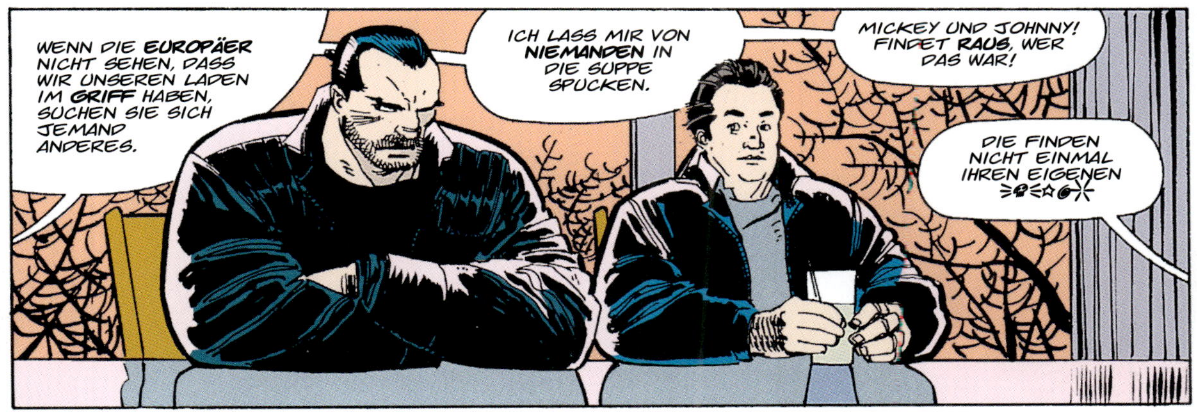
WENN DIE EUROPÄER NICHT SEHEN, DASS WIR UNSEREN LADEN IM GRIFF HABEN, SUCHEN SIE SICH JEMAND ANDERES.
ICH LASS MIR VON NIEMANDEN IN DIE SUPPE SPUCKEN.
MICKEY UND JOHNNY! FINDET RAUS, WER DAS WAR!
DIE FINDEN NICHT EINMAL IHREN EIGENEN

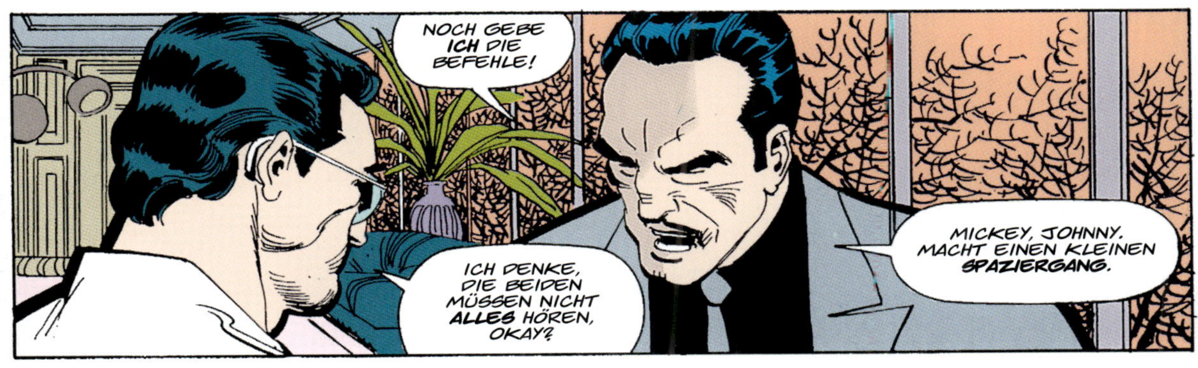
NOCH GEBE ICH DIE BEFEHLE!
ICH DENKE, DIE BEIDEN MÜSSEN NICHT ALLES HÖREN, OKAY?
MICKEY, JOHNNY. MACHT EINEN KLEINEN SPAZIERGANG.

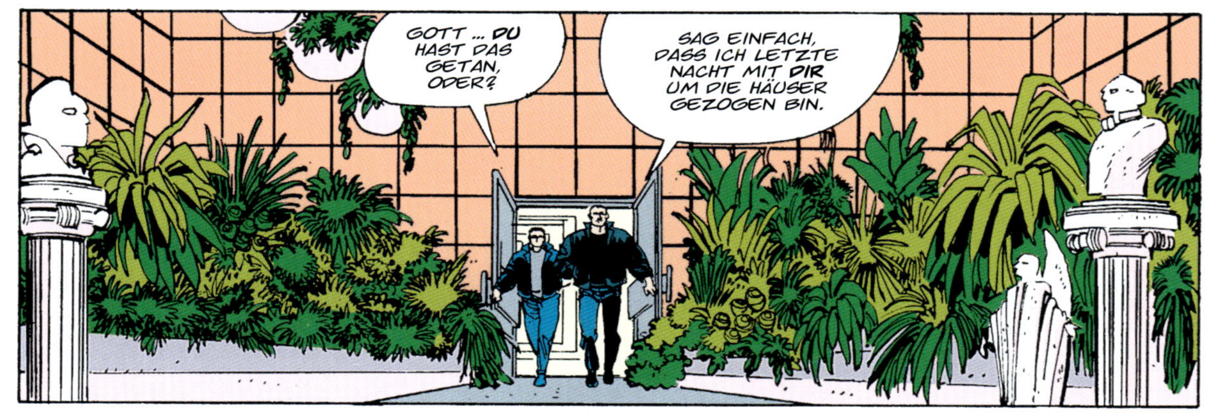
GOTT ... DU HAST DAS GETAN, ODER?
SAG EINFACH, DASS ICH LETZTE NACHT MIT DIR UM DIE HÄUSER GEZOGEN BIN.

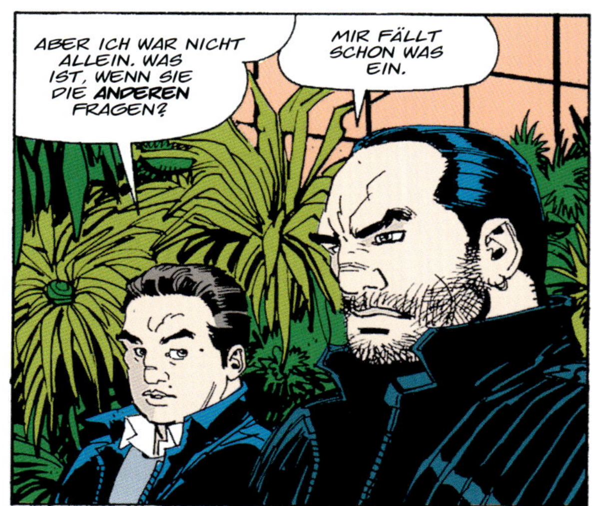
ABER ICH WAR NICHT ALLEIN. WAS IST, WENN SIE DIE ANDEREN FRAGEN?
MIR FÄLLT SCHON WAS EIN.

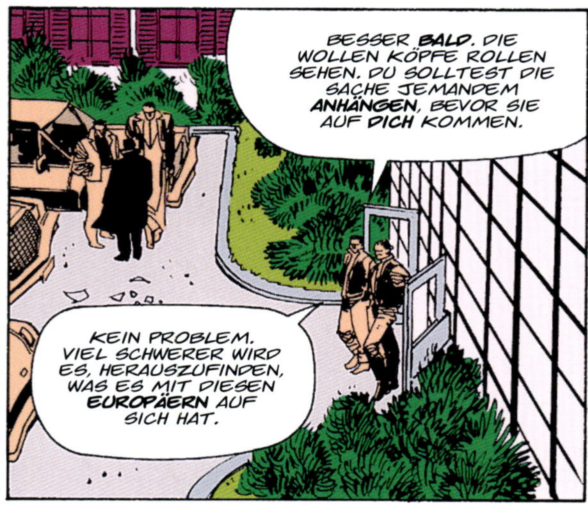
BESSER BALD. DIE WOLLEN KÖPFE ROLLEN SEHEN. DU SOLLTEST DIE SACHE JEMANDEM ANHÄNGEN, BEVOR SIE AUF DICH KOMMEN.
KEIN PROBLEM. VIEL SCHWERER WIRD ES, HERAUSZUFINDEN, WAS ES MIT DIESEN EUROPÄERN AUF SICH HAT.

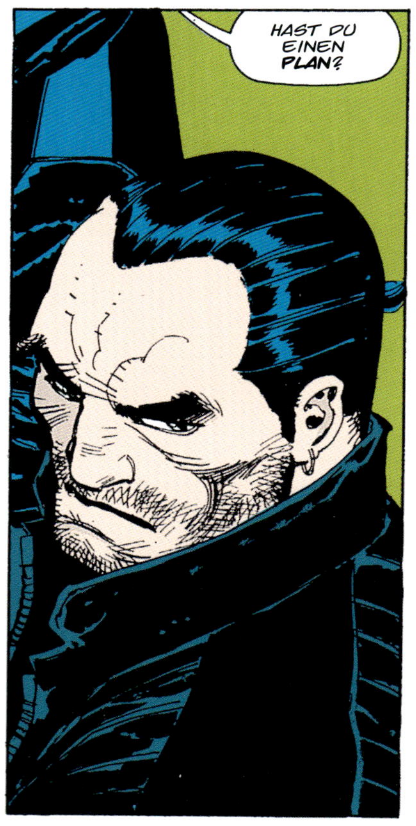
HAST DU EINEN PLAN?

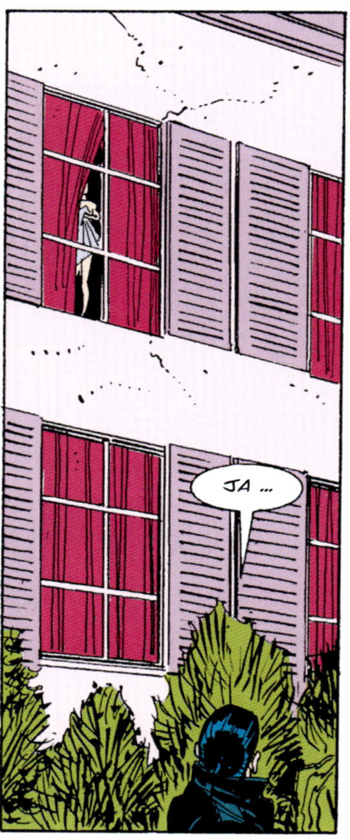
JA ...

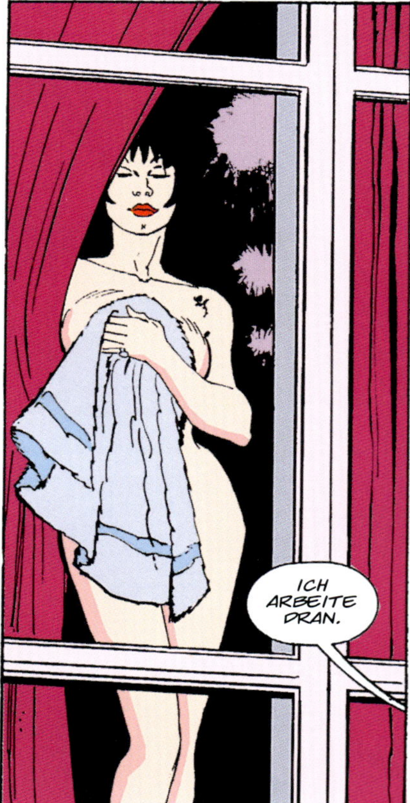
ICH ARBEITE DRAN.

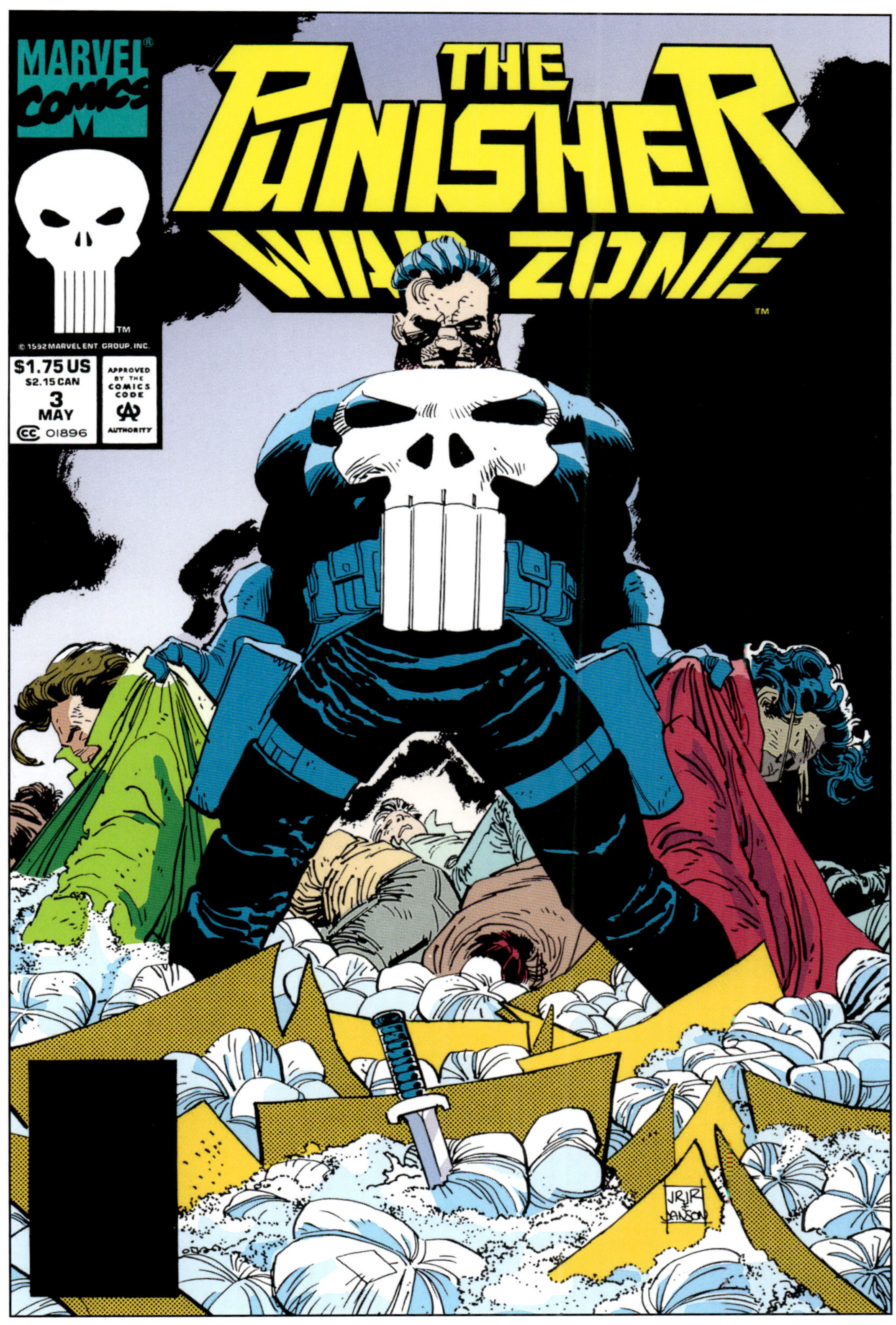

The Punisher: War Zone (1992) 3
Cover von **JOHN ROMITA JR.**

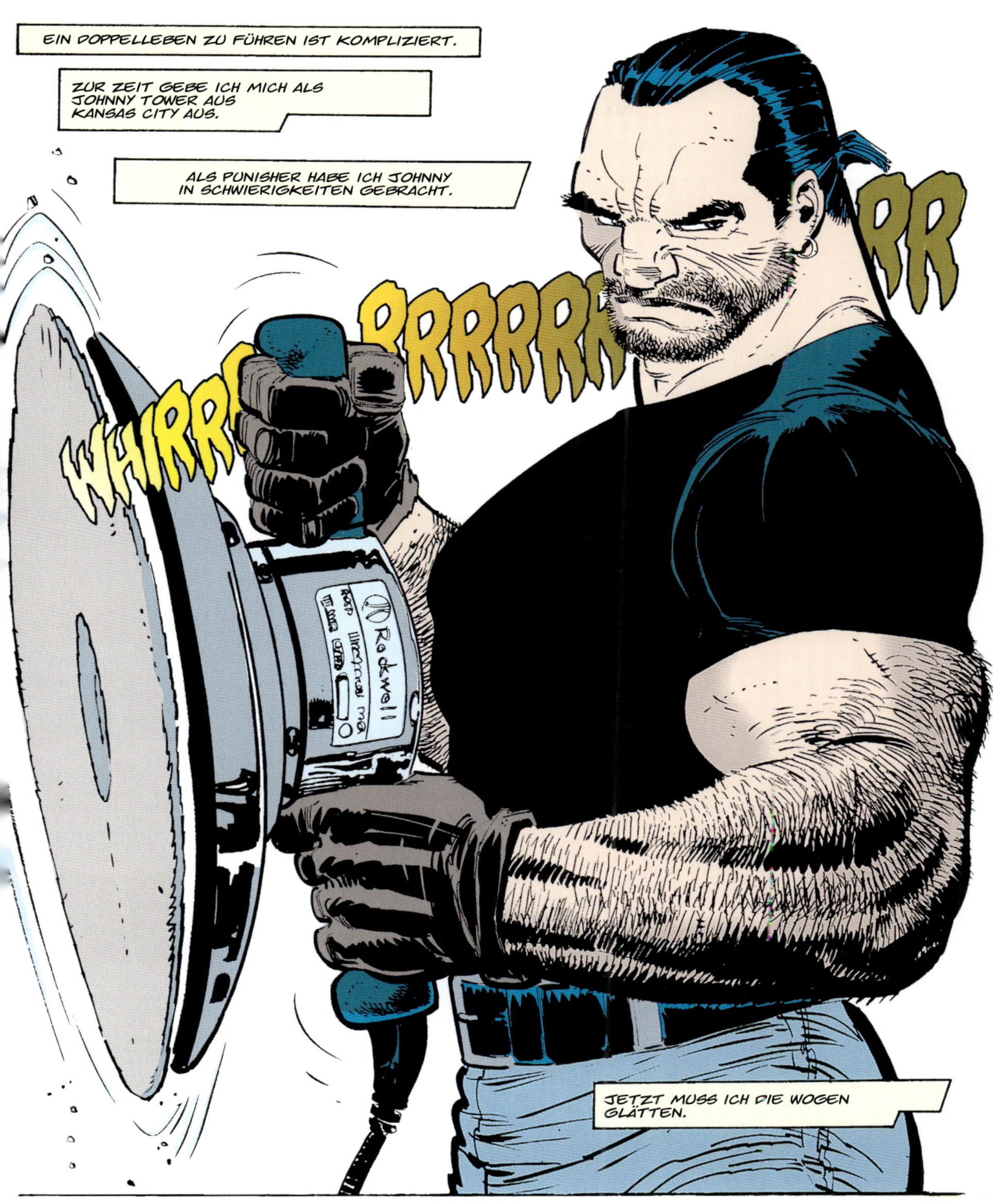
EIN DOPPELLEBEN ZU FÜHREN IST KOMPLIZIERT.
ZUR ZEIT GEBE ICH MICH ALS JOHNNY TOWER AUS KANSAS CITY AUS.
ALS PUNISHER HABE ICH JOHNNY IN SCHWIERIGKEITEN GEBRACHT.
WHIRRRRRRRRRRRRRR
Rockwell
JETZT MUSS ICH DIE WOGEN GLÄTTEN.

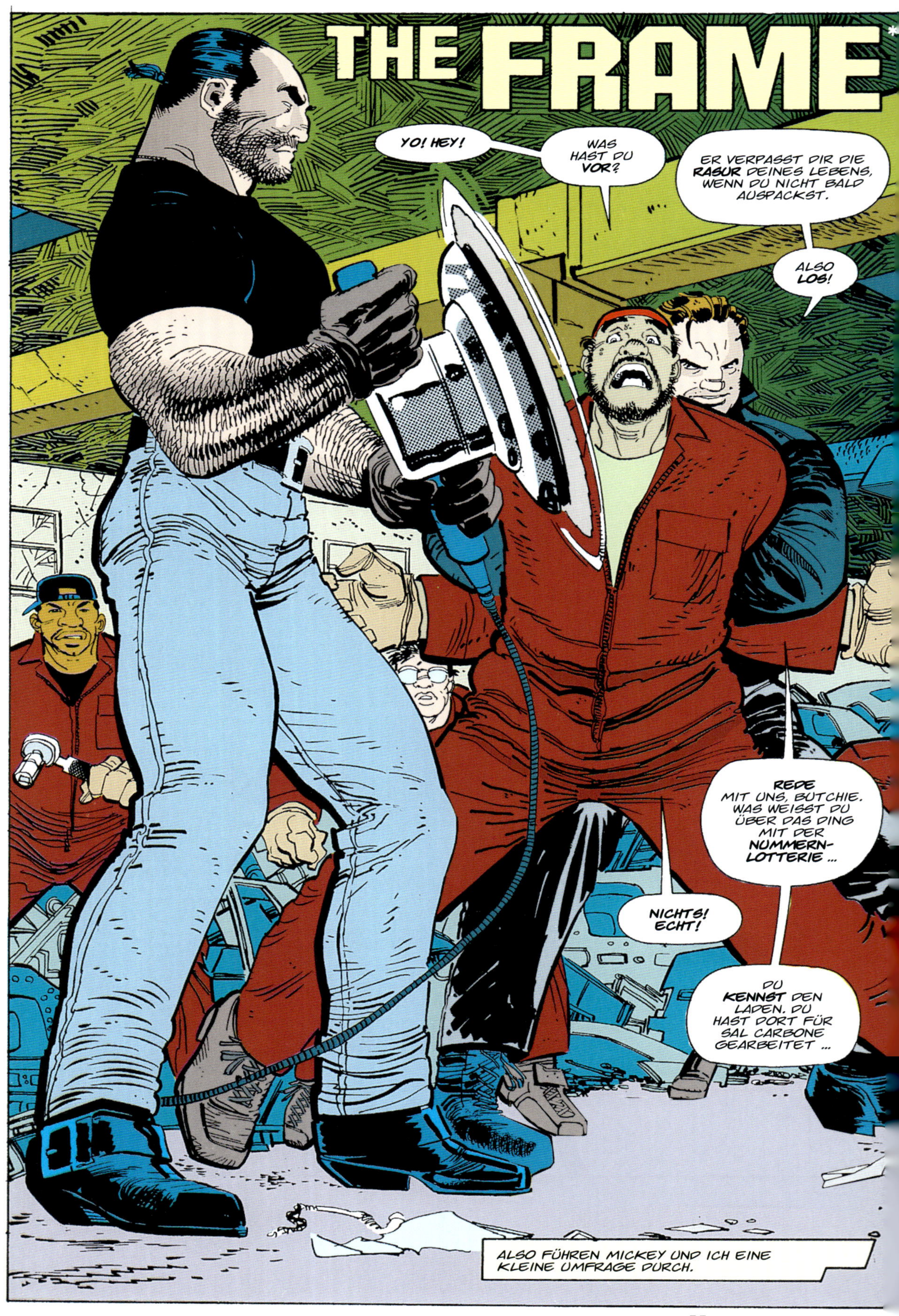

* AUF DÜNNEM EIS

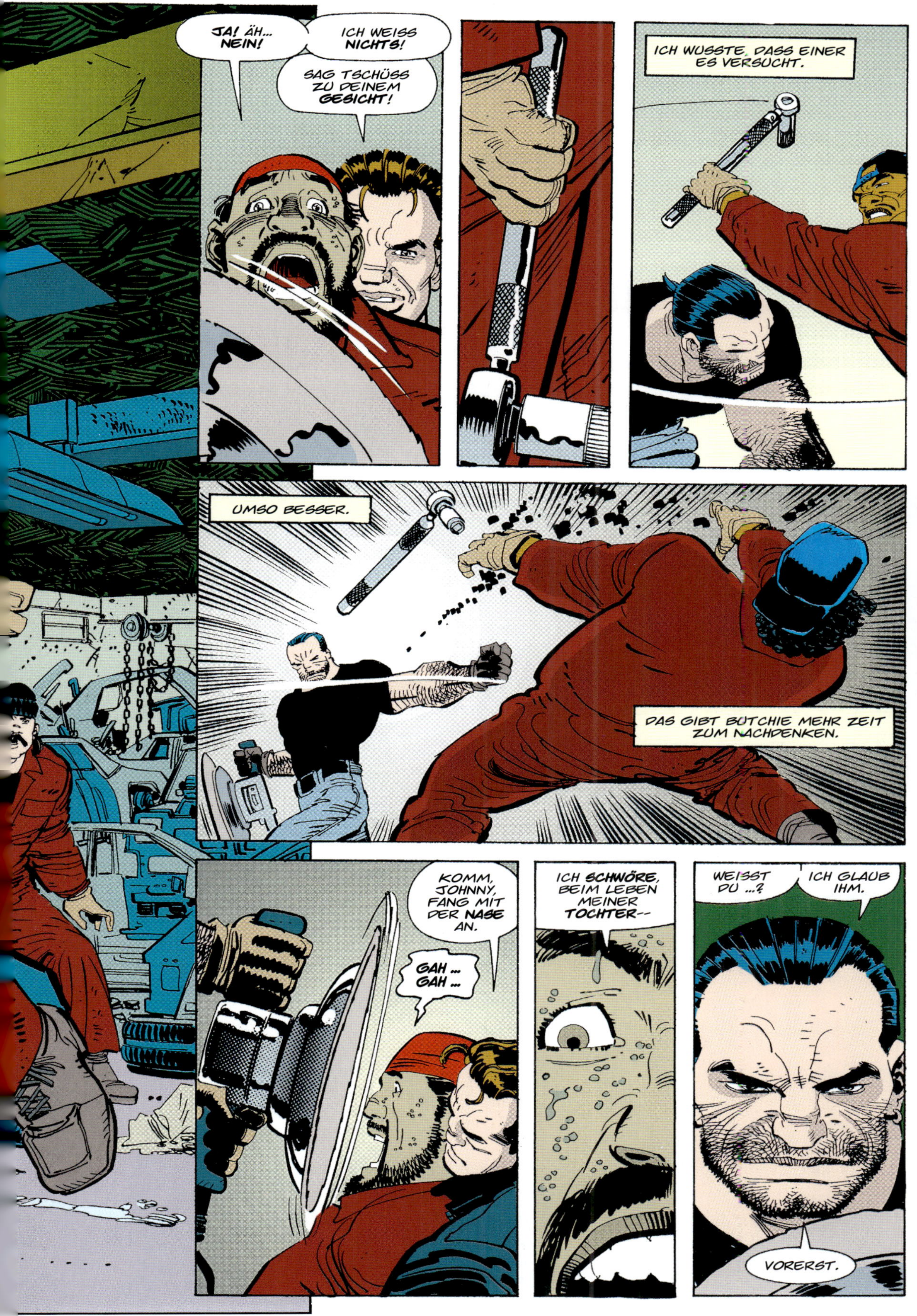

JA! ÄH... NEIN!
ICH WEISS NICHTS!
SAG TSCHÜSS ZU DEINEM GESICHT!
ICH WUSSTE, DASS EINER ES VERSUCHT.
UMSO BESSER.
DAS GIBT BUTCHIE MEHR ZEIT ZUM NACHDENKEN.
KOMM, JOHNNY, FANG MIT DER NASE AN.
GAH ... GAH ...
ICH SCHWÖRE, BEIM LEBEN MEINER TOCHTER--
WEISST DU ...?
ICH GLAUB IHM.
VORERST.

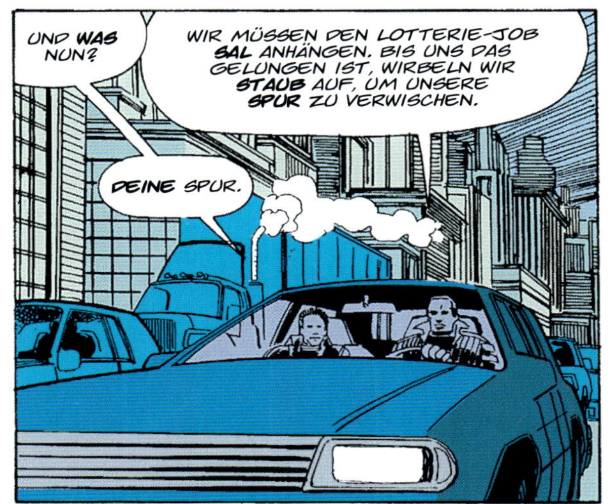
UND WAS NUN?
WIR MÜSSEN DEN LOTTERIE-JOB SAL ANHÄNGEN. BIS UNS DAS GELUNGEN IST, WIRBELN WIR STAUB AUF, UM UNSERE SPUR ZU VERWISCHEN.
DEINE SPUR.

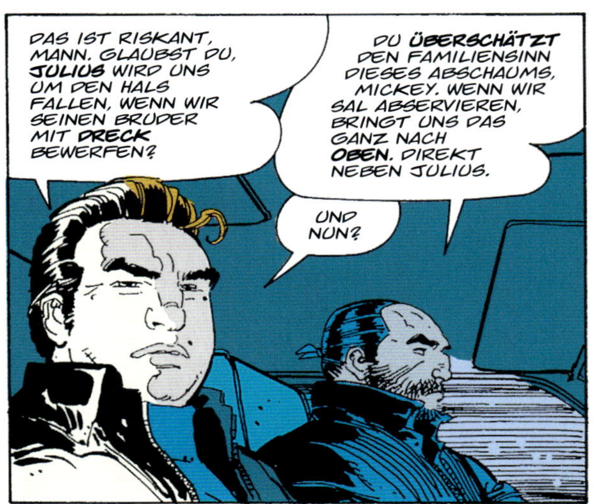
DAS IST RISKANT, MANN. GLAUBST DU, JULIUS WIRD UNS UM DEN HALS FALLEN, WENN WIR SEINEN BRUDER MIT DRECK BEWERFEN?
DU ÜBERSCHÄTZT DEN FAMILIENSINN DIESES ABSCHAUMS, MICKEY. WENN WIR SAL ABSERVIEREN, BRINGT UNS DAS GANZ NACH OBEN. DIREKT NEBEN JULIUS.
UND NUN?

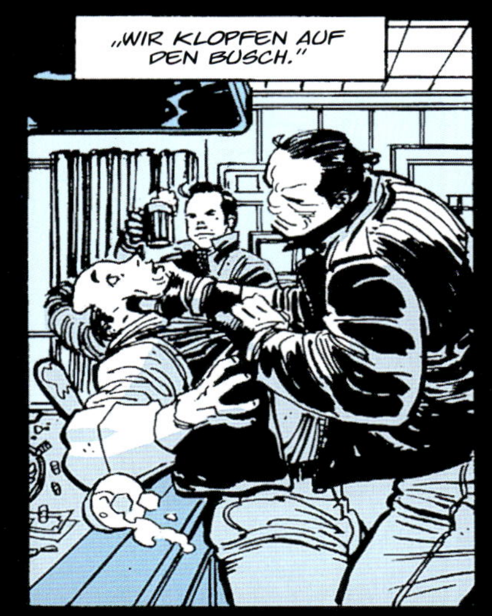
„WIR KLOPFEN AUF DEN BUSCH."

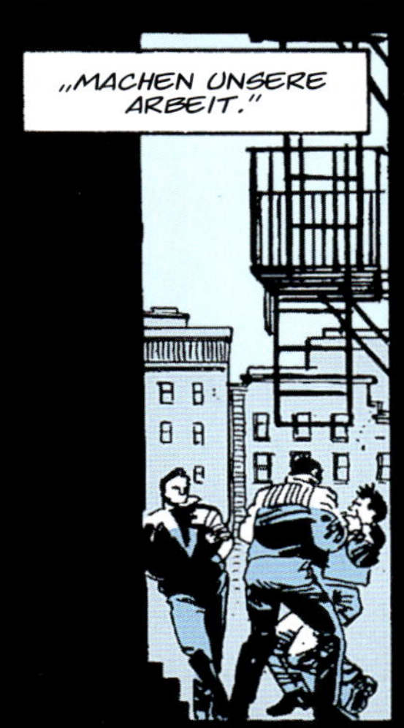
„MACHEN UNSERE ARBEIT."

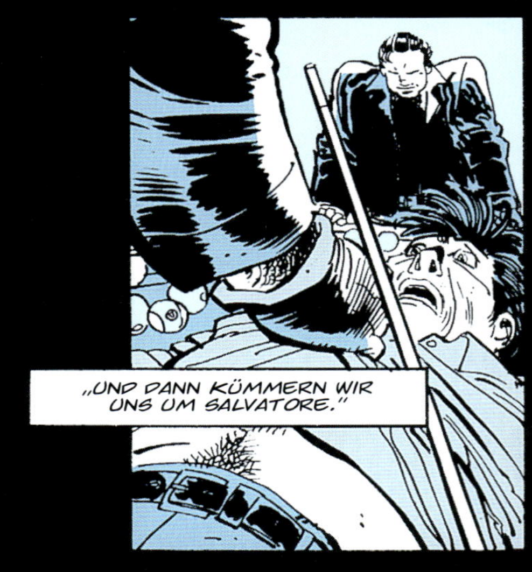
„UND DANN KÜMMERN WIR UNS UM SALVATORE."

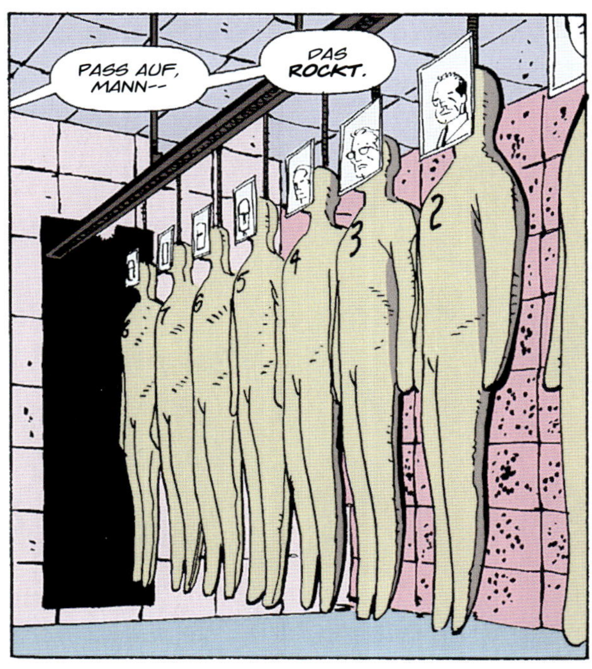
PASS AUF, MANN--
DAS ROCKT.

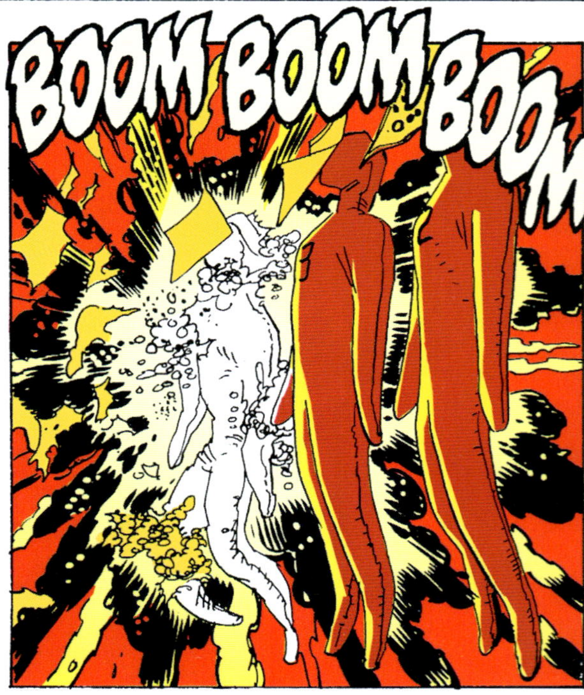
BOOM BOOM BOOM

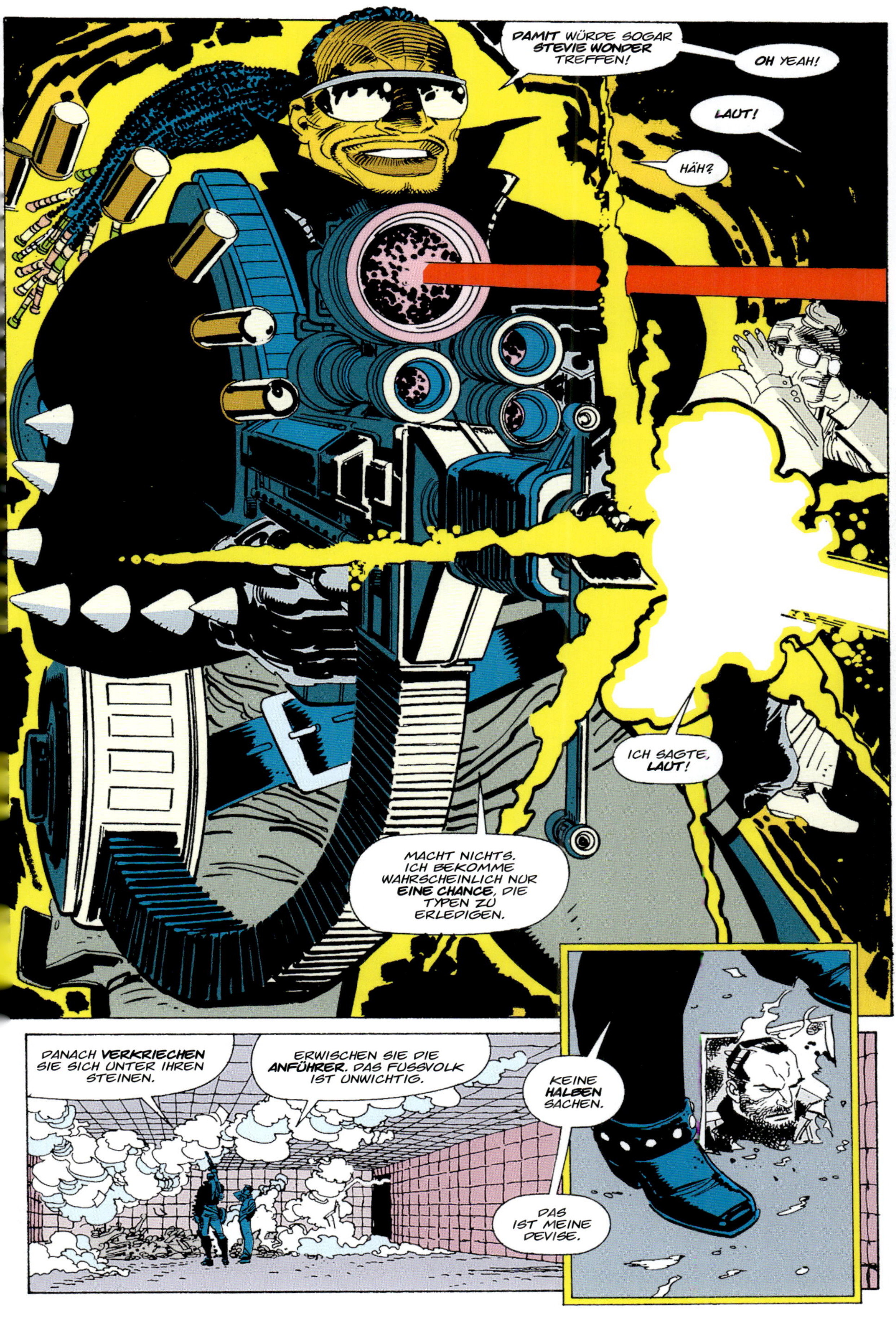
DAMIT WÜRDE SOGAR STEVIE WONDER TREFFEN!
OH YEAH!
LAUT!
HÄH?
ICH SAGTE, LAUT!
MACHT NICHTS. ICH BEKOMME WAHRSCHEINLICH NUR EINE CHANCE, DIE TYPEN ZU ERLEDIGEN.
DANACH VERKRIECHEN SIE SICH UNTER IHREN STEINEN.
ERWISCHEN SIE DIE ANFÜHRER. DAS FUSSVOLK IST UNWICHTIG.
KEINE HALBEN SACHEN.
DAS IST MEINE DEVISE.

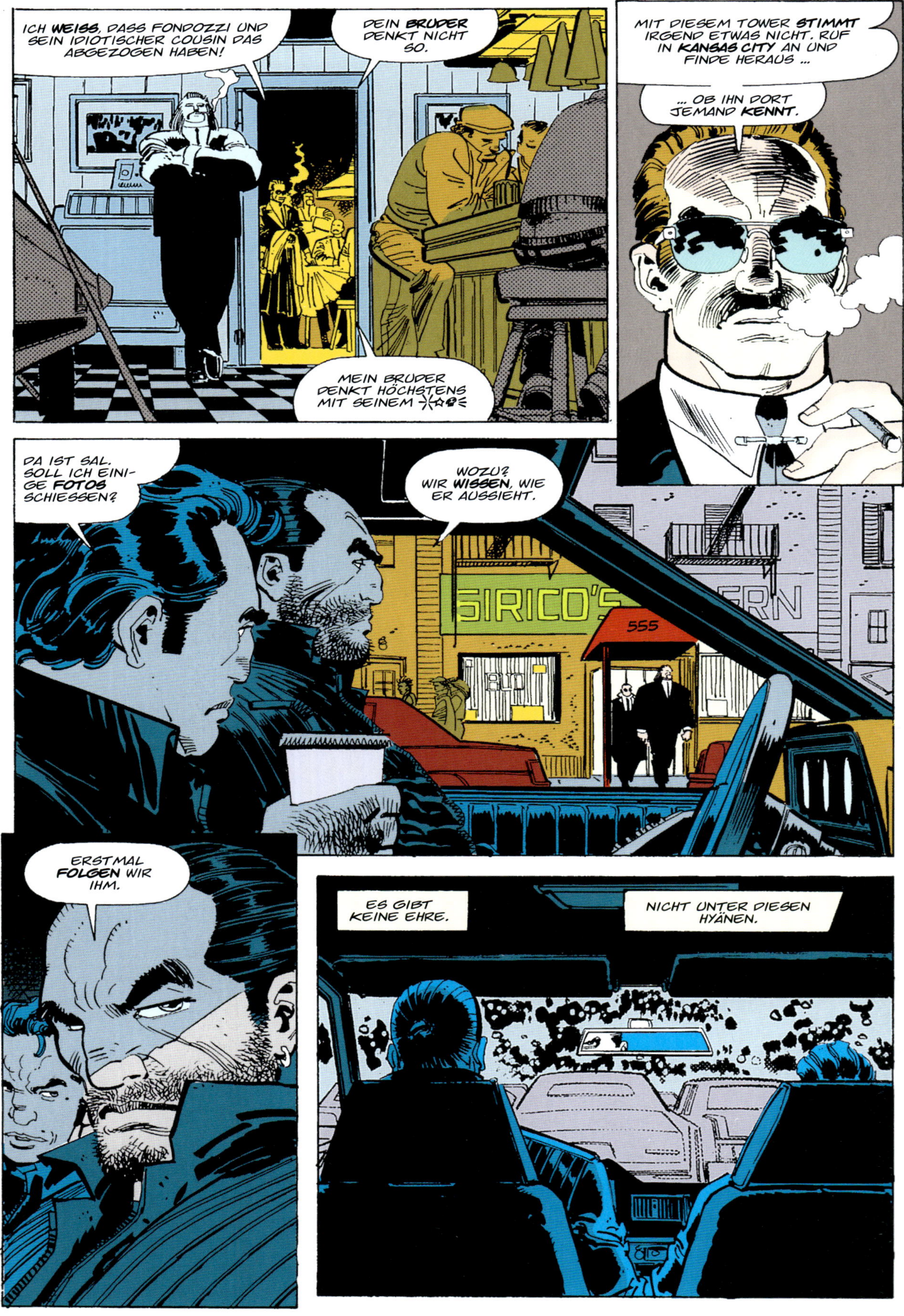
ICH WEISS, DASS FONDOZZI UND SEIN IDIOTISCHER COUSIN DAS ABGEZOGEN HABEN!
DEIN BRUDER DENKT NICHT SO.
MEIN BRUDER DENKT HÖCHSTENS MIT SEINEM
MIT DIESEM TOWER STIMMT IRGEND ETWAS NICHT. RUF IN KANSAS CITY AN UND FINDE HERAUS ...
... OB IHN DORT JEMAND KENNT.
DA IST SAL. SOLL ICH EINIGE FOTOS SCHIESSEN?
WOZU? WIR WISSEN, WIE ER AUSSIEHT.
SIRICO'S
555
ERSTMAL FOLGEN WIR IHM.
ES GIBT KEINE EHRE.
NICHT UNTER DIESEN HYÄNEN.

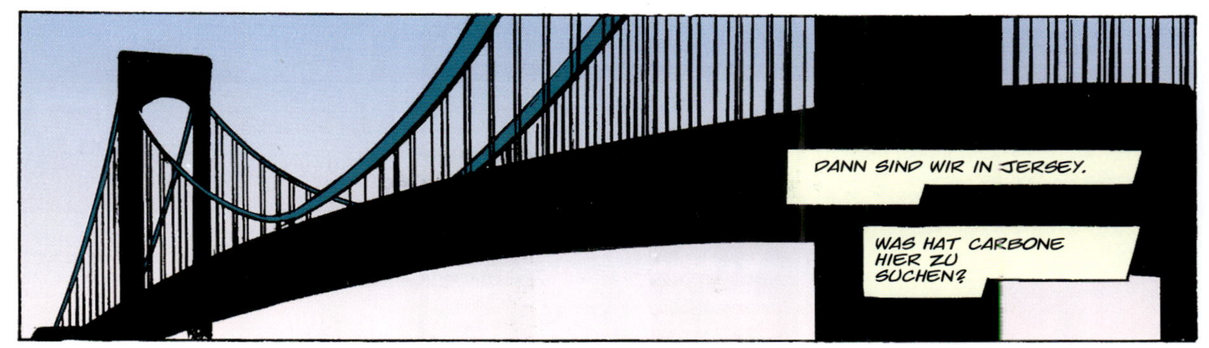
DANN SIND WIR IN JERSEY.
WAS HAT CARBONE HIER ZU SUCHEN?

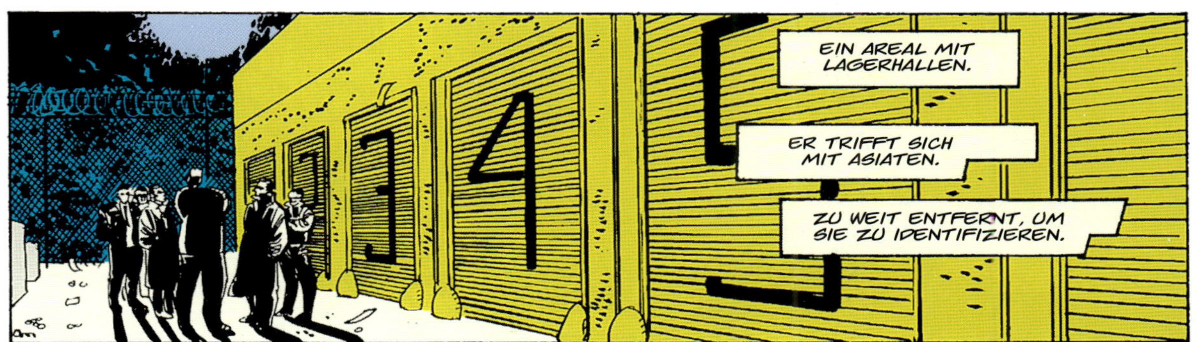
EIN AREAL MIT LAGERHALLEN.
ER TRIFFT SICH MIT ASIATEN.
ZU WEIT ENTFERNT, UM SIE ZU IDENTIFIZIEREN.

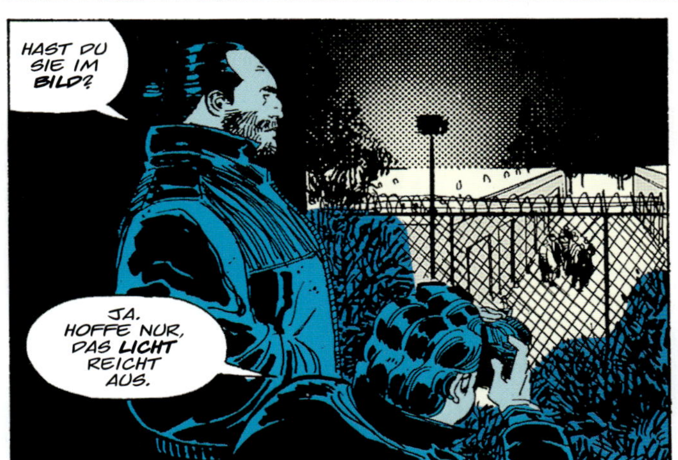
HAST DU SIE IM BILD?
JA. HOFFE NUR, DAS LICHT REICHT AUS.

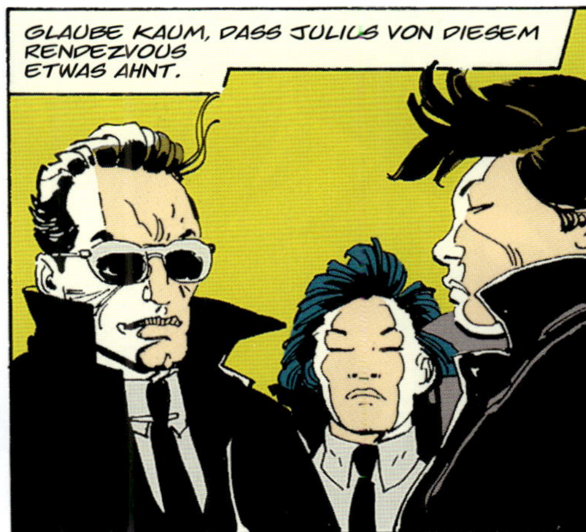
GLAUBE KAUM, DASS JULIUS VON DIESEM RENDEZVOUS ETWAS AHNT.

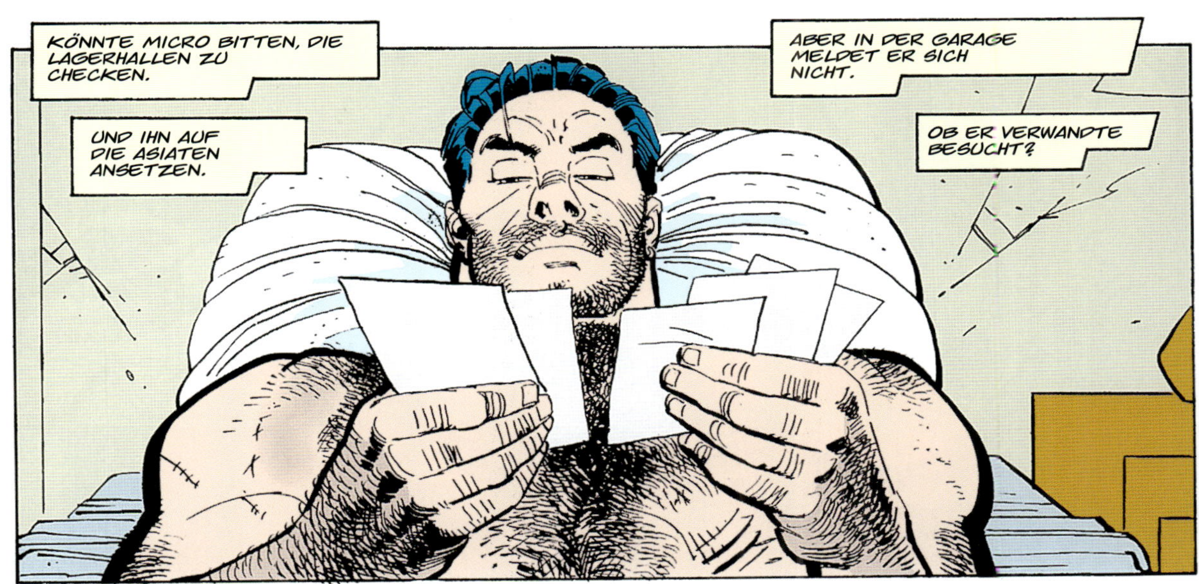
KÖNNTE MICRO BITTEN, DIE LAGERHALLEN ZU CHECKEN.
UND IHN AUF DIE ASIATEN ANSETZEN.
ABER IN DER GARAGE MELDET ER SICH NICHT.
OB ER VERWANDTE BESUCHT?

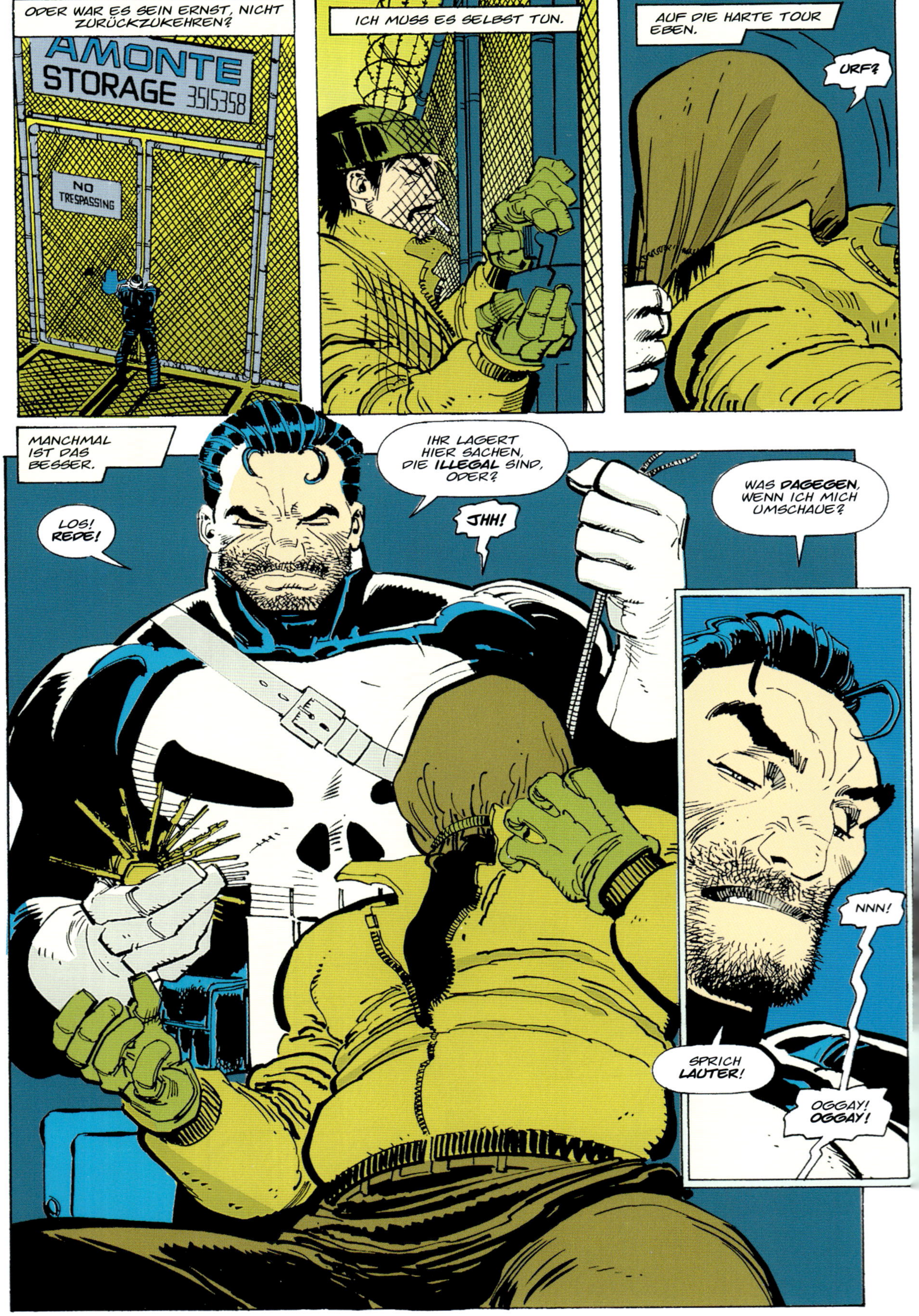
ODER WAR ES SEIN ERNST, NICHT ZURÜCKZUKEHREN?
AMONTE STORAGE 3515358
NO TRESPASSING
ICH MUSS ES SELBST TUN.
AUF DIE HARTE TOUR EBEN.
URF?
MANCHMAL IST DAS BESSER.
LOS! REDE!
IHR LAGERT HIER SACHEN, DIE ILLEGAL SIND, ODER?
JHH!
WAS DAGEGEN, WENN ICH MICH UMSCHAUE?
NNN!
SPRICH LAUTER!
OGGAY! OGGAY!

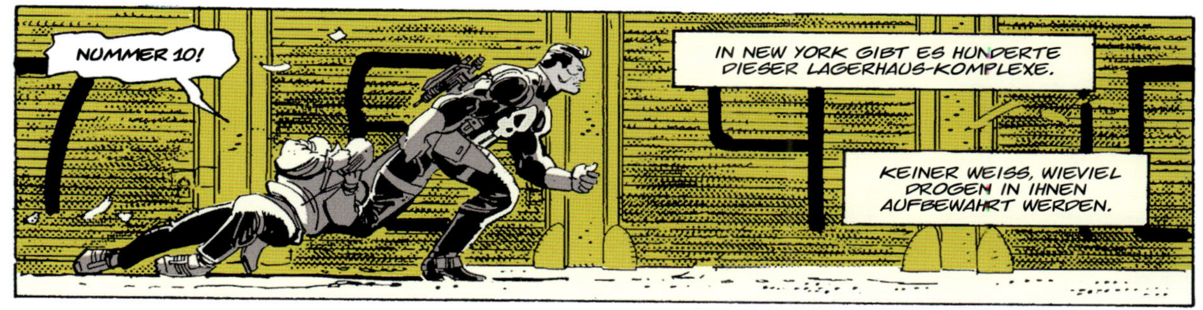
NUMMER 10!
IN NEW YORK GIBT ES HUNDERTE DIESER LAGERHAUS-KOMPLEXE.
KEINER WEISS, WIEVIEL DROGEN IN IHNEN AUFBEWAHRT WERDEN.

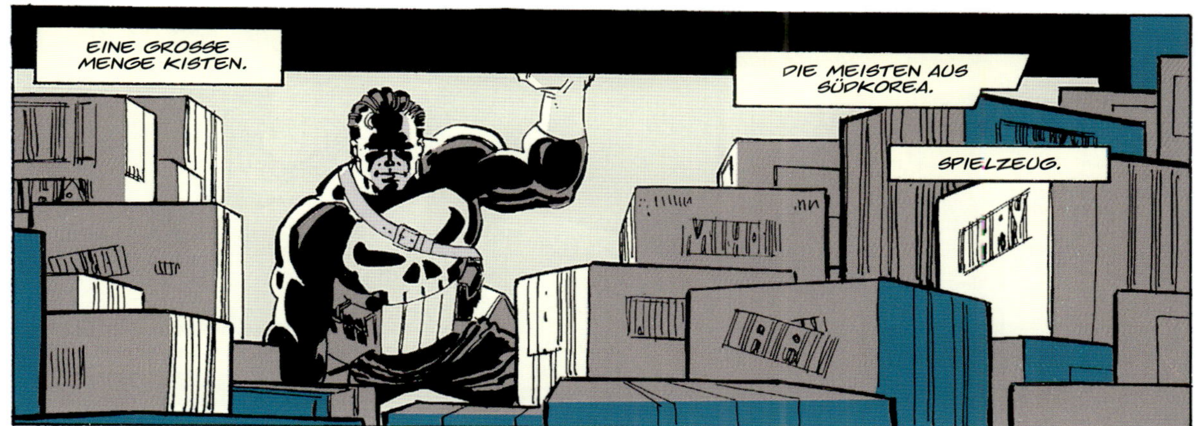
EINE GROSSE MENGE KISTEN.
DIE MEISTEN AUS SÜDKOREA.
SPIELZEUG.

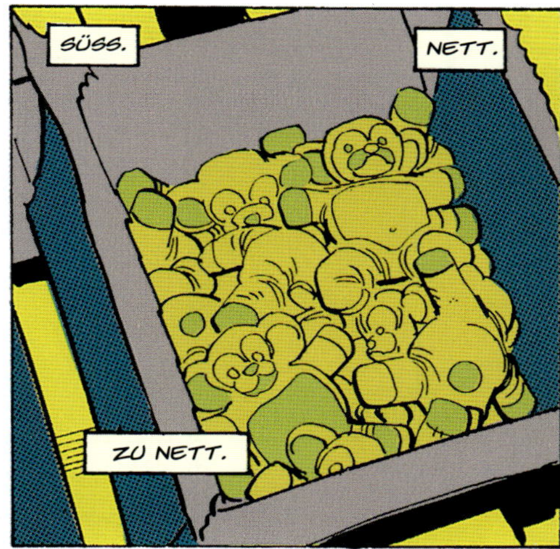
SÜSS.
NETT.
ZU NETT.

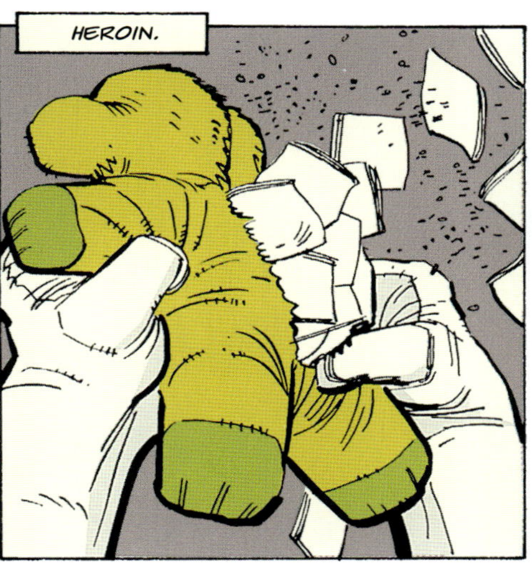
HEROIN.

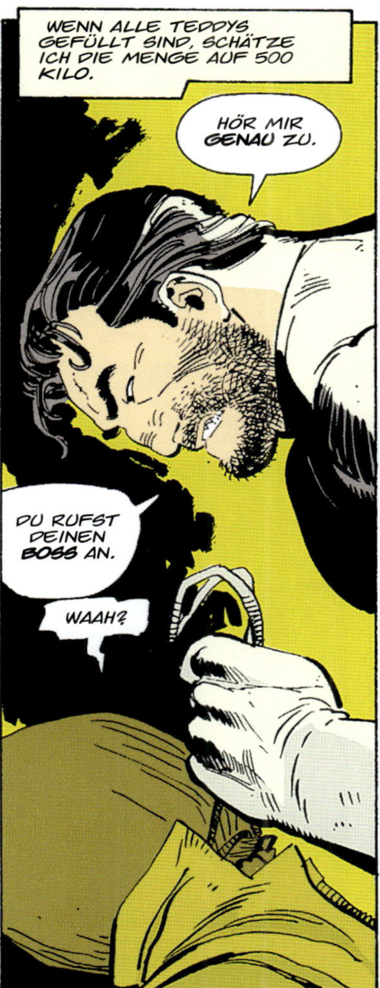
WENN ALLE TEDDYS GEFÜLLT SIND, SCHÄTZE ICH DIE MENGE AUF 500 KILO.
HÖR MIR **GENAU** ZU.
DU RUFST DEINEN **BOSS** AN.
WAAH?

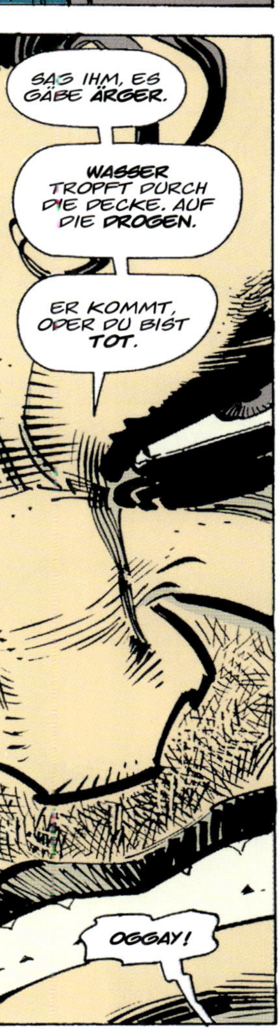
SAG IHM, ES GÄBE **ÄRGER**.
WASSER TROPFT DURCH DIE DECKE. AUF DIE **DROGEN**.
ER KOMMT, ODER DU BIST **TOT**.
OGGAY!

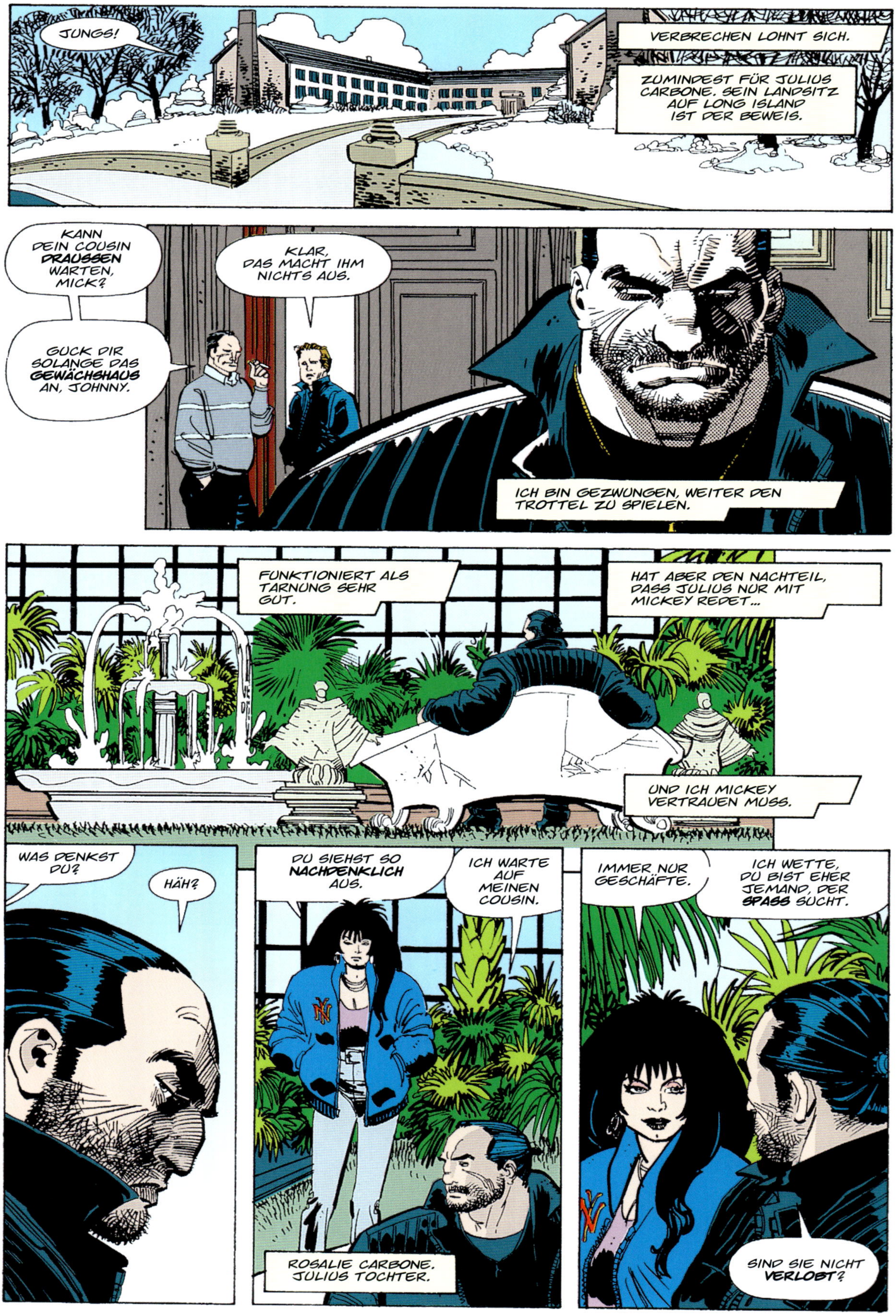

JUNGS!
VERBRECHEN LOHNT SICH.
ZUMINDEST FÜR JULIUS CARBONE. SEIN LANDSITZ AUF LONG ISLAND IST DER BEWEIS.

KANN DEIN COUSIN **DRAUSSEN** WARTEN, MICK?
KLAR, DAS MACHT IHM NICHTS AUS.
GUCK DIR SOLANGE DAS **GEWÄCHSHAUS** AN, JOHNNY.
ICH BIN GEZWUNGEN, WEITER DEN TROTTEL ZU SPIELEN.

FUNKTIONIERT ALS TARNUNG SEHR GUT.
HAT ABER DEN NACHTEIL, DASS JULIUS NUR MIT MICKEY REDET...
UND ICH MICKEY VERTRAUEN MUSS.

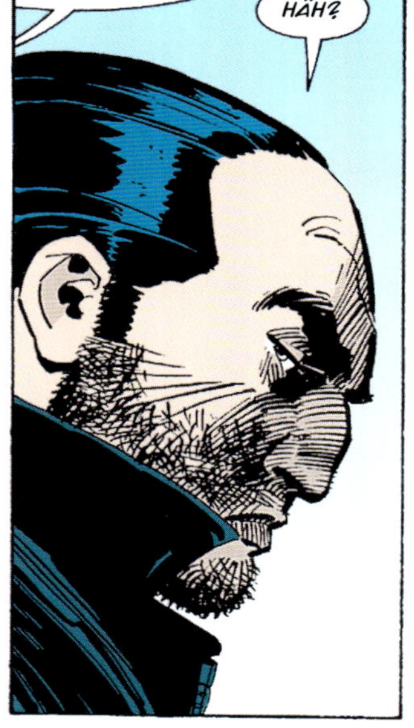

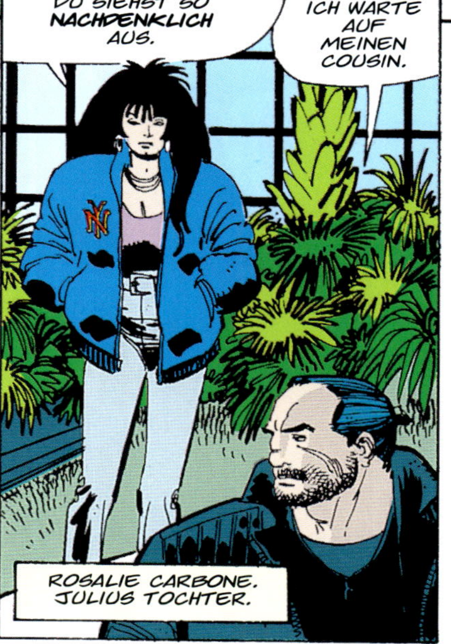

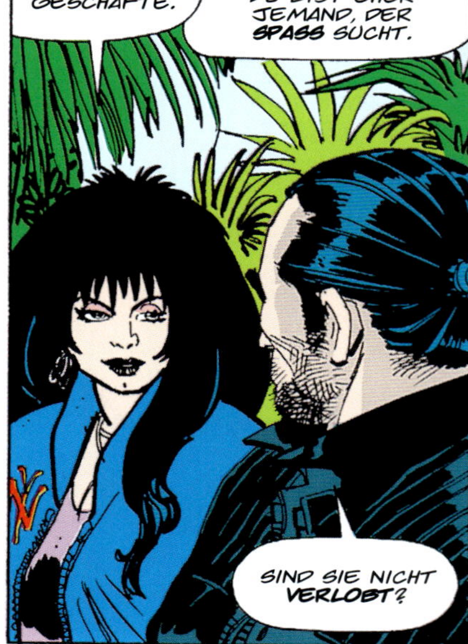

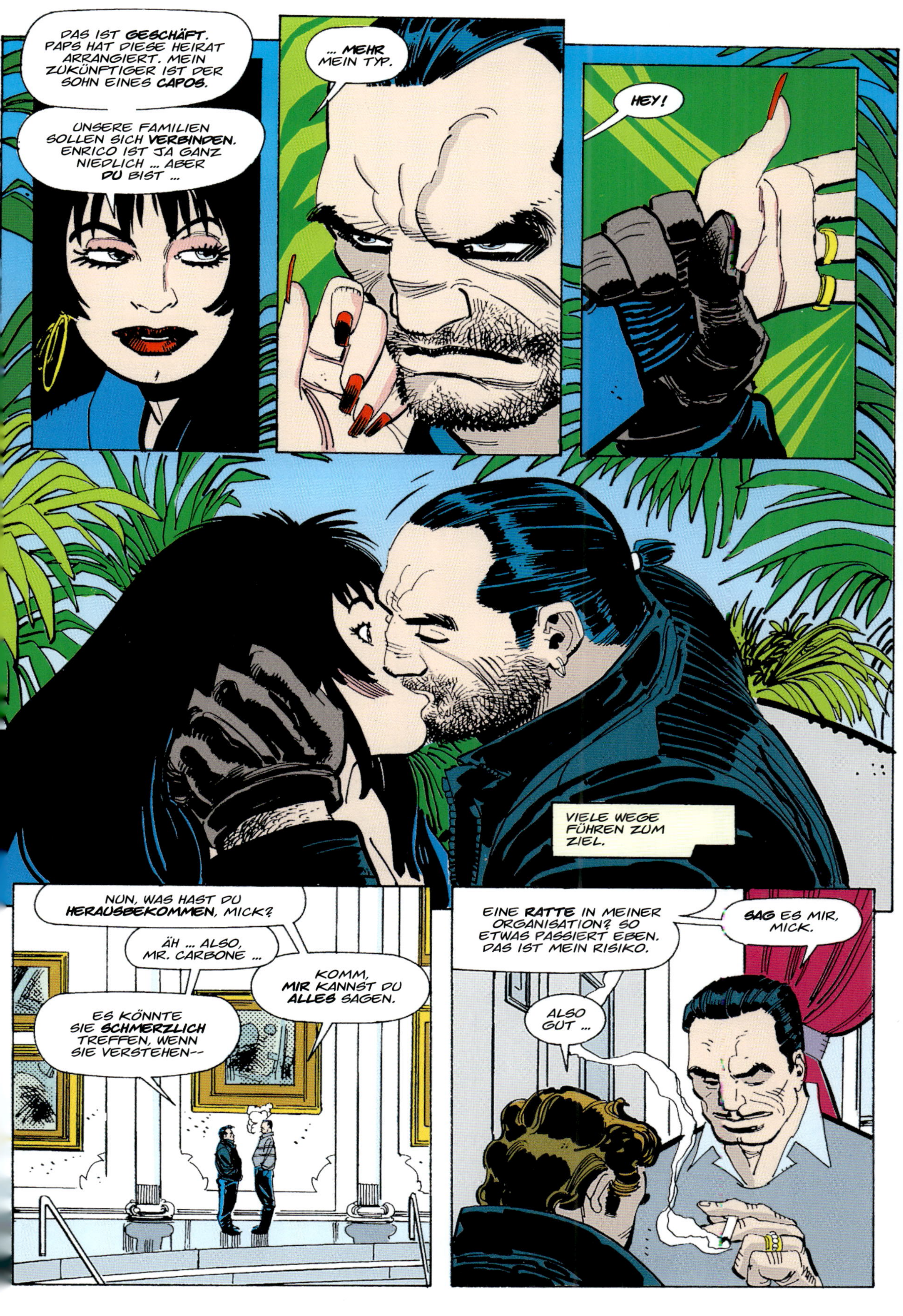
DAS IST GESCHÄFT. PAPS HAT DIESE HEIRAT ARRANGIERT. MEIN ZUKÜNFTIGER IST DER SOHN EINES CAPOS.
UNSERE FAMILIEN SOLLEN SICH VERBINDEN. ENRICO IST JA GANZ NIEDLICH ... ABER DU BIST ...
... MEHR MEIN TYP.
HEY!
VIELE WEGE FÜHREN ZUM ZIEL.
NUN, WAS HAST DU HERAUSBEKOMMEN, MICK?
ÄH ... ALSO, MR. CARBONE ...
ES KÖNNTE SIE SCHMERZLICH TREFFEN, WENN SIE VERSTEHEN--
KOMM, MIR KANNST DU ALLES SAGEN.
EINE RATTE IN MEINER ORGANISATION? SO ETWAS PASSIERT EBEN. DAS IST MEIN RISIKO.
SAG ES MIR, MICK.
ALSO GUT ...

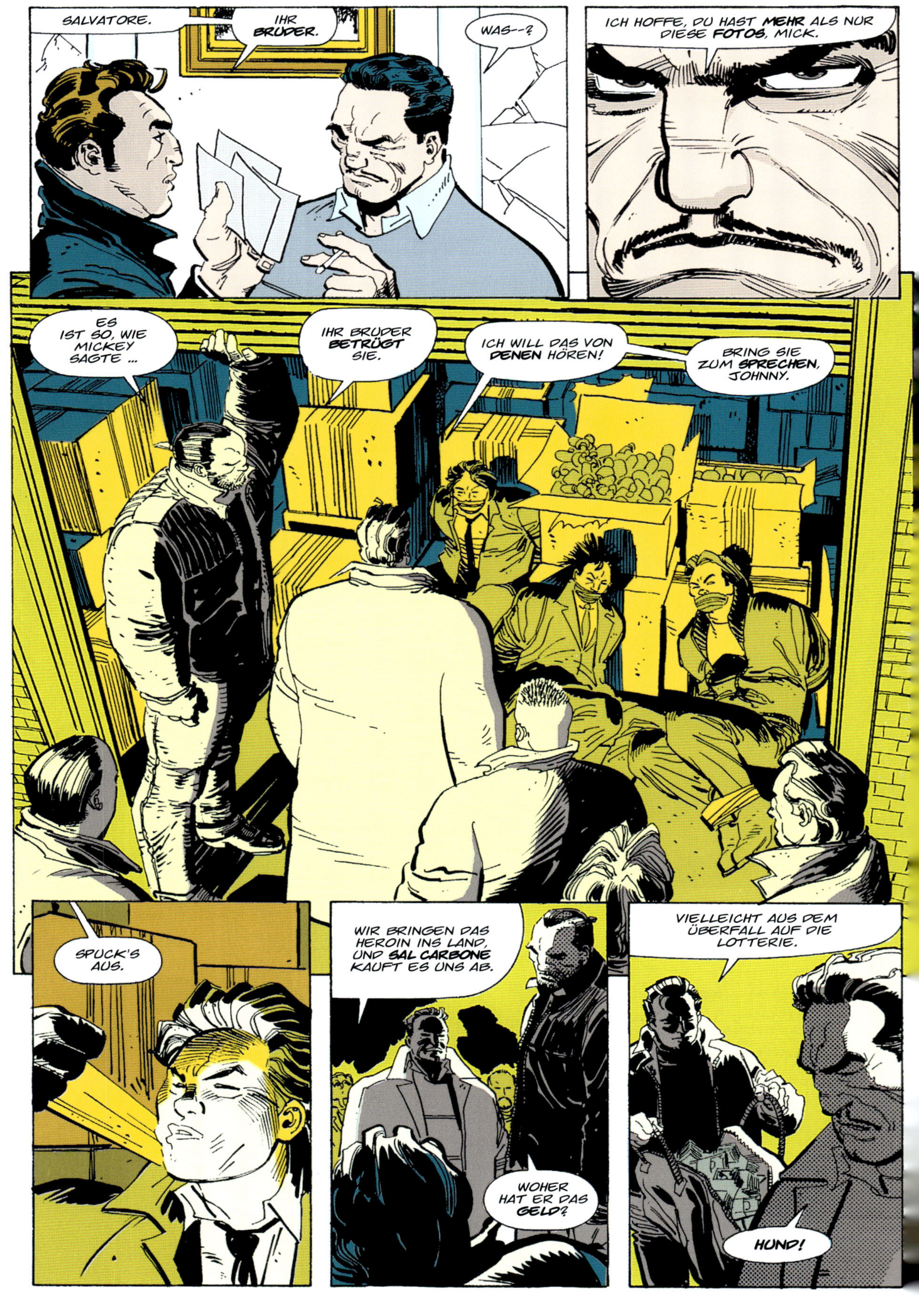
SALVATORE.
IHR BRUDER.
WAS--?
ICH HOFFE, DU HAST MEHR ALS NUR DIESE FOTOS, MICK.
ES IST SO, WIE MICKEY SAGTE ...
IHR BRUDER BETRÜGT SIE.
ICH WILL DAS VON DENEN HÖREN!
BRING SIE ZUM SPRECHEN, JOHNNY.
SPUCK'S AUS.
WIR BRINGEN DAS HEROIN INS LAND, UND SAL CARBONE KAUFT ES UNS AB.
WOHER HAT ER DAS GELD?
VIELLEICHT AUS DEM ÜBERFALL AUF DIE LOTTERIE.
HUND!

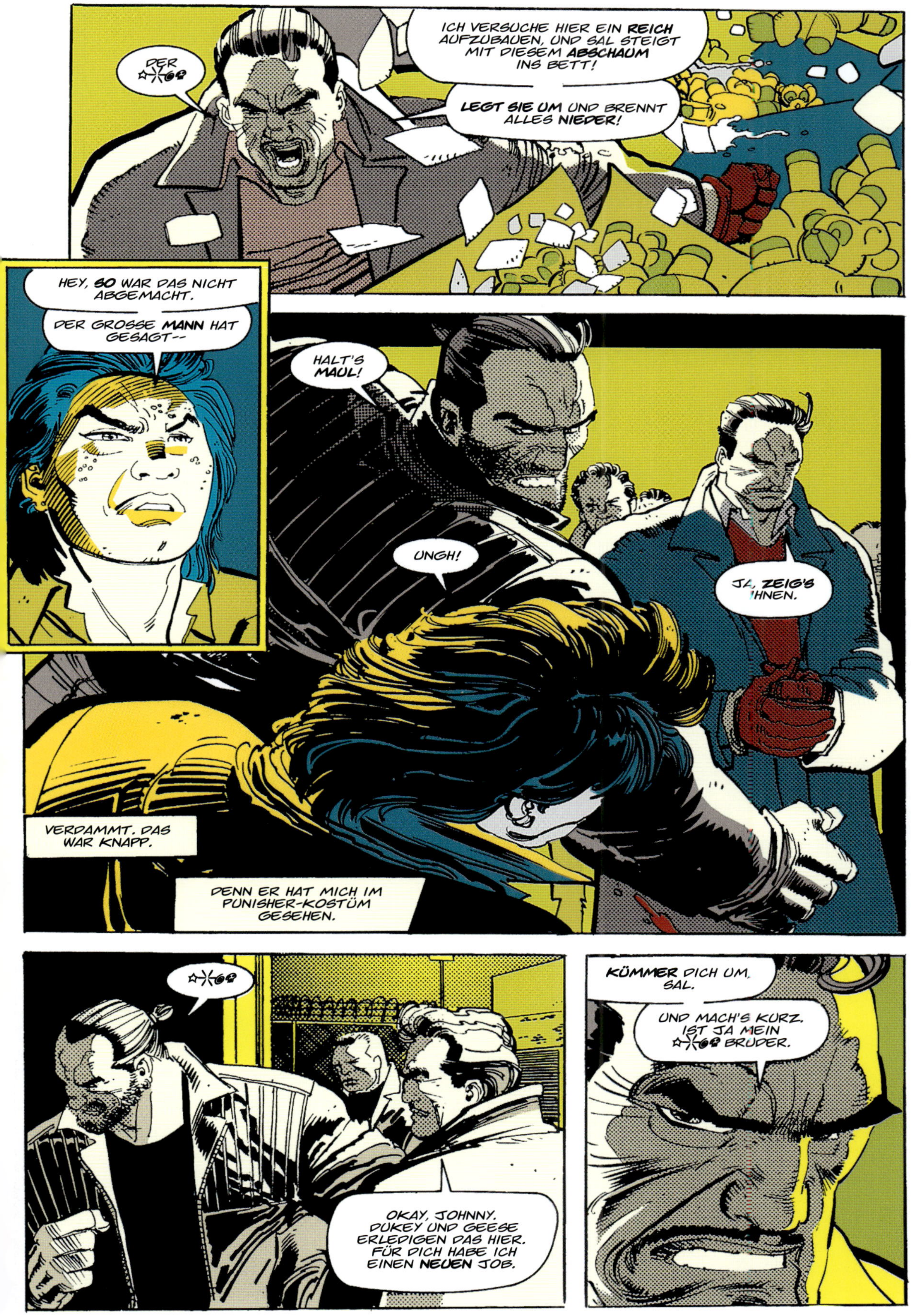

DER ☆✳@!

ICH VERSUCHE HIER EIN **REICH** AUFZUBAUEN, UND SAL STEIGT MIT DIESEM **ABSCHAUM** INS BETT!

LEGT SIE UM UND BRENNT ALLES **NIEDER!**

HEY, **SO** WAR DAS NICHT ABGEMACHT.

DER GROSSE **MANN** HAT GESAGT--

HALT'S **MAUL!**

UNGH!

JA, **ZEIG'S** IHNEN.

VERDAMMT. DAS WAR KNAPP.

DENN ER HAT MICH IM PUNISHER-KOSTÜM GESEHEN.

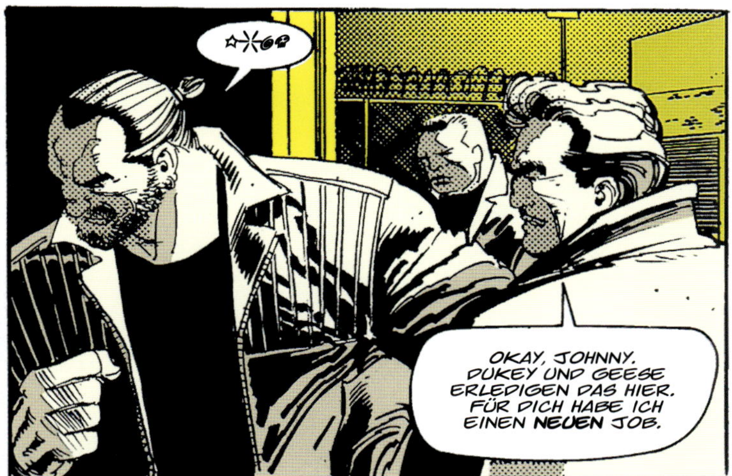

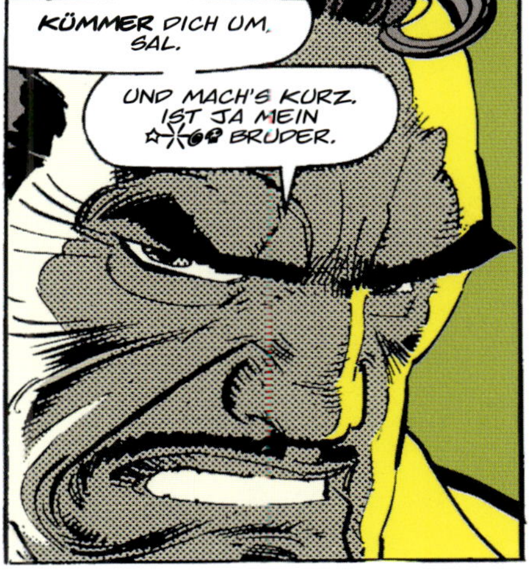

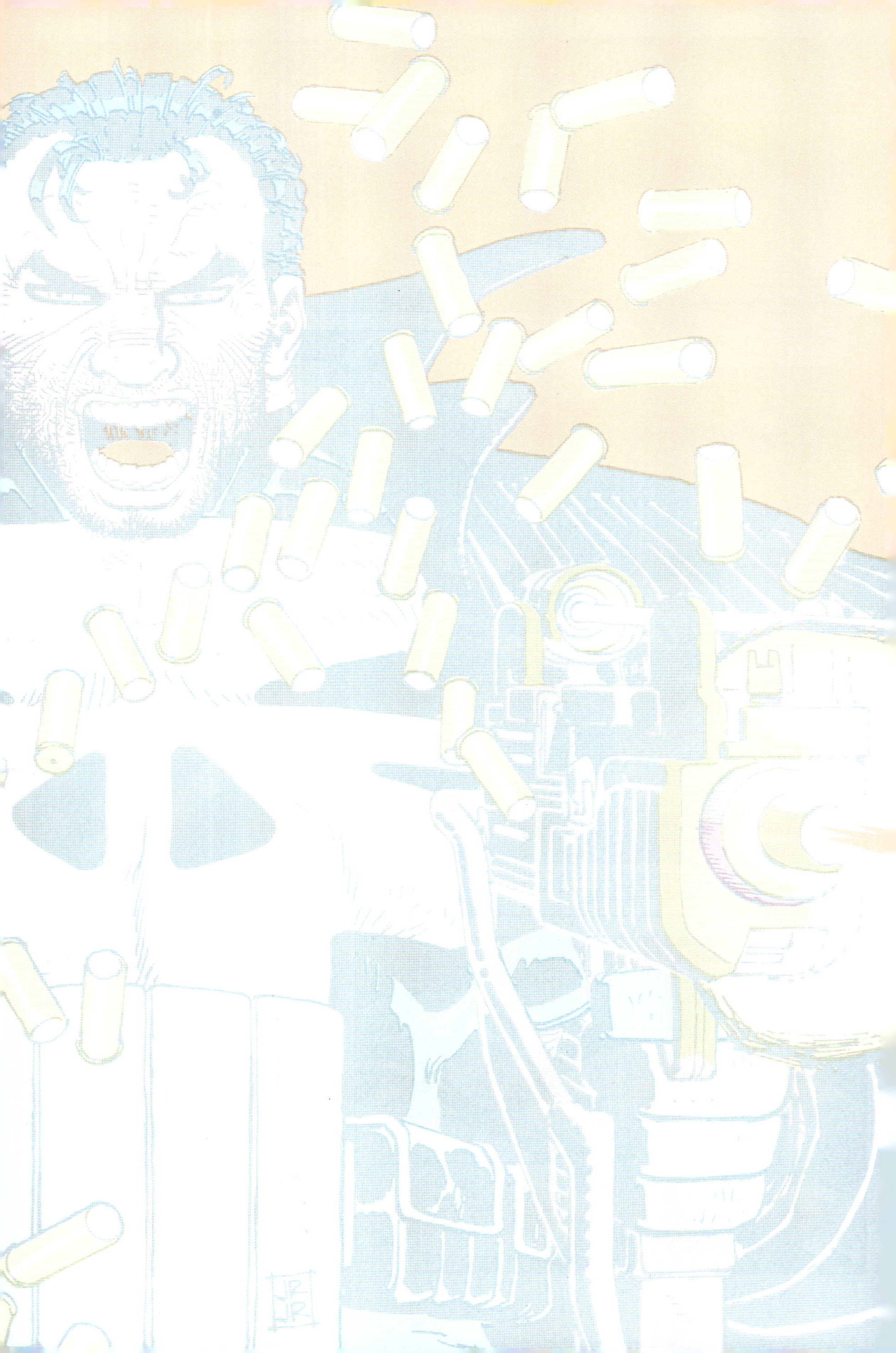

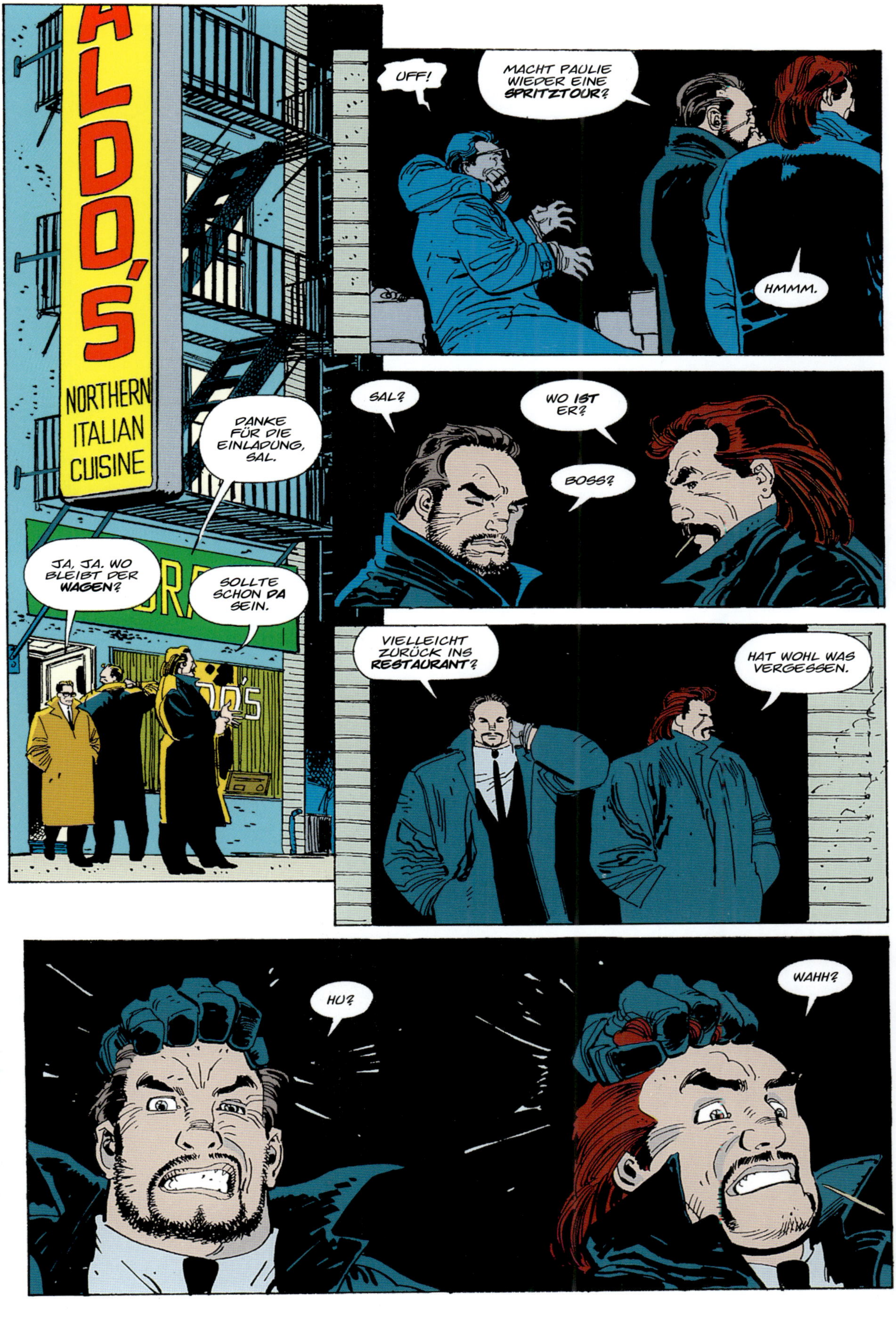

ALDO'S
NORTHERN ITALIAN CUISINE
DANKE FÜR DIE EINLADUNG, SAL.
JA, JA. WO BLEIBT DER **WAGEN**?
SOLLTE SCHON **DA** SEIN.
UFF!
MACHT PAULIE WIEDER EINE **SPRITZTOUR**?
HMMM.
SAL?
WO **IST** ER?
BOSS?
VIELLEICHT ZURÜCK INS **RESTAURANT**?
HAT WOHL WAS VERGESSEN.

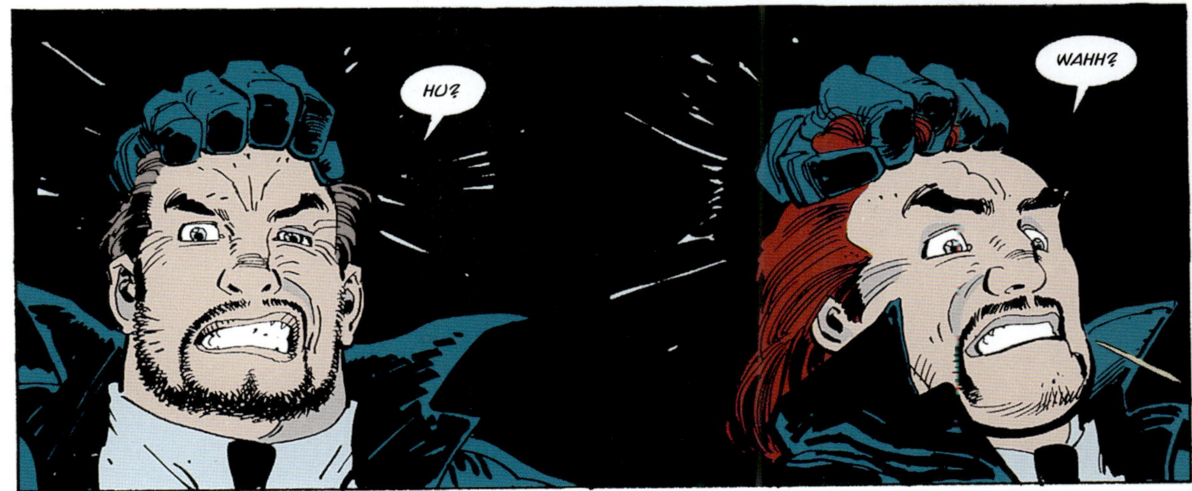

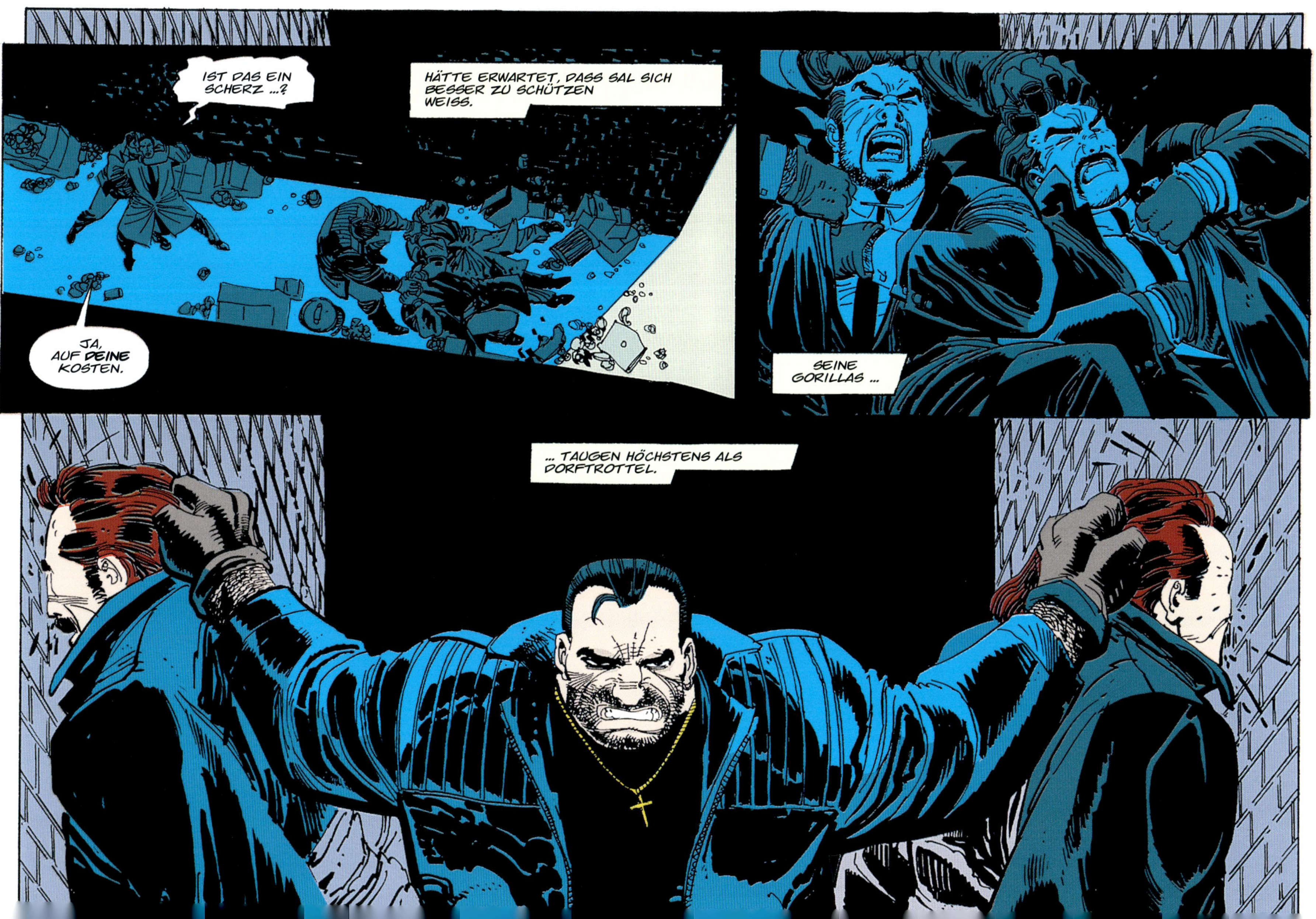
IST DAS EIN SCHERZ ...?
JA, AUF DEINE KOSTEN.
HÄTTE ERWARTET, DASS SAL SICH BESSER ZU SCHÜTZEN WEISS.
SEINE GORILLAS ...
... TAUGEN HÖCHSTENS ALS DORFTROTTEL.

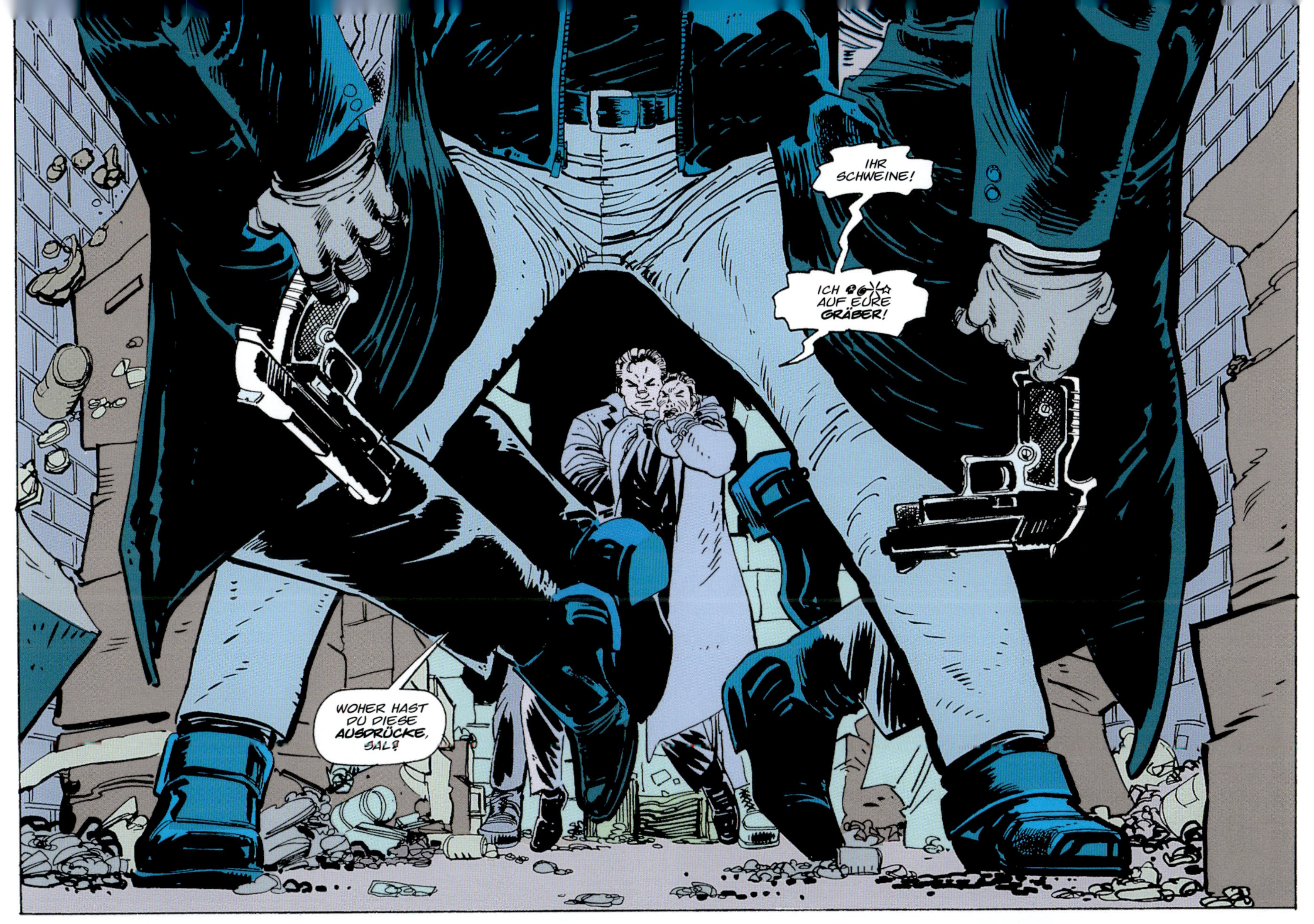
IHR SCHWEINE!
ICH ☻@☆ AUF EURE GRÄBER!
WOHER HAST DU DIESE AUSDRÜCKE, SAL?

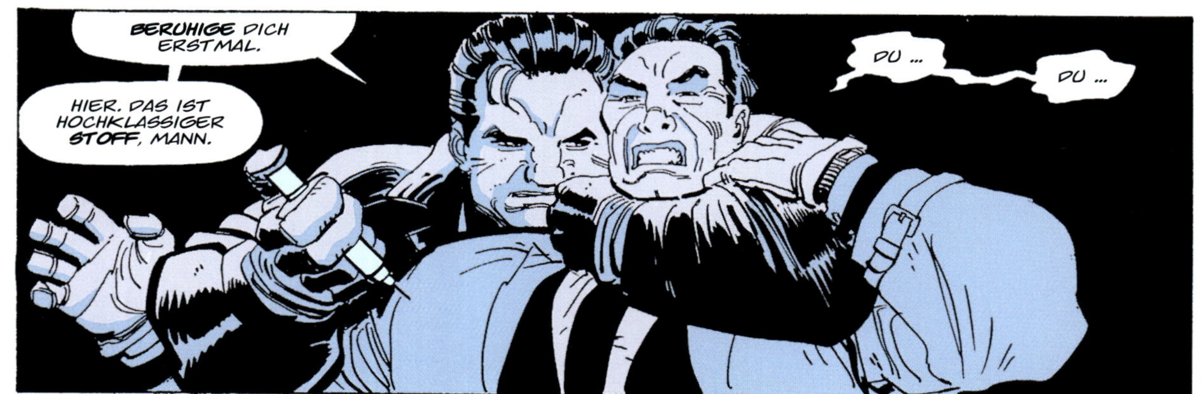
BERUHIGE DICH ERSTMAL.
HIER. DAS IST HOCHKLASSIGER STOFF, MANN.
DU ...
DU ...

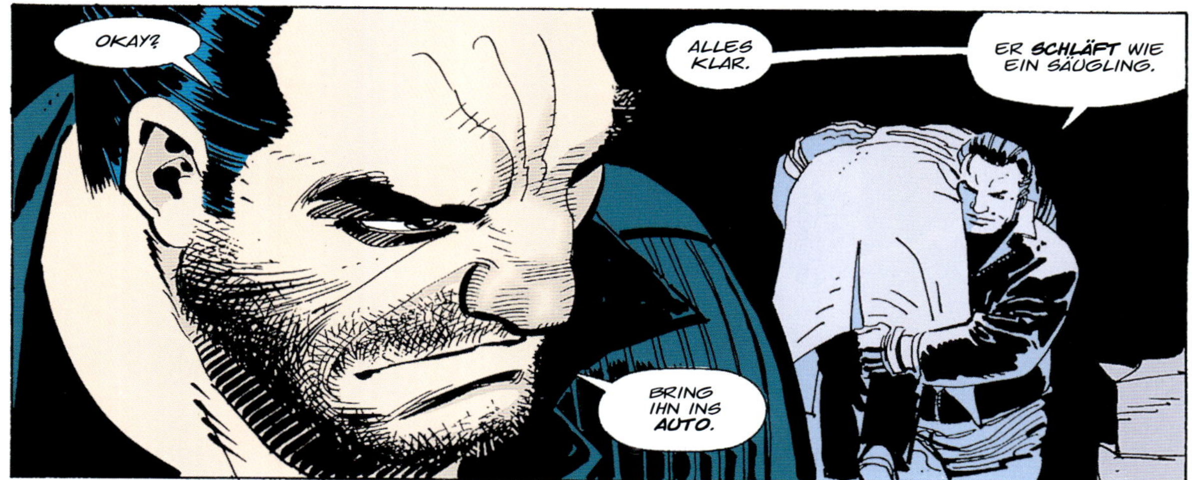
OKAY?
ALLES KLAR.
ER SCHLÄFT WIE EIN SÄUGLING.
BRING IHN INS AUTO.

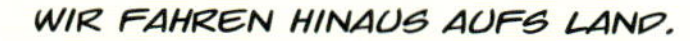
WIR FAHREN HINAUS AUFS LAND.

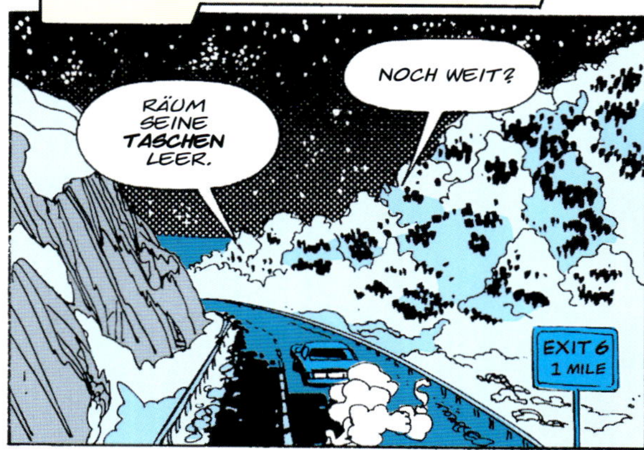
NOCH WEIT?
RÄUM SEINE TASCHEN LEER.
EXIT 6
1 MILE

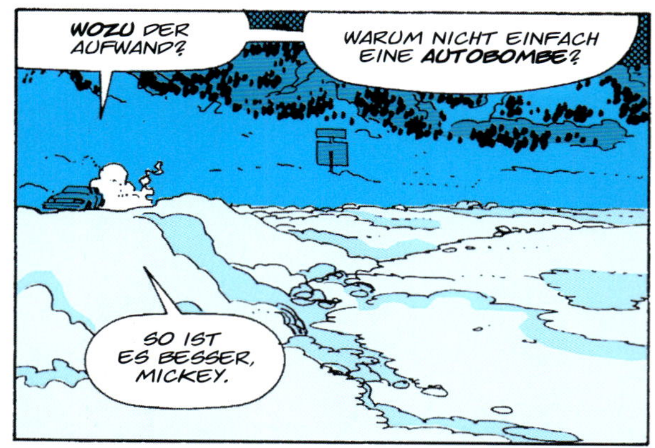
WOZU DER AUFWAND?
WARUM NICHT EINFACH EINE AUTOBOMBE?
SO IST ES BESSER, MICKEY.

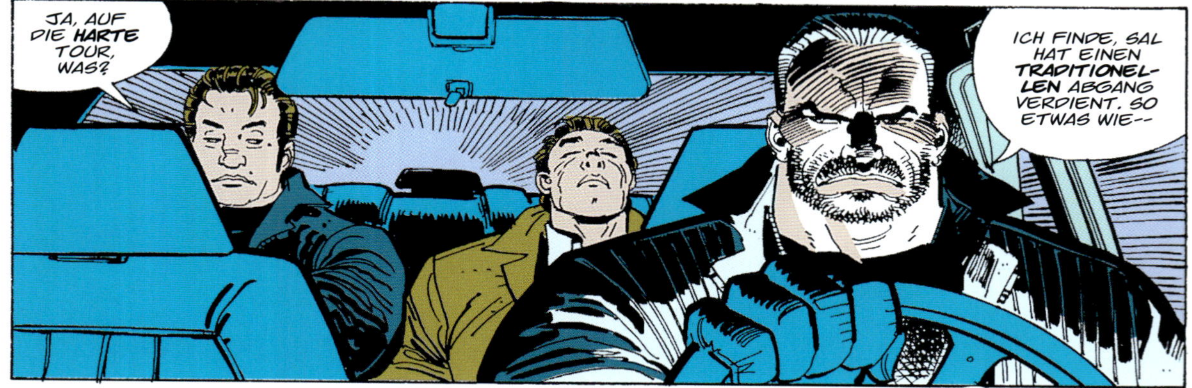
JA, AUF DIE HARTE TOUR, WAS?
ICH FINDE, SAL HAT EINEN TRADITIONELLEN ABGANG VERDIENT. SO ETWAS WIE--

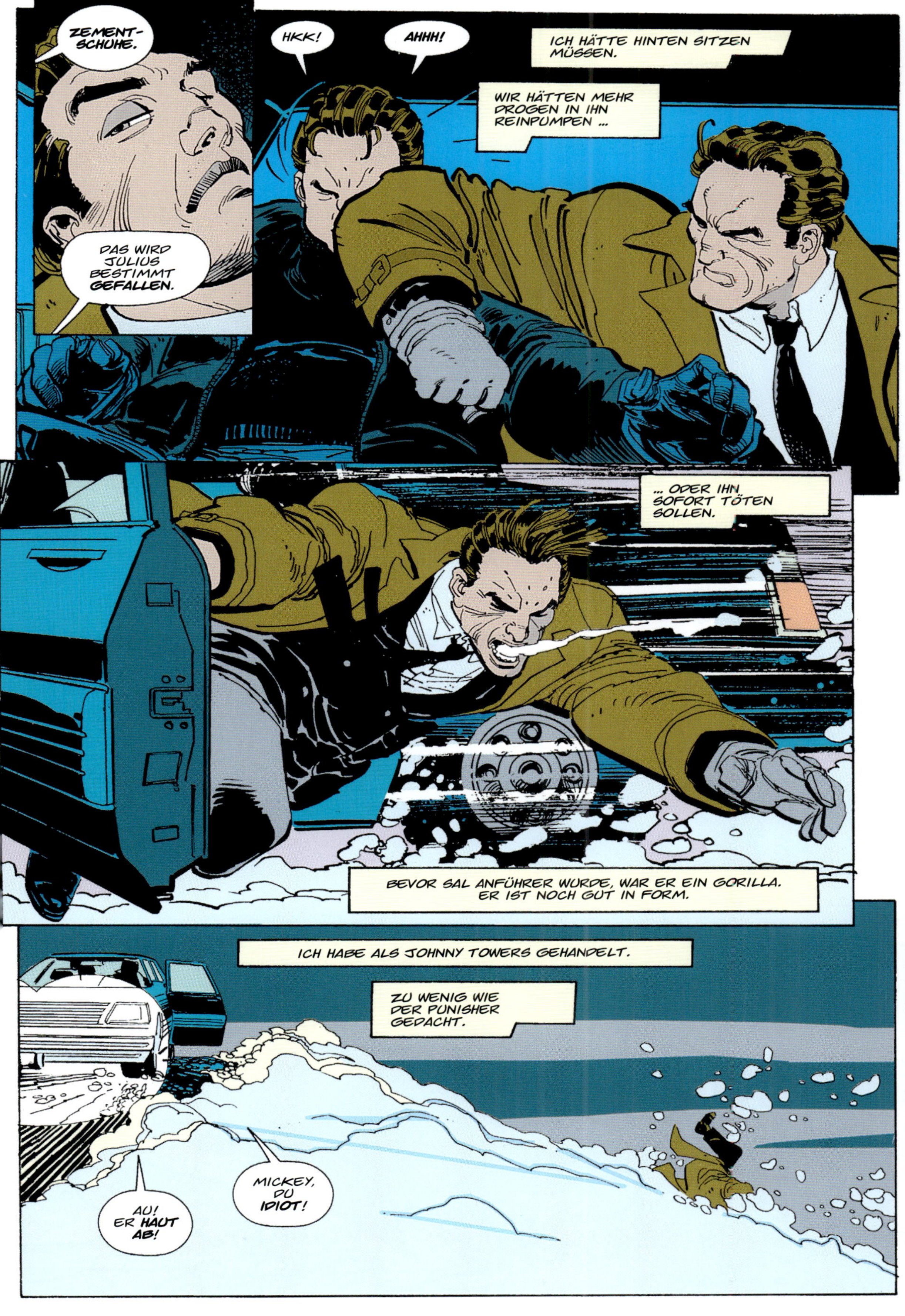
ZEMENT-SCHUHE.
DAS WIRD JULIUS BESTIMMT GEFALLEN.
HKK!
AHHH!
ICH HÄTTE HINTEN SITZEN MÜSSEN.
WIR HÄTTEN MEHR DROGEN IN IHN REINPUMPEN ...
... ODER IHN SOFORT TÖTEN SOLLEN.
BEVOR SAL ANFÜHRER WURDE, WAR ER EIN GORILLA. ER IST NOCH GUT IN FORM.
ICH HABE ALS JOHNNY TOWERS GEHANDELT.
ZU WENIG WIE DER PUNISHER GEDACHT.
AU! ER HAUT AB!
MICKEY, DU IDIOT!

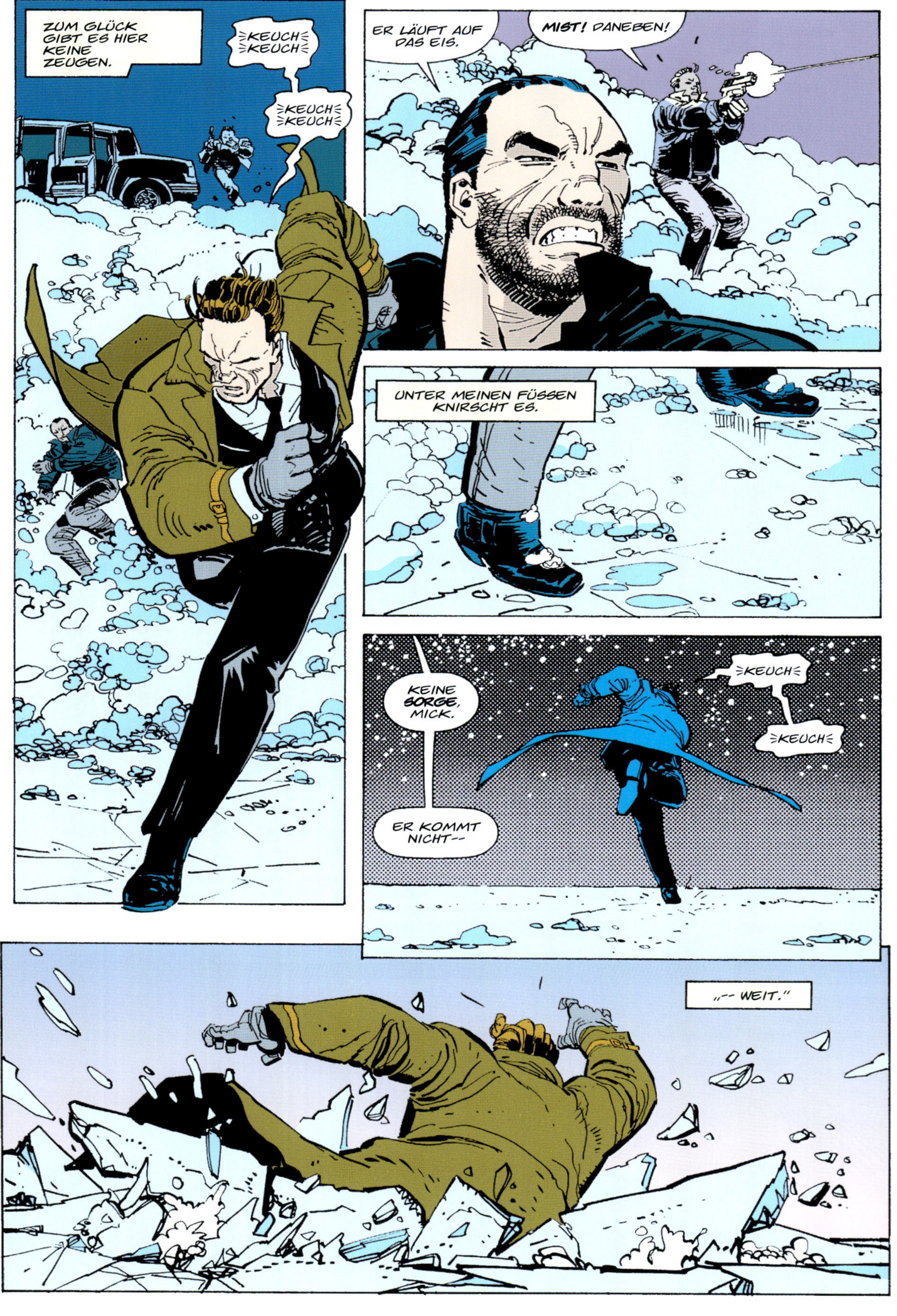
ZUM GLÜCK GIBT ES HIER KEINE ZEUGEN.
KEUCH KEUCH
KEUCH KEUCH
ER LÄUFT AUF DAS EIS.
MIST! DANEBEN!
UNTER MEINEN FÜSSEN KNIRSCHT ES.
KEINE SORGE, MICK.
ER KOMMT NICHT--
KEUCH
KEUCH
„-- WEIT."

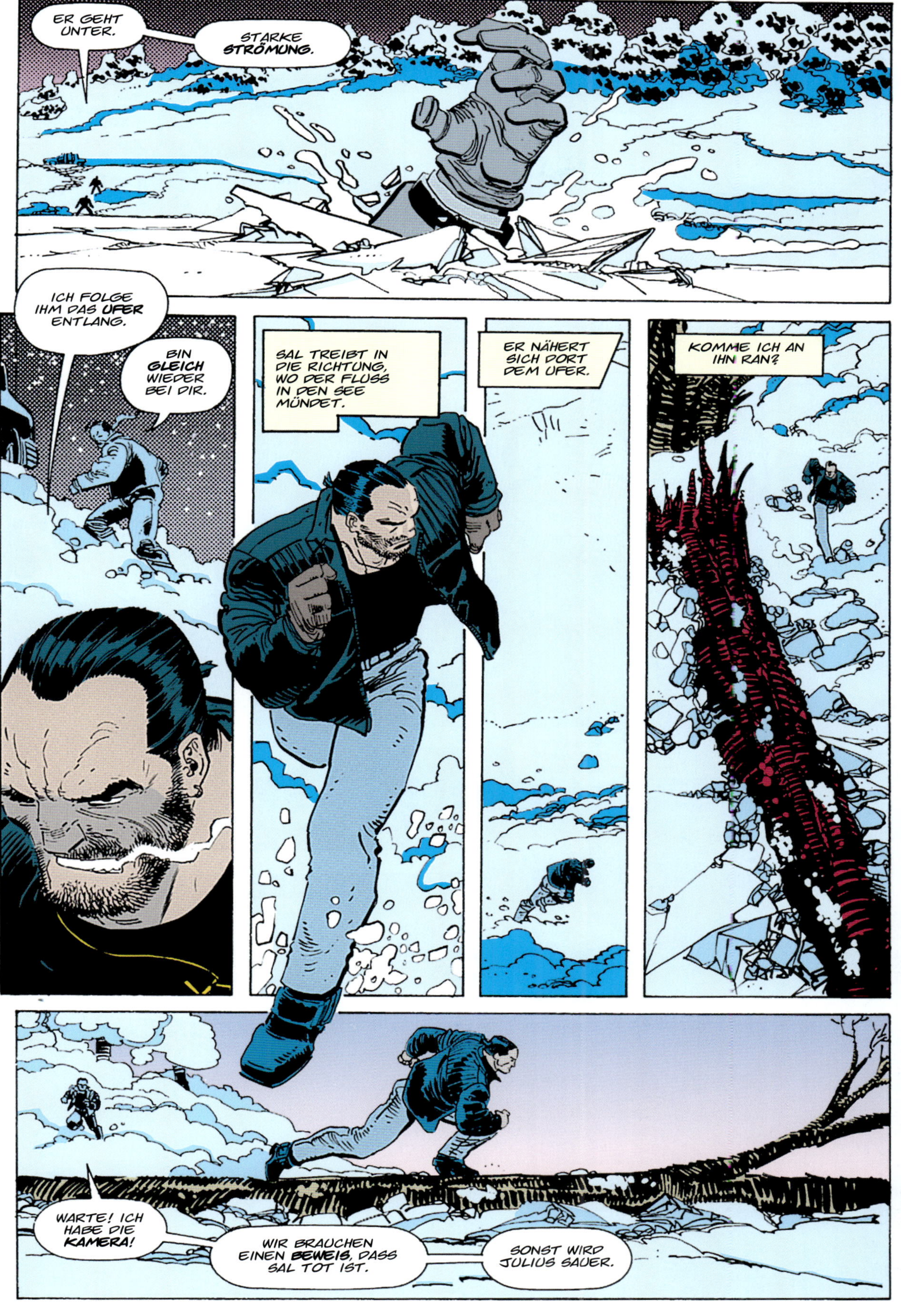

ER GEHT UNTER.
STARKE **STRÖMUNG.**
ICH FOLGE IHM DAS **UFER** ENTLANG.
BIN **GLEICH** WIEDER BEI DIR.
SAL TREIBT IN DIE RICHTUNG, WO DER FLUSS IN DEN SEE MÜNDET.
ER NÄHERT SICH DORT DEM UFER.
KOMME ICH AN IHN RAN?
WARTE! ICH HABE DIE **KAMERA!**
WIR BRAUCHEN EINEN **BEWEIS**, DASS SAL TOT IST.
SONST WIRD JULIUS SAUER.

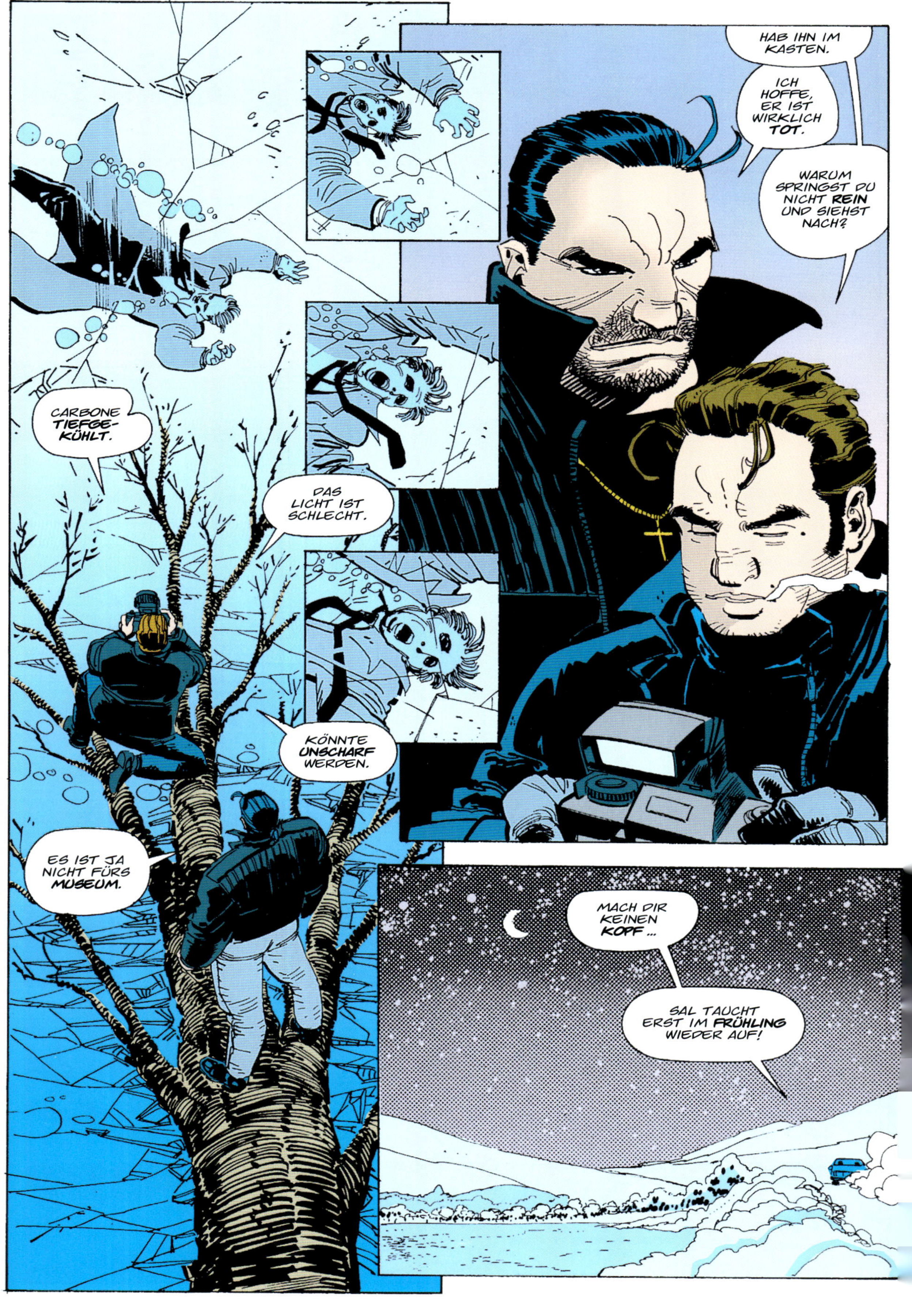
HAB IHN IM KASTEN.
ICH HOFFE, ER IST WIRKLICH TOT.
WARUM SPRINGST DU NICHT REIN UND SIEHST NACH?
CARBONE TIEFGE-KÜHLT.
DAS LICHT IST SCHLECHT.
KÖNNTE UNSCHARF WERDEN.
ES IST JA NICHT FÜRS MUSEUM.
MACH DIR KEINEN KOPF ...
SAL TAUCHT ERST IM FRÜHLING WIEDER AUF!

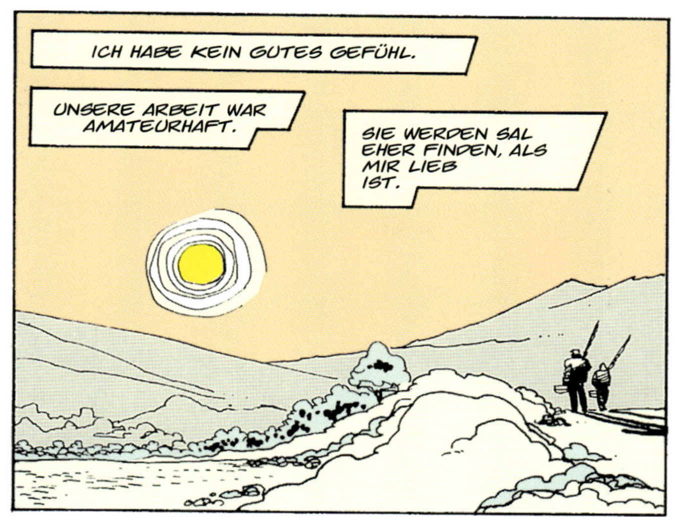
ICH HABE KEIN GUTES GEFÜHL.
UNSERE ARBEIT WAR AMATEURHAFT.
SIE WERDEN SAL EHER FINDEN, ALS MIR LIEB IST.

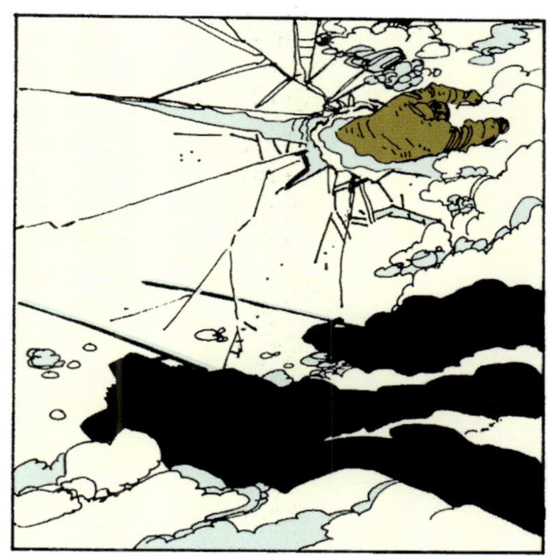

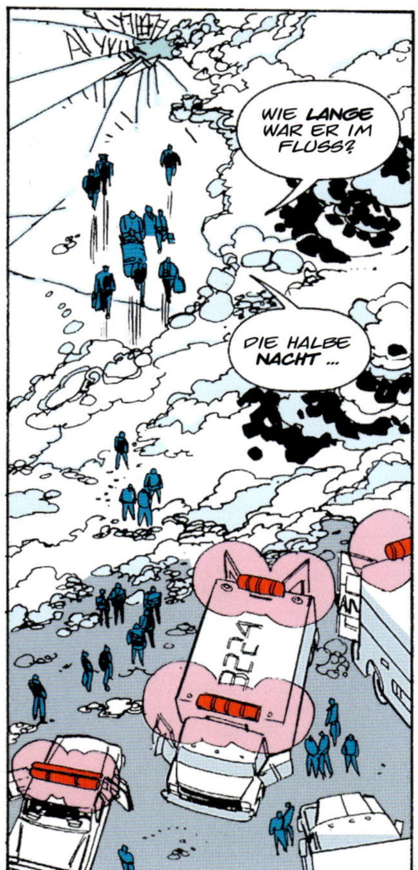
WIE **LANGE** WAR ER IM FLUSS?
DIE HALBE **NACHT** ...

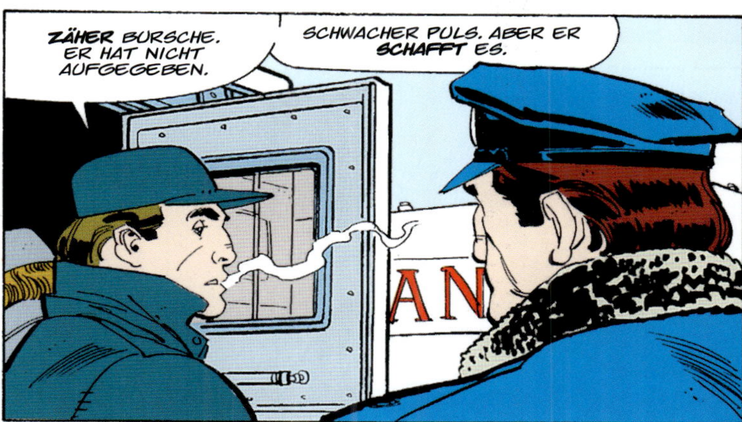
ZÄHER BURSCHE. ER HAT NICHT AUFGEGEBEN.
SCHWACHER PULS. ABER ER **SCHAFFT** ES.

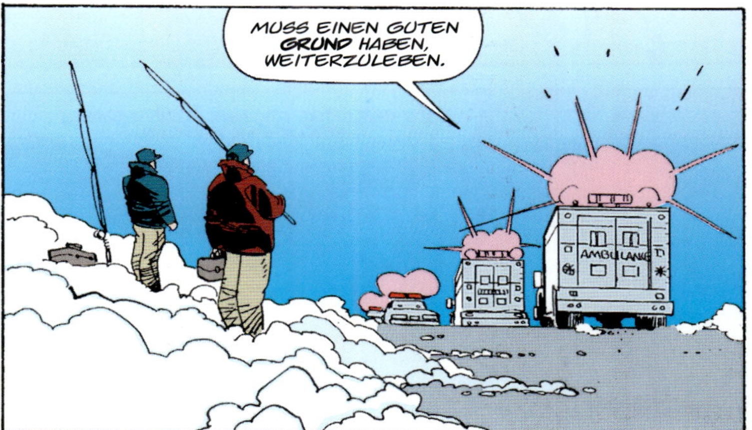
MUSS EINEN GUTEN **GRUND** HABEN, WEITERZULEBEN.

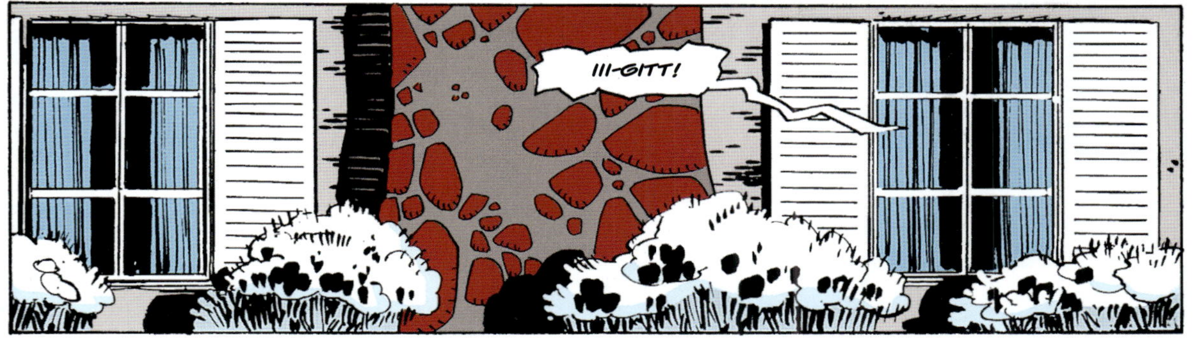
III-GITT!

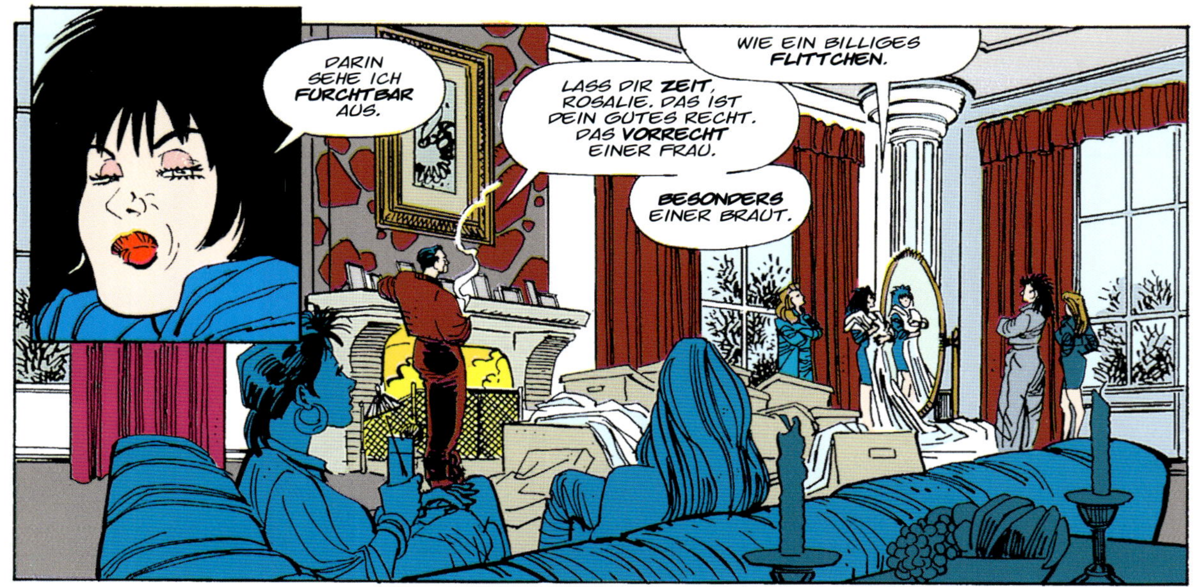
DARIN SEHE ICH **FURCHTBAR** AUS.
WIE EIN BILLIGES **FLITTCHEN.**
LASS DIR **ZEIT**, ROSALIE. DAS IST DEIN GUTES RECHT. DAS **VORRECHT** EINER FRAU.
BESONDERS EINER BRAUT.

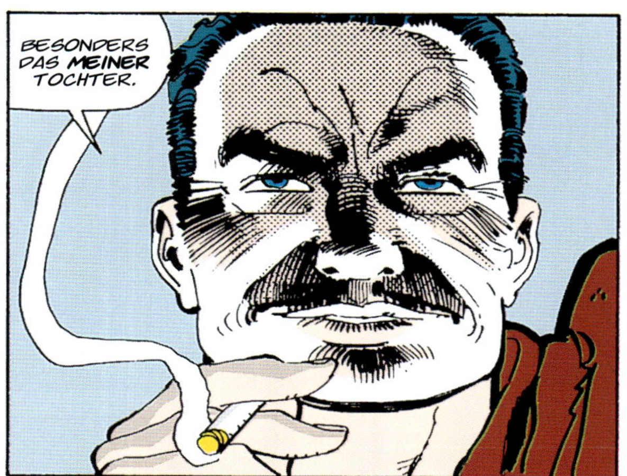
BESONDERS DAS **MEINER** TOCHTER.

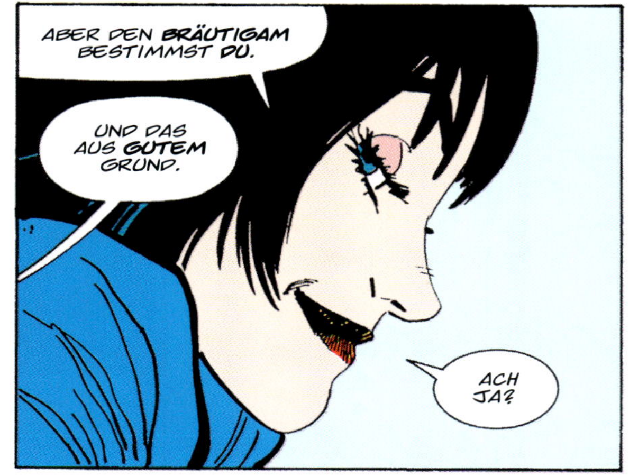
ABER DEN **BRÄUTIGAM** BESTIMMST **DU.**
UND DAS AUS **GUTEM** GRUND.
ACH JA?

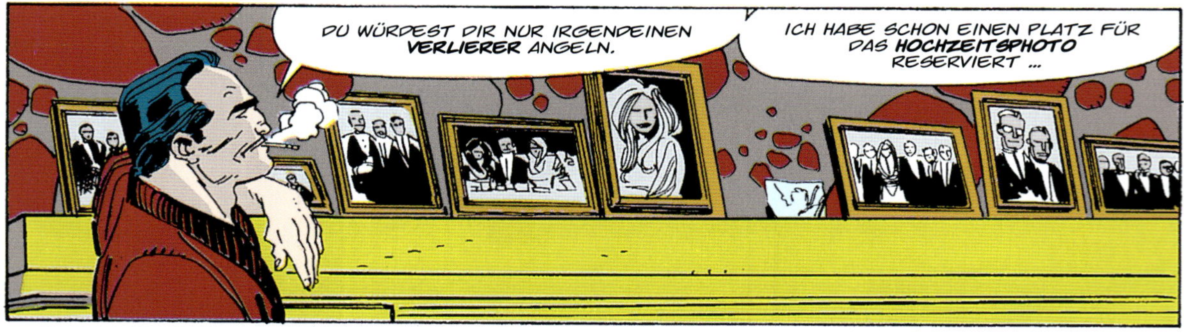
DU WÜRDEST DIR NUR IRGENDEINEN **VERLIERER** ANGELN.
ICH HABE SCHON EINEN PLATZ FÜR DAS **HOCHZEITSPHOTO** RESERVIERT ...

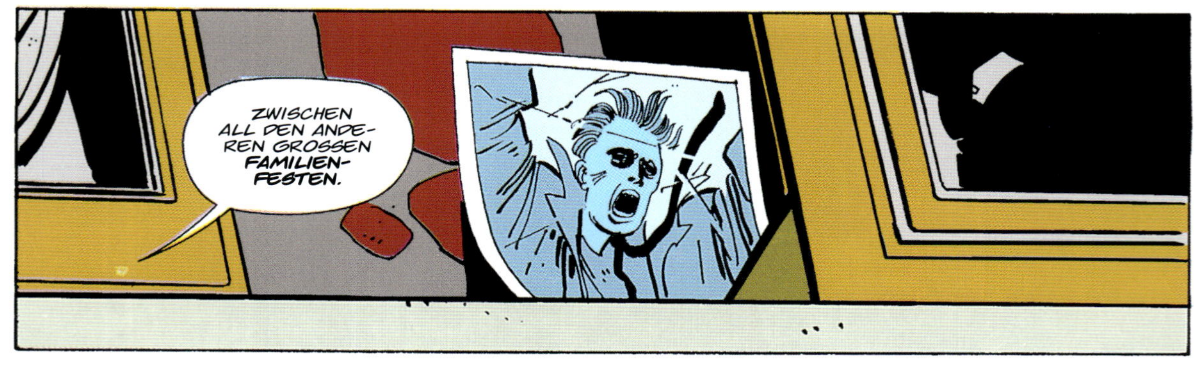
ZWISCHEN ALL DEN ANDEREN GROSSEN **FAMILIENFESTEN.**

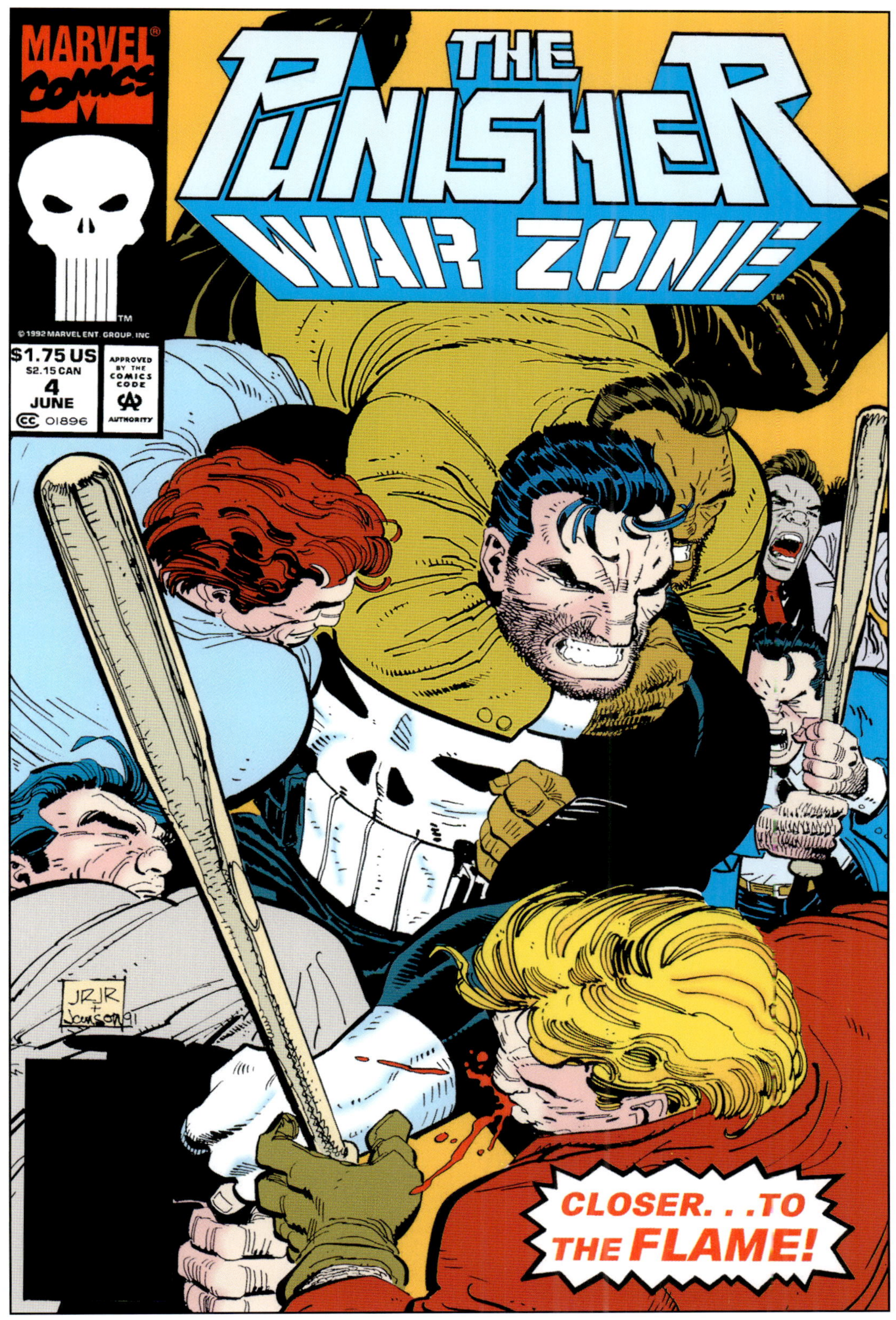

The Punisher: War Zone (1992) 4
Cover von **JOHN ROMITA JR.**

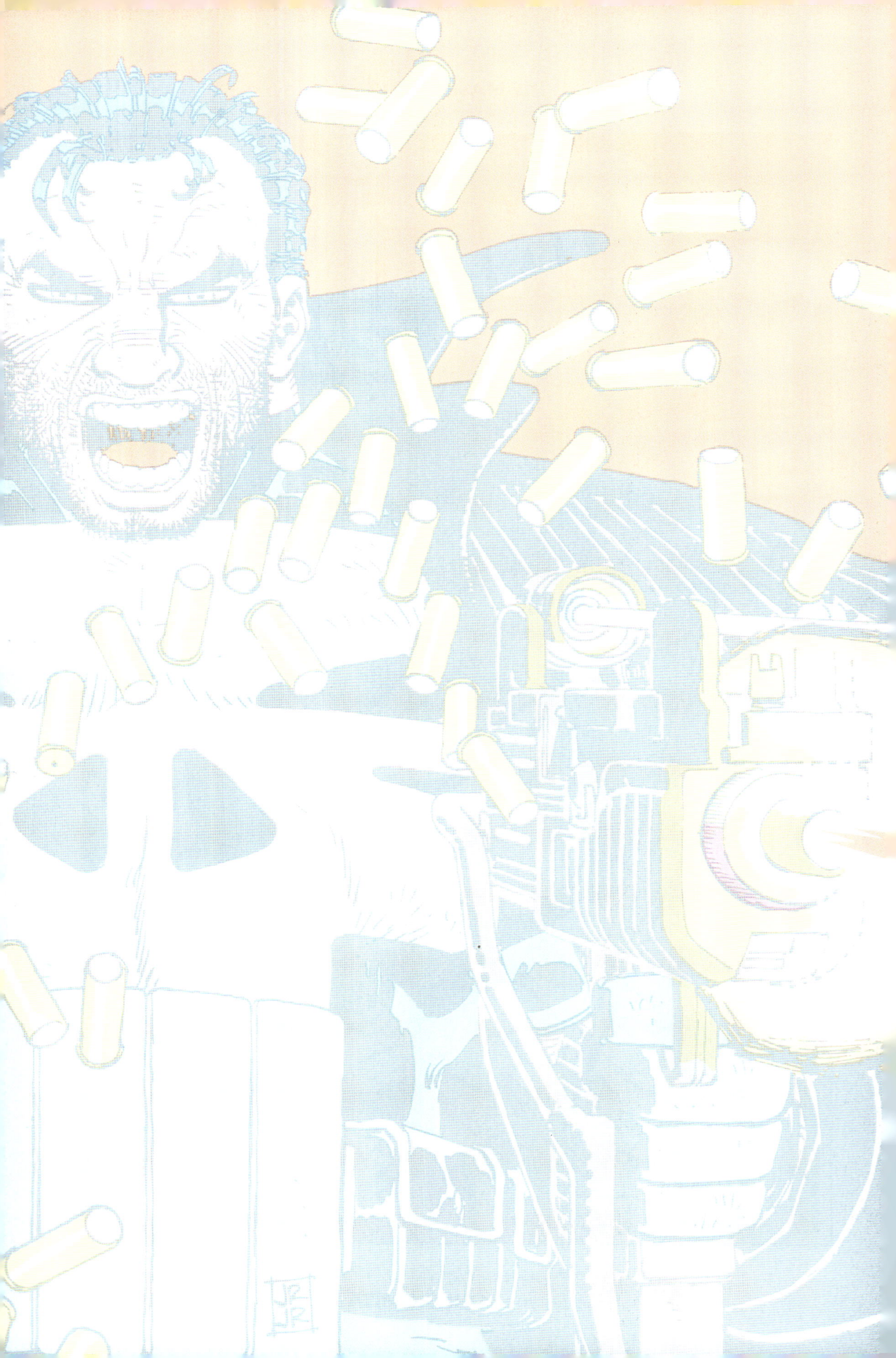

ALS JOHNNY TOWER HÖRE ICH VIELE INTERESSANTE DINGE.

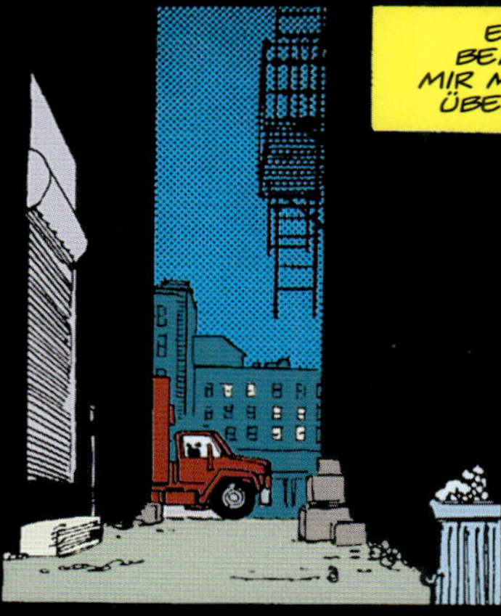

EINE BEILÄUFIGE BEMERKUNG VERRÄT MIR MEHR ALS EIN MONAT ÜBERWACHUNGSARBEIT.

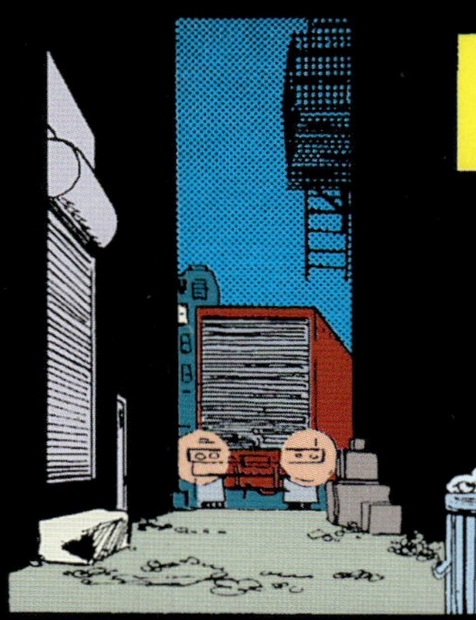

GESTERN ABEND BEIM BOWLING ERFUHR ICH VON DIESEM NEUEN DROGENLABOR.

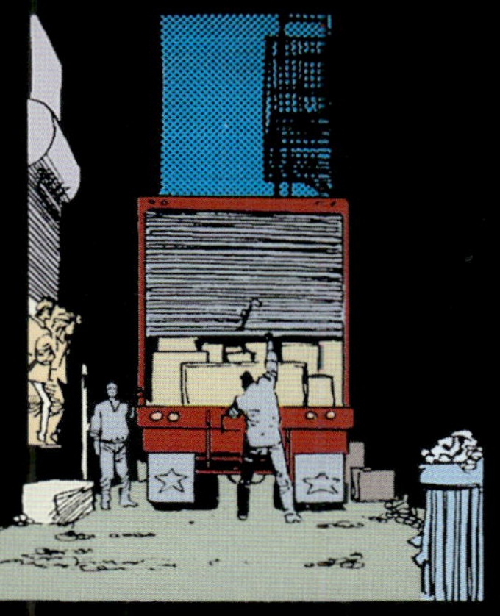

ICH KOMME ZUR GROSSEN ERÖFFNUNG.

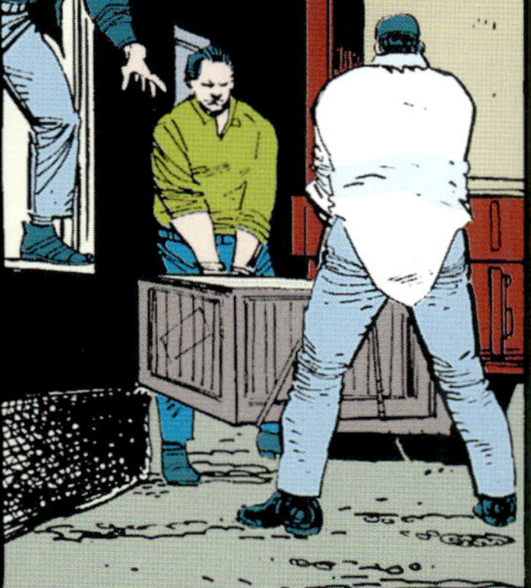

ABER ALS PUNISHER.

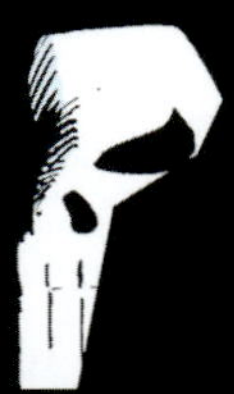

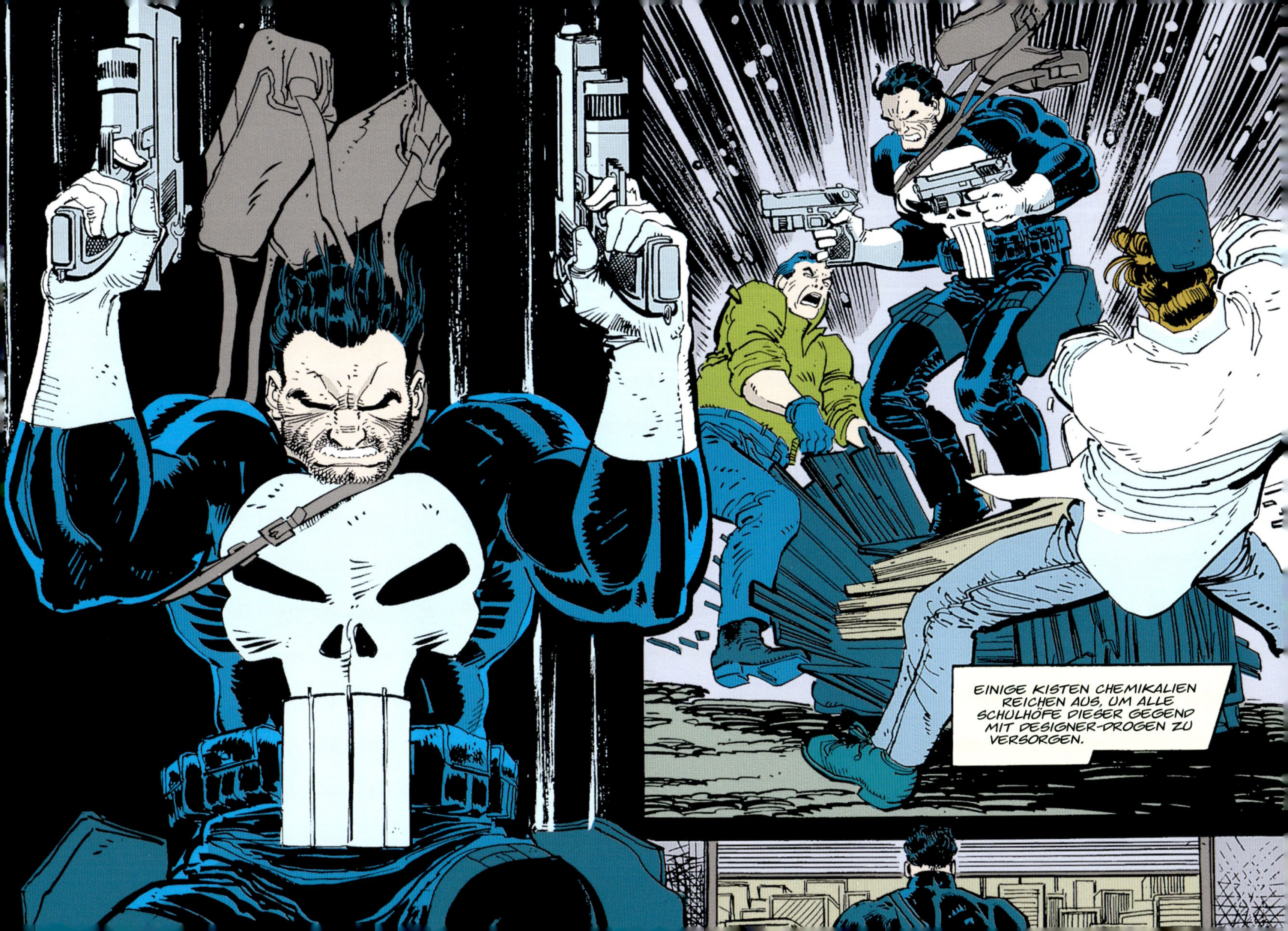
EINIGE KISTEN CHEMIKALIEN REICHEN AUS, UM ALLE SCHULHÖFE DIESER GEGEND MIT DESIGNER-DROGEN ZU VERSORGEN.

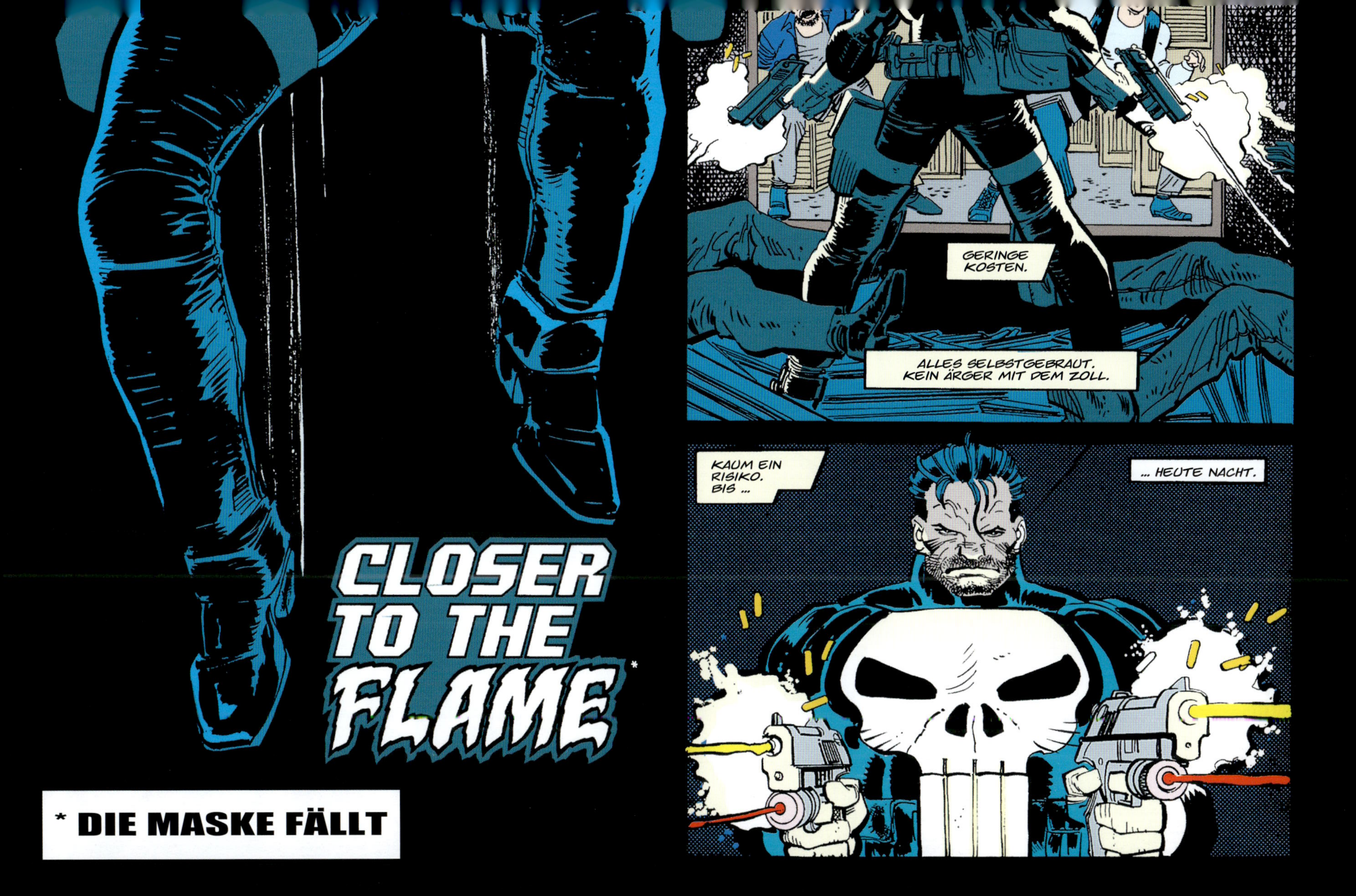

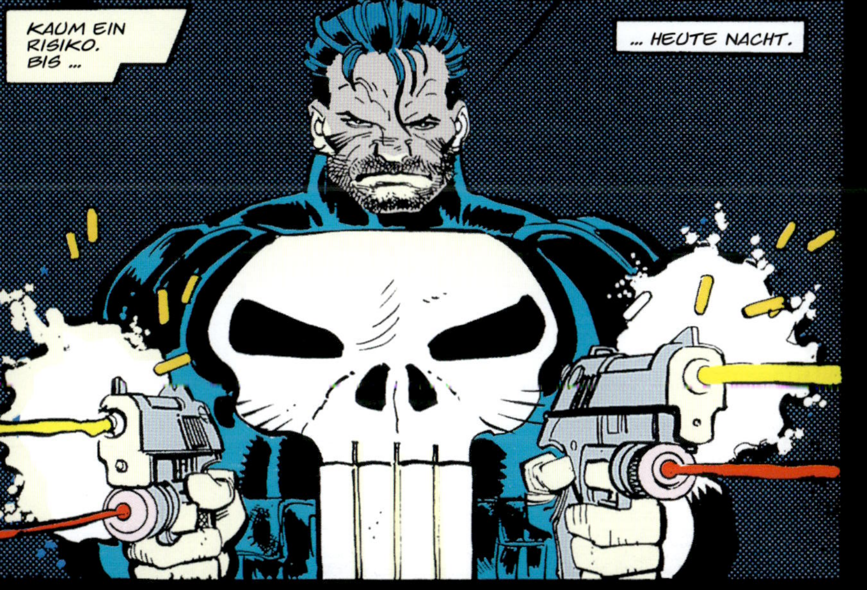
CLOSER TO THE FLAME*
* DIE MASKE FÄLLT
GERINGE KOSTEN.
ALLES SELBSTGEBRAUT. KEIN ÄRGER MIT DEM ZOLL.
KAUM EIN RISIKO. BIS ...
... HEUTE NACHT.

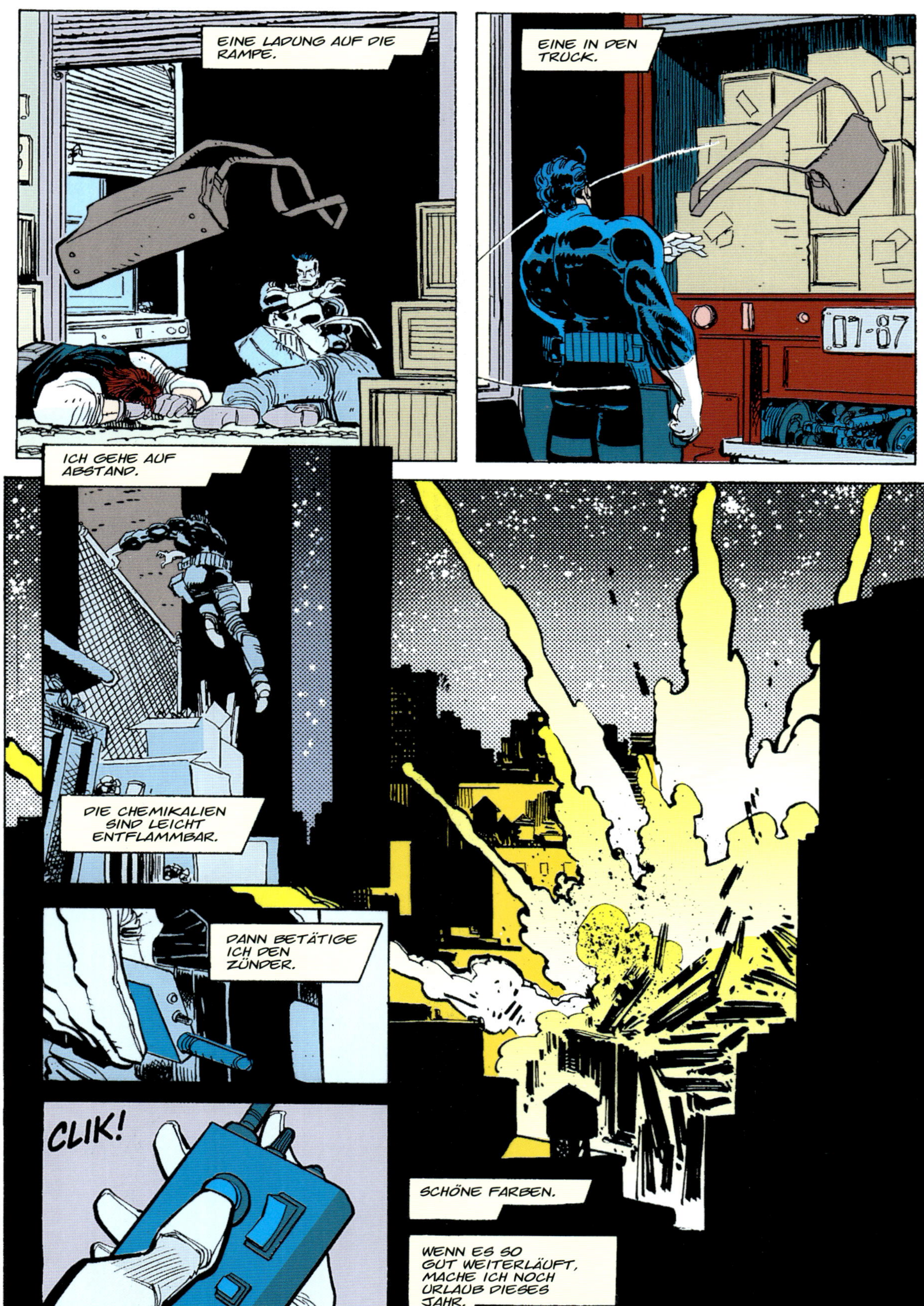
EINE LADUNG AUF DIE RAMPE.
EINE IN DEN TRUCK.
07-87
ICH GEHE AUF ABSTAND.
DIE CHEMIKALIEN SIND LEICHT ENTFLAMMBAR.
DANN BETÄTIGE ICH DEN ZÜNDER.
CLIK!
SCHÖNE FARBEN.
WENN ES SO GUT WEITERLÄUFT, MACHE ICH NOCH URLAUB DIESES JAHR.

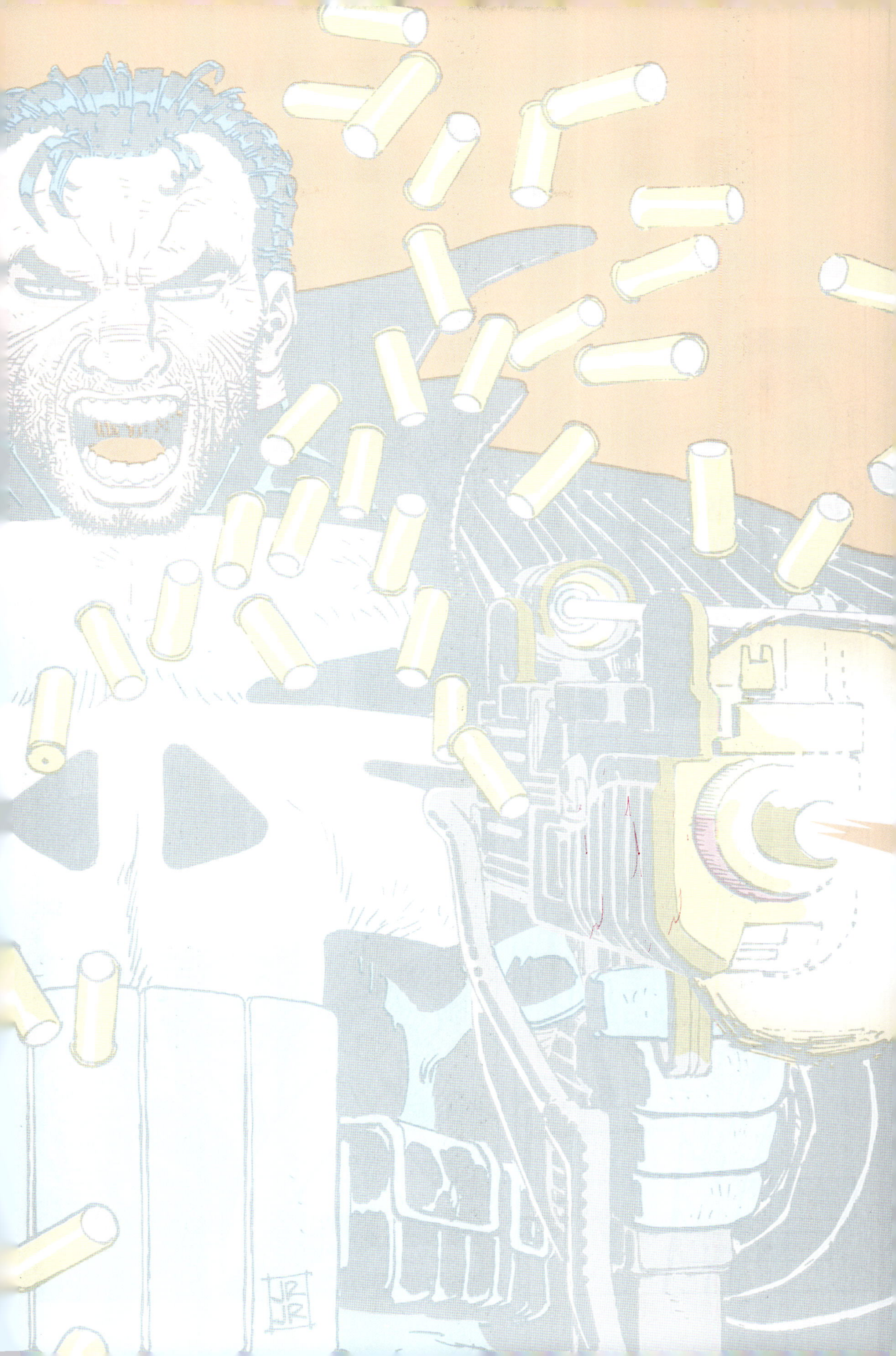
JR JR

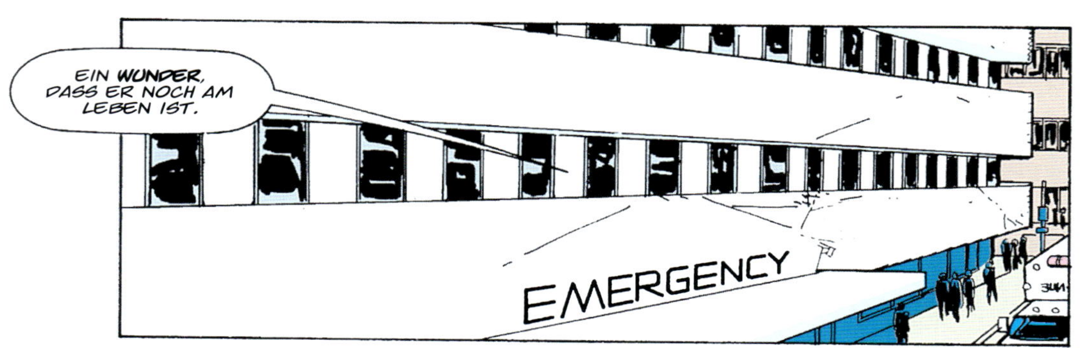

EIN WUNDER, DASS ER NOCH AM LEBEN IST.
EMERGENCY

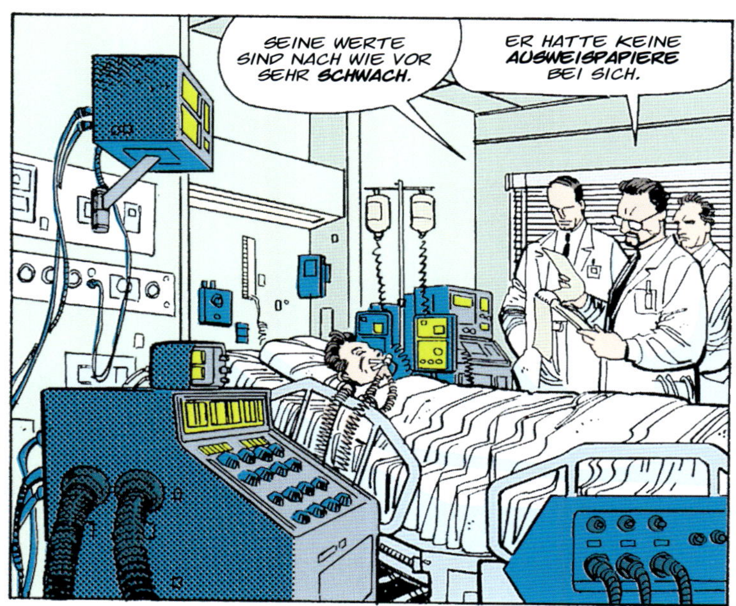

SEINE WERTE SIND NACH WIE VOR SEHR SCHWACH.
ER HATTE KEINE AUSWEISPAPIERE BEI SICH.

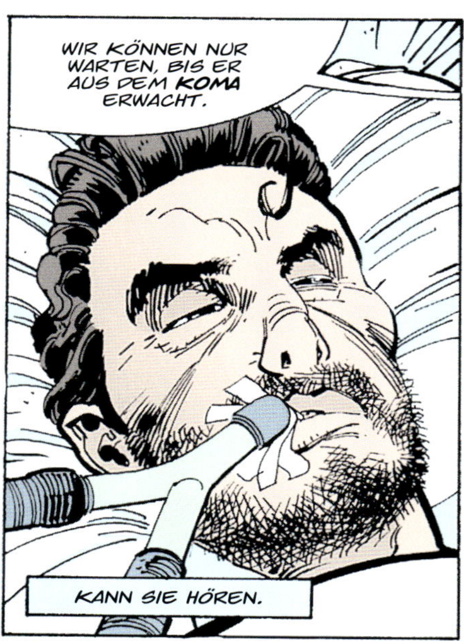

WIR KÖNNEN NUR WARTEN, BIS ER AUS DEM KOMA ERWACHT.
KANN SIE HÖREN.

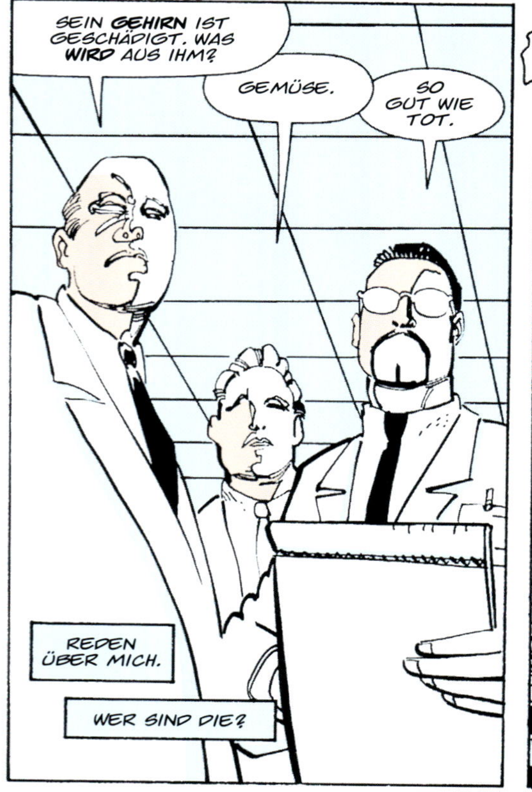

SEIN GEHIRN IST GESCHÄDIGT. WAS WIRD AUS IHM?
GEMÜSE.
SO GUT WIE TOT.
REDEN ÜBER MICH.
WER SIND DIE?

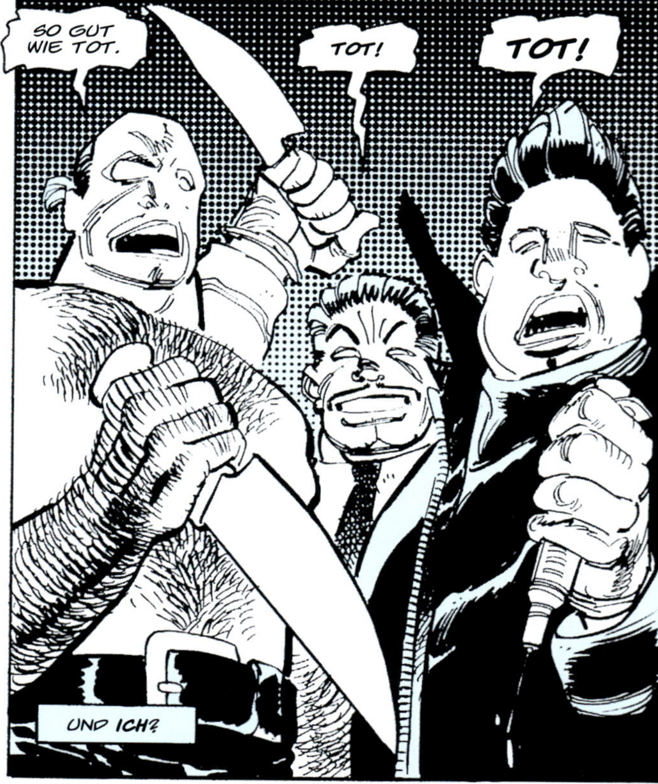

SO GUT WIE TOT.
TOT!
TOT!
UND ICH?

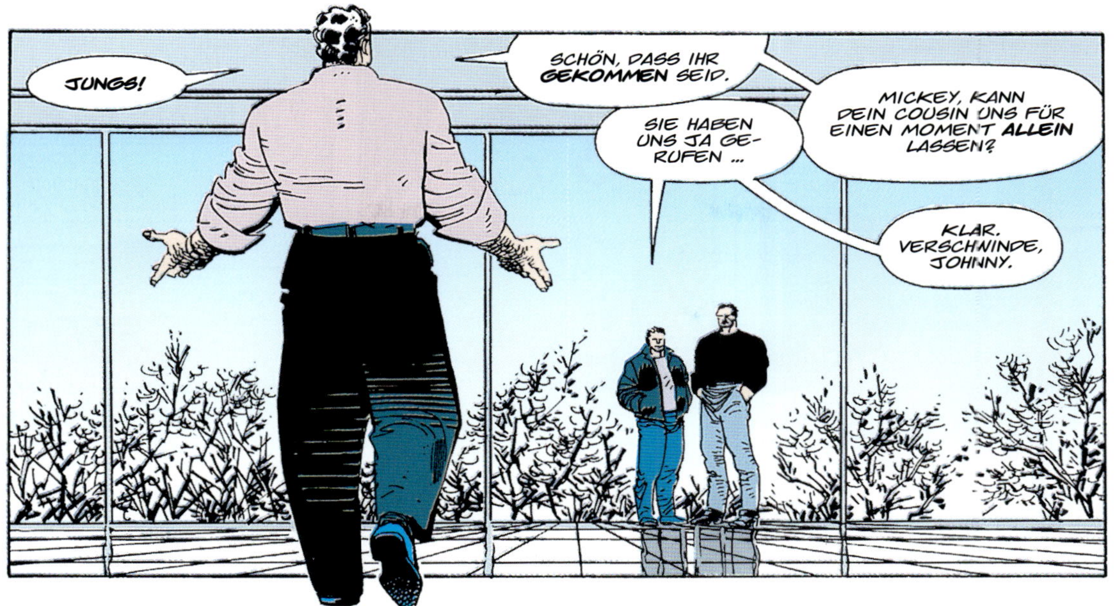
JUNGS!
SCHÖN, DASS IHR GEKOMMEN SEID.
SIE HABEN UNS JA GE-RUFEN ...
MICKEY, KANN DEIN COUSIN UNS FÜR EINEN MOMENT ALLEIN LASSEN?
KLAR. VERSCHWINDE, JOHNNY.

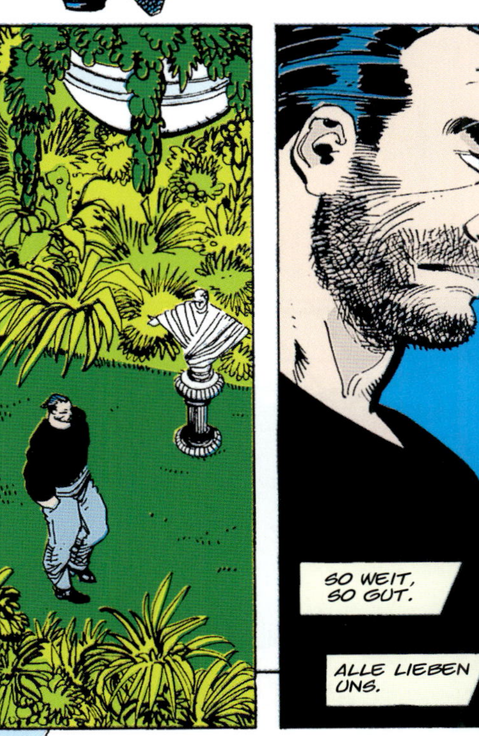
SEIT MICKEY UND ICH JULIUS BRUDER SAL ERLEDIGT HABEN ...
... SIND WIR WIE SÖHNE FÜR IHN.
NATÜRLICH NUR, SO LANGE ER NICHT ERFÄHRT, DASS ICH DER PUNISHER BIN ...
SO WEIT, SO GUT.
ALLE LIEBEN UNS.

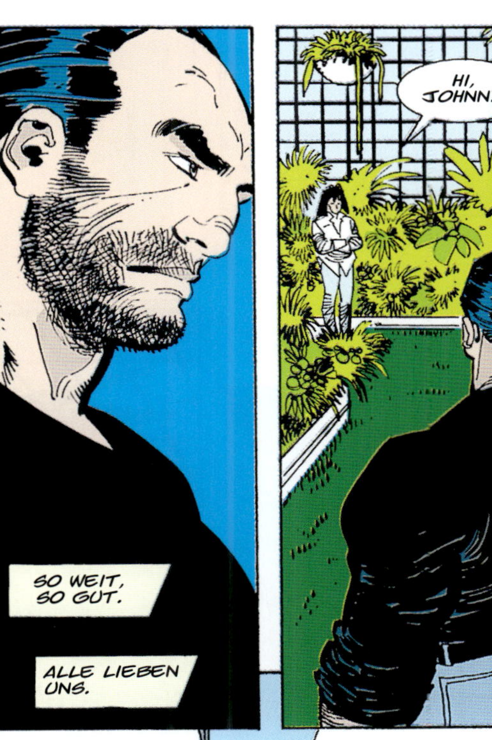
HI, JOHNNY.

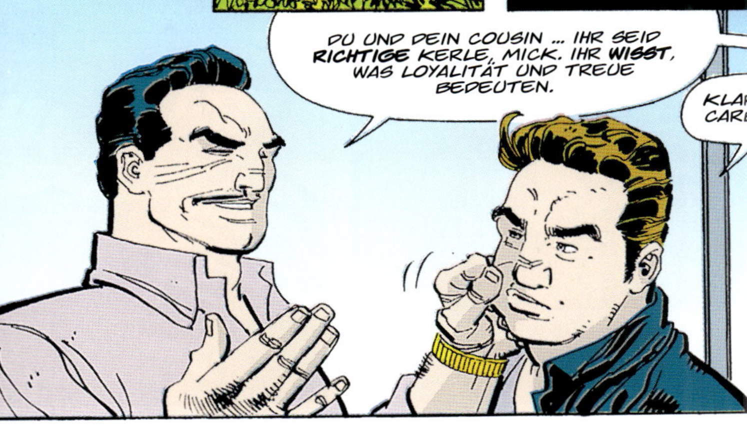
DU UND DEIN COUSIN ... IHR SEID RICHTIGE KERLE, MICK. IHR WISST, WAS LOYALITÄT UND TREUE BEDEUTEN.
JETZT, WO SAL UNS VERLASSEN HAT, BRAUCHE ICH MÄNNER WIE EUCH.
KLAR, MR. CARBONE.

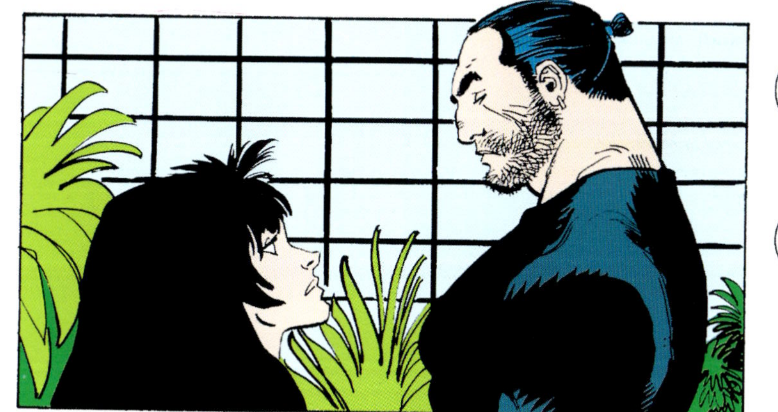

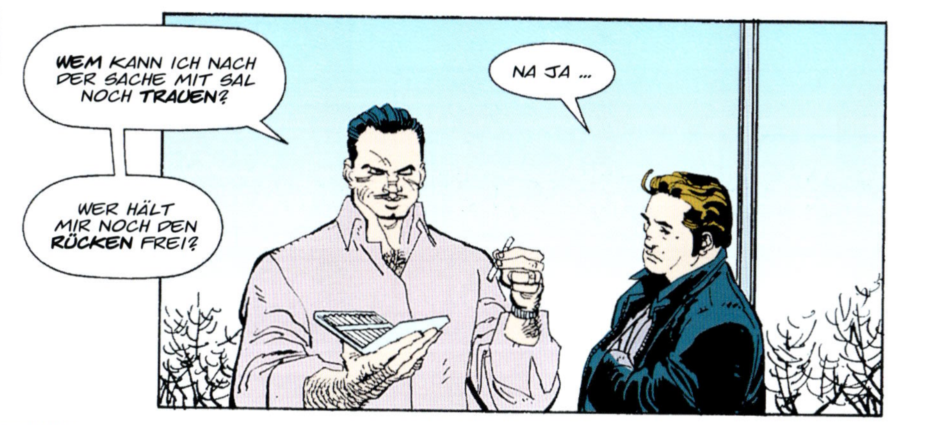
WEM KANN ICH NACH DER SACHE MIT SAL NOCH TRAUEN?
WER HÄLT MIR NOCH DEN RÜCKEN FREI?
NA JA ...

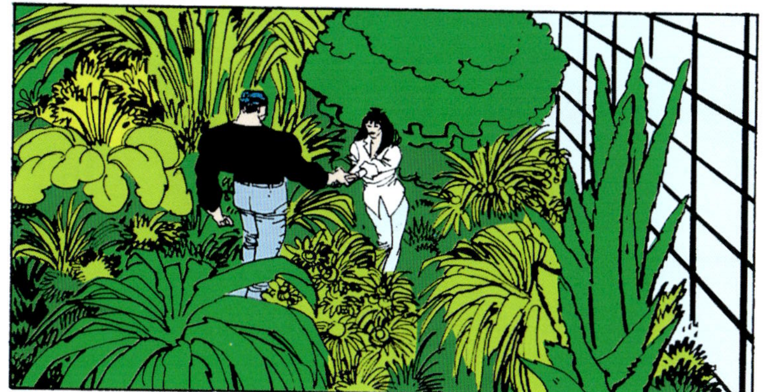
ICH MUSS EINE WAND AUS STAHL ERRICH-TEN, MICK.

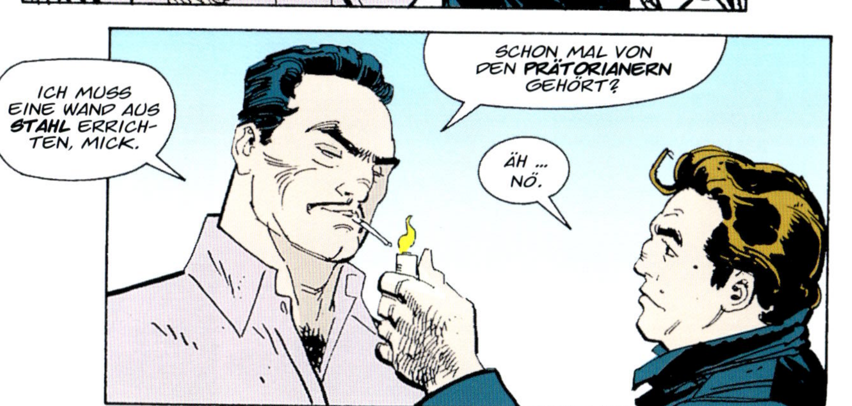
SCHON MAL VON DEN PRÄTORIANERN GEHÖRT?
ÄH ... NÖ.

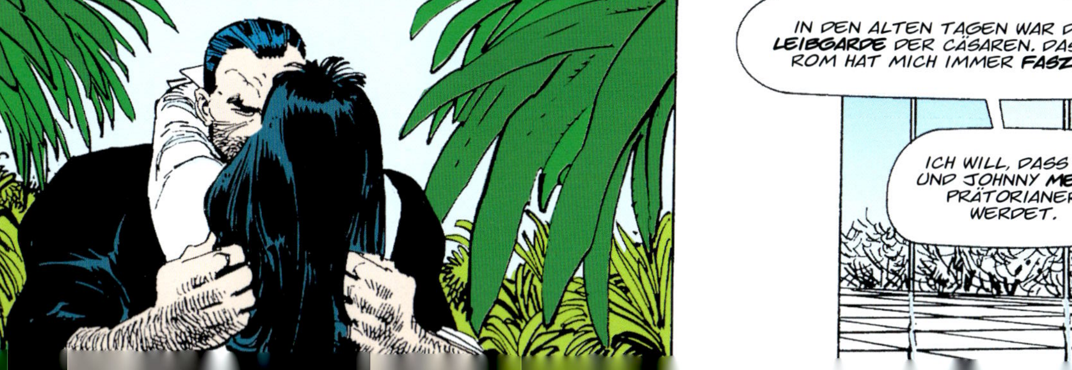
IN DEN ALTEN TAGEN WAR DAS DIE LEIBGARDE DER CÄSAREN. DAS ANTIKE ROM HAT MICH IMMER FASZINIERT.
ICH WILL, DASS DU UND JOHNNY MEINE PRÄTORIANER WERDET.
KLINGT TOLL, MR. CARBONE.

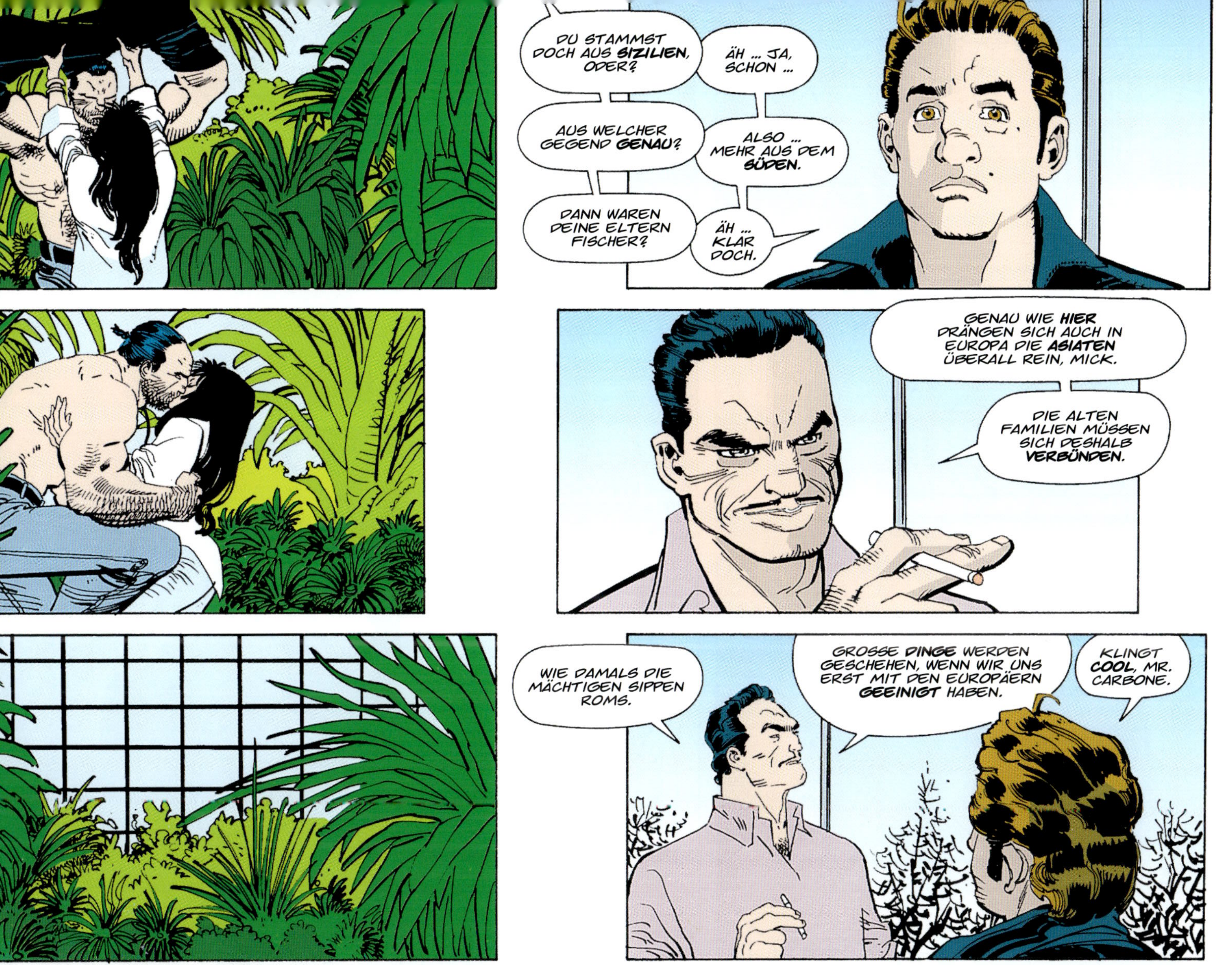
DU STAMMST DOCH AUS **SIZILIEN**, ODER?
ÄH ... JA, SCHON ...
AUS WELCHER GEGEND **GENAU**?
ALSO ... MEHR AUS DEM **SÜDEN**.
DANN WAREN DEINE ELTERN FISCHER?
ÄH ... KLAR DOCH.
GENAU WIE **HIER** DRÄNGEN SICH AUCH IN EUROPA DIE **ASIATEN** ÜBERALL REIN, MICK.
DIE ALTEN FAMILIEN MÜSSEN SICH DESHALB **VERBÜNDEN**.
WIE DAMALS DIE MÄCHTIGEN SIPPEN ROMS.
GROSSE **DINGE** WERDEN GESCHEHEN, WENN WIR UNS ERST MIT DEN EUROPÄERN **GEEINIGT** HABEN.
KLINGT **COOL**, MR. CARBONE.

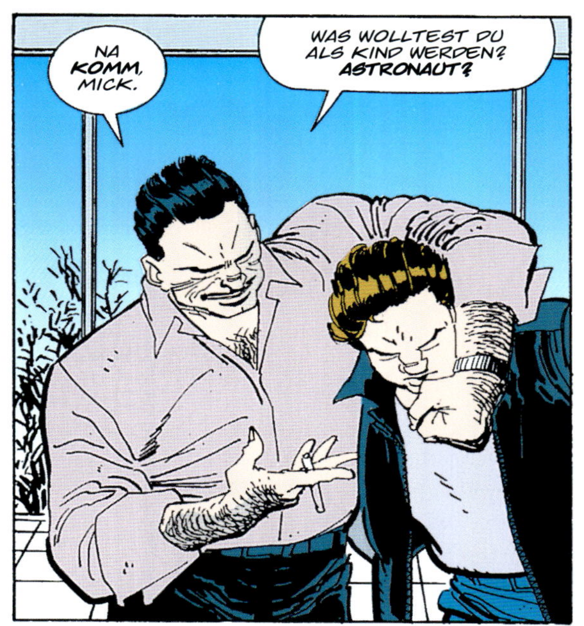
NA KOMM, MICK.
WAS WOLLTEST DU ALS KIND WERDEN? ASTRONAUT?

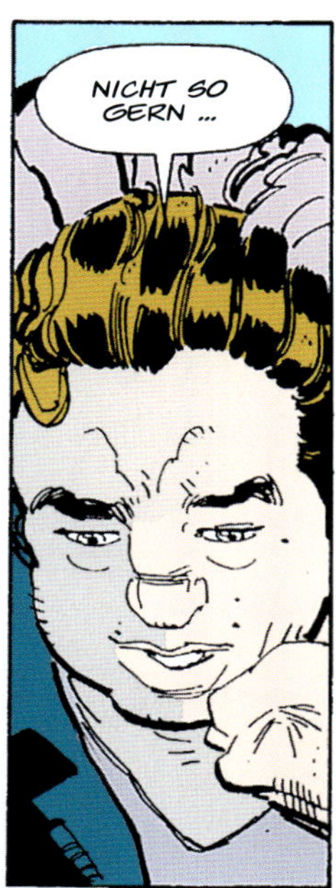
NICHT SO GERN ...

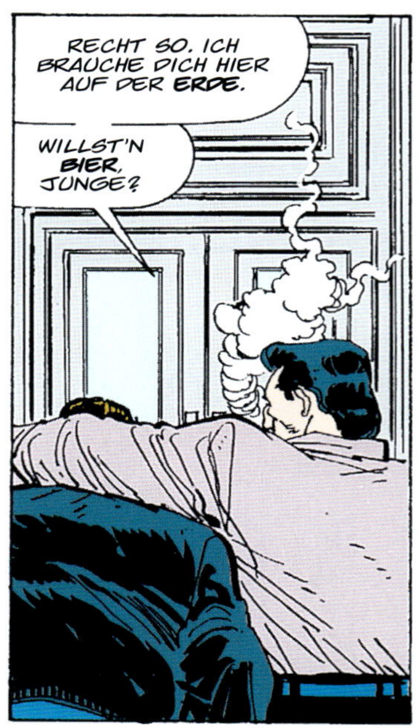
RECHT SO. ICH BRAUCHE DICH HIER AUF DER ERDE.
WILLST'N BIER, JUNGE?

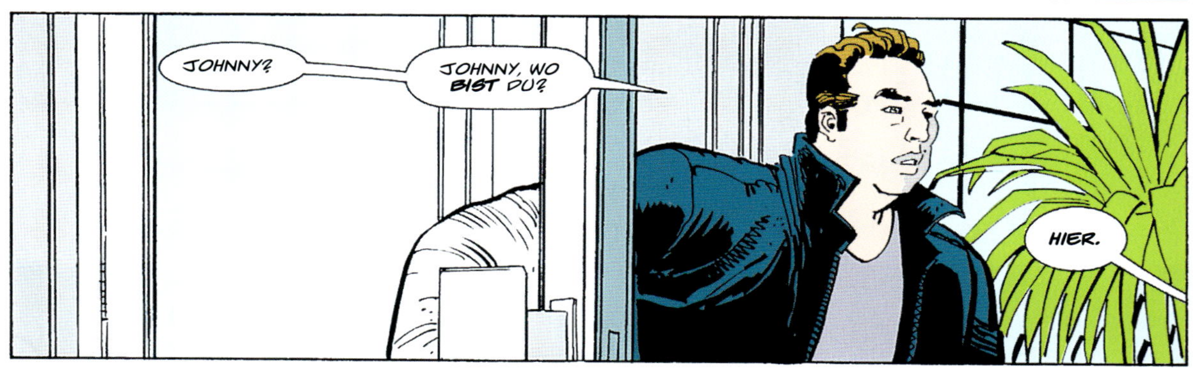
JOHNNY?
JOHNNY, WO BIST DU?
HIER.

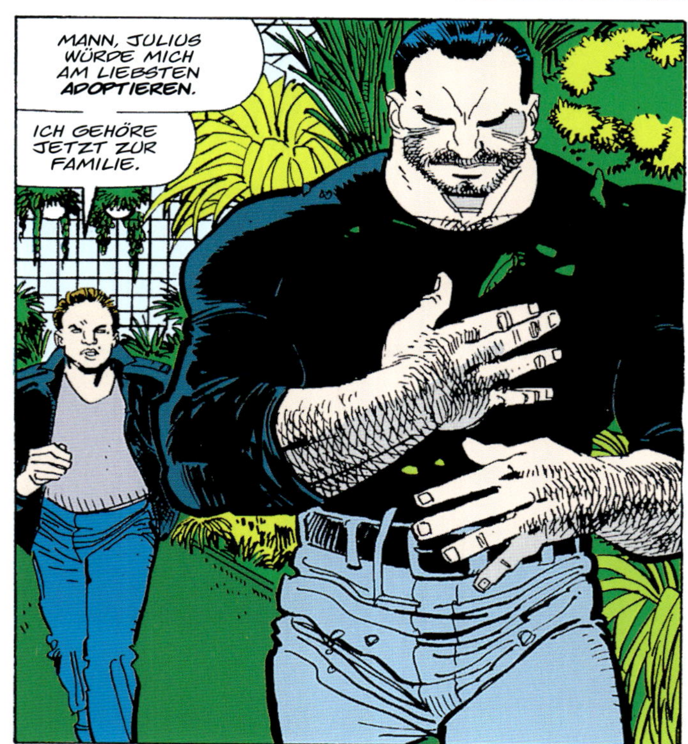
MANN, JULIUS WÜRDE MICH AM LIEBSTEN ADOPTIEREN.
ICH GEHÖRE JETZT ZUR FAMILIE.

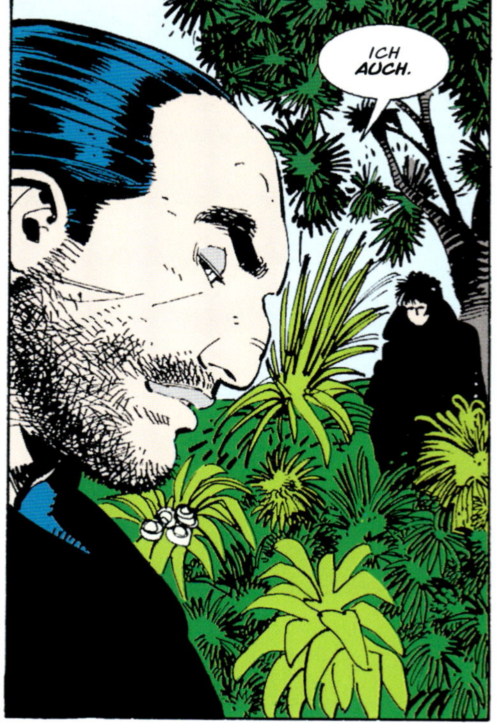
ICH AUCH.

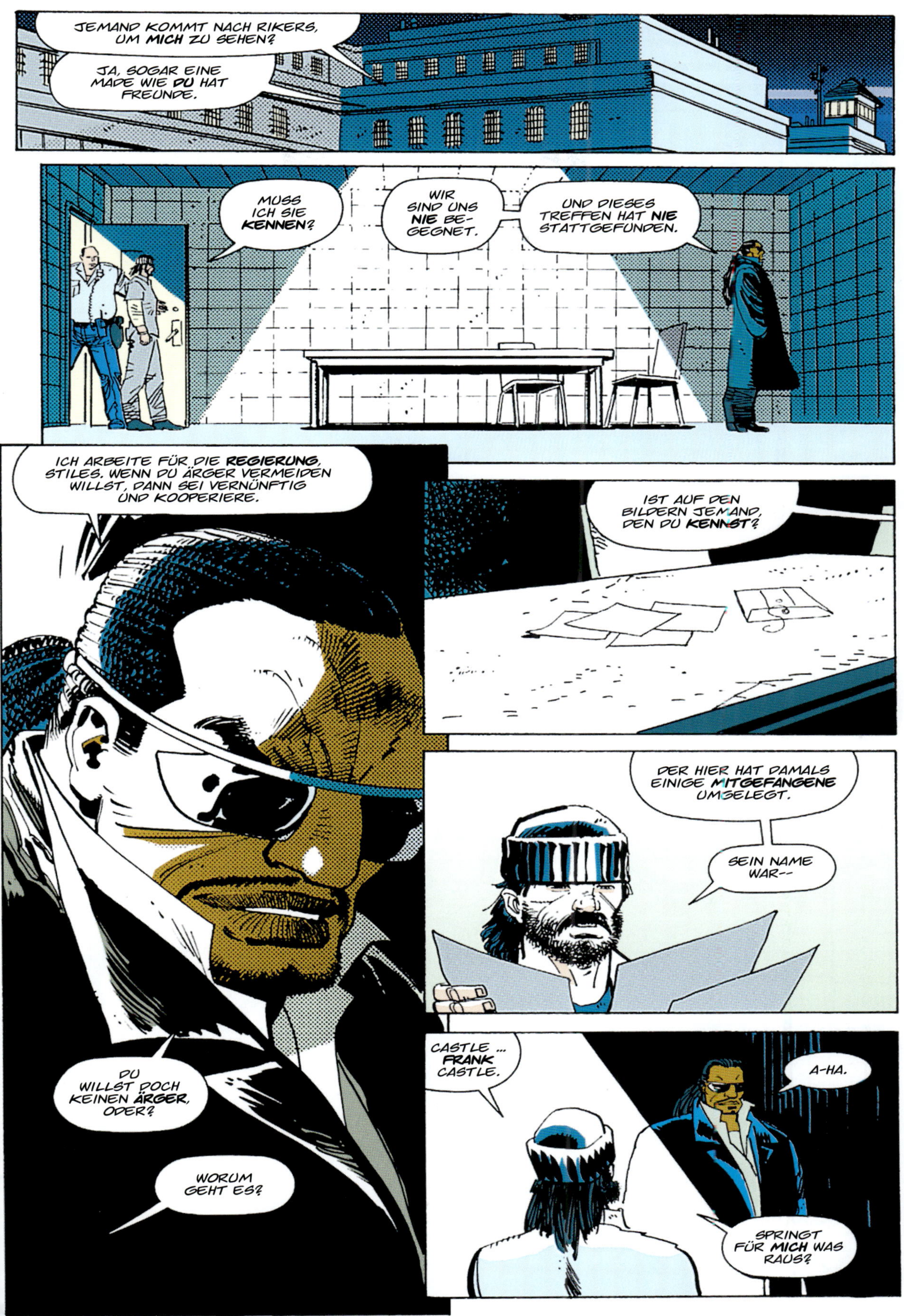
JEMAND KOMMT NACH RIKERS, UM MICH ZU SEHEN?
JA, SOGAR EINE MADE WIE DU HAT FREUNDE.
MUSS ICH SIE KENNEN?
WIR SIND UNS NIE BEGEGNET.
UND DIESES TREFFEN HAT NIE STATTGEFUNDEN.
ICH ARBEITE FÜR DIE REGIERUNG, STILES. WENN DU ÄRGER VERMEIDEN WILLST, DANN SEI VERNÜNFTIG UND KOOPERIERE.
DU WILLST DOCH KEINEN ÄRGER, ODER?
WORUM GEHT ES?
IST AUF DEN BILDERN JEMAND, DEN DU KENNST?
DER HIER HAT DAMALS EINIGE MITGEFANGENE UMGELEGT.
SEIN NAME WAR--
CASTLE ... FRANK CASTLE.
A-HA.
SPRINGT FÜR MICH WAS RAUS?

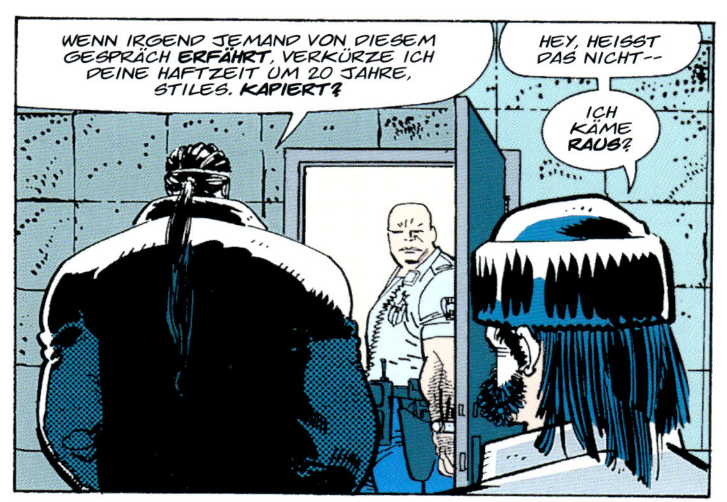

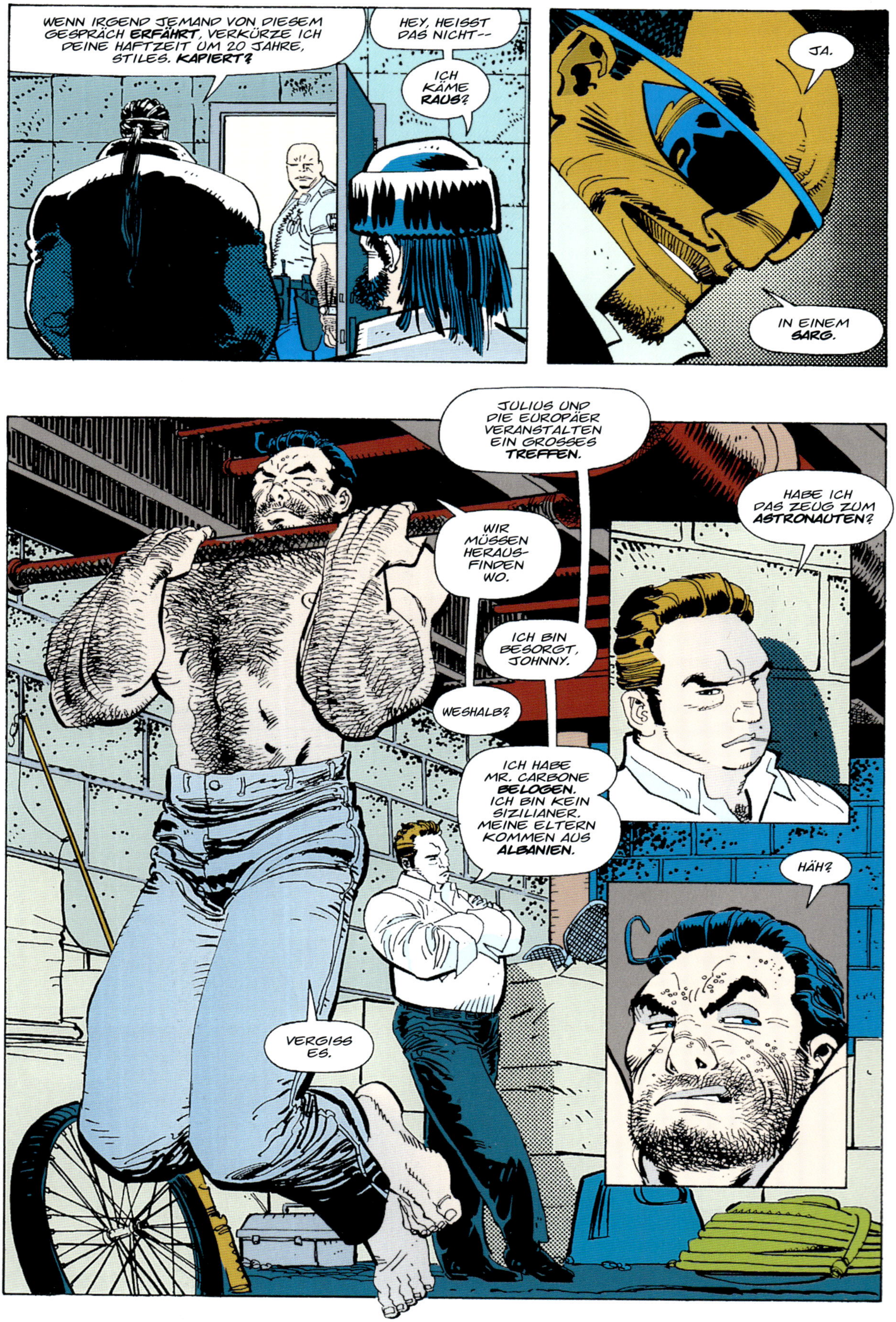

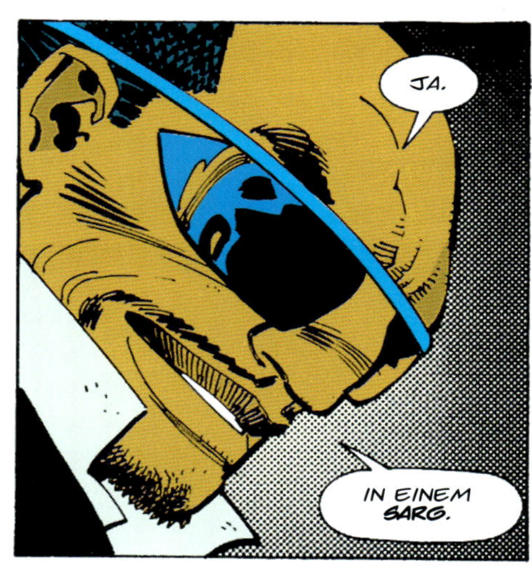

JULIUS UND DIE EUROPÄER VERANSTALTEN EIN GROSSES **TREFFEN.**

WIR MÜSSEN HERAUS-FINDEN WO.

ICH BIN BESORGT, JOHNNY.

WESHALB?

ICH HABE MR. CARBONE **BELOGEN.** ICH BIN KEIN SIZILIANER. MEINE ELTERN KOMMEN AUS **ALBANIEN.**

VERGISS ES.

HABE ICH DAS ZEUG ZUM **ASTRONAUTEN?**

HÄH?

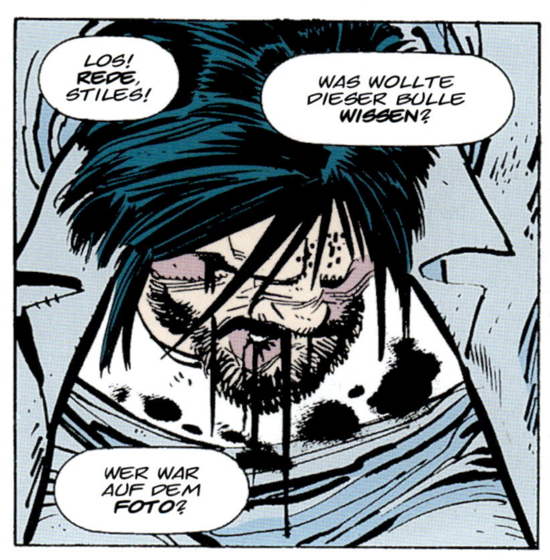
LOS! REDE, STILES!
WAS WOLLTE DIESER BULLE WISSEN?
WER WAR AUF DEM FOTO?

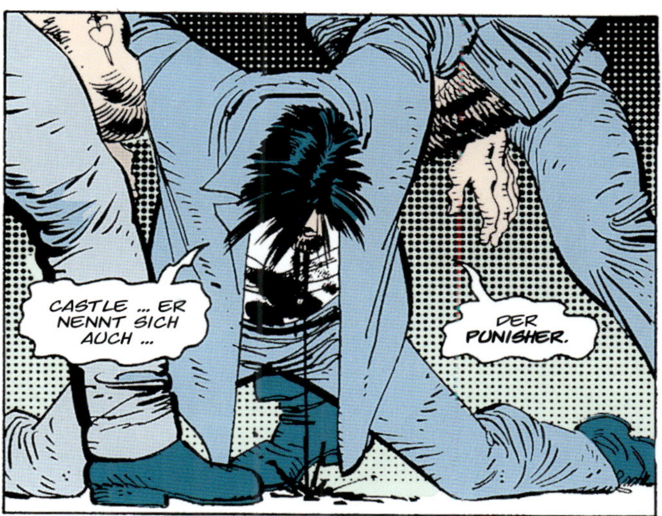
CASTLE ... ER NENNT SICH AUCH ...
DER PUNISHER.

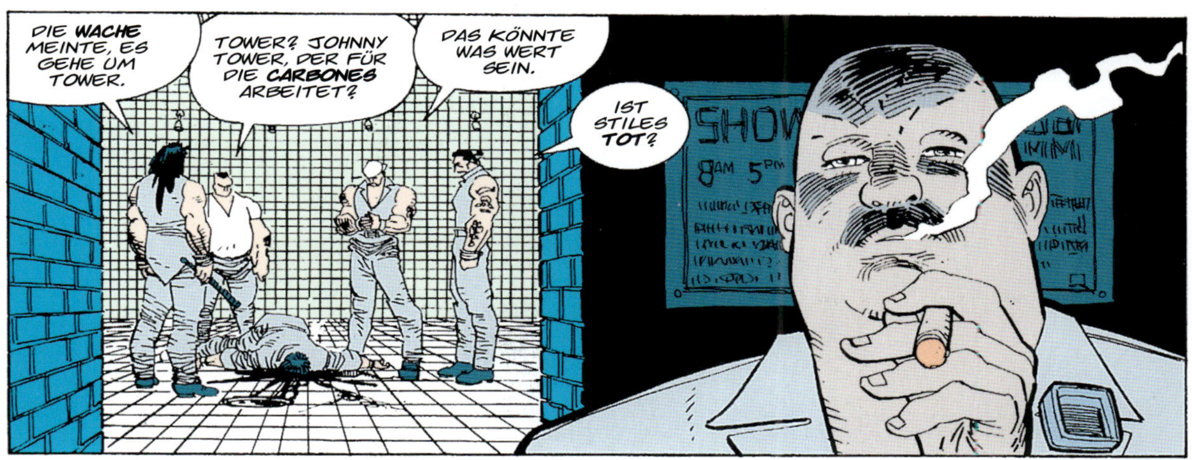
DIE WACHE MEINTE, ES GEHE UM TOWER.
TOWER? JOHNNY TOWER, DER FÜR DIE CARBONES ARBEITET?
DAS KÖNNTE WAS WERT SEIN.
IST STILES TOT?
SHOW
8AM 5PM

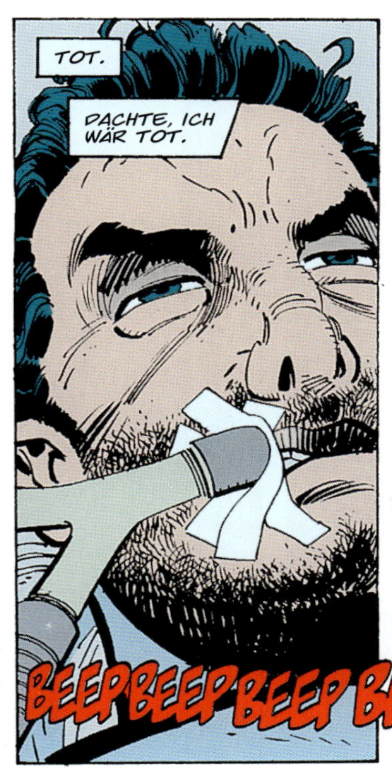
TOT.
DACHTE, ICH WÄR TOT.
BEEPBEEPBEEPBEEEEEEEEEEEEEEE

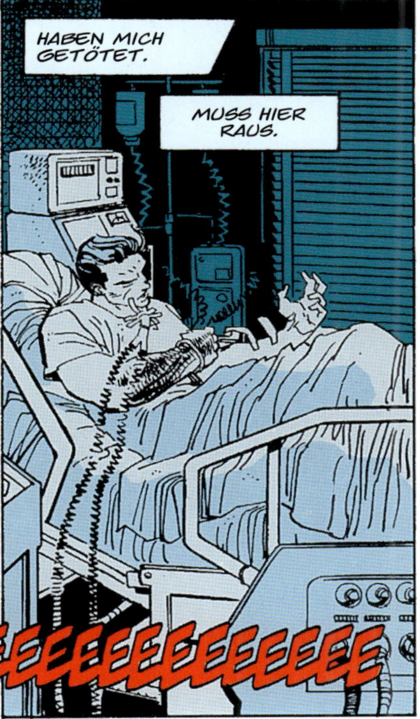
HABEN MICH GETÖTET.
MUSS HIER RAUS.

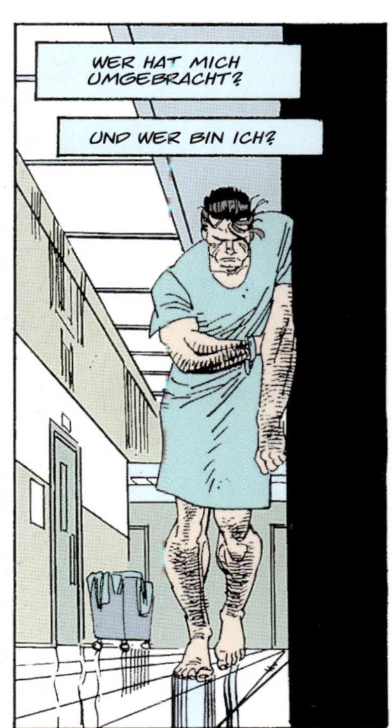
WER HAT MICH UMGEBRACHT?
UND WER BIN ICH?

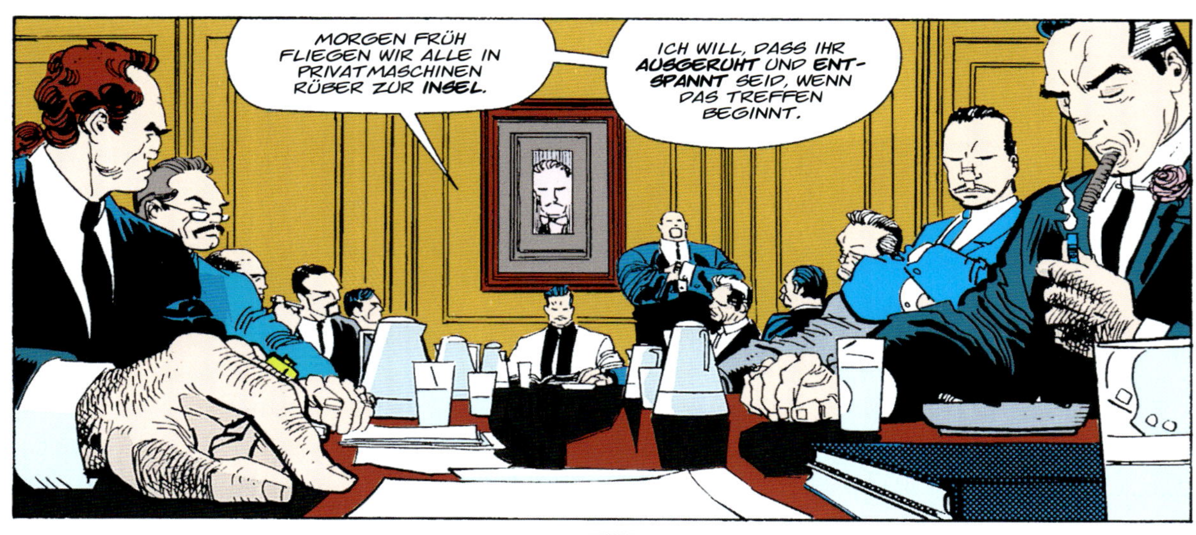
MORGEN FRÜH FLIEGEN WIR ALLE IN PRIVATMASCHINEN RÜBER ZUR **INSEL.**
ICH WILL, DASS IHR **AUSGERUHT** UND **ENTSPANNT** SEID, WENN DAS TREFFEN BEGINNT.

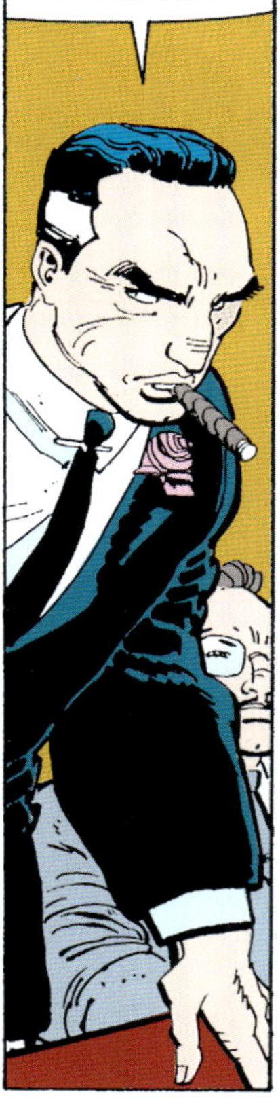
JULIUS, ES GIBT EINEN **VERRÄTER** UNTER UNS.

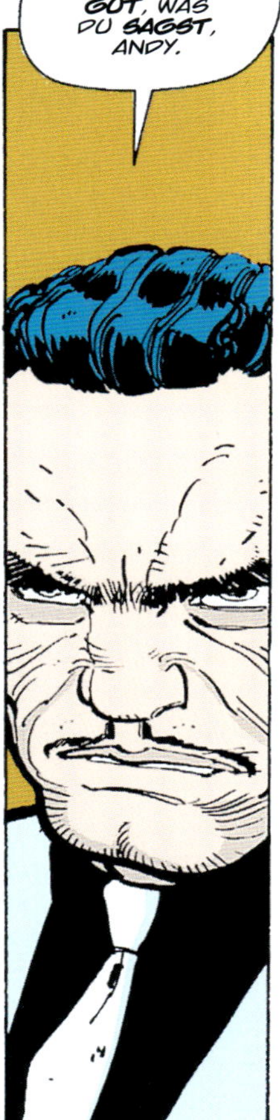
WAS **SOLL** DAS?
MIT SAL SIND WIR **FERTIG.**
KANN SEIN, DASS DAS EIN **FEHLER** WAR, JULIUS.
WIE BITTE?
ÜBERLEG DIR JETZT **GUT**, WAS DU **SAGST**, ANDY.

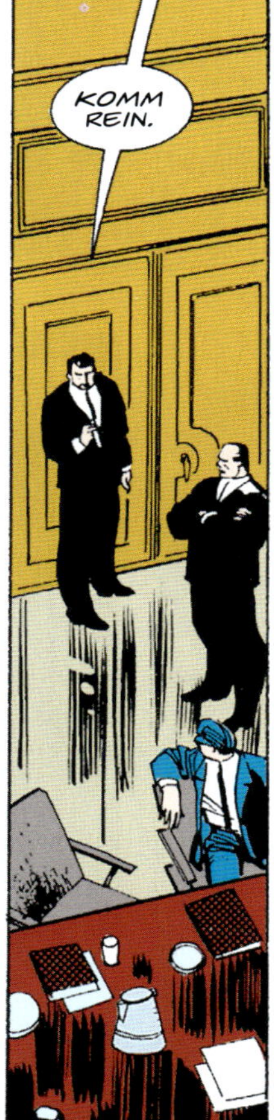
HIER IST JEMAND, DER **BEWEISEN** KANN, DASS MAN DICH ÜBEL **VERLADEN** HAT, JULIUS.
KOMM REIN.

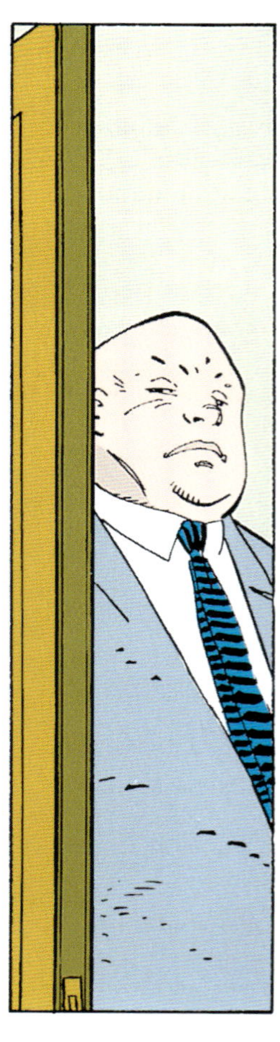

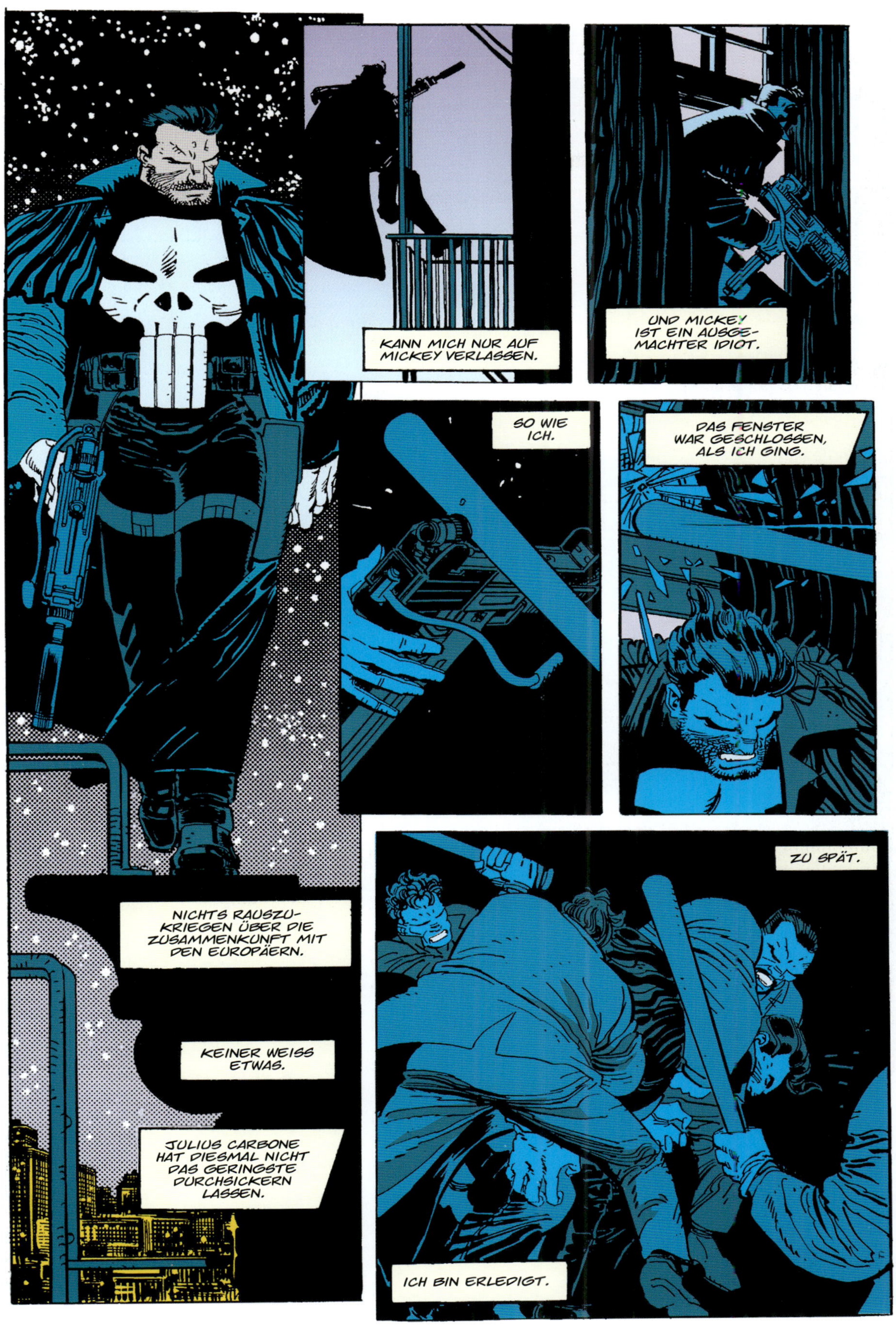
KANN MICH NUR AUF MICKEY VERLASSEN.
UND MICKEY IST EIN AUSGE-MACHTER IDIOT.
SO WIE ICH.
DAS FENSTER WAR GESCHLOSSEN, ALS ICH GING.
NICHTS RAUSZU-KRIEGEN ÜBER DIE ZUSAMMENKUNFT MIT DEN EUROPÄERN.
KEINER WEISS ETWAS.
JULIUS CARBONE HAT DIESMAL NICHT DAS GERINGSTE DURCHSICKERN LASSEN.
ZU SPÄT.
ICH BIN ERLEDIGT.

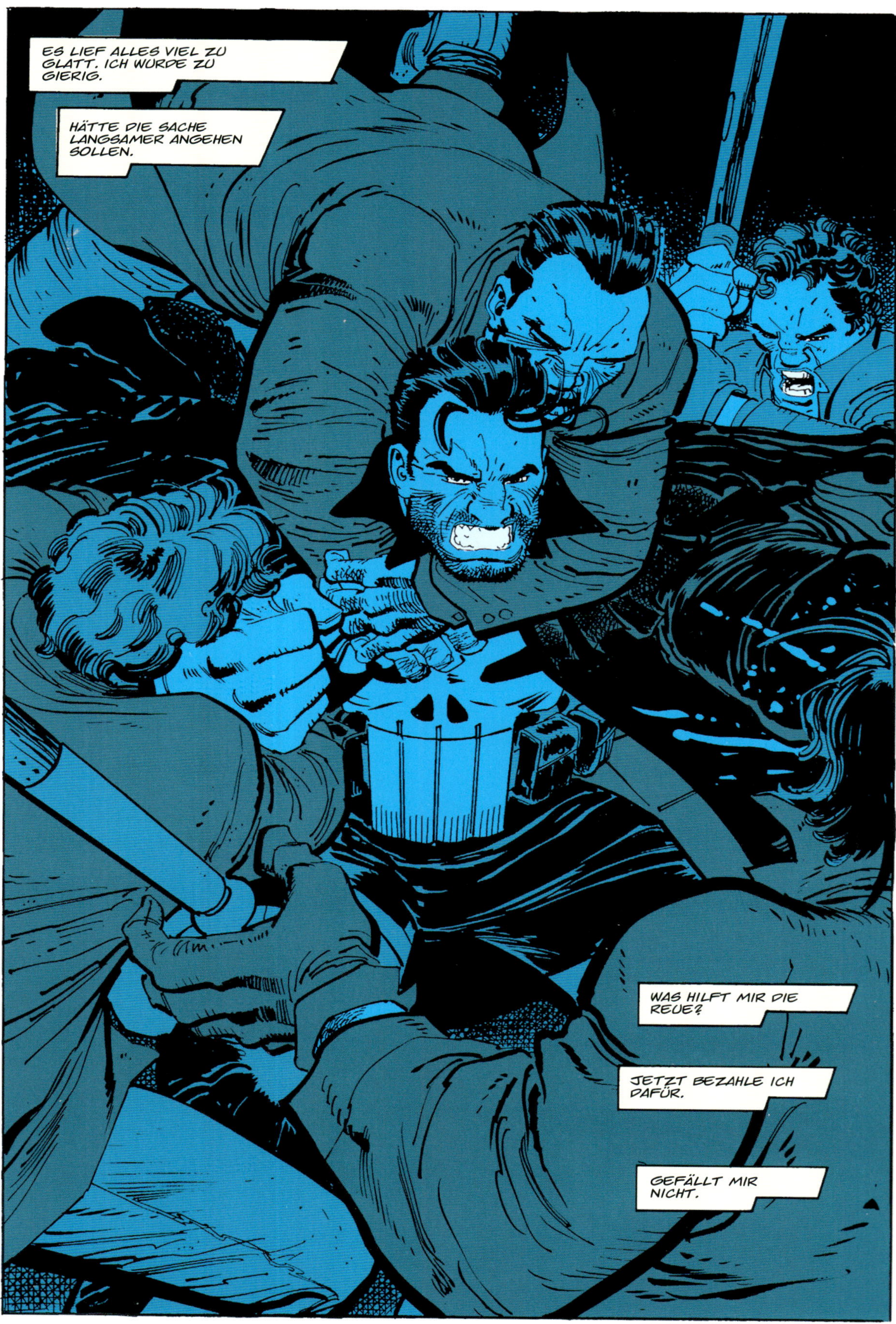
ES LIEF ALLES VIEL ZU GLATT. ICH WURDE ZU GIERIG.
HÄTTE DIE SACHE LANGSAMER ANGEHEN SOLLEN.
WAS HILFT MIR DIE REUE?
JETZT BEZAHLE ICH DAFÜR.
GEFÄLLT MIR NICHT.

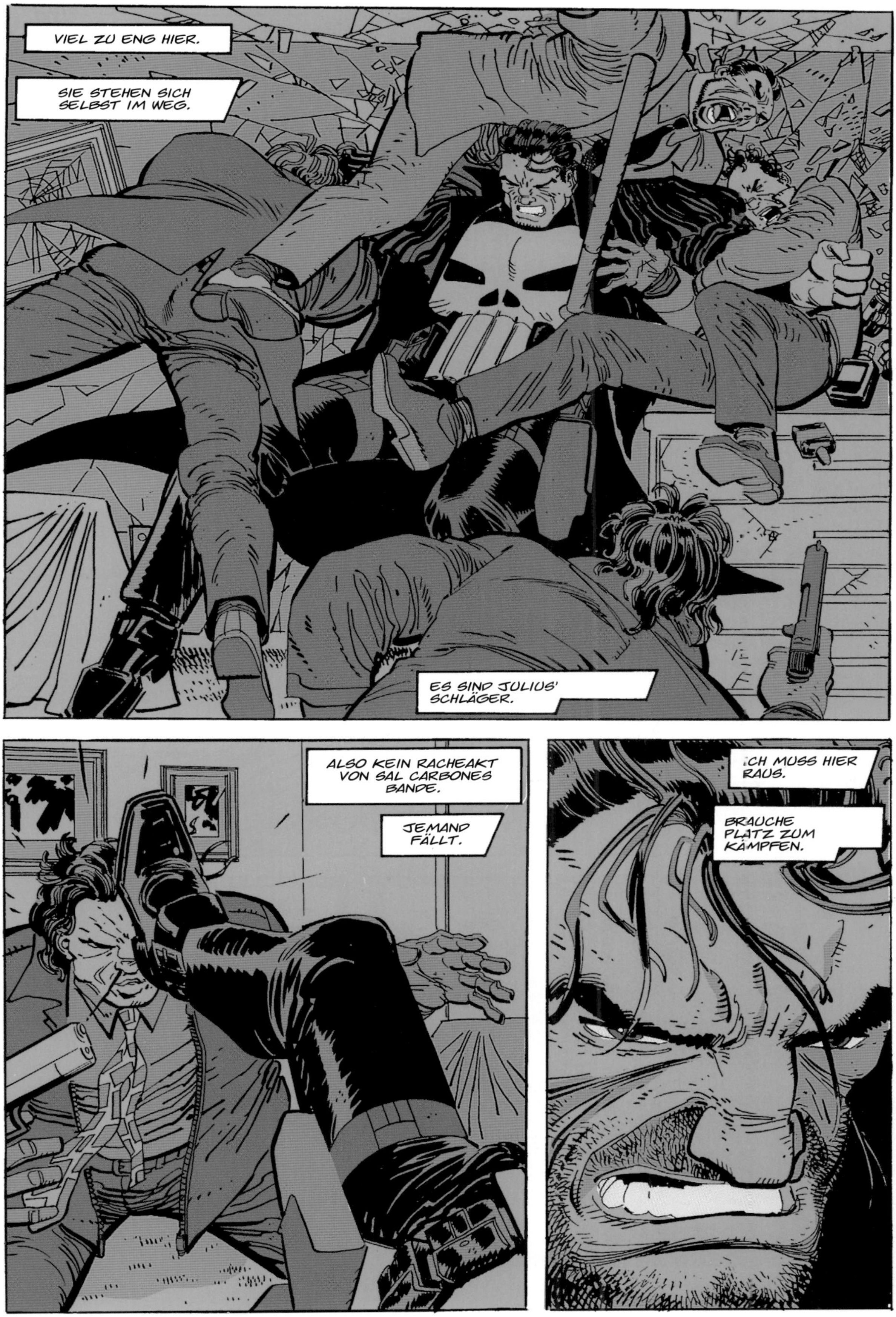

VIEL ZU ENG HIER.

SIE STEHEN SICH SELBST IM WEG.

ES SIND JULIUS' SCHLÄGER.

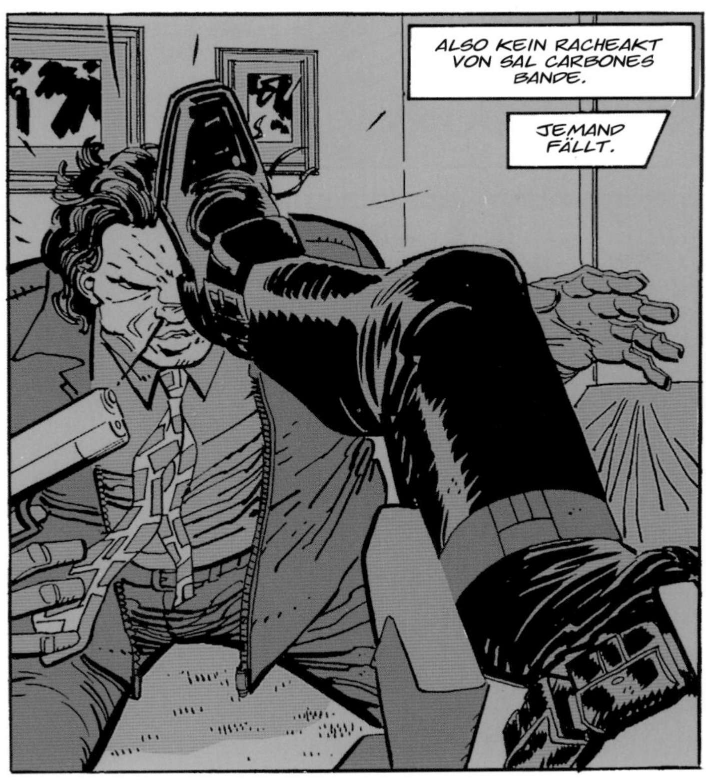

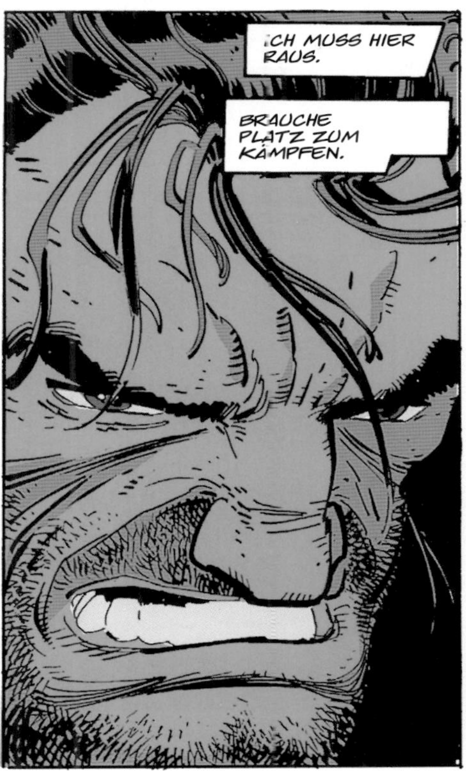

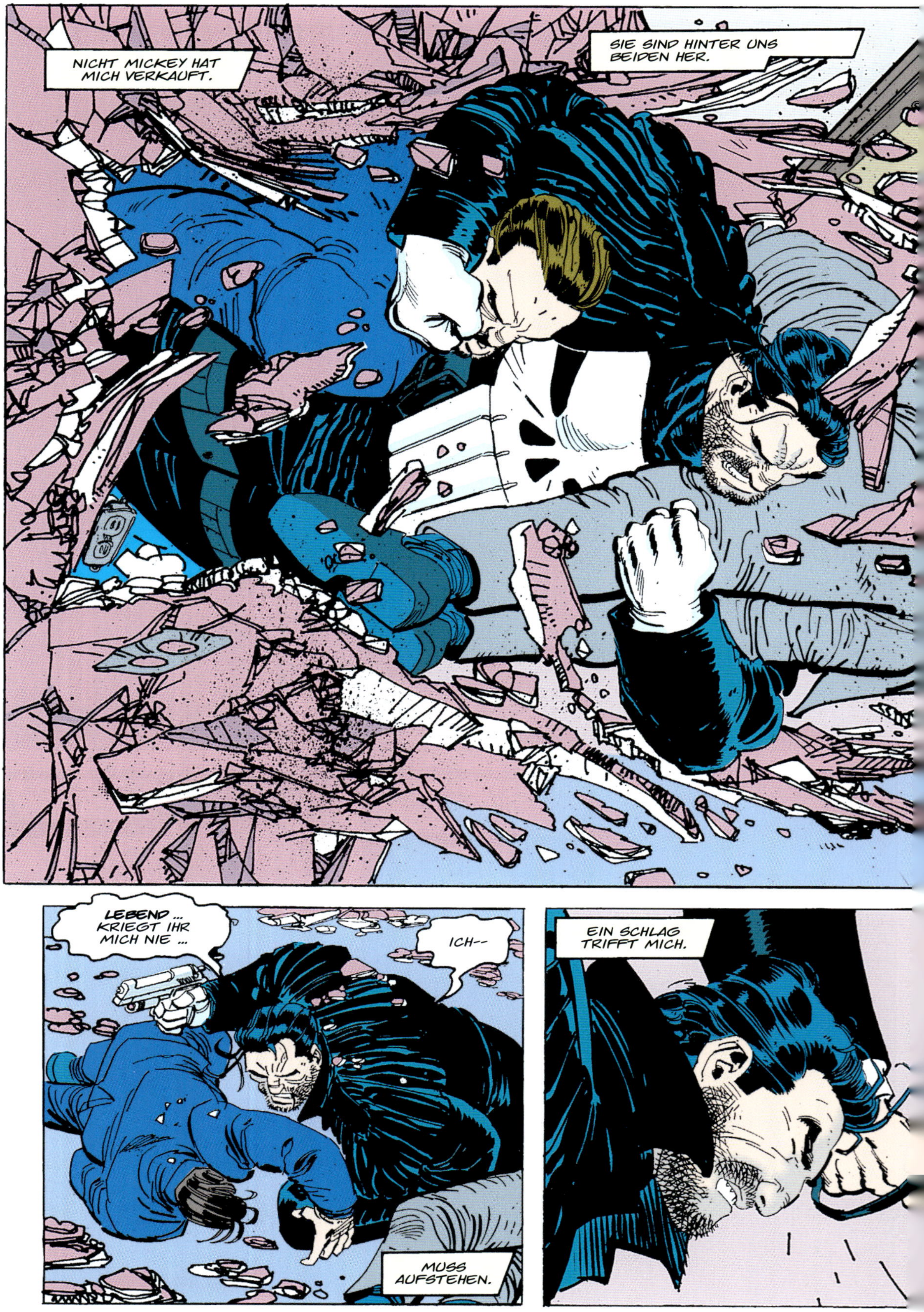

NICHT MICKEY HAT MICH VERKAUFT.
SIE SIND HINTER UNS BEIDEN HER.

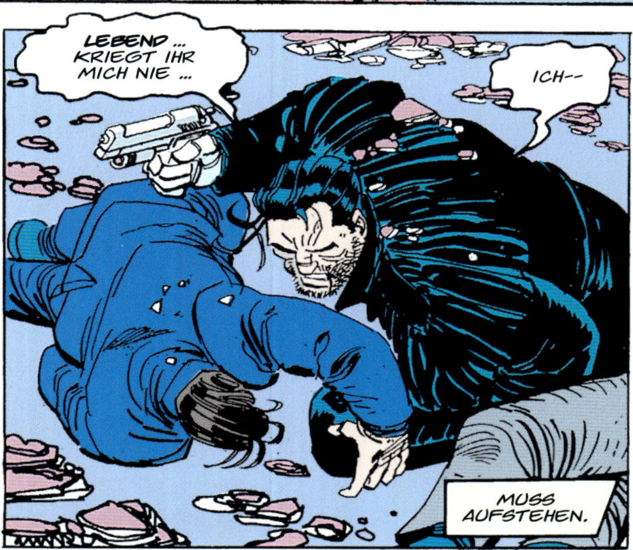
LEBEND ... KRIEGT IHR MICH NIE ...
ICH--
MUSS AUFSTEHEN.

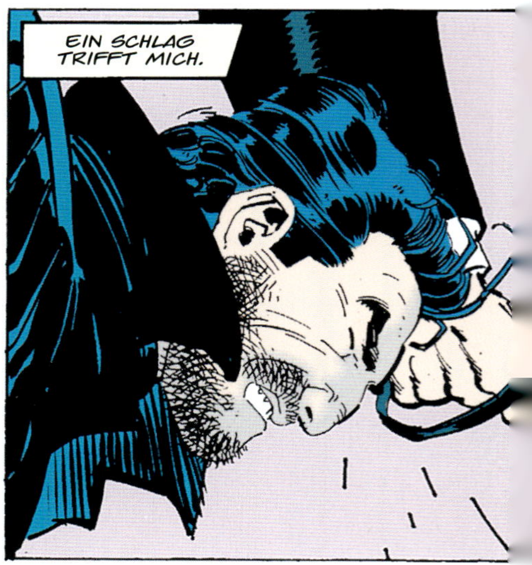
EIN SCHLAG TRIFFT MICH.

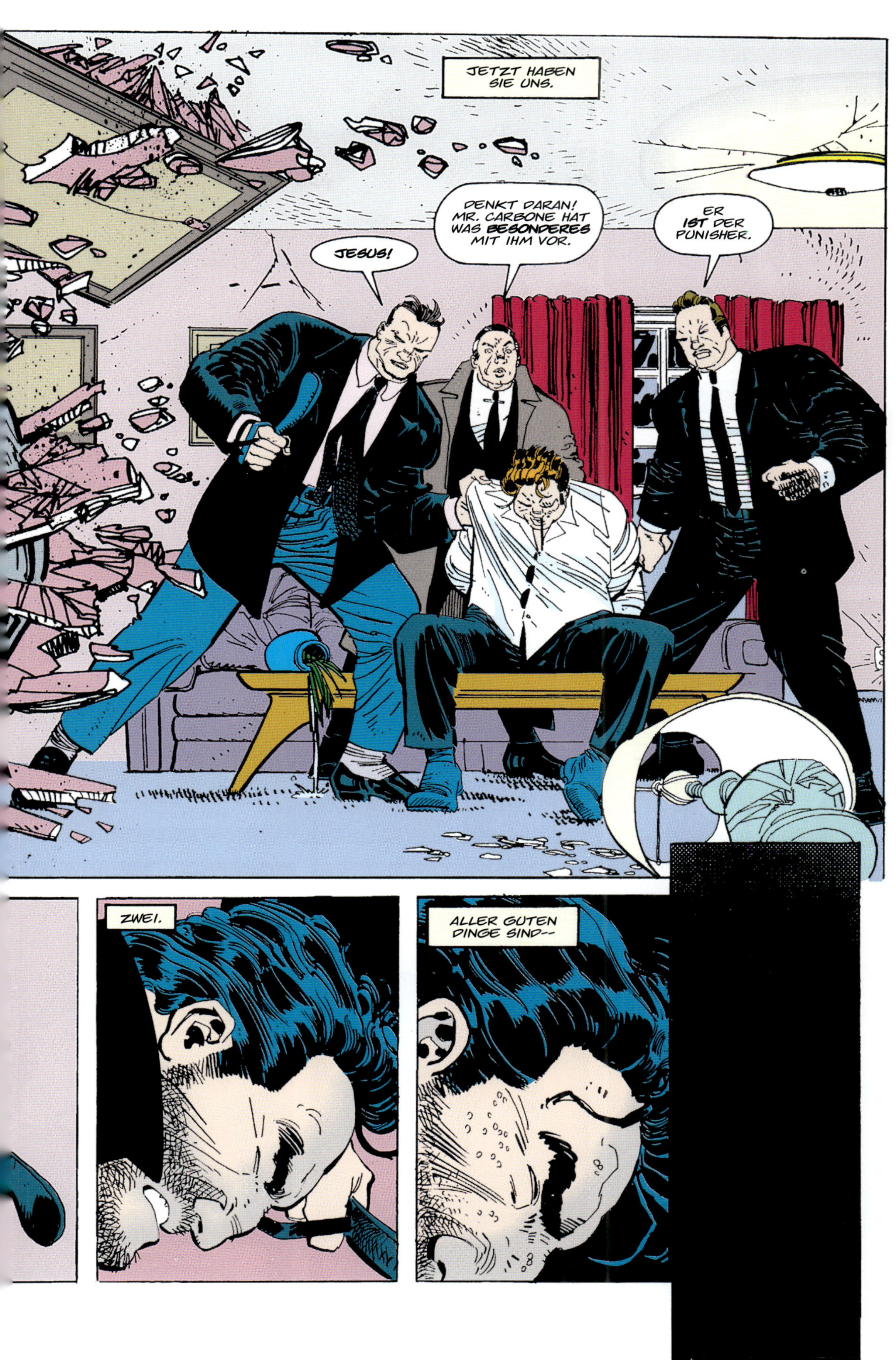
JETZT HABEN SIE UNS.
JESUS!
DENKT DARAN! MR. CARBONE HAT WAS BESONDERES MIT IHM VOR.
ER IST DER PUNISHER.
ZWEI.
ALLER GUTEN DINGE SIND--

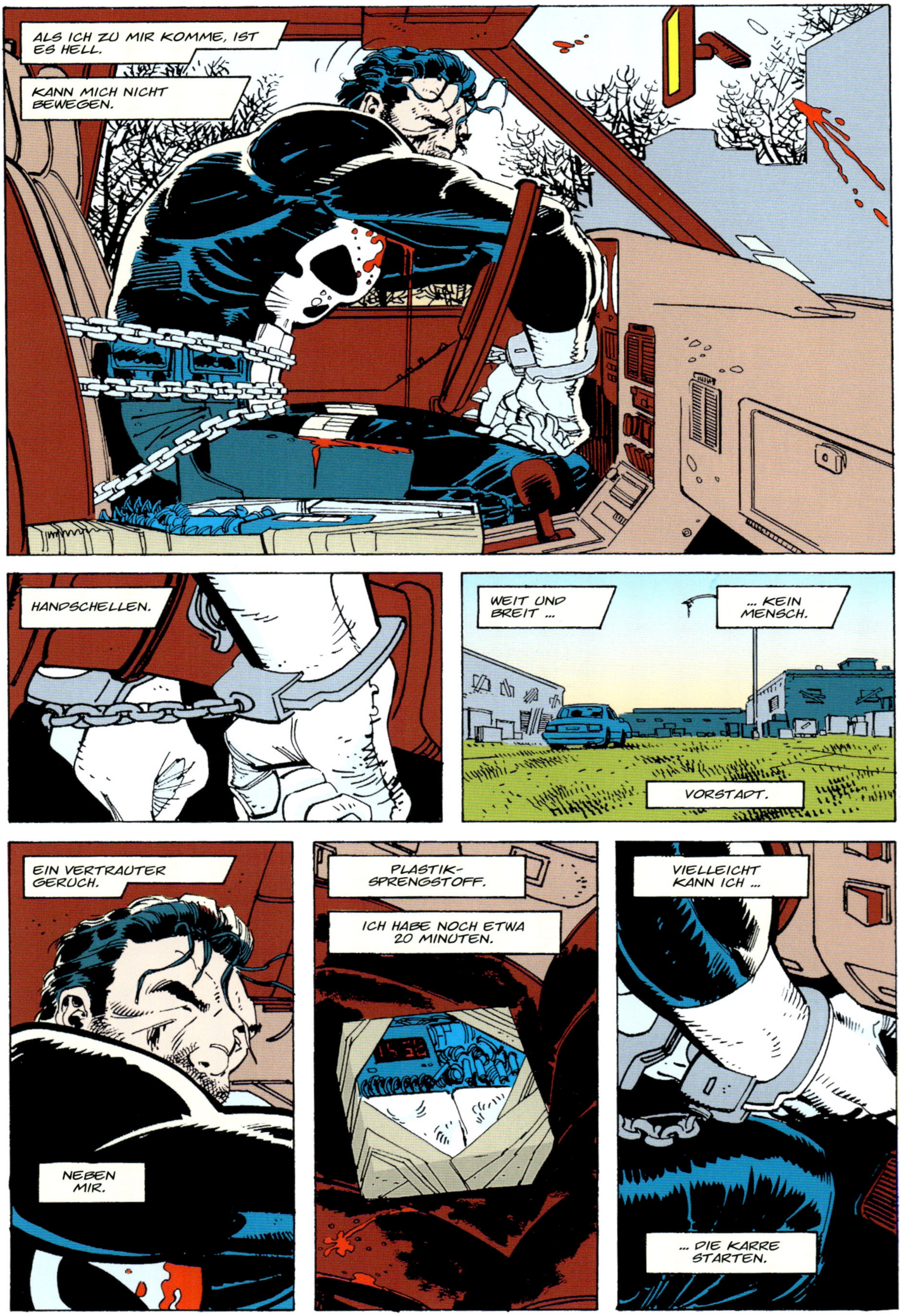

ALS ICH ZU MIR KOMME, IST ES HELL.

KANN MICH NICHT BEWEGEN.

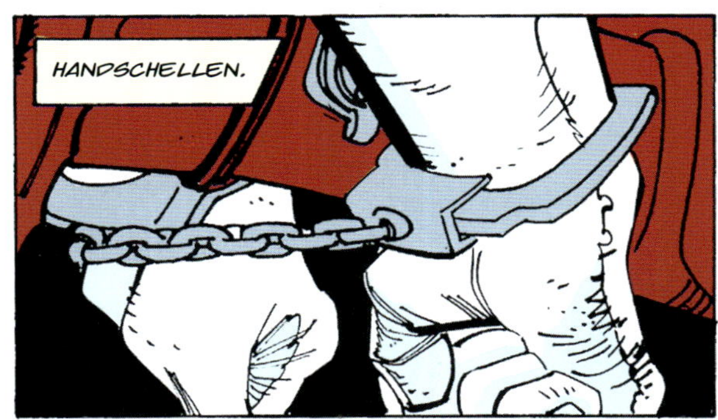

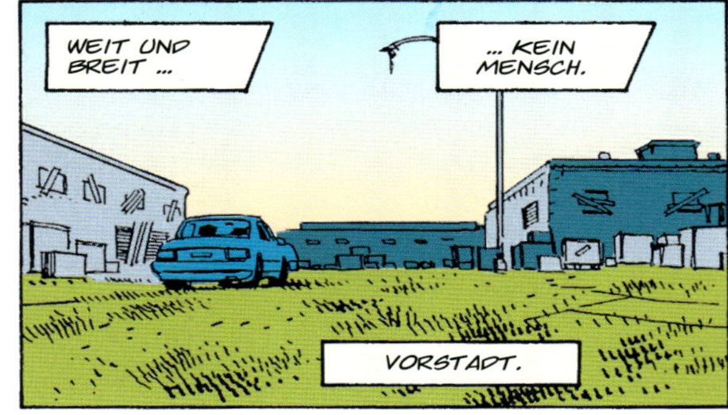

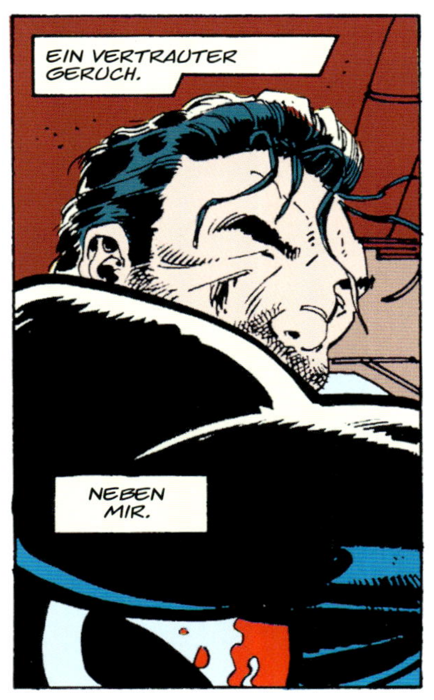

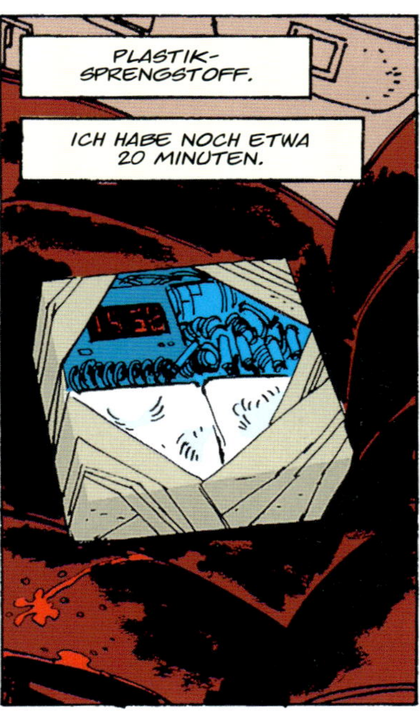

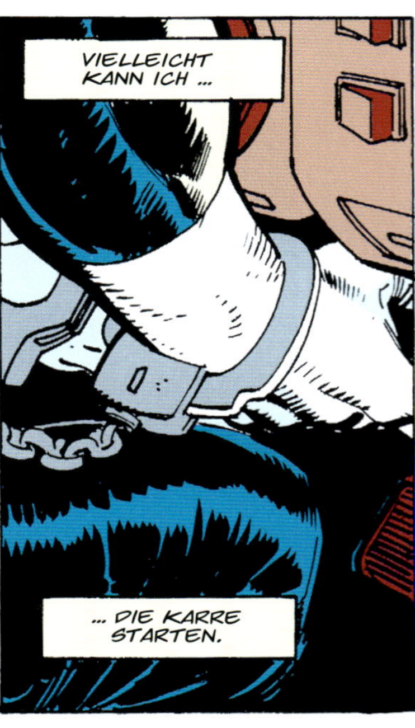

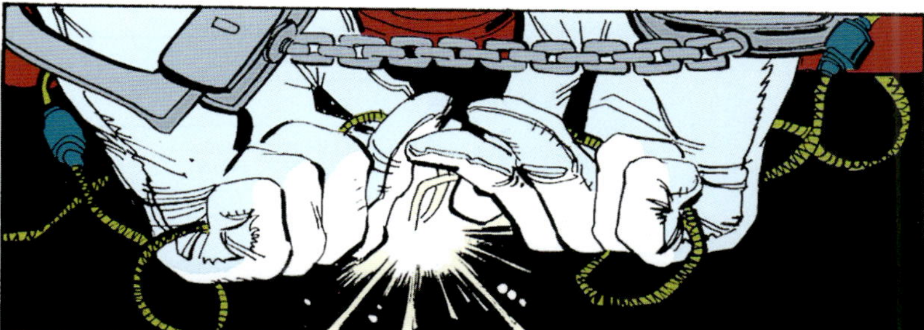
KOMM SCHON.
ES FUNKT.

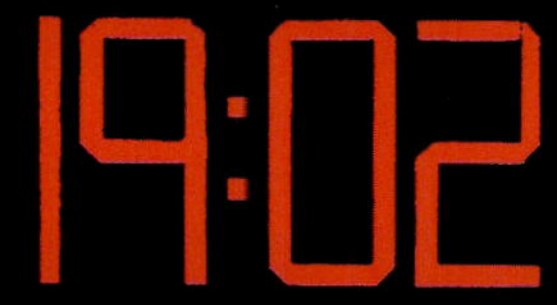
19:02

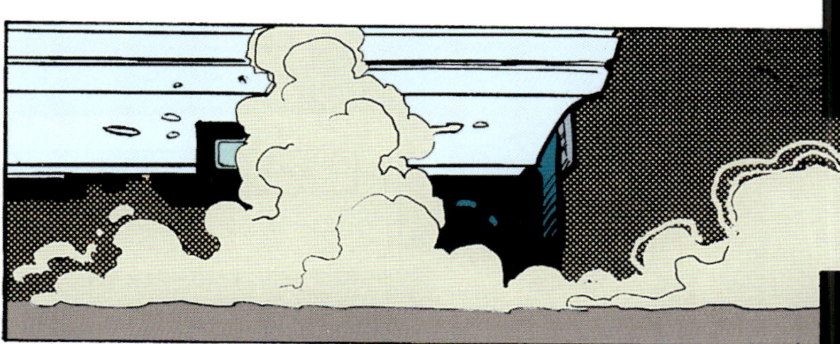
LOS GEHT'S.

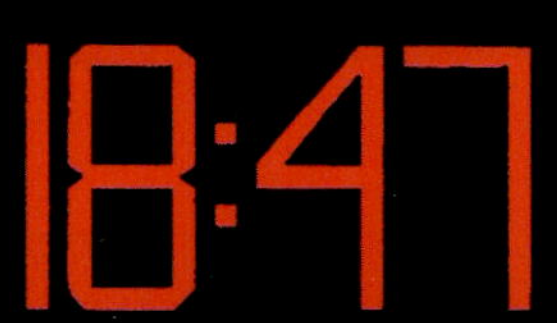
18:47

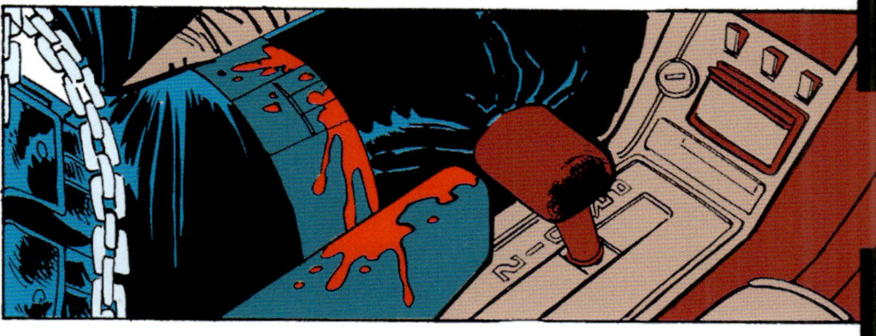
ZUM GLÜCK IST ES EIN WAGEN MIT AUTOMATIK.

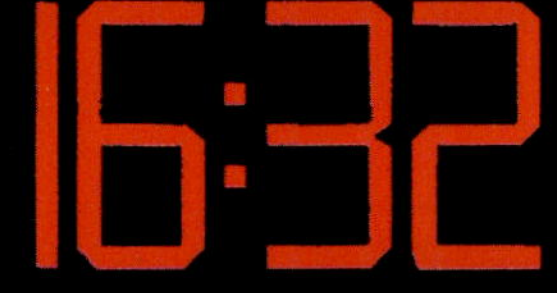
16:32

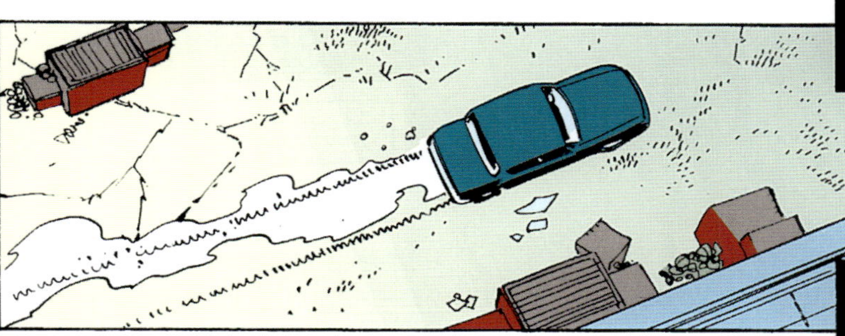
WO FAHRE ICH HIN?

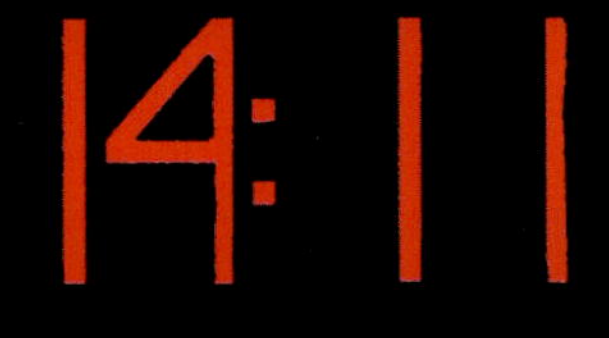
14:11

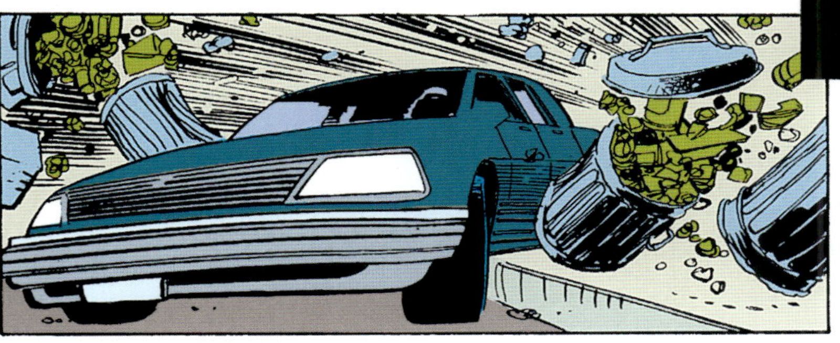
NACH BROOKLYN.
EINE CHANCE.

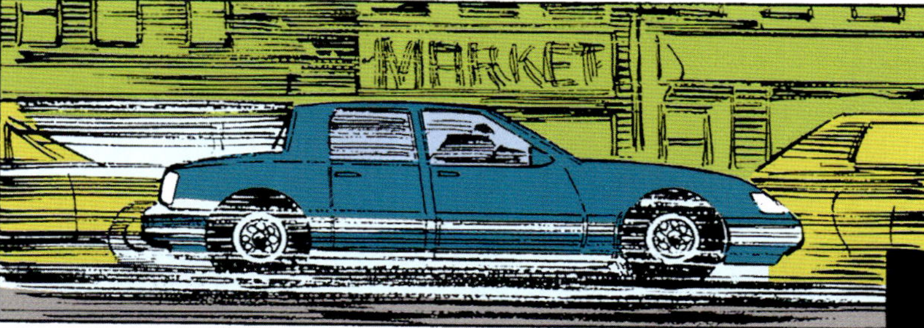

ZUR GARAGE.

MICRO WIRD DORT SEIN.

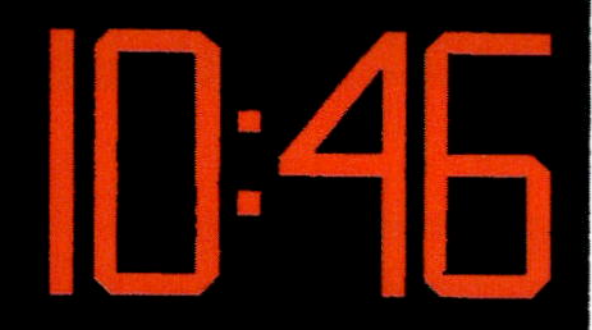

ER KENNT SICH AUS ...

6:25

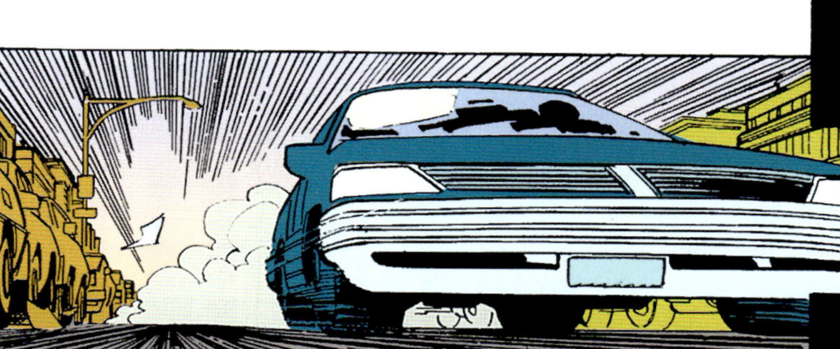

... MIT ZEIT-ZÜNDERN.

3:07

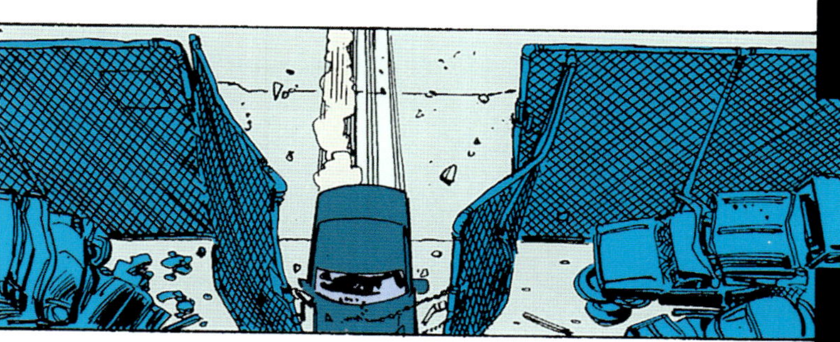

MICRO WIRD DIE BOMBE ENTSCHÄRFEN.

KÖNNTE KNAPP WERDEN.

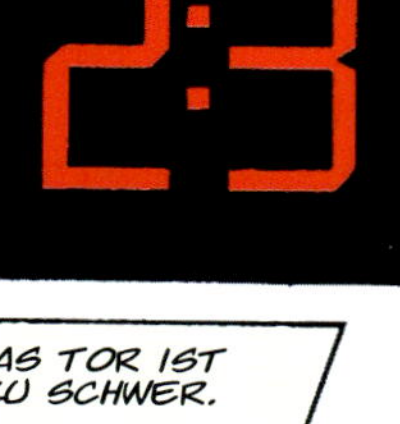

DAS TOR IST ZU SCHWER.

WENN ICH ES RAMME, GEHT DIE LADUNG HOCH.

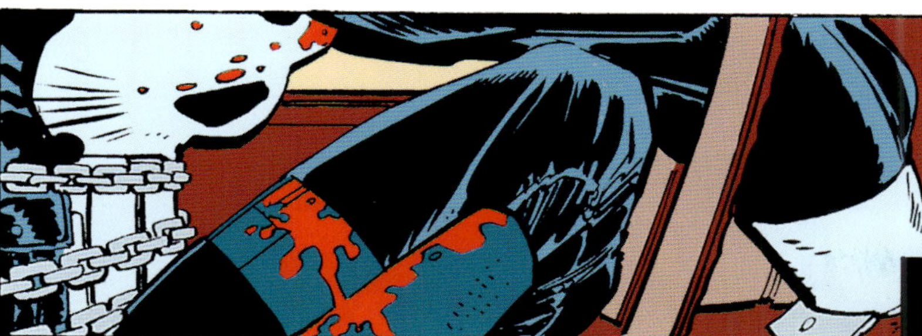
ICH HUPE.
DAS HÖRT MICRO.

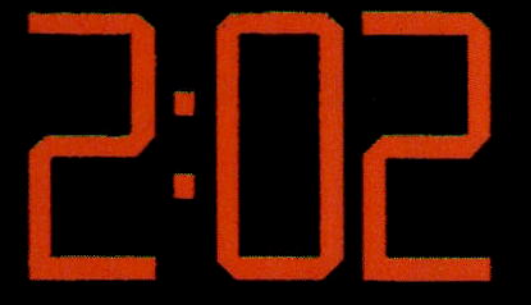
2:02

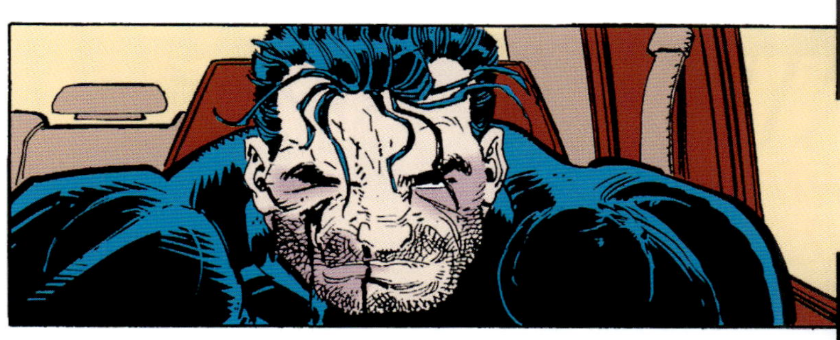
HAB IHN LANGE NICHT GESEHEN.

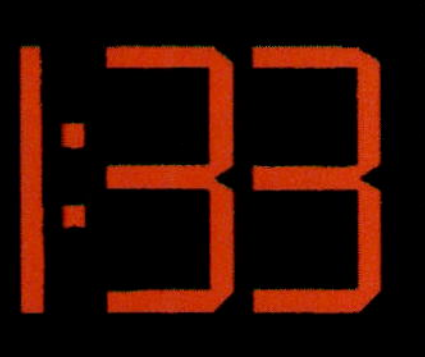
1:33

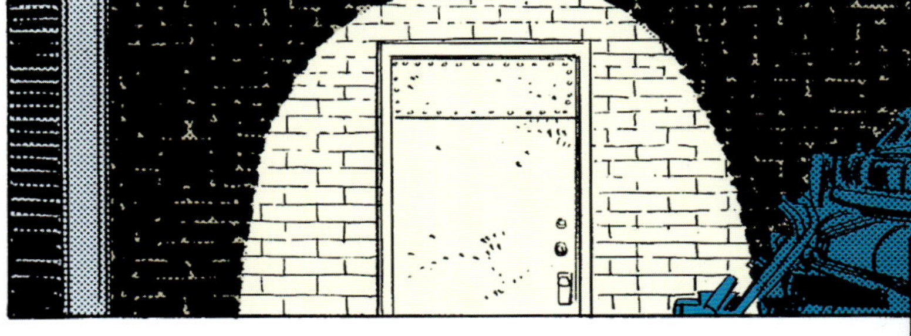
DAS LETZTE MAL GING ER DURCH DIESE TÜR.

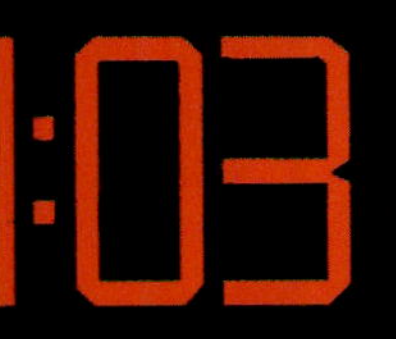
1:03

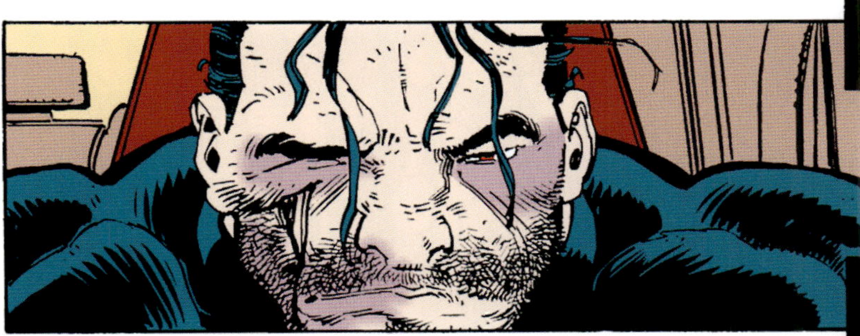
NA LOS, MICRO.
DU MUSST HIER SEIN.

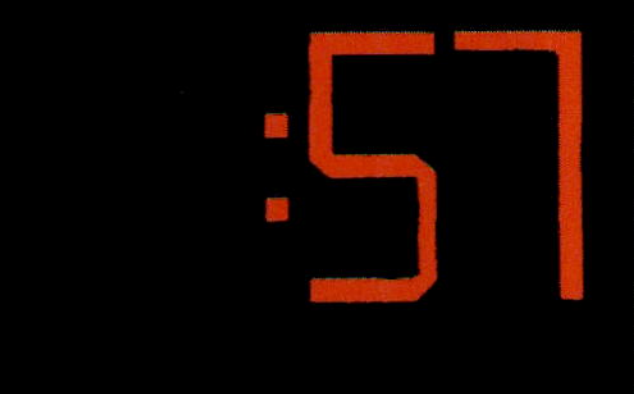
:57

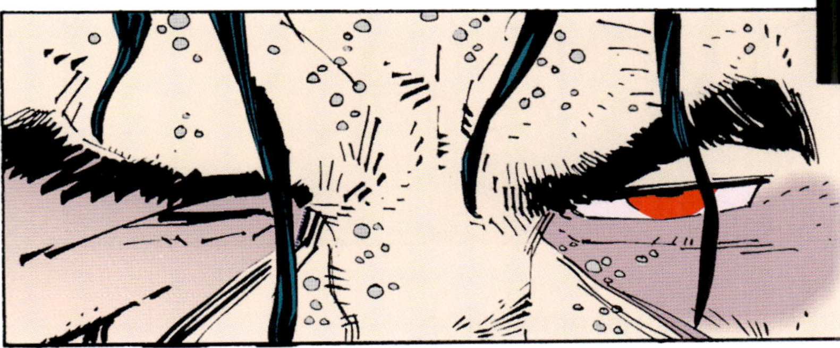
NOCH EINE MINUTE.
WO **BIST** DU, MICRO?

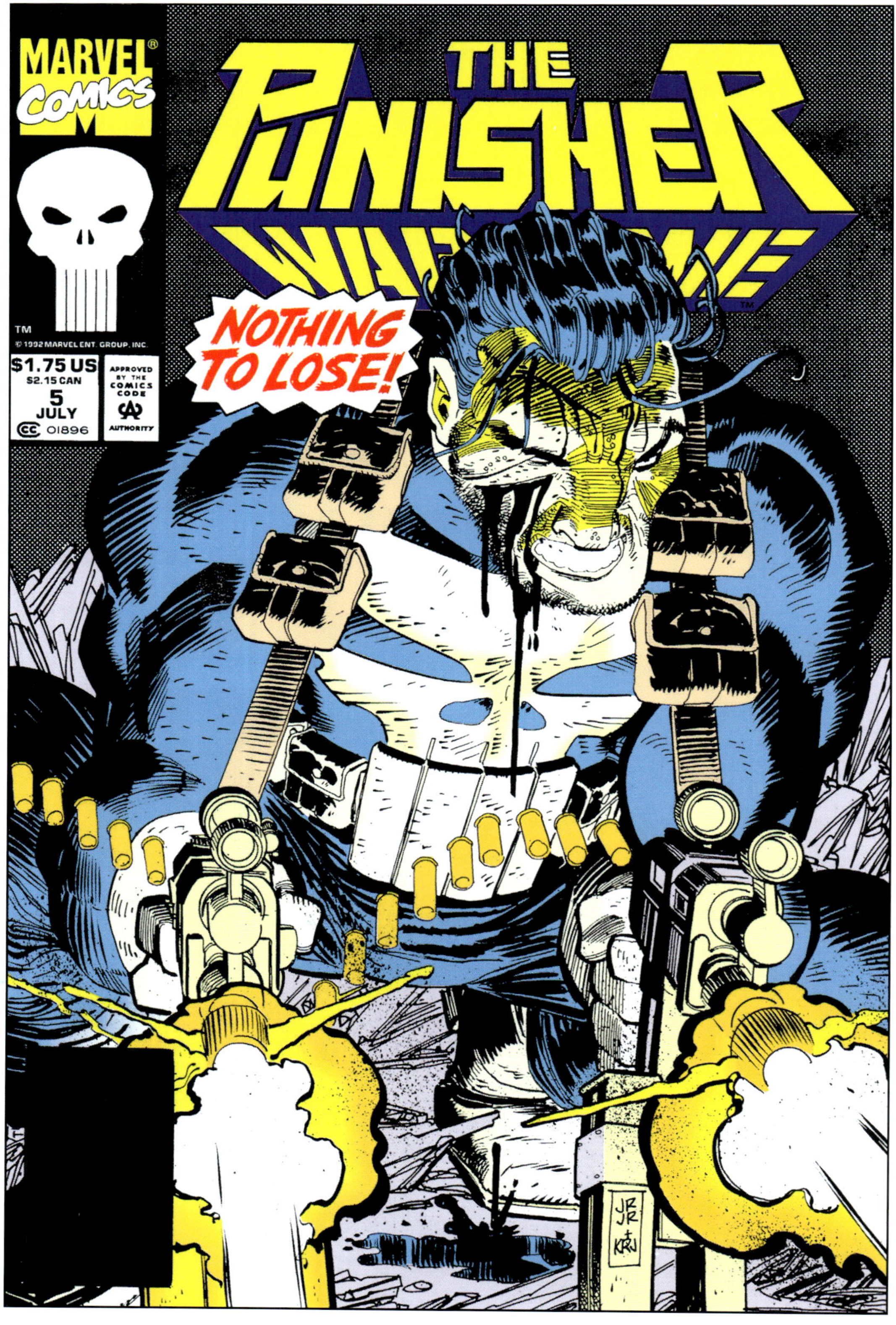

The Punisher: War Zone (1992) 5
Cover von **JOHN ROMITA JR.**

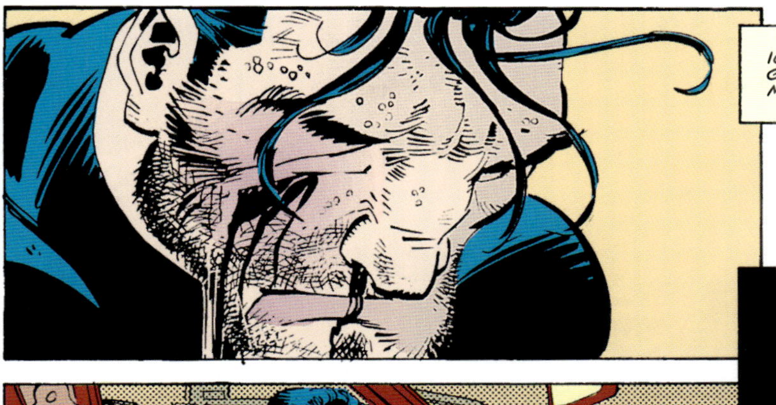
ICH HABE ALLES AUF EINE KARTE GESETZT UND GEHOFFT, DASS MICRO HIER SEIN WÜRDE.
IN DER AUTOWERKSTATT, DIE UNS ALS HAUPTQUARTIER DIENT.
:27

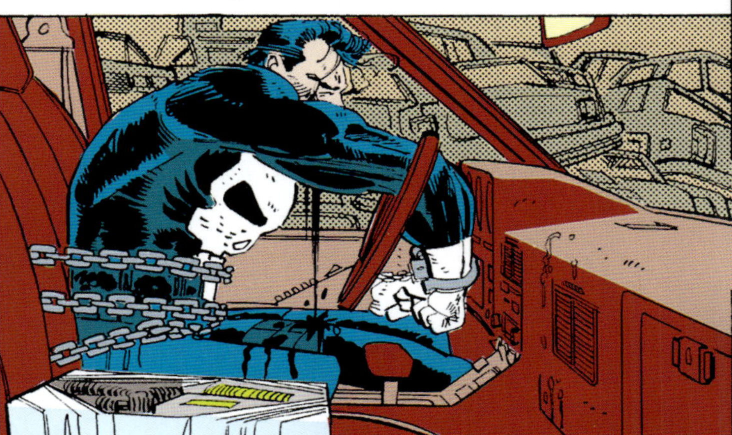
FALSCH GEDACHT.
:21

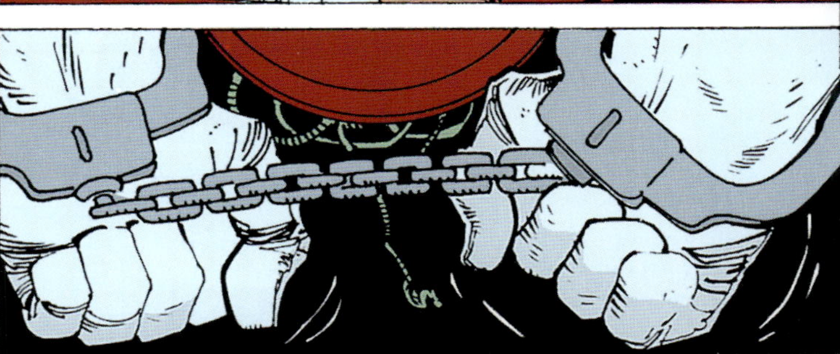
ZUMINDEST STERBE ICH ZU HAUSE.
:19

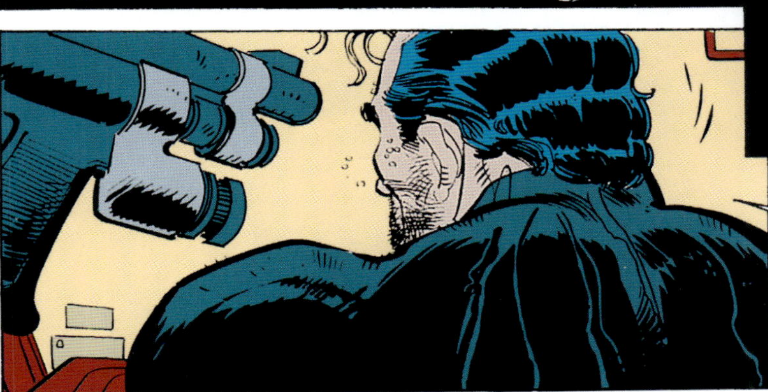
WENN DU MICH ABKNALLEN WILLST, BEEIL DICH. VIEL ZEIT BLEIBT DIR NICHT.

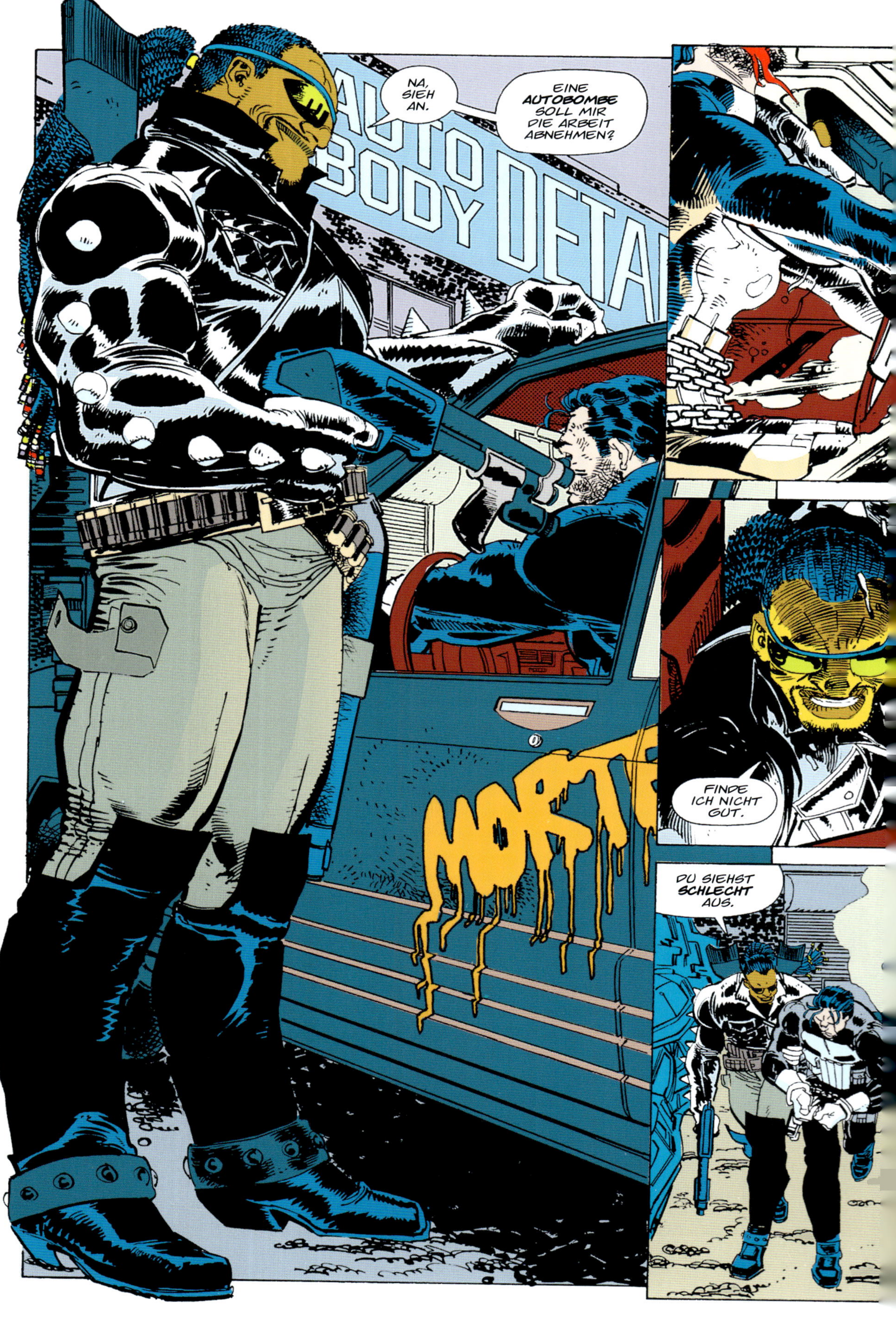
NA, SIEH AN.
EINE AUTOBOMBE SOLL MIR DIE ARBEIT ABNEHMEN?
FINDE ICH NICHT GUT.
DU SIEHST SCHLECHT AUS.

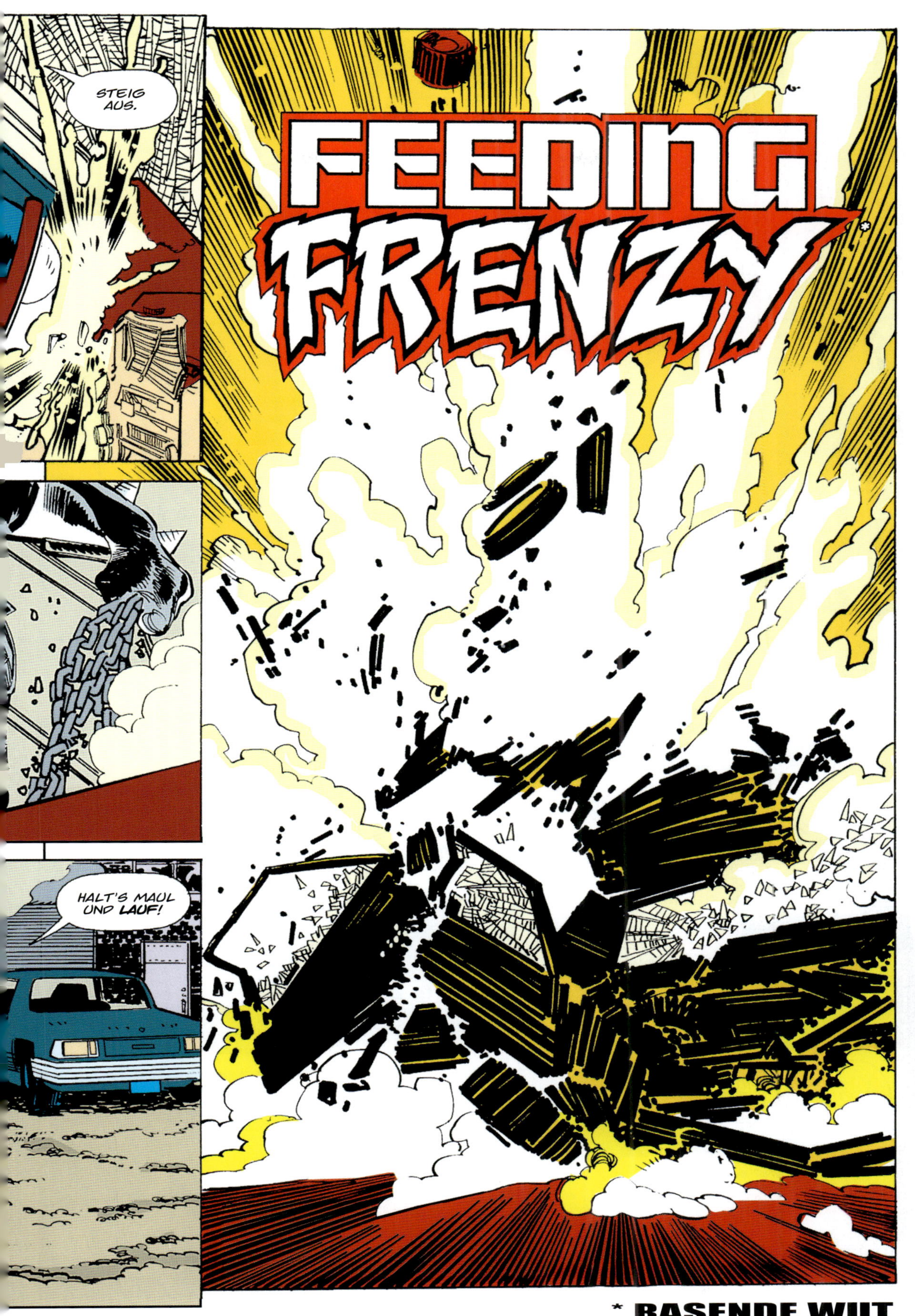

STEIG AUS.
FEEDING FRENZY*
HALT'S MAUL UND LAUF!
* RASENDE WUT

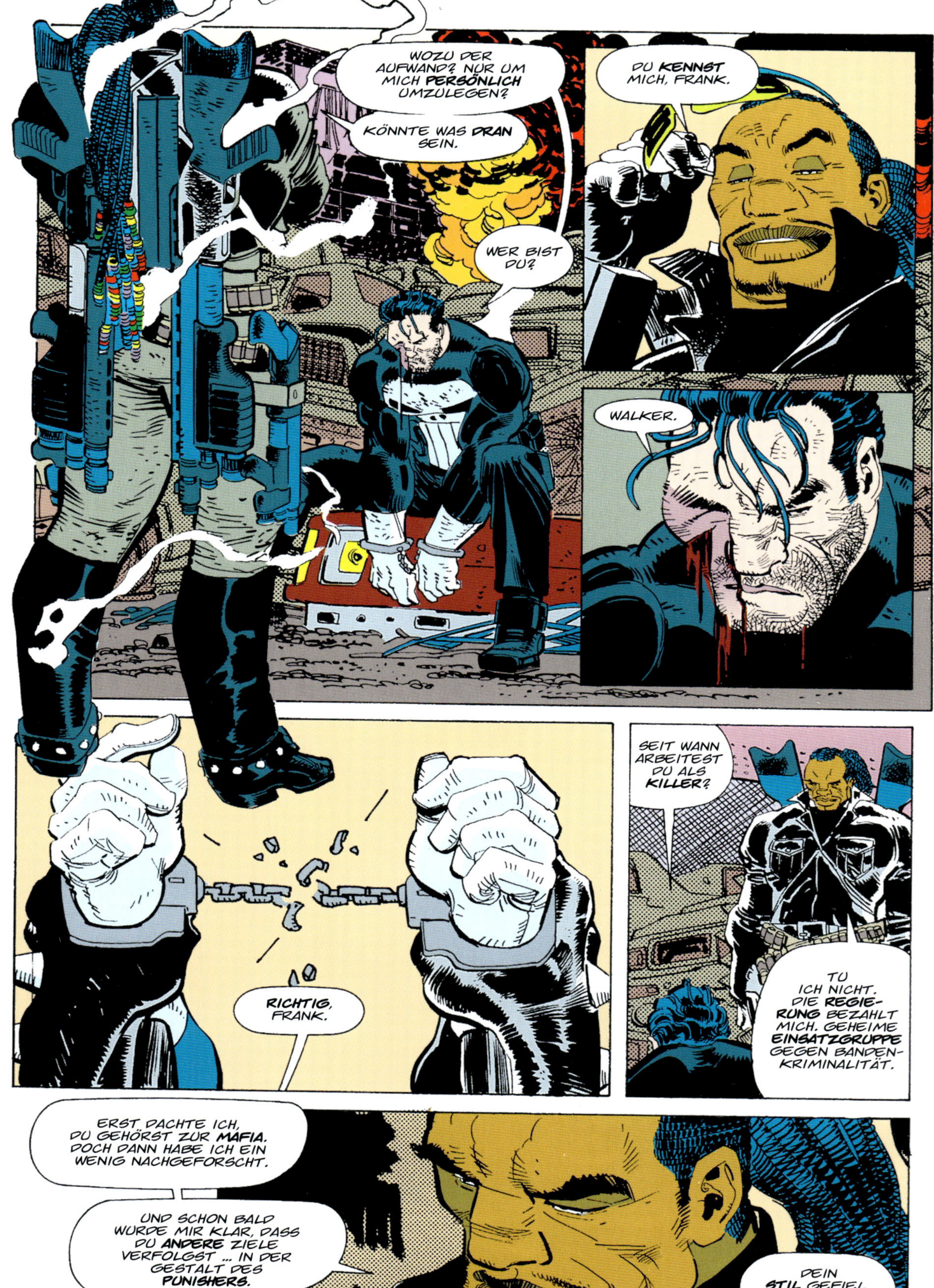
WOZU DER AUFWAND? NUR UM MICH PERSÖNLICH UMZULEGEN?
KÖNNTE WAS DRAN SEIN.
WER BIST DU?
DU KENNST MICH, FRANK.
WALKER.
RICHTIG, FRANK.
SEIT WANN ARBEITEST DU ALS KILLER?
TU ICH NICHT. DIE REGIE-RUNG BEZAHLT MICH. GEHEIME EINSATZGRUPPE GEGEN BANDEN-KRIMINALITÄT.
ERST DACHTE ICH, DU GEHÖRST ZUR MAFIA. DOCH DANN HABE ICH EIN WENIG NACHGEFORSCHT.
UND SCHON BALD WURDE MIR KLAR, DASS DU ANDERE ZIELE VERFOLGST ... IN DER GESTALT DES PUNISHERS.
DEIN STIL GEFIEL MIR SCHON IMMER.

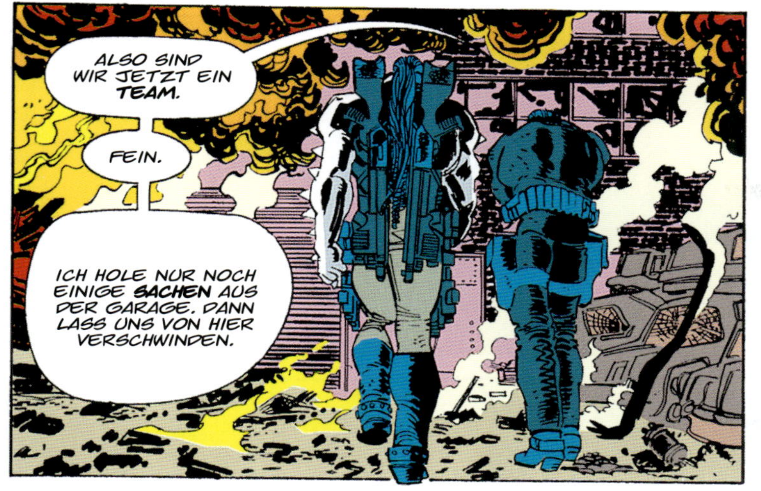
ALSO SIND WIR JETZT EIN TEAM.
FEIN.
ICH HOLE NUR NOCH EINIGE SACHEN AUS DER GARAGE. DANN LASS UNS VON HIER VERSCHWINDEN.

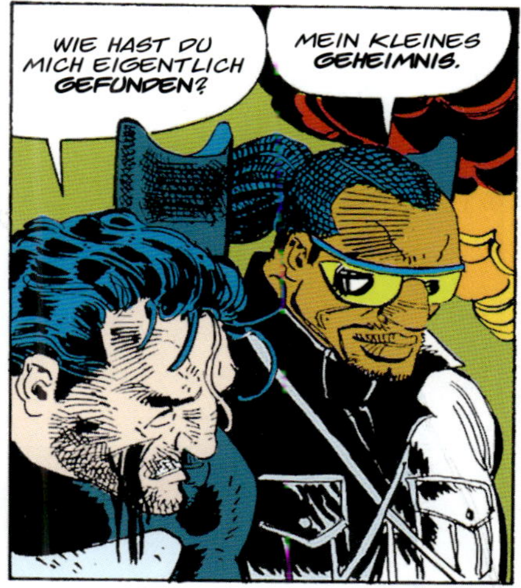
WIE HAST DU MICH EIGENTLICH GEFUNDEN?
MEIN KLEINES GEHEIMNIS.

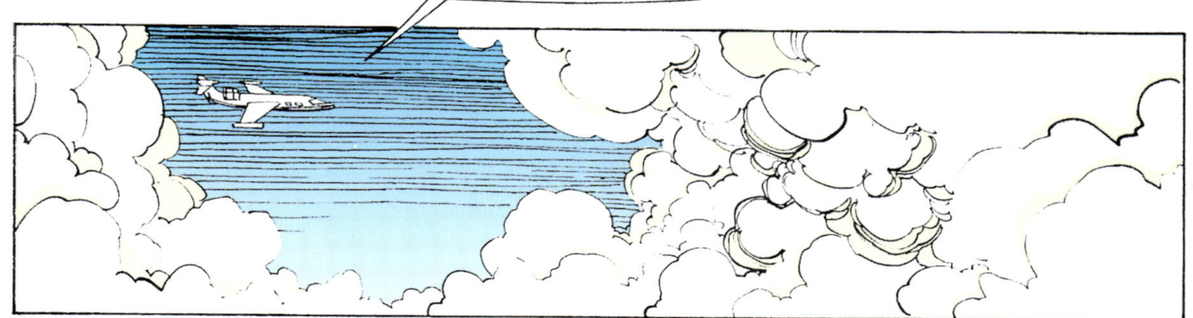
AUSGERECHNET JETZT GEHT ALLES DEN BACH RUNTER.

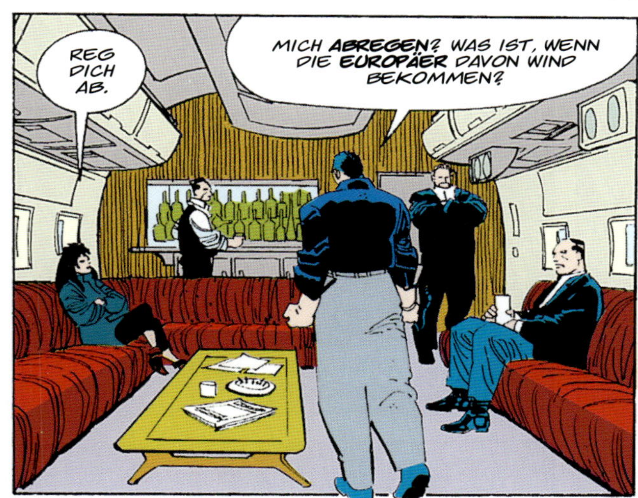
REG DICH AB.
MICH ABREGEN? WAS IST, WENN DIE EUROPÄER DAVON WIND BEKOMMEN?

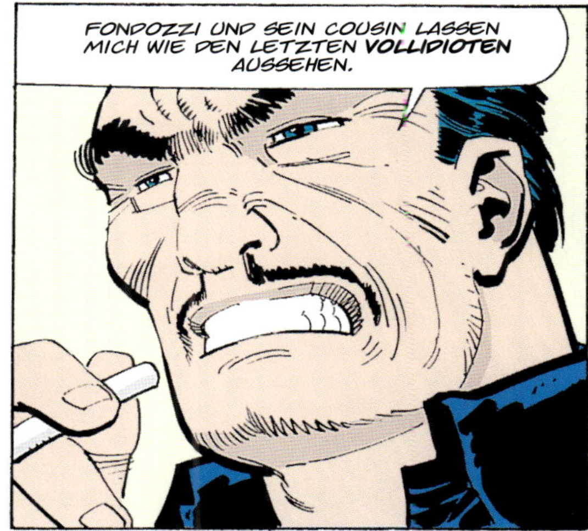
FONDOZZI UND SEIN COUSIN LASSEN MICH WIE DEN LETZTEN VOLLIDIOTEN AUSSEHEN.

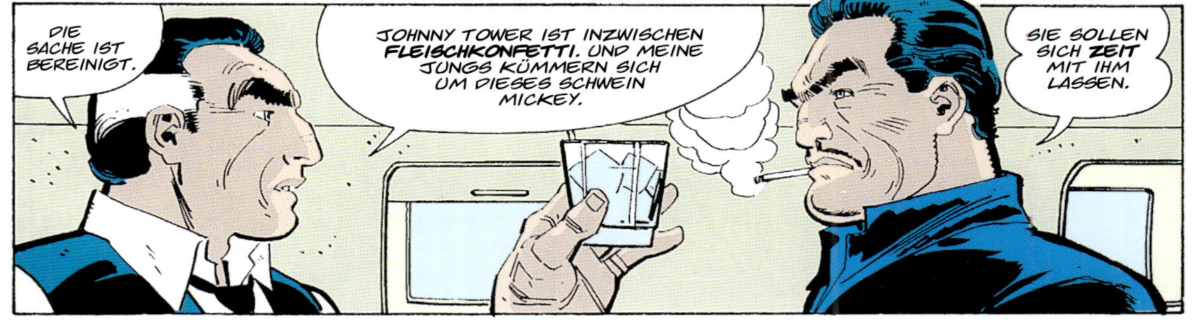
DIE SACHE IST BEREINIGT.
JOHNNY TOWER IST INZWISCHEN FLEISCHKONFETTI. UND MEINE JUNGS KÜMMERN SICH UM DIESES SCHWEIN MICKEY.
SIE SOLLEN SICH ZEIT MIT IHM LASSEN.

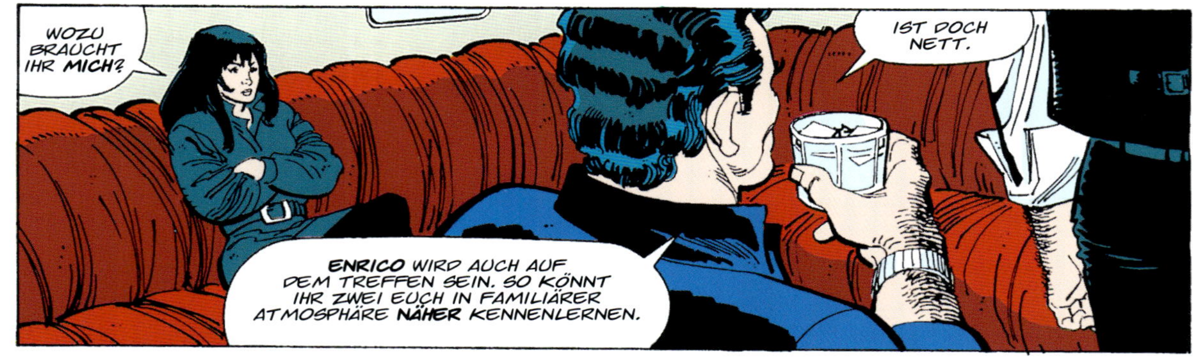
WOZU BRAUCHT IHR MICH?
IST DOCH NETT.
ENRICO WIRD AUCH AUF DEM TREFFEN SEIN. SO KÖNNT IHR ZWEI EUCH IN FAMILIÄRER ATMOSPHÄRE NÄHER KENNENLERNEN.

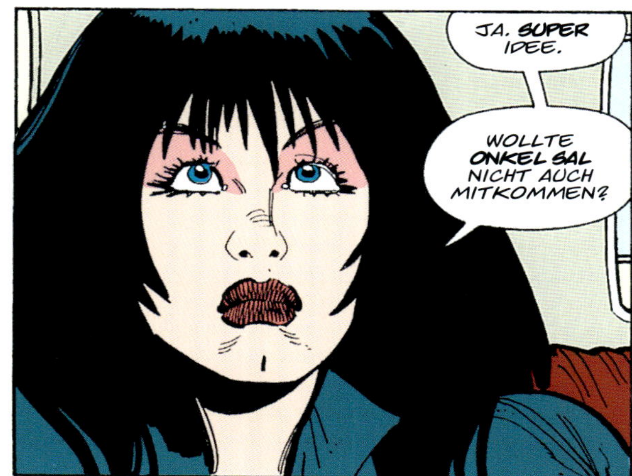
JA. SUPER IDEE.
WOLLTE ONKEL SAL NICHT AUCH MITKOMMEN?

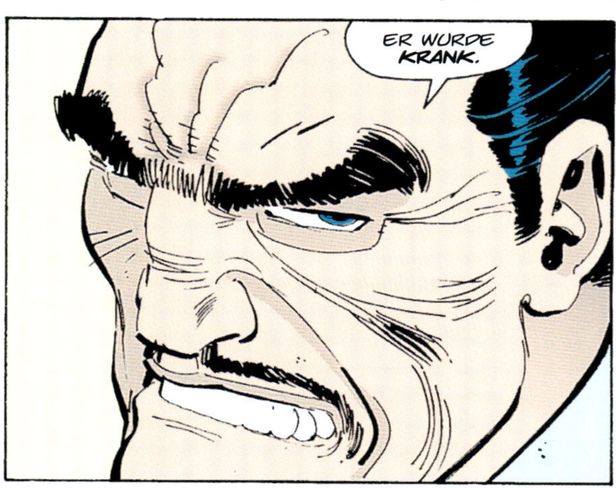
ER WURDE KRANK.

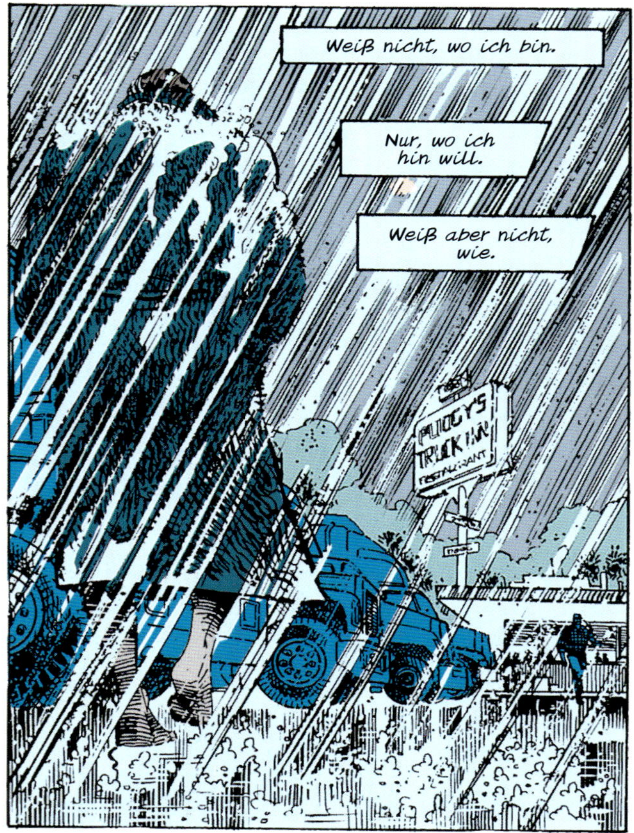
Weiß nicht, wo ich bin.
Nur, wo ich hin will.
Weiß aber nicht, wie.

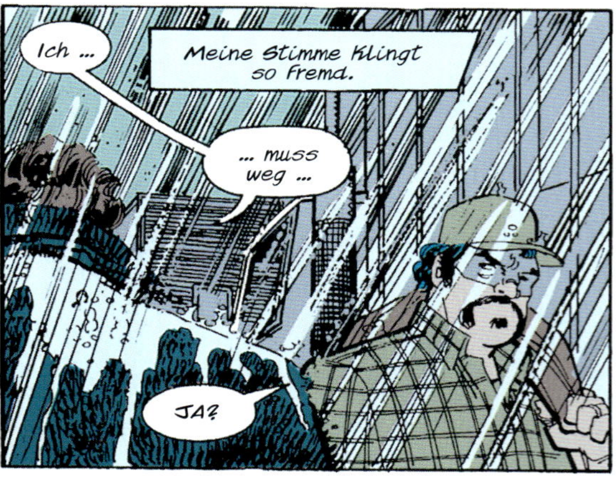
Ich ...
Meine Stimme klingt so fremd.
... muss weg ...
JA?

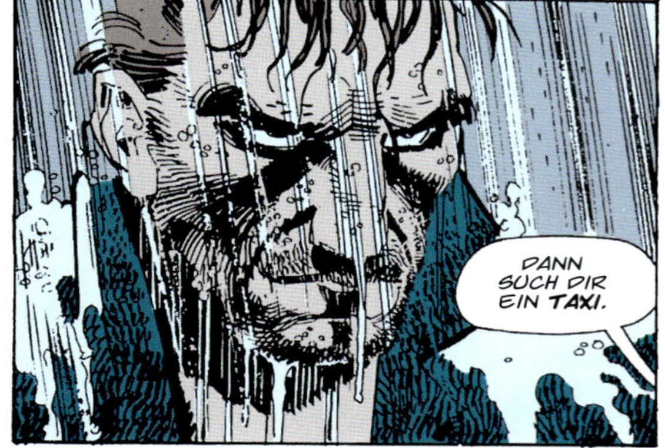
DANN SUCH DIR EIN TAXI.

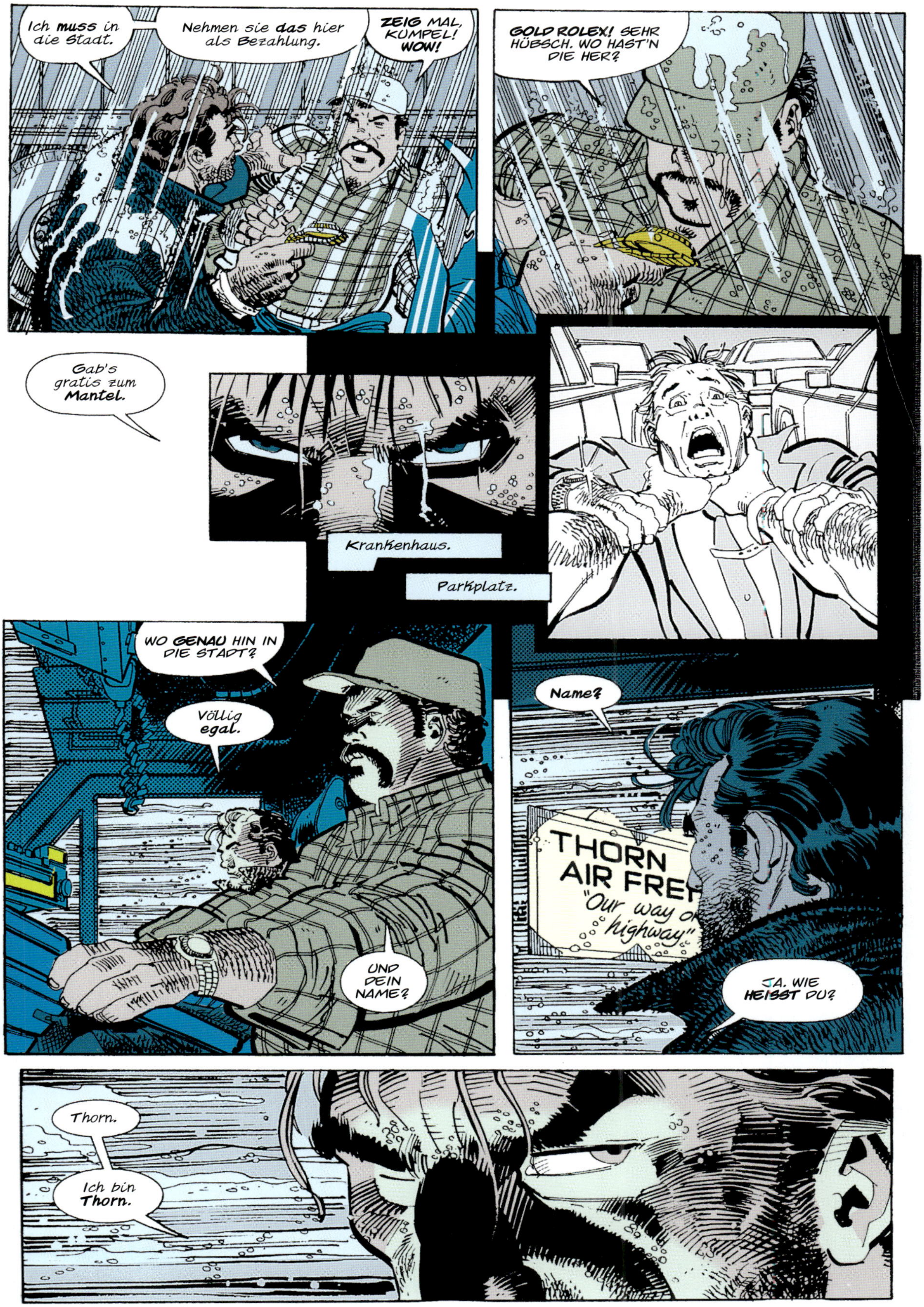

Ich **muss** in die Stadt.

Nehmen sie **das** hier als Bezahlung.

ZEIG MAL, KUMPEL! **WOW!**

GOLD ROLEX! SEHR HÜBSCH. WO HAST'N DIE HER?

Gab's gratis zum **Mantel.**

Krankenhaus.

Parkplatz.

WO **GENAU** HIN IN DIE STADT?

Völlig **egal.**

UND DEIN NAME?

Name?

THORN
AIR FRE
"Our way o
highway"

JA. WIE **HEISST** DU?

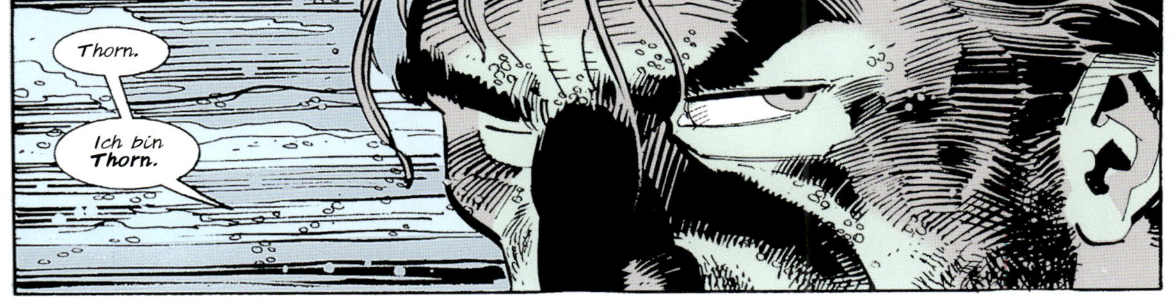

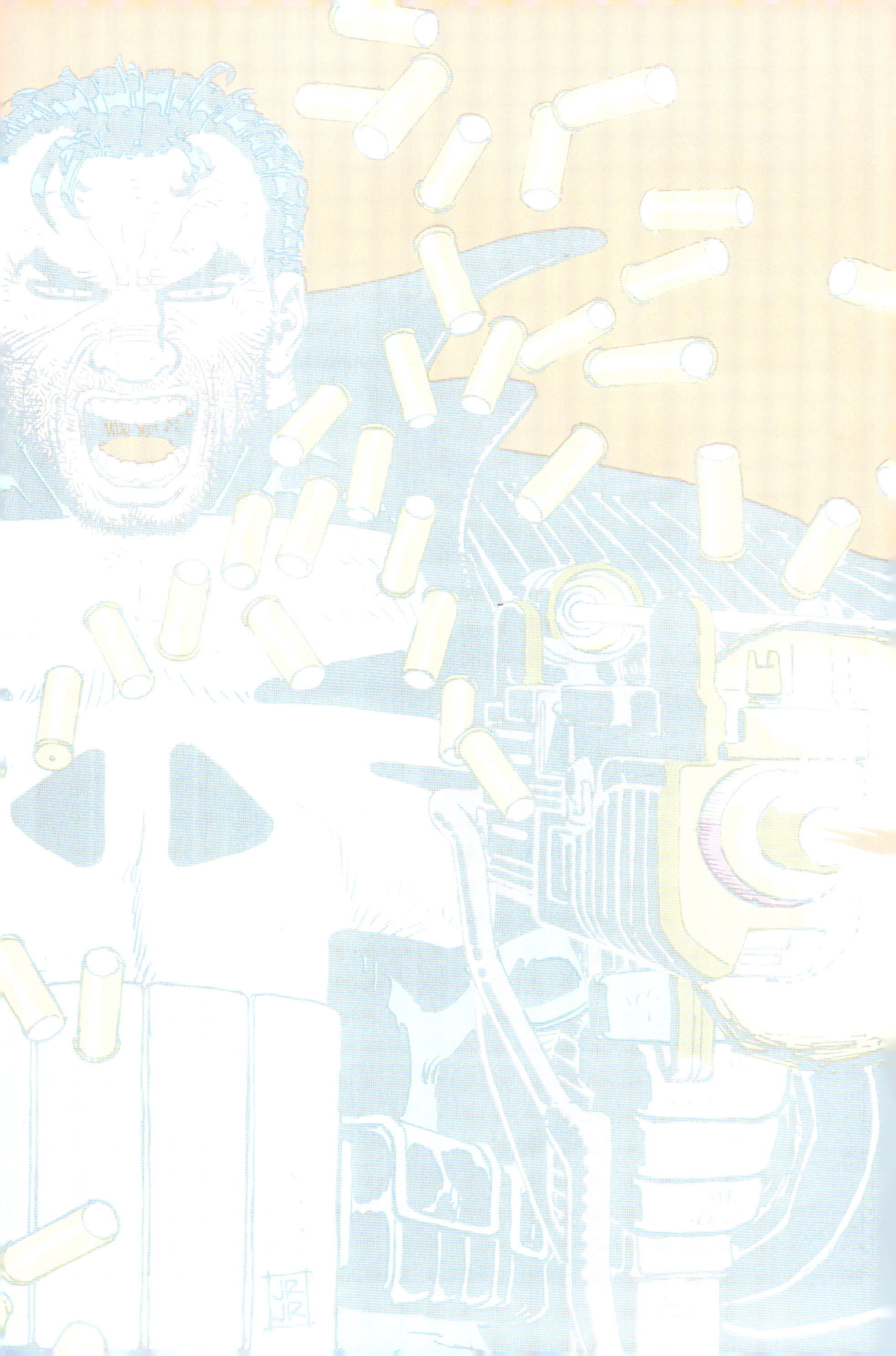

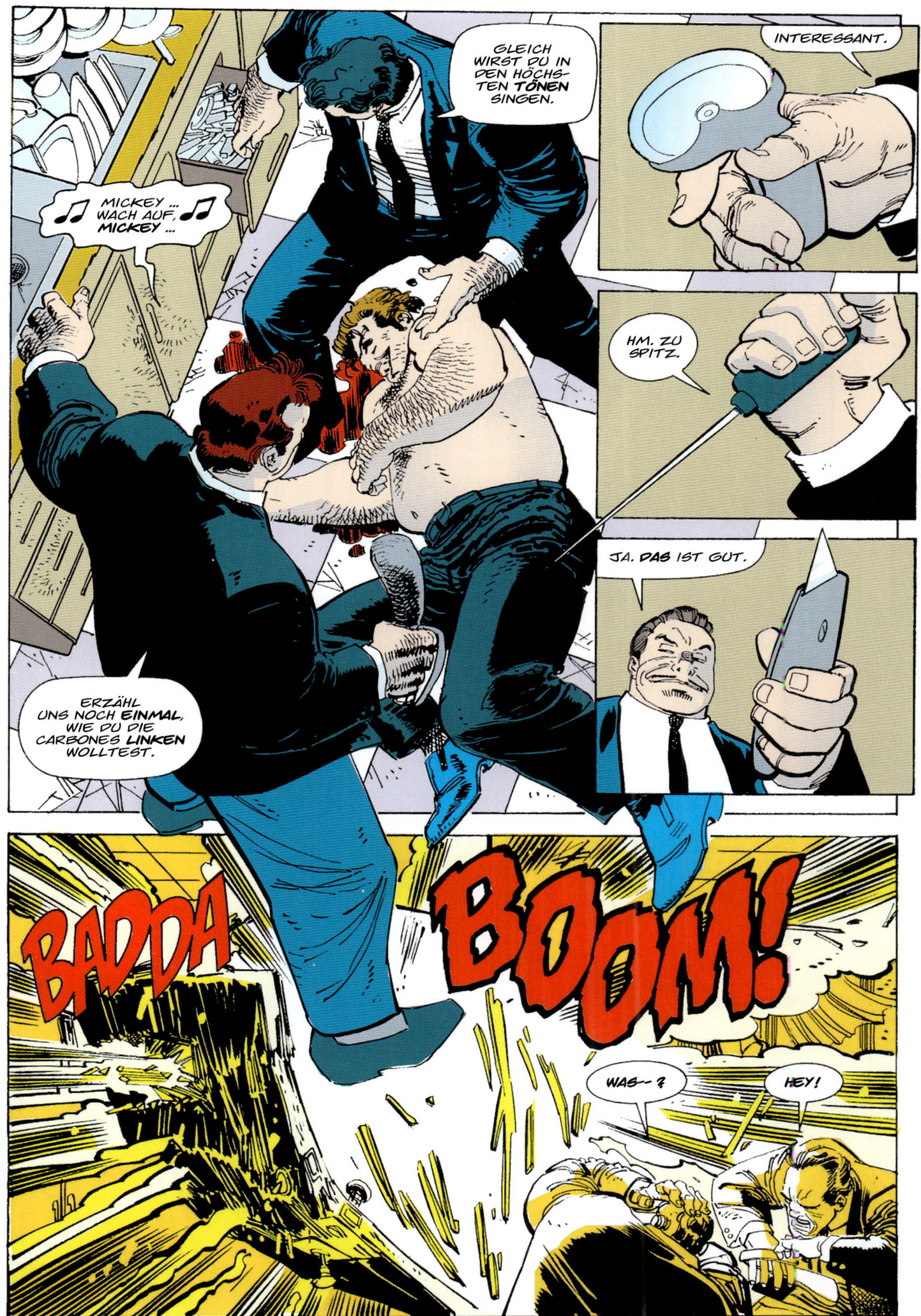
GLEICH WIRST DU IN DEN HÖCHS-TEN TÖNEN SINGEN.
INTERESSANT.
MICKEY ... WACH AUF, MICKEY ...
HM. ZU SPITZ.
JA. DAS IST GUT.
ERZÄHL UNS NOCH EINMAL, WIE DU DIE CARBONES LINKEN WOLLTEST.
BADDA
BOOM!
WAS--?
HEY!

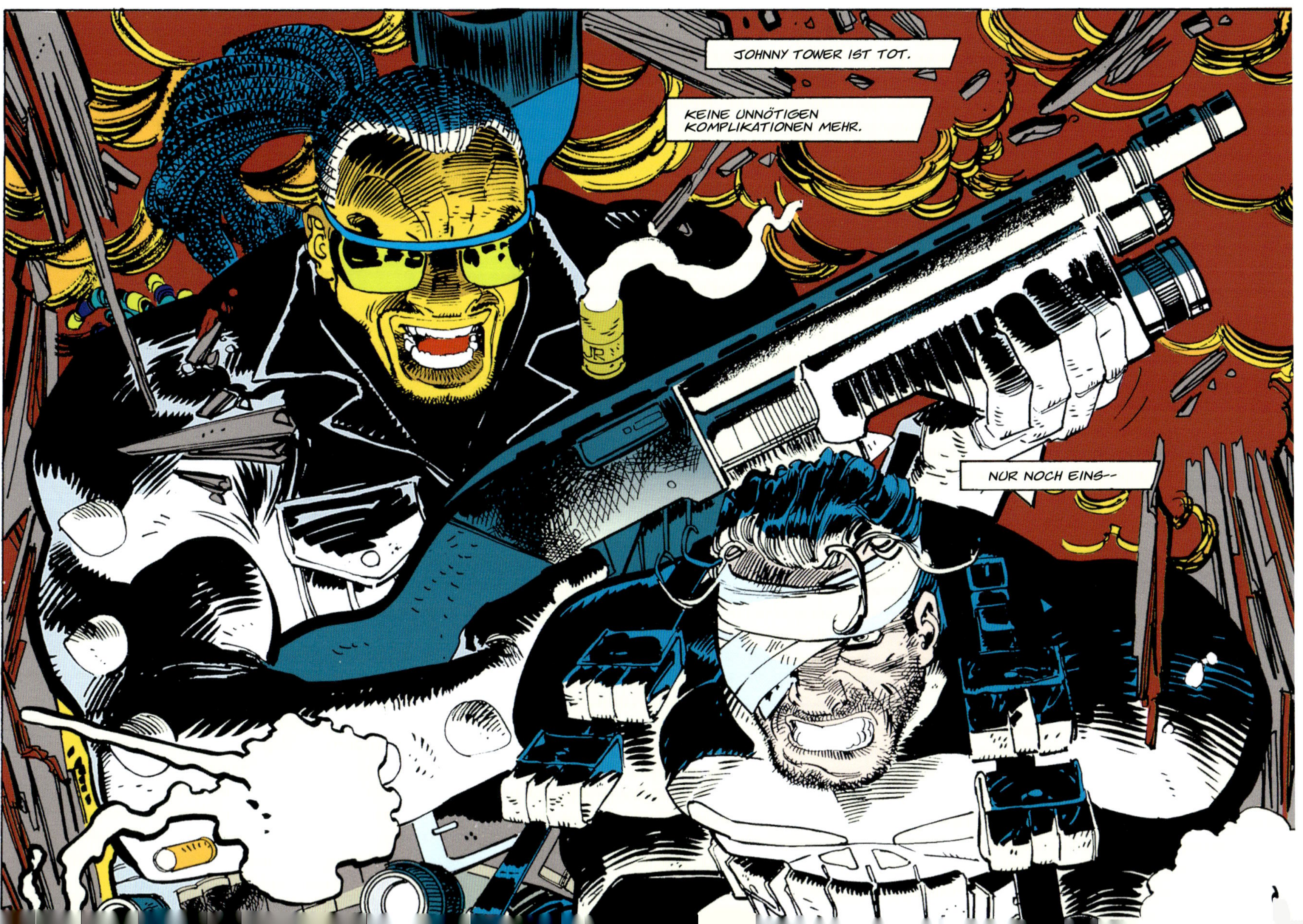
JOHNNY TOWER IST TOT.
KEINE UNNÖTIGEN KOMPLIKATIONEN MEHR.
NUR NOCH EINS--

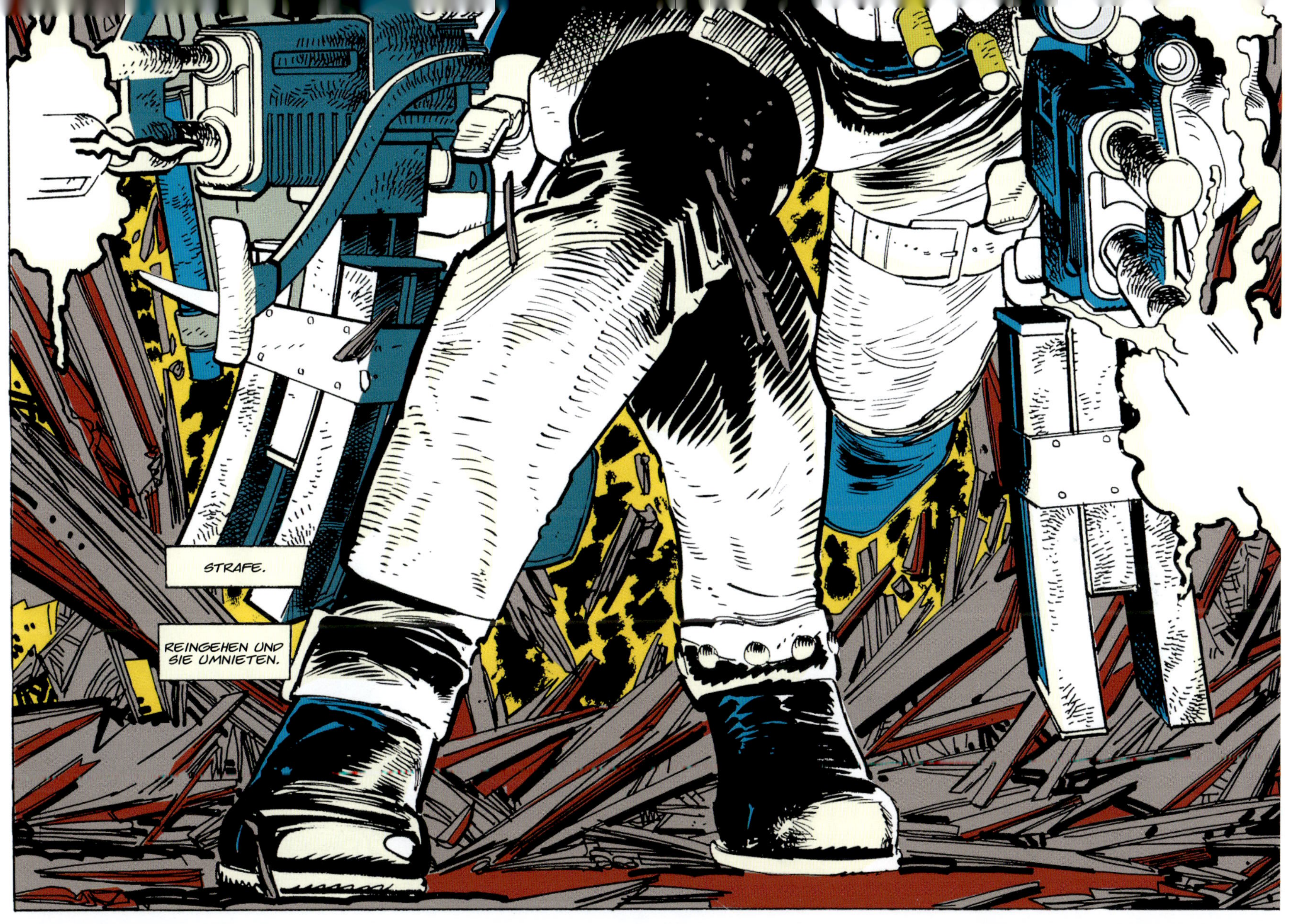
STRAFE.
REINGEHEN UND SIE UMNIETEN.

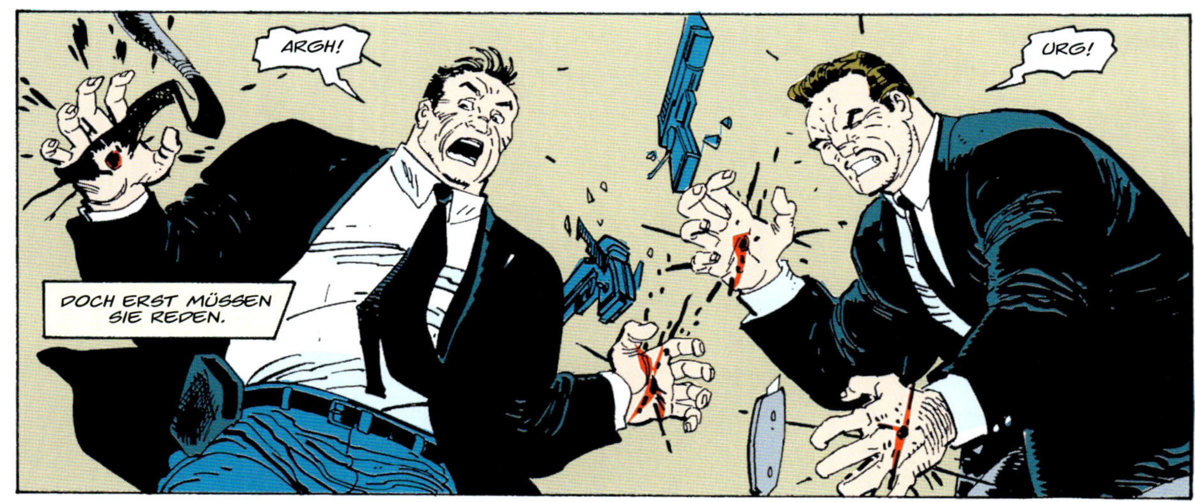
ARGH!
URG!
DOCH ERST MÜSSEN SIE REDEN.

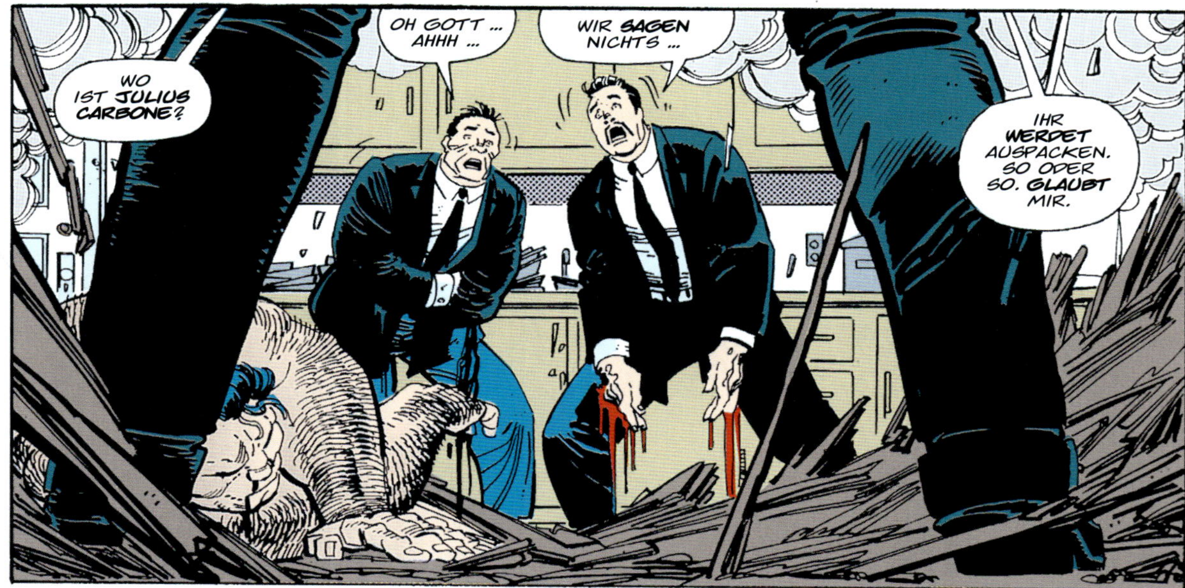
WO IST JULIUS CARBONE?
OH GOTT ... AHHH ...
WIR SAGEN NICHTS ...
IHR WERDET AUSPACKEN. SO ODER SO. GLAUBT MIR.

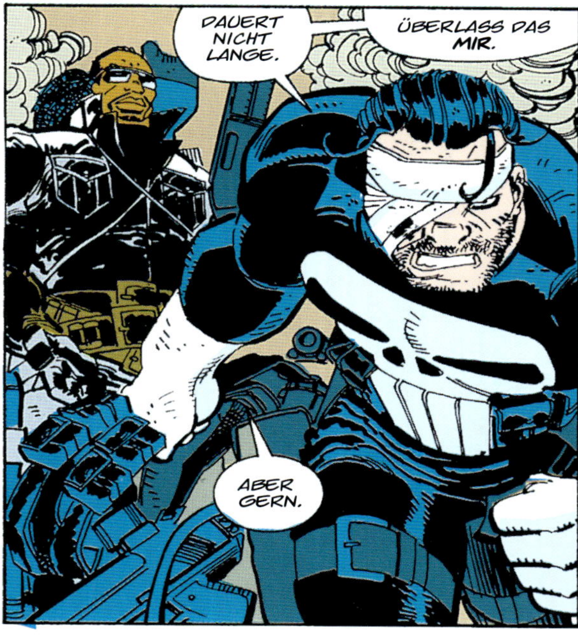
DAUERT NICHT LANGE.
ÜBERLASS DAS MIR.
ABER GERN.

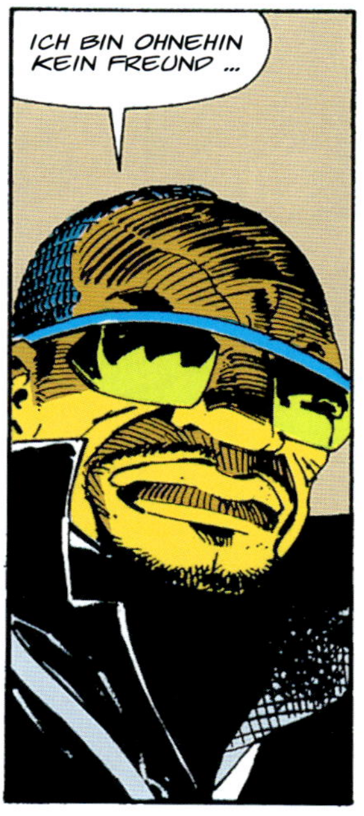
ICH BIN OHNEHIN KEIN FREUND ...

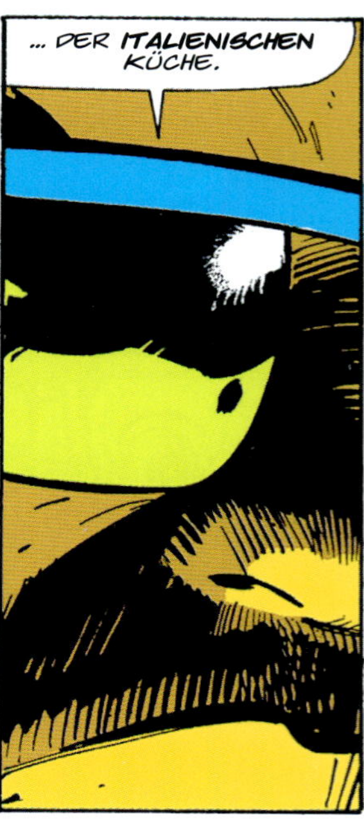
... DER ITALIENISCHEN KÜCHE.

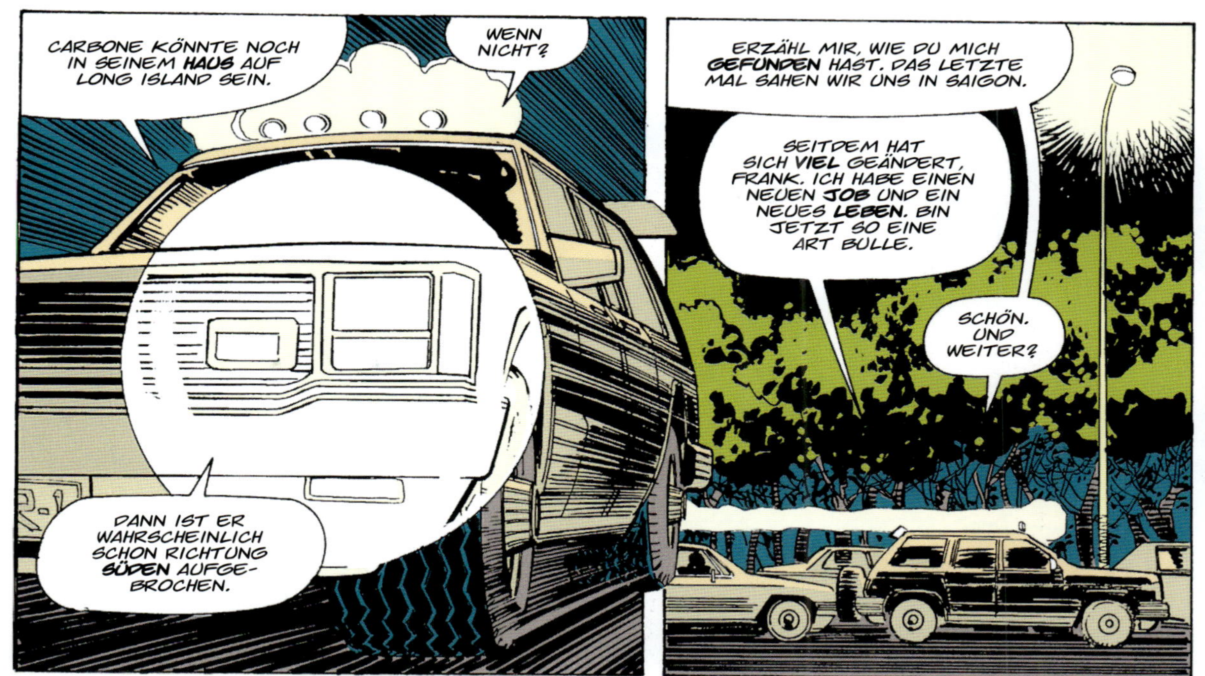
CARBONE KÖNNTE NOCH IN SEINEM HAUS AUF LONG ISLAND SEIN.
WENN NICHT?
DANN IST ER WAHRSCHEINLICH SCHON RICHTUNG SÜDEN AUFGE-BROCHEN.
ERZÄHL MIR, WIE DU MICH GEFUNDEN HAST. DAS LETZTE MAL SAHEN WIR UNS IN SAIGON.
SEITDEM HAT SICH VIEL GEÄNDERT, FRANK. ICH HABE EINEN NEUEN JOB UND EIN NEUES LEBEN. BIN JETZT SO EINE ART BULLE.
SCHÖN. UND WEITER?
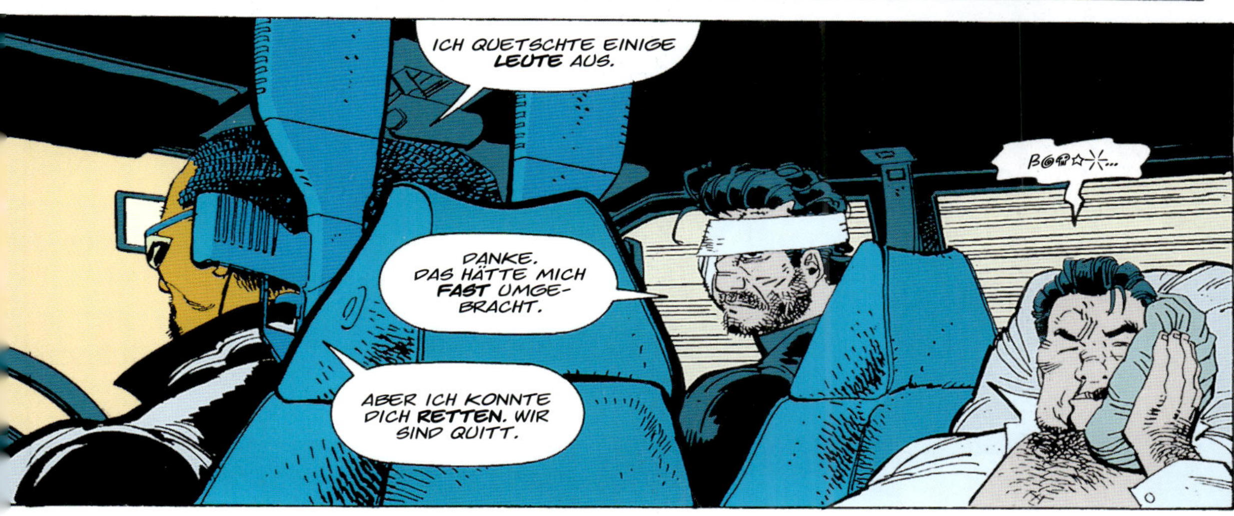
ICH QUETSCHTE EINIGE LEUTE AUS.
DANKE. DAS HÄTTE MICH FAST UMGE-BRACHT.
ABER ICH KONNTE DICH RETTEN. WIR SIND QUITT.
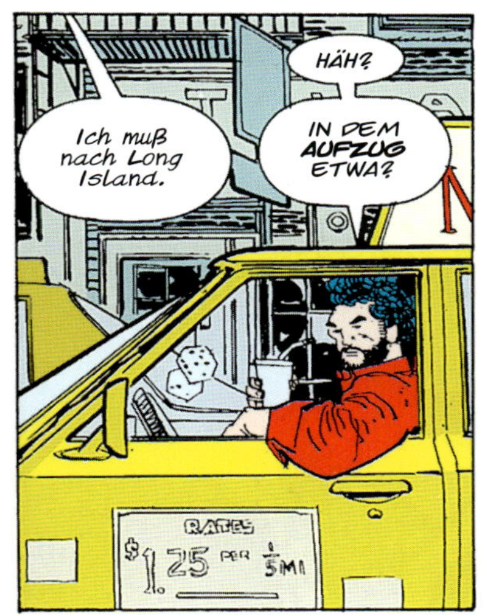
Ich muß nach Long Island.
HÄH?
IN DEM AUFZUG ETWA?
RATES
$1.25 PER 1/5 MI
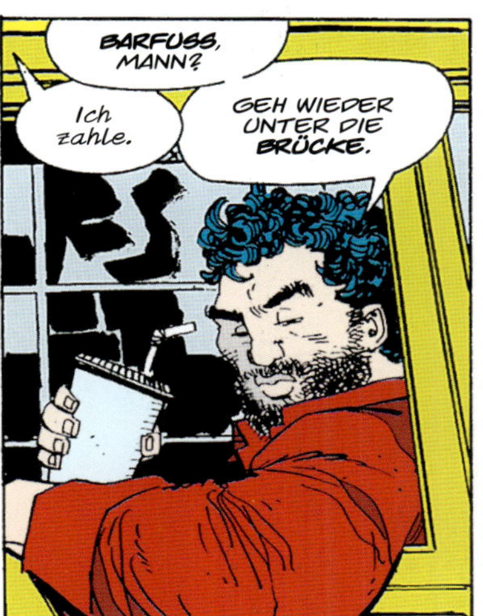
BARFUSS, MANN?
Ich zahle.
GEH WIEDER UNTER DIE BRÜCKE.
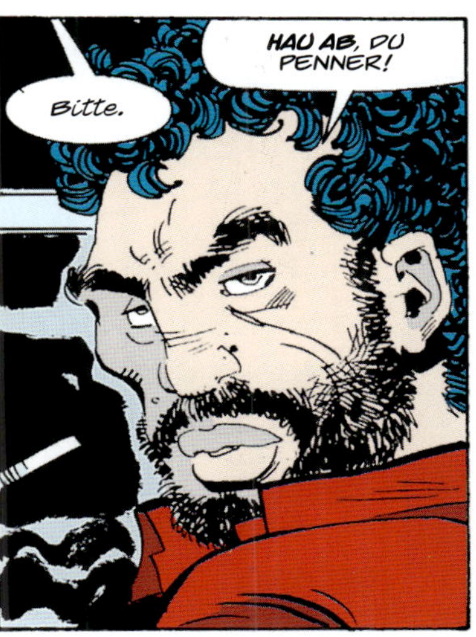
Bitte.
HAU AB, DU PENNER!

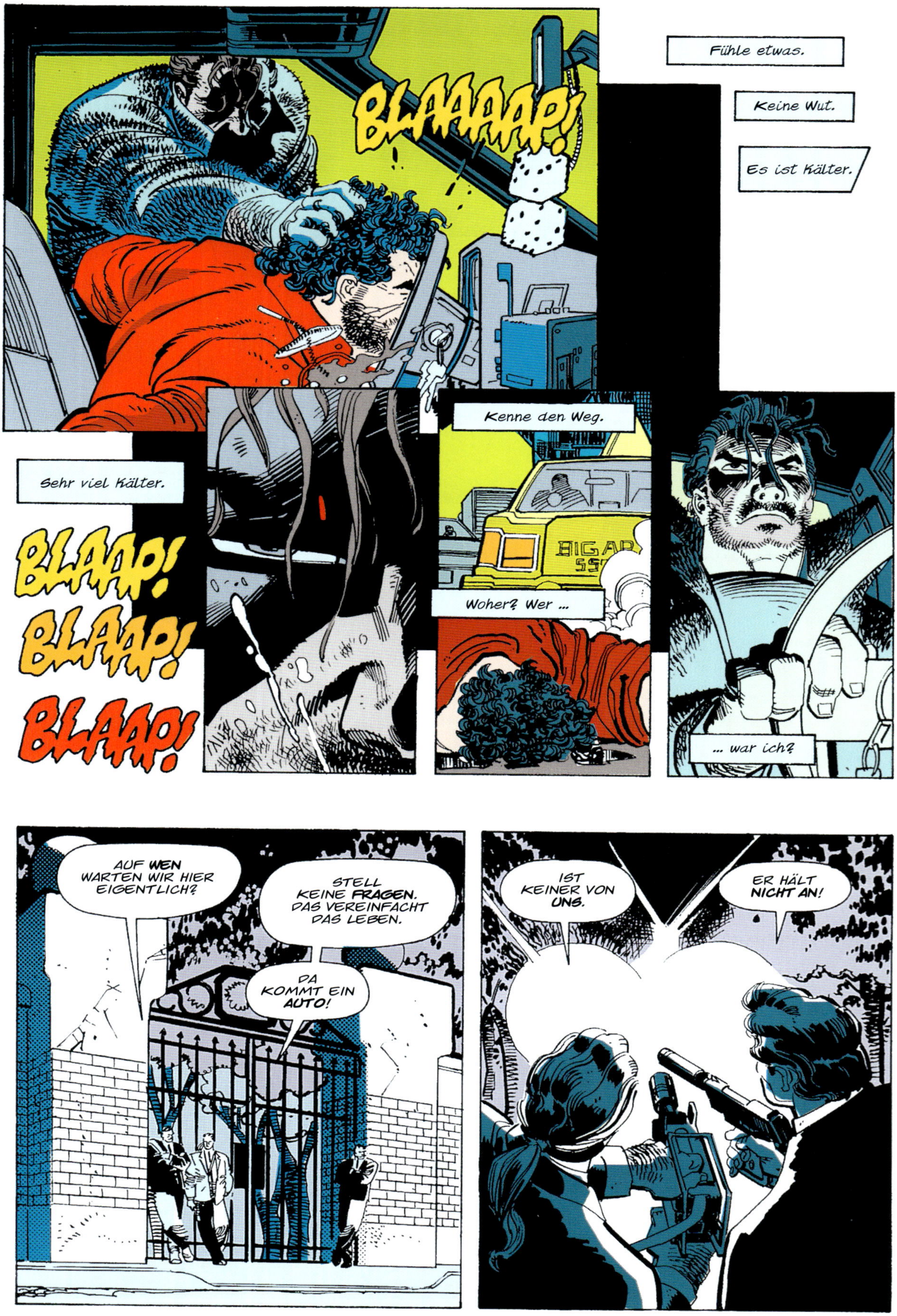

Fühle etwas.

BLAAAAAP!

Keine Wut.

Es ist Kälter.

Sehr viel Kälter.

BLAAP!
BLAAP!
BLAAP!

Kenne den Weg.

Woher? Wer ...

... war ich?

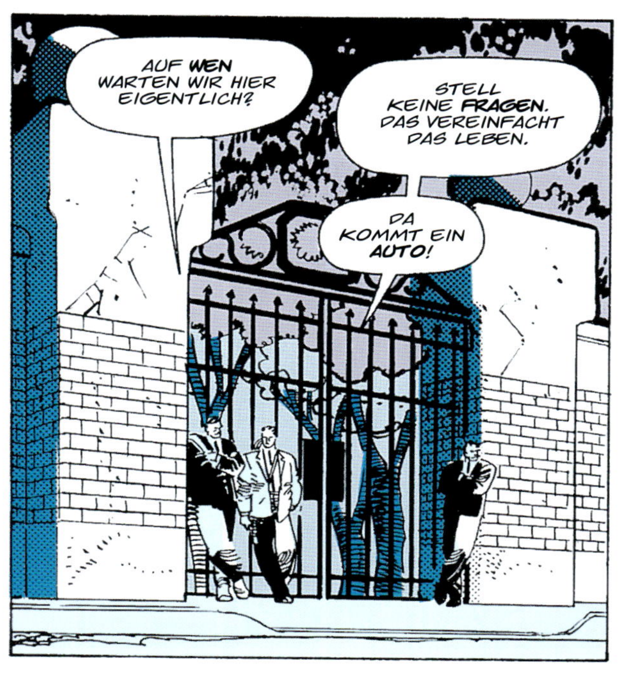

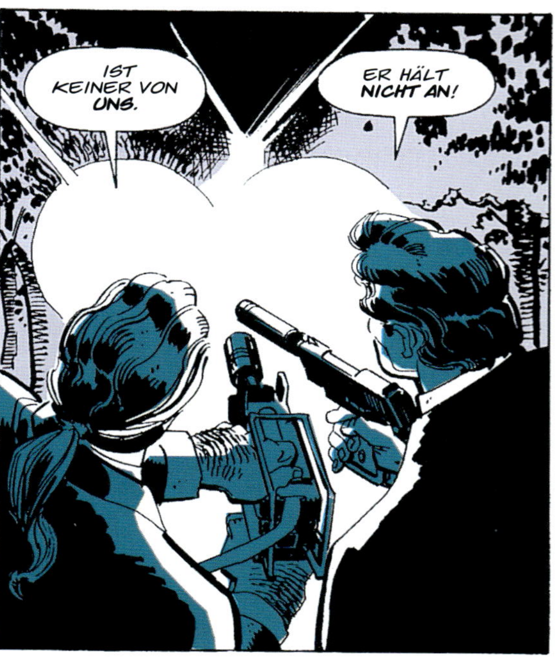

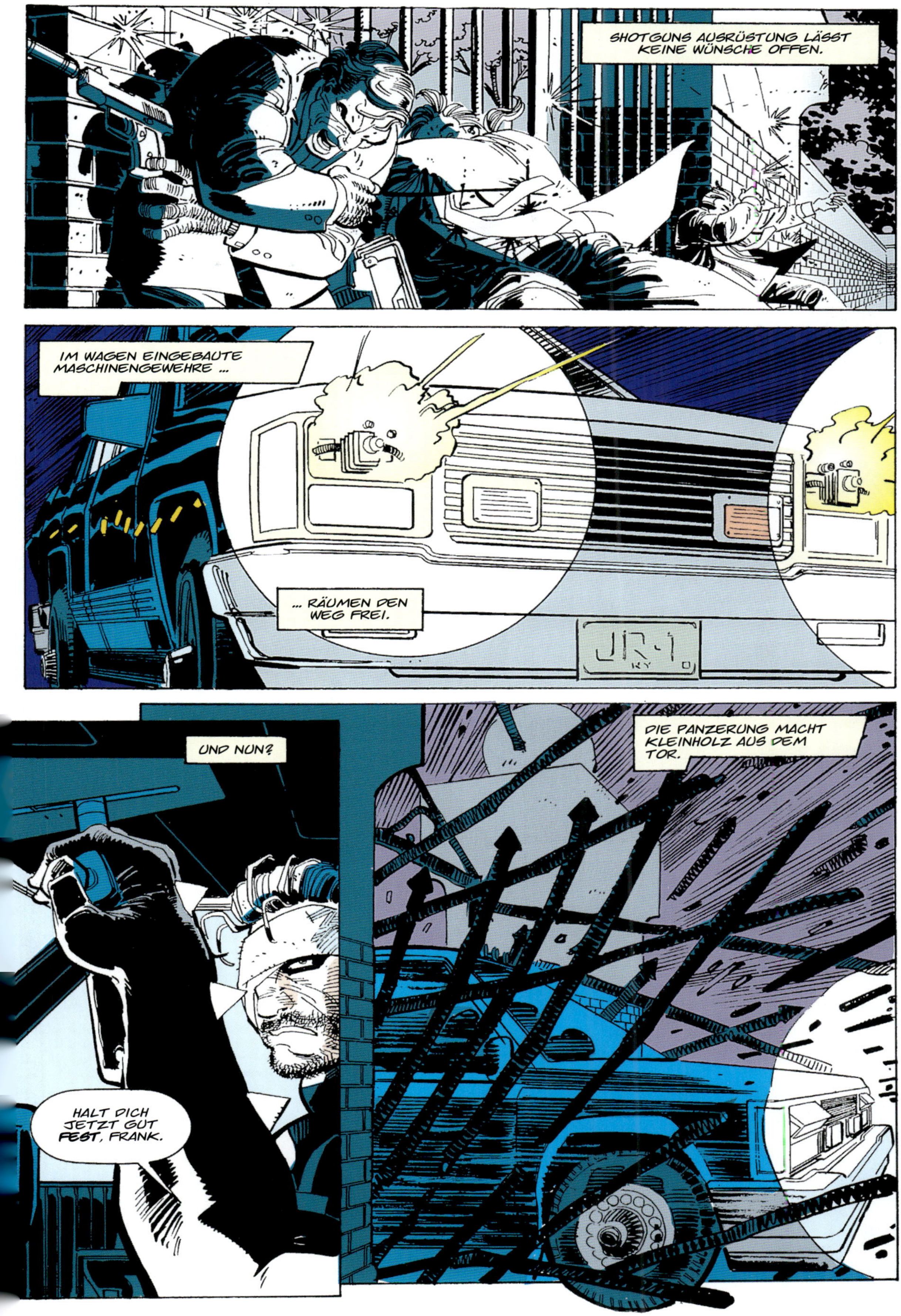

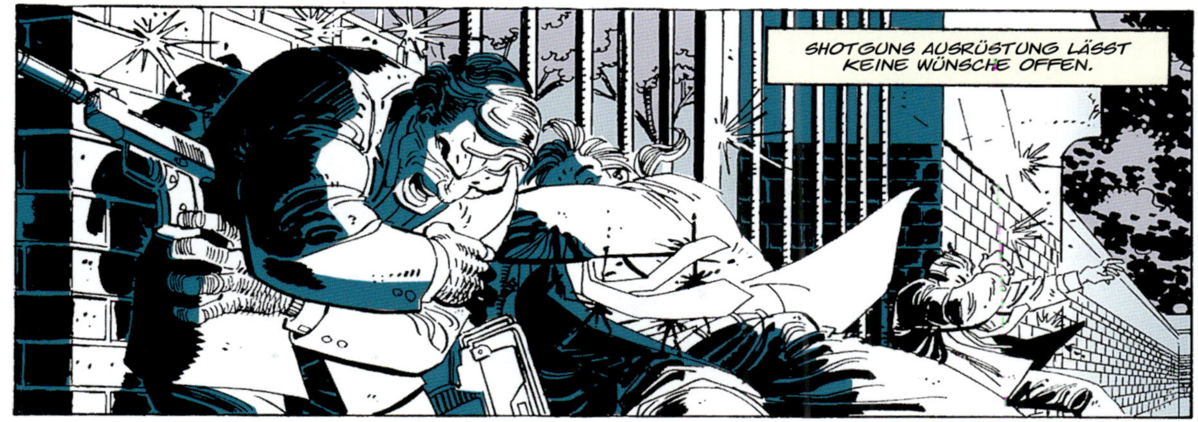

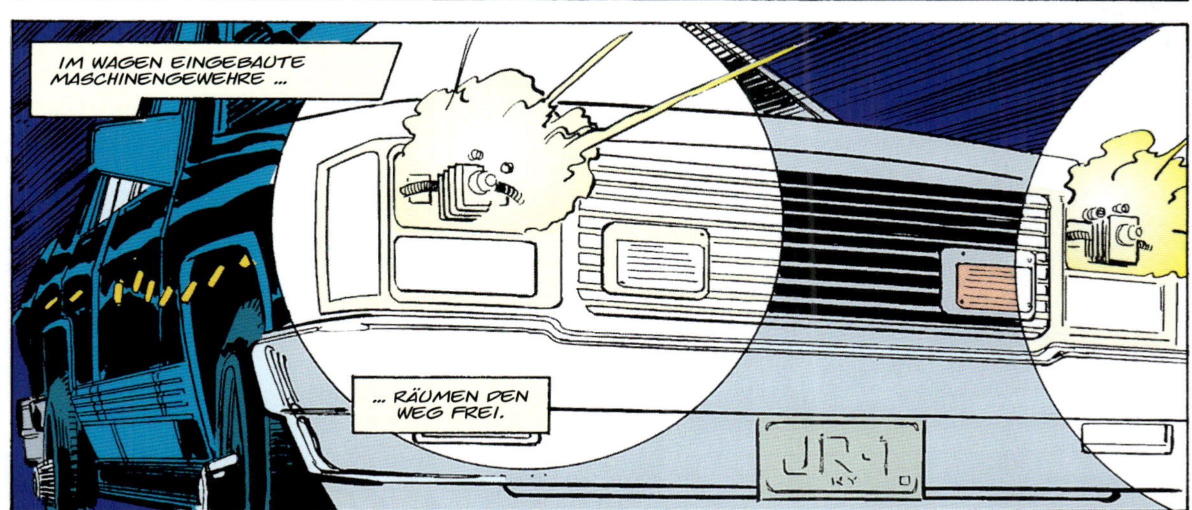

UND NUN?

DIE PANZERUNG MACHT KLEINHOLZ AUS DEM TOR.

HALT DICH JETZT GUT **FEST**, FRANK.

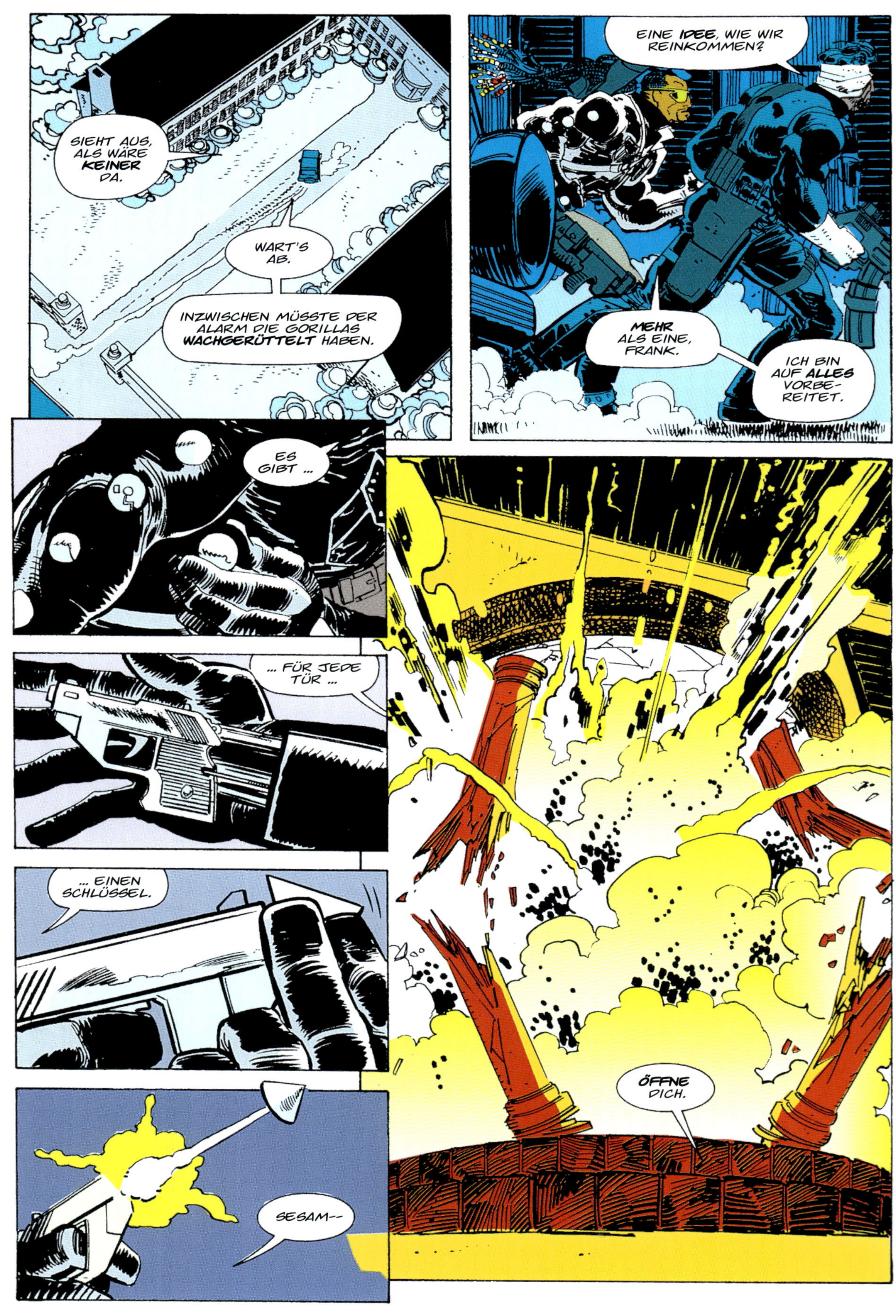
SIEHT AUS, ALS WÄRE **KEINER** DA.
WART'S AB.
INZWISCHEN MÜSSTE DER ALARM DIE GORILLAS **WACHGERÜTTELT** HABEN.
EINE **IDEE**, WIE WIR REINKOMMEN?
MEHR ALS EINE, FRANK.
ICH BIN AUF **ALLES** VORBEREITET.
ES GIBT ...
... FÜR JEDE TÜR ...
... EINEN SCHLÜSSEL.
SESAM--
ÖFFNE DICH.

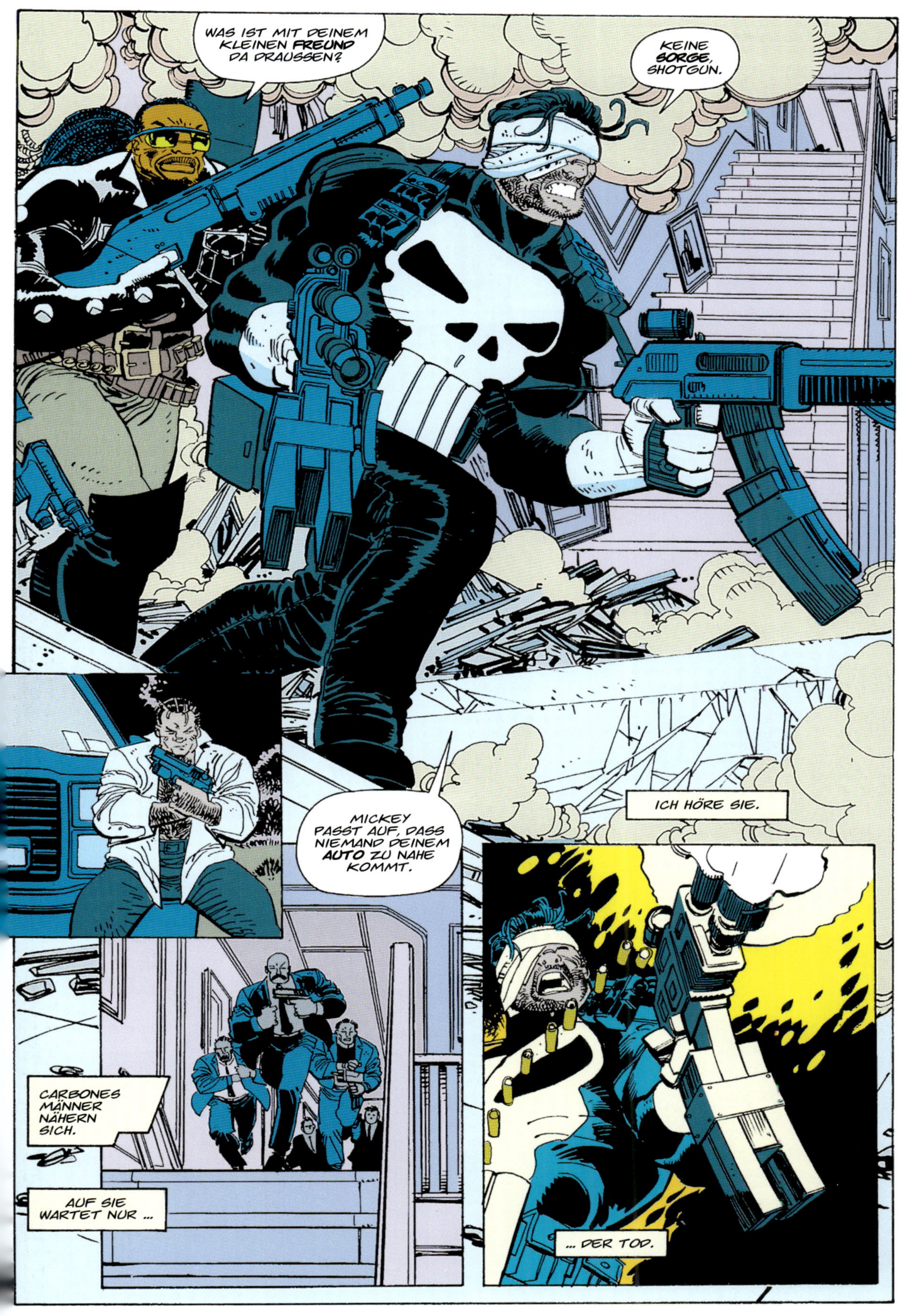
WAS IST MIT DEINEM KLEINEN FREUND DA DRAUSSEN?
KEINE SORGE, SHOTGUN.
MICKEY PASST AUF, DASS NIEMAND DEINEM AUTO ZU NAHE KOMMT.
ICH HÖRE SIE.
CARBONES MÄNNER NÄHERN SICH.
AUF SIE WARTET NUR ...
... DER TOD.

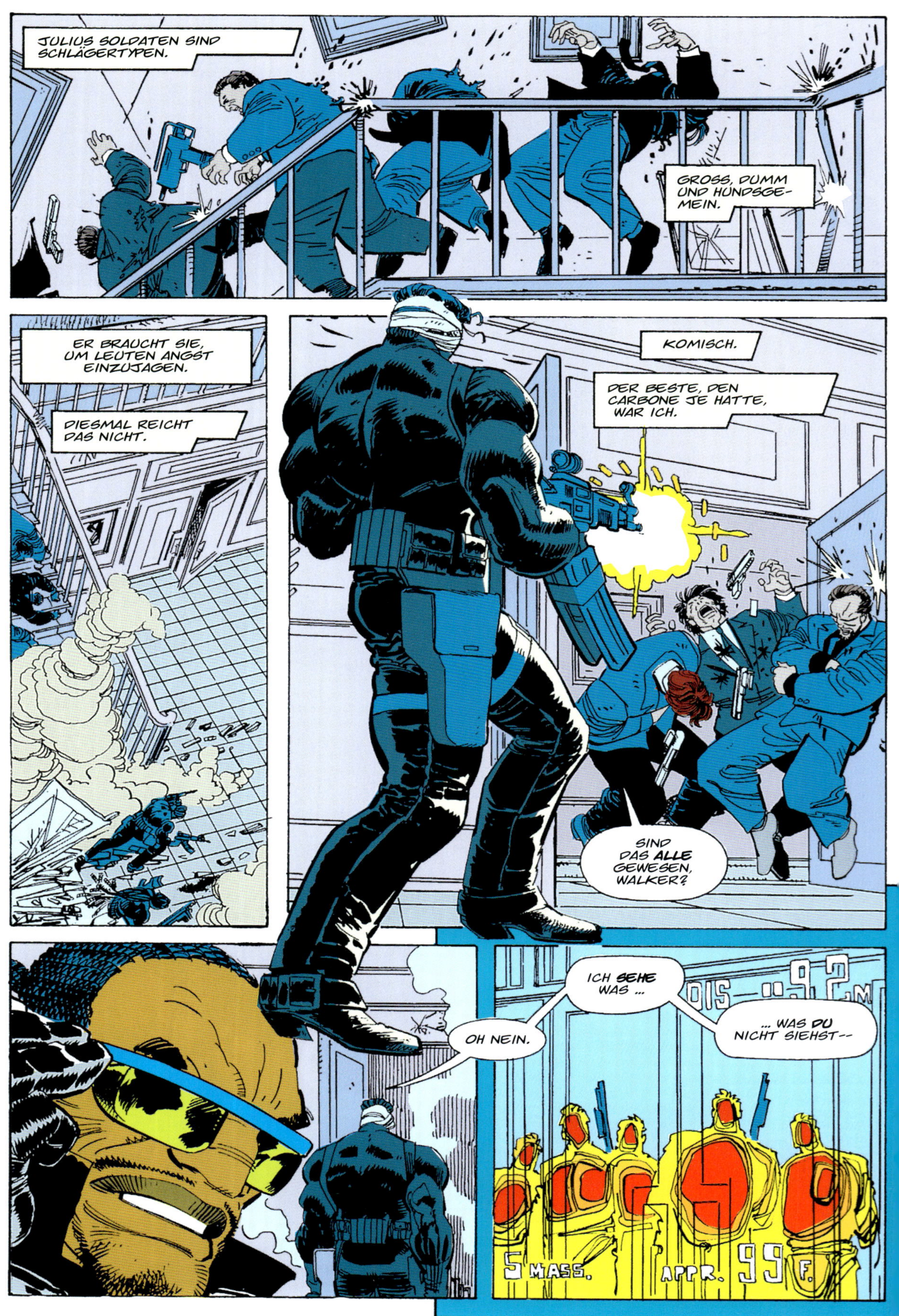
JULIUS SOLDATEN SIND SCHLÄGERTYPEN.
GROSS, DUMM UND HUNDSGE-MEIN.
ER BRAUCHT SIE, UM LEUTEN ANGST EINZUJAGEN.
DIESMAL REICHT DAS NICHT.
KOMISCH.
DER BESTE, DEN CARBONE JE HATTE, WAR ICH.
SIND DAS ALLE GEWESEN, WALKER?
OH NEIN.
ICH SEHE WAS ...
... WAS DU NICHT SIEHST--
DIS 9.2 M
5 MASS. APPR. 99 F.

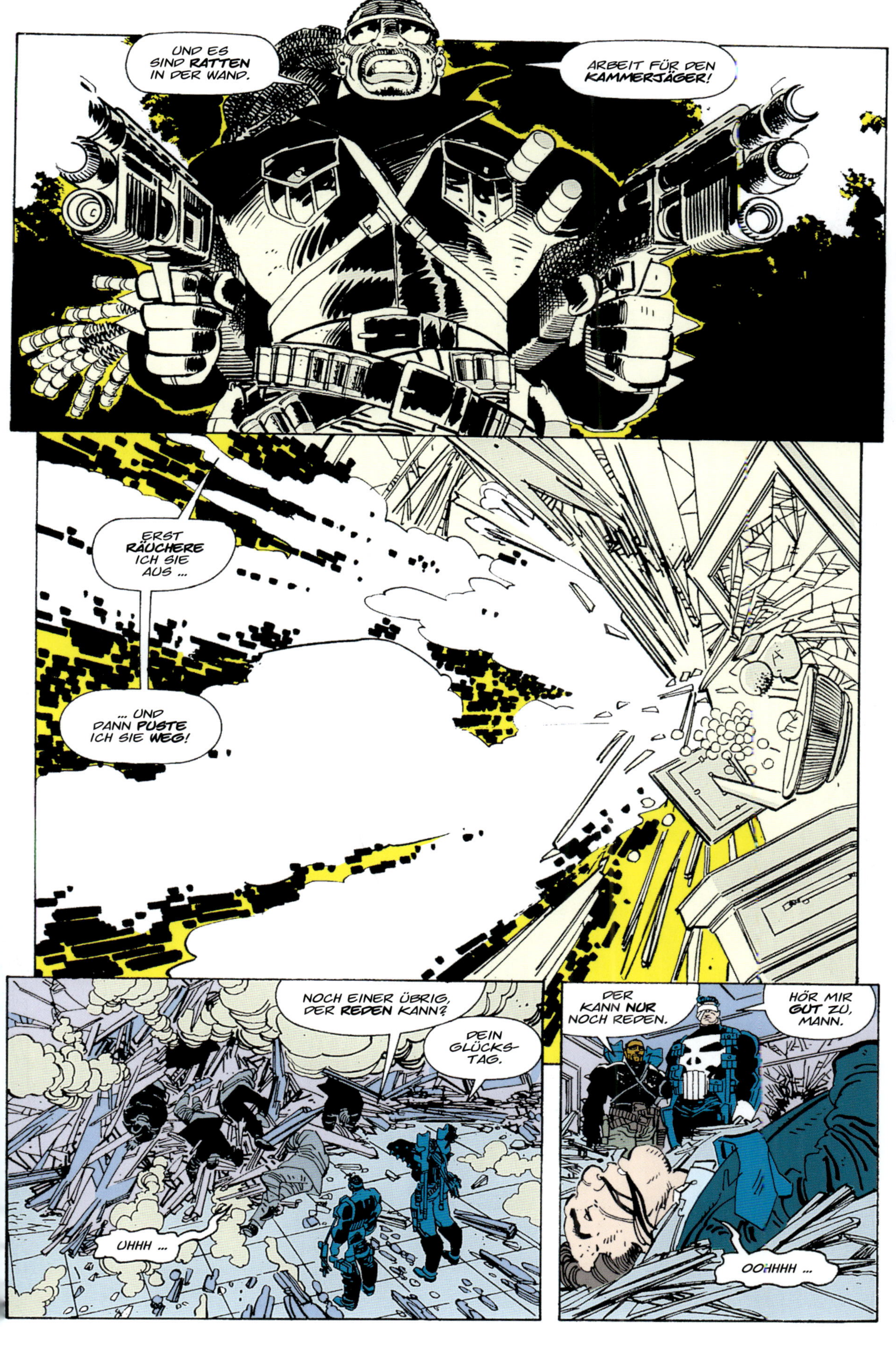
UND ES SIND RATTEN IN DER WAND.
ARBEIT FÜR DEN KAMMERJÄGER!
ERST RÄUCHERE ICH SIE AUS ...
... UND DANN PUSTE ICH SIE WEG!
NOCH EINER ÜBRIG, DER REDEN KANN?
DEIN GLÜCKSTAG.
UHHH ...
DER KANN NUR NOCH REDEN.
HÖR MIR GUT ZU, MANN.
OOHHHH ...

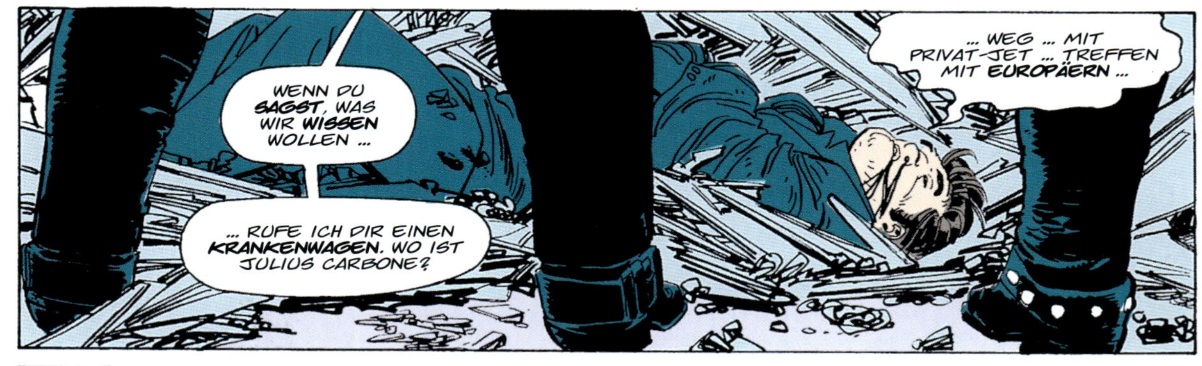
WENN DU SAGST, WAS WIR WISSEN WOLLEN ...
... RUFE ICH DIR EINEN KRANKENWAGEN. WO IST JULIUS CARBONE?
... WEG ... MIT PRIVAT-JET ... TREFFEN MIT EUROPÄERN ...

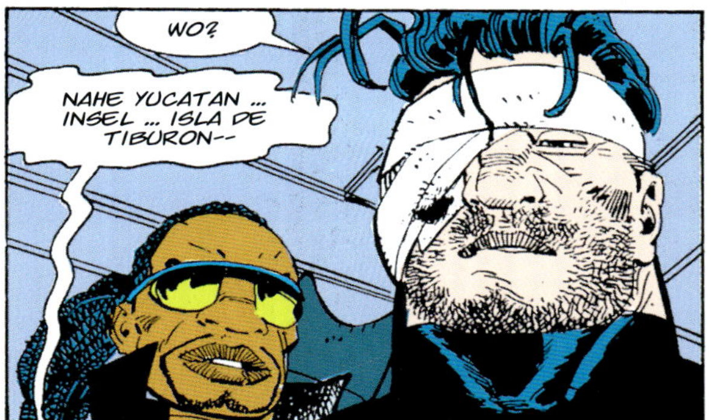
WO?
NAHE YUCATAN ... INSEL ... ISLA DE TIBURON--

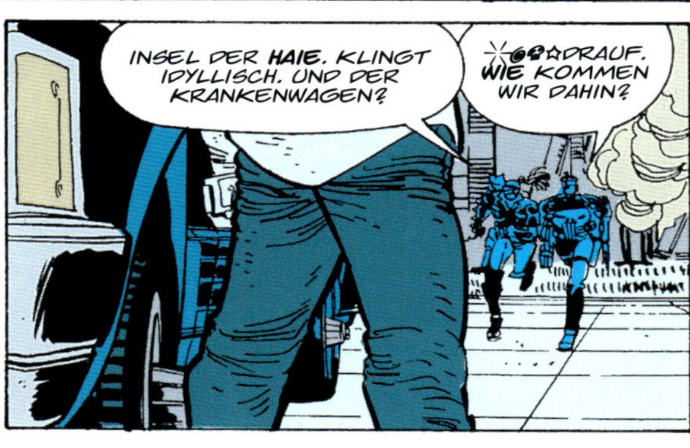
INSEL DER HAIE. KLINGT IDYLLISCH. UND DER KRANKENWAGEN?
DRAUF. WIE KOMMEN WIR DAHIN?

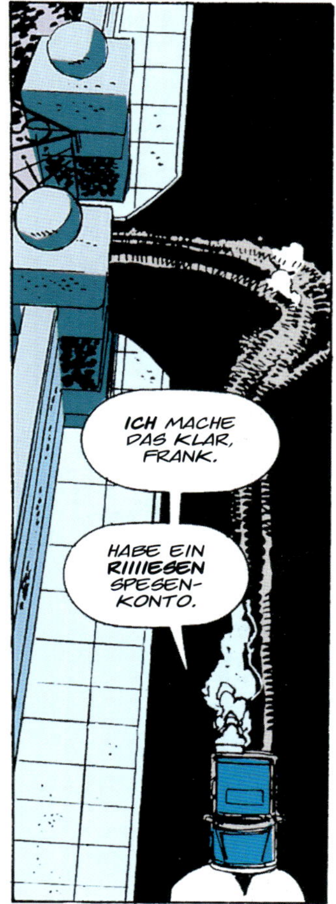
ICH MACHE DAS KLAR, FRANK.
HABE EIN RIIIIESEN SPESEN-KONTO.

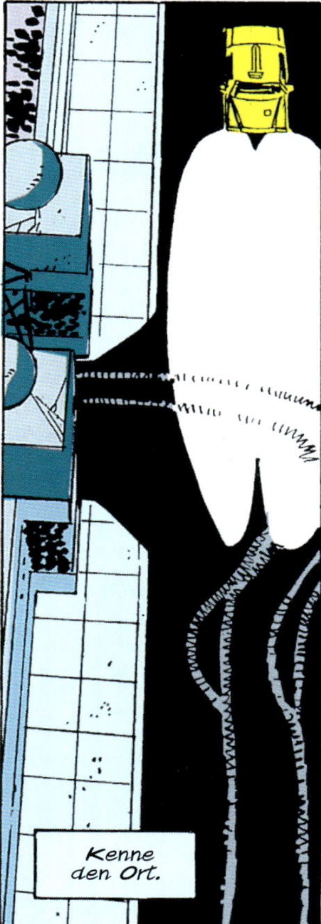
Kenne den Ort.

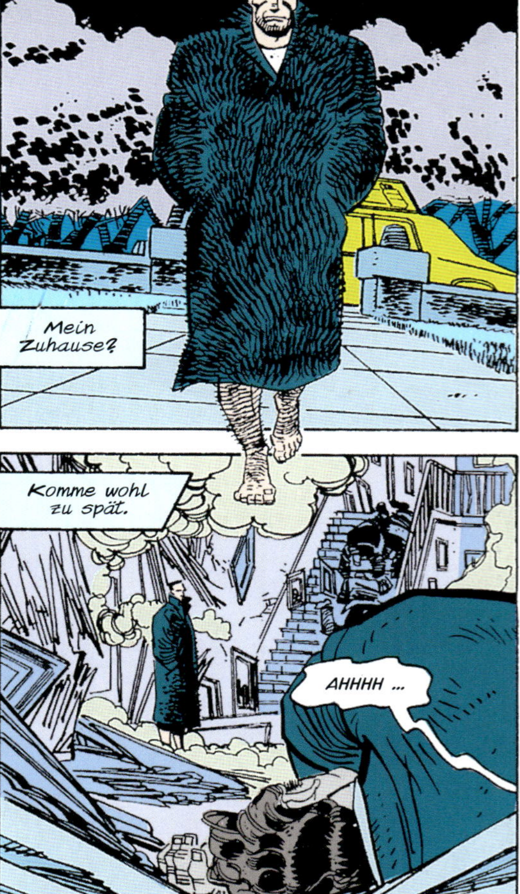
Mein Zuhause?
Komme wohl zu spät.
AHHHH ...

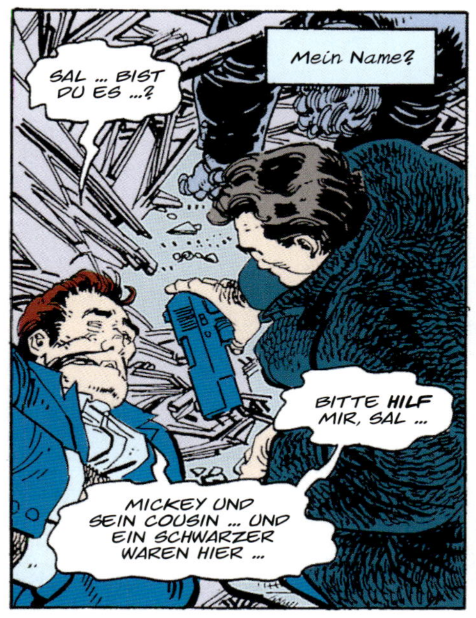
Mein Name?
SAL ... BIST DU ES ...?
BITTE HILF MIR, SAL ...
MICKEY UND SEIN COUSIN ... UND EIN SCHWARZER WAREN HIER ...

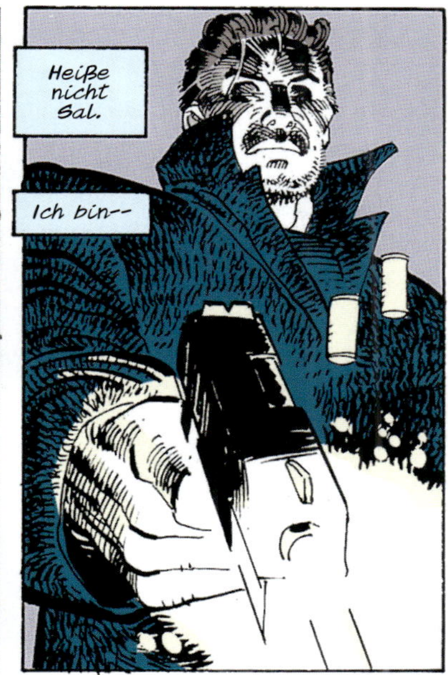
Heiße nicht Sal.
Ich bin--

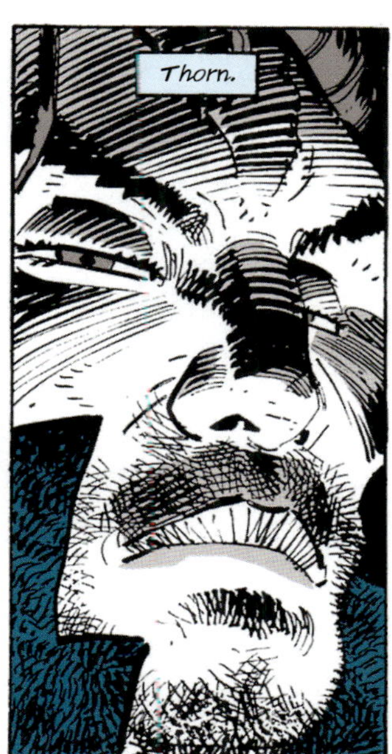
Thorn.

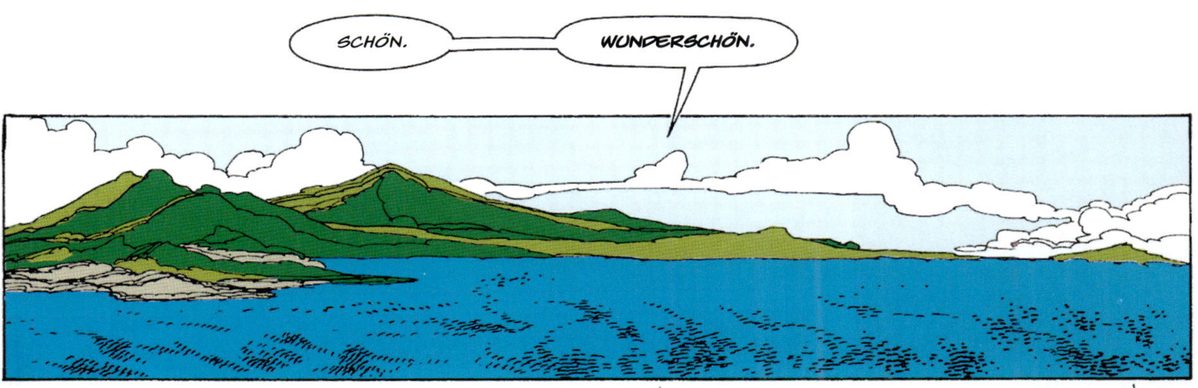
SCHÖN.
WUNDERSCHÖN.

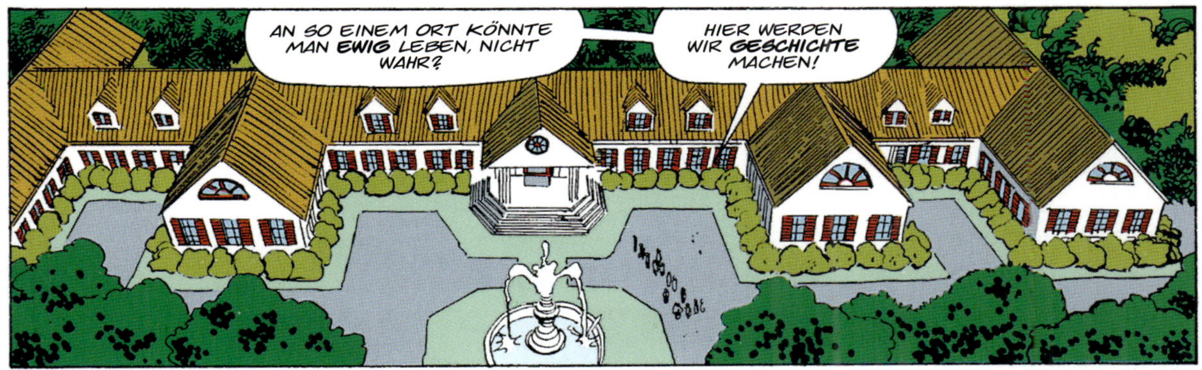
AN SO EINEM ORT KÖNNTE MAN EWIG LEBEN, NICHT WAHR?
HIER WERDEN WIR GESCHICHTE MACHEN!

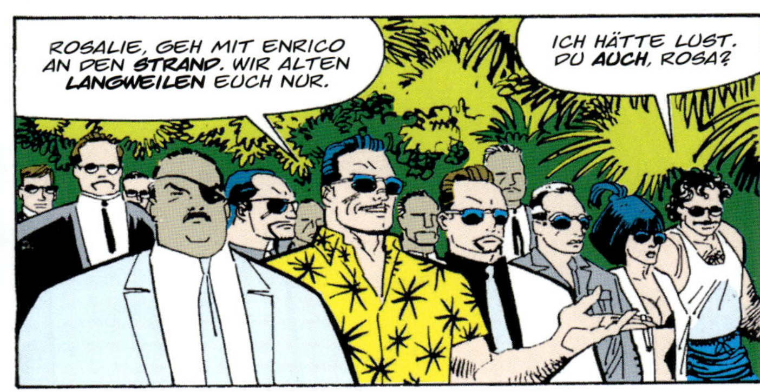
ROSALIE, GEH MIT ENRICO AN DEN STRAND. WIR ALTEN LANGWEILEN EUCH NUR.
ICH HÄTTE LUST. DU AUCH, ROSA?

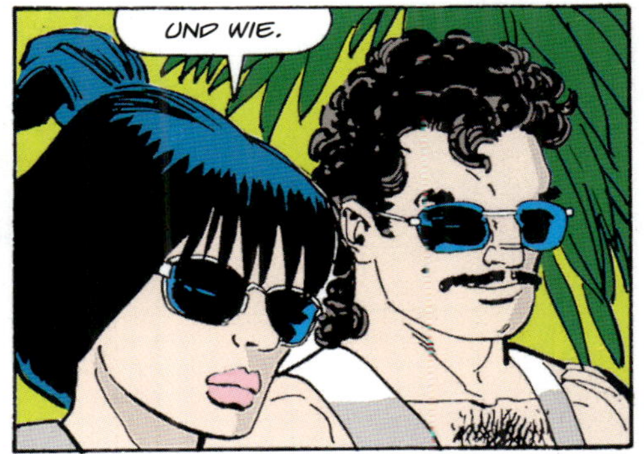
UND WIE.

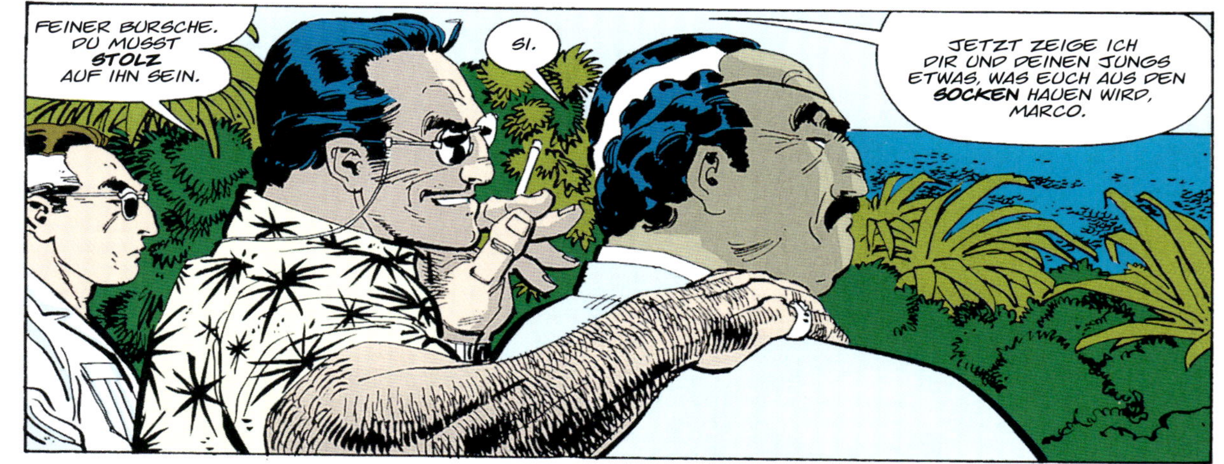
FEINER BURSCHE. DU MUSST STOLZ AUF IHN SEIN.
SI.
JETZT ZEIGE ICH DIR UND DEINEN JUNGS ETWAS, WAS EUCH AUS DEN SOCKEN HAUEN WIRD, MARCO.

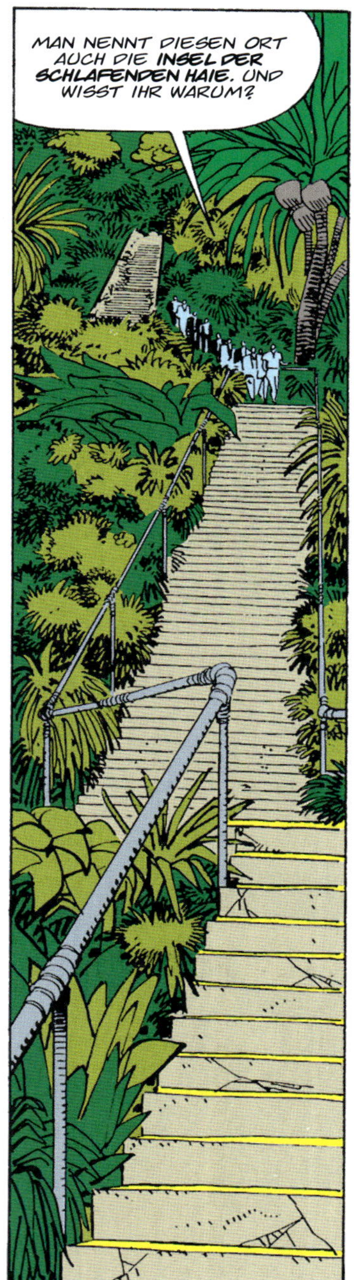
MAN NENNT DIESEN ORT AUCH DIE INSEL DER SCHLAFENDEN HAIE. UND WISST IHR WARUM?

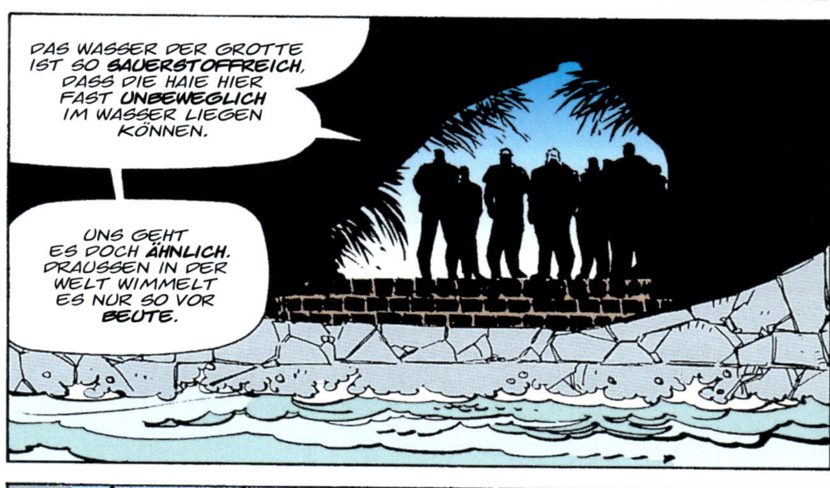
DAS WASSER DER GROTTE IST SO SAUERSTOFFREICH, DASS DIE HAIE HIER FAST UNBEWEGLICH IM WASSER LIEGEN KÖNNEN.
UNS GEHT ES DOCH ÄHNLICH. DRAUSSEN IN DER WELT WIMMELT ES NUR SO VOR BEUTE.

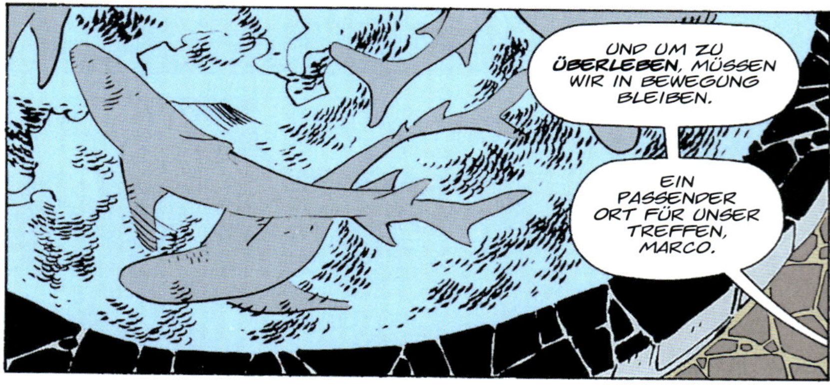
UND UM ZU ÜBERLEBEN, MÜSSEN WIR IN BEWEGUNG BLEIBEN.
EIN PASSENDER ORT FÜR UNSER TREFFEN, MARCO.

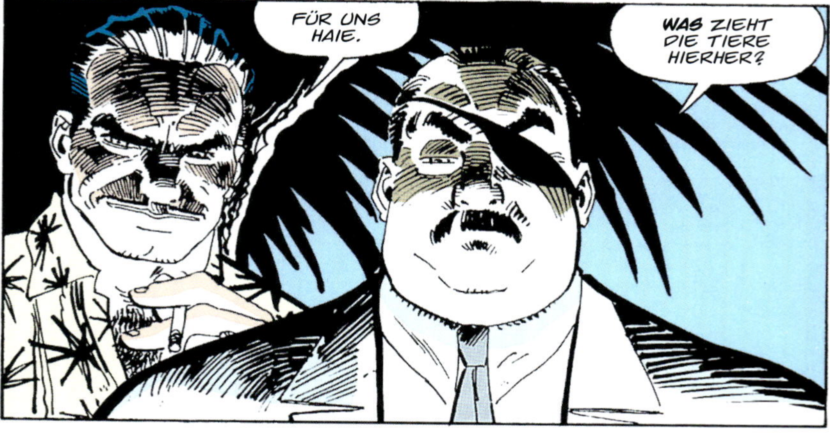
FÜR UNS HAIE.
WAS ZIEHT DIE TIERE HIERHER?

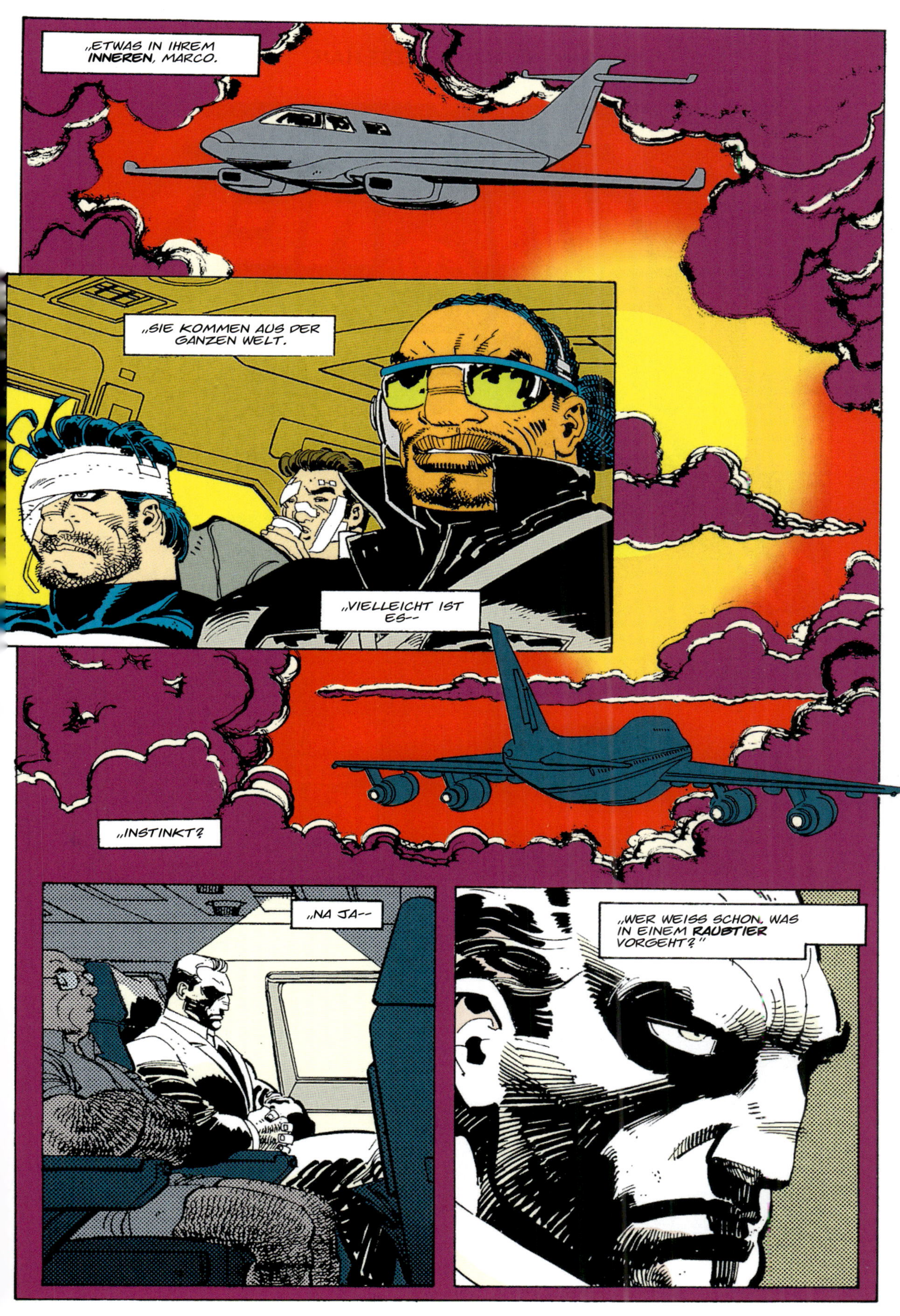
„ETWAS IN IHREM **INNEREN**, MARCO.
„SIE KOMMEN AUS DER GANZEN WELT.
„VIELLEICHT IST ES--
„INSTINKT?
„NA JA--
„WER WEISS SCHON, WAS IN EINEM **RAUBTIER** VORGEHT?"

EIN FRESSEN FÜR DIE HAIE

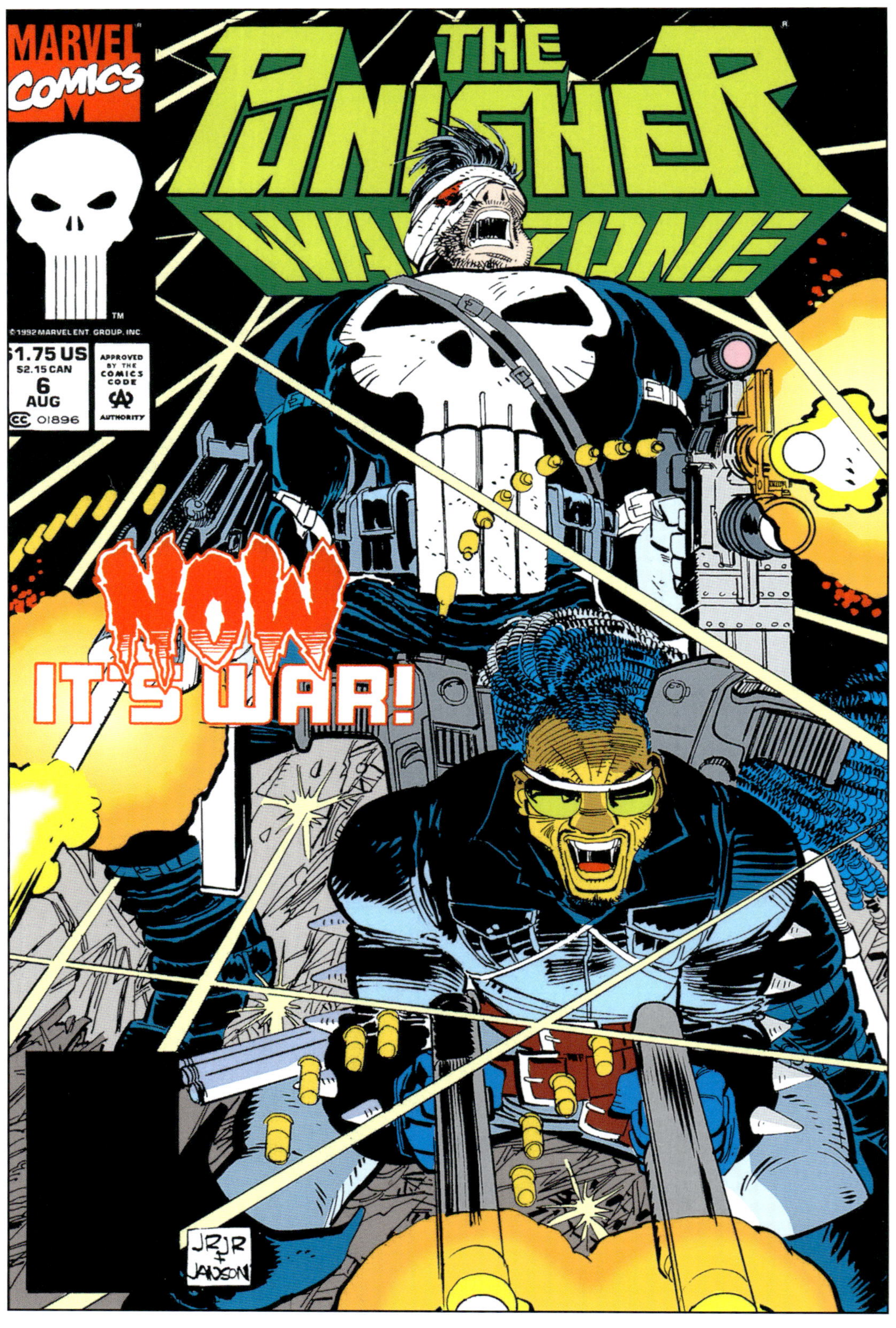

The Punisher: War Zone (1992) 6
Cover von **JOHN ROMITA JR.**

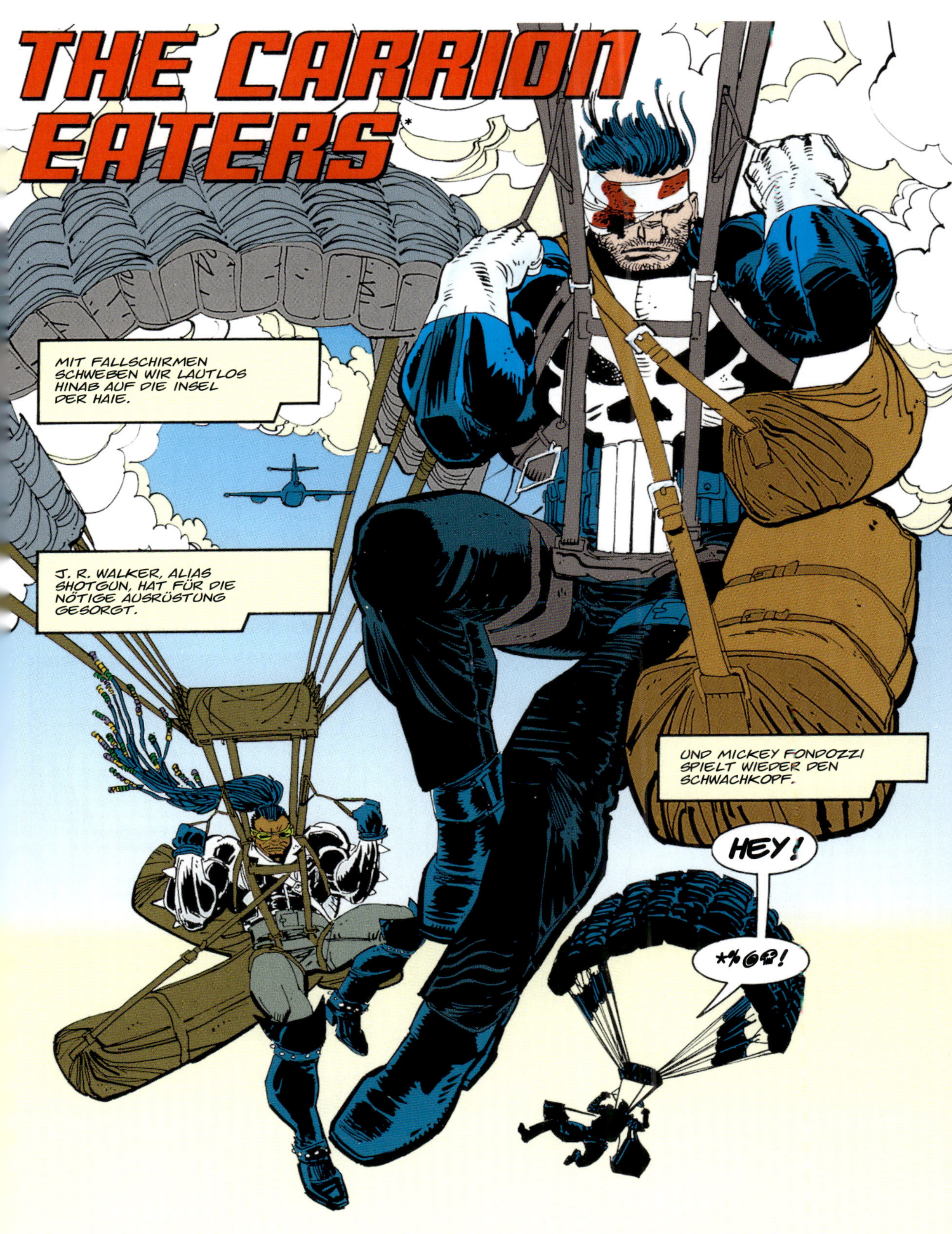

* EIN FRESSEN FÜR DIE HAIE

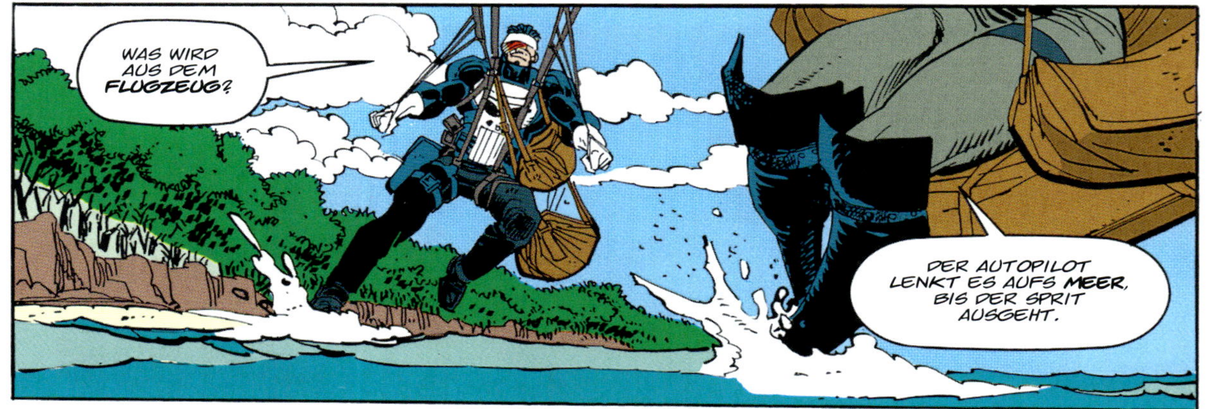
WAS WIRD AUS DEM FLUGZEUG?
DER AUTOPILOT LENKT ES AUFS MEER, BIS DER SPRIT AUSGEHT.

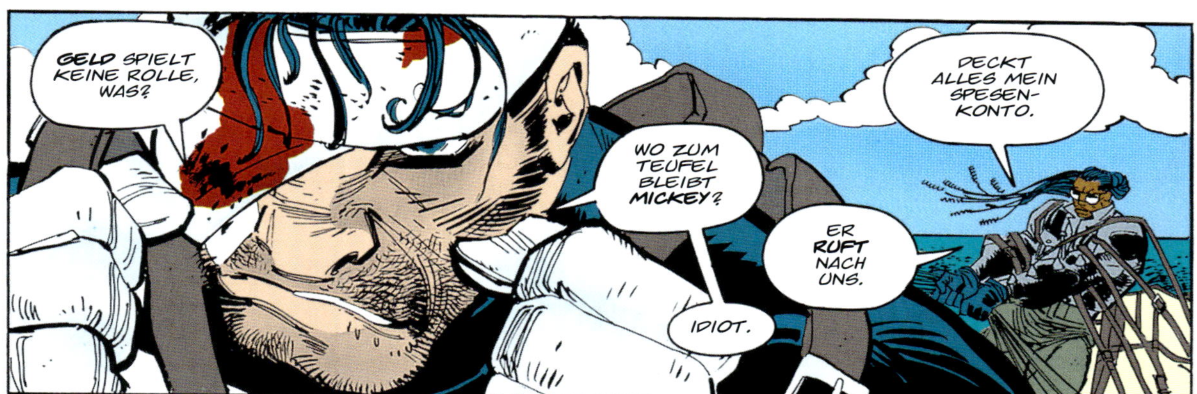
GELD SPIELT KEINE ROLLE, WAS?
DECKT ALLES MEIN SPESEN-KONTO.
WO ZUM TEUFEL BLEIBT MICKEY?
ER RUFT NACH UNS.
IDIOT.

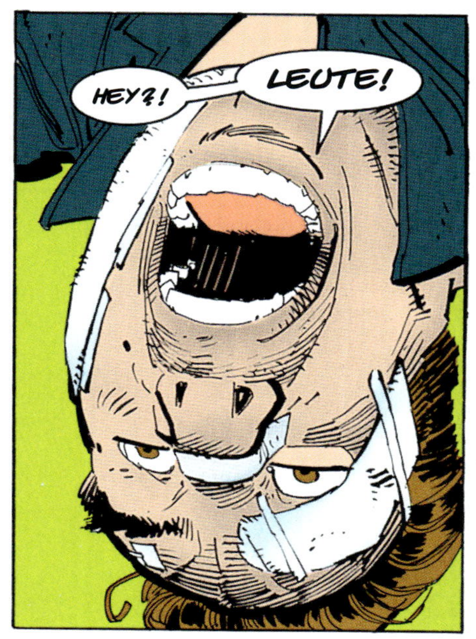
HEY?!
LEUTE!

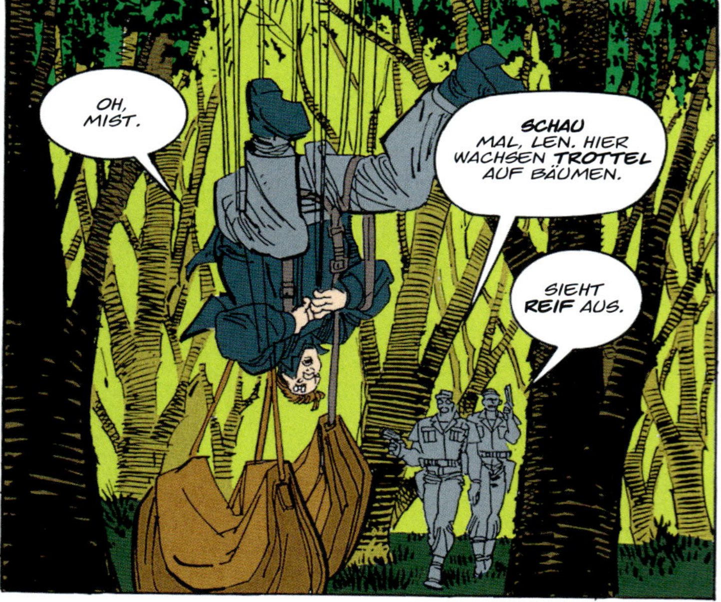
OH, MIST.
SCHAU MAL, LEN. HIER WACHSEN TROTTEL AUF BÄUMEN.
SIEHT REIF AUS.

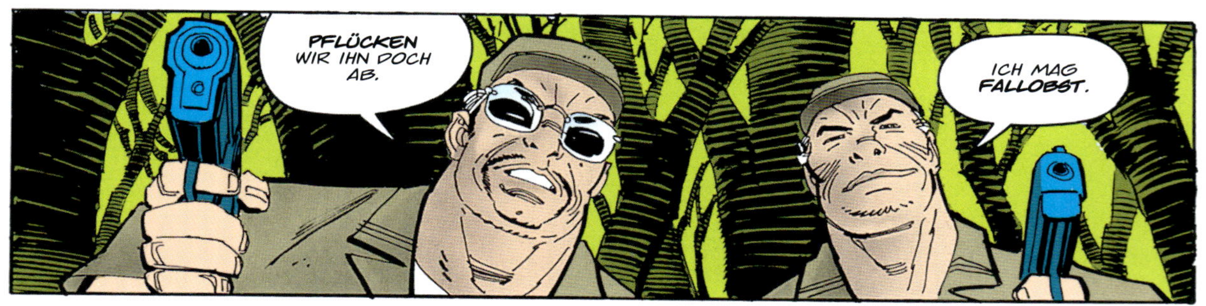
PFLÜCKEN WIR IHN DOCH AB.
ICH MAG FALLOBST.

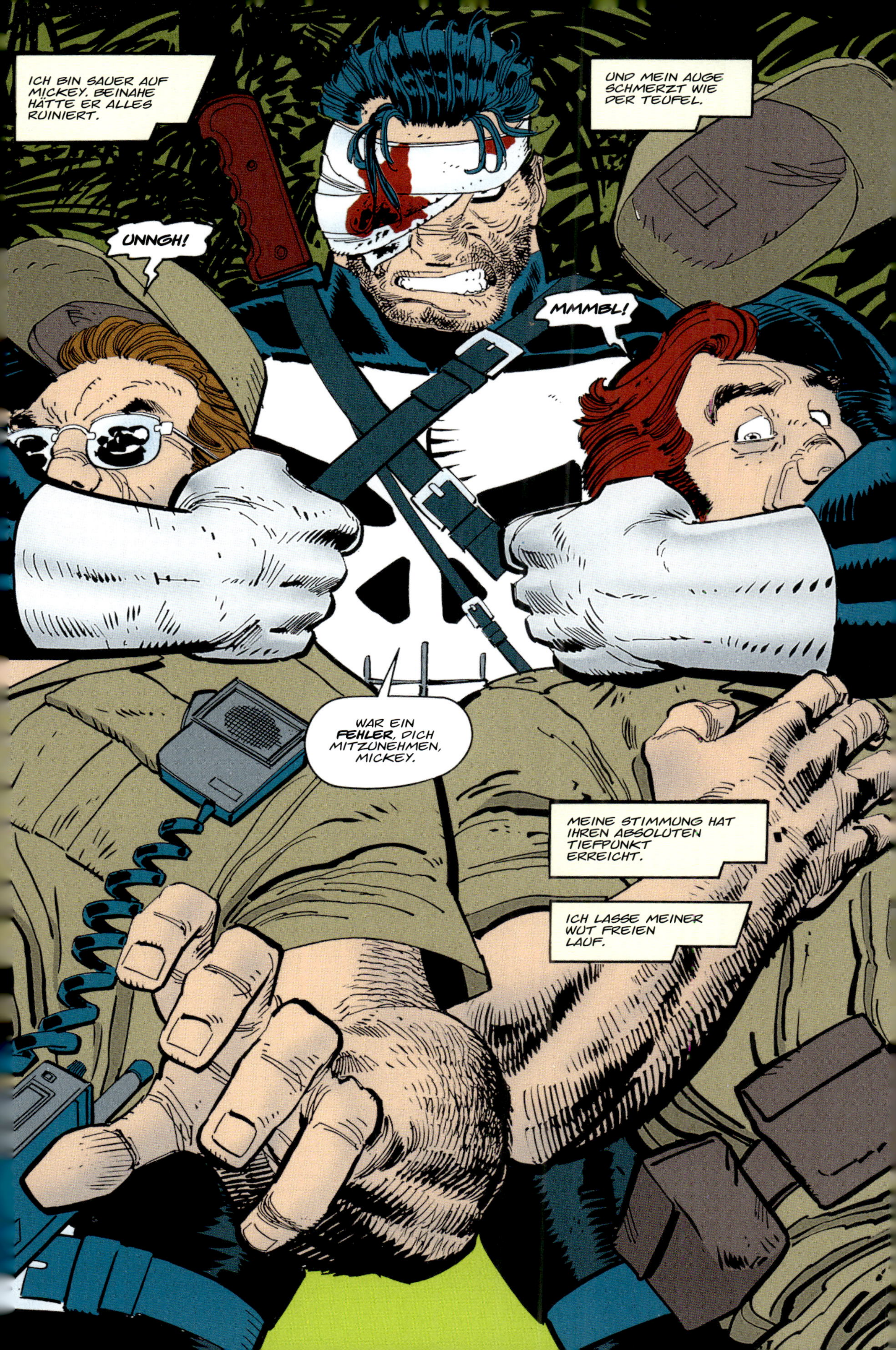
ICH BIN SAUER AUF MICKEY. BEINAHE HÄTTE ER ALLES RUINIERT.
UND MEIN AUGE SCHMERZT WIE DER TEUFEL.
UNNGH!
MMMBL!
WAR EIN **FEHLER**, DICH MITZUNEHMEN, MICKEY.
MEINE STIMMUNG HAT IHREN ABSOLUTEN TIEFPUNKT ERREICHT.
ICH LASSE MEINER WUT FREIEN LAUF.

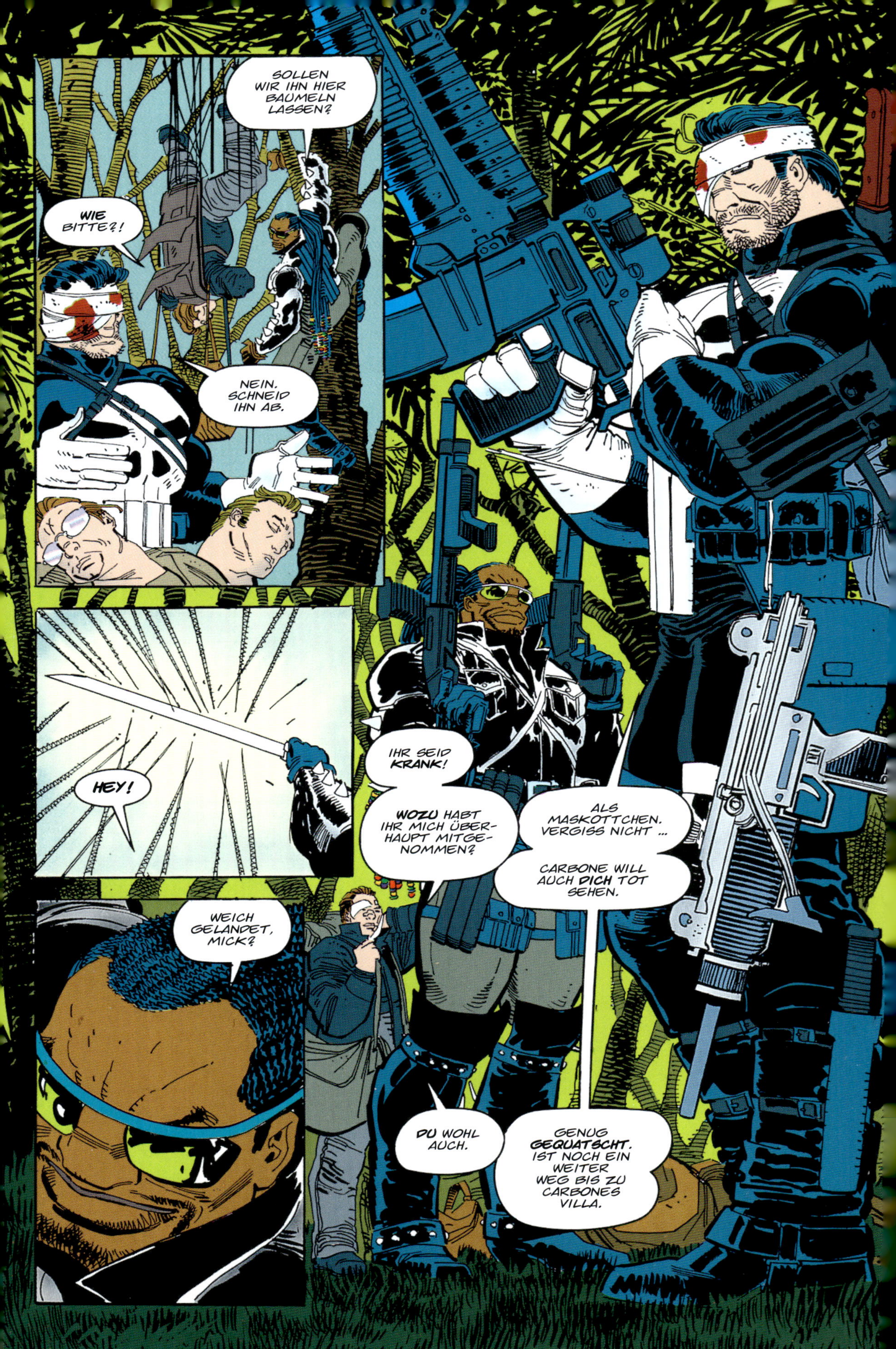
SOLLEN WIR IHN HIER BAUMELN LASSEN?
WIE BITTE?!
NEIN. SCHNEID IHN AB.
HEY!
WEICH GELANDET, MICK?
IHR SEID KRANK!
WOZU HABT IHR MICH ÜBERHAUPT MITGENOMMEN?
ALS MASKOTTCHEN. VERGISS NICHT ...
CARBONE WILL AUCH DICH TOT SEHEN.
DU WOHL AUCH.
GENUG GEQUATSCHT. IST NOCH EIN WEITER WEG BIS ZU CARBONES VILLA.

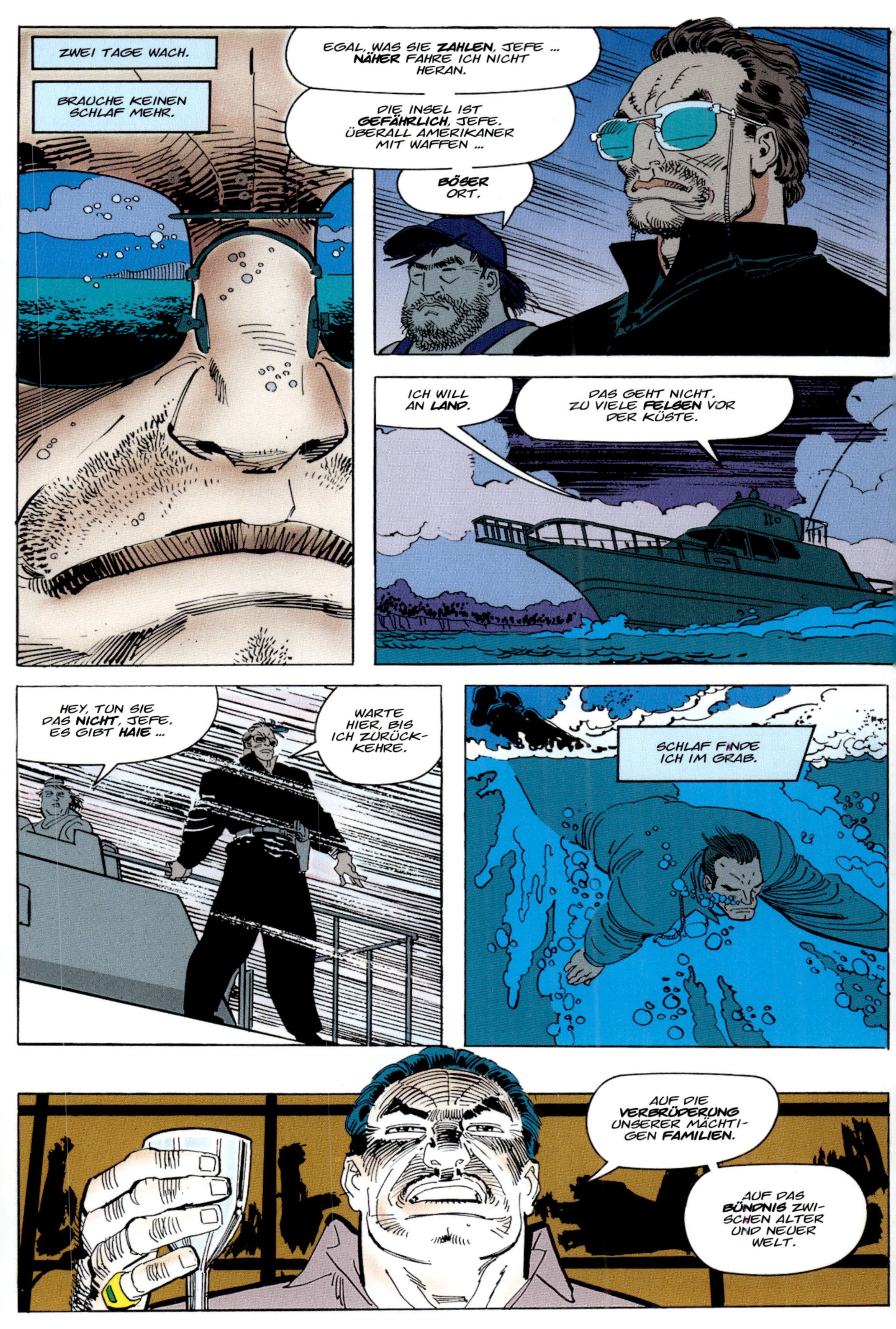
ZWEI TAGE WACH.
BRAUCHE KEINEN SCHLAF MEHR.
EGAL, WAS SIE ZAHLEN, JEFE ... NÄHER FAHRE ICH NICHT HERAN.
DIE INSEL IST GEFÄHRLICH, JEFE. ÜBERALL AMERIKANER MIT WAFFEN ...
BÖSER ORT.
ICH WILL AN LAND.
DAS GEHT NICHT. ZU VIELE FELSEN VOR DER KÜSTE.
HEY, TUN SIE DAS NICHT, JEFE. ES GIBT HAIE ...
WARTE HIER, BIS ICH ZURÜCKKEHRE.
SCHLAF FINDE ICH IM GRAB.
AUF DIE VERBRÜDERUNG UNSERER MÄCHTIGEN FAMILIEN.
AUF DAS BÜNDNIS ZWISCHEN ALTER UND NEUER WELT.

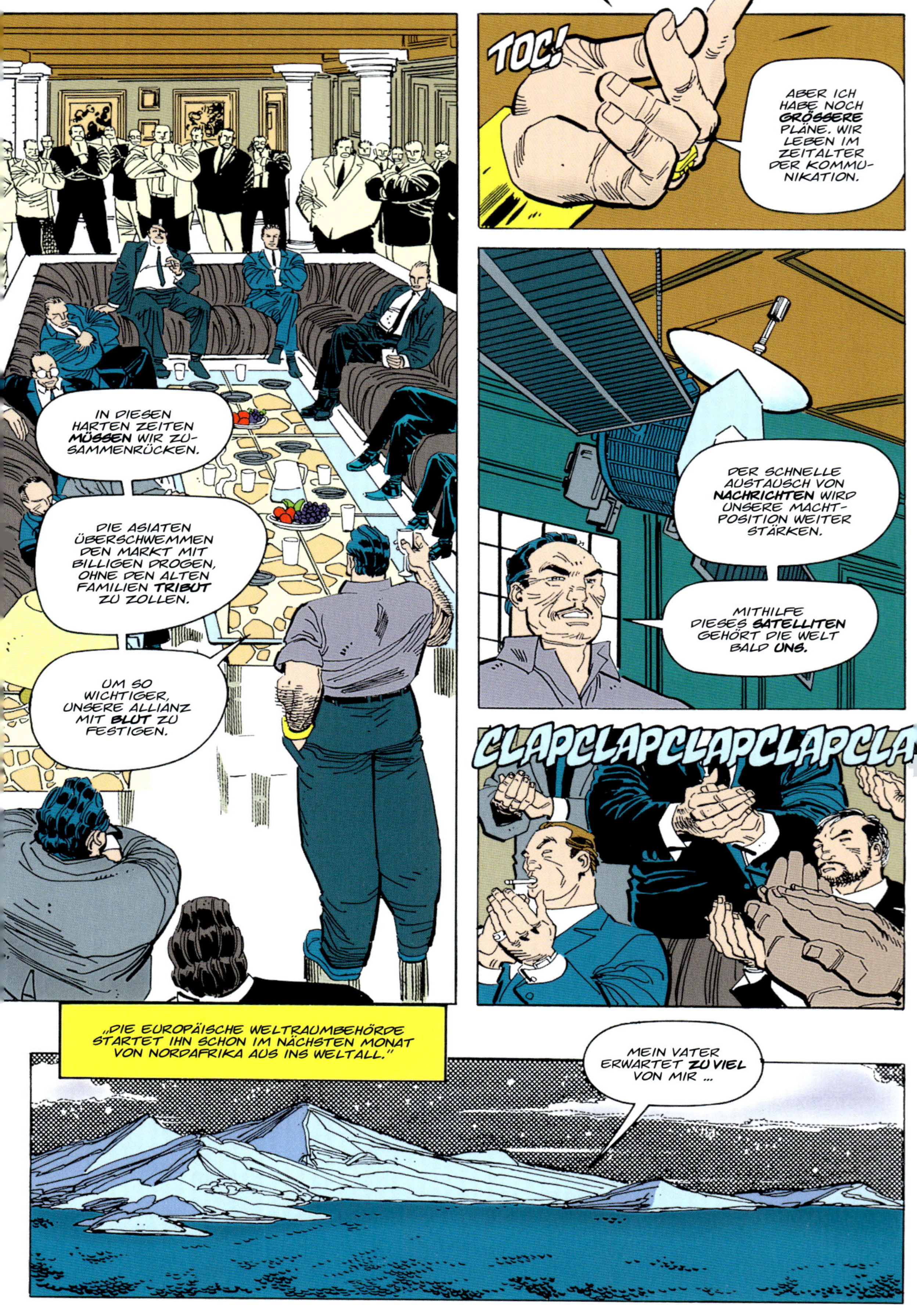
IN DIESEN HARTEN ZEITEN MÜSSEN WIR ZUSAMMENRÜCKEN.
DIE ASIATEN ÜBERSCHWEMMEN DEN MARKT MIT BILLIGEN DROGEN, OHNE DEN ALTEN FAMILIEN TRIBUT ZU ZOLLEN.
UM SO WICHTIGER, UNSERE ALLIANZ MIT BLUT ZU FESTIGEN.
TOC!
ABER ICH HABE NOCH GRÖSSERE PLÄNE. WIR LEBEN IM ZEITALTER DER KOMMUNIKATION.
DER SCHNELLE AUSTAUSCH VON NACHRICHTEN WIRD UNSERE MACHTPOSITION WEITER STÄRKEN.
MITHILFE DIESES SATELLITEN GEHÖRT DIE WELT BALD UNS.
CLAPCLAPCLAPCLAPCLA
„DIE EUROPÄISCHE WELTRAUMBEHÖRDE STARTET IHN SCHON IM NÄCHSTEN MONAT VON NORDAFRIKA AUS INS WELTALL."
MEIN VATER ERWARTET ZU VIEL VON MIR ...

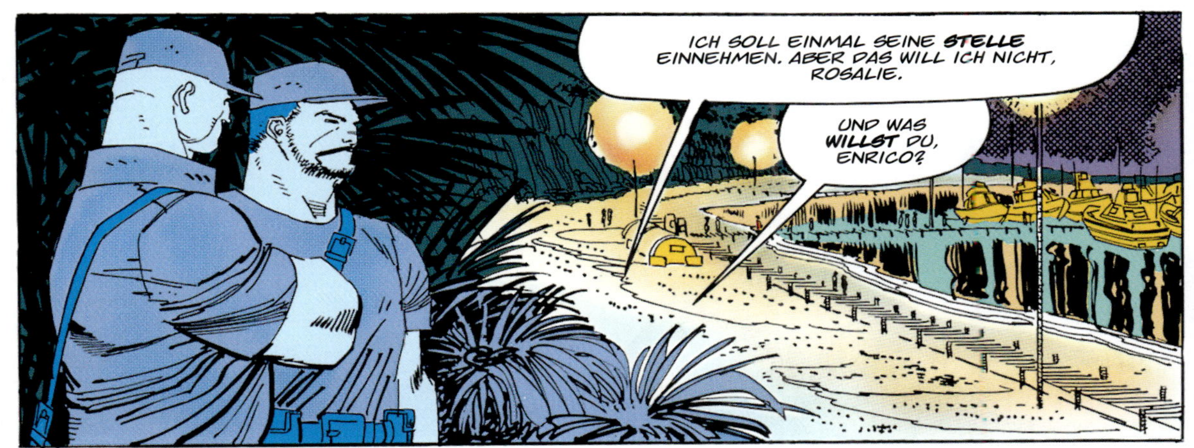
ICH SOLL EINMAL SEINE STELLE EINNEHMEN. ABER DAS WILL ICH NICHT, ROSALIE.
UND WAS WILLST DU, ENRICO?

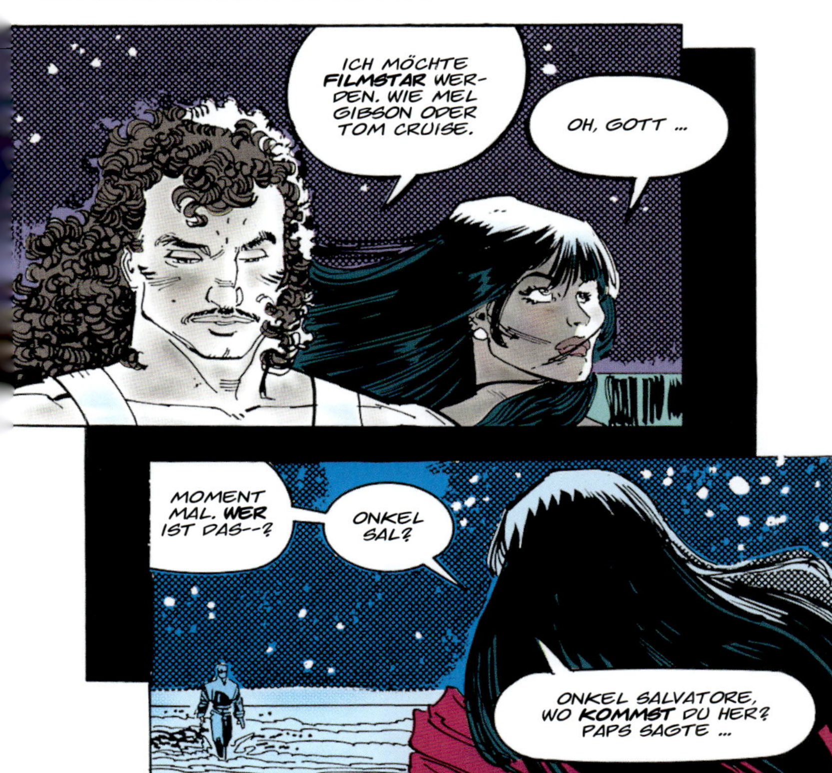
ICH MÖCHTE FILMSTAR WERDEN. WIE MEL GIBSON ODER TOM CRUISE.
OH, GOTT ...
MOMENT MAL. WER IST DAS--?
ONKEL SAL?
ONKEL SALVATORE, WO KOMMST DU HER? PAPS SAGTE ...

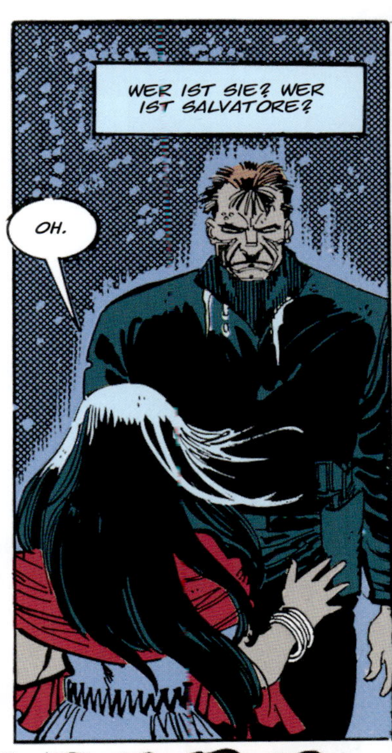
WER IST SIE? WER IST SALVATORE?
OH.

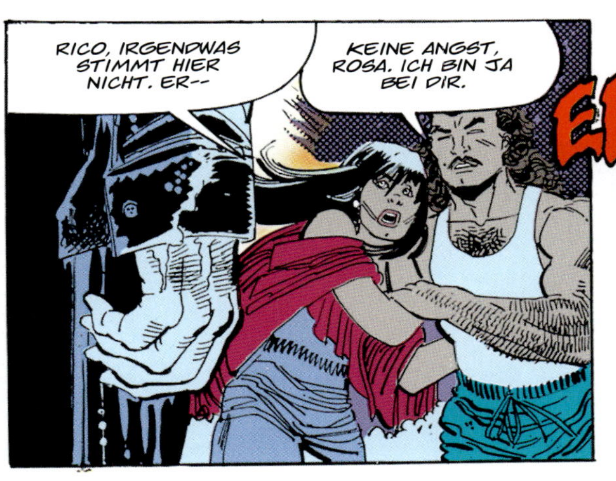
RICO, IRGENDWAS STIMMT HIER NICHT. ER--
KEINE ANGST, ROSA. ICH BIN JA BEI DIR.

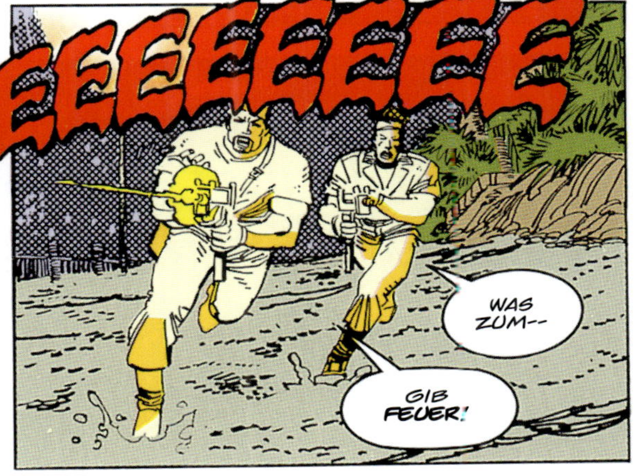
EEEEEEEEEE
WAS ZUM--
GIB FEUER!

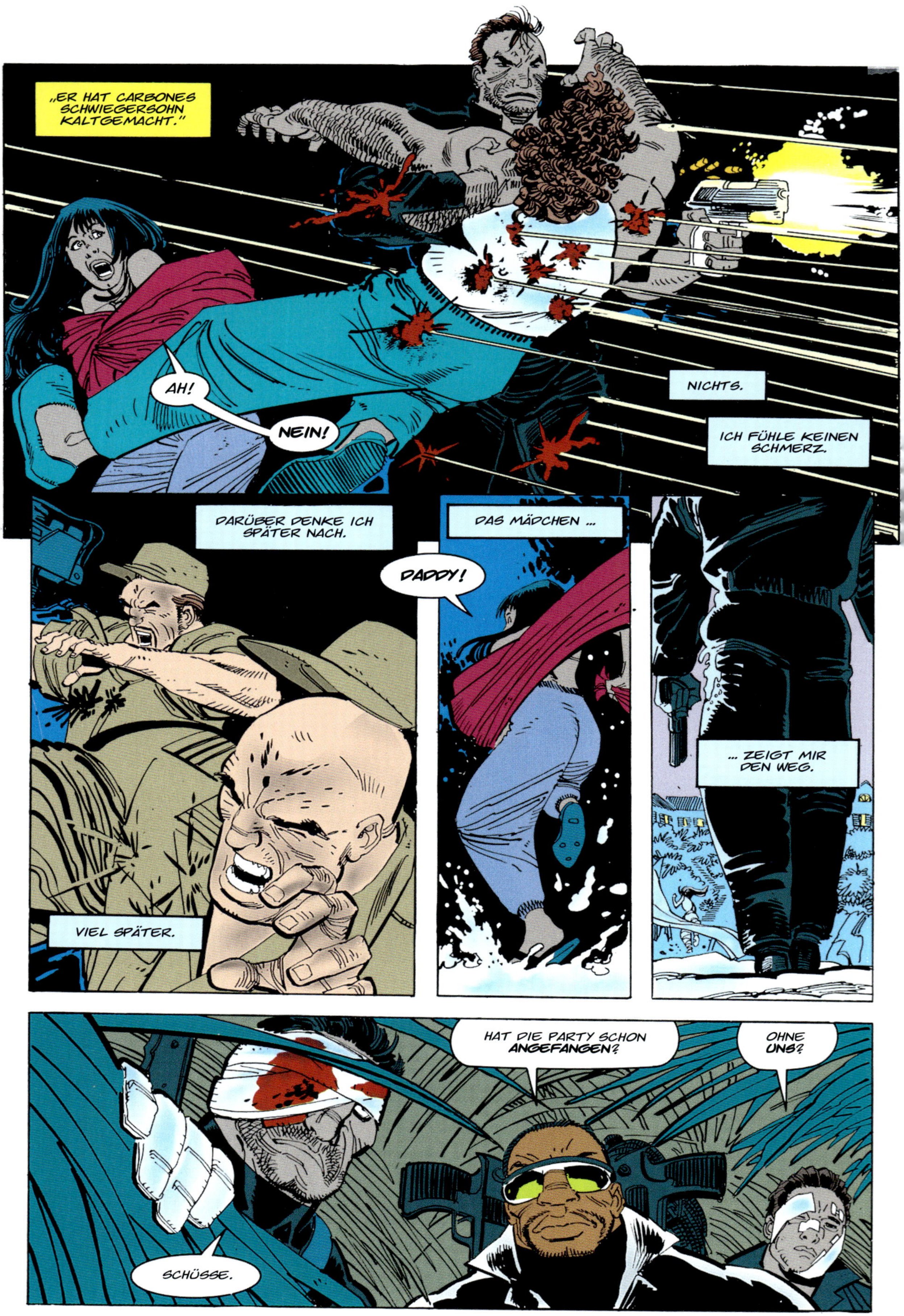

„ER HAT CARBONES SCHWIEGERSOHN KALTGEMACHT."
AH!
NEIN!
NICHTS.
ICH FÜHLE KEINEN SCHMERZ.
DARÜBER DENKE ICH SPÄTER NACH.
VIEL SPÄTER.
DAS MÄDCHEN ...
DADDY!
... ZEIGT MIR DEN WEG.

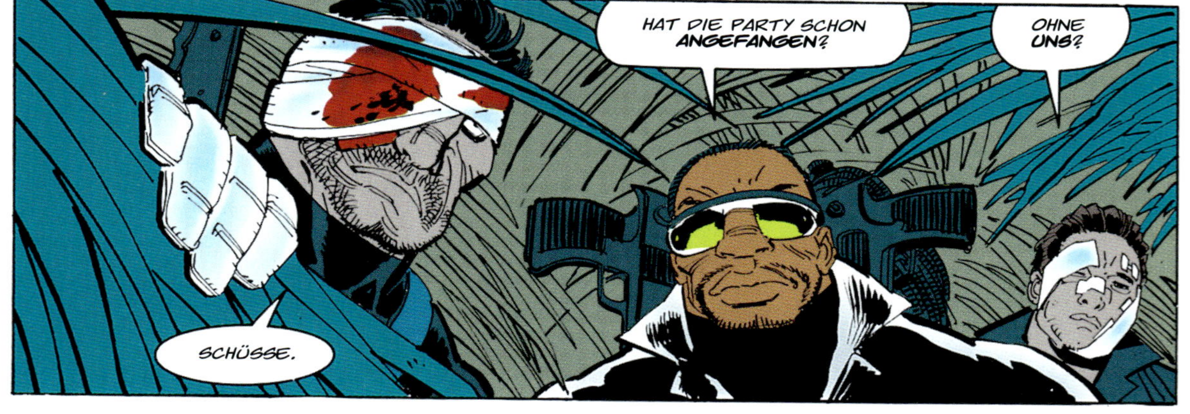

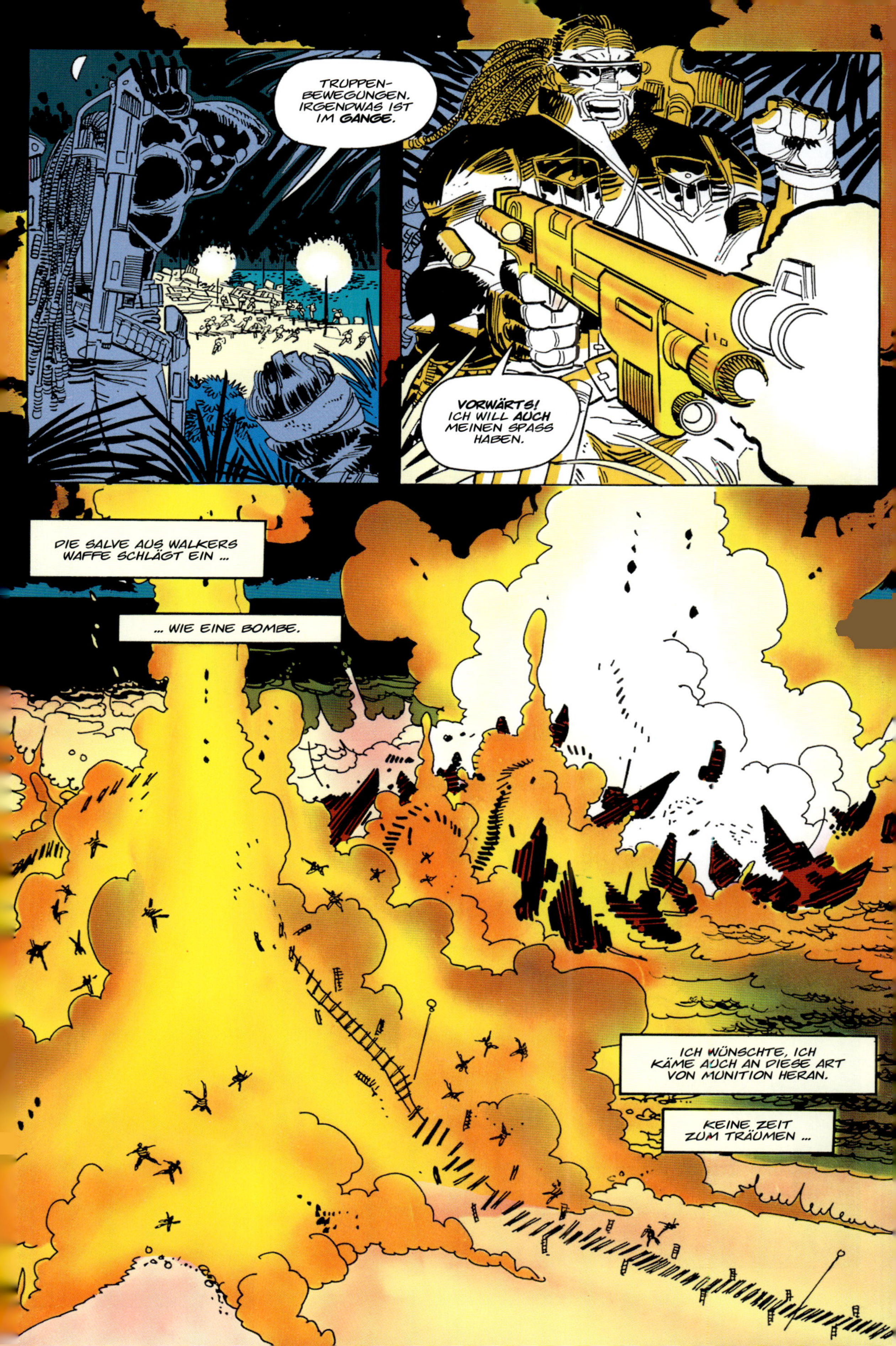
TRUPPEN-
BEWEGUNGEN.
IRGENDWAS IST
IM GANGE.
VORWÄRTS!
ICH WILL AUCH
MEINEN SPASS
HABEN.
DIE SALVE AUS WALKERS
WAFFE SCHLÄGT EIN ...
... WIE EINE BOMBE.
ICH WÜNSCHTE, ICH
KÄME AUCH AN DIESE ART
VON MUNITION HERAN.
KEINE ZEIT
ZUM TRÄUMEN ...

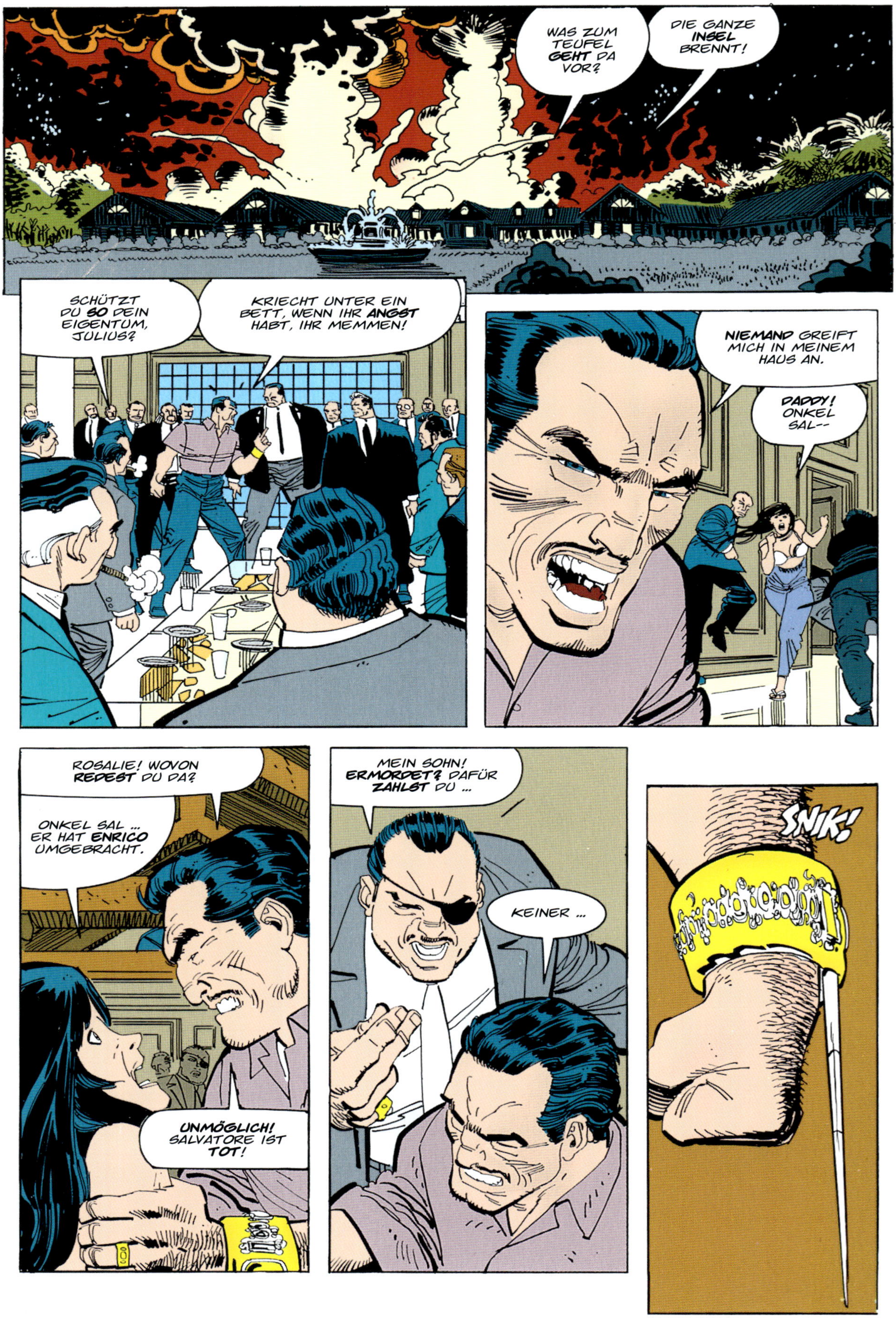

WAS ZUM TEUFEL GEHT DA VOR?
DIE GANZE INSEL BRENNT!

SCHÜTZT DU SO DEIN EIGENTUM, JULIUS?
KRIECHT UNTER EIN BETT, WENN IHR ANGST HABT, IHR MEMMEN!

NIEMAND GREIFT MICH IN MEINEM HAUS AN.
DADDY! ONKEL SAL--

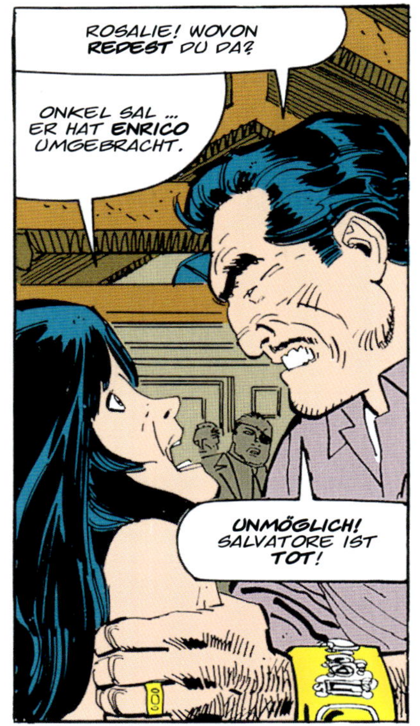

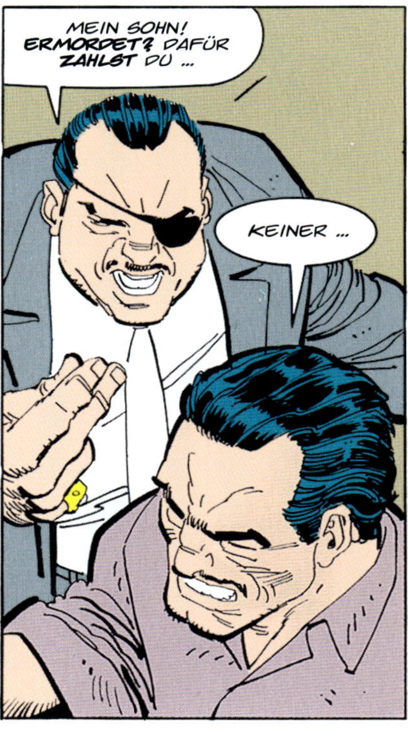

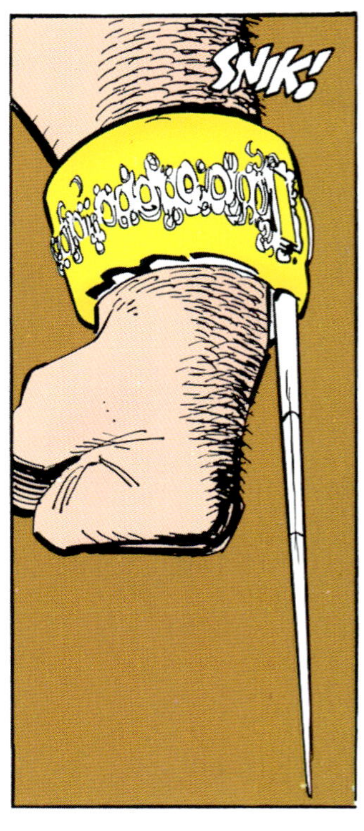

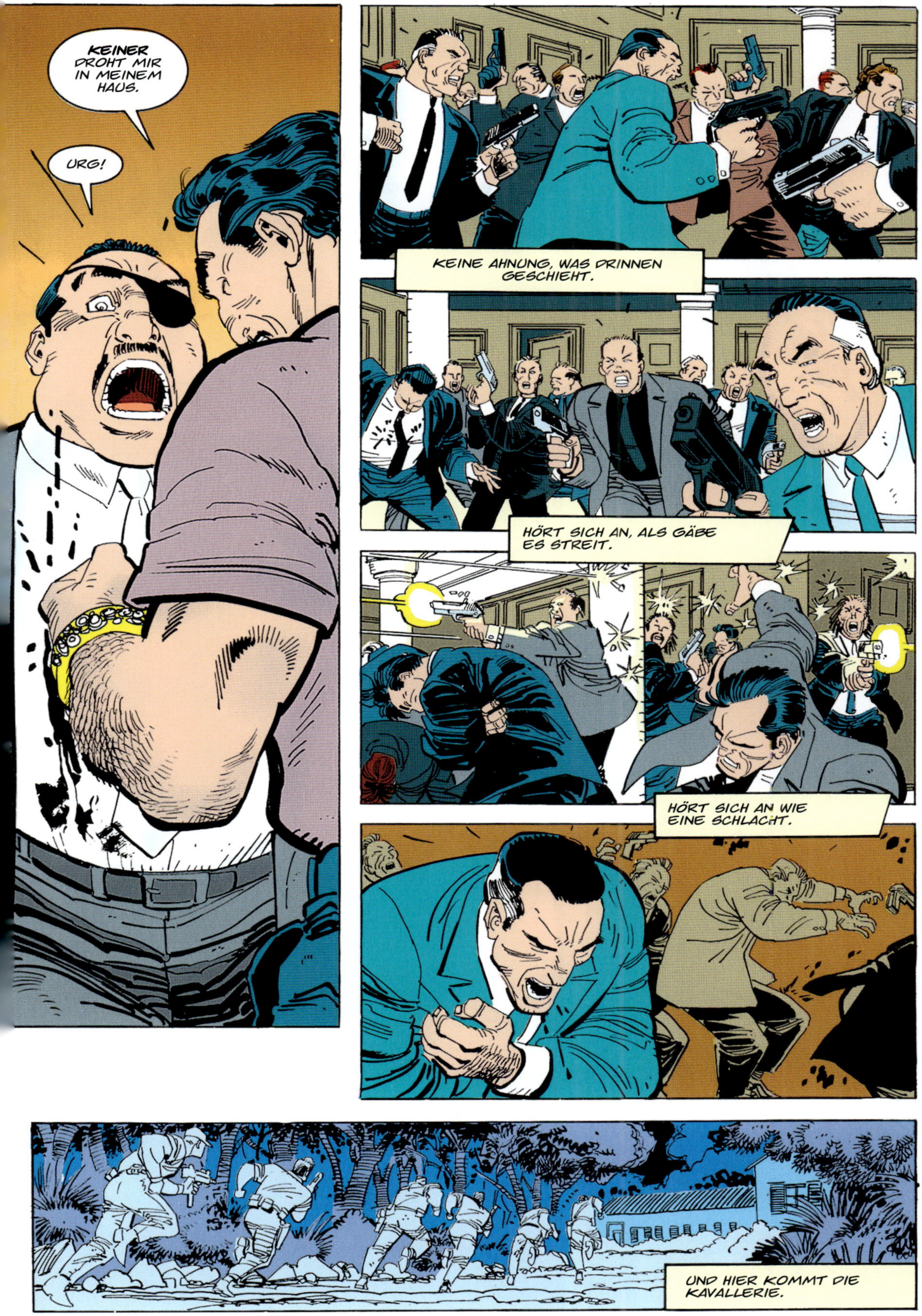

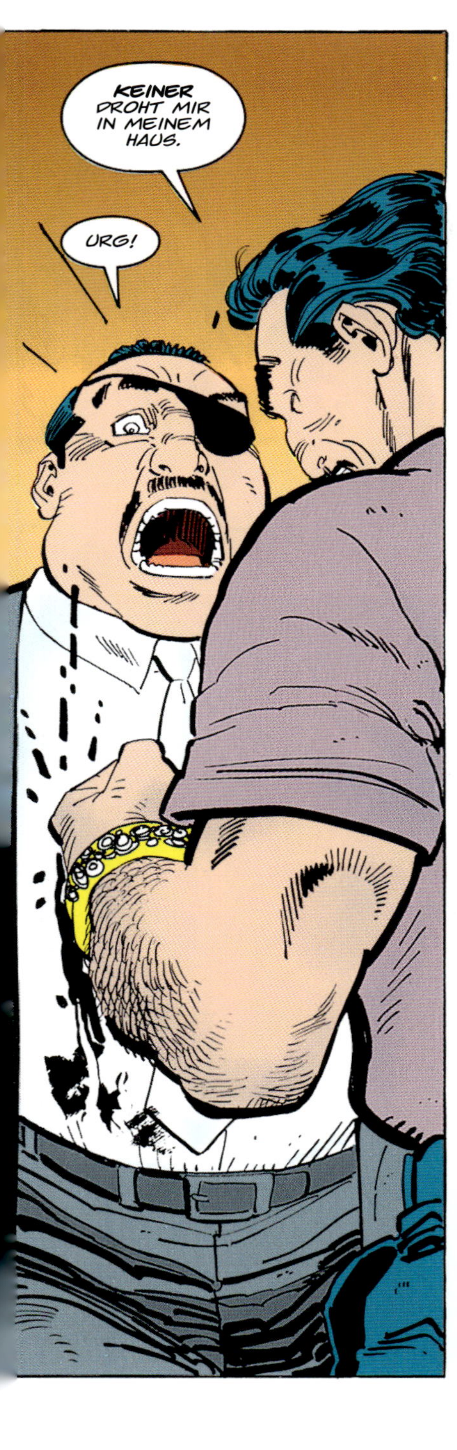

KEINE AHNUNG, WAS DRINNEN GESCHIEHT.

HÖRT SICH AN, ALS GÄBE ES STREIT.

HÖRT SICH AN WIE EINE SCHLACHT.

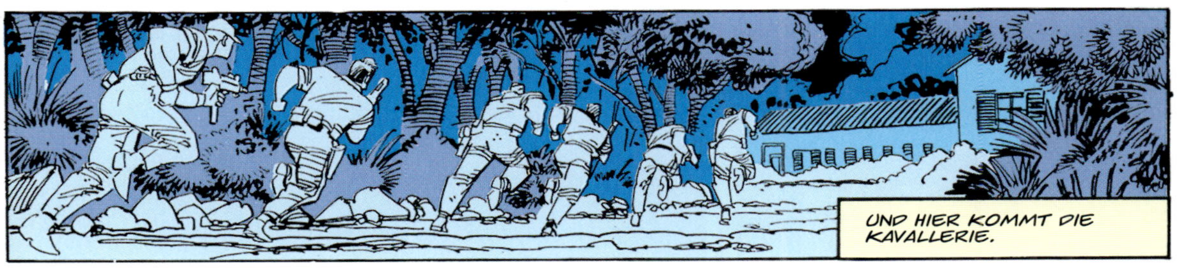

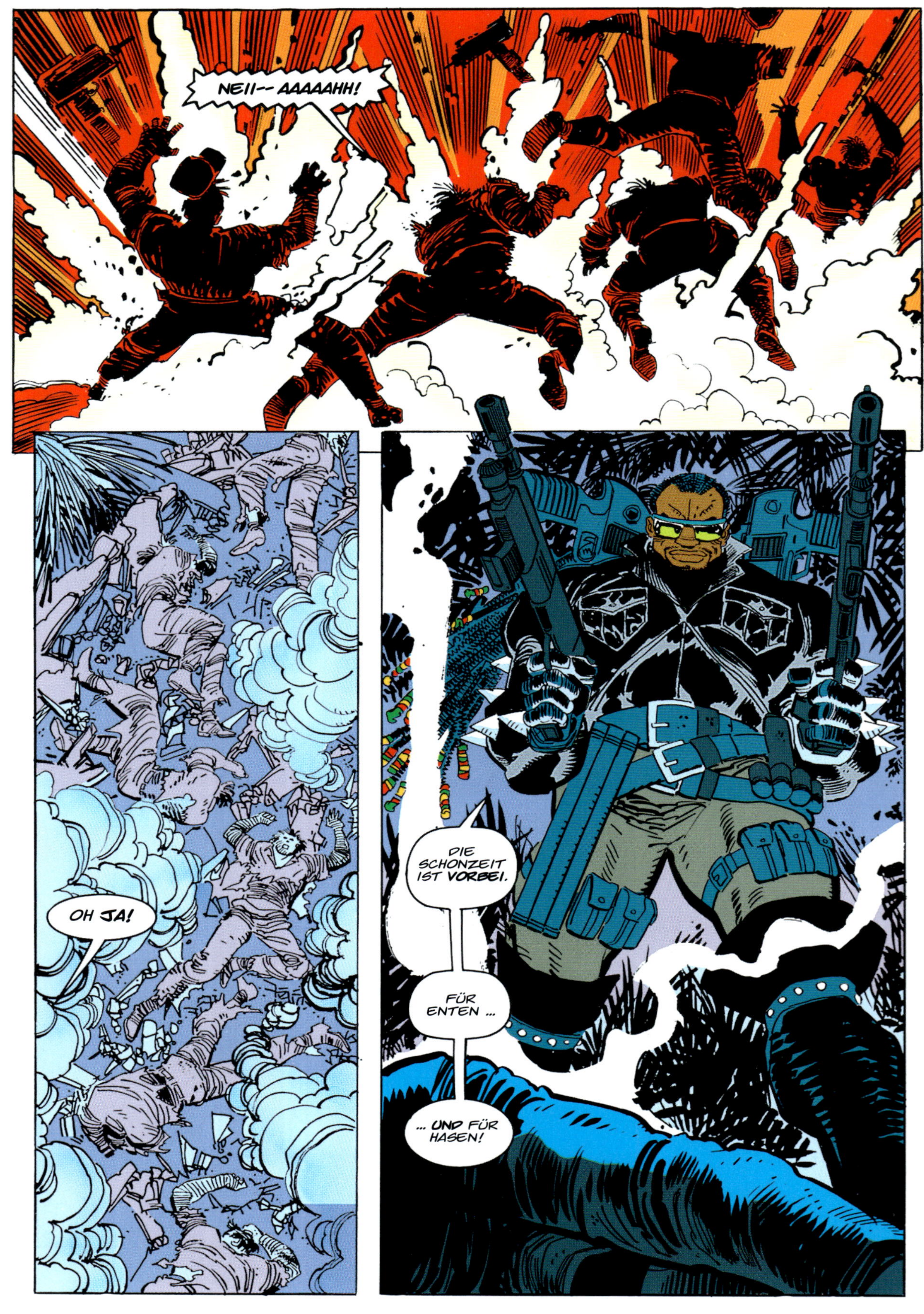
NEII-- AAAAAHH!
OH JA!
DIE SCHONZEIT IST VORBEI.
FÜR ENTEN ...
... UND FÜR HASEN!

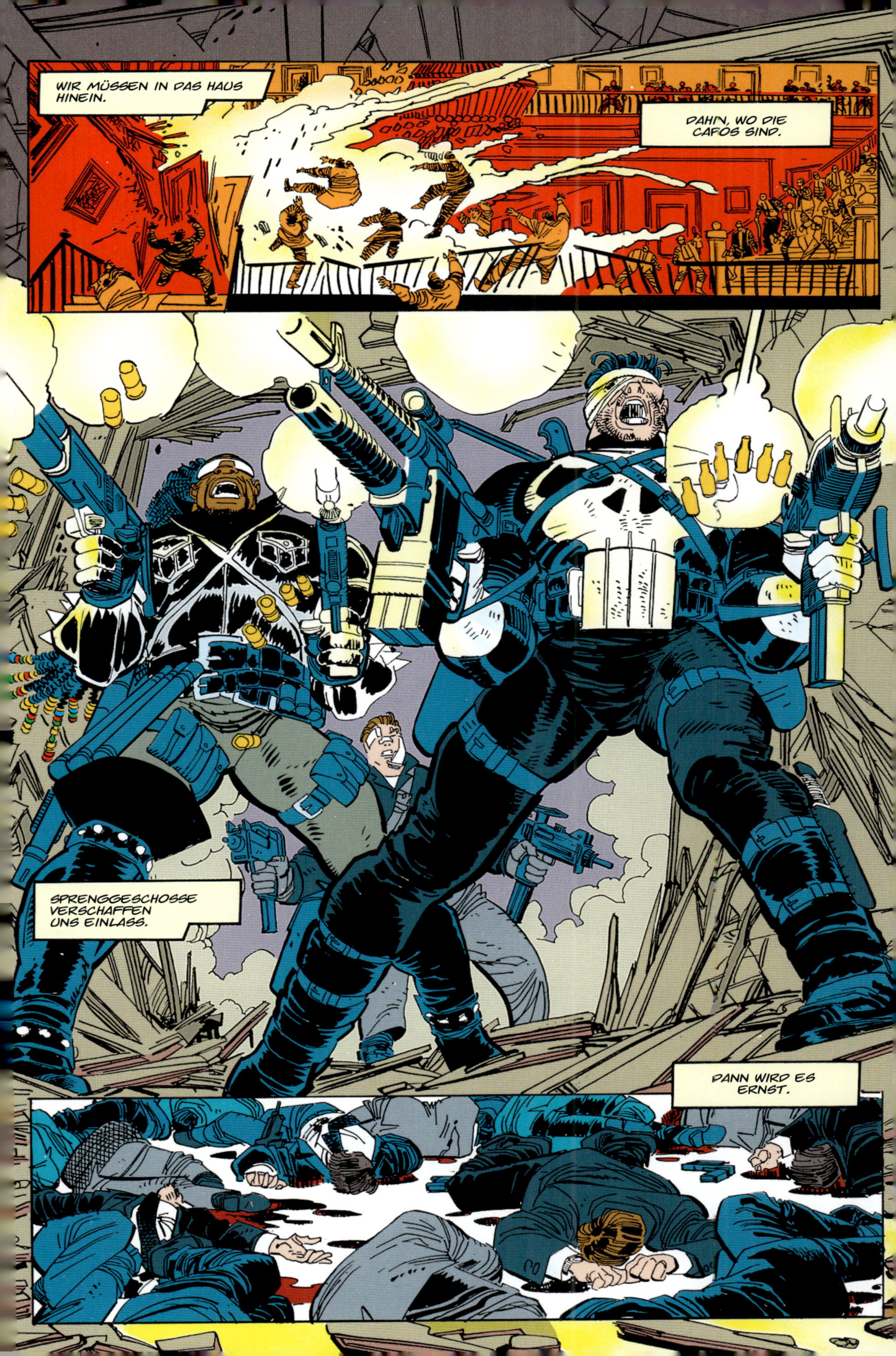
WIR MÜSSEN IN DAS HAUS HINEIN.
DAHIN, WO DIE CAPOS SIND.
SPRENGGESCHOSSE VERSCHAFFEN UNS EINLASS.
DANN WIRD ES ERNST.

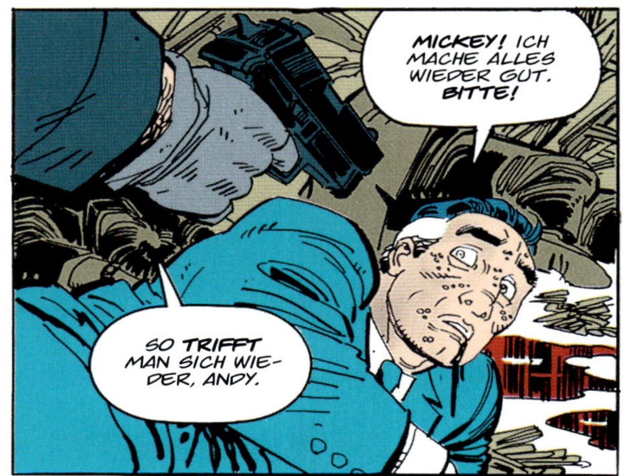
MICKEY! ICH MACHE ALLES WIEDER GUT. BITTE!
SO TRIFFT MAN SICH WIEDER, ANDY.

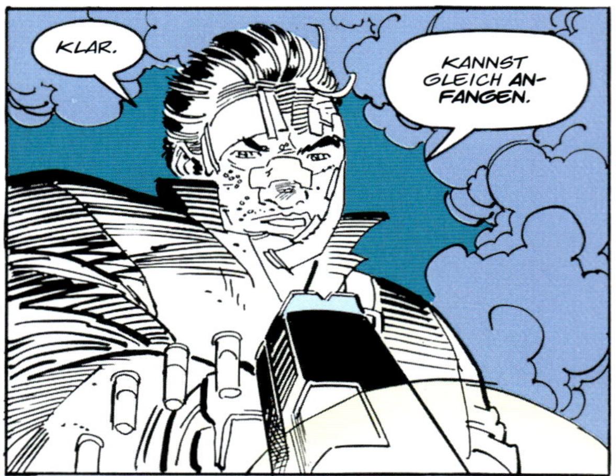
KLAR.
KANNST GLEICH ANFANGEN.

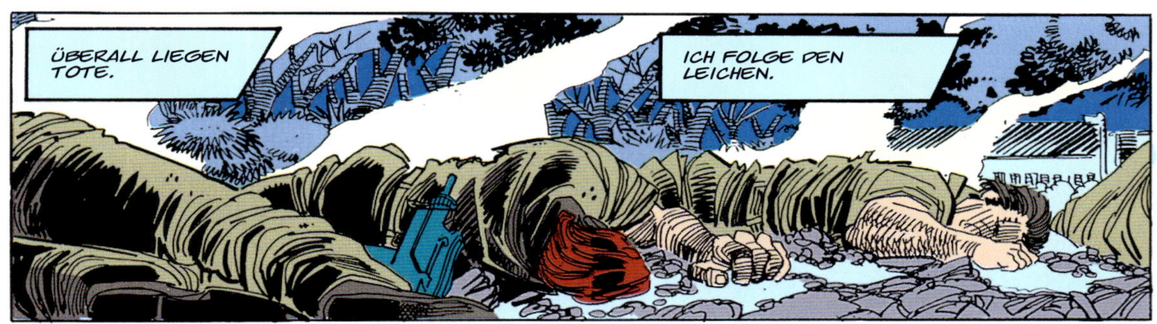
ÜBERALL LIEGEN TOTE.
ICH FOLGE DEN LEICHEN.

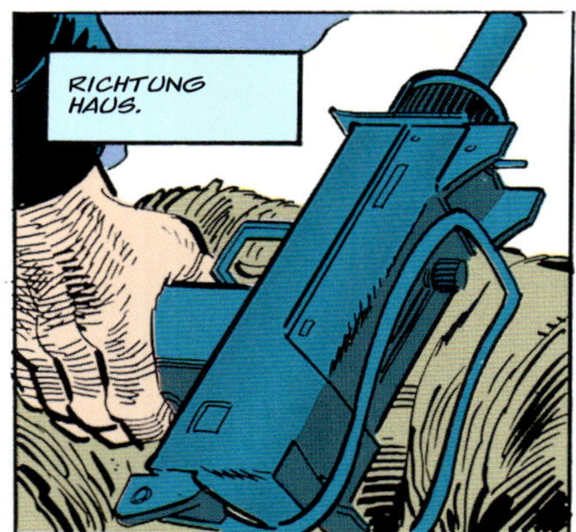
RICHTUNG HAUS.

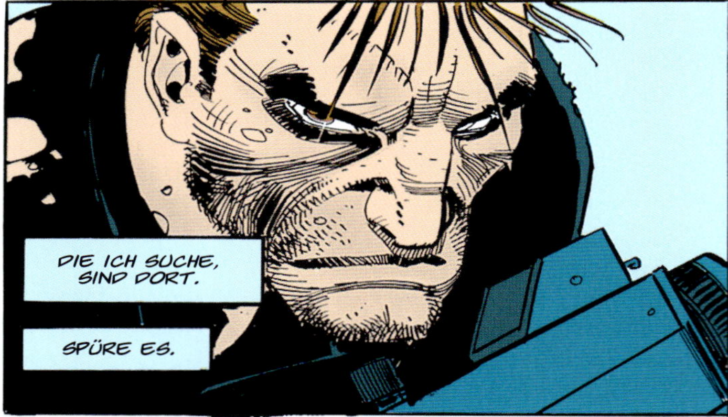
DIE ICH SUCHE, SIND DORT.
SPÜRE ES.

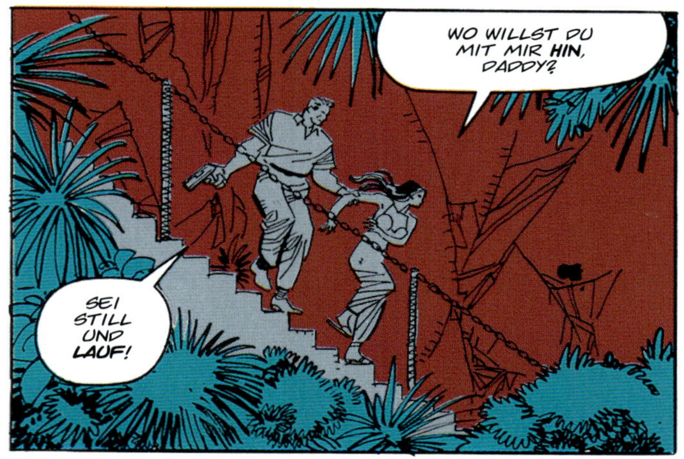
WO WILLST DU MIT MIR HIN, DADDY?
SEI STILL UND LAUF!

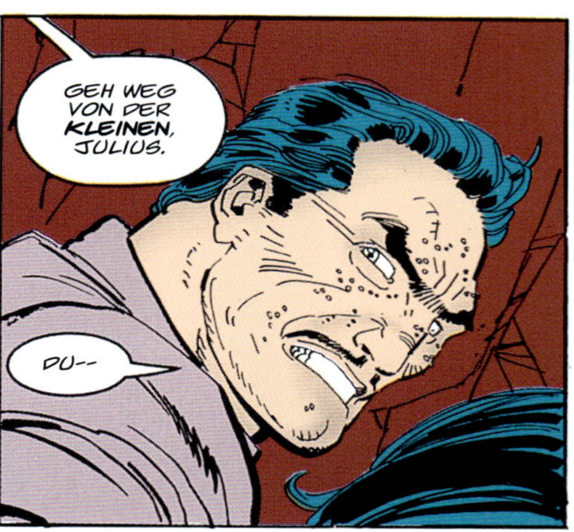
GEH WEG VON DER KLEINEN, JULIUS.
DU--

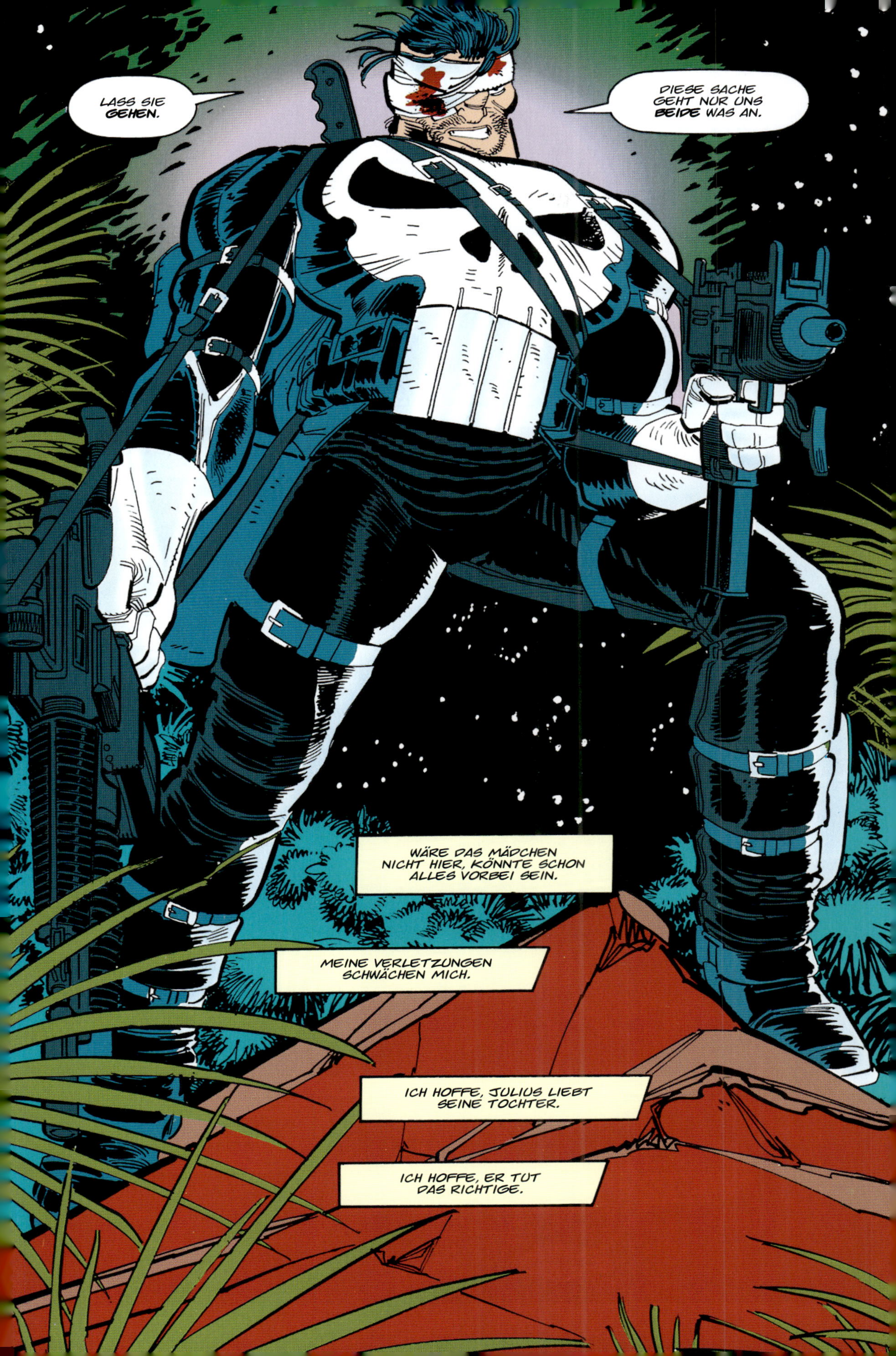
LASS SIE GEHEN.
DIESE SACHE GEHT NUR UNS BEIDE WAS AN.
WÄRE DAS MÄDCHEN NICHT HIER, KÖNNTE SCHON ALLES VORBEI SEIN.
MEINE VERLETZUNGEN SCHWÄCHEN MICH.
ICH HOFFE, JULIUS LIEBT SEINE TOCHTER.
ICH HOFFE, ER TUT DAS RICHTIGE.

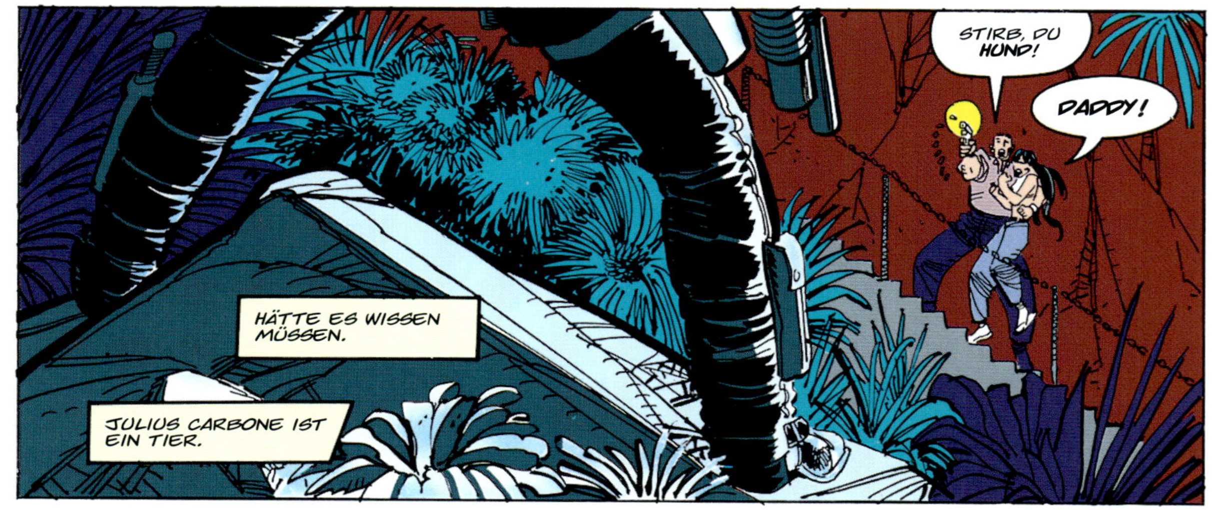
HÄTTE ES WISSEN MÜSSEN.
JULIUS CARBONE IST EIN TIER.
STIRB, DU HUND!
DADDY!

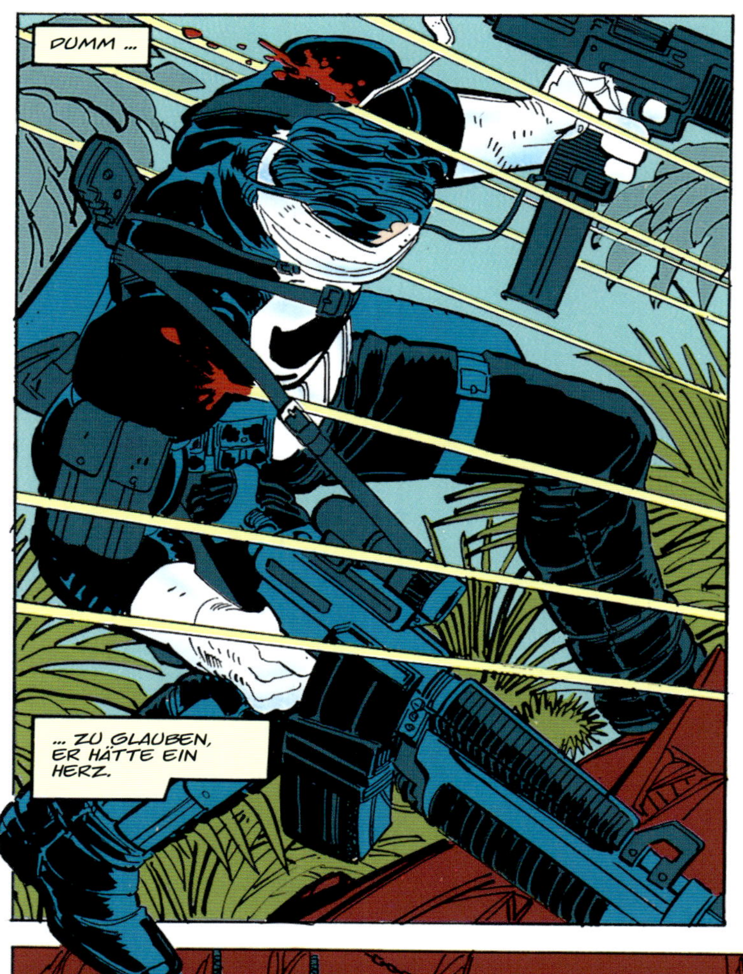
DUMM ...
... ZU GLAUBEN, ER HÄTTE EIN HERZ.

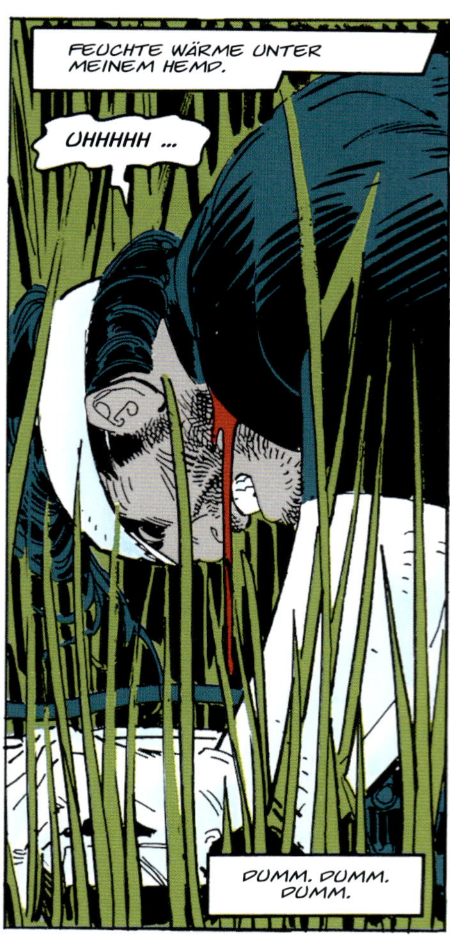
FEUCHTE WÄRME UNTER MEINEM HEMD.
UHHHHH ...
DUMM. DUMM. DUMM.

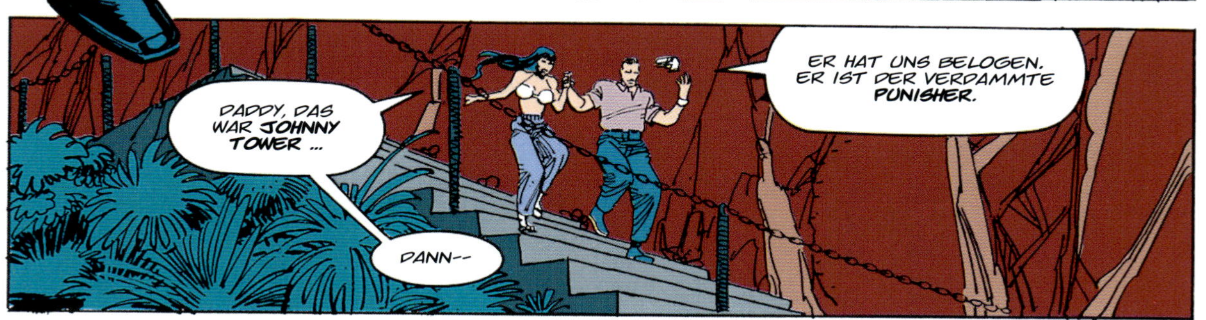
DADDY, DAS WAR JOHNNY TOWER ...
DANN--
ER HAT UNS BELOGEN. ER IST DER VERDAMMTE PUNISHER.

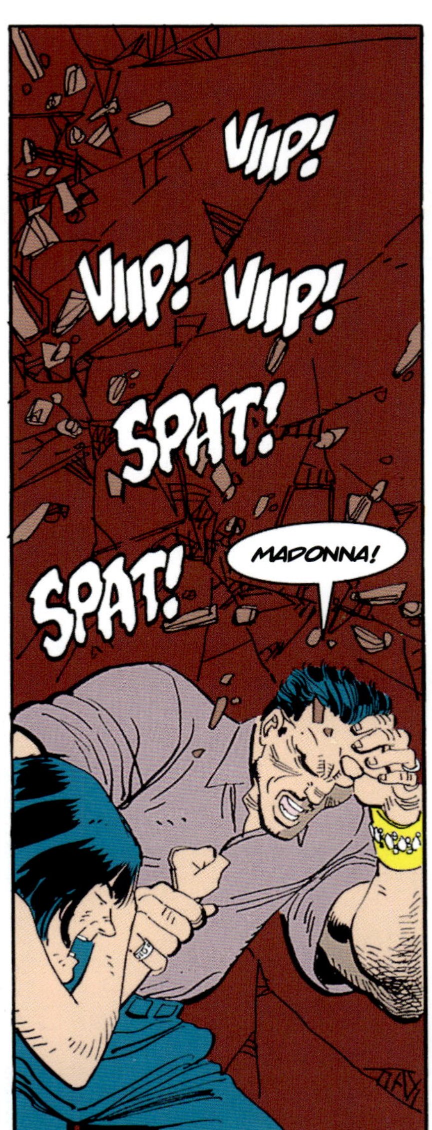
VIIP!
VIIP! VIIP!
SPAT!
SPAT!
MADONNA!

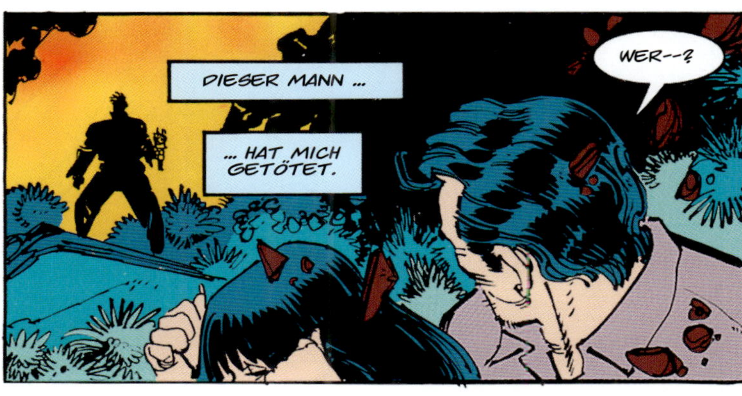
DIESER MANN ...
... HAT MICH GETÖTET.
WER--?

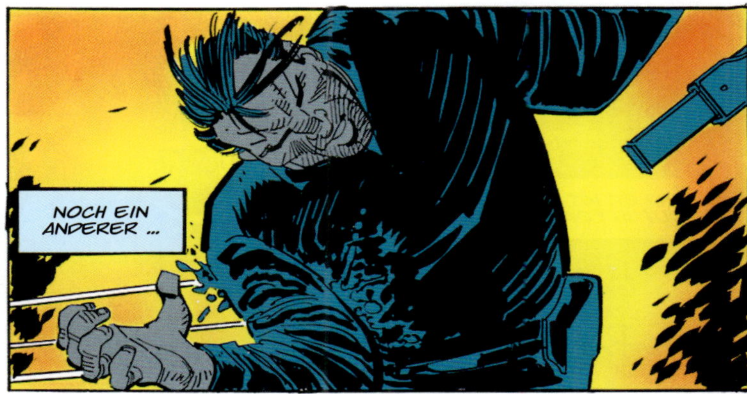
NOCH EIN ANDERER ...

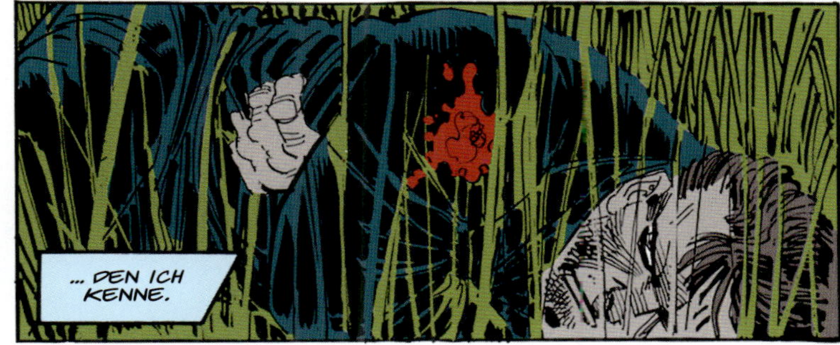
... DEN ICH KENNE.

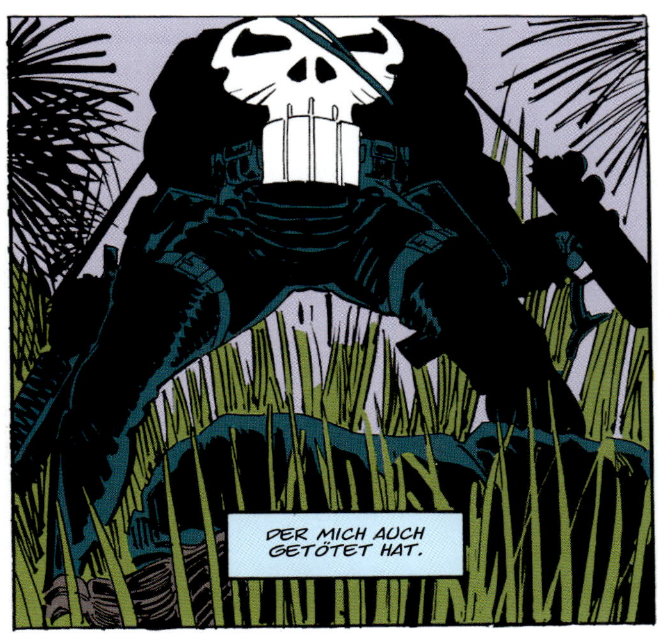
DER MICH AUCH GETÖTET HAT.

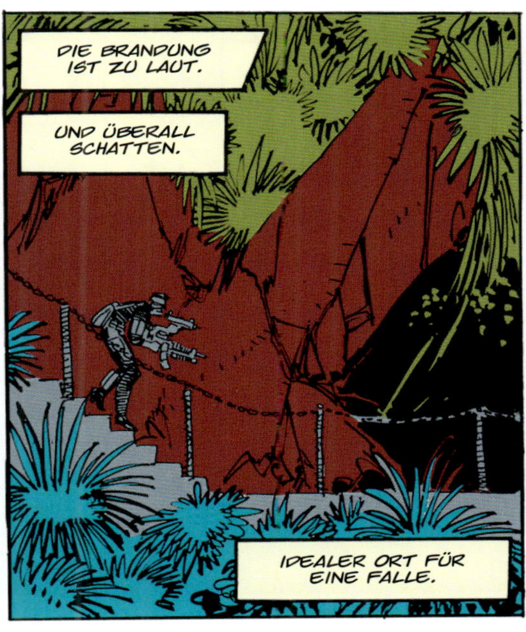
DIE BRANDUNG IST ZU LAUT.
UND ÜBERALL SCHATTEN.
IDEALER ORT FÜR EINE FALLE.

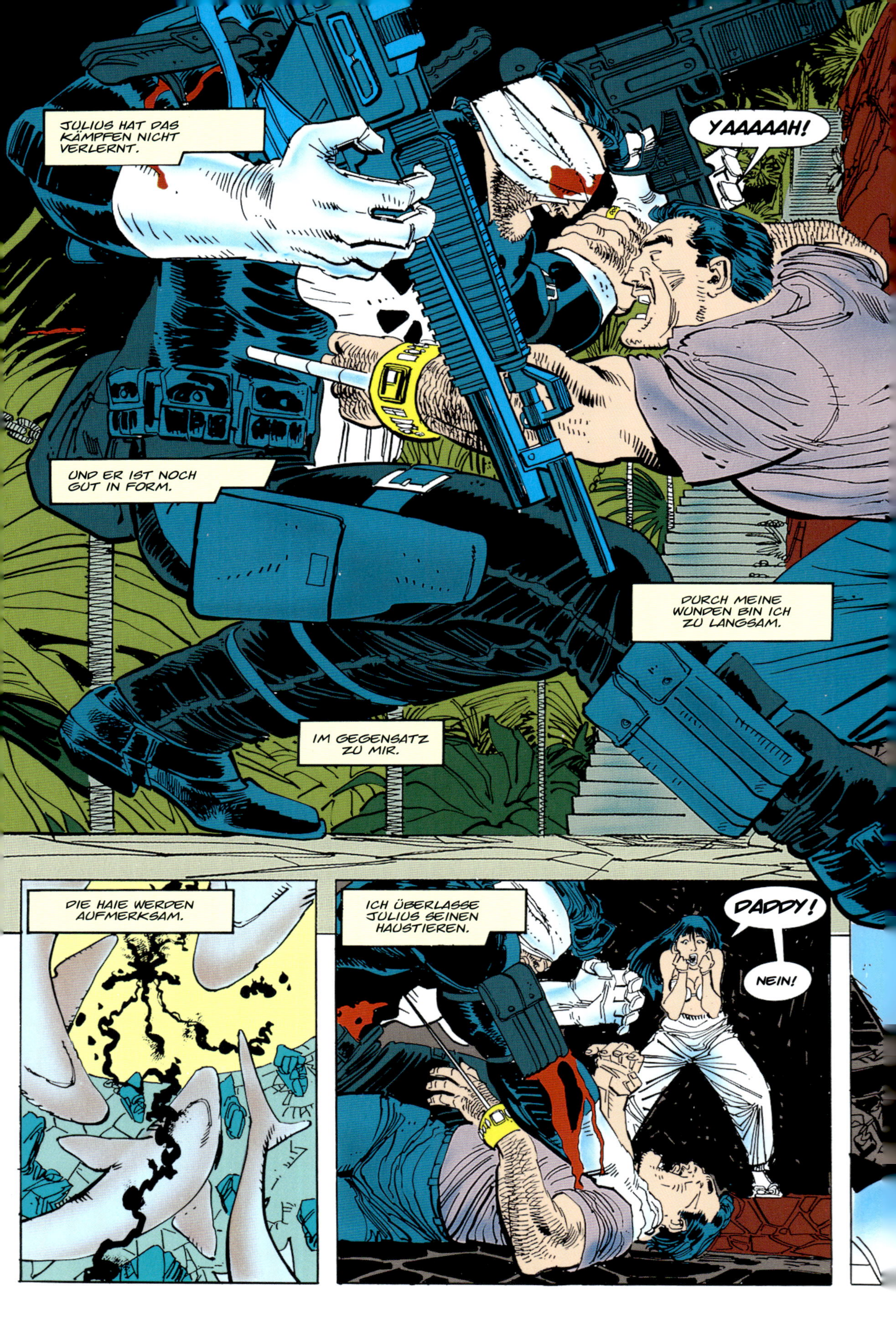
JULIUS HAT DAS KÄMPFEN NICHT VERLERNT.
YAAAAAH!
UND ER IST NOCH GUT IN FORM.
DURCH MEINE WUNDEN BIN ICH ZU LANGSAM.
IM GEGENSATZ ZU MIR.
DIE HAIE WERDEN AUFMERKSAM.
ICH ÜBERLASSE JULIUS SEINEN HAUSTIEREN.
DADDY!
NEIN!

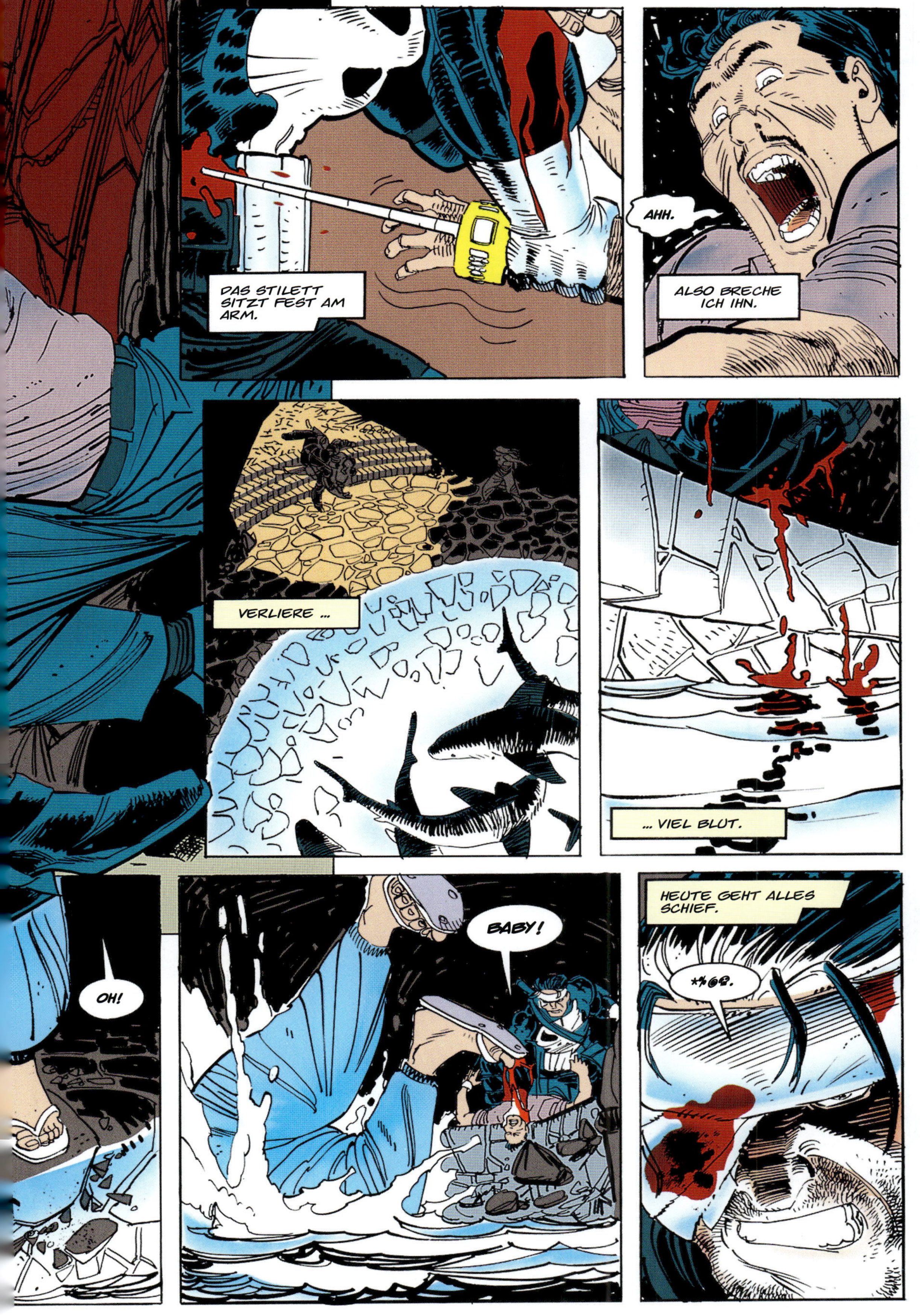
DAS STILETT SITZT FEST AM ARM.
AHH.
ALSO BRECHE ICH IHN.
VERLIERE ...
... VIEL BLUT.
OH!
BABY!
HEUTE GEHT ALLES SCHIEF.
*%@?.

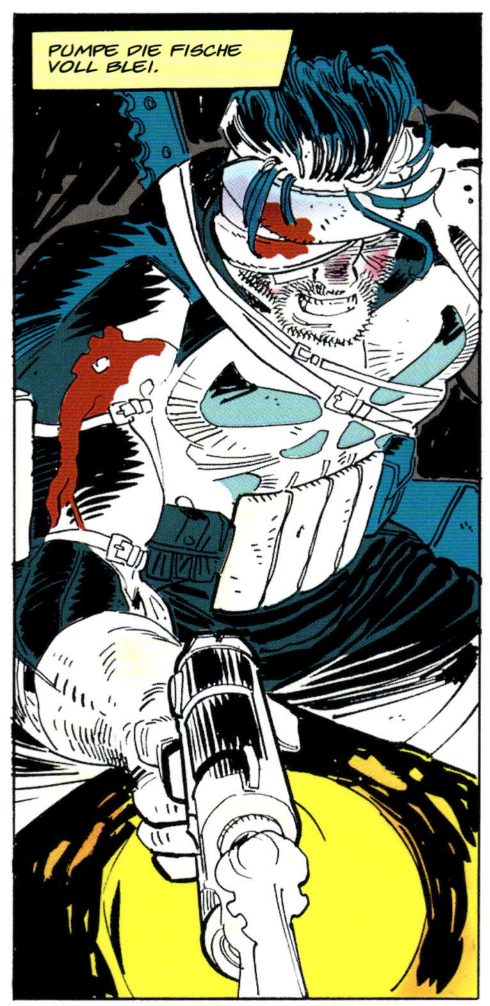
PUMPE DIE FISCHE VOLL BLEI.

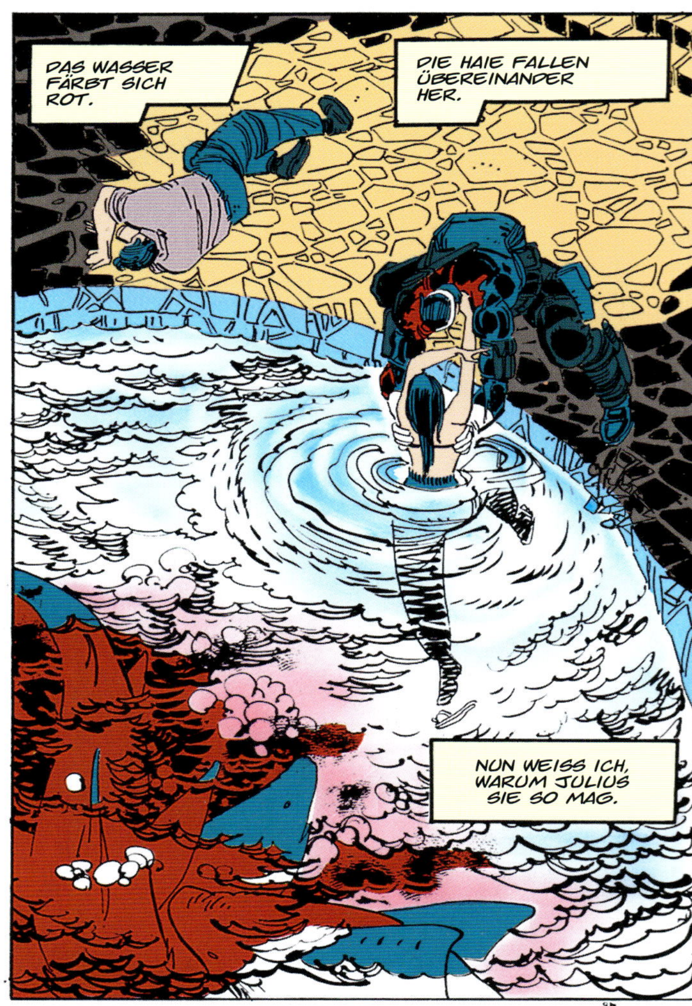
DAS WASSER FÄRBT SICH ROT.
DIE HAIE FALLEN ÜBEREINANDER HER.
NUN WEISS ICH, WARUM JULIUS SIE SO MAG.

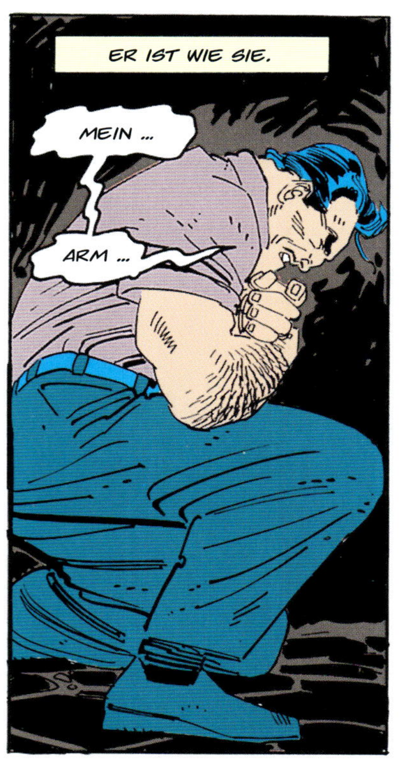
ER IST WIE SIE.
MEIN ...
ARM ...

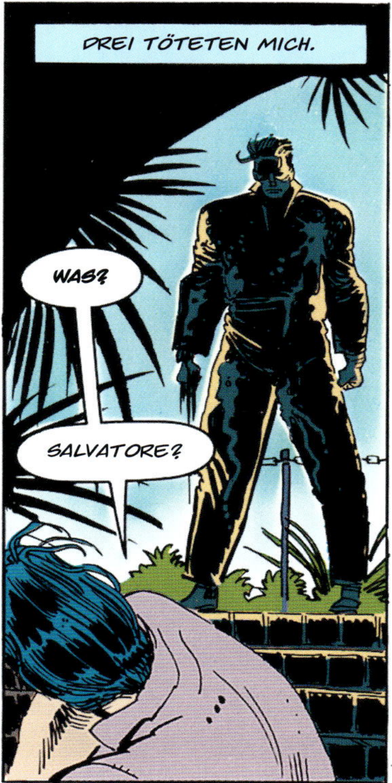
DREI TÖTETEN MICH.
WAS?
SALVATORE?

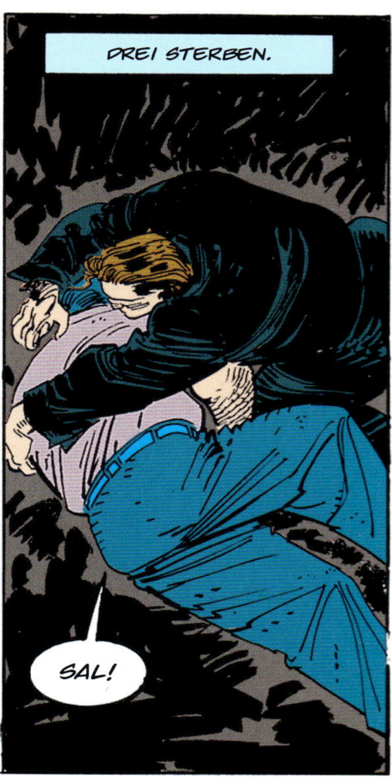
DREI STERBEN.
SAL!

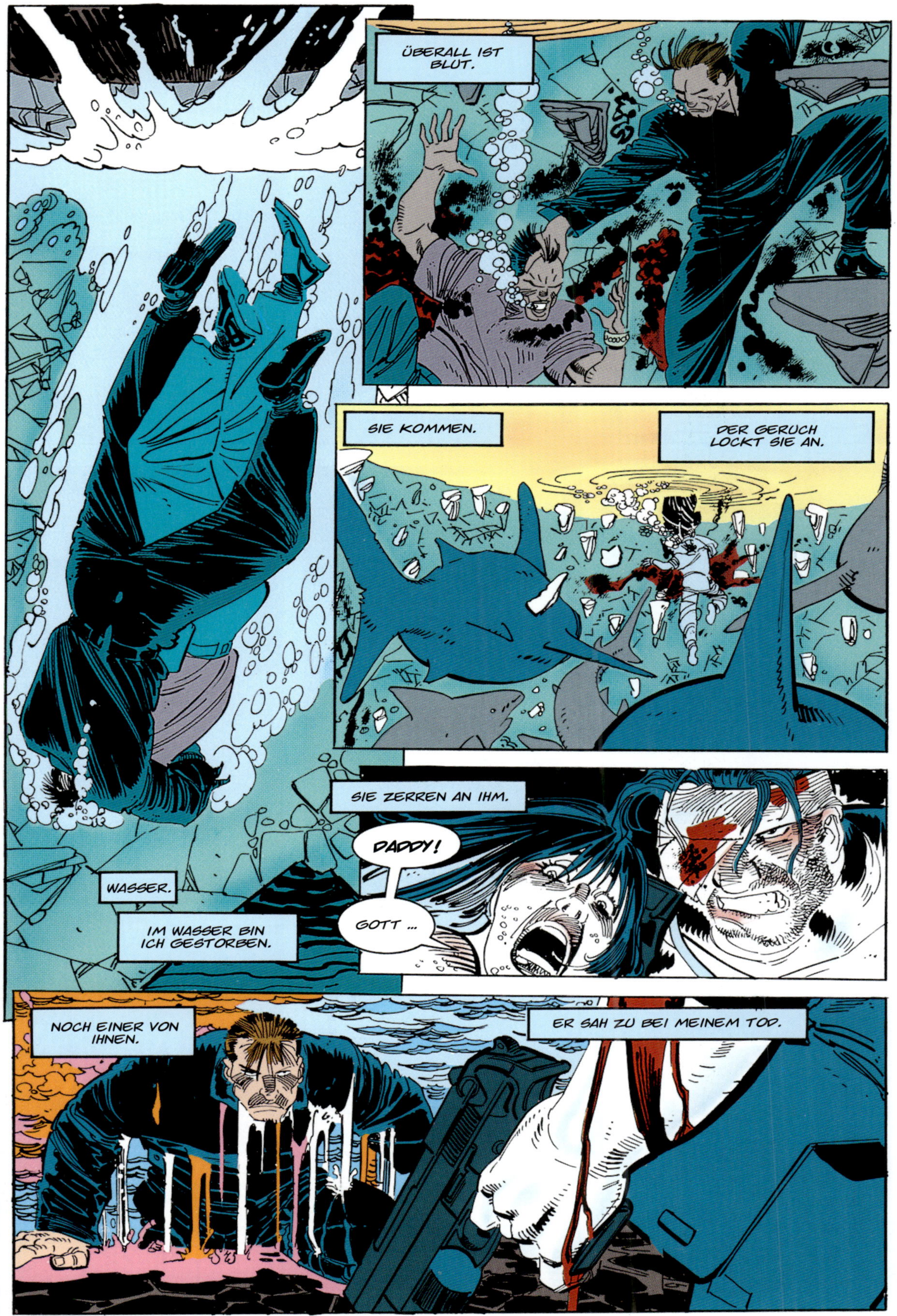
ÜBERALL IST BLUT.
SIE KOMMEN.
DER GERUCH LOCKT SIE AN.
WASSER.
IM WASSER BIN ICH GESTORBEN.
SIE ZERREN AN IHM.
DADDY!
GOTT ...
NOCH EINER VON IHNEN.
ER SAH ZU BEI MEINEM TOD.

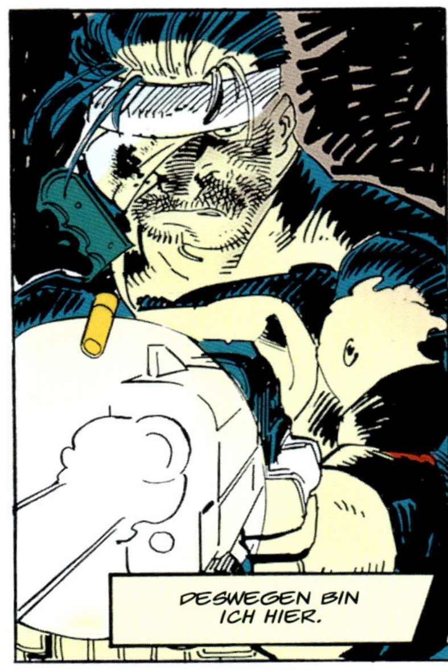
DESWEGEN BIN
ICH HIER.
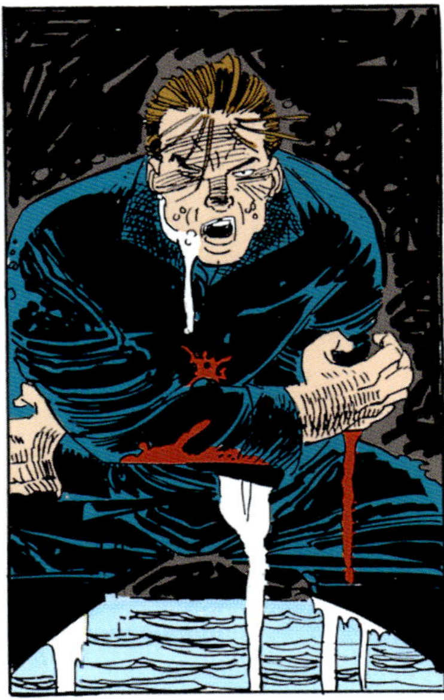
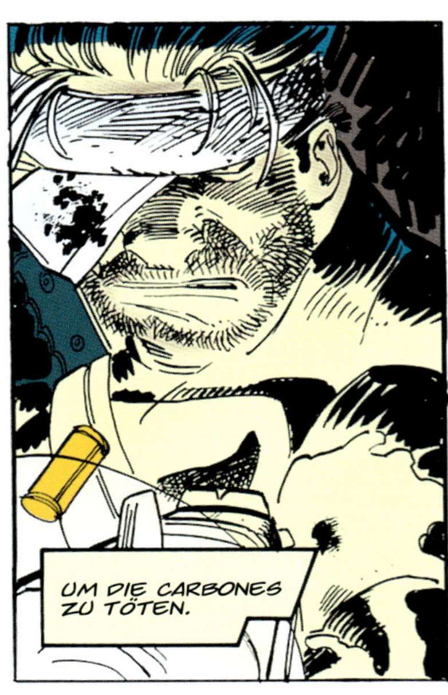
UM DIE CARBONES
ZU TÖTEN.
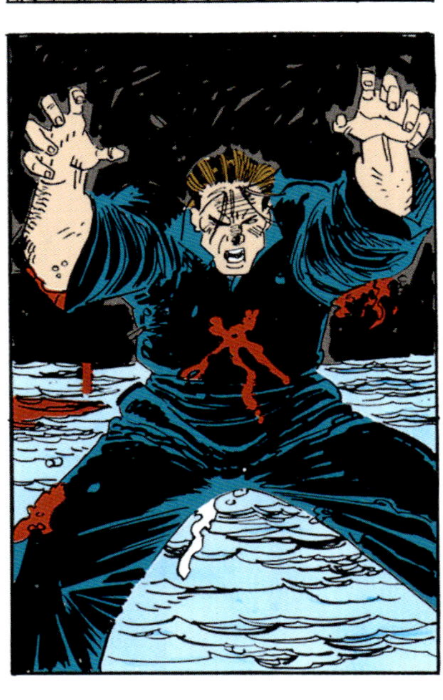
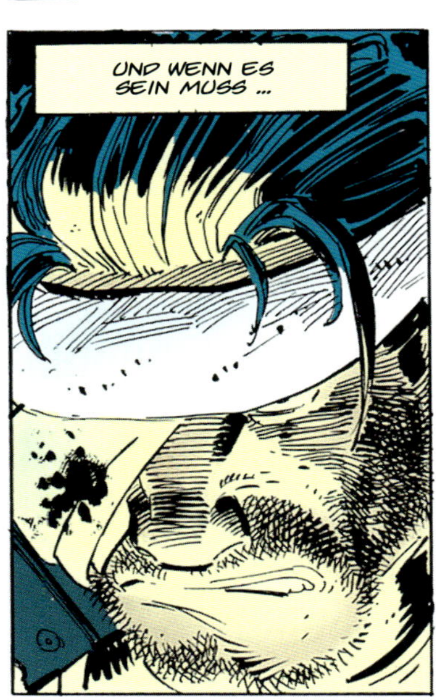
UND WENN ES
SEIN MUSS ...
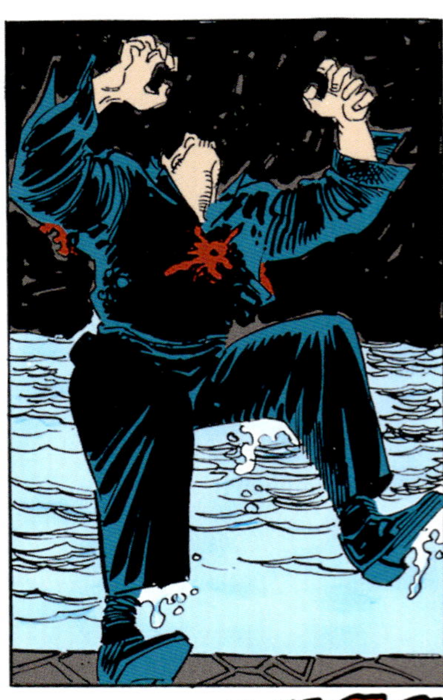
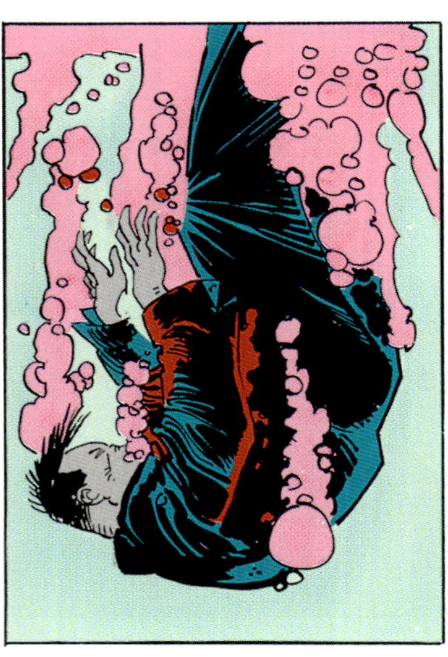
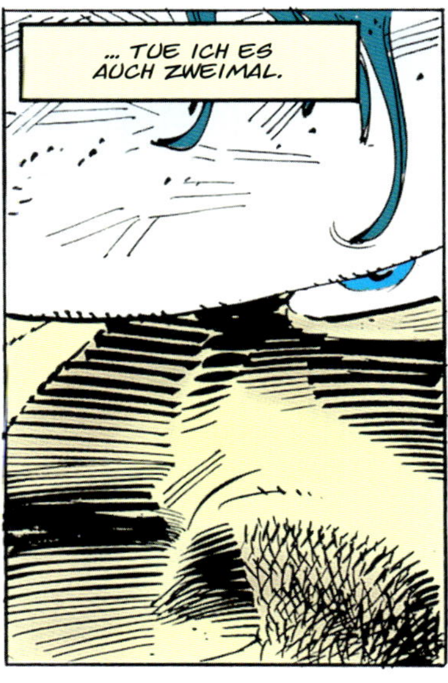
... TUE ICH ES
AUCH ZWEIMAL.
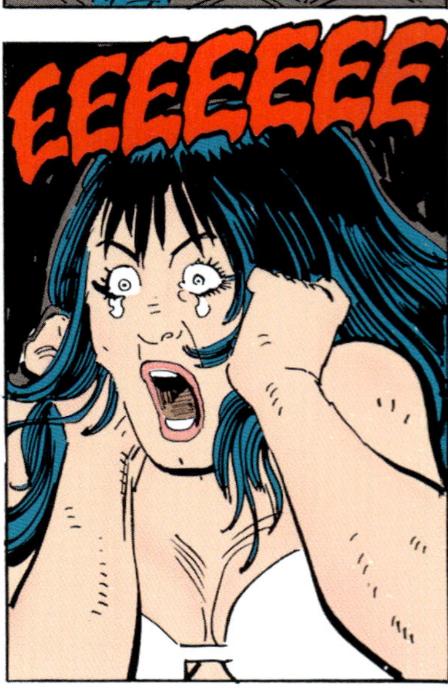
EEEEEEE

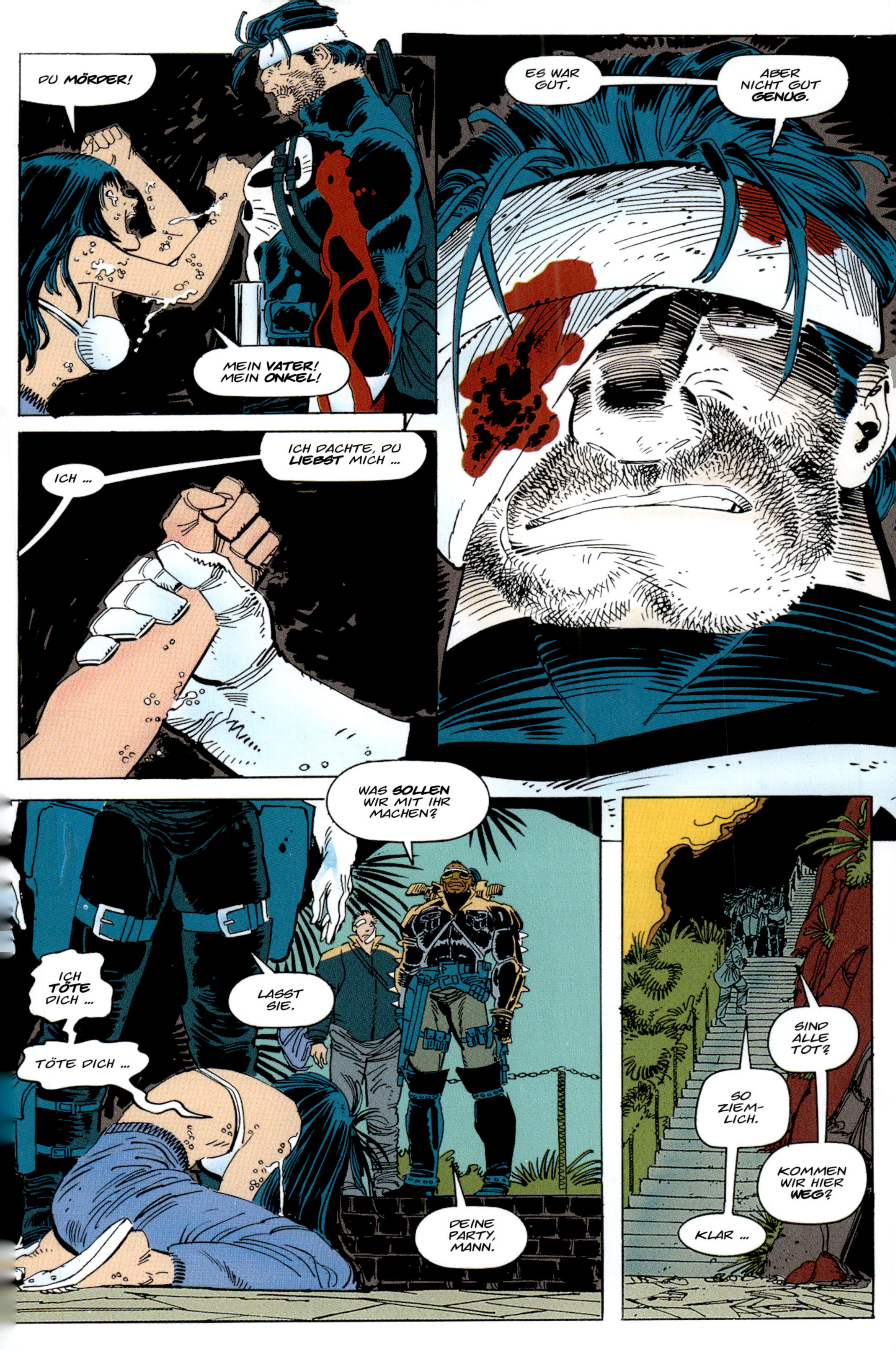
DU MÖRDER!
MEIN VATER! MEIN ONKEL!
ES WAR GUT.
ABER NICHT GUT GENUG.
ICH ...
ICH DACHTE, DU LIEBST MICH ...
WAS SOLLEN WIR MIT IHR MACHEN?
LASST SIE.
ICH TÖTE DICH ...
TÖTE DICH ...
DEINE PARTY, MANN.
SIND ALLE TOT?
SO ZIEM-LICH.
KOMMEN WIR HIER WEG?
KLAR ...

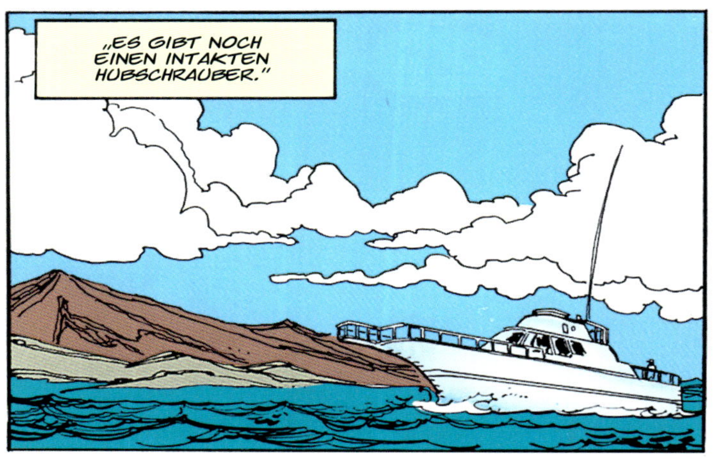

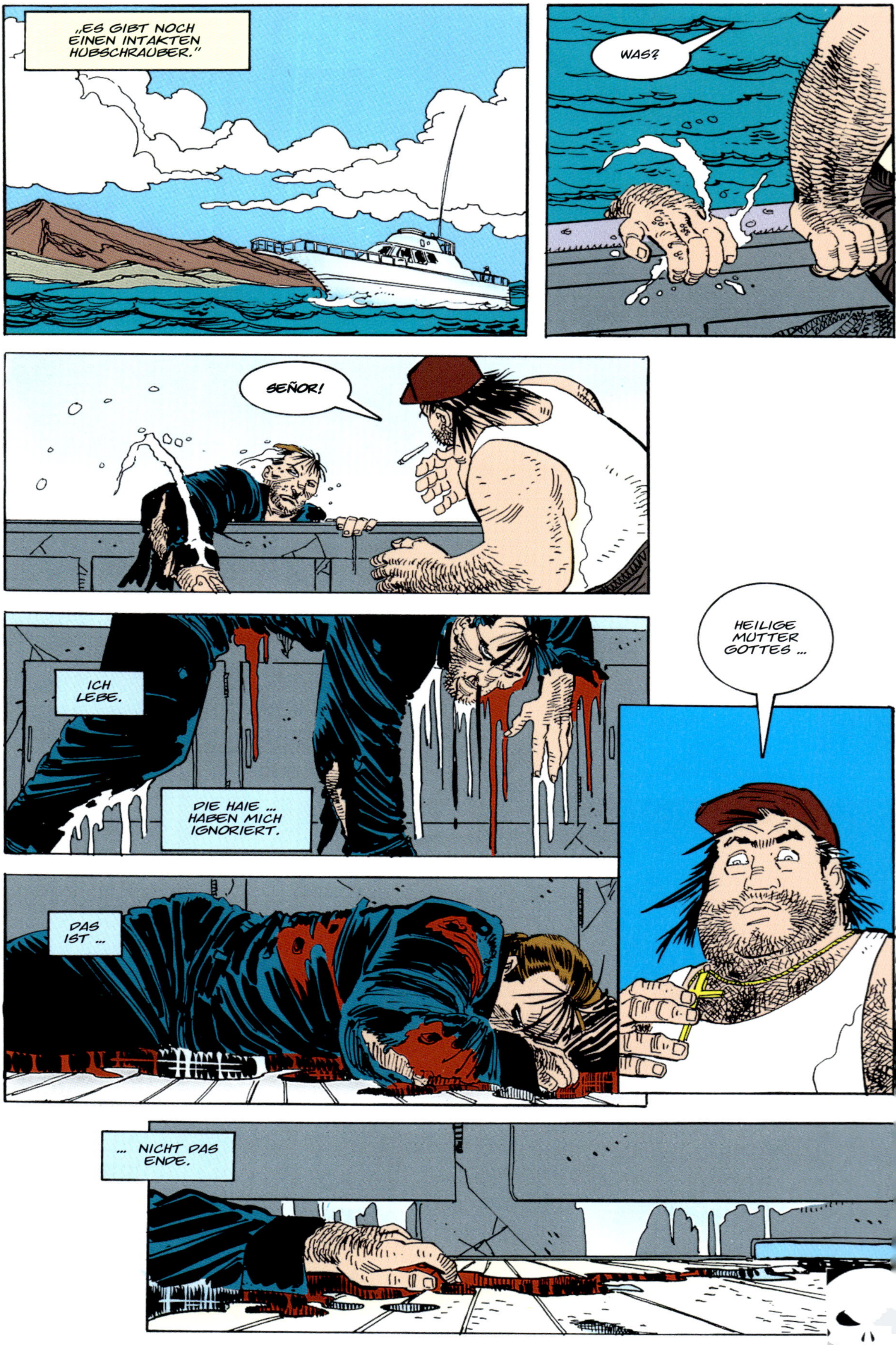

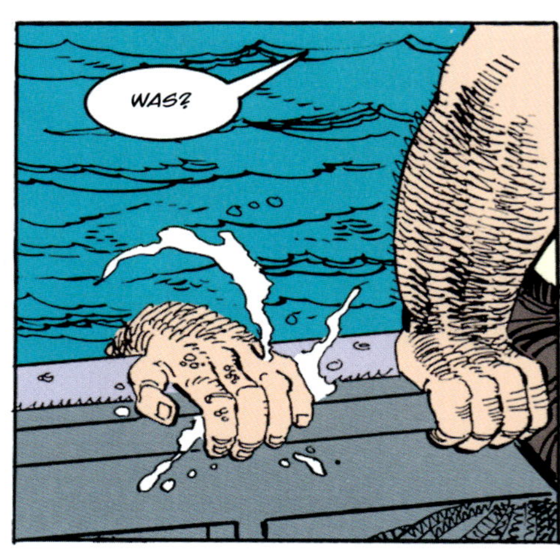

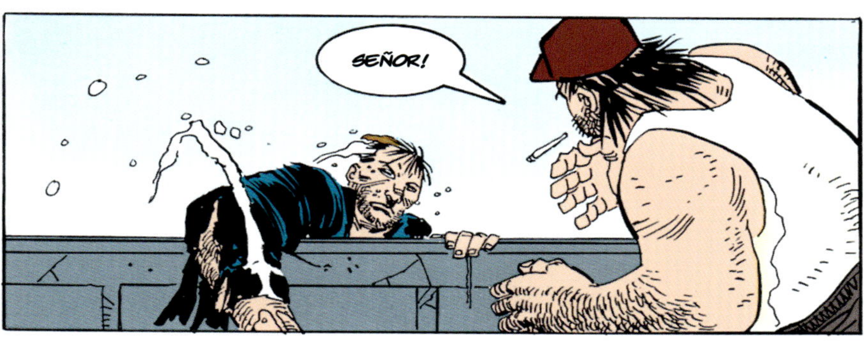

ICH LEBE.

DIE HAIE ... HABEN MICH IGNORIERT.

HEILIGE MUTTER GOTTES ...

DAS IST ...

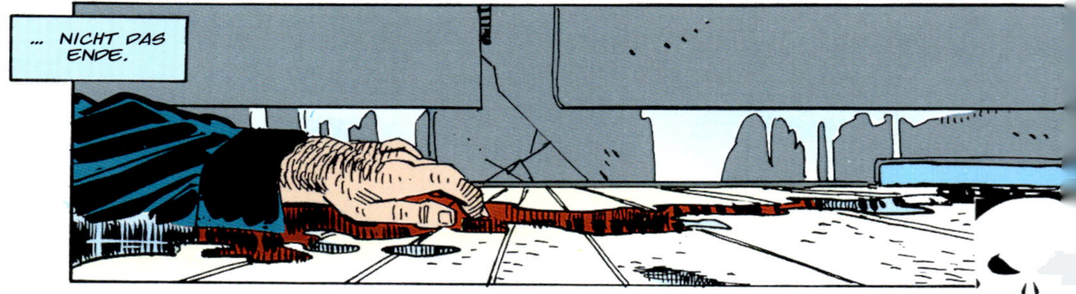

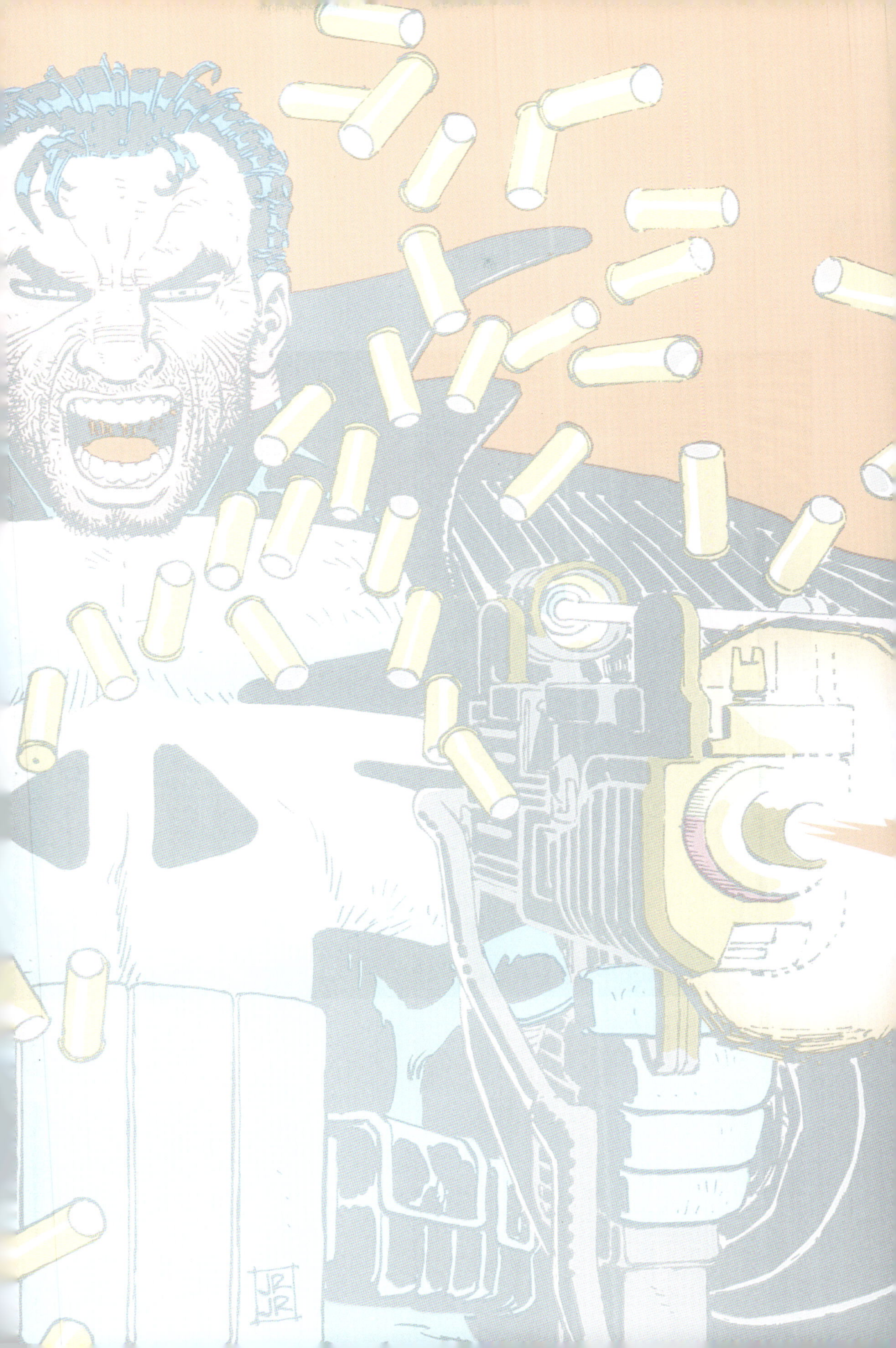
JR JR

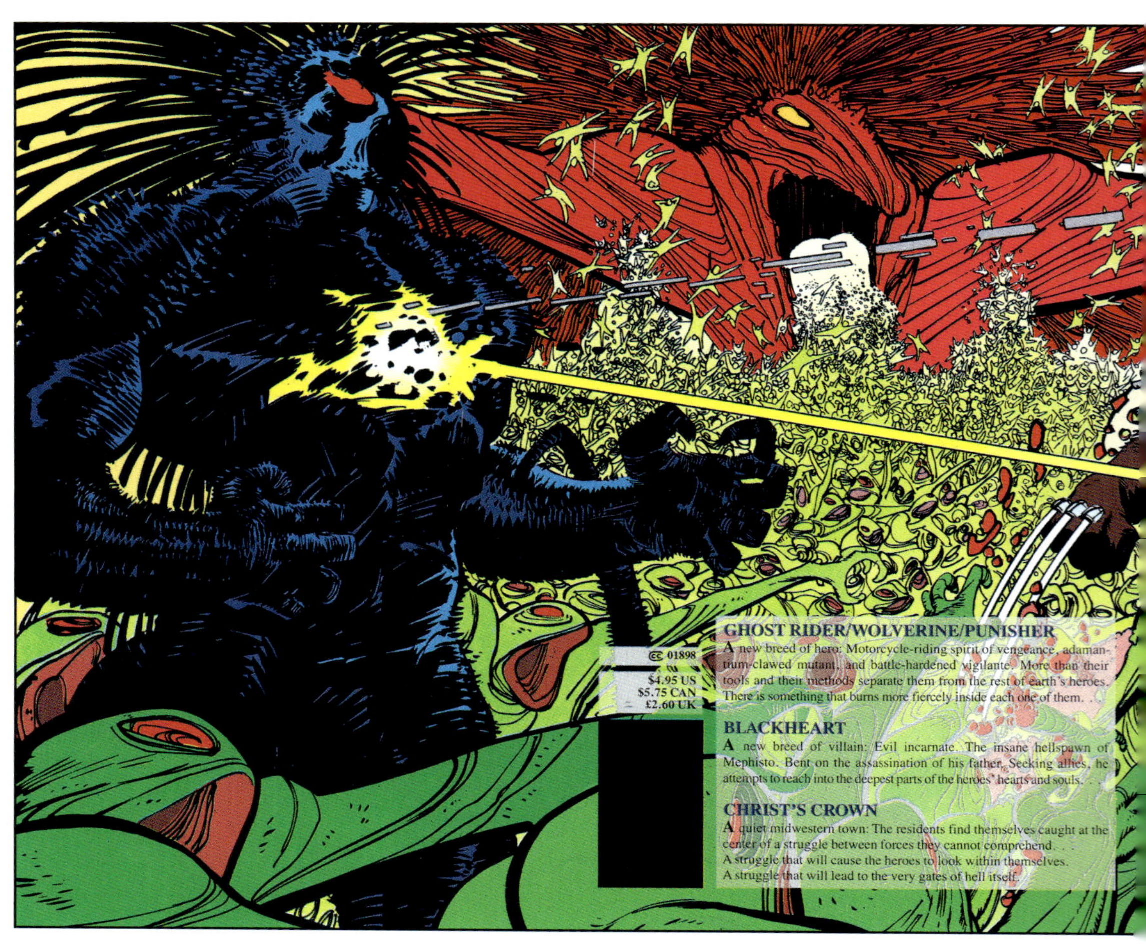

GHOST RIDER/WOLVERINE/PUNISHER
A new breed of hero: Motorcycle-riding spirit of vengeance, adamantium-clawed mutant, and battle-hardened vigilante. More than their tools and their methods separate them from the rest of earth's heroes. There is something that burns more fiercely inside each one of them. . .
BLACKHEART
A new breed of villain: Evil incarnate. The insane hellspawn of Mephisto. Bent on the assassination of his father. Seeking allies, he attempts to reach into the deepest parts of the heroes' hearts and souls. . .
CHRIST'S CROWN
A quiet midwestern town: The residents find themselves caught at the center of a struggle between forces they cannot comprehend. . .
A struggle that will cause the heroes to look within themselves.
A struggle that will lead to the very gates of hell itself.
01898
$4.95 US
$5.75 CAN
£2.60 UK

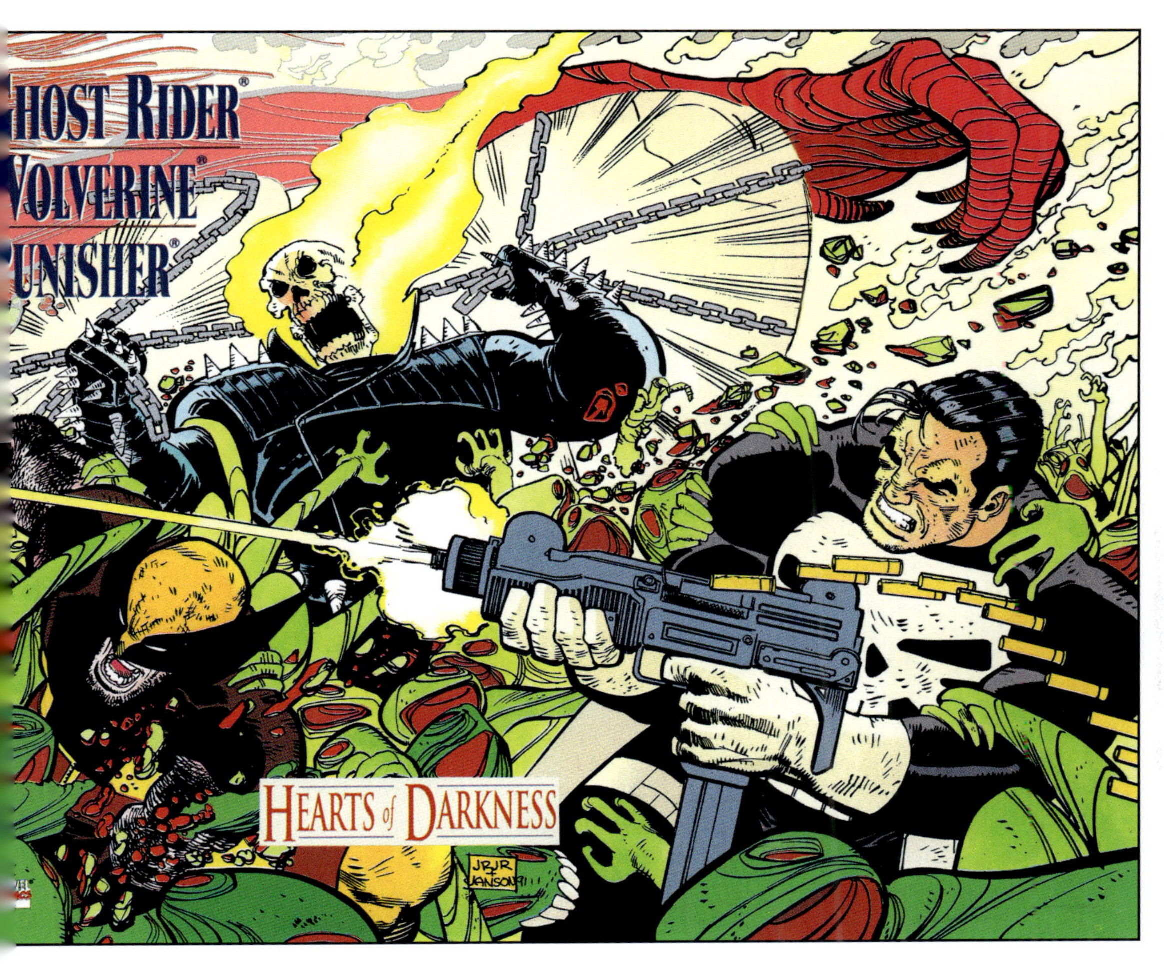

Ghost Rider/Wolverine/Punisher: Hearts of Darkness (1991) 1
Cover von **JOHN ROMITA JR.**

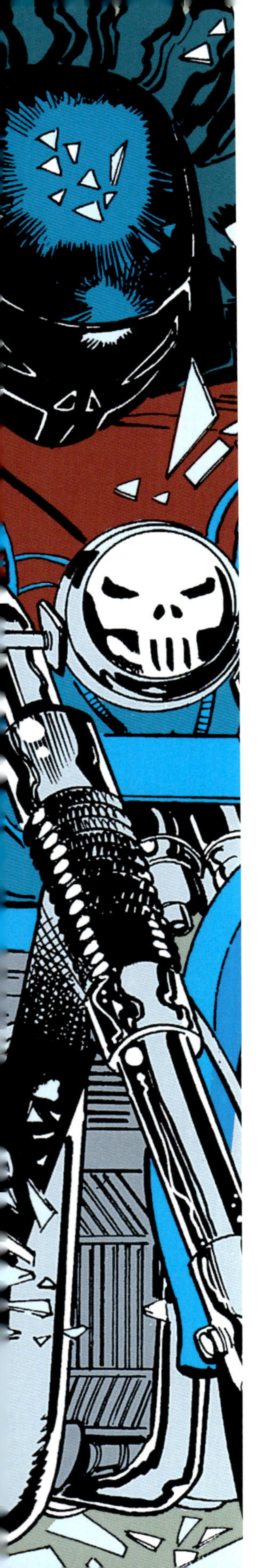

DIE MACHER

CHUCK DIXON gilt als einer der emsigsten Superhelden-Autoren der 1990er, der diese grimmige Ära des grafischen Erzählens durch seine vielen düsteren Geschichten maßgeblich prägte. Für Marvel verfasste er neben PUNISHER: WAR ZONE und PUNISHER noch *Marvel Knights*, *Marc Spector: Moon Knight*, mehrere *Conan*-Comics und die Vietnamkrieg-Serie *The 'Nam*. Bei DC Comics kümmerte er sich um BATMAN, ROBIN, CATWOMAN, GREEN ARROW und NIGHTWING. Besonders die Welt von Batman wurde von Dixon geprägt, wo er eine der treibenden kreativen Kräfte hinter den Event-Spektakeln KNIGHTFALL, DAS BEBEN und NIEMANDSLAND war, Bane mit ersann und obendrein Storys wie BATGIRL: DAS ERSTE JAHR, ROBIN: DAS ERSTE JAHR und NIGHTWING: DAS ERSTE JAHR mit verfasste. Auch wirkte Dixon an BATMAN/SPAWN: DÄMONENFLUCH, *Punisher/Batman*, *Batman versus Predator III* und *Superman/Aliens* mit. Für andere Verlage schrieb der 1954 in Philadelphia geborene Dixon Comics zu *G. I. Joe*, *Airboy*, *Alien Legion*, *The Green Hornet*, *SpongeBob Comics* und *Die Simpsons*. Zudem textete er die Panel-Adaption von J. R. R. Tolkiens Roman *Der Hobbit*, Comics nach Robert Jordans *Das Rad der Zeit*-Büchern, eine Comic-Fassung des Westernklassikers *Zwei glorreiche Halunken* und unabhängige Comics wie *Winterwelt*, *Way of the Rat*, *Sigil* und *Prophet*. Dixon hat mehr als 40.000 Comic-Seiten geschrieben und ist wohl der produktivste Comic-Autor aller Zeiten.

JOHN ROMITA JR. trat als Sohn von Marvel-Legende John Romita Sr. in große Fußstapfen. Seine eigene Karriere begann der 1956 in New York geborene Romita Jr. in den 1970ern mit Beiträgen für Marvels Veröffentlichungen auf dem britischen Markt. Seither hat er jede wichtige Marvel-Figur gezeichnet und brachte viele große Sagas über die Ikonen aus dem Haus der Ideen zu Papier, darunter SPIDER-MAN von Roger Stern, J. Michael Straczynski oder Dan Slott, THOR von Dan Jurgens, IRON MAN von David Michelinie und anderen, DAREDEVIL von Ann Nocenti, X-MEN von Chris Claremont, SENTRY von Paul Jenkins, BLACK PANTHER von Reginald Hudlin, ETERNALS von Neil Gaiman, AVENGERS von Brian Michael Bendis und CAPTAIN AMERICA von Rick Remender. Zudem steuerte Romita Jr. Artwork zu Marvel-Events wie WORLD WAR HULK und AVENGERS VS. X-MEN bei. Mit Frank Miller realisierte der Künstler die Klassiker DAREDEVIL: DER MANN OHNE FURCHT, BATMAN: DER LETZTE KREUZZUG sowie SUPERMAN: DAS ERSTE JAHR. Romita und Autor Mark Millar arbeiteten indes an WOLVERINE: STAATSFEIND zusammen, bevor sie das multimedial erfolgreiche KICK-ASS-Franchise ersannen. Für DC bebilderte Romita in den letzten Jahren noch Geschichten in SUPERMAN, SUICIDE SQUAD, BATMAN, ALL-STAR BATMAN und BATMAN METAL. Der Fanliebling, der 1994 auch Dixons *Punisher/Batman*-Crossover visualisierte, erhielt bereits den Eisner und den Inkpot Award und kehrte Anfang der 2020er als Stammzeichner zur SPIDER-MAN-Serie zurück.

PUNISHER

WAR ZONE

BONUSTEIL

Der **Punisher** begann als Gegenspieler von **Spider-Man**, zunächst als Möchtegern-Attentäter und dann als unbequemer Verbündeter. Doch dann wurde er zu einem der größten Stars von Marvel mit mehreren eigenen Serien.

1992 wurde eine neue Serie mit einer Geschichte gestartet, die **Frank Castle** zum ersten Mal direkt ins Herz des organisierten Verbrechens führte …

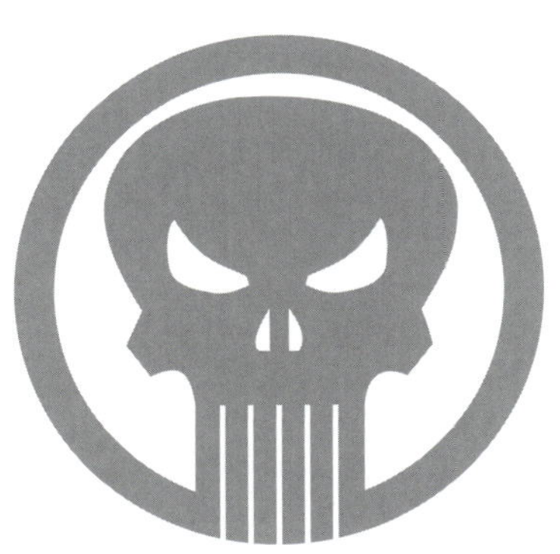

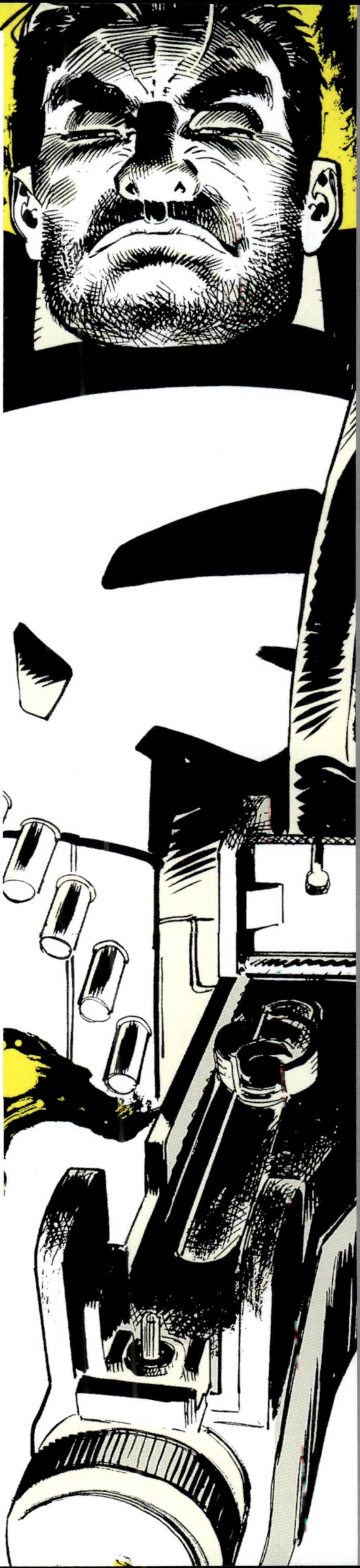

Ein Killer unter Killern

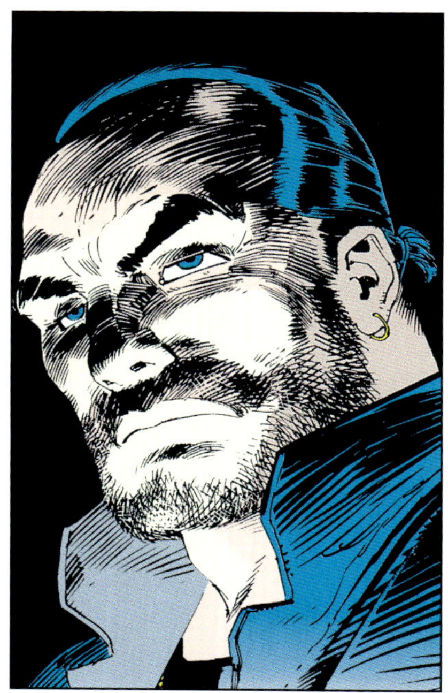

Der Punisher infiltriert die **Carbone-Familie** als „**Johnny Tower**". Zeichnung von John Romita Jr., Klaus Janson und **Gregory Wright**.

Chuck Dixon hat in seiner 40-jährigen Karriere viele der Top-Titel bei Marvel und DC geschrieben, aber seine Anfänge waren bescheiden. „Ich habe in den 1970er-Jahren für Fanzines gearbeitet", erinnert er sich. „Meine erste professionelle Arbeit war für eine miserable Imitation von *Heavy Metal* namens *Gasm*. Das war 1978, und ich bekam 40 Dollar pro Seite, um eine Geschichte zu schreiben, zu zeichnen, zu tuschen und zu lettern. Ich war im siebten Himmel!"

Dixon bezeichnet *Punisher: War Zone* 1-6 als eine der Geschichten, auf die er am stolzesten ist. Die neue Serie war Teil eines Trends, der den **Punisher** aus dem Kostüm, das er bei seinen frühen Auftritten getragen hatte, in normalere Kleidung steckte. „Die Go-Go-Boots waren cool, als er ein **Spider-Man**-Bösewicht war, aber danach funktionierten sie nicht mehr, weil Marvel den Punisher mehr in Richtung einer realistischen Darstellung bewegte", so Dixon. „Er ist eine Figur, die sich auf der Straße anpassen muss, und das ist ziemlich schwierig, wenn man mit weißen Handschuhen herumläuft. Das Totenkopf-Emblem auf einem hautengen Outfit ... selbst in den Straßen von Manhattan würden die Leute einen zweiten Blick riskieren [lacht]. Also musste der Punisher lernen, sich anzupassen. Ich mag jede Art von *Mix-and-Match*, solange das Totenkopf-Logo irgendwo auf der Brust und in der Regel auf schwarzem Grund auftaucht. Wir müssen [dem ehemaligen Punisher-Autor] **Mike Baron** dafür danken, dass der Punisher diesen Look von der Stange bekommen hat, denn er war der erste, der ihn vom Superhelden-Kostüm wegbrachte. Aber er ist natürlich der Punisher, solange er das Totenkopf-Logo trägt."

In der Eröffnungsgeschichte der Serie wurde ein wiederkehrender Erzfeind des Punishers eingeführt – **Sal Carbone** alias **Thorn**. „Sal glaubt, dass er nicht getötet werden kann, weil er **Frank Castles** Angriff überlebt hat, und ich lasse es irgendwie in der Schwebe, ob das stimmt oder nicht", erklärte Dixon. „Ich habe auf einer Reihe von Websites gesehen,

▶ John Romita Jr. wurde 1956 in New York geboren. Als Sohn des Zeichners **John Romita** sah er von klein auf, wie sein Vater *Amazing Spider-Man* und andere Reihen zeichnete. Sein erster regulärer Auftrag war *Iron Man* im Jahr 1978. Romita Jr. hat in seiner langen Karriere fast alle wichtigen Marvel-Serien illustriert, darunter *Uncanny X-Men, Daredevil, Amazing Spider-Man* und *Thor*. Er hat auch viele Miniserien illustriert, wie zum Beispiel *Daredevil: The Man Without Fear*, die von **Frank Miller** geschrieben wurde.

dass einige Comic-Fans überlegt haben, dass er ein Mutant sein oder übernatürliche oder supermenschliche Fähigkeiten haben könnte, sodass er eine kleine Herausforderung für Castle ist. Ich habe ihn nicht nach dem Vorbild von **Jason Voorhees** [dem Killer aus der Filmreihe *Freitag der 13.*] angelegt; also einer Figur, die nie stirbt und immer wieder zurückkehrt, egal, was am Ende des Films mit ihm passiert. Ich habe Thorn vor allem deshalb erschaffen, weil die Daseinsberechtigung des Punishers darin besteht, seine Feinde zu töten. Er ist anders als die meisten Comic-Superhelden, denen es genügt, die Schurken ins Gefängnis oder in die Phantomzone zu schicken oder sie auf einem Eisberg auszusetzen [lacht], denn der Punisher will seine Feinde töten. Also brauchte ich einen Kerl, der nicht sterben würde. Ich kann nicht einmal fünf Punisher-Schurken nennen. Nach **Jigsaw** fällt mir keiner mehr ein, denn die werden immer umgebracht! Jigsaws Witz war, dass er immer zurückkam, und zwar mit mehr Narben als vor seiner letzten Begegnung mit Frank [Castle]. Ich wollte also eine andere Figur, die wirklich schwer zu töten ist, die noch verrückter ist als Frank, noch gewalttätiger. Deshalb wurde Thorn erschaffen: als ein Schurke, der im Punisher-Universum wiederkehren kann."

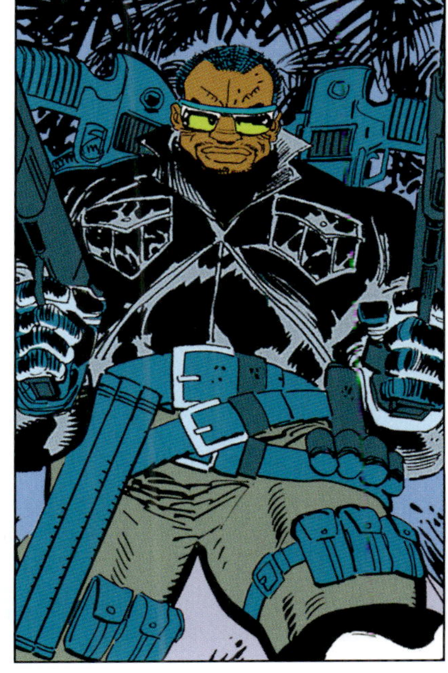

Shotgun, der Verbündete des Punishers. Zeichnung von John Romita Jr., Klaus Janson und Gregory Wright.

John Romita Jr. hatte den Punisher bereits im *Ghost Rider/Wolverine/Punisher: Hearts of Darkness*-Special gezeichnet, das ebenfalls von **Klaus Janson** getuscht worden war. Romita Jr. sieht *Punisher: War Zone* als einen künstlerischen Wendepunkt. „Chuck Dixon hat mich einfach von der Leine gelassen. Er ließ mich tun, was ich wollte, und das gab meinem Storytelling eine melodramatischere Richtung; ich konnte eine Geschichte erzählen, die weniger an Superhelden erinnerte. Einige Zeichner mochten die Sachen so sehr, dass ich Anrufe bekam, in denen es hieß: ‚Ich habe deine Sachen vorher nicht beachtet, wow!'"

Romita Jr. beschreibt Klaus Janson als „einen brillanten Zeichner. Er ist ein Mann, der mit Mumm tuscht. Er verbreiterte die Linie unter einer Figur, um ihr Gewicht zu verleihen. Unsere düsteren Stile ergänzten sich perfekt. Mir wurde gesagt, dass mein Stil mehr ‚Street' als Asgard ist. Klaus und ich haben bei allem so gut zusammengearbeitet, weil wir unterschiedliche Stile haben, und das ist die Würze des Lebens. Er und ich arbeiten die ganze Zeit zusammen und genießen jede Minute."

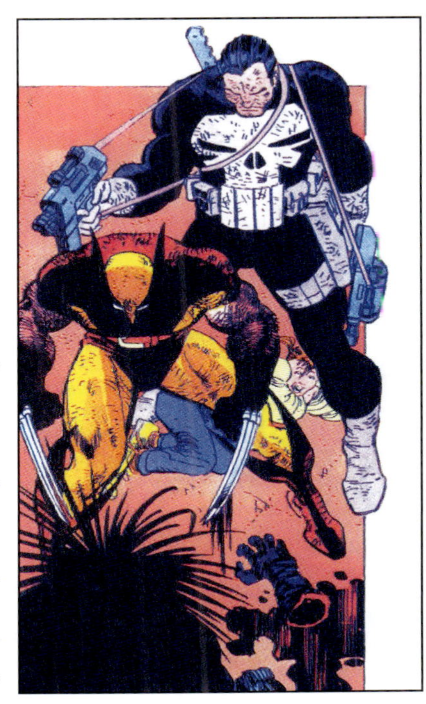

Wolverine und der Punisher tun sich 1991 im *Hearts of Darkness*-Special zusammen. Zeichnung von John Romita Jr. und Klaus Janson.

TIMELINE

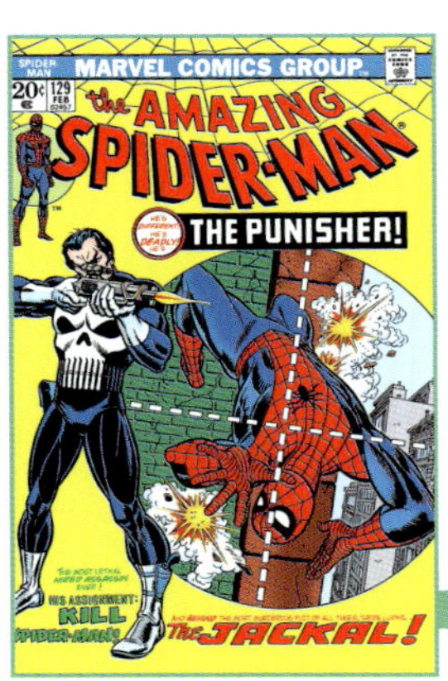

***The Amazing Spider-Man* 129 (1974)**
GERRY CONWAY
ROSS ANDRU
Der Punisher gibt sein Marvel-Debüt. Er wird von ***Jackal*** *ausgetrickst und versucht,* ***Spider-Man*** *zu töten.*

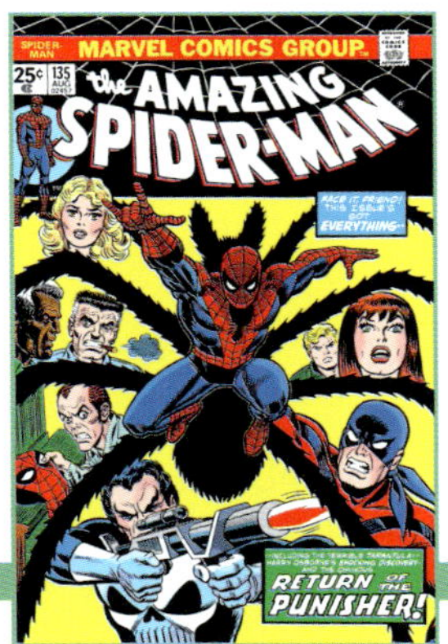

***The Amazing Spider-Man* 135 (1974)**
GERRY CONWAY
ROSS ANDRU
Der Punisher und Spider-Man tun sich zusammen, um den südamerikanischen Söldner ***Tarantula*** *zu besiegen.*

PUNISHER
WAR ZONE

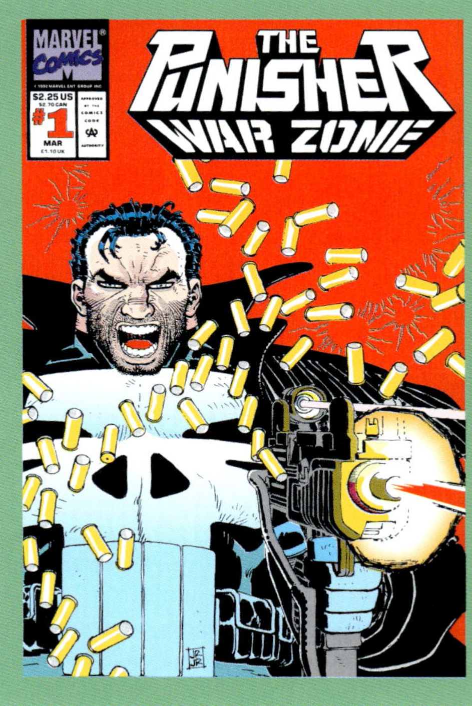

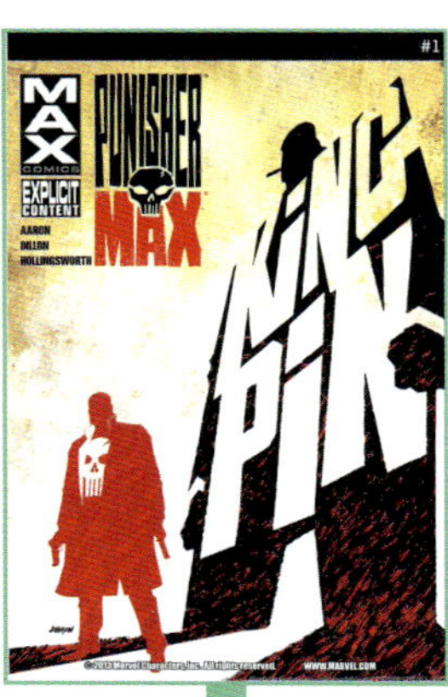

***PunisherMAX* 1 (2010)**
JASON AARON
STEVE DILLON
Eine Serie, die in der Vergangenheit spielt und zeigt, wie ***Wilson Fisk*** *Frank Castle benutzt hat, um an die Spitze der New Yorker Unterwelt zu gelangen und zu* ***Kingpin*** *zu werden.*

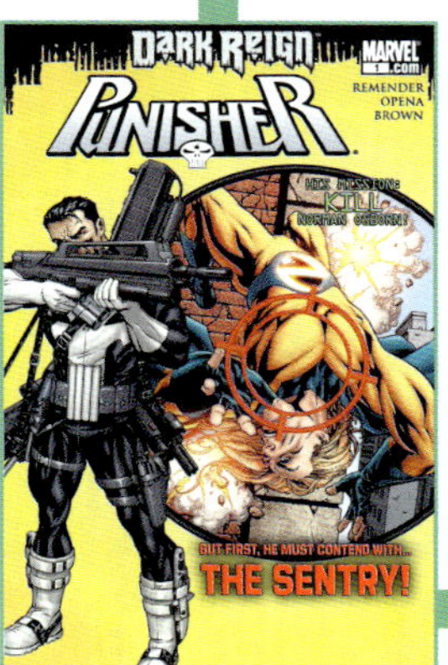

***The Punisher* 1 (2009)**
RICK REMENDER
JEROME OPEÑA
Eine neue Serie beginnt. Der Punisher versucht, ***Norman Osborn*** *zu töten, wird aber von* ***Sentry*** *daran gehindert. Er entkommt dem Supermenschen nur knapp.*

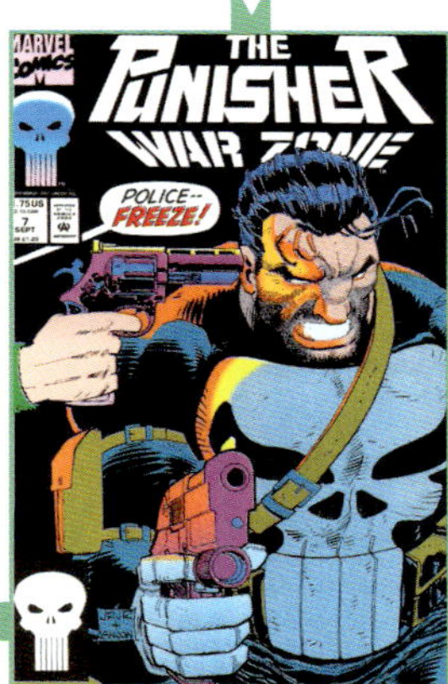

***The Punisher: War Zone* 7 (1992)**
CHUCK DIXON
JOHN ROMITA JR.
Rosalie Carbone *bietet fünf Millionen Dollar für den Tod des Punishers und heuert sieben Top-Killer an.*

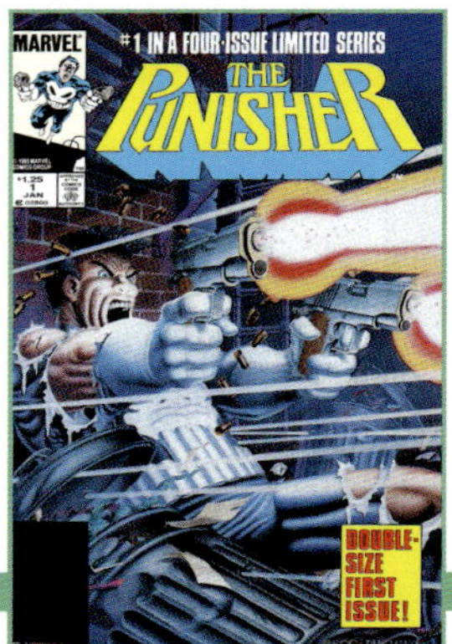

***The Punisher* 1 (1986)**
STEVEN GRANT
MIKE ZECK
Die erste Punisher-Solo-Miniserie. Der Punisher ist im Knast, aber eine geheime Organisation mächtiger Männer bietet ihm einen Ausweg an.

***The Punisher* 1 (1987)**
MIKE BARON
KLAUS JANSON
Der erste monatliche Punisher-Comic beginnt. Der Punisher greift ein Drogenkartell an.

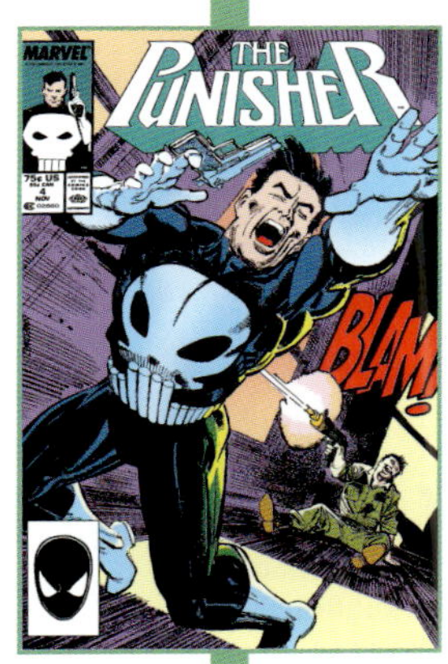

***The Punisher* 4 (1987)**
MIKE BARON
KLAUS JANSON
***Micro** hat seinen ersten Auftritt als einer der wichtigsten Verbündeten des Punishers.*

Der **Punisher** war 1992 bereits eine etablierte Figur im Marvel-Universum. Er war der Außenseiter, der überall, wo er Kriminelle antraf, gegen sie kämpfte und dafür von Polizei, Gangstern und Superhelden gejagt wurde. *Punisher: War Zone* gab der Figur eine interessante Wendung, indem **Frank Castle** undercover bei einer Mafia-Familie untertauchte und Verbindungen zu Kriminellen knüpfte, die er über viele Jahre hinweg aufrechterhielt. Zum ersten Mal war aus dem Außenseiter ein Insider geworden.

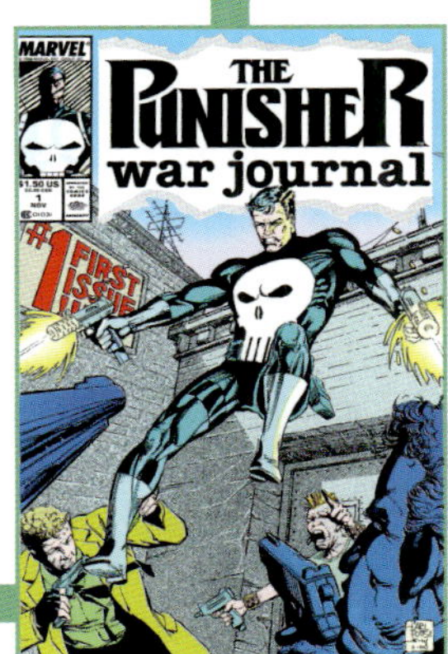

***The Punisher: War Journal* 1 (1988)**
CARL POTTS
JIM LEE
Eine neue Serie beginnt. Der Punisher erinnert sich an den Tod seiner Familie.

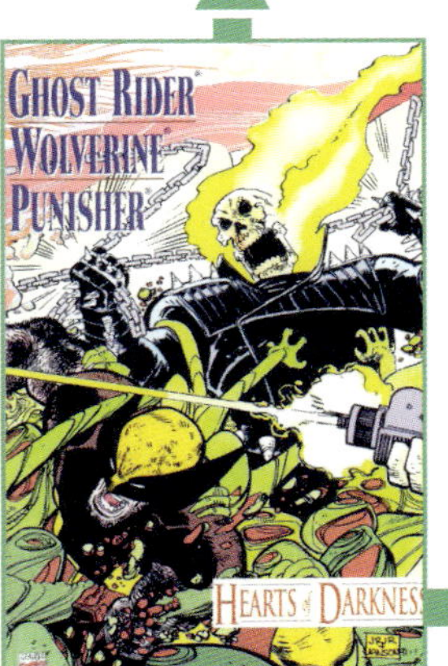

***Ghost Rider/Wolverine/Punisher: Hearts of Darkness* 1 (1991)**
HOWARD MACKIE
JOHN ROMITA JR.
*Der Punisher schließt sich mit **Ghost Rider** und **Wolverine** zusammen, um **Mephistos** Sohn **Blackheart** zu bekämpfen.*

Wiederauferstandene Feinde

Als einziges überlebendes Mitglied der **Carbone-Familie** setzt sich **Rosalie** nach dem Tod ihres Vaters schnell als Oberhaupt der Familie durch. In *Punisher: War Zone* 7 von **Chuck Dixon** und **John Romita Jr.** lässt sie alle abweichenden Stimmen in der Organisation töten. Rosalie heuert sieben der besten Auftragskiller der Welt an, um **Frank Castle** (bzw. „**Johnny Tower**") zu töten. Der **Punisher** kehrt nach New York zurück und macht im Central Park Jagd auf einen Serienvergewaltiger. Der Punisher tötet ihn in der U-Bahn, gerät aber in einen Hinterhalt von zwei Auftragskillern. Er tötet sie und nimmt Rosalie als Geisel, um mit ihr die Carbone-Gangster und die anderen Killer in ein Waldgebiet zu locken. **Micro** kehrt zurück, um dem Punisher zu helfen, und sie erledigen alle Killer. Rosalie lässt der Punisher jedoch am Leben.

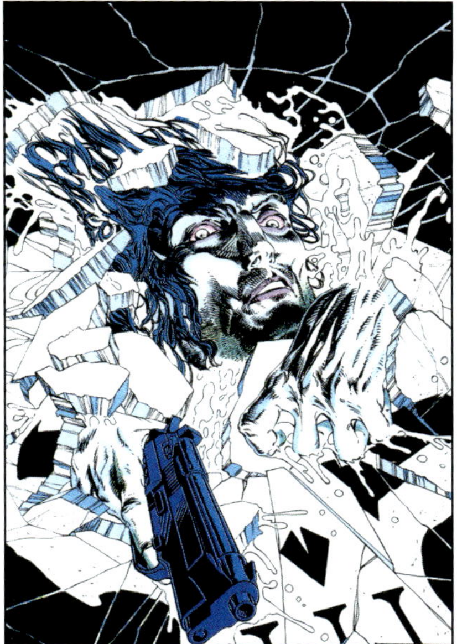

Thorn ist nicht so tot wie gedacht. Zeichnung von Dale Eaglesham und **Scott Koblish**.

Thorn hat seinen zweiten Auftritt im *Punisher: War Zone Annual* 2 (1994) in einer Geschichte von **Chuck Dixon** und **Dale Eaglesham**. Thorn macht sich auf den Weg zu einem Strand, wo er versehentlich einen Waffenkauf im Auftrag eines New Yorker Gangsters namens **Kiki** unterbricht. Thorn tötet die Männer am Strand und klaut ihr Auto. Obwohl er sich immer noch nicht an sein früheres Leben erinnern kann, zieht es ihn nach New York. Er findet **Mickey Fondozzi**, der in einem Lagerhaus arbeitet, und greift ihn und seine Männer an. Mickey erkennt Thorn als **Sal Carbone** und flieht. Thorn folgt ihm in eine Bar, wo sich Mickey mit dem Punisher trifft. Der Punisher und Thorn stehen sich in einem Feuergefecht gegenüber, aber sie werden von Kiki und seiner Bande unterbrochen. Der Punisher flieht in einem Auto, aber Thorn klammert sich am Dach fest und verursacht auf einer Highway-Brücke einen Unfall. Thorn hat den Punisher im Visier, wird aber erneut von Kiki angegriffen. Thorn tötet Kiki und seine Männer, aber das verschafft dem Punisher Zeit, sich zu erholen. Er stößt Thorn von der Brücke, wo er auf einen Lastwagen fällt, der nach New Jersey fährt. Der Kampf endet mit einem Patt.

▶ Rosalie Carbone findet in *Punisher* 5 (1996) in einer Geschichte von **John Ostrander** und **Pat Broderick** ihr Ende. Sie unterbricht ein Treffen zwischen dem Oberhaupt der **Geraci-Familie** und den meisten New Yorker Gangsterbossen und fordert Frank Castles Tod. Als **Don Geraci** sich weigert, befiehlt sie ihren Männern, anzugreifen. Der Kampf verlagert sich auf ein Dach, wo Rosalie Frank schließlich in ihrer Gewalt hat. Sie wird jedoch von der Enkelin des Dons, **Leslie Geraci**, getötet.

Micro

David Linus Lieberman wurde in Brooklyn, New York, geboren. Er war ein hochintelligenter junger Mann, der ein Stipendium für die Empire State University erhielt. Dort begann er eine Beziehung mit einer anderen Studentin, **Jan O'Reilly**. Ein Freund von David, **Mark Johnson**, bat ihn, seine Prüfungsergebnisse zu verbessern, indem er die Computer der Universität hackte. David willigte ein, und das führte dazu, dass er dasselbe gegen Bezahlung auch für andere Studenten tat. Davids Betrug wurde von **Professor Thomas Halliday** aufgedeckt, der damit drohte, ihn zu entlarven, falls er seine Fähigkeiten nicht dazu nutzen würde, große Geldbeträge von der Tri-State Bank abzuheben. Die Bank gehörte jedoch der Mafia, und nach Entdeckung des Hacks wurde ein Killerkommando zu Hallidays Haus geschickt, wo er und seine Familie ermordet wurden. David entkam und ging zu Jan, die von ihm schwanger war. Jan war wütend auf David, als sie die Wahrheit erfuhr, und verließ ihn.

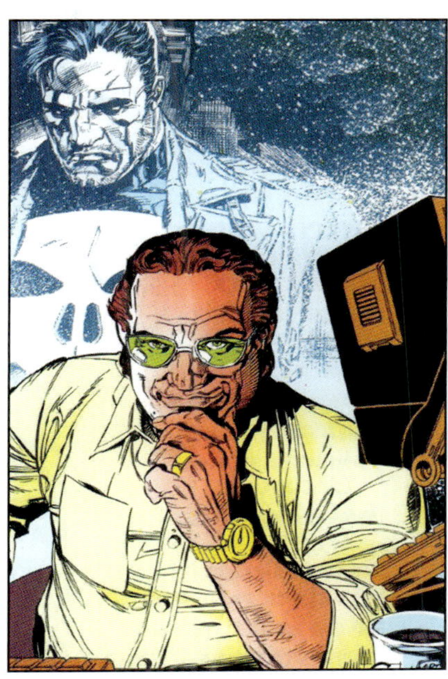

Micros Fähigkeiten als Hacker sind in der Unterwelt legendär. Zeichnung von **Doug Braithwaite** und **Art Nichols**.

David erkannte, dass er sich eine neue Identität zulegen musste, um der Mafia zu entkommen. Er nahm den Namen „**Microchip**" an und begann, seine Dienste Leuten anzubieten, die anspruchsvolle Hackerarbeiten durchführen lassen wollten.

Davids erste Begegnung mit **Frank Castle** fand 1971 statt, als er sich zum Militärdienst melden musste. Castle lehnte David aus gesundheitlichen Gründen ab. Viele Jahre später nahm Castle als **Punisher** Kontakt zu David auf. Die Männer arbeiteten zusammen, um der Internationalen Bank Zürich, die Geld für die Mafia wusch, Geld abzunehmen, und der Punisher tötete den CEO der Bank. David und der Punisher begannen, regelmäßig zusammenzuarbeiten.

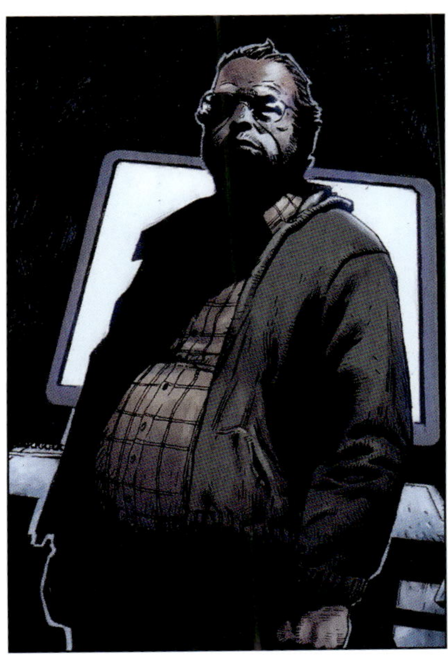

Der Tod seines Sohnes stürzte Micro in tiefe Trauer. Zeichnung von **Lewis LaRosa**.

David war schockiert, als sein erwachsener Sohn **Louis Frohike** ihn aufspürte. Louis war selbst ein erfahrener Hacker und unterstützte David und den Punisher bei ihren Aktivitäten, bis er getötet wurde. David war am Boden zerstört über den Verlust seines Sohnes.

WEITERE MUST-HAVE-TITEL

BEREITS ERHÄLTLICH

CIVIL WAR
AVENGERS: HELDENFALL
SPIDER-MAN: SPIDER-VERSE
WOLVERINE: OLD MAN LOGAN
DEADPOOL KILLT DAS MARVEL-UNIVERSUM
THANOS: DIE GEBURT EINES MONSTERS
DAREDEVIL: DER MANN OHNE FURCHT
MILES MORALES: ULTIMATE SPIDER-MAN
MS. MARVEL: META-MORPHOSE
DER TOD VON WOLVERINE
INFINITY GAUNTLET: DIE EWIGE FEHDE
PLANET HULK
X-MEN: DIE DARK PHOENIX SAGA
VENOM: DARK ORIGIN
IRON MAN: EXTREMIS
FANTASTIC FOUR – 4
PUNISHER: FRANK IST ZURÜCK!
MARVEL KNIGHTS SPIDER-MAN
BLACK PANTHER: WER IST BLACK PANTHER?
X-MEN: EIN NEUER ANFANG
FANTASTIC FOUR: ALLES GELÖST?!
SPIDER-MAN: HEIMKEHR
CAPTAIN AMERICA: WINTER SOLDIER
ASTONISHING X-MEN: BEGABT
SPIDER-MAN: KRAVENS LETZTE JAGD
HOUSE OF M
DEADPOOL: WEIBER, WUMMEN UND WADE WILSON

AVENGERS: AUSBRUCH
ULTIMATE SPIDER-MAN: LEKTIONEN FÜRS LEBEN
DER TOD VON CAPTAIN AMERICA
ANNIHILATION
MARVELS
DAREDEVIL: AUFERSTEHUNG
GUARDIANS OF THE GALAXY: SPACE-AVENGERS
AVENGERS PRIME
WOLVERINE: STAATSFEIND
THE SIEGE – DIE BELAGERUNG
SPIDER-MAN/BLACK CAT
DAREDEVIL: IN DEN ARMEN DES TEUFELS
THOR: DIE RÜCKKEHR DES DONNERS
SECRET INVASION
UNCANNY AVENGERS: DER ROTE SCHATTEN
WOLVERINE: WAFFE X
MARVEL ZOMBIES
DOCTOR STRANGE: DER EID
SILVER SURFER: REQUIEM
X-MEN: BEDROHTE SPEZIES
FEAR ITSELF – NACKTE ANGST
THOR: AUF DER SUCHE NACH GÖTTERN
WORLD WAR HULK
SPIDER-MAN: QUALEN
WOLVERINE
NEW AVENGERS: ILLUMINATI
SECRET WAR
THANOS KEHRT ZURÜCK
GHOST RIDER: STRASSE ZUR VERDAMMNIS
AVENGERS: ULTRONS RACHE
DEADPOOL: DREI GLORREICHE HALUNKEN
SPIDER-MAN: ERSTAUNLICHER NEUSTART
AVENGERS FOREVER

X-MEN: SCHISMA – GETRENNTE WEGE
SUB-MARINER: DIE TIEFE
AGE OF ULTRON
SECRET WARS
HULK: GRAU
NEW MUTANTS: HÖLLENBIEST
X-MEN: MAGNETO – TESTAMENT
SILVER SURFER: PARABEL
IRON MAN: DIE FÜNF ALBTRÄUME
CAPTAIN AMERICA: NEUE GEGNER
THOR: GOTT DES DONNERS – GÖTTERSCHLÄCHTER
MARVEL SUPER HEROES SECRET WARS
GUARDIANS OF THE GALAXY: KRIEGER DES ALLS
HULK: DYSTOPIA
SPIDER-MAN NOIR
DEADPOOL: DIE WETTE
DAREDEVIL & ECHO: TEILE DER LEERE
DOCTOR STRANGE: ANFANG UND ENDE
DAREDEVIL: FATHER
SPIDER-MAN: FAMILIENTRADITION
AVENGERS: ROTE ZONE
X-MEN: ZUKUNFT IST VERGANGENHEIT
SPIDER-MAN: BLUE
PUNISHER: BLUTSPUR
THANOS: HERRSCHER DES UNIVERSUMS
VENOM: NETZ DES TODES
X-FORCE: SEX + GEWALT
MARVEL 1602
MYTHOS
CIVIL WAR II

JETZT ERHÄLTLICH

PUNISHER: WAR ZONE
DER TOD VON CAPTAIN MARVEL

DEMNÄCHST

SPIDER-MAN: IM KÖRPER DES FEINDES
SPIDER-MEN

AF561146

DIE ULTIMATIVE SPIDER-MAN

COMIC-KOLLEKTION

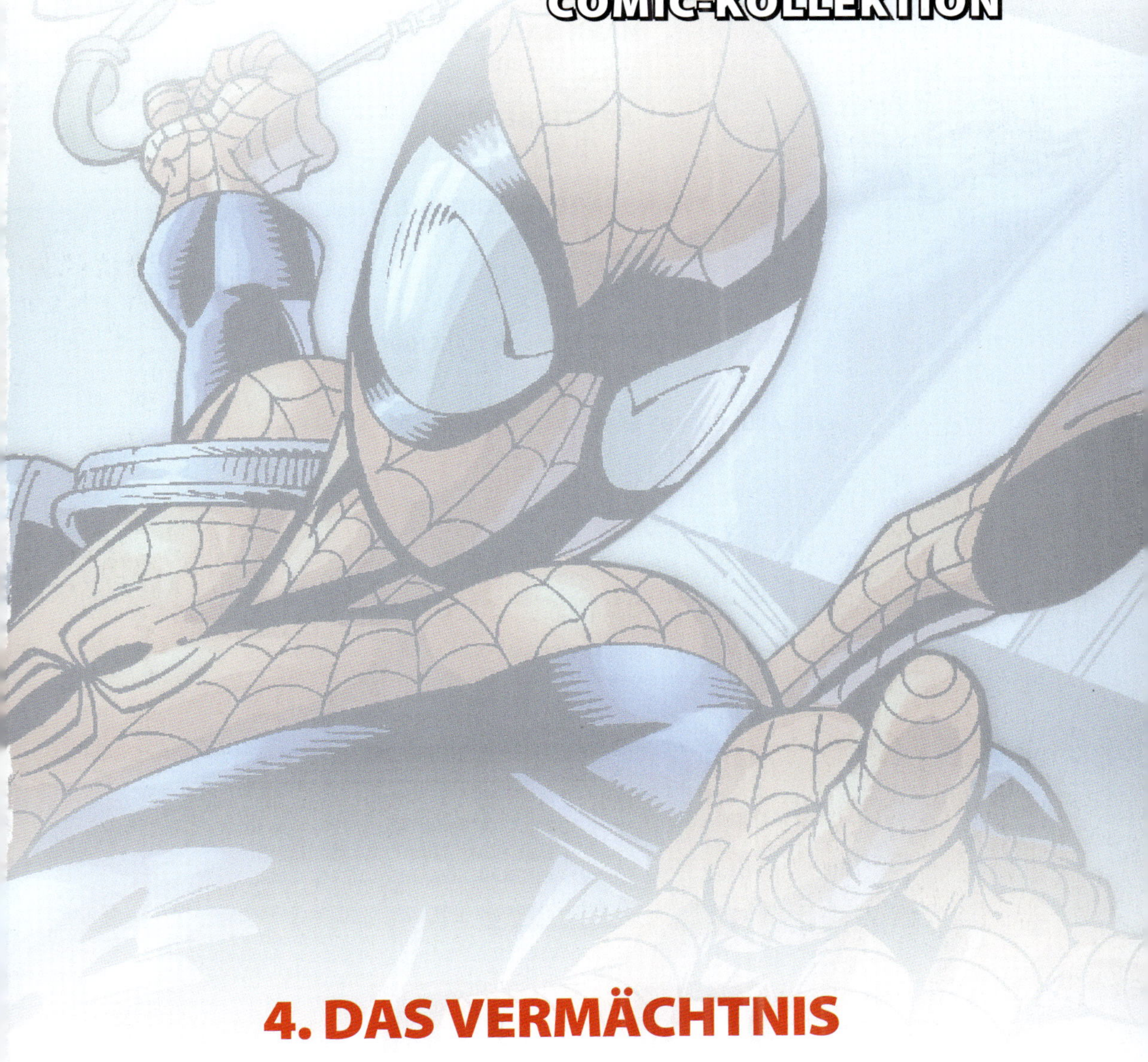

4. DAS VERMÄCHTNIS

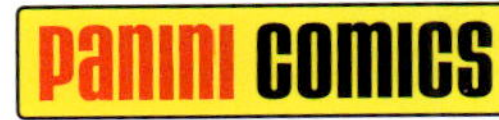

DIE ULTIMATIVE SPIDER-MAN-COMIC-KOLLEKTION 4: DAS VERMÄCHTNIS

BRIAN MICHAEL BENDIS
Geschichte

MARK BAGLEY
Zeichnungen

ART THIBERT
Tusche

TRANSPARENCY DIGITAL
Farben

BRIAN SMITH, RALPH MACCHIO
Redaktion USA

AXEL ALONSO, JOE QUESADA, DAN BUCKLEY, ALAN FINE
MARVEL USA

Impressum: Die ultimative Spider-Man-Comic-Kollektion 4 – Das Vermächtnis wird von der Panini Verlags GmbH herausgegeben, Schloßstraße 76, 70176 Stuttgart. Geschäftsleitung: Hermann Paul; Head of Editorial: Jo Löffler (v.i.S.d.P.); Redaktion: Benjamin Feuer, Gunther Nickel; Übersetzung: Michael Strittmatter (Comic); Head of Marketing: Holger Wiest; Marketing: Jette Götz (E-Mail: marketing@panini.de); Lettering & Grafik: Brightstar Studio, Ludwigsburg; Produktion: Sanja Ancic; Druck: Mohn Media, Gütersloh.

Anzeigen: BLAUFEUER VERLAGSVERTRETUNGEN GmbH, info@blaufeuer.de
Es gilt die Anzeigenpreisliste Nr. 19 vom 1.10.2021.
Vertriebsservice: stella distribution, Hamburg, Fax: 040/808053050
Presse & PR: Steffen Volkmer
Panini-Nachbestell-Service: Bezugsmöglichkeiten für ältere Ausgaben unter www.spider-man-comic-kollektion.de

Die ultimative Spider-Man-Comic-Kollektion Abonnenten-Service: PrimaNeo GmbH & Co. KG, Postfach 10 40 40, D-20027 Hamburg, Tel.: 040/23670-3990, Fax: 040/23670-301, E-Mail: SMCK@primaneo.de

Hinweise zu unseren Datenschutzrichtlinien finden Sie im Internet unter: https://www.paninishop.de/datenschutz

HDESPC004
ISBN 978-3-7416-3119-1

Findet uns im Netz:
www.paninicomics.de

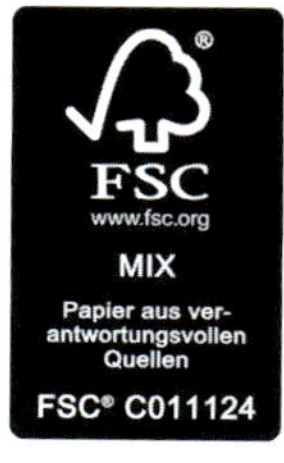

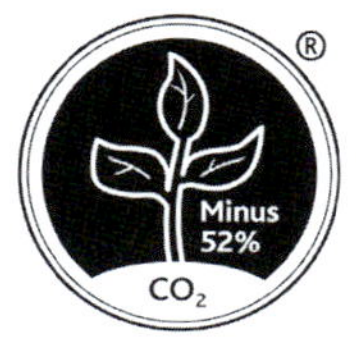

Beim Druck dieses Produkts wurde durch den innovativen Einsatz der Kraft-Wärme-Kopplung im Vergleich zum herkömmlichen Energieeinsatz bis zu 52% weniger CO_2 emittiert.

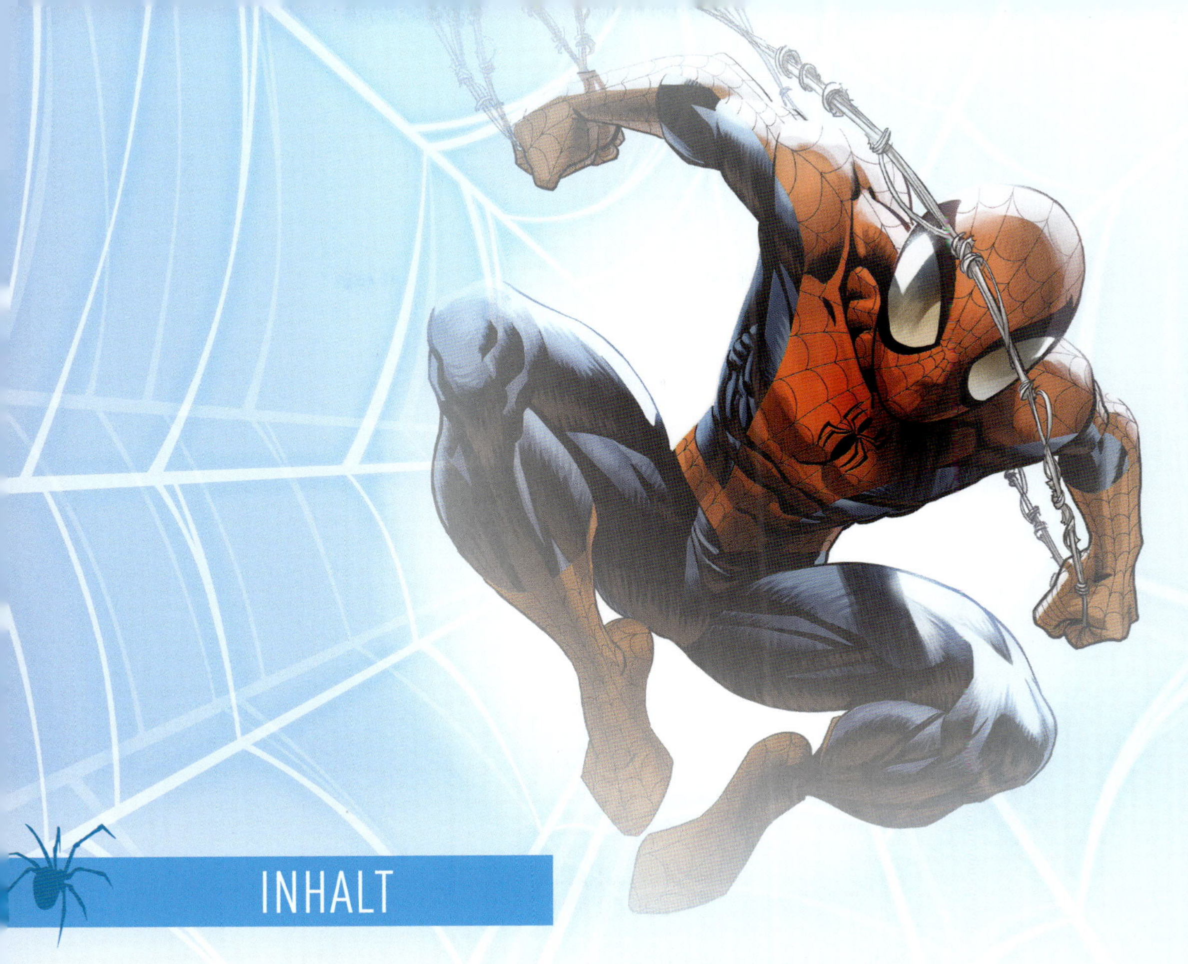

INHALT

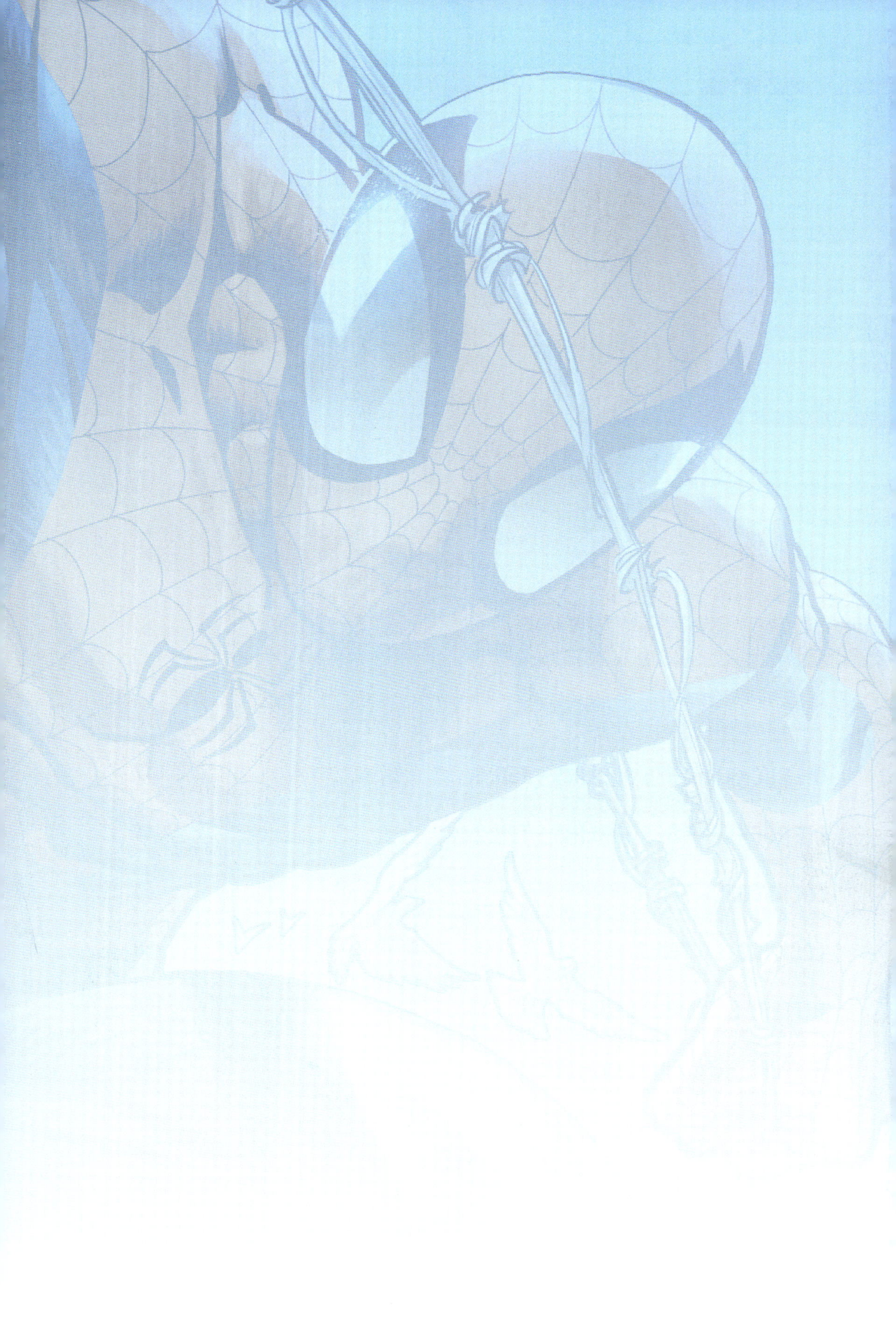

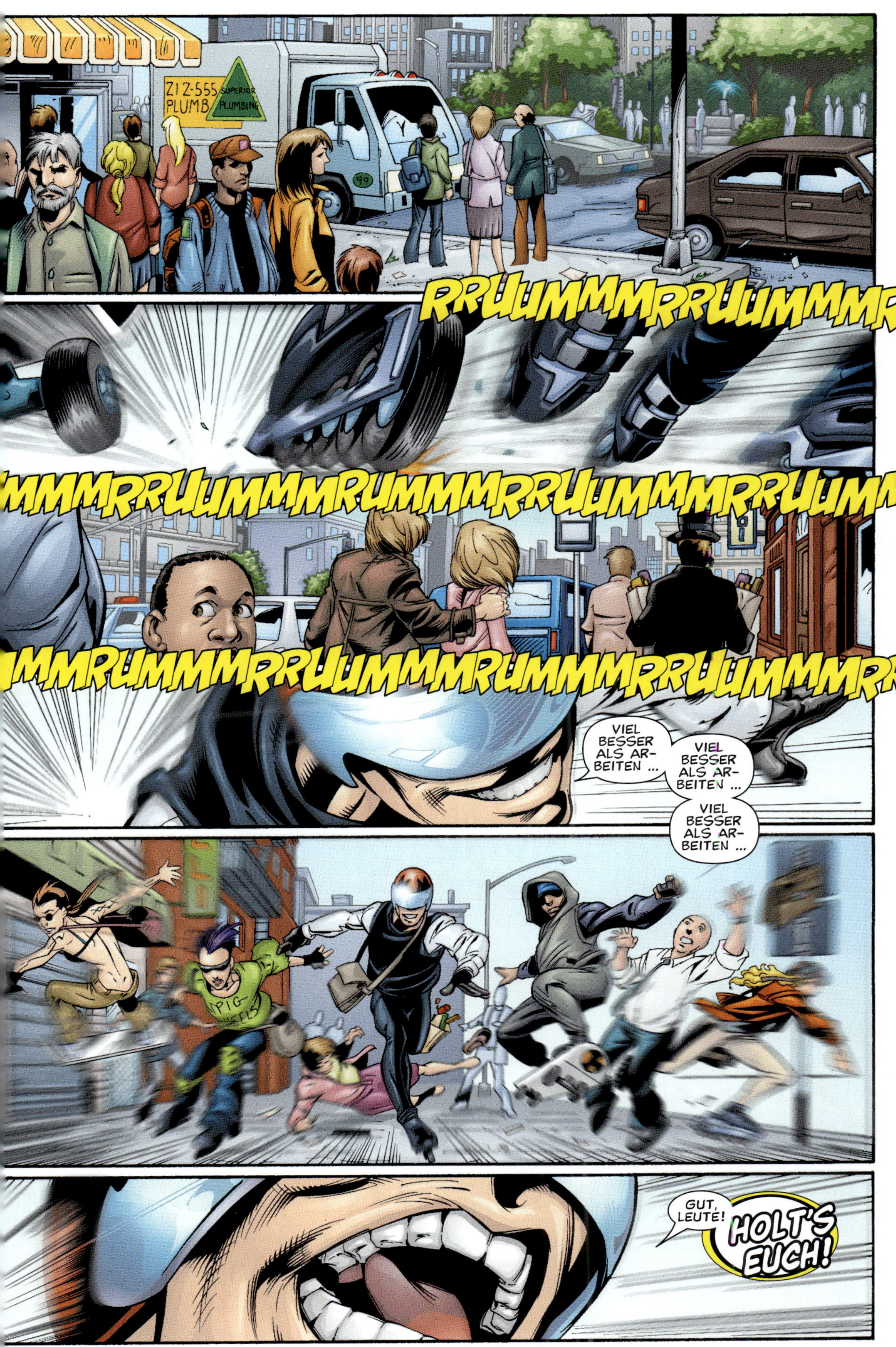
ZIZ-555 PLUMB
SUPERIOR PLUMBING
RRUUMMMRRUUMMMR
MMMRRUUMMMRUMMMRRUUMMMRRUUMM
MMRUMMMRRUUMMMRUMMMRRUUMMMR
VIEL BESSER ALS AR-BEITEN ...
VIEL BESSER ALS AR-BEITEN ...
VIEL BESSER ALS AR-BEITEN ...
GUT, LEUTE!
HOLT'S EUCH!

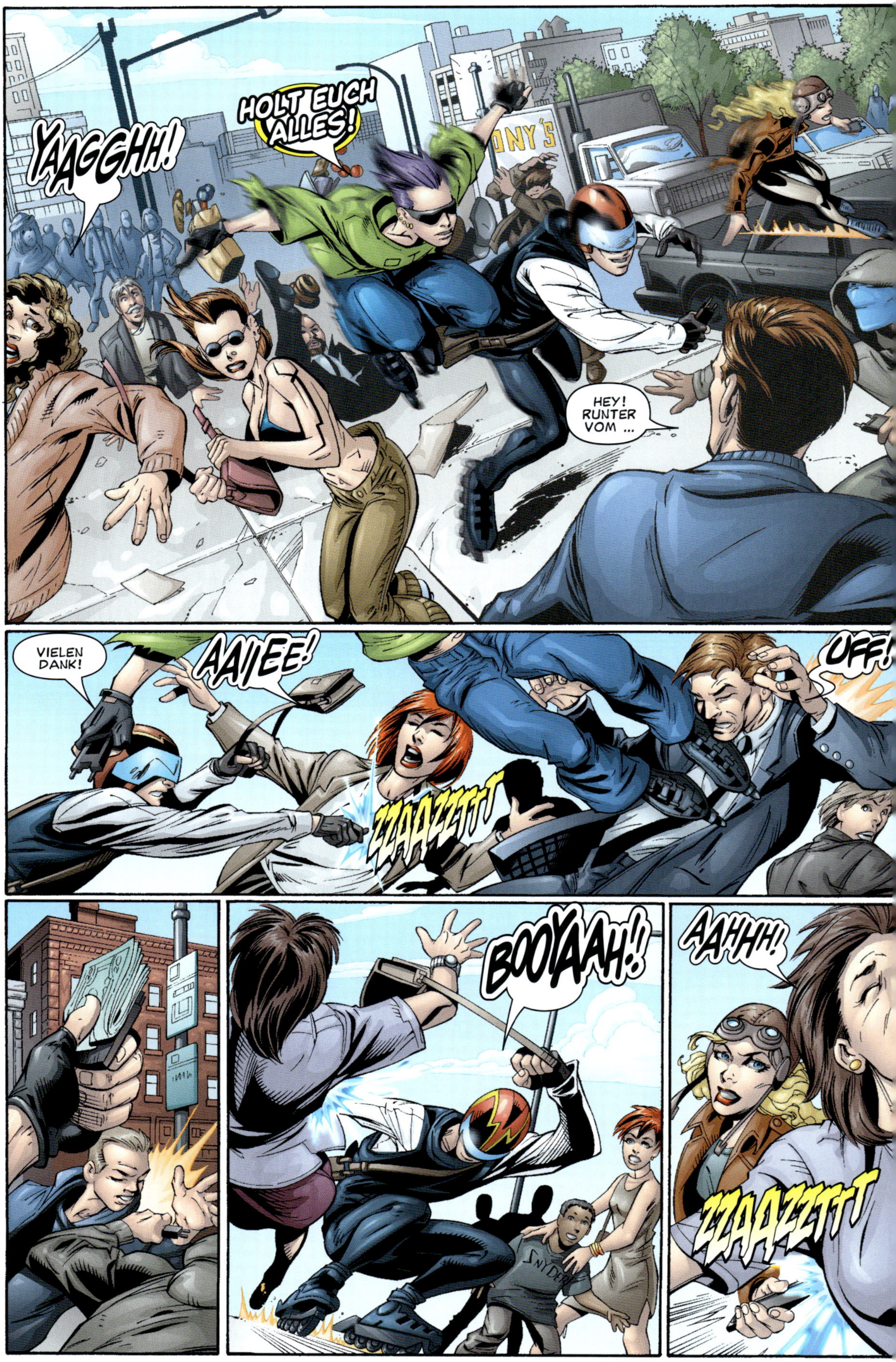

YAAGGHH!
HOLT EUCH ALLES!
HEY! RUNTER VOM ...

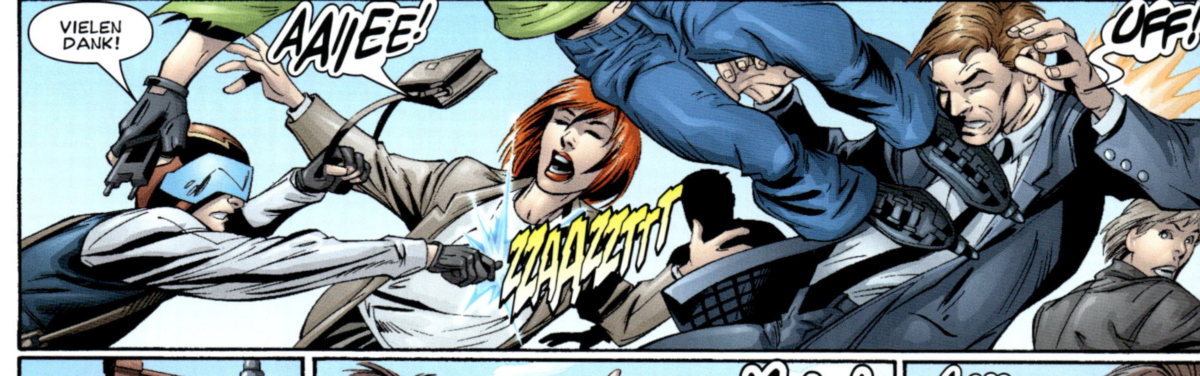

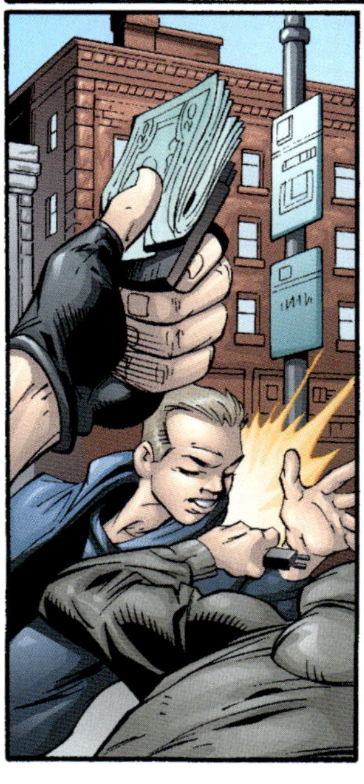

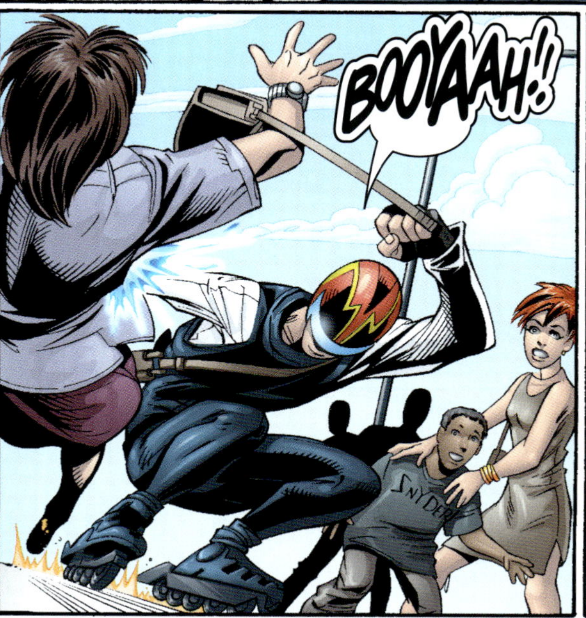

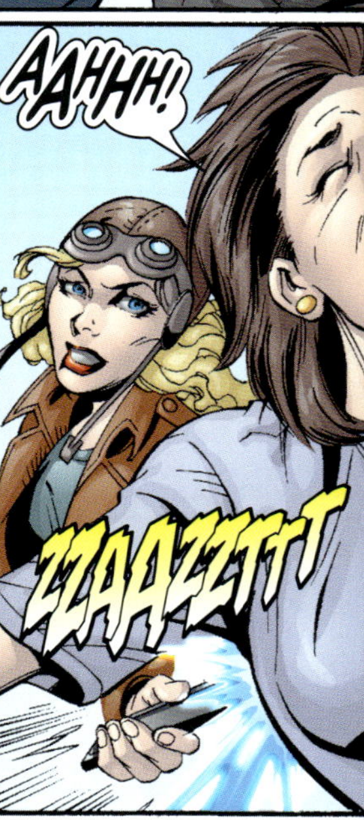

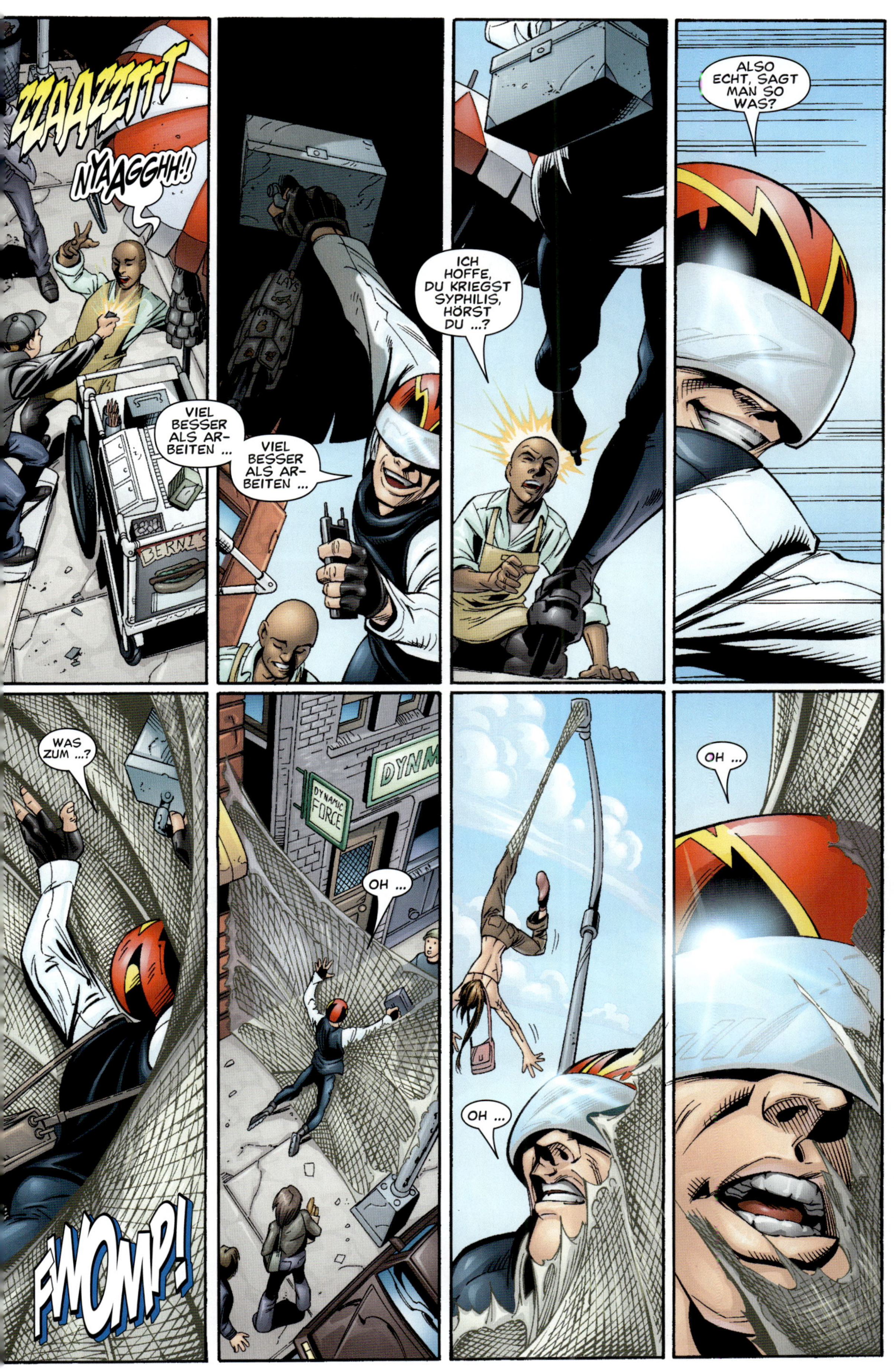
ZZAAZZTTTT
NYAAGGHH!
VIEL BESSER ALS AR- BEITEN ...
VIEL BESSER ALS AR- BEITEN ...
ICH HOFFE, DU KRIEGST SYPHILIS, HÖRST DU ...?
ALSO ECHT, SAGT MAN SO WAS?
WAS ZUM ...?
FWOMP!
DYNAMIC FORCE
OH ...
OH ...
OH ...

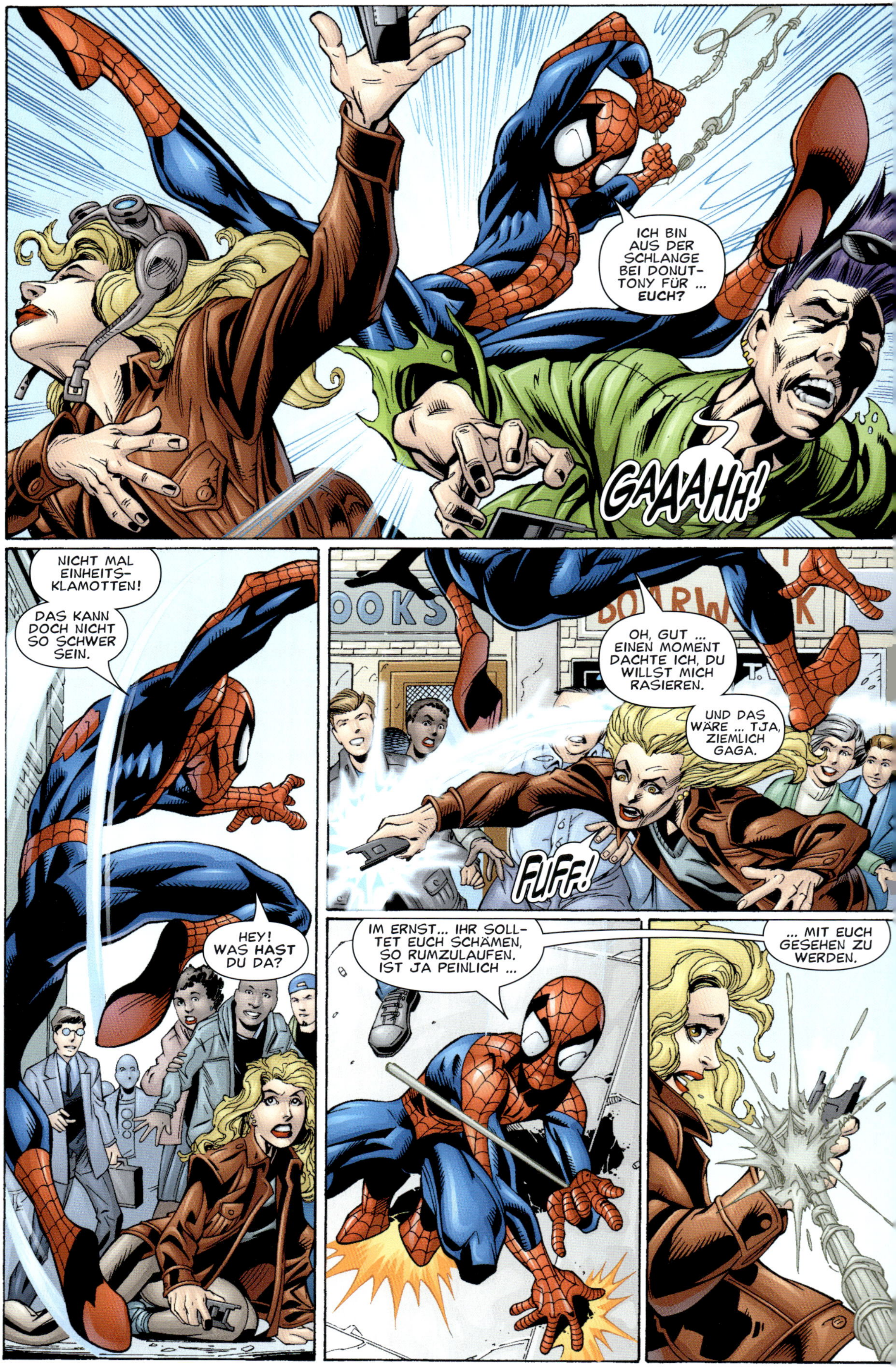

ICH BIN AUS DER SCHLANGE BEI DONUT-TONY FÜR ... **EUCH?**
GAAAHH!

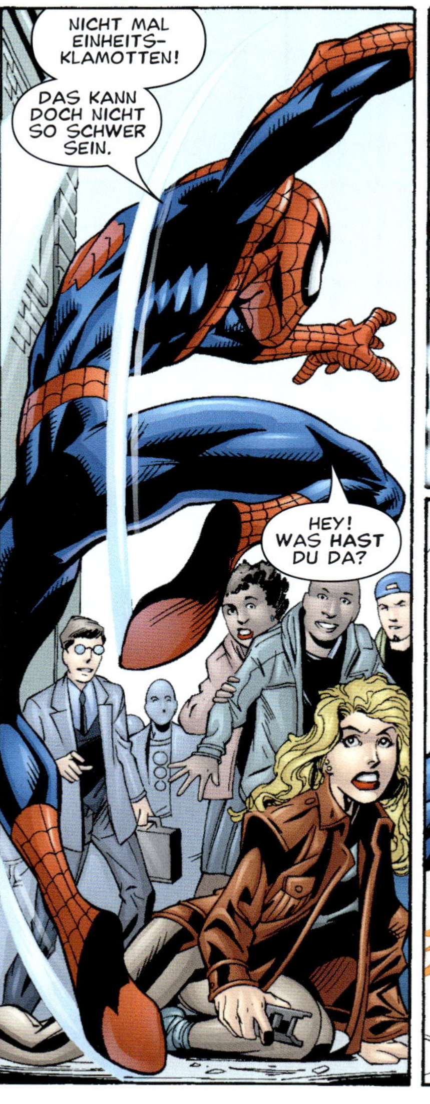

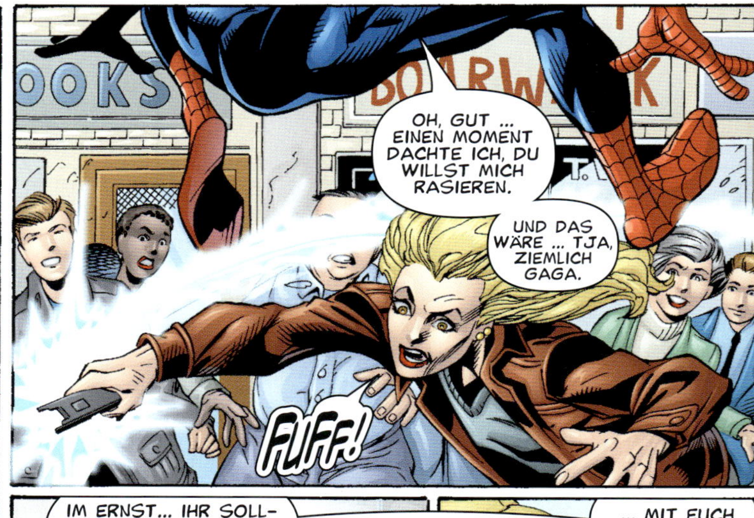

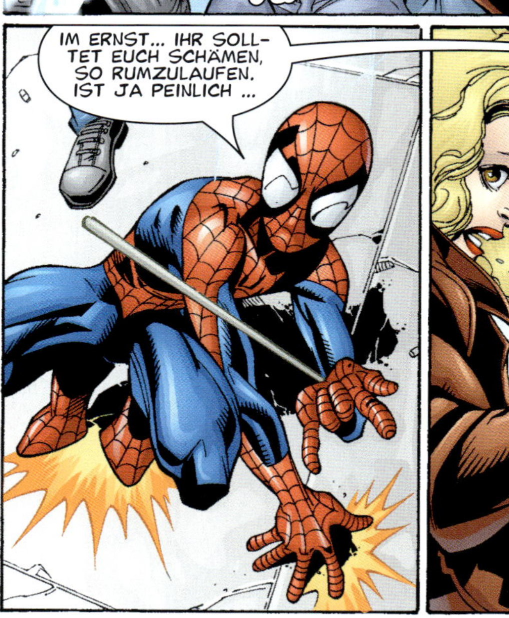

... MIT EUCH GESEHEN ZU WERDEN.

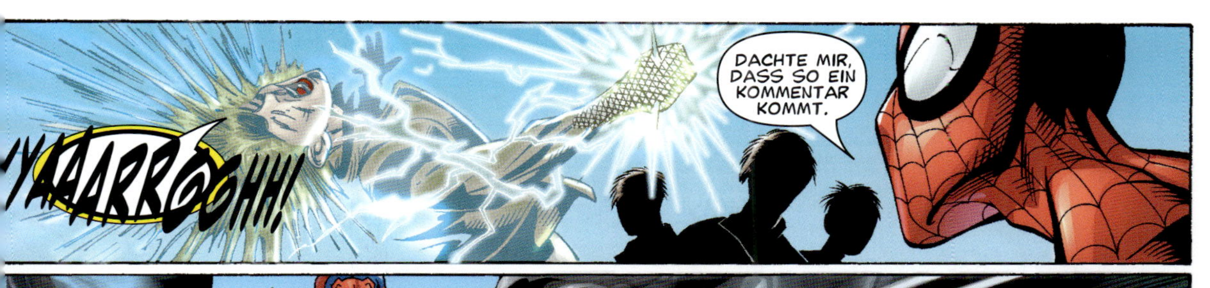
YAAARRGGHH!
DACHTE MIR, DASS SO EIN KOMMENTAR KOMMT.

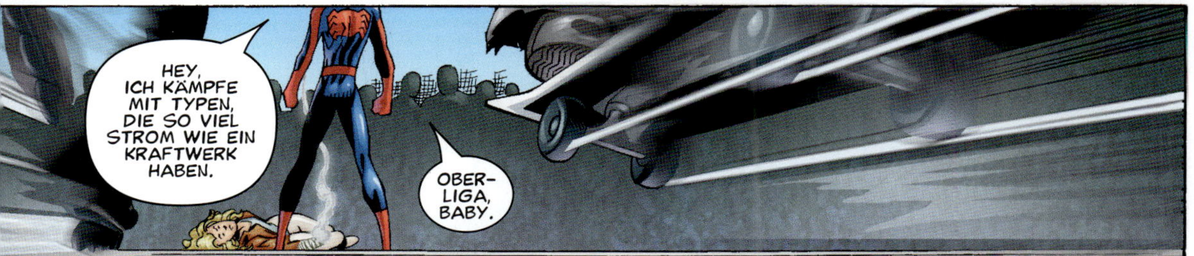
HEY, ICH KÄMPFE MIT TYPEN, DIE SO VIEL STROM WIE EIN KRAFTWERK HABEN.
OBER-LIGA, BABY.

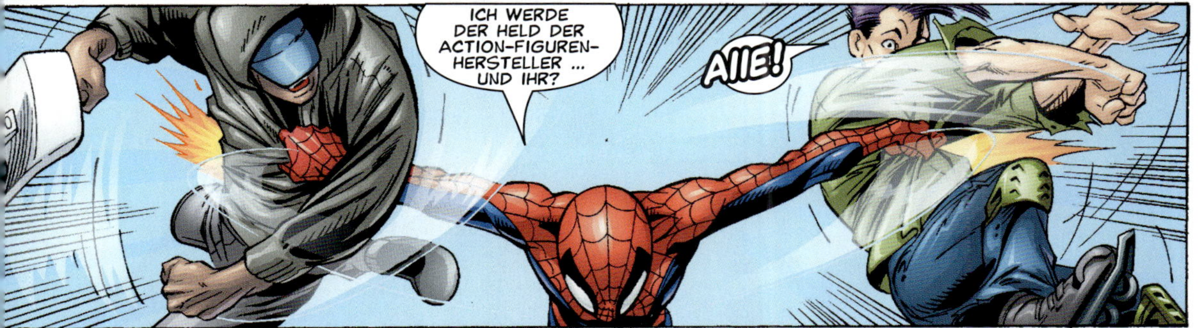
ICH WERDE DER HELD DER ACTION-FIGUREN-HERSTELLER ... UND IHR?
AIIE!

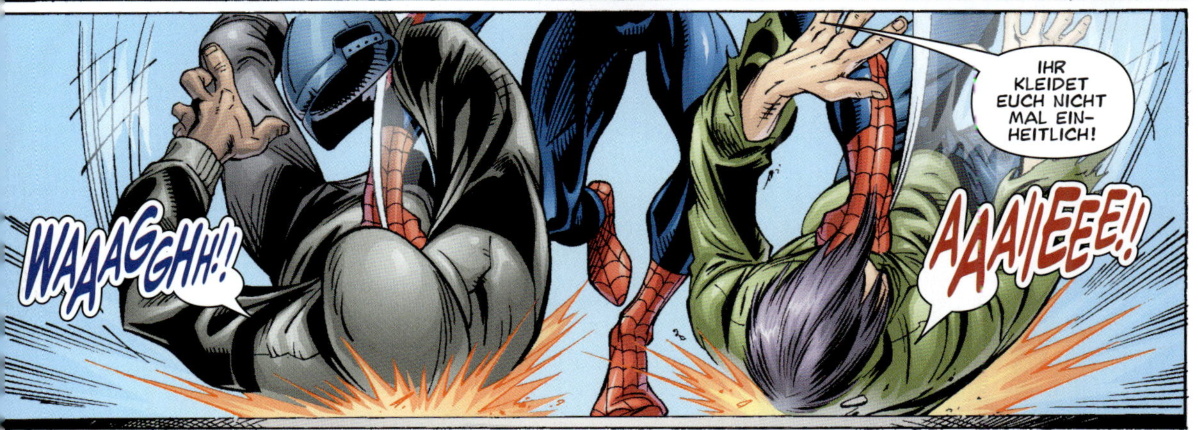
IHR KLEIDET EUCH NICHT MAL EIN-HEITLICH!
WAAAGGHH!!
AAAIIEEE!!

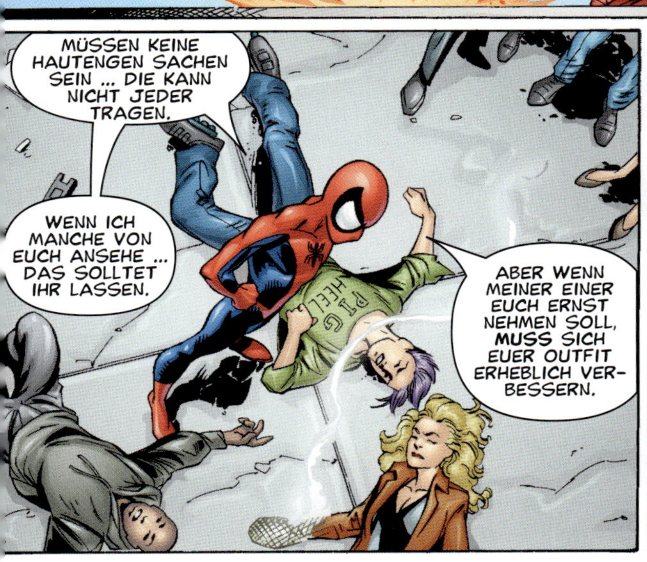
MÜSSEN KEINE HAUTENGEN SACHEN SEIN ... DIE KANN NICHT JEDER TRAGEN.
WENN ICH MANCHE VON EUCH ANSEHE ... DAS SOLLTET IHR LASSEN.
ABER WENN MEINER EINER EUCH ERNST NEHMEN SOLL, MUSS SICH EUER OUTFIT ERHEBLICH VER-BESSERN.

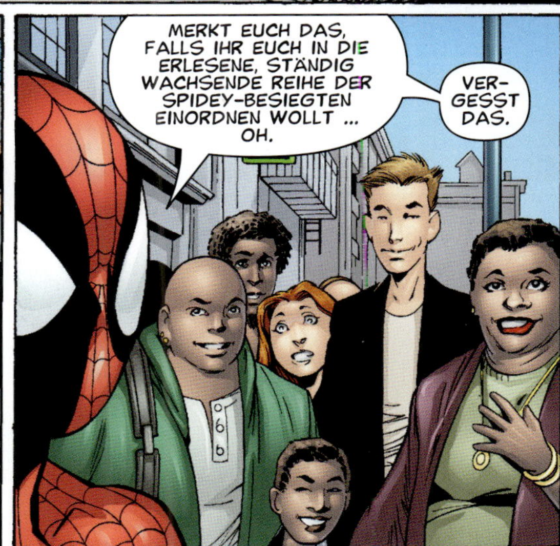
MERKT EUCH DAS, FALLS IHR EUCH IN DIE ERLESENE, STÄNDIG WACHSENDE REIHE DER SPIDEY-BESIEGTEN EINORDNEN WOLLT ... OH.
VER-GESST DAS.

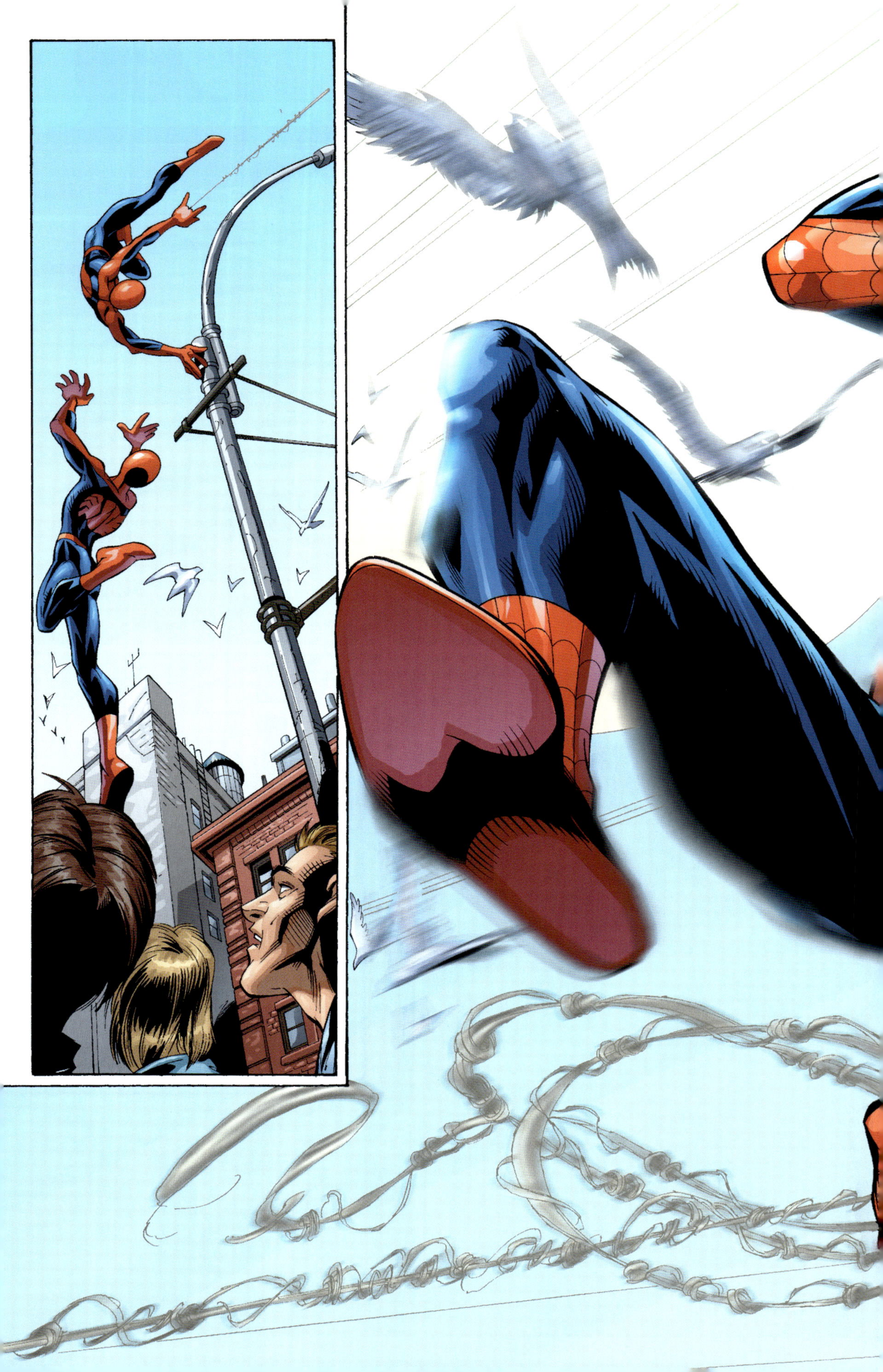

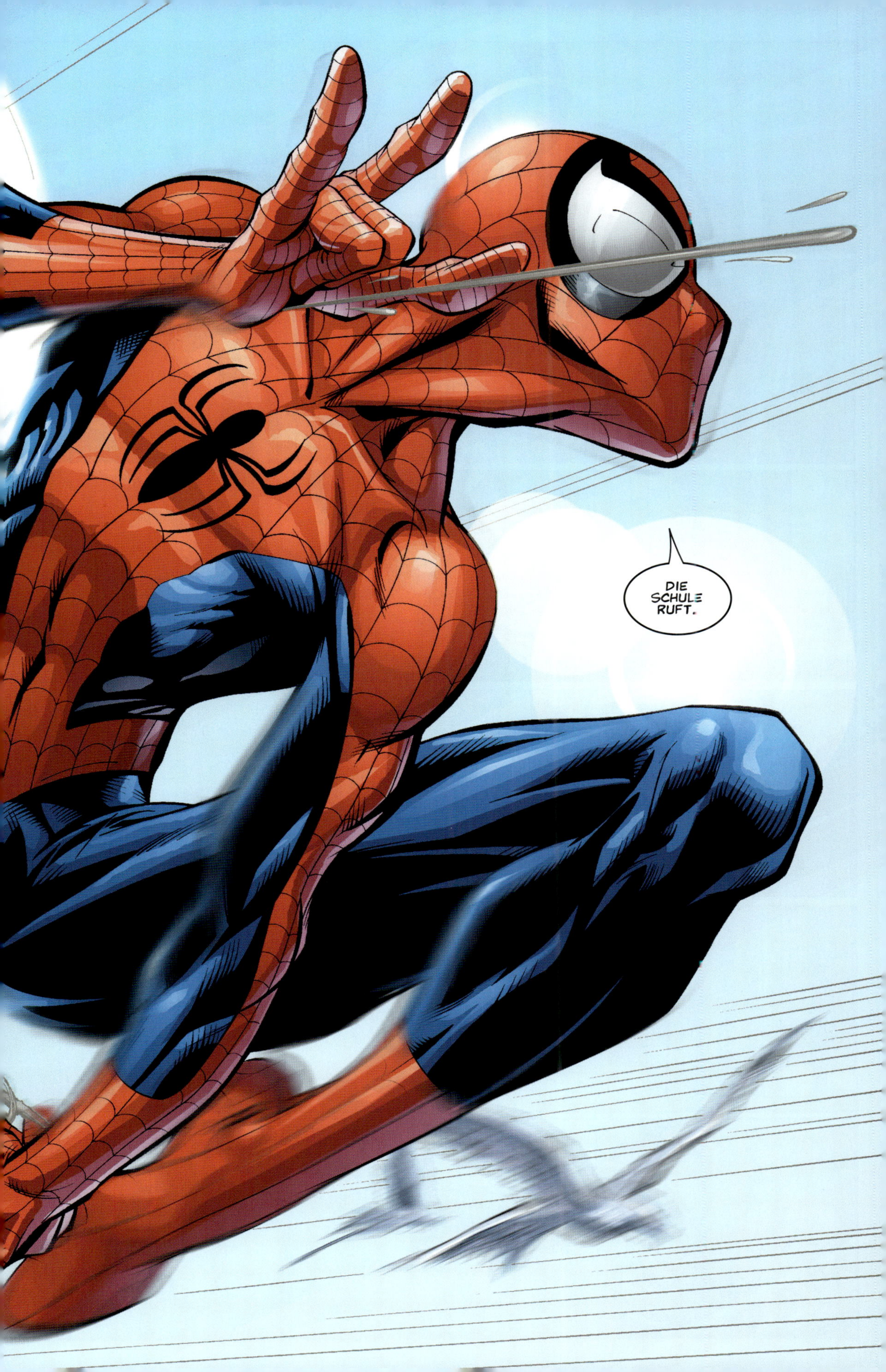
DIE SCHULE RUFT.

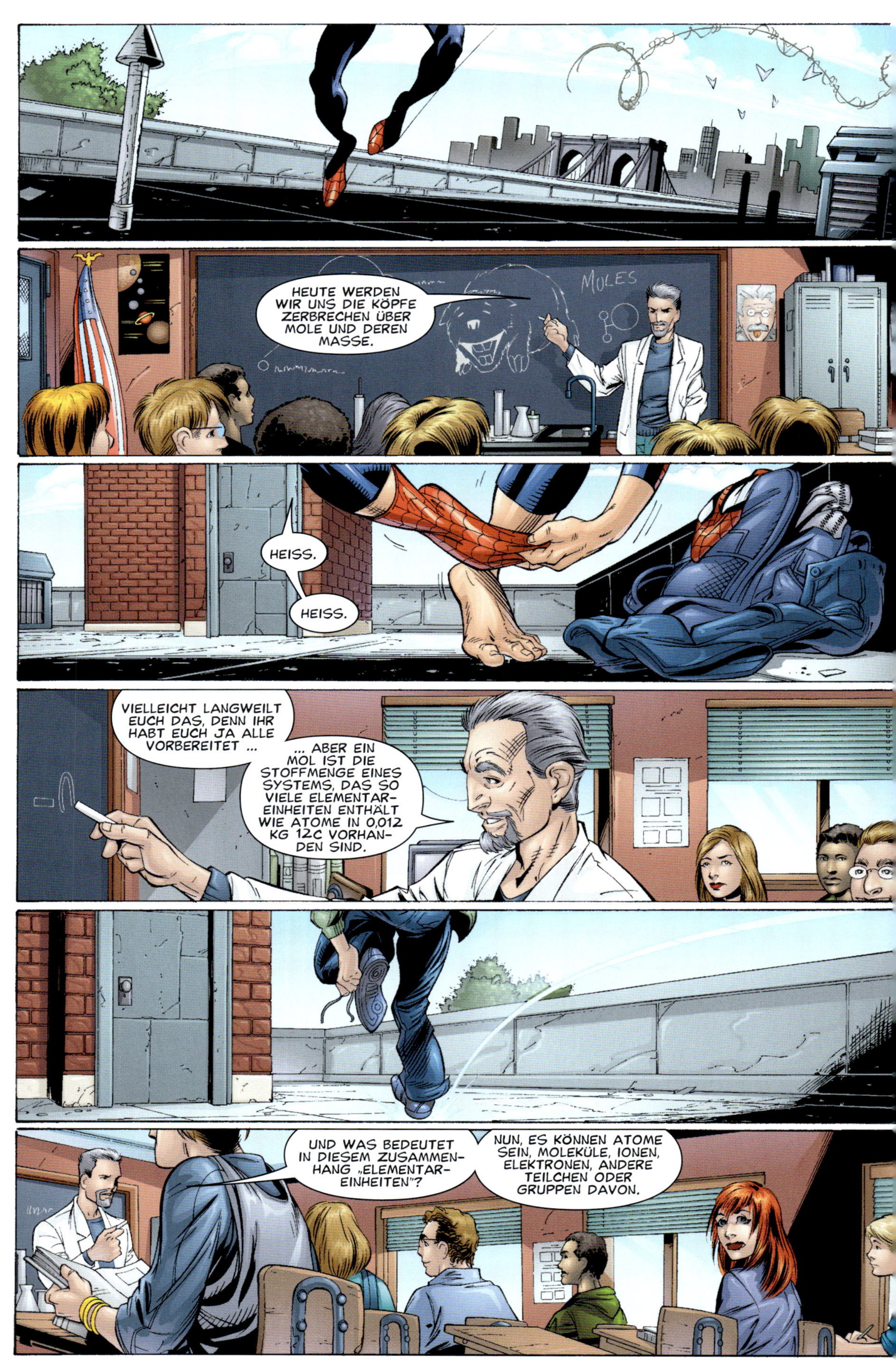

HEUTE WERDEN WIR UNS DIE KÖPFE ZERBRECHEN ÜBER MOLE UND DEREN MASSE.
MOLES
HEISS.
HEISS.
VIELLEICHT LANGWEILT EUCH DAS, DENN IHR HABT EUCH JA ALLE VORBEREITET ...
... ABER EIN MOL IST DIE STOFFMENGE EINES SYSTEMS, DAS SO VIELE ELEMENTAR-EINHEITEN ENTHÄLT WIE ATOME IN 0,012 KG 12C VORHANDEN SIND.
UND WAS BEDEUTET IN DIESEM ZUSAMMENHANG „ELEMENTAR-EINHEITEN"?
NUN, ES KÖNNEN ATOME SEIN, MOLEKÜLE, IONEN, ELEKTRONEN, ANDERE TEILCHEN ODER GRUPPEN DAVON.

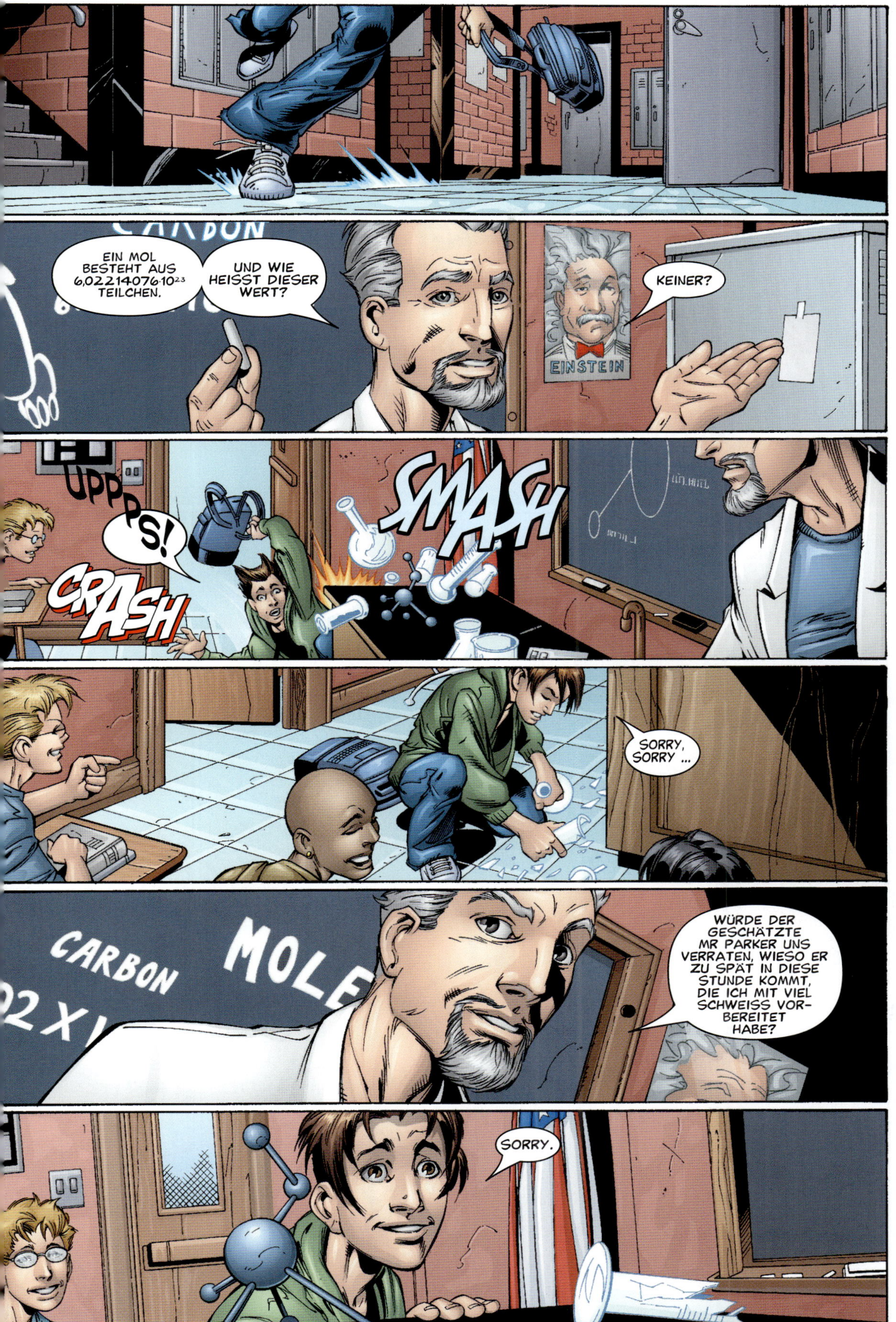
CARBON
EIN MOL BESTEHT AUS 6,02214076·10²³ TEILCHEN.
UND WIE HEISST DIESER WERT?
EINSTEIN
KEINER?
UPPPS!
CRASH
SMASH
SORRY, SORRY ...
CARBON
MOLE
WÜRDE DER GESCHÄTZTE MR PARKER UNS VERRATEN, WIESO ER ZU SPÄT IN DIESE STUNDE KOMMT, DIE ICH MIT VIEL SCHWEISS VORBEREITET HABE?
SORRY.

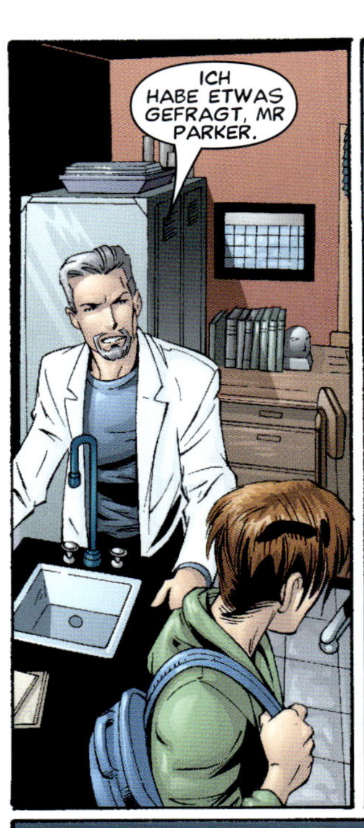
ICH HABE ETWAS GEFRAGT, MR PARKER.

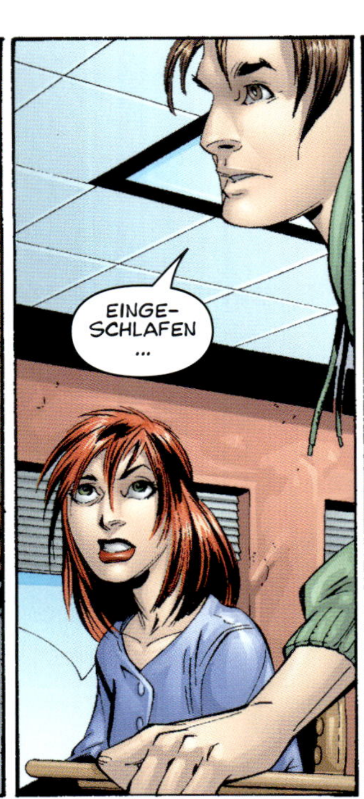
EINGE-SCHLAFEN ...

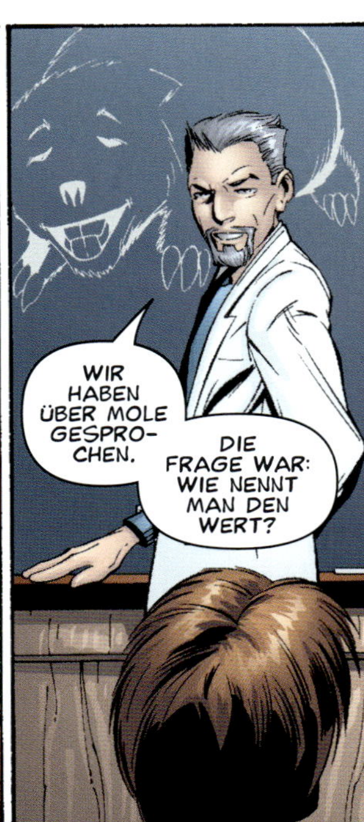
WIR HABEN ÜBER MOLE GESPRO-CHEN.
DIE FRAGE WAR: WIE NENNT MAN DEN WERT?

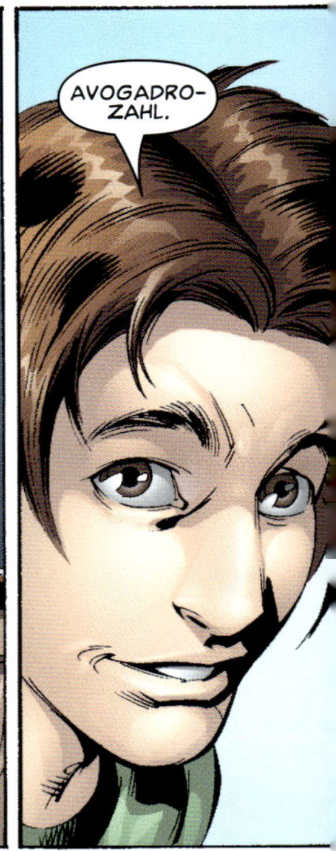
AVOGADRO-ZAHL.

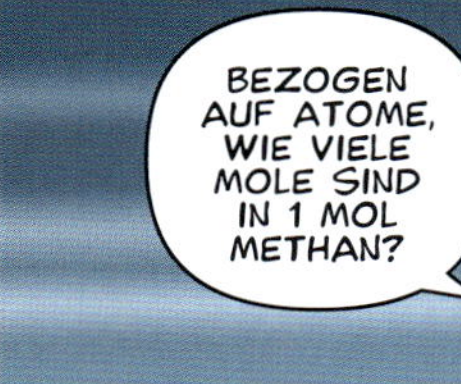
BEZOGEN AUF ATOME, WIE VIELE MOLE SIND IN 1 MOL METHAN?

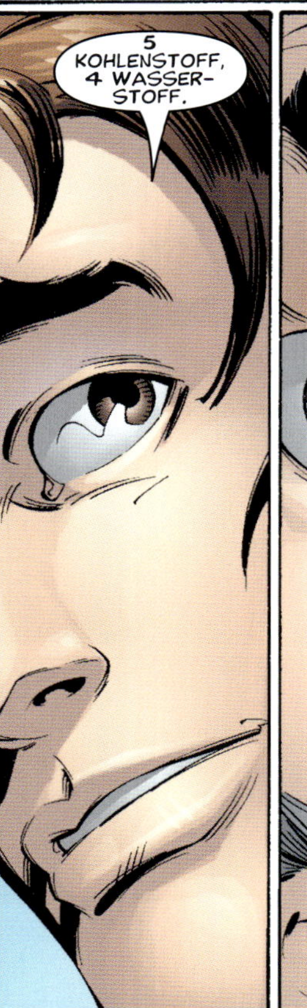
5 KOHLENSTOFF, 4 WASSER-STOFF.

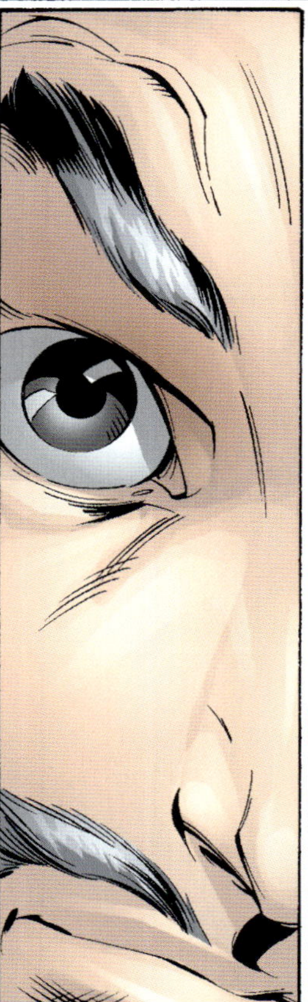

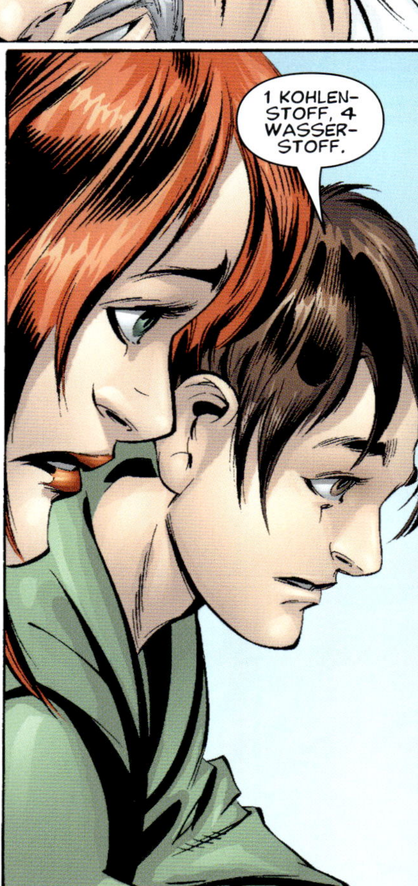
1 KOHLEN-STOFF, 4 WASSER-STOFF.

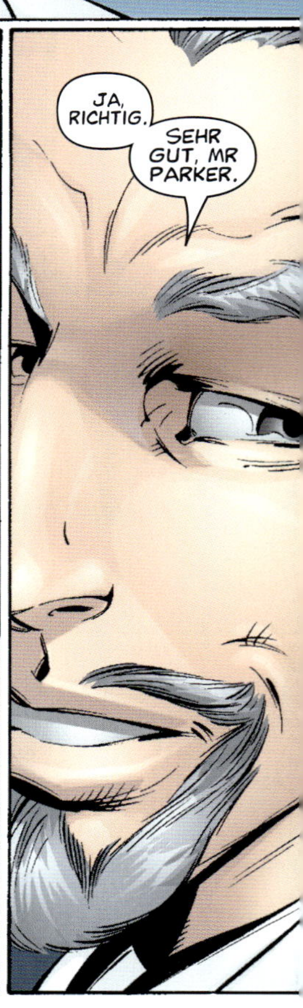
JA, RICHTIG.
SEHR GUT, MR PARKER.

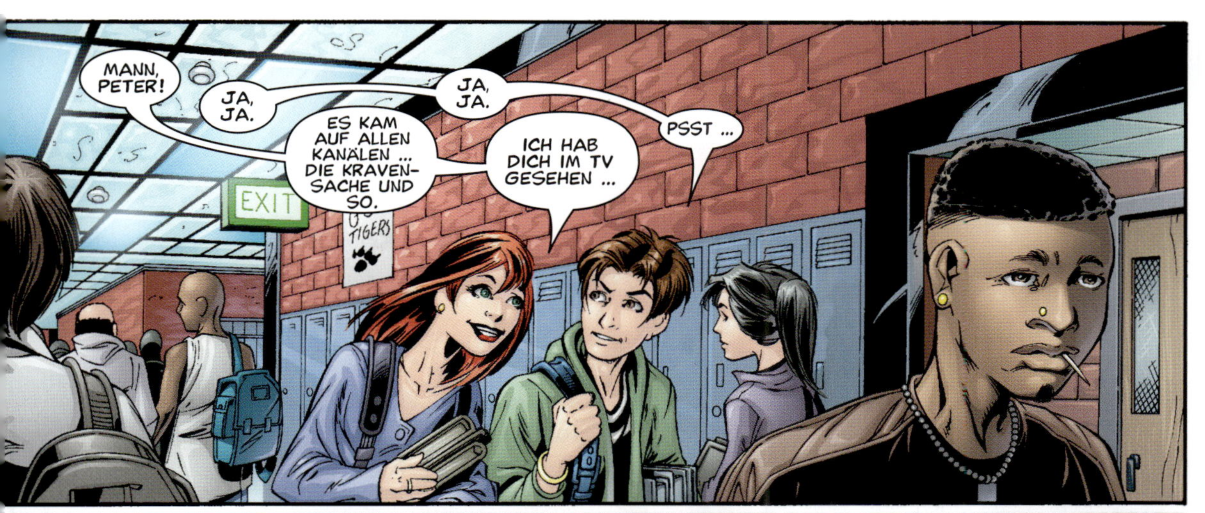
MANN, PETER!
JA, JA.
ES KAM AUF ALLEN KANÄLEN ... DIE KRAVEN-SACHE UND SO.
ICH HAB DICH IM TV GESEHEN ...
JA, JA.
PSST ...
EXIT
TIGERS

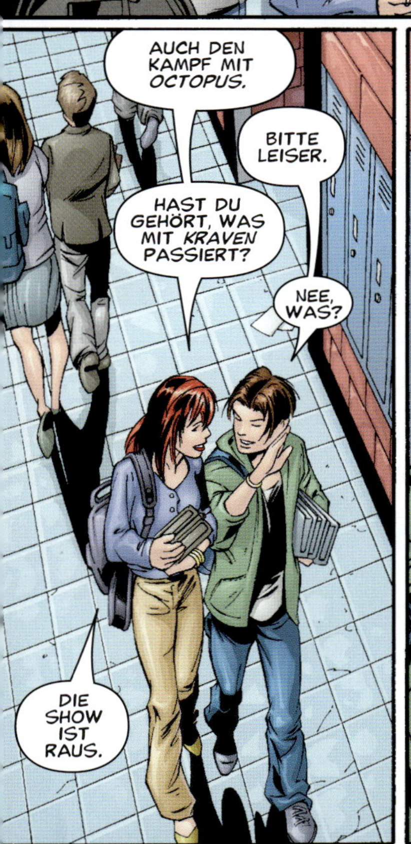
AUCH DEN KAMPF MIT *OCTOPUS*.
BITTE LEISER.
HAST DU GEHÖRT, WAS MIT *KRAVEN* PASSIERT?
NEE, WAS?
DIE SHOW IST RAUS.

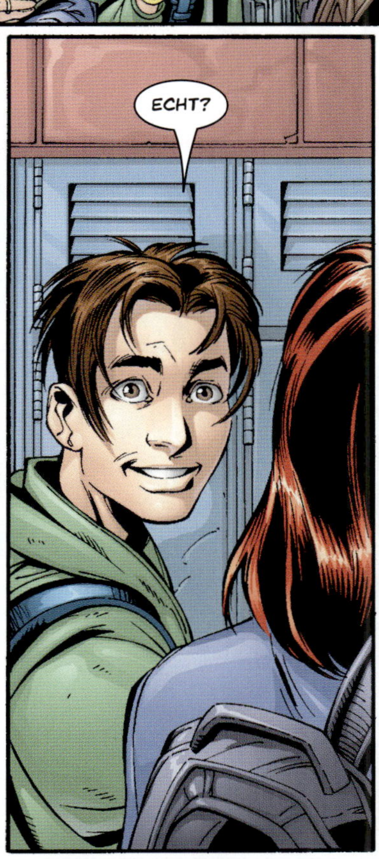
ECHT?

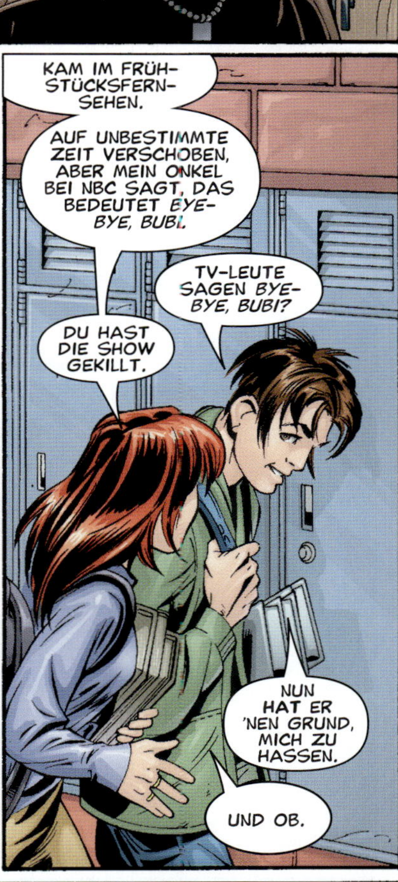
KAM IM FRÜH-STÜCKSFERN-SEHEN.
AUF UNBESTIMMTE ZEIT VERSCHOBEN, ABER MEIN ONKEL BEI NBC SAGT, DAS BEDEUTET *BYE-BYE, BUBI.*
TV-LEUTE SAGEN *BYE-BYE, BUBI?*
DU HAST DIE SHOW GEKILLT.
NUN **HAT** ER 'NEN GRUND, MICH ZU HASSEN.
UND OB.

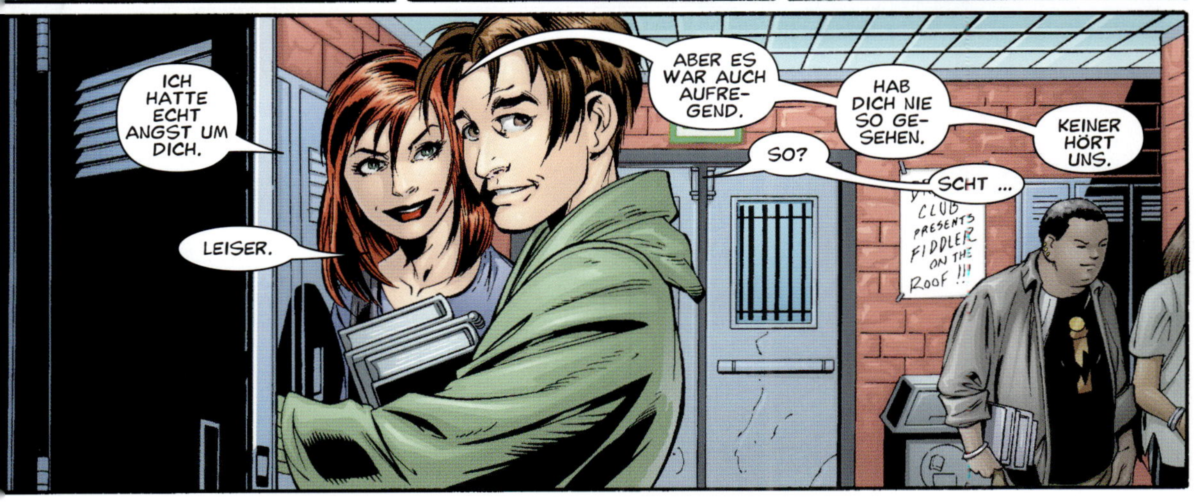
ICH HATTE ECHT ANGST UM DICH.
LEISER.
ABER ES WAR AUCH AUFRE-GEND.
SO?
HAB DICH NIE SO GE-SEHEN.
SCHT ...
KEINER HÖRT UNS.
CLUB PRESENTS FIDDLER ON THE ROOF !!!

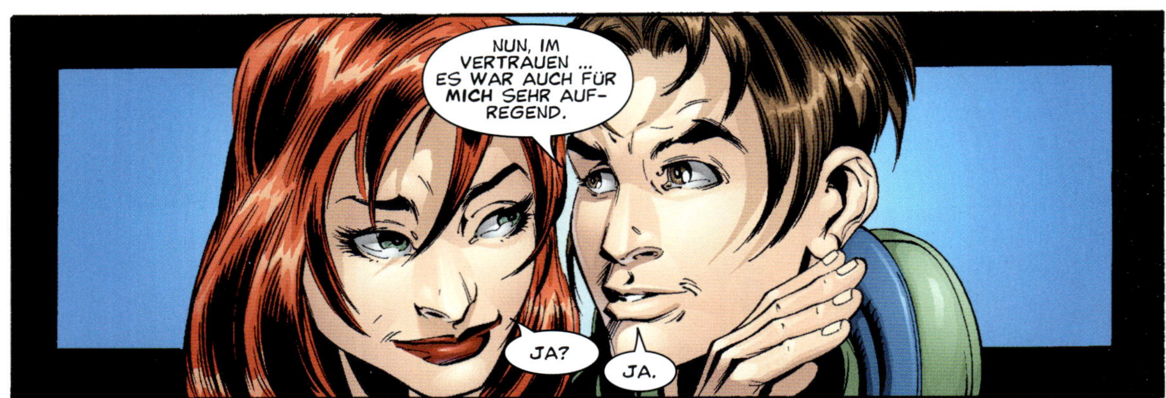
NUN, IM VERTRAUEN ... ES WAR AUCH FÜR MICH SEHR AUFREGEND.
JA?
JA.

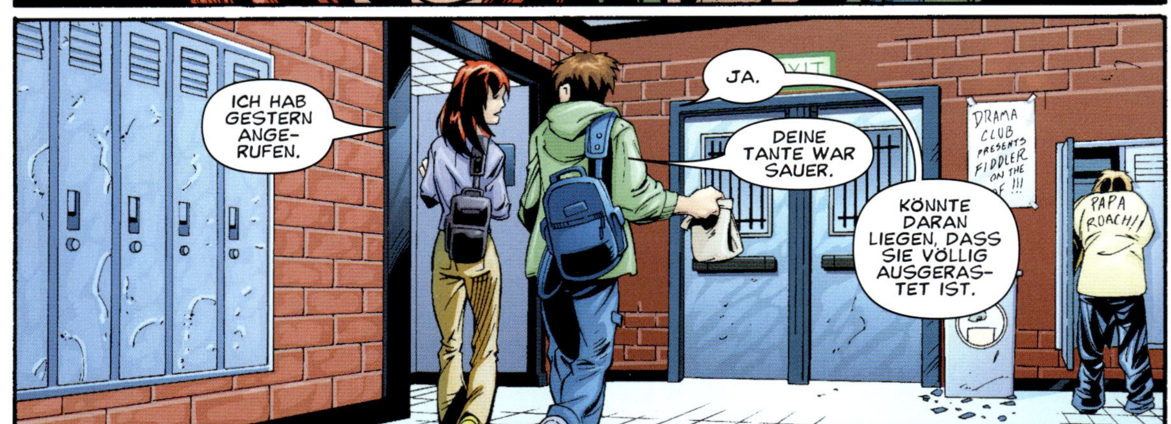
ICH HAB GESTERN ANGERUFEN.
JA.
DEINE TANTE WAR SAUER.
KÖNNTE DARAN LIEGEN, DASS SIE VÖLLIG AUSGERASTET IST.
DRAMA CLUB PRESENTS FIDDLER ON THE
PAPA ROACH!!

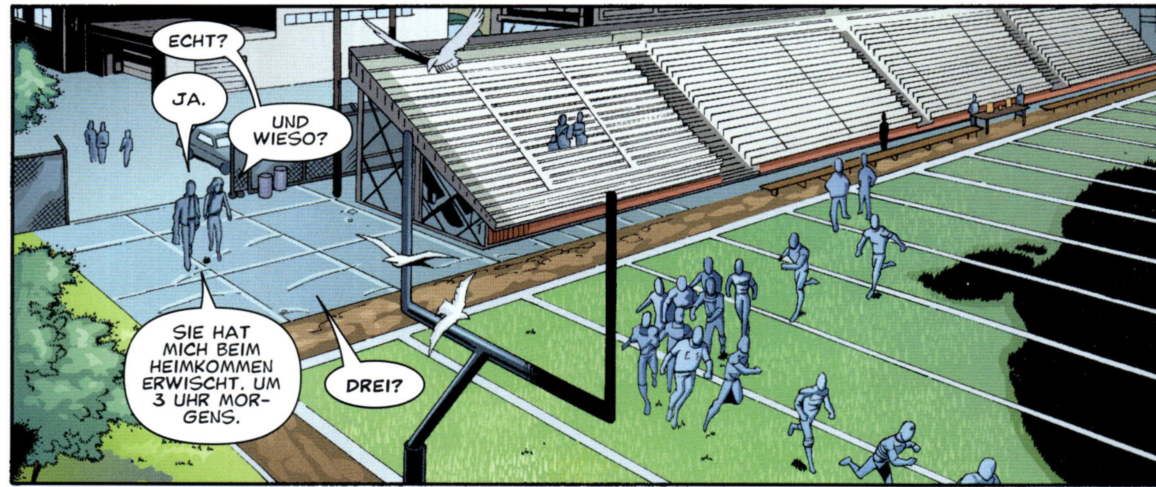
ECHT?
JA.
UND WIESO?
SIE HAT MICH BEIM HEIMKOMMEN ERWISCHT. UM 3 UHR MORGENS.
DREI?

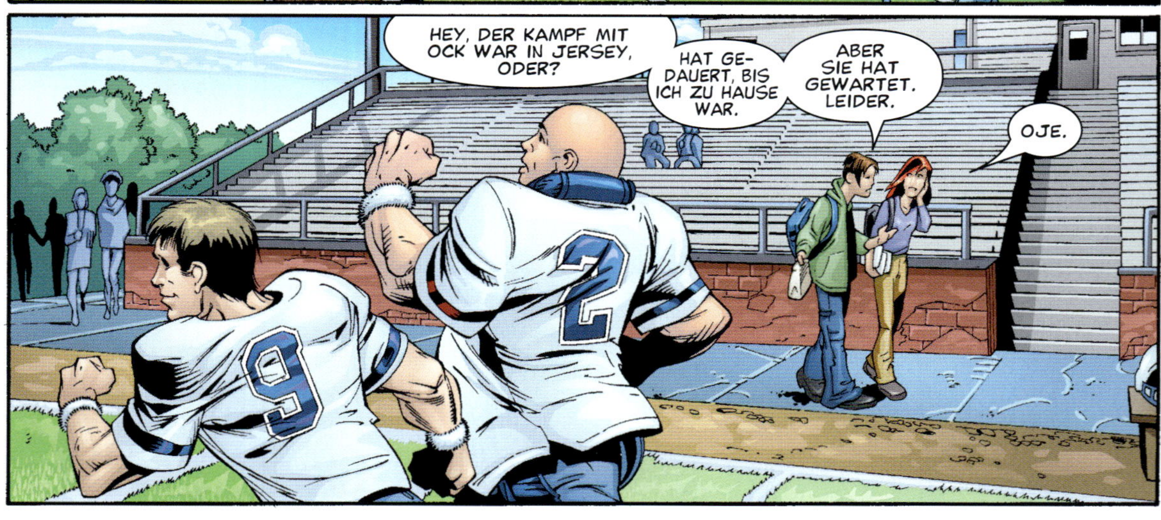
HEY, DER KAMPF MIT OCK WAR IN JERSEY, ODER?
HAT GEDAUERT, BIS ICH ZU HAUSE WAR.
ABER SIE HAT GEWARTET. LEIDER.
OJE.

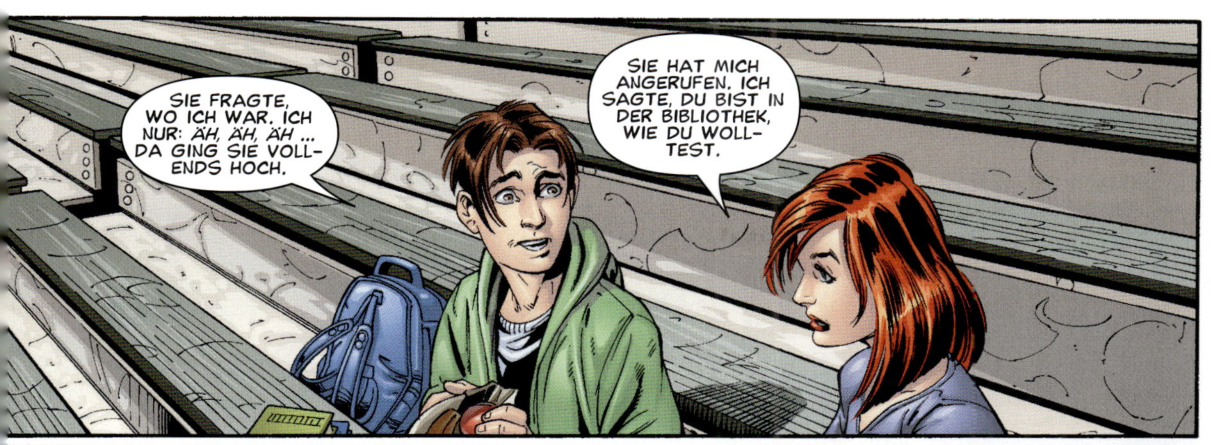
SIE FRAGTE, WO ICH WAR. ICH NUR: *ÄH, ÄH, ÄH* ... DA GING SIE VOLLENDS HOCH.
SIE HAT MICH ANGERUFEN. ICH SAGTE, DU BIST IN DER BIBLIOTHEK, WIE DU WOLLTEST.

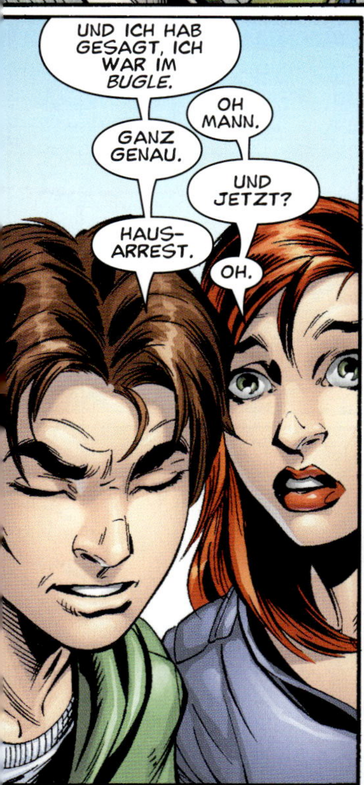
UND ICH HAB GESAGT, ICH WAR IM *BUGLE*.
OH MANN.
GANZ GENAU.
UND JETZT?
HAUSARREST.
OH.

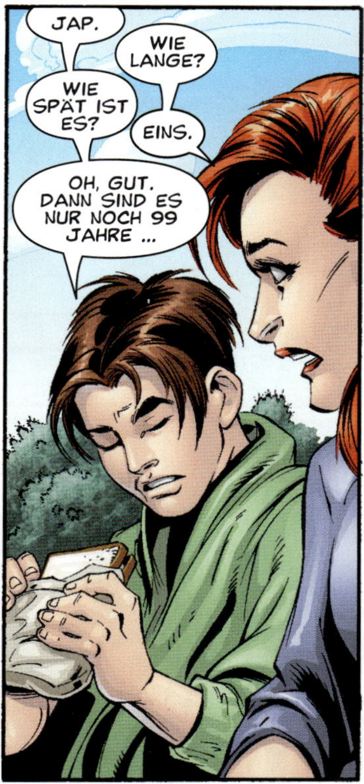
JAP.
WIE LANGE?
WIE SPÄT IST ES?
EINS.
OH, GUT. DANN SIND ES NUR NOCH 99 JAHRE ...

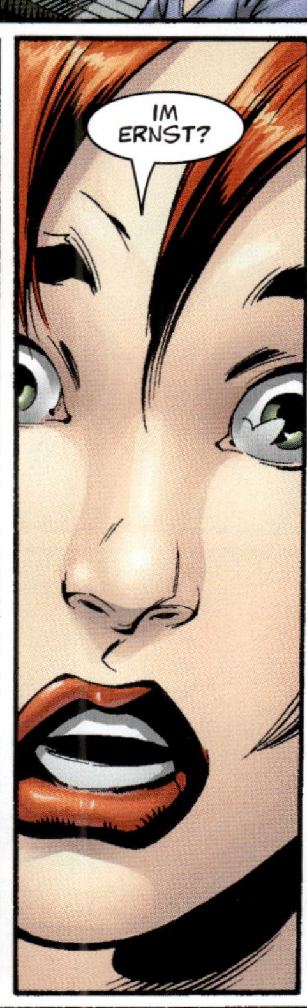
IM ERNST?

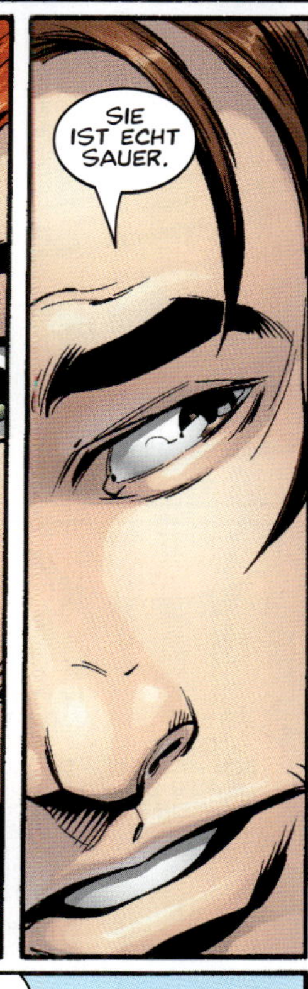
SIE IST ECHT SAUER.

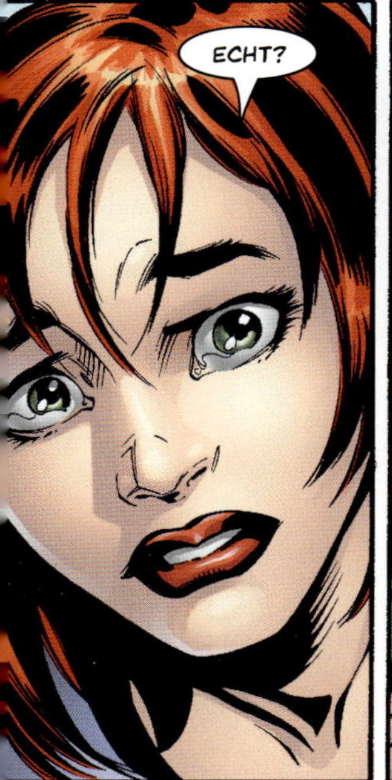
ECHT?

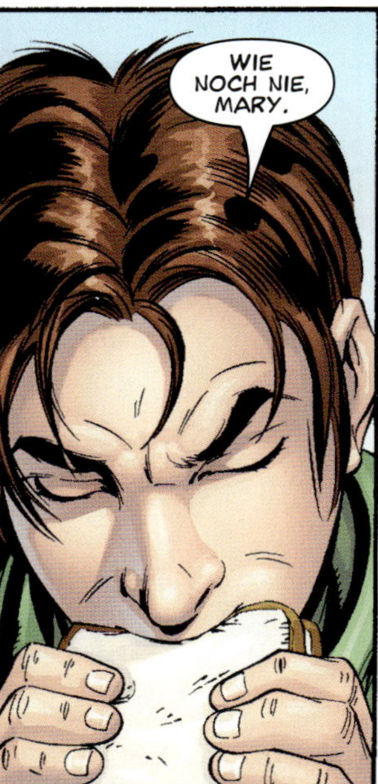
WIE NOCH NIE, MARY.

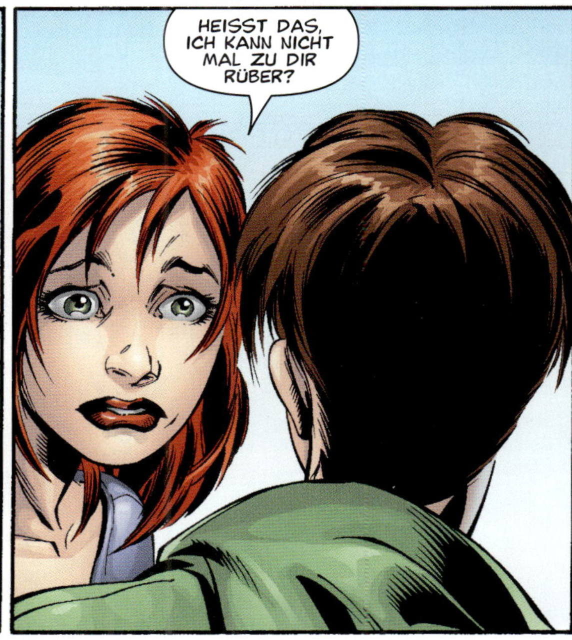
HEISST DAS, ICH KANN NICHT MAL ZU DIR RÜBER?

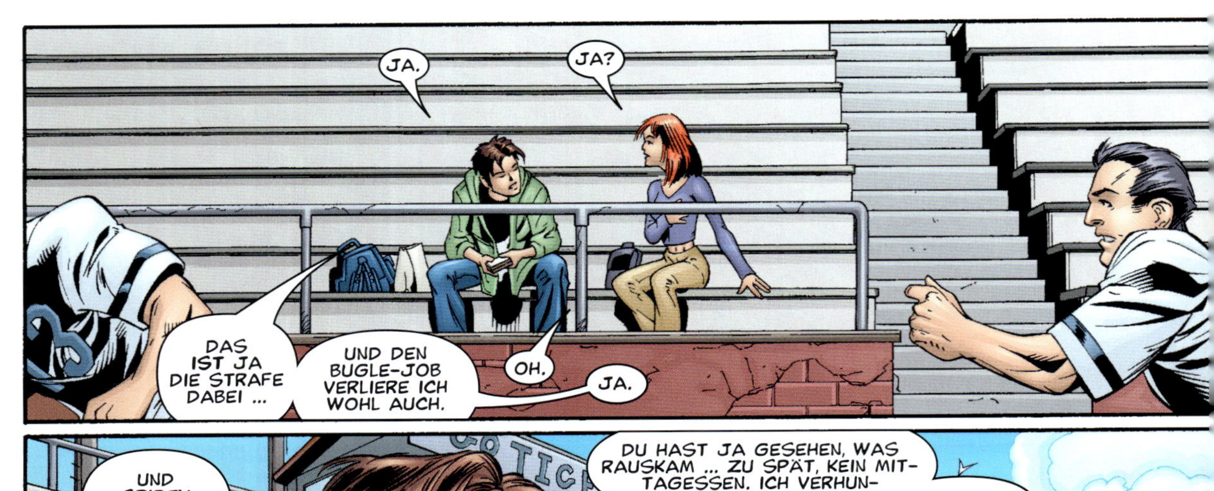
JA.
JA?
DAS IST JA DIE STRAFE DABEI ...
UND DEN BUGLE-JOB VERLIERE ICH WOHL AUCH.
OH.
JA.

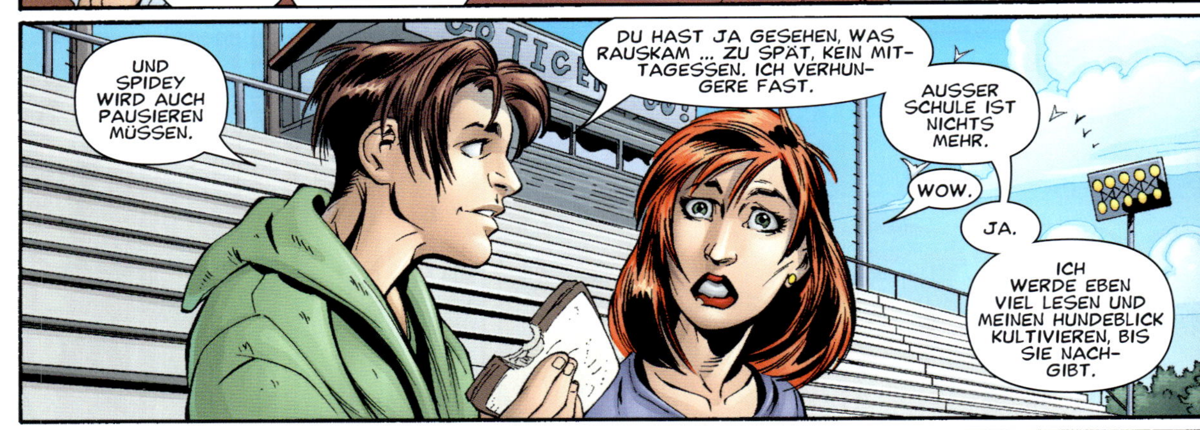
UND SPIDEY WIRD AUCH PAUSIEREN MÜSSEN.
DU HAST JA GESEHEN, WAS RAUSKAM ... ZU SPÄT, KEIN MITTAGESSEN. ICH VERHUNGERE FAST.
AUSSER SCHULE IST NICHTS MEHR.
WOW.
JA.
ICH WERDE EBEN VIEL LESEN UND MEINEN HUNDEBLICK KULTIVIEREN, BIS SIE NACHGIBT.

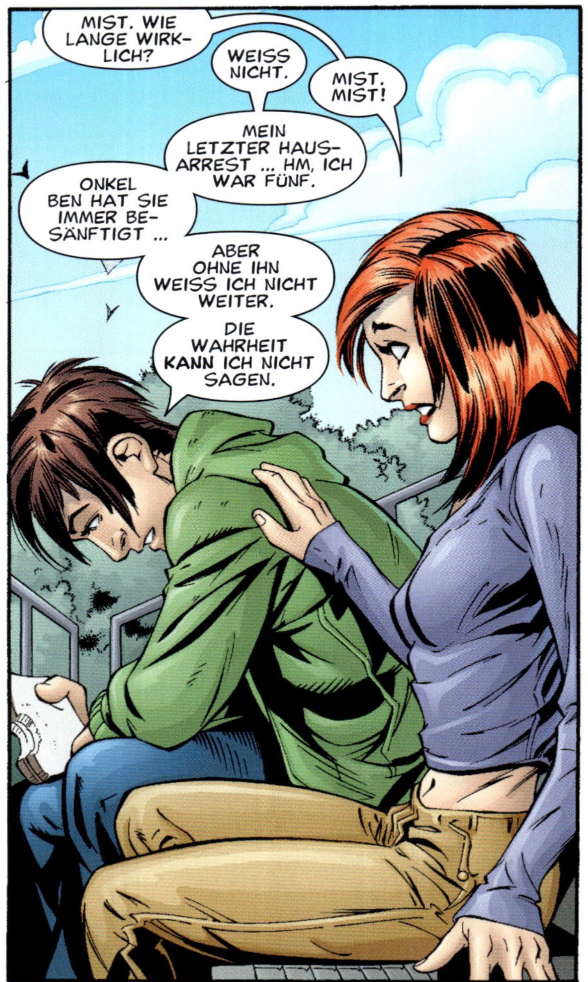
MIST. WIE LANGE WIRKLICH?
WEISS NICHT.
MIST. MIST!
MEIN LETZTER HAUSARREST ... HM, ICH WAR FÜNF.
ONKEL BEN HAT SIE IMMER BESÄNFTIGT ...
ABER OHNE IHN WEISS ICH NICHT WEITER.
DIE WAHRHEIT KANN ICH NICHT SAGEN.

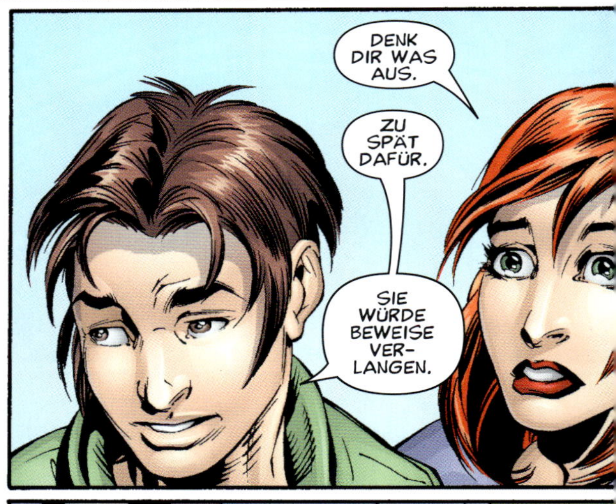
DENK DIR WAS AUS.
ZU SPÄT DAFÜR.
SIE WÜRDE BEWEISE VERLANGEN.

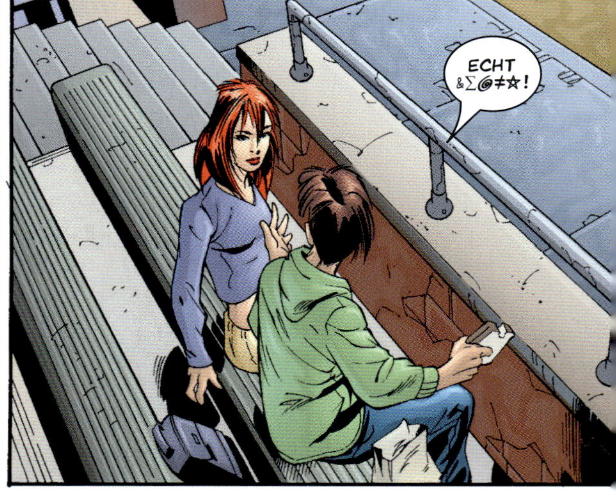
ECHT &Σ@≠☆!

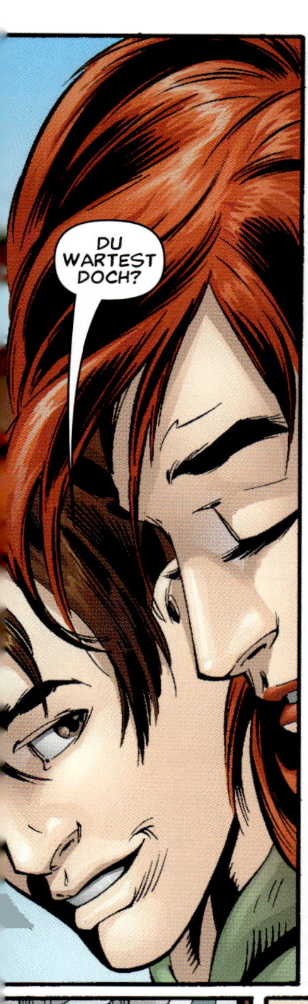
DU WARTEST DOCH?

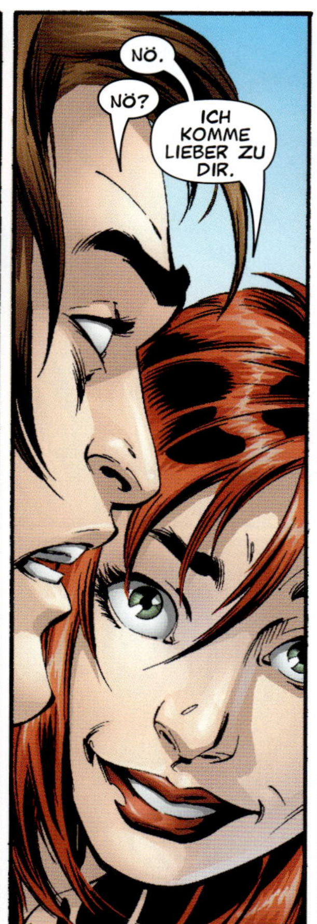
NÖ?
NÖ.
ICH KOMME LIEBER ZU DIR.

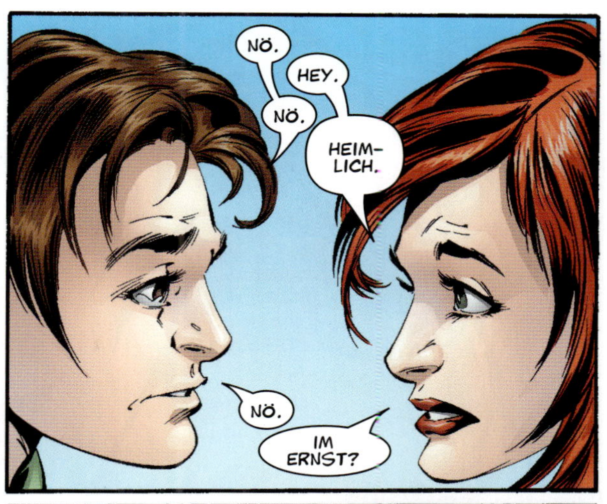
NÖ.
HEY.
NÖ.
HEIM-LICH.
NÖ.
IM ERNST?

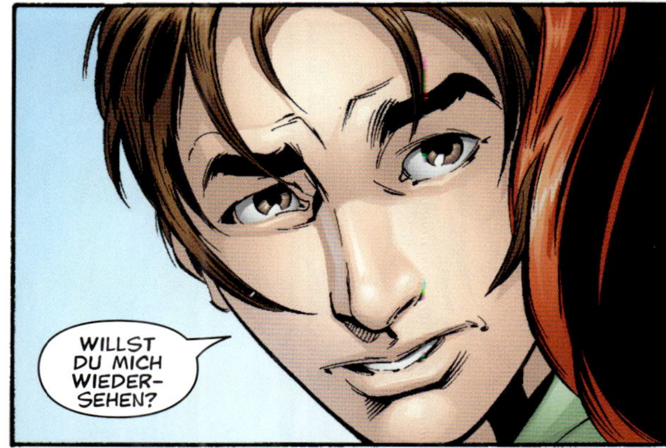
WILLST DU MICH WIEDER-SEHEN?

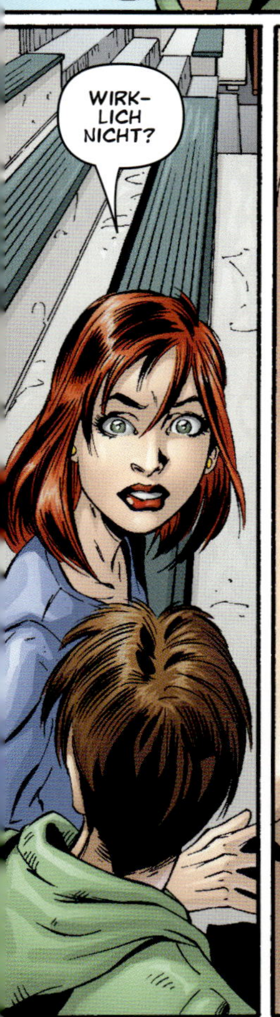
WIRK-LICH NICHT?

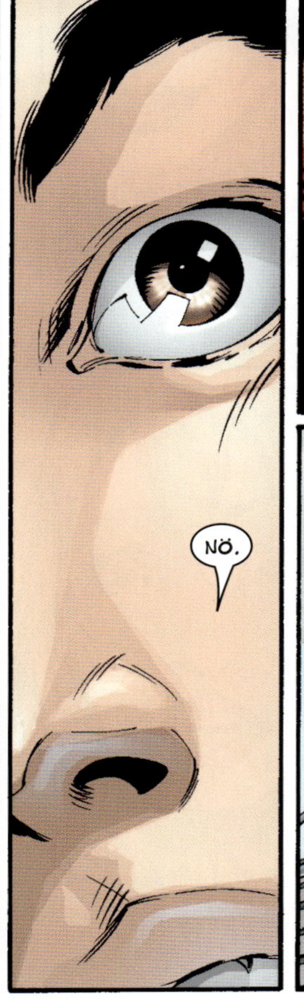
NÖ.

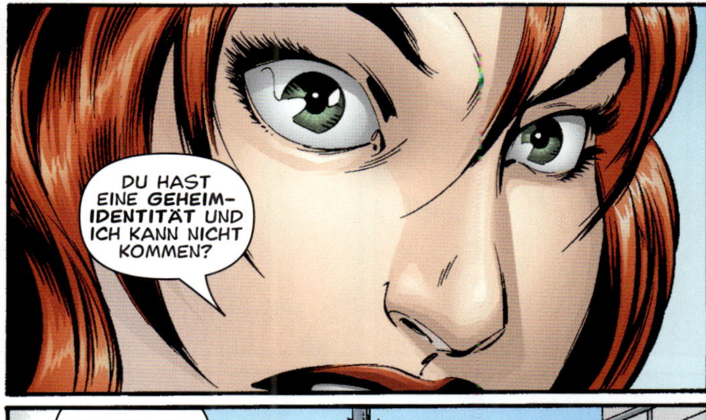
DU HAST EINE **GEHEIM-IDENTITÄT** UND ICH KANN NICHT KOMMEN?

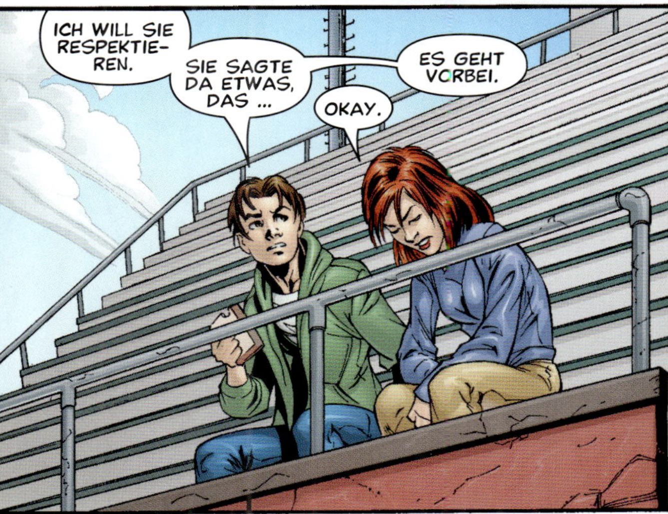
ICH WILL SIE RESPEKTIE-REN.
SIE SAGTE DA ETWAS, DAS ...
ES GEHT VORBEI.
OKAY.

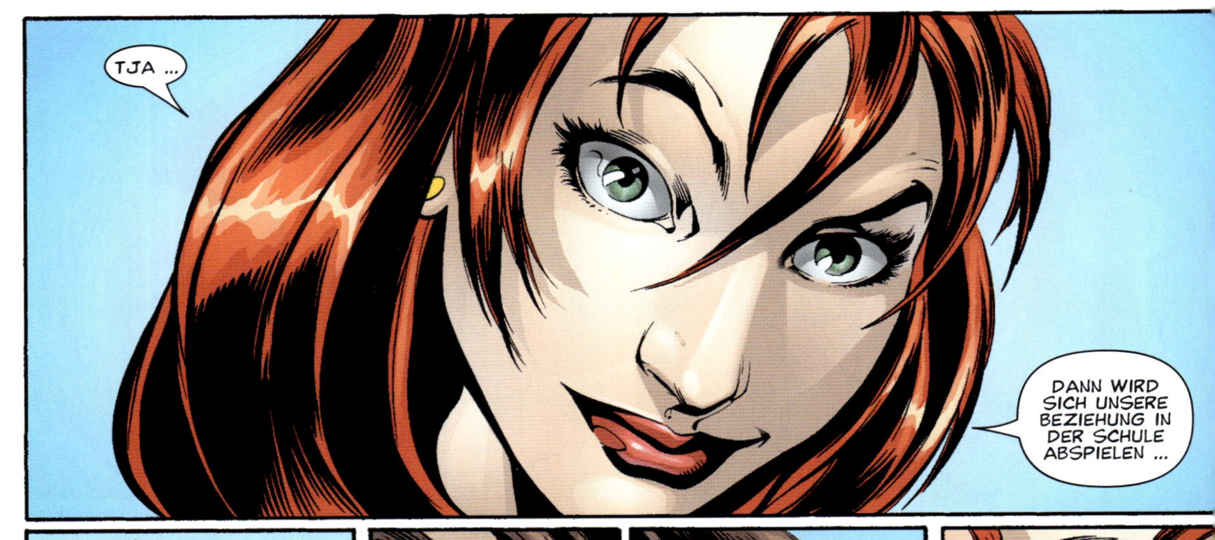
TJA ...
DANN WIRD SICH UNSERE BEZIEHUNG IN DER SCHULE ABSPIELEN ...

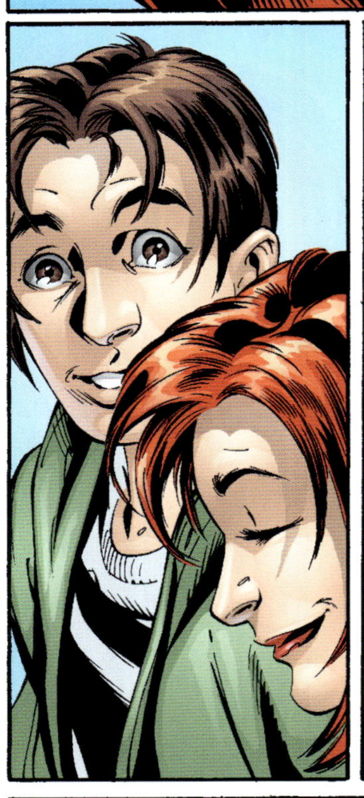

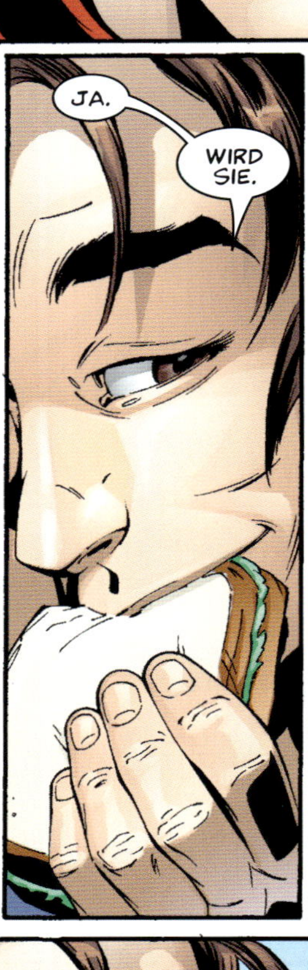
JA.
WIRD SIE.

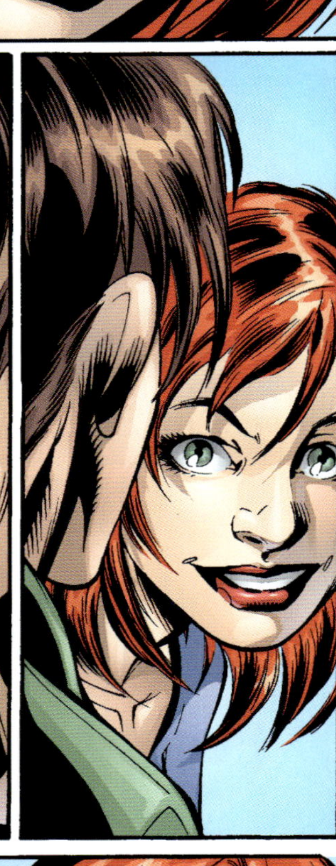

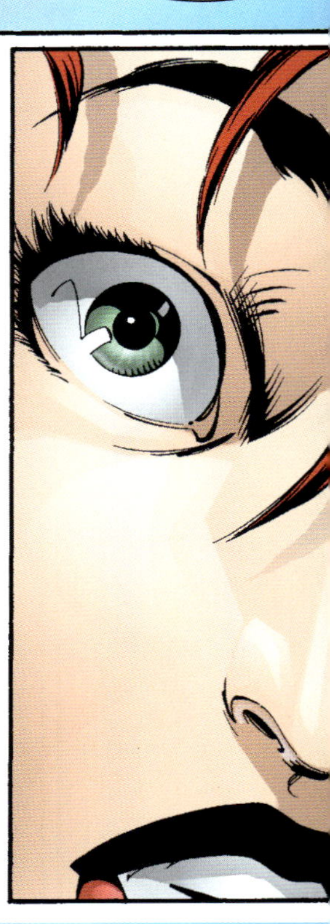

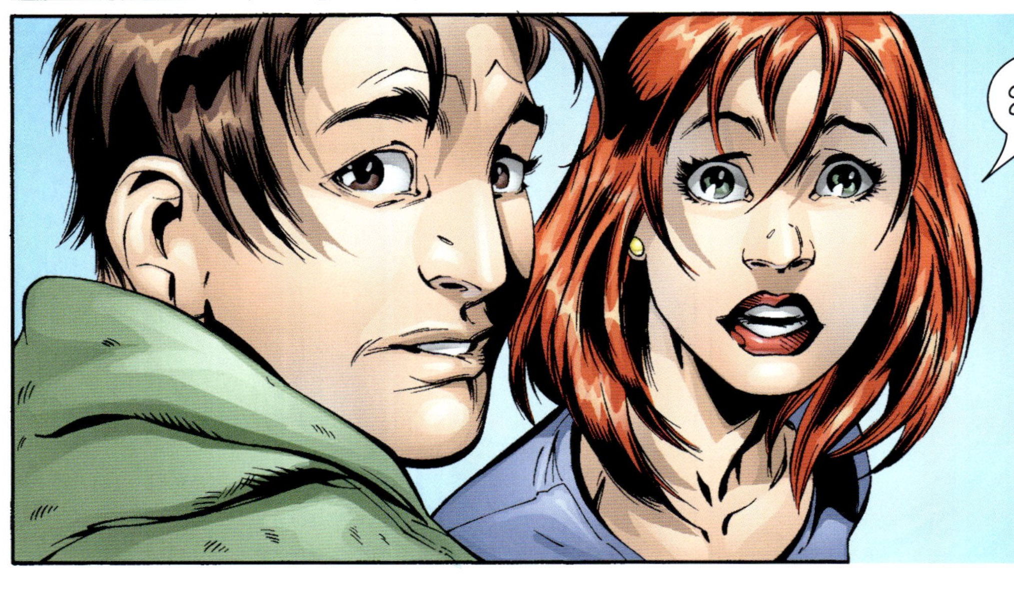
OH MEIN GOTT ...

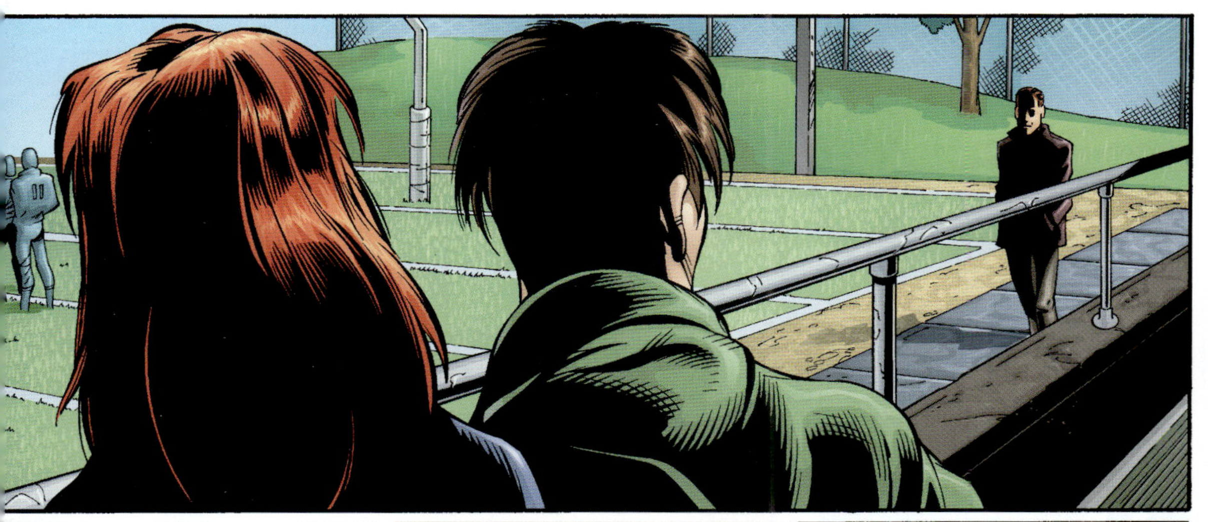
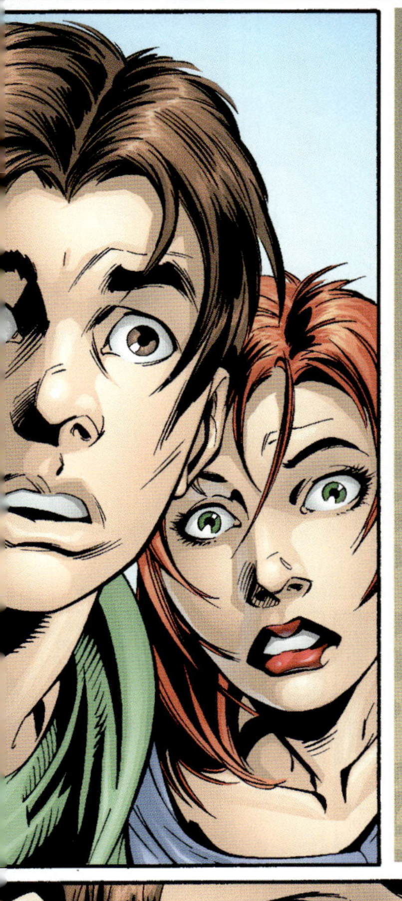
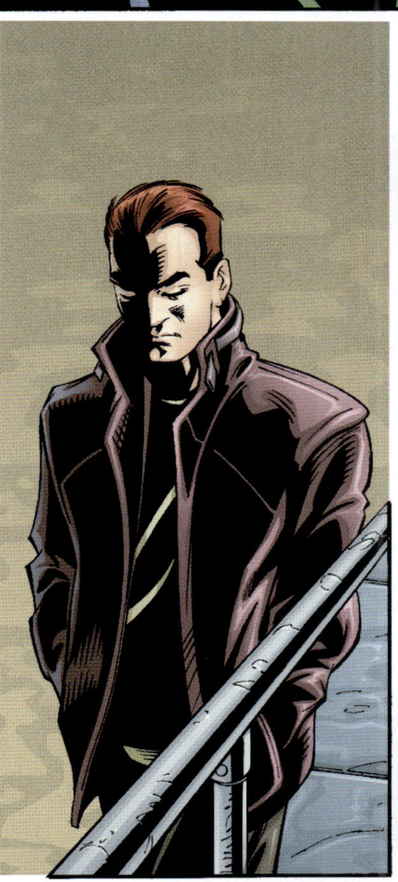
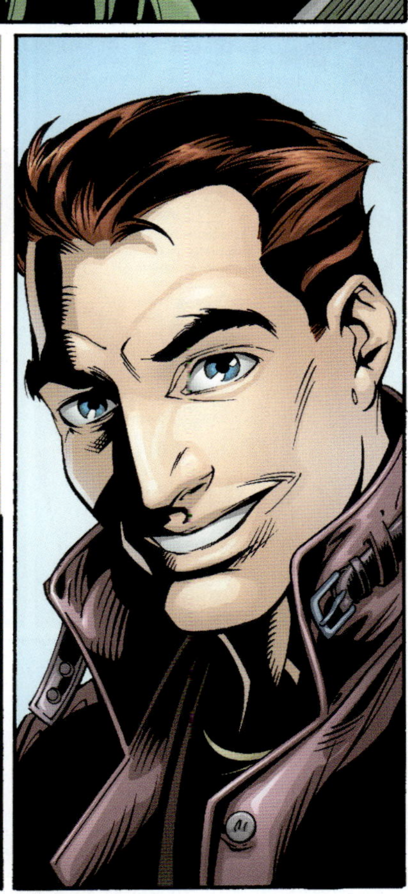
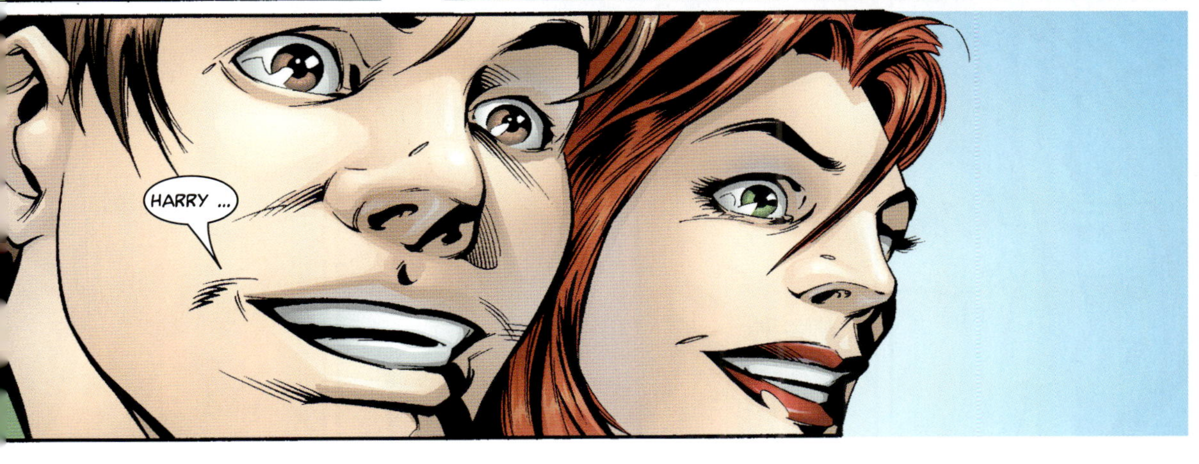
HARRY ...

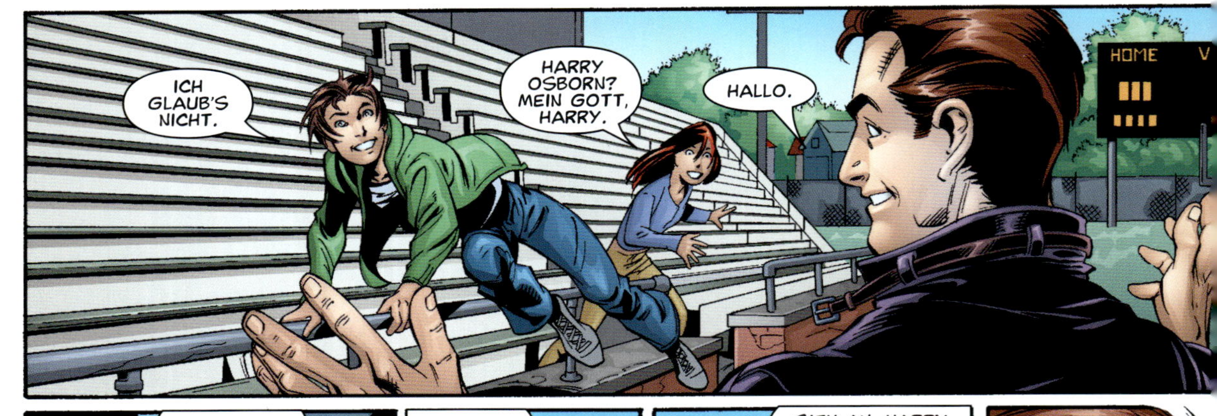
ICH GLAUB'S NICHT.
HARRY OSBORN? MEIN GOTT, HARRY.
HALLO.
HOME

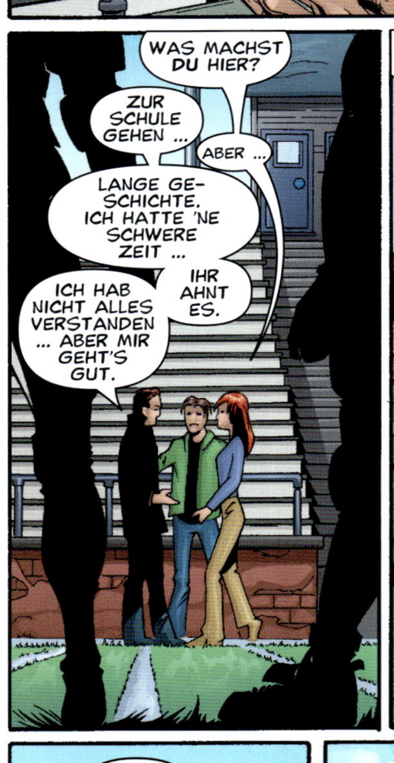
WAS MACHST DU HIER?
ZUR SCHULE GEHEN ...
ABER ...
LANGE GE-SCHICHTE. ICH HATTE 'NE SCHWERE ZEIT ...
IHR AHNT ES.
ICH HAB NICHT ALLES VERSTANDEN ... ABER MIR GEHT'S GUT.

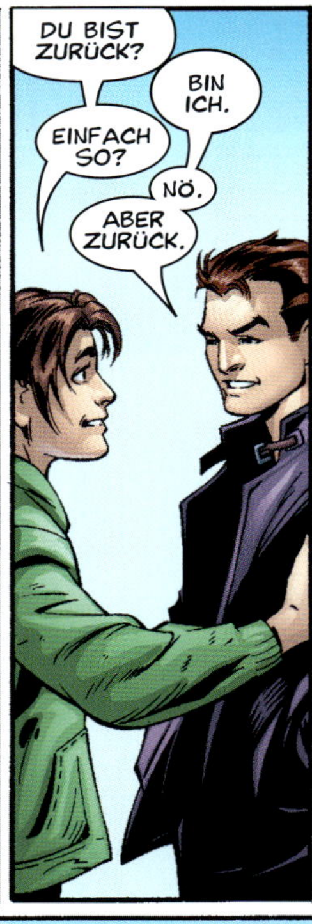
DU BIST ZURÜCK?
BIN ICH.
EINFACH SO?
NÖ.
ABER ZURÜCK.

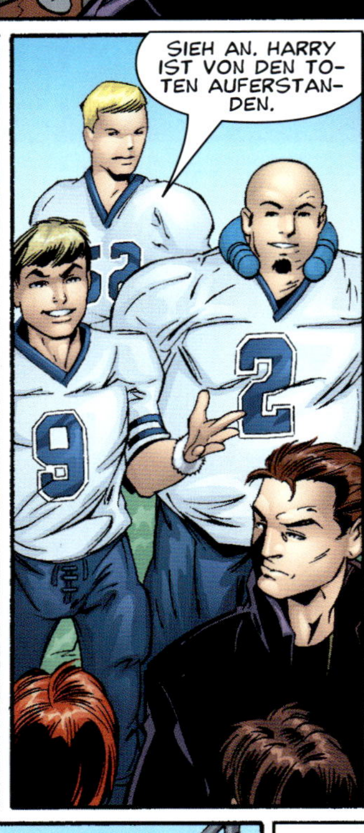
SIEH AN. HARRY IST VON DEN TO-TEN AUFERSTAN-DEN.

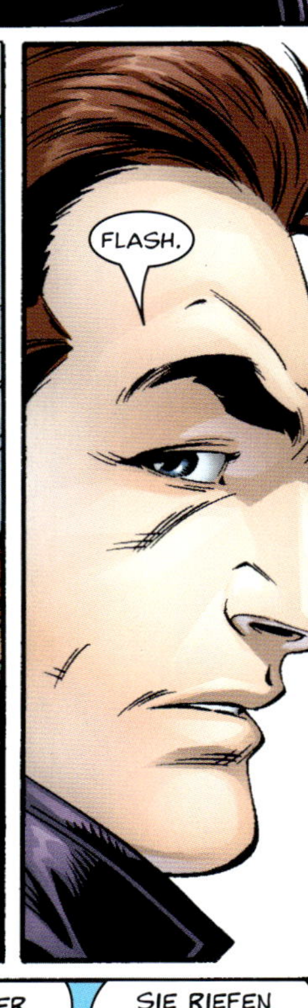
FLASH.

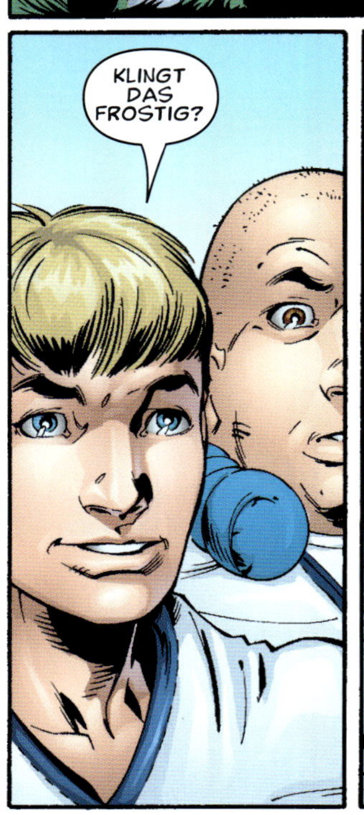
KLINGT DAS FROSTIG?

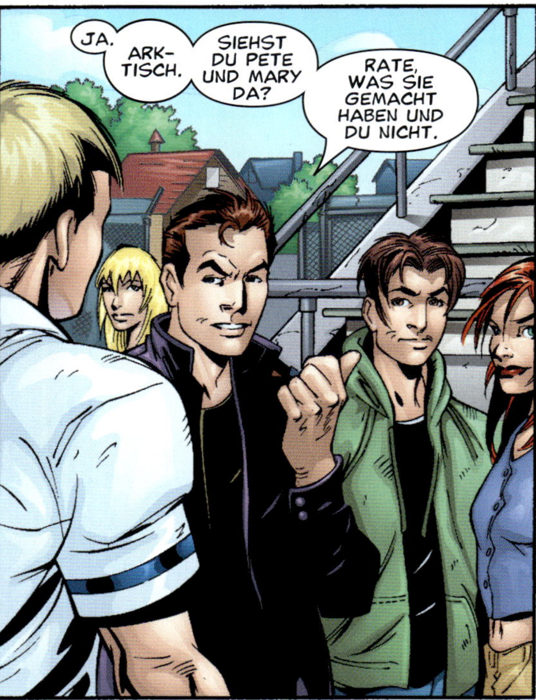
JA.
ARK-TISCH.
SIEHST DU PETE UND MARY DA?
RATE, WAS SIE GEMACHT HABEN UND DU NICHT.

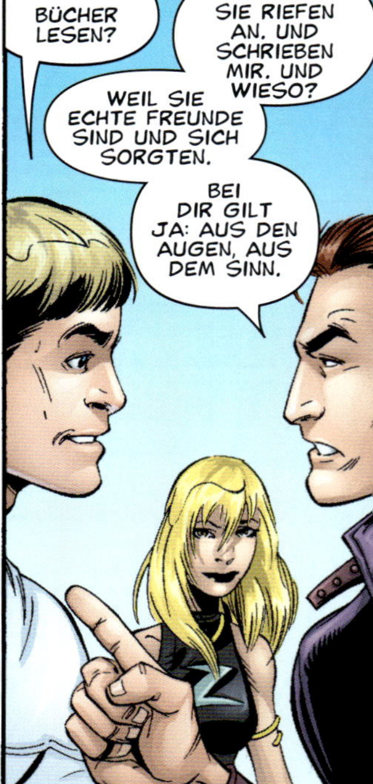
BÜCHER LESEN?
SIE RIEFEN AN. UND SCHRIEBEN MIR. UND WIESO?
WEIL SIE ECHTE FREUNDE SIND UND SICH SORGTEN.
BEI DIR GILT JA: AUS DEN AUGEN, AUS DEM SINN.

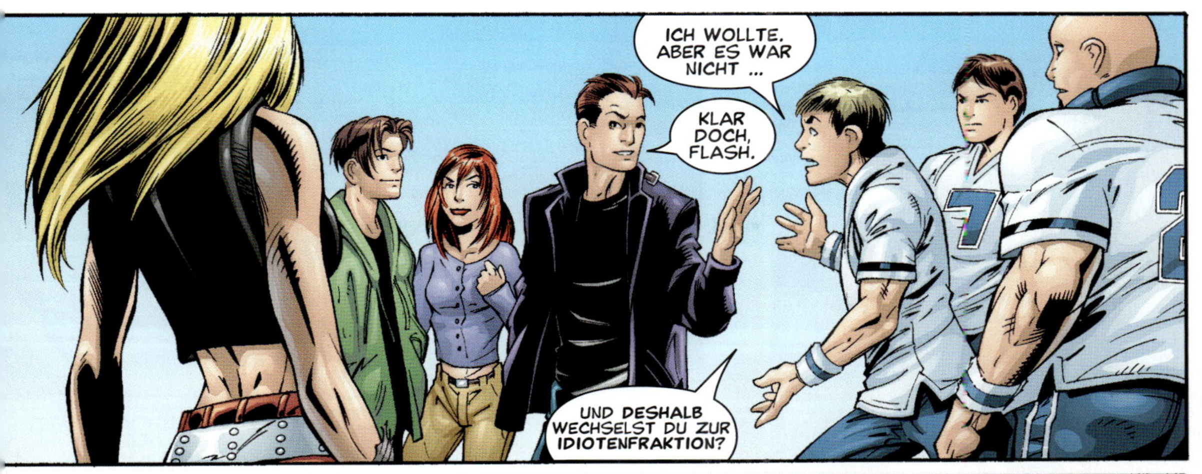
ICH WOLLTE. ABER ES WAR NICHT ...
KLAR DOCH, FLASH.
UND DESHALB WECHSELST DU ZUR IDIOTENFRAKTION?

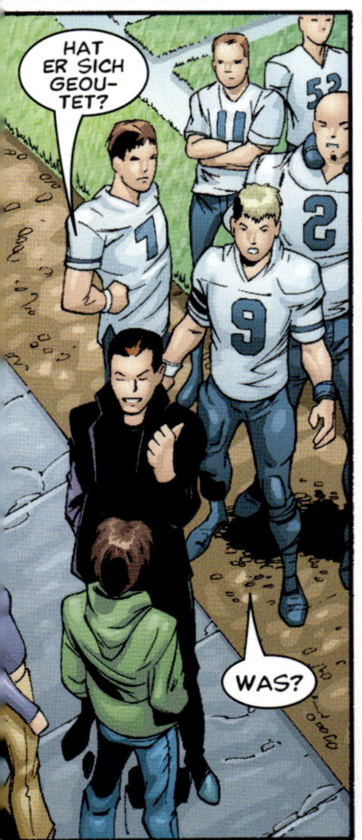
HAT ER SICH GEOU-TET?
WAS?

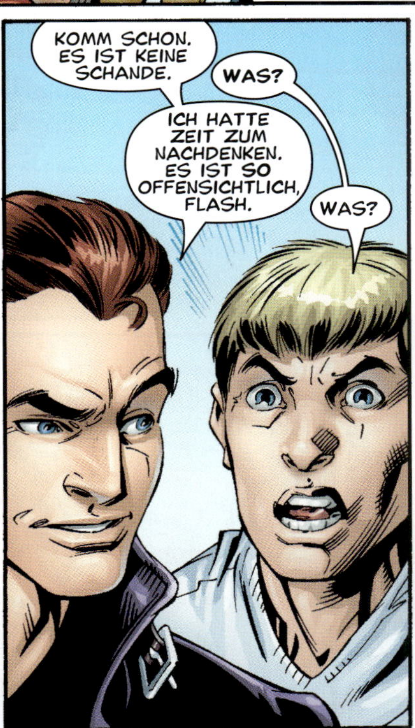
KOMM SCHON. ES IST KEINE SCHANDE.
WAS?
ICH HATTE ZEIT ZUM NACHDENKEN. ES IST SO OFFENSICHTLICH, FLASH.
WAS?

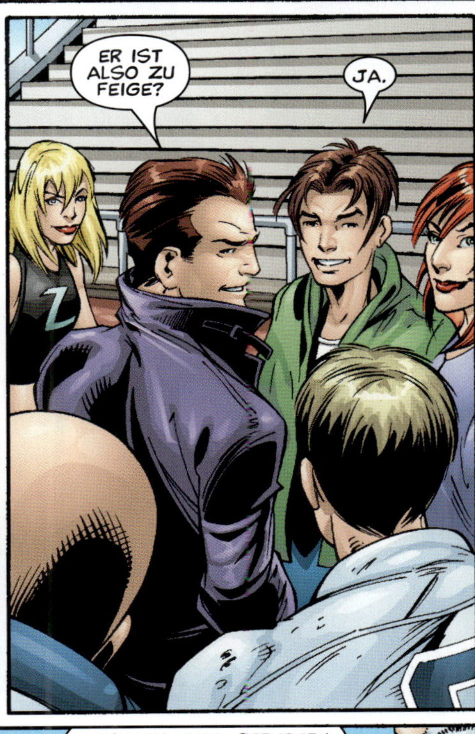
ER IST ALSO ZU FEIGE?
JA.

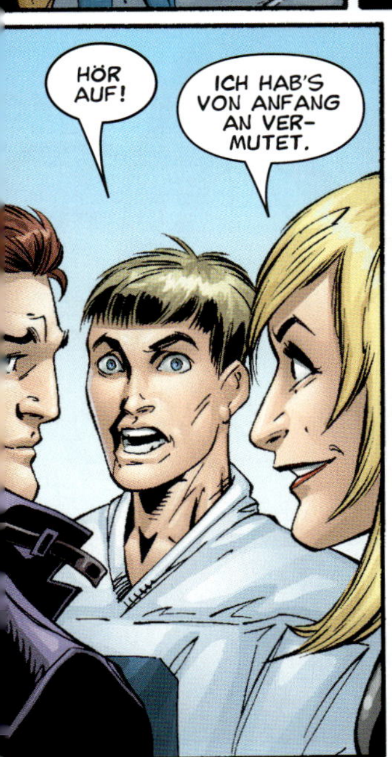
HÖR AUF!
ICH HAB'S VON ANFANG AN VER-MUTET.

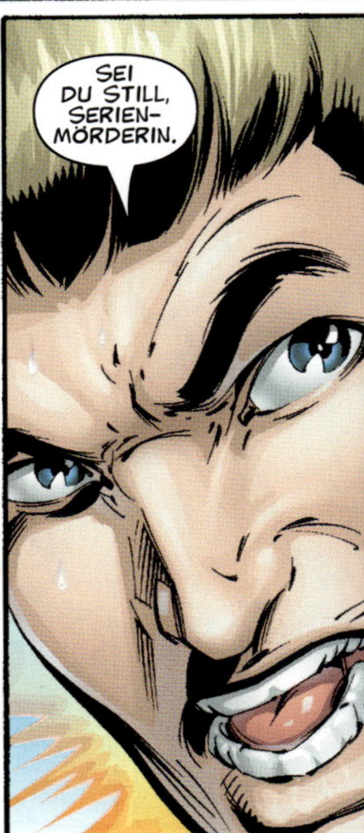
SEI DU STILL, SERIEN-MÖRDERIN.

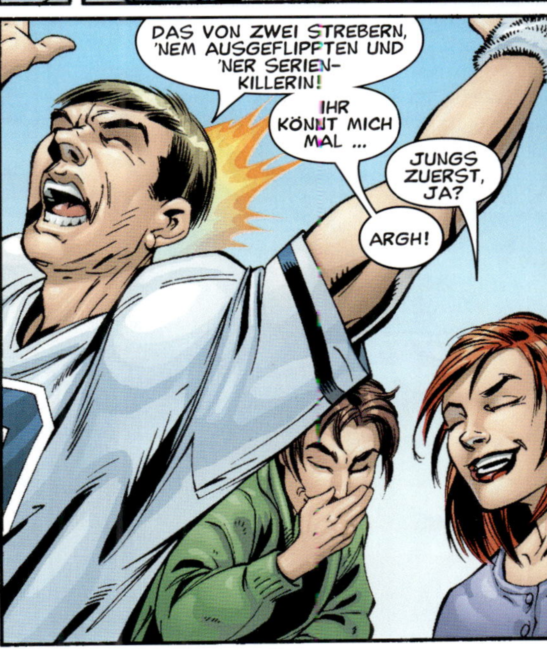
DAS VON ZWEI STREBERN, 'NEM AUSGEFLIPPTEN UND 'NER SERIEN-KILLERIN!
IHR KÖNNT MICH MAL ...
JUNGS ZUERST, JA?
ARGH!

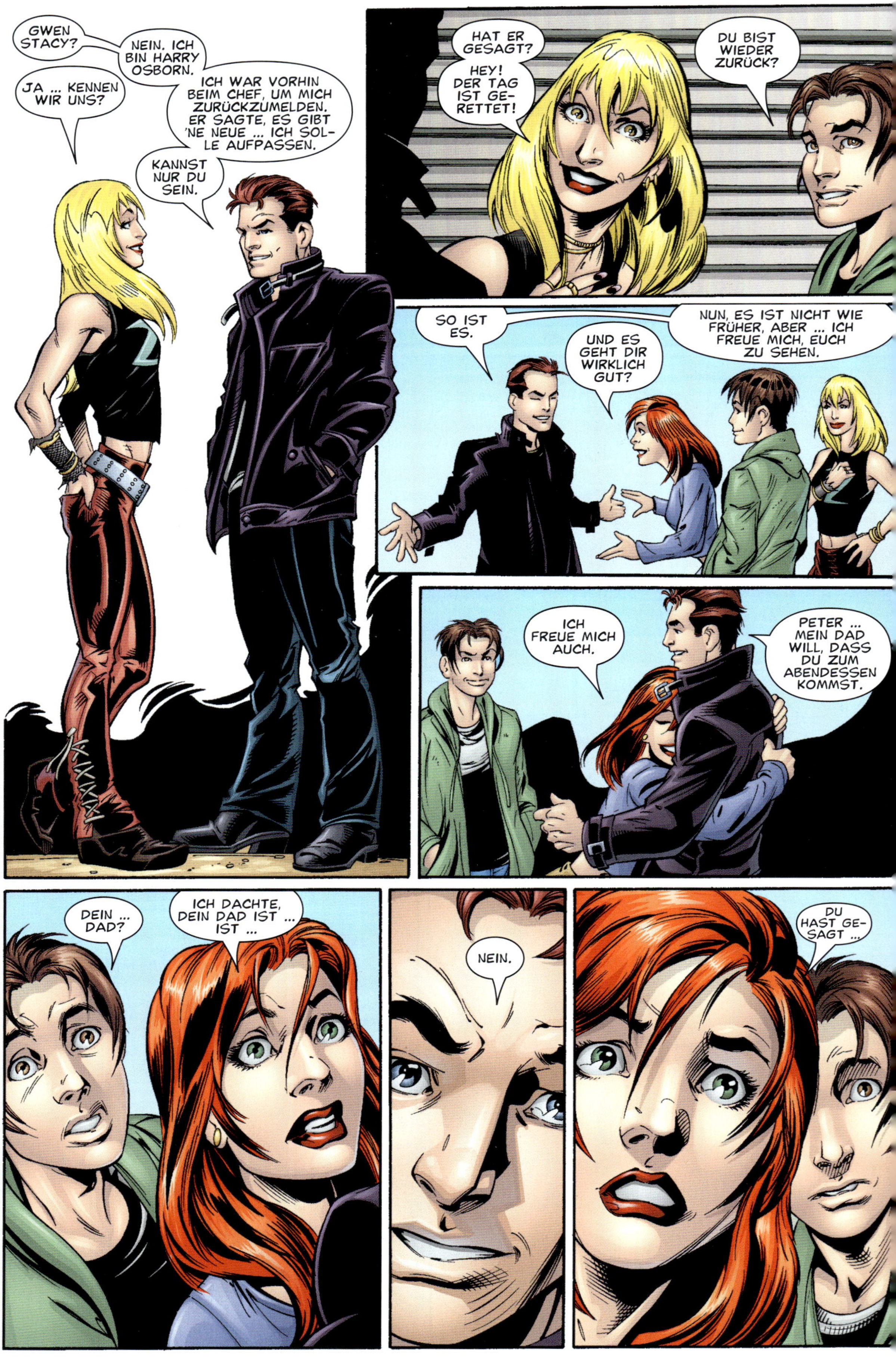

GWEN STACY?
JA ... KENNEN WIR UNS?
NEIN. ICH BIN HARRY OSBORN.
ICH WAR VORHIN BEIM CHEF, UM MICH ZURÜCKZUMELDEN. ER SAGTE, ES GIBT 'NE NEUE ... ICH SOLLE AUFPASSEN.
KANNST NUR DU SEIN.
HAT ER GESAGT?
HEY! DER TAG IST GERETTET!
DU BIST WIEDER ZURÜCK?
SO IST ES.
UND ES GEHT DIR WIRKLICH GUT?
NUN, ES IST NICHT WIE FRÜHER, ABER ... ICH FREUE MICH, EUCH ZU SEHEN.
ICH FREUE MICH AUCH.
PETER ... MEIN DAD WILL, DASS DU ZUM ABENDESSEN KOMMST.

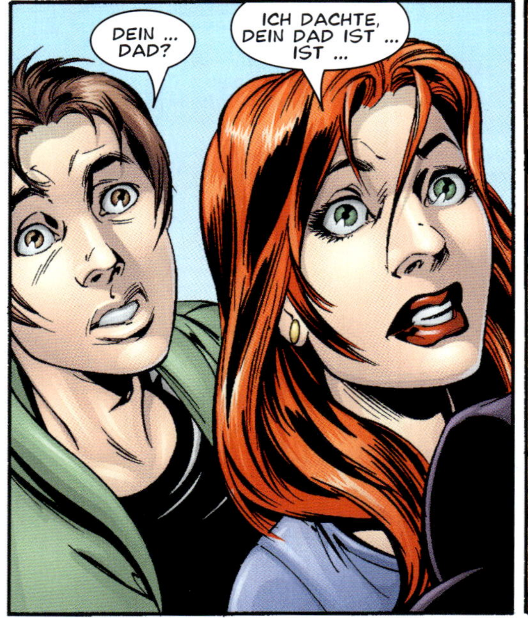

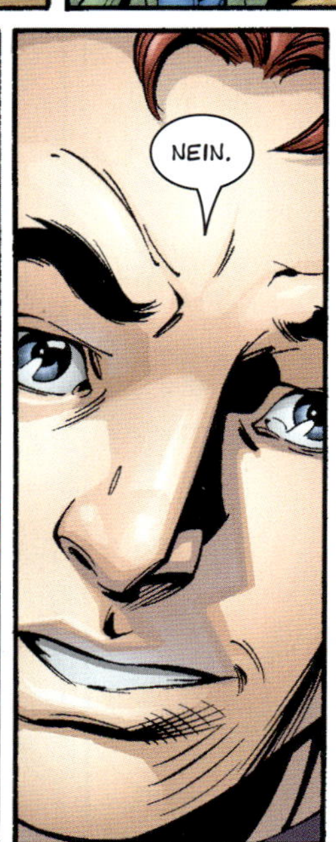

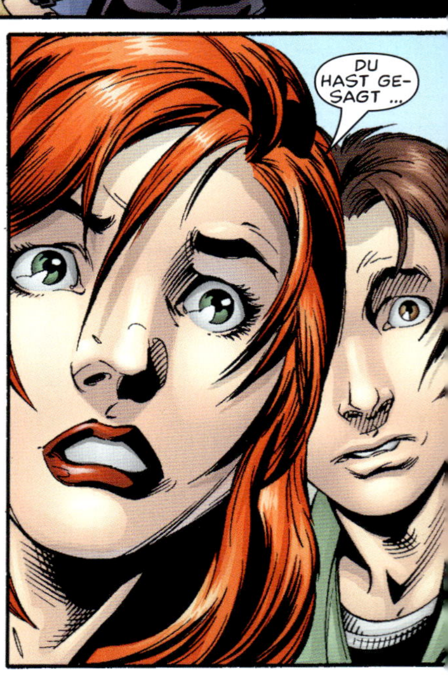

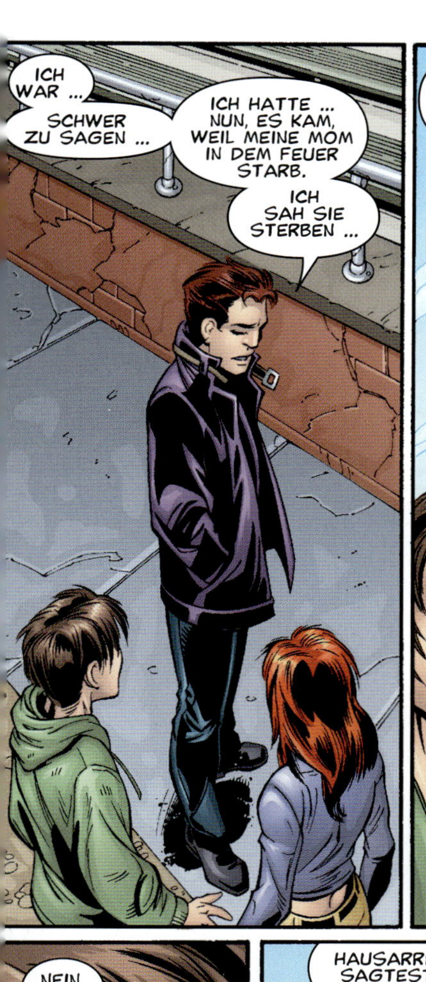
ICH WAR ...
SCHWER ZU SAGEN ...
ICH HATTE ... NUN, ES KAM, WEIL MEINE MOM IN DEM FEUER STARB.
ICH SAH SIE STERBEN ...

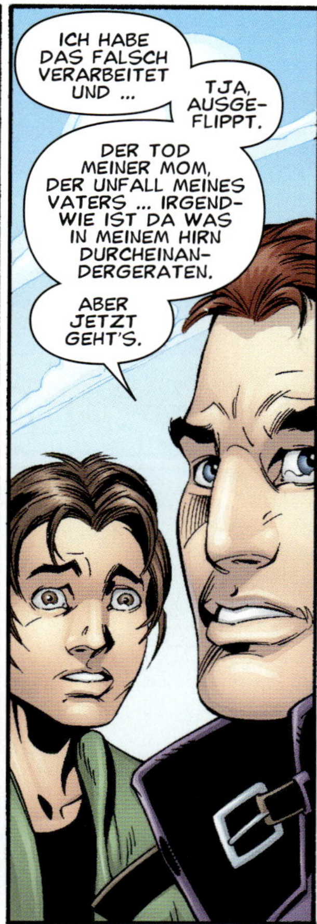
ICH HABE DAS FALSCH VERARBEITET UND ...
TJA, AUSGE-FLIPPT.
DER TOD MEINER MOM, DER UNFALL MEINES VATERS ... IRGEND-WIE IST DA WAS IN MEINEM HIRN DURCHEINAN-DERGERATEN.
ABER JETZT GEHT'S.

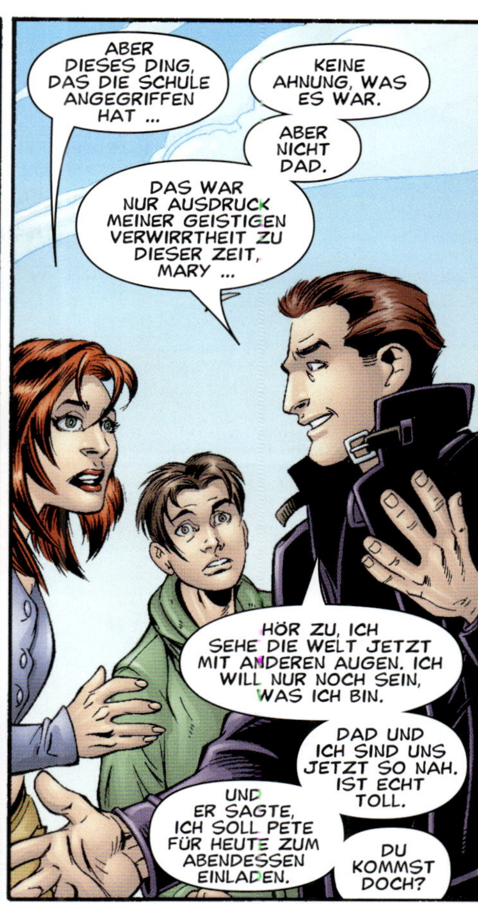
ABER DIESES DING, DAS DIE SCHULE ANGEGRIFFEN HAT ...
KEINE AHNUNG, WAS ES WAR.
ABER NICHT DAD.
DAS WAR NUR AUSDRUCK MEINER GEISTIGEN VERWIRRTHEIT ZU DIESER ZEIT, MARY ...
HÖR ZU, ICH SEHE DIE WELT JETZT MIT ANDEREN AUGEN. ICH WILL NUR NOCH SEIN, WAS ICH BIN.
DAD UND ICH SIND UNS JETZT SO NAH. IST ECHT TOLL.
UND ER SAGTE, ICH SOLL PETE FÜR HEUTE ZUM ABENDESSEN EINLADEN.
DU KOMMST DOCH?

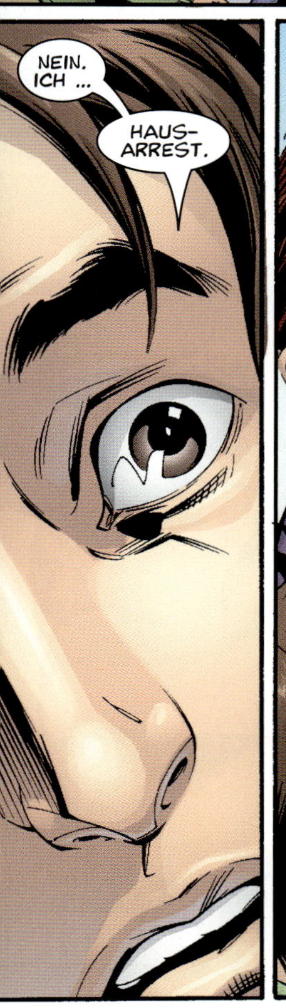
NEIN. ICH ...
HAUS-ARREST.

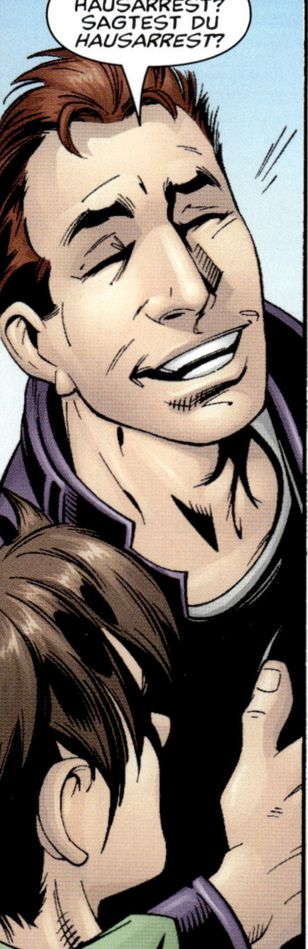
HAUSARREST? SAGTEST DU HAUSARREST?

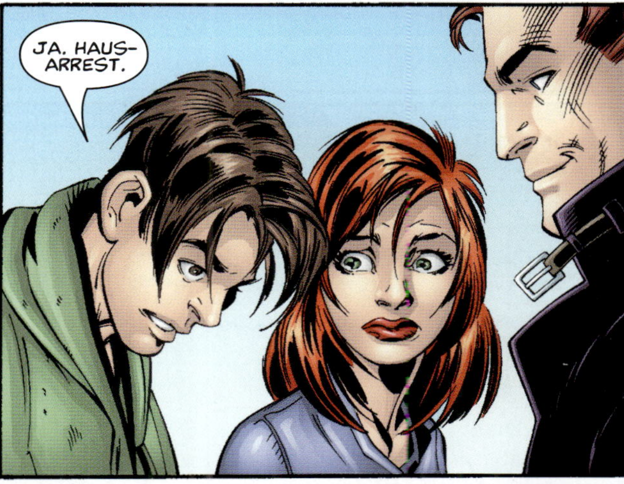
JA. HAUS-ARREST.

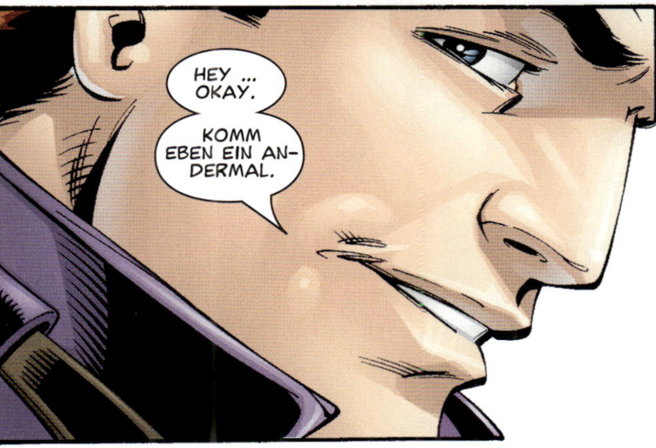
HEY ... OKAY.
KOMM EBEN EIN AN-DERMAL.

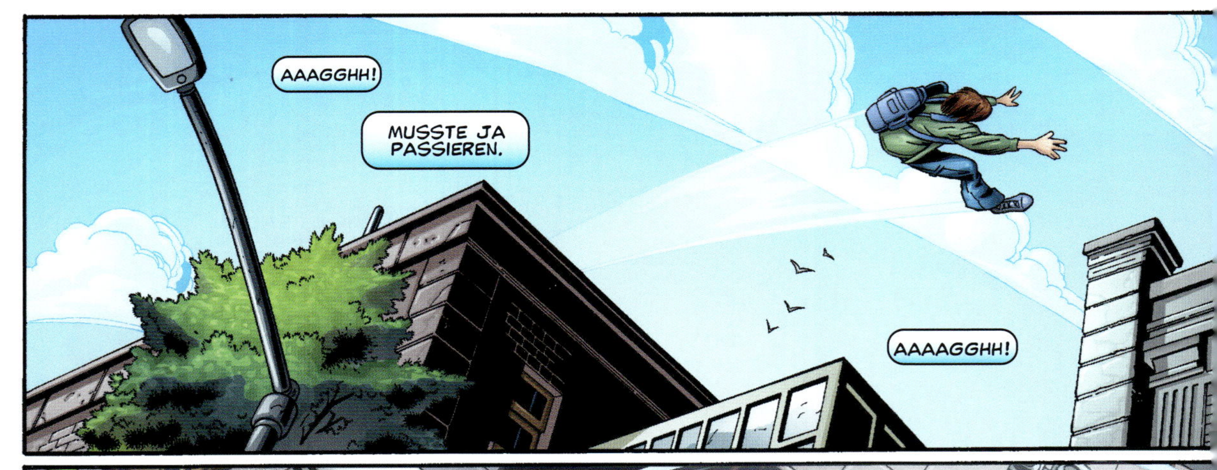
AAAGGHH!
MUSSTE JA PASSIEREN.
AAAAGGHH!

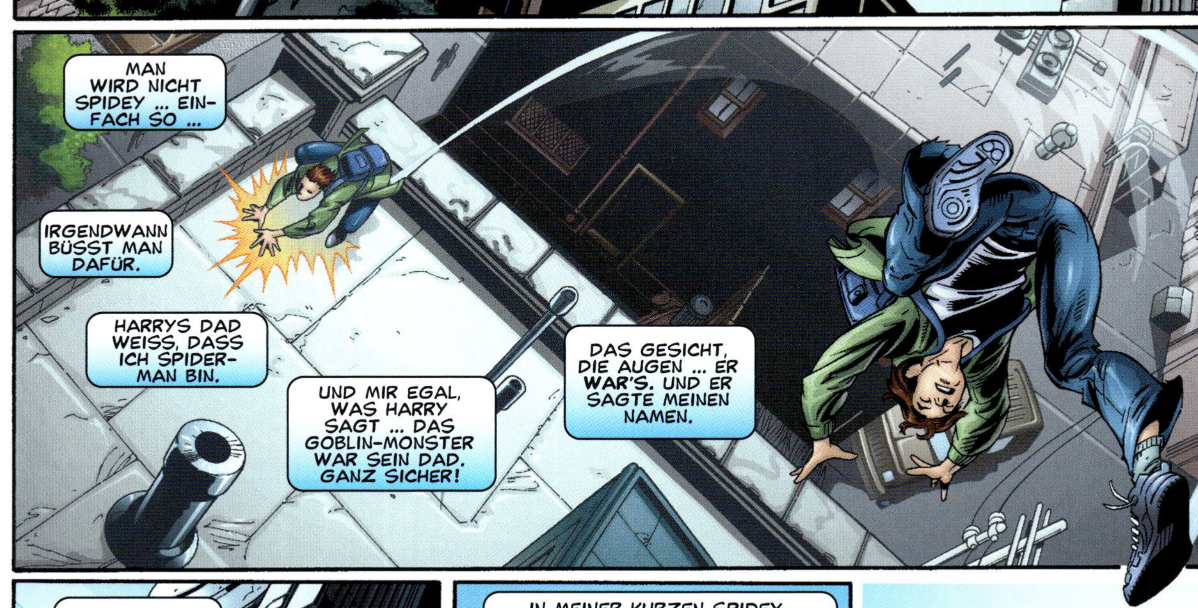
MAN WIRD NICHT SPIDEY ... EINFACH SO ...
IRGENDWANN BÜSST MAN DAFÜR.
HARRYS DAD WEISS, DASS ICH SPIDER-MAN BIN.
UND MIR EGAL, WAS HARRY SAGT ... DAS GOBLIN-MONSTER WAR SEIN DAD. GANZ SICHER!
DAS GESICHT, DIE AUGEN ... ER WAR'S. UND ER SAGTE MEINEN NAMEN.

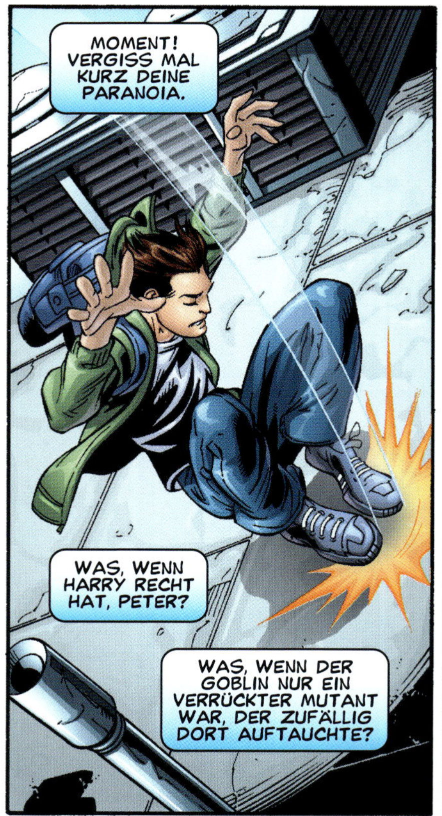
MOMENT! VERGISS MAL KURZ DEINE PARANOIA.
WAS, WENN HARRY RECHT HAT, PETER?
WAS, WENN DER GOBLIN NUR EIN VERRÜCKTER MUTANT WAR, DER ZUFÄLLIG DORT AUFTAUCHTE?

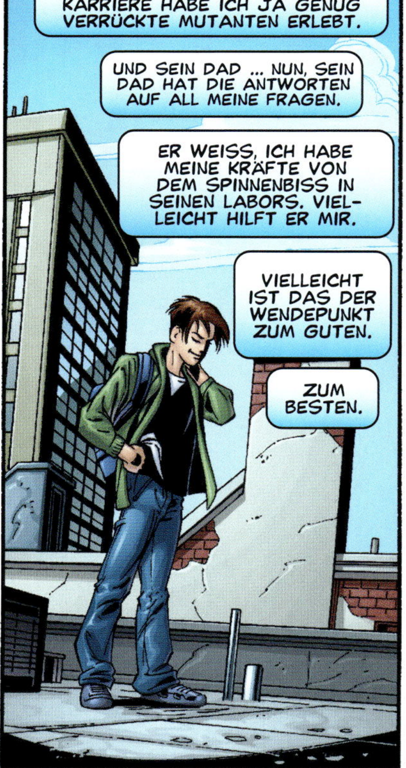
IN MEINER KURZEN SPIDEY-KARRIERE HABE ICH JA GENUG VERRÜCKTE MUTANTEN ERLEBT.
UND SEIN DAD ... NUN, SEIN DAD HAT DIE ANTWORTEN AUF ALL MEINE FRAGEN.
ER WEISS, ICH HABE MEINE KRÄFTE VON DEM SPINNENBISS IN SEINEN LABORS. VIELLEICHT HILFT ER MIR.
VIELLEICHT IST DAS DER WENDEPUNKT ZUM GUTEN.
ZUM BESTEN.

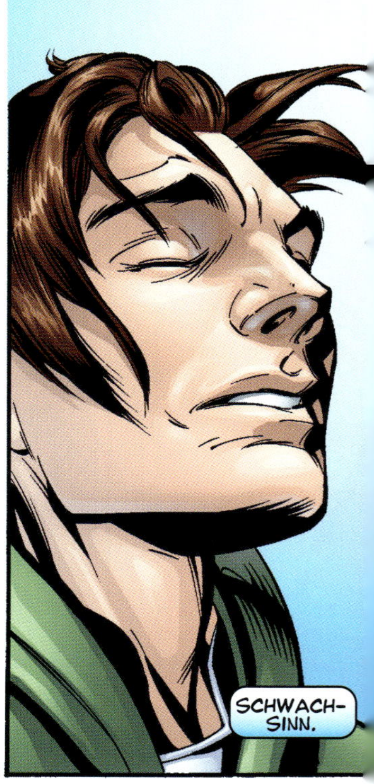
SCHWACHSINN.

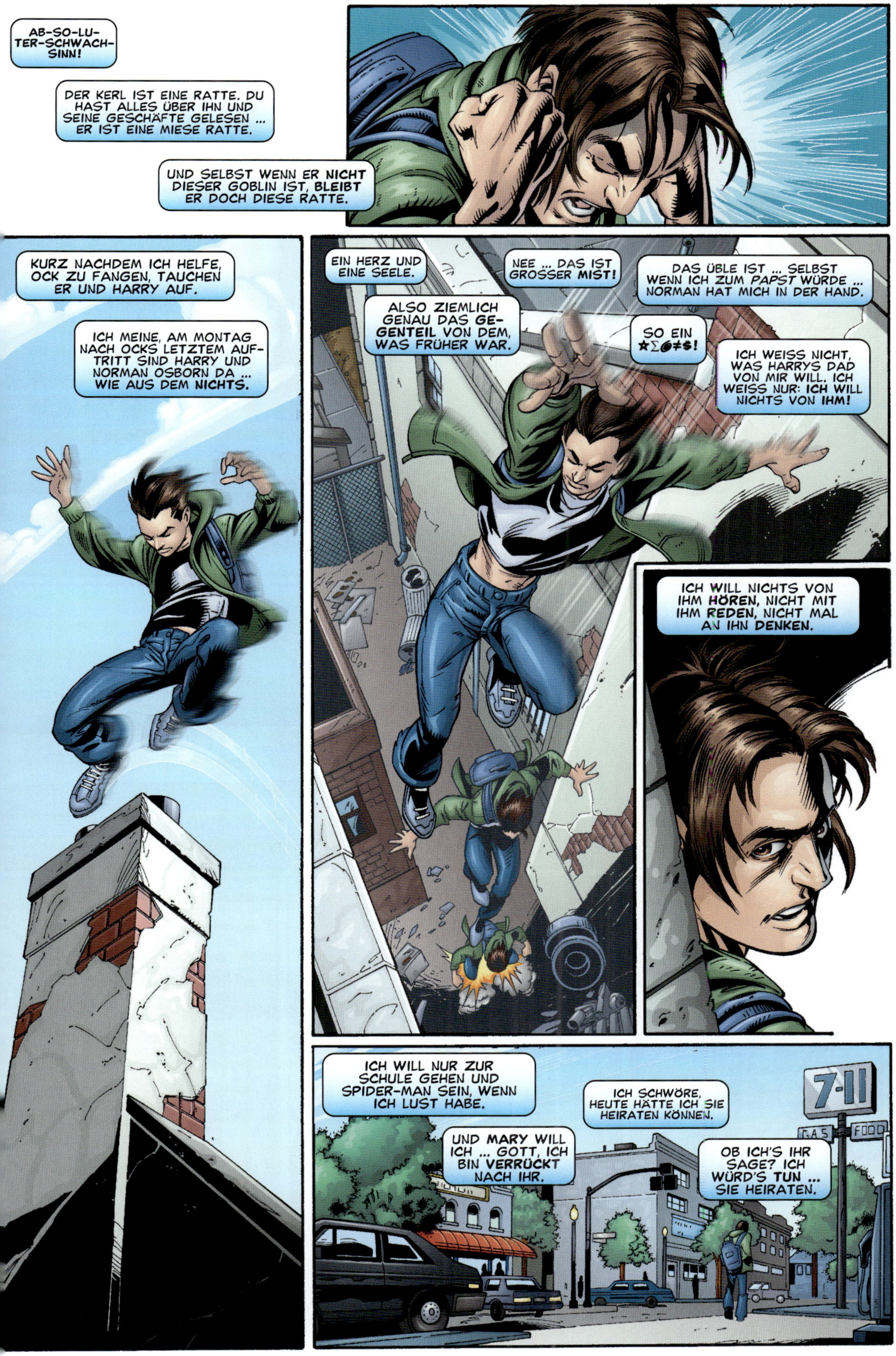

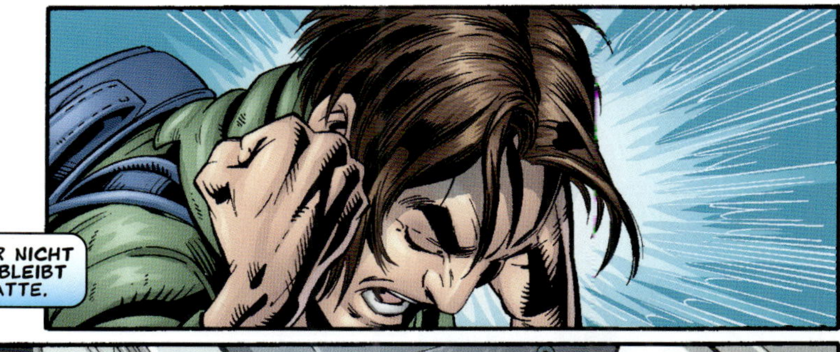

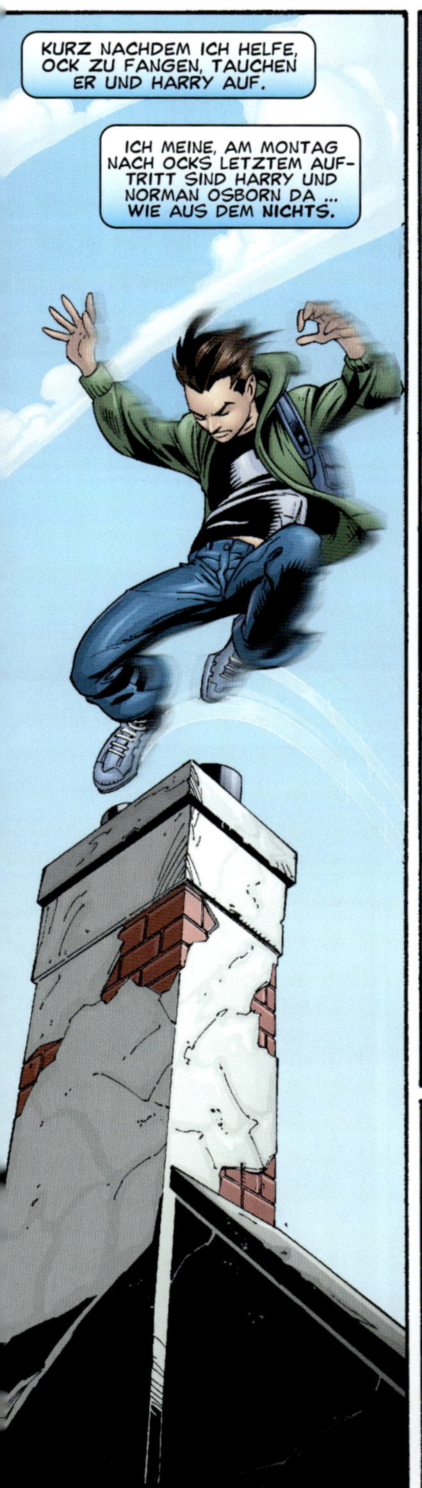

EIN HERZ UND EINE SEELE.

ALSO ZIEMLICH GENAU DAS **GEGENTEIL** VON DEM, WAS FRÜHER WAR.

NEE ... DAS IST GROSSER **MIST!**

DAS ÜBLE IST ... SELBST WENN ICH ZUM *PAPST* WÜRDE ... NORMAN HAT MICH IN DER HAND.

SO EIN ★Σ⊘≠$!

ICH WEISS NICHT, WAS HARRYS DAD VON MIR WILL. ICH WEISS NUR: **ICH WILL** NICHTS VON **IHM!**

ICH WILL NICHTS VON IHM **HÖREN**, NICHT MIT IHM **REDEN**, NICHT MAL AN IHN **DENKEN**.

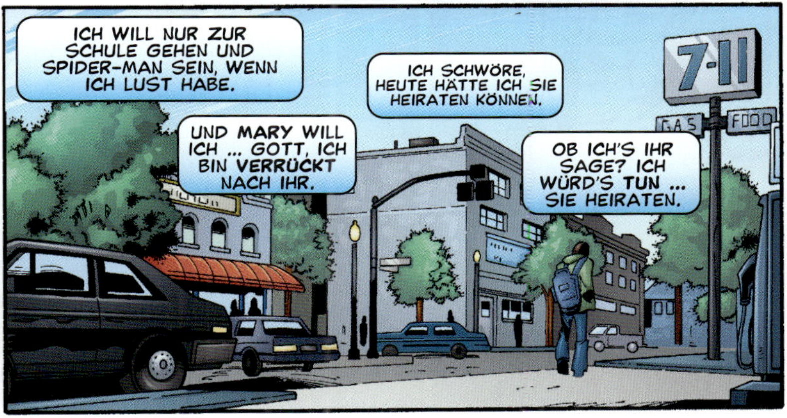

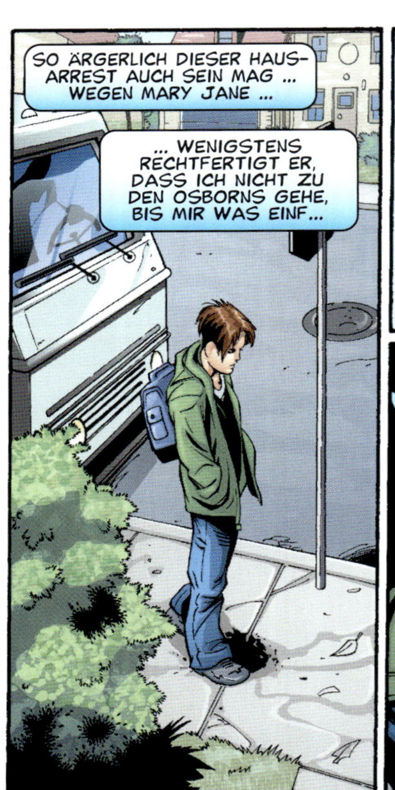
SO ÄRGERLICH DIESER HAUS-ARREST AUCH SEIN MAG ... WEGEN MARY JANE ...
... WENIGSTENS RECHTFERTIGT ER, DASS ICH NICHT ZU DEN OSBORNS GEHE, BIS MIR WAS EINF...

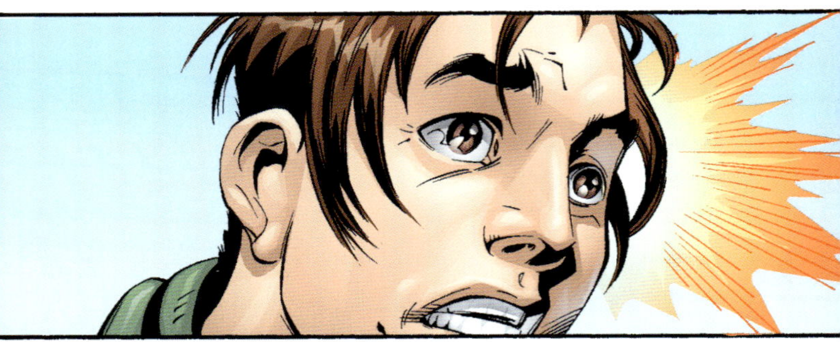

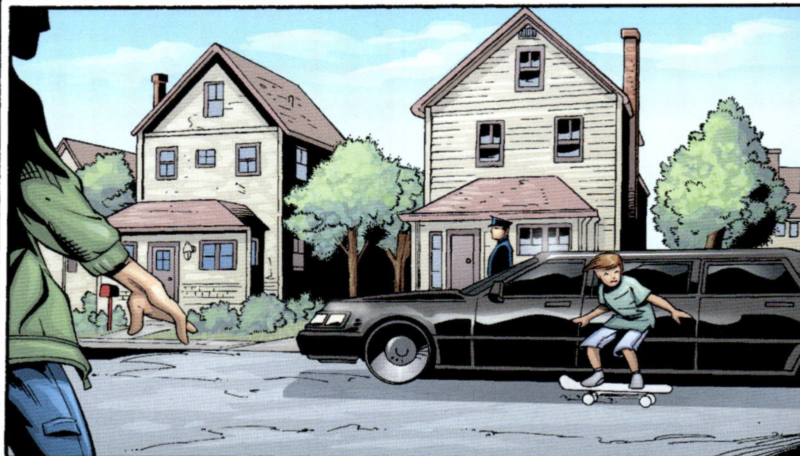

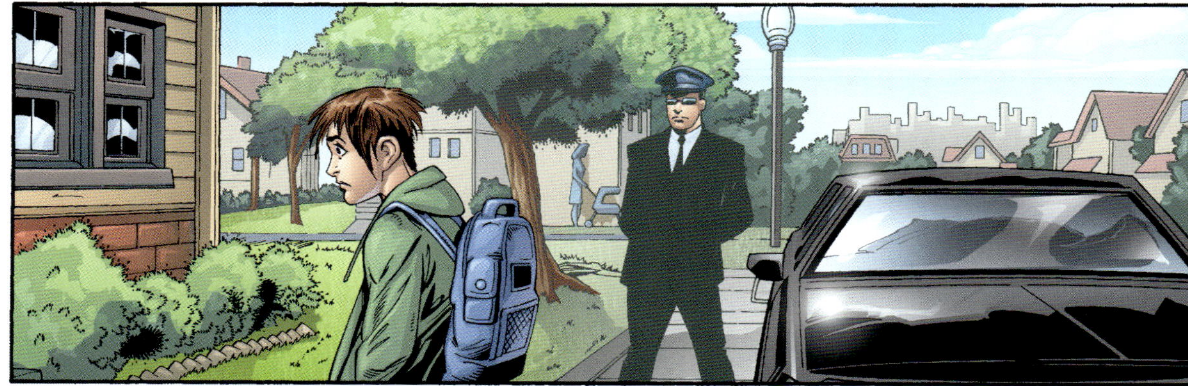

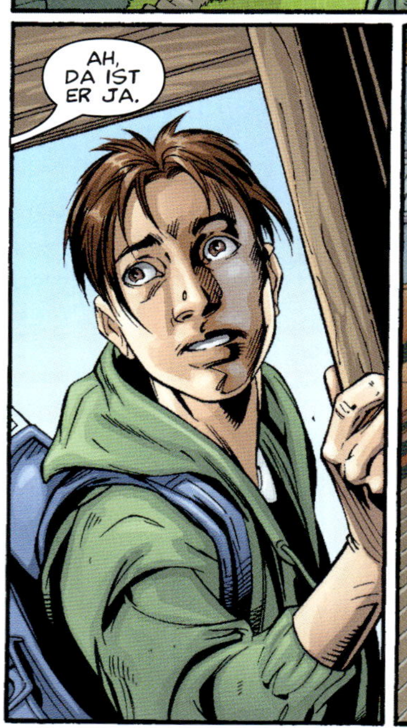
AH, DA IST ER JA.

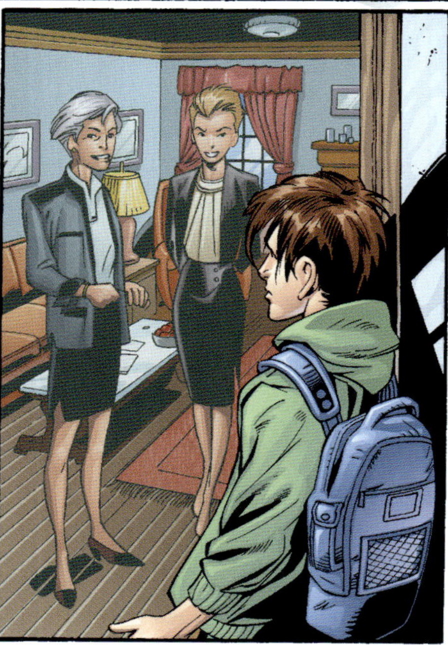

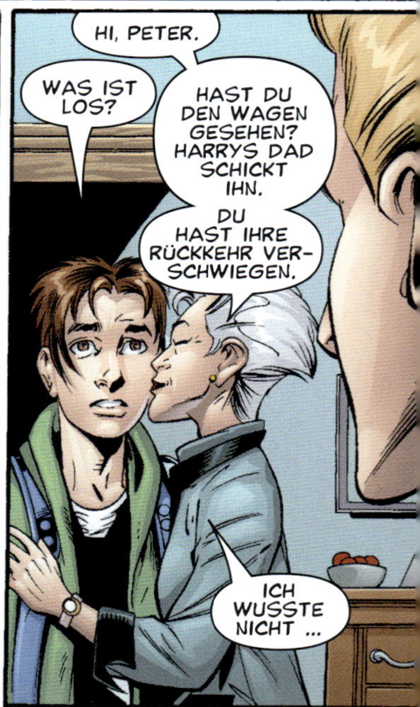
HI, PETER.
WAS IST LOS?
HAST DU DEN WAGEN GESEHEN? HARRYS DAD SCHICKT IHN.
DU HAST IHRE RÜCKKEHR VER-SCHWIEGEN.
ICH WUSSTE NICHT ...

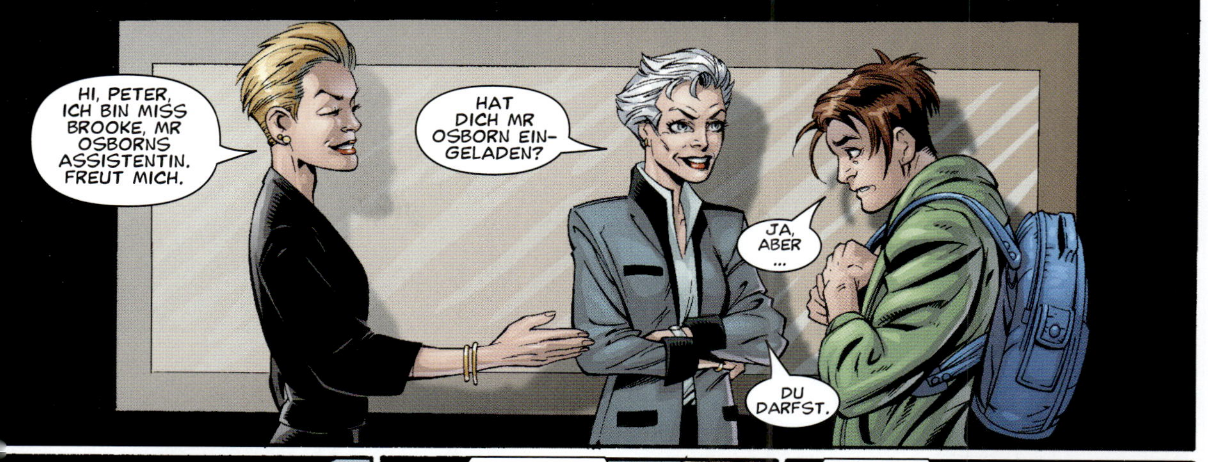
HI, PETER, ICH BIN MISS BROOKE, MR OSBORNS ASSISTENTIN. FREUT MICH.
HAT DICH MR OSBORN EINGELADEN?
JA, ABER ...
DU DARFST.

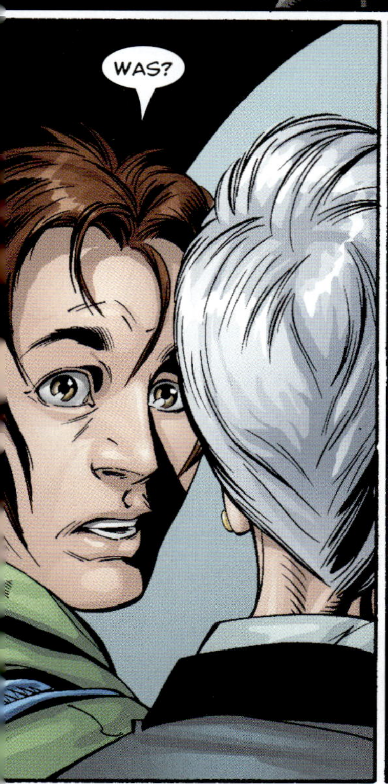
WAS?

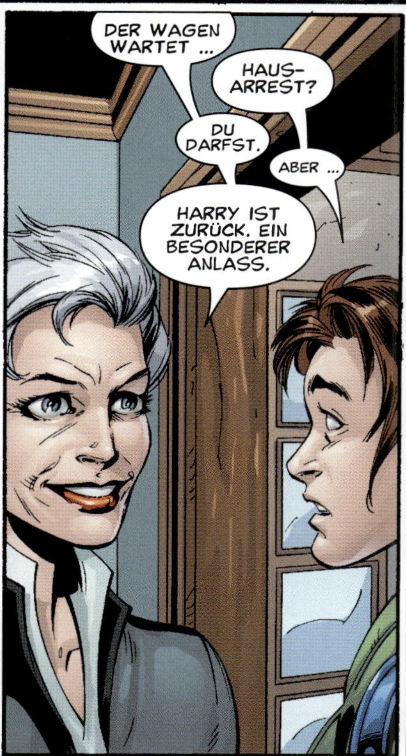
DER WAGEN WARTET ...
HAUS-ARREST?
DU DARFST.
ABER ...
HARRY IST ZURÜCK. EIN BESONDERER ANLASS.

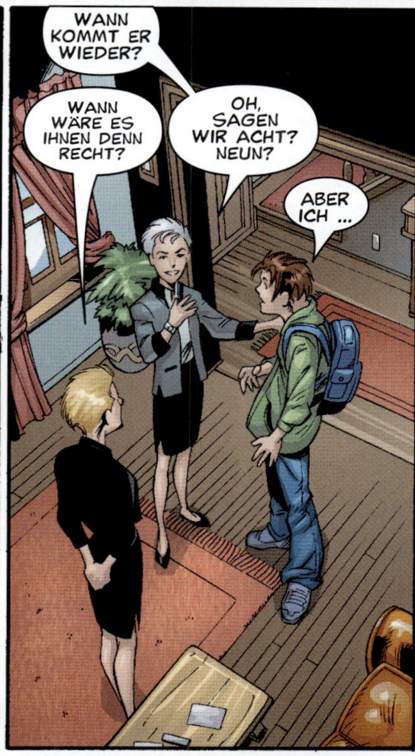
WANN KOMMT ER WIEDER?
WANN WÄRE ES IHNEN DENN RECHT?
OH, SAGEN WIR ACHT? NEUN?
ABER ICH ...

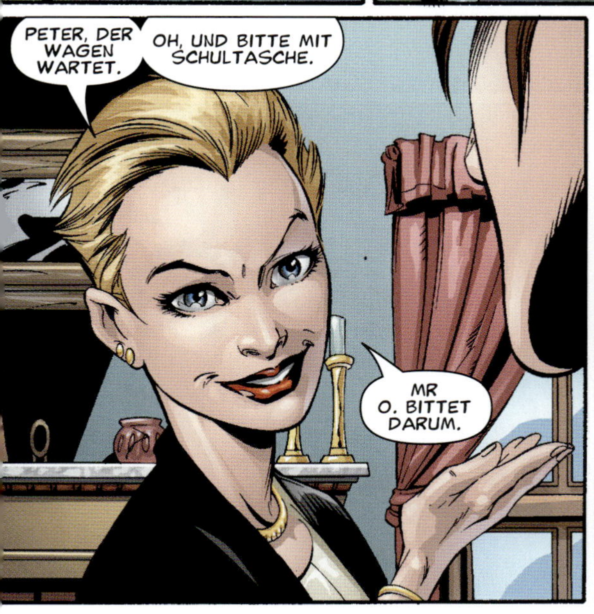
PETER, DER WAGEN WARTET.
OH, UND BITTE MIT SCHULTASCHE.
MR O. BITTET DARUM.

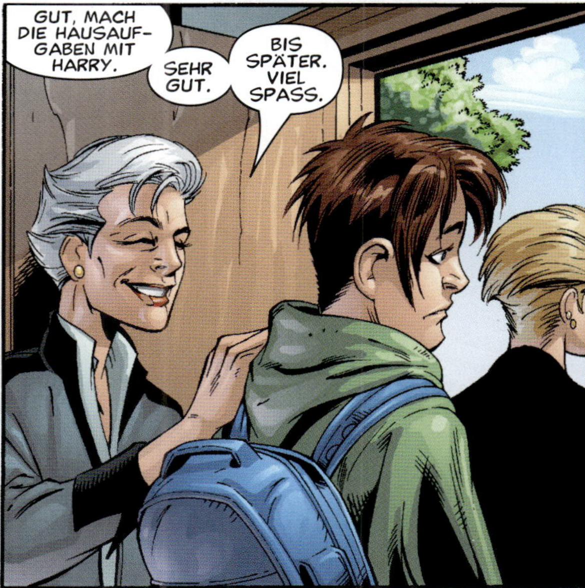
GUT, MACH DIE HAUSAUFGABEN MIT HARRY.
SEHR GUT.
BIS SPÄTER. VIEL SPASS.

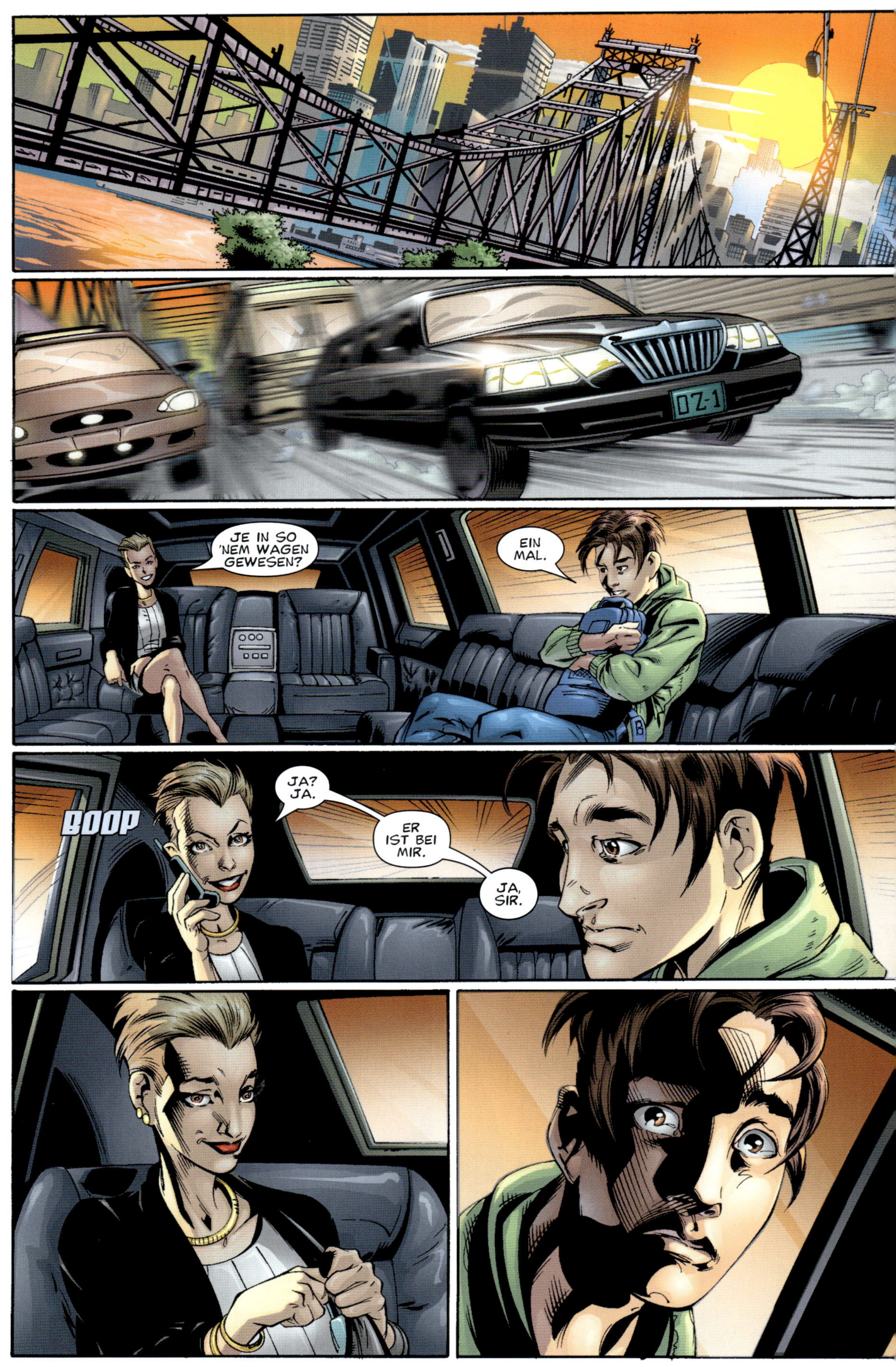
DZ-1
JE IN SO 'NEM WAGEN GEWESEN?
EIN MAL.
BOOP
JA? JA.
ER IST BEI MIR.
JA, SIR.

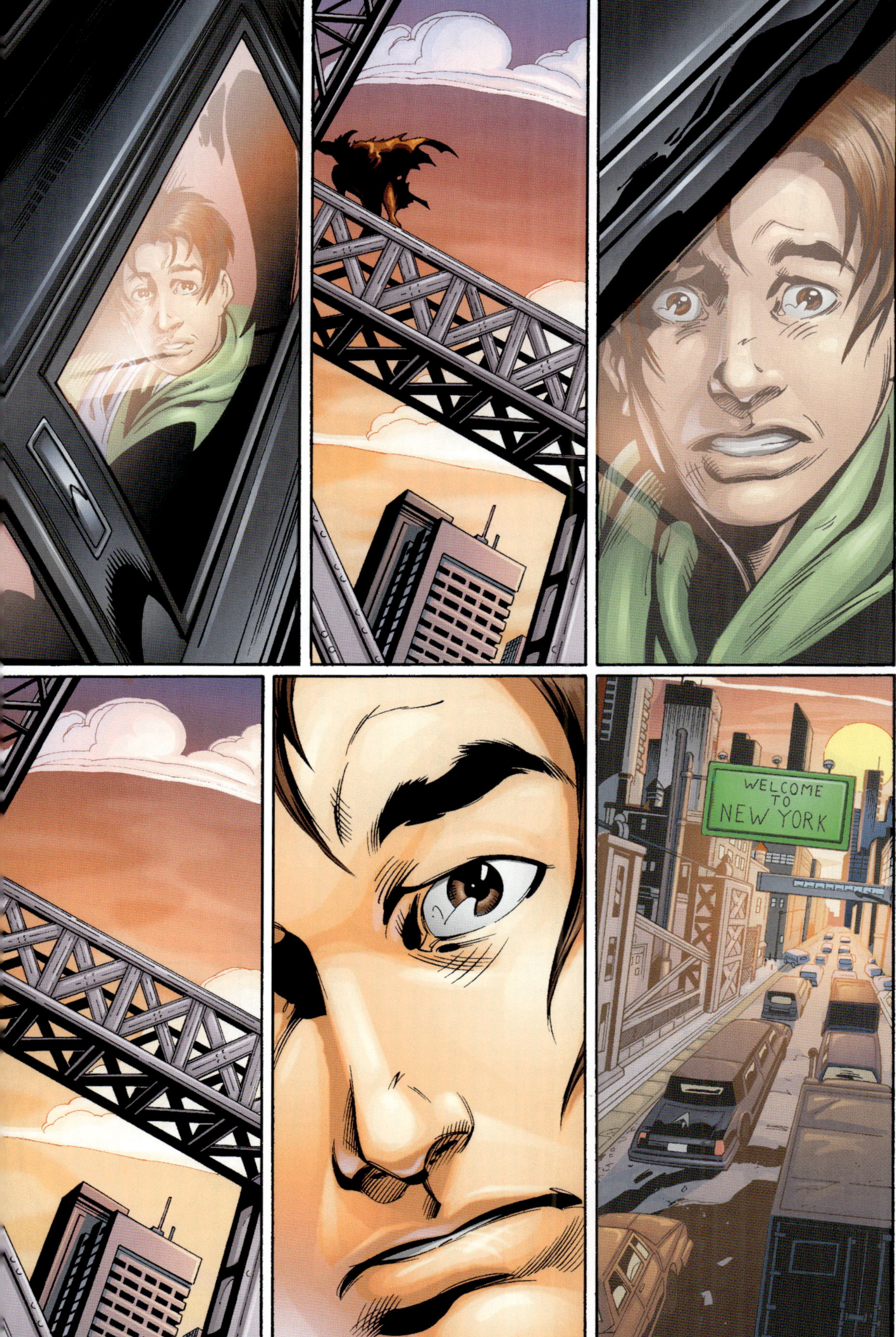
WELCOME
TO
NEW YORK

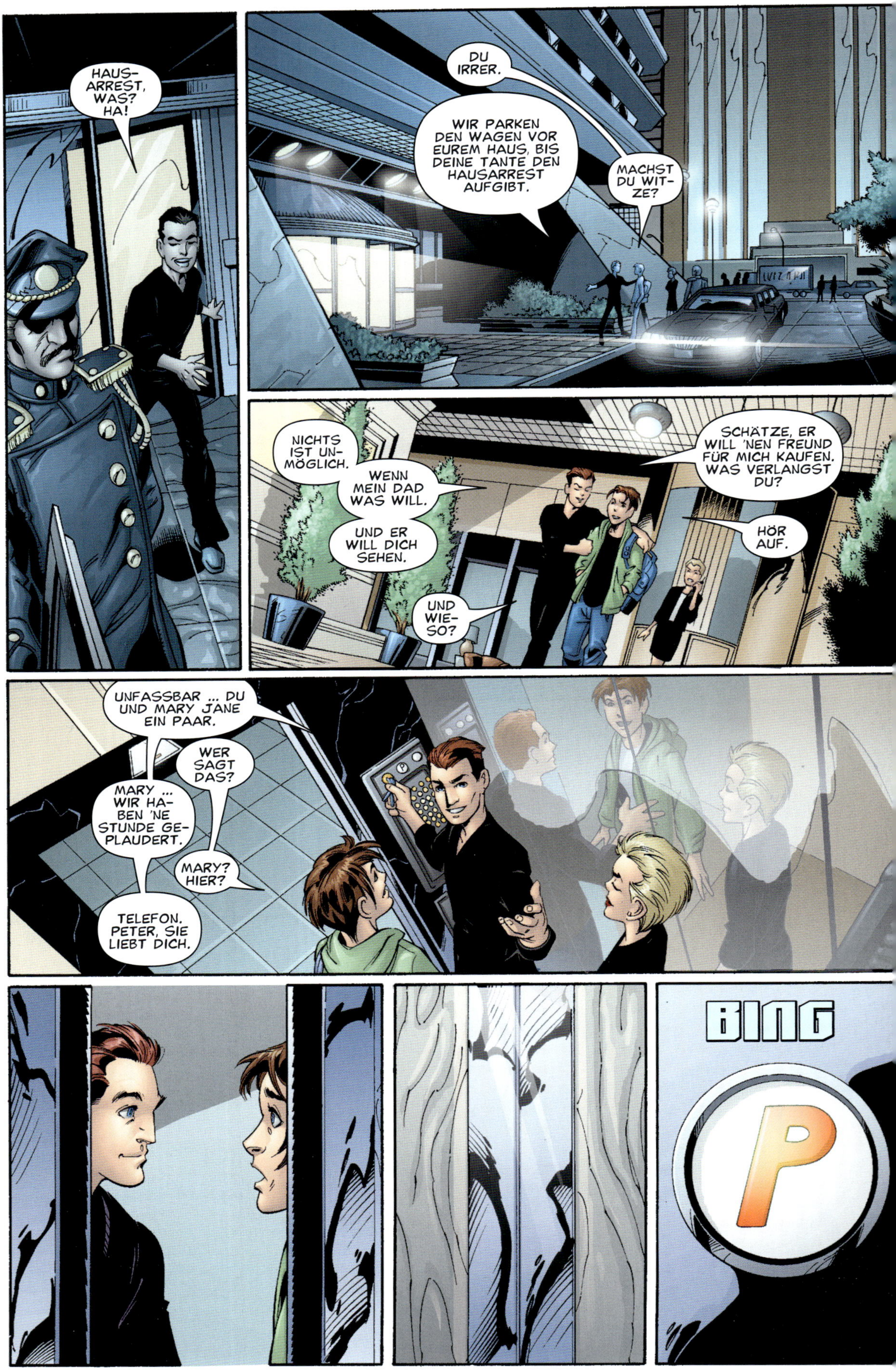

HAUS-ARREST, WAS? HA!

DU IRRER.
WIR PARKEN DEN WAGEN VOR EUREM HAUS, BIS DEINE TANTE DEN HAUSARREST AUFGIBT.
MACHST DU WITZE?

NICHTS IST UNMÖGLICH.
WENN MEIN DAD WAS WILL.
SCHÄTZE, ER WILL 'NEN FREUND FÜR MICH KAUFEN. WAS VERLANGST DU?
HÖR AUF.
UND ER WILL DICH SEHEN.
UND WIESO?

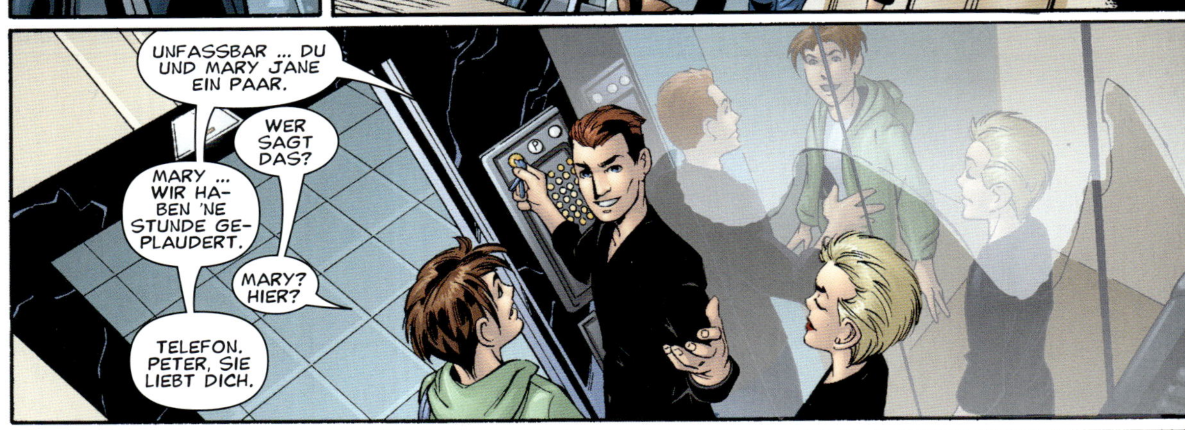

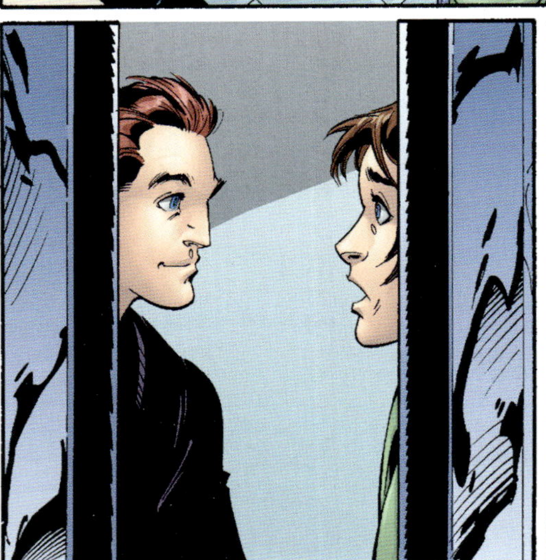

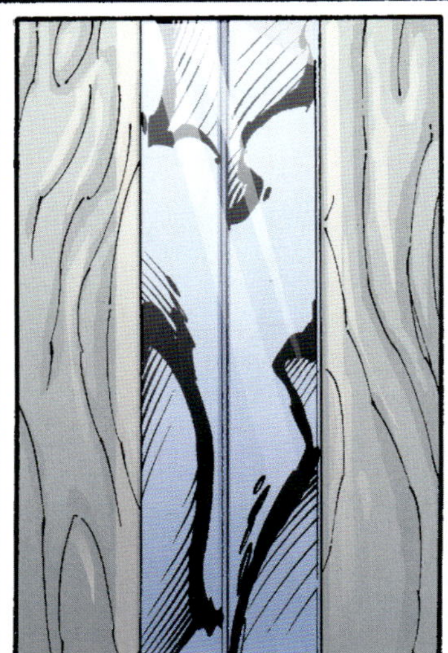

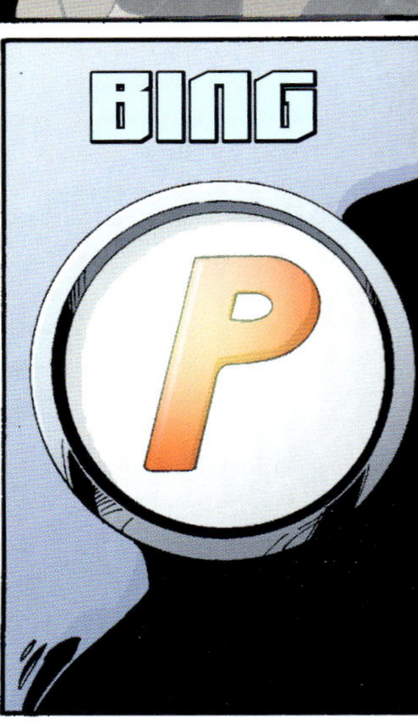

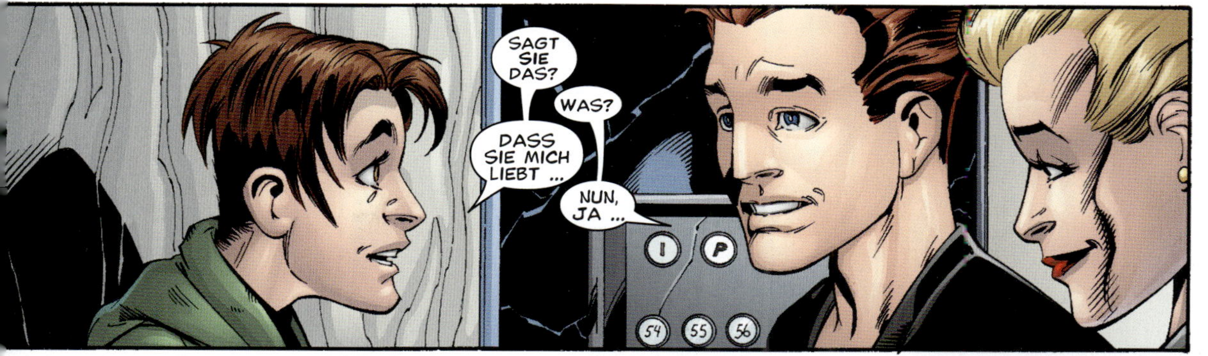
SAGT SIE DAS?
WAS?
DASS SIE MICH LIEBT ...
NUN, JA ...

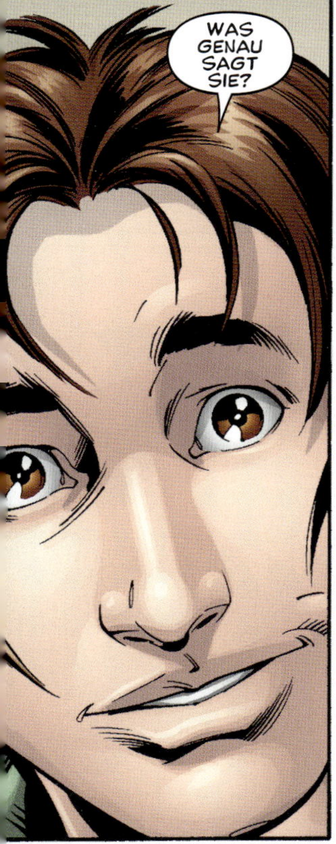
WAS GENAU SAGT SIE?

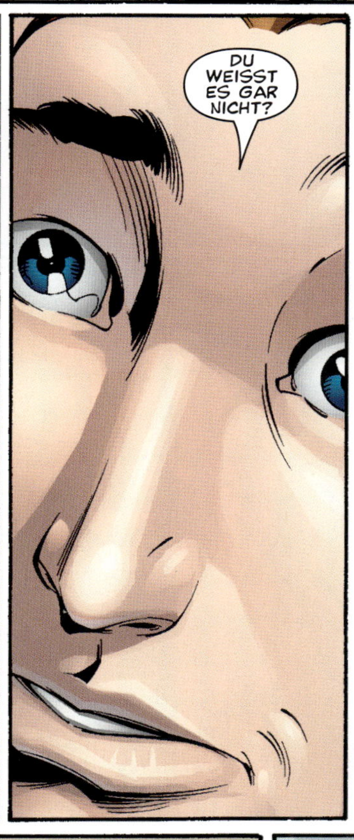
DU WEISST ES GAR NICHT?

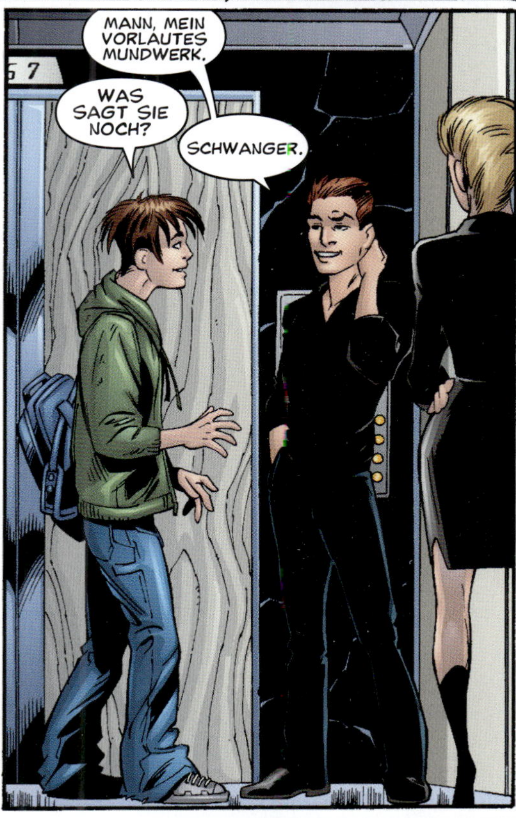
MANN, MEIN VORLAUTES MUNDWERK.
WAS SAGT SIE NOCH?
SCHWANGER.

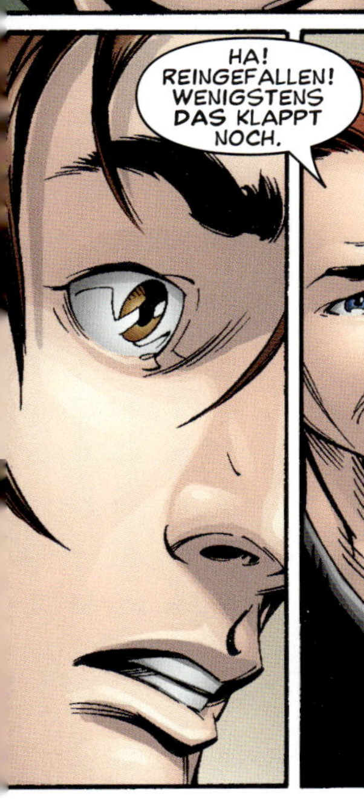
HA! REINGEFALLEN! WENIGSTENS DAS KLAPPT NOCH.

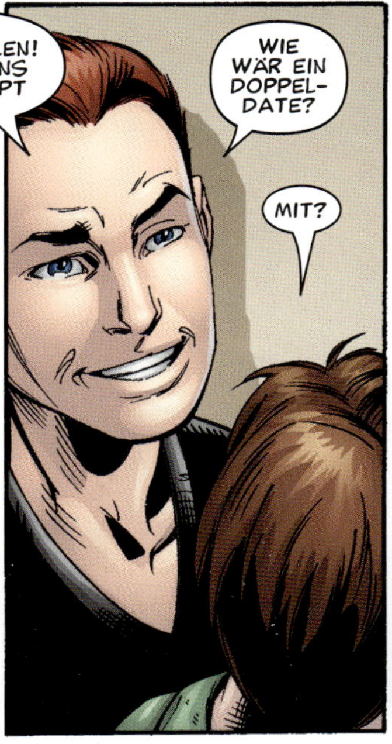
WIE WÄR EIN DOPPEL-DATE?
MIT?

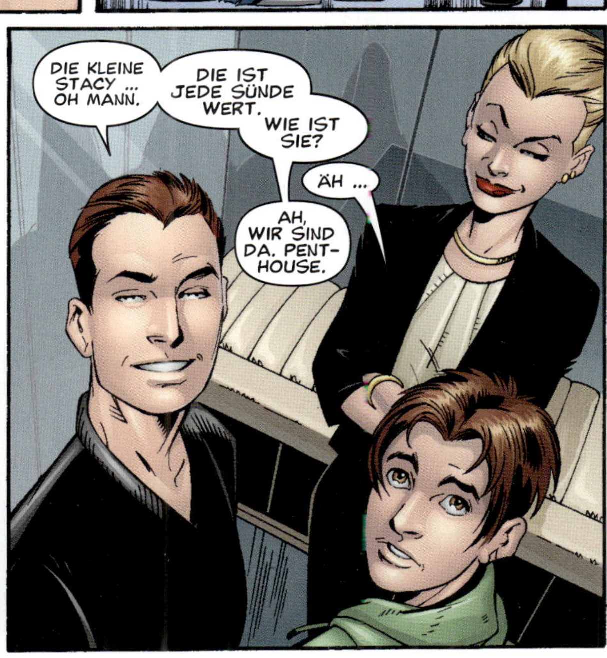
DIE KLEINE STACY ... OH MANN.
DIE IST JEDE SÜNDE WERT.
WIE IST SIE?
ÄH ...
AH, WIR SIND DA. PENT-HOUSE.

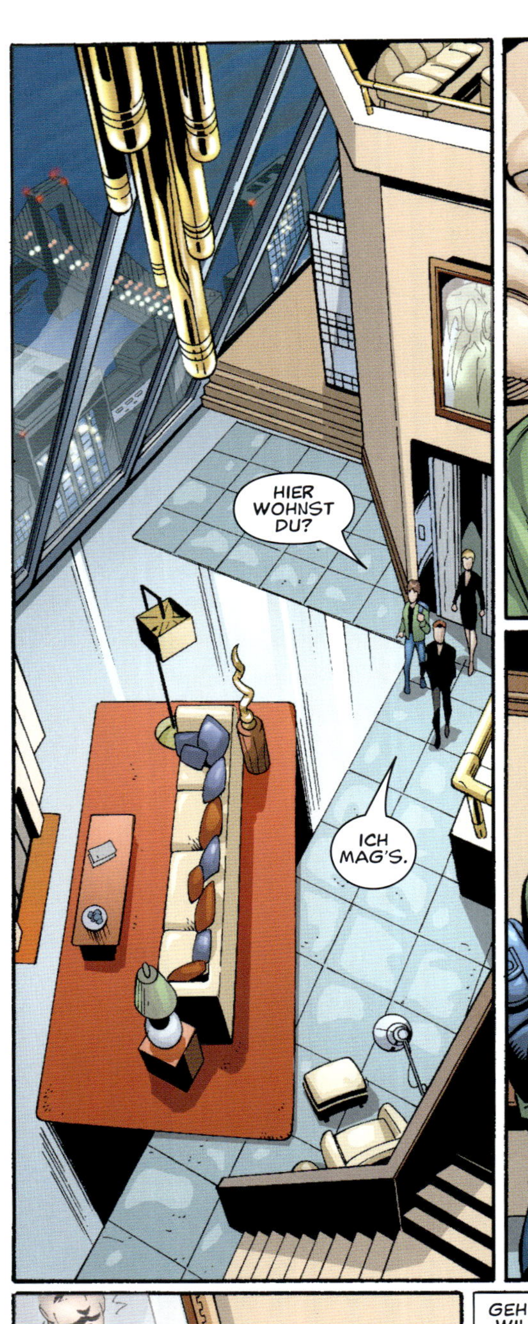
HIER WOHNST DU?
ICH MAG'S.

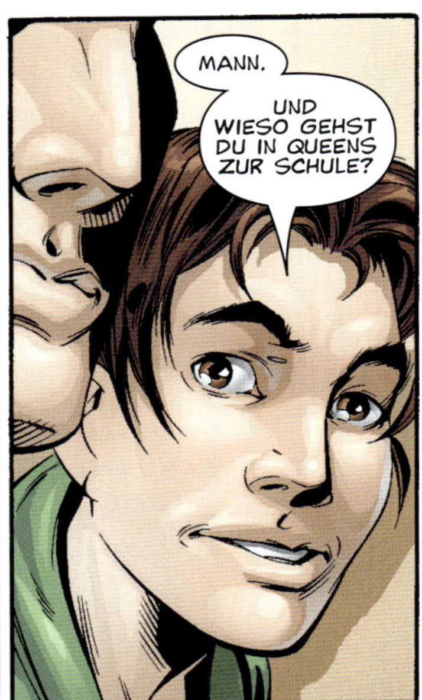
MANN.
UND WIESO GEHST DU IN QUEENS ZUR SCHULE?

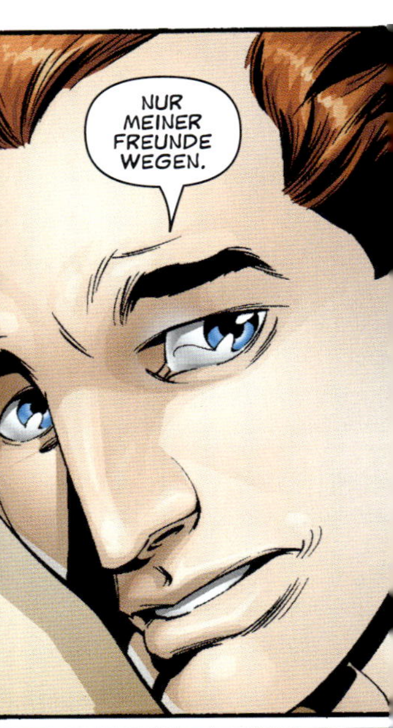
NUR MEINER FREUNDE WEGEN.

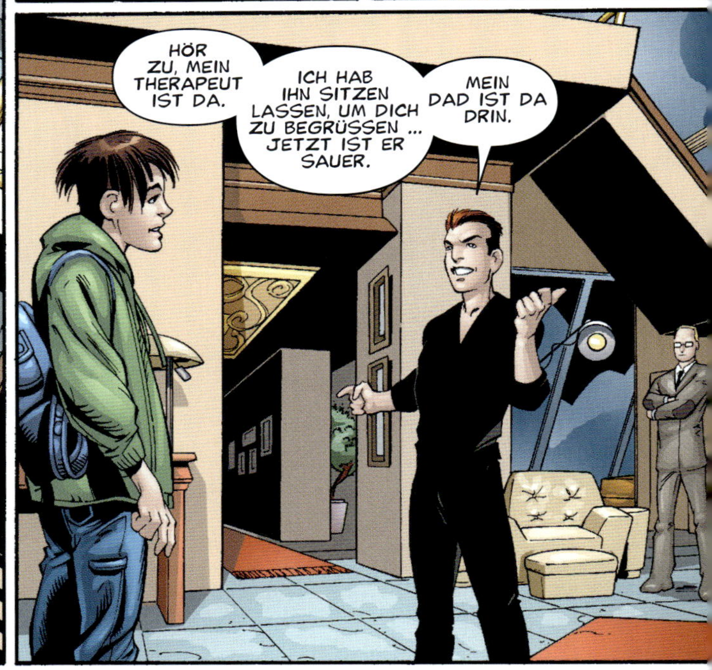
HÖR ZU, MEIN THERAPEUT IST DA.
ICH HAB IHN SITZEN LASSEN, UM DICH ZU BEGRÜSSEN ... JETZT IST ER SAUER.
MEIN DAD IST DA DRIN.

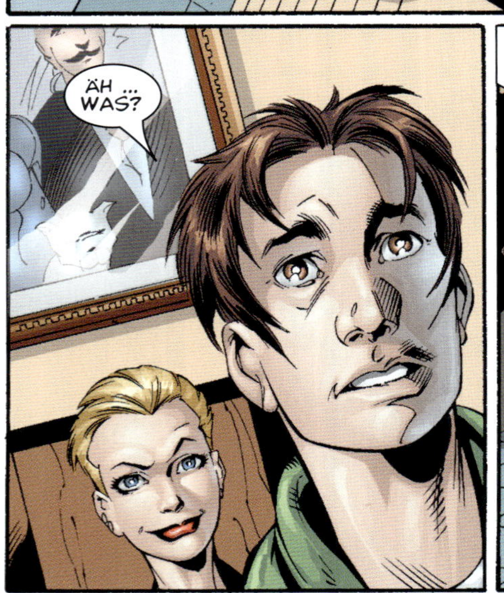
ÄH ... WAS?

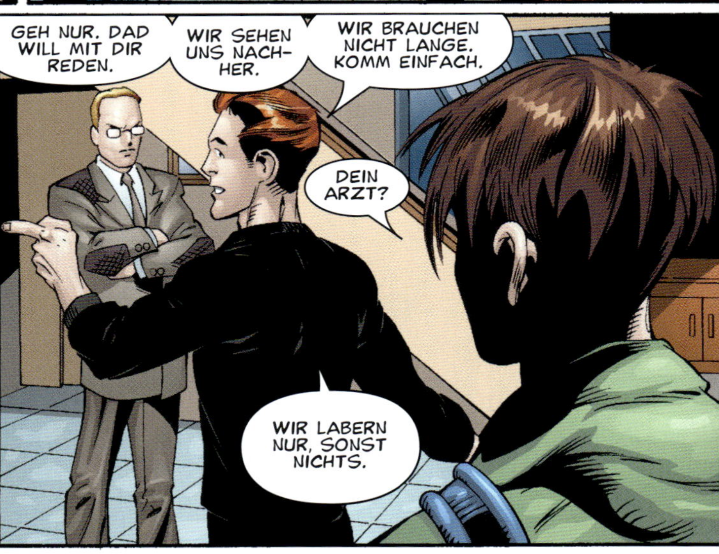
GEH NUR. DAD WILL MIT DIR REDEN.
WIR SEHEN UNS NACH-HER.
WIR BRAUCHEN NICHT LANGE. KOMM EINFACH.
DEIN ARZT?
WIR LABERN NUR, SONST NICHTS.

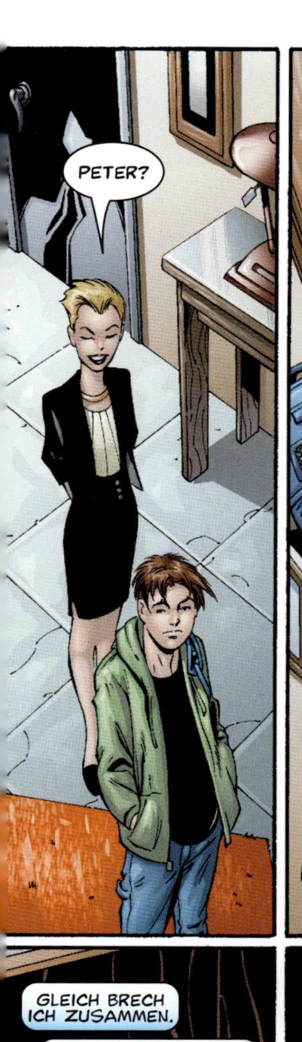
PETER?
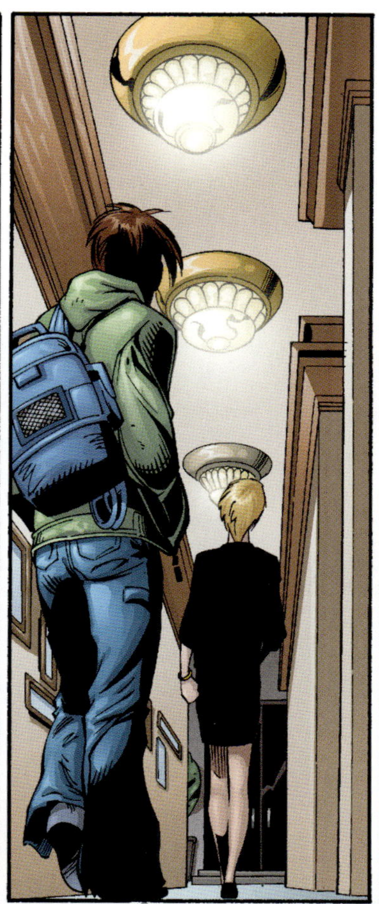
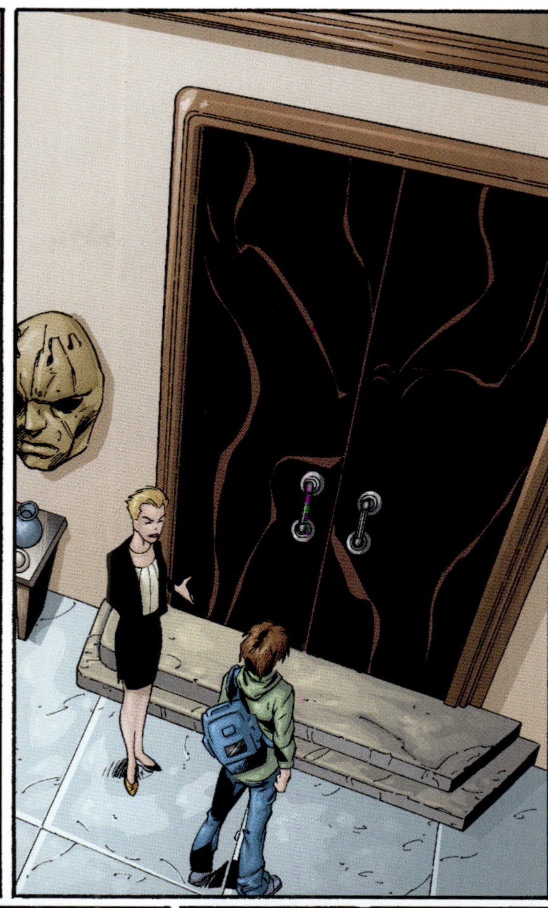
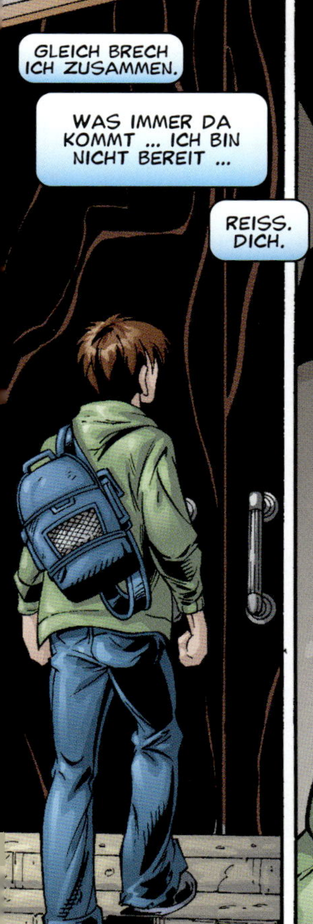
GLEICH BRECH ICH ZUSAMMEN.
WAS IMMER DA KOMMT ... ICH BIN NICHT BEREIT ...
REISS. DICH.
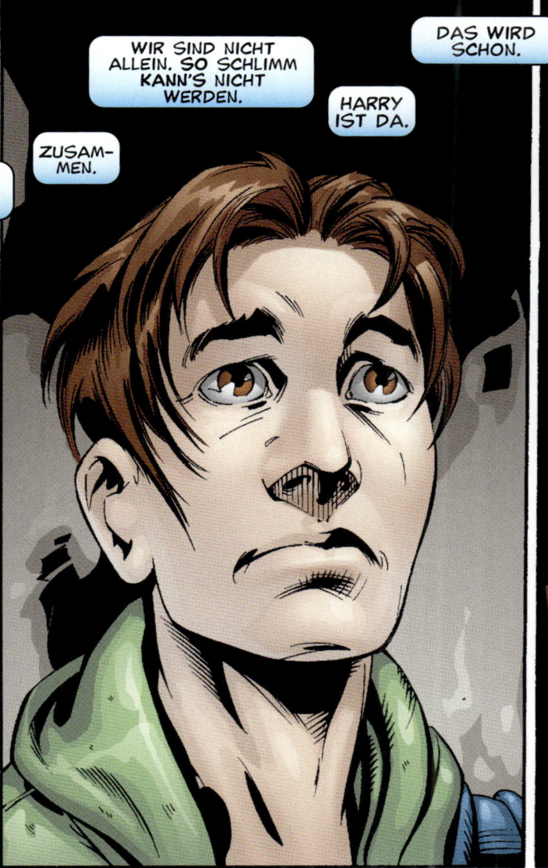
ZUSAM-MEN.
WIR SIND NICHT ALLEIN. SO SCHLIMM KANN'S NICHT WERDEN.
HARRY IST DA.
DAS WIRD SCHON.
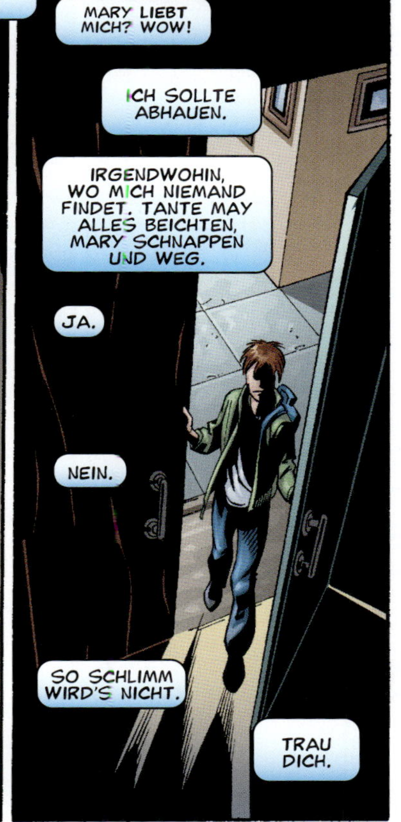
MARY LIEBT MICH? WOW!
ICH SOLLTE ABHAUEN.
IRGENDWOHIN, WO MICH NIEMAND FINDET. TANTE MAY ALLES BEICHTEN, MARY SCHNAPPEN UND WEG.
JA.
NEIN.
SO SCHLIMM WIRD'S NICHT.
TRAU DICH.

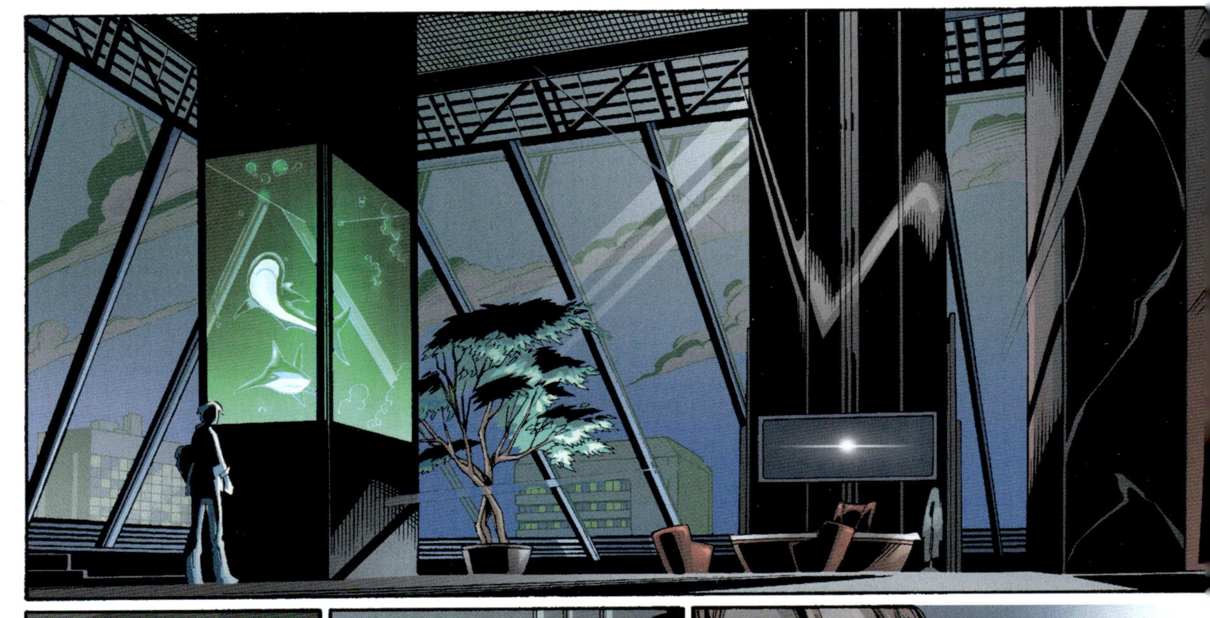

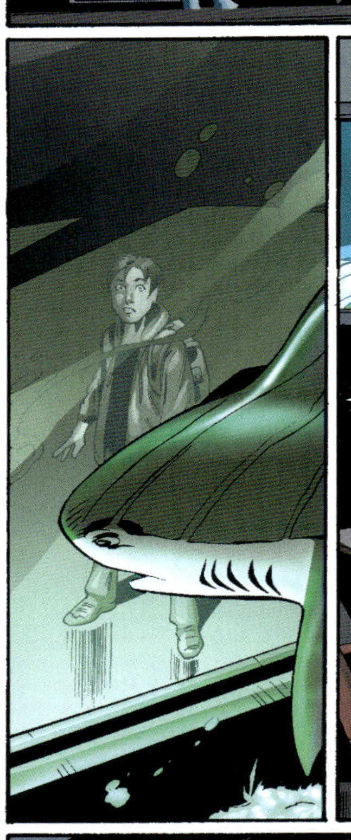

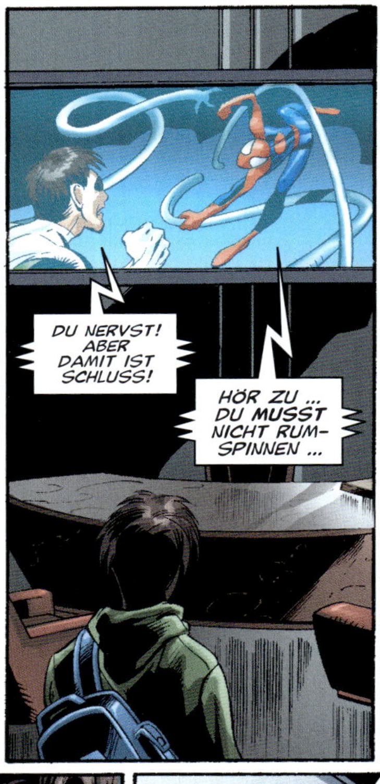
DU NERVST! ABER DAMIT IST SCHLUSS!
HÖR ZU ... DU MUSST NICHT RUM-SPINNEN ...

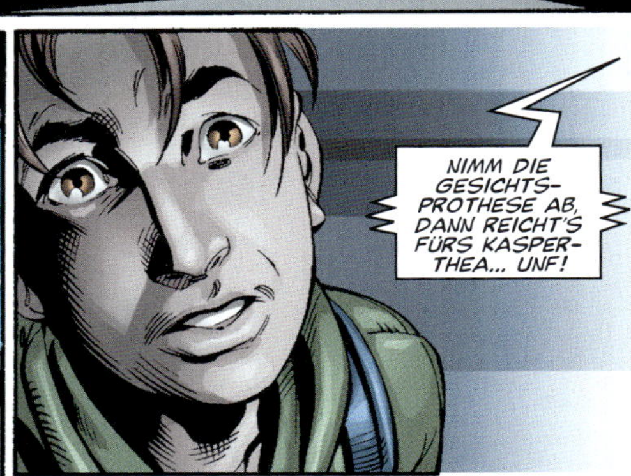
NIMM DIE GESICHTS-PROTHESE AB, DANN REICHT'S FÜRS KASPER-THEA... UNF!

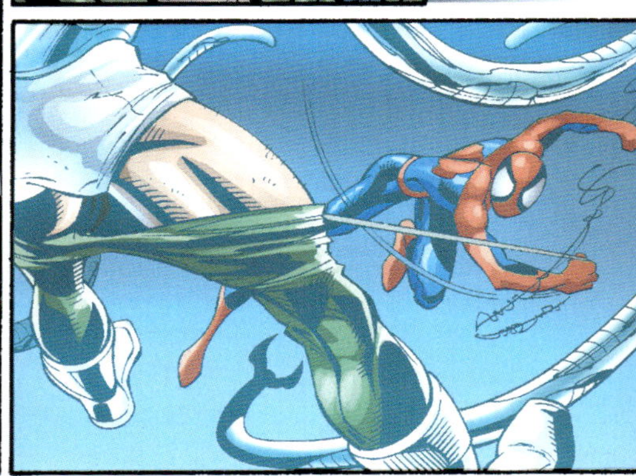

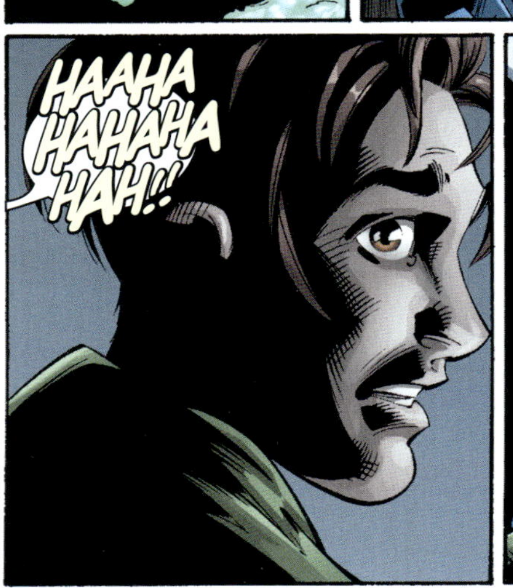
HAAHA HAHAHA HAH!!

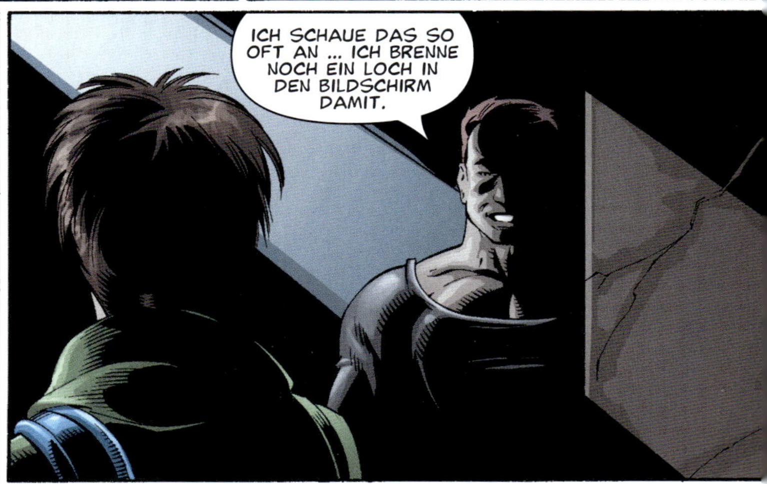
ICH SCHAUE DAS SO OFT AN ... ICH BRENNE NOCH EIN LOCH IN DEN BILDSCHIRM DAMIT.

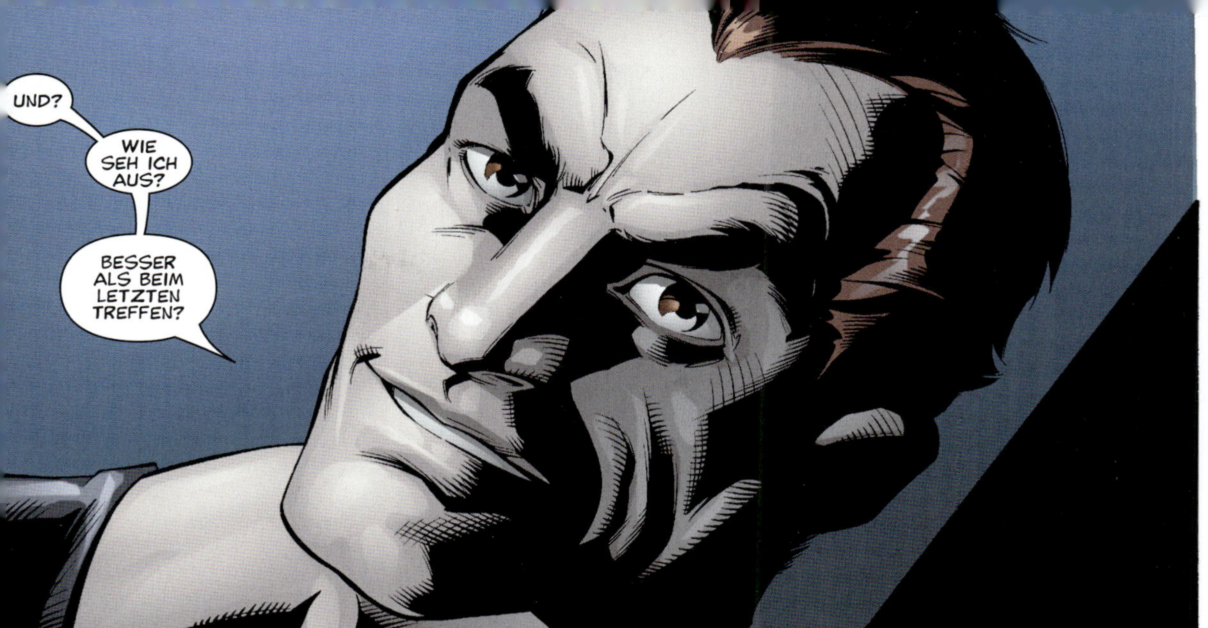
UND?
WIE SEH ICH AUS?
BESSER ALS BEIM LETZTEN TREFFEN?
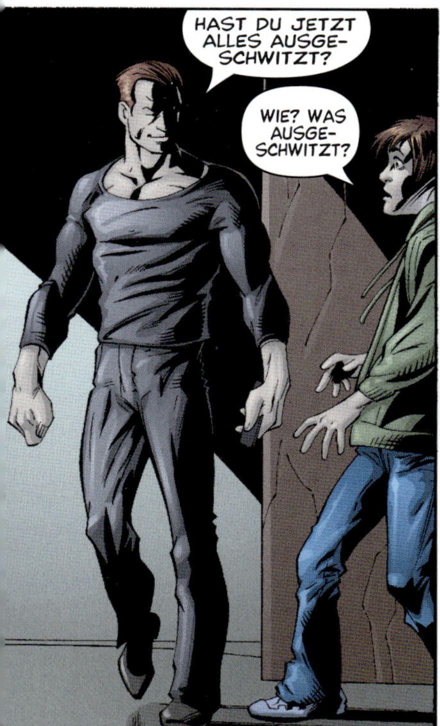
HAST DU JETZT ALLES AUSGE-SCHWITZT?
WIE? WAS AUSGE-SCHWITZT?
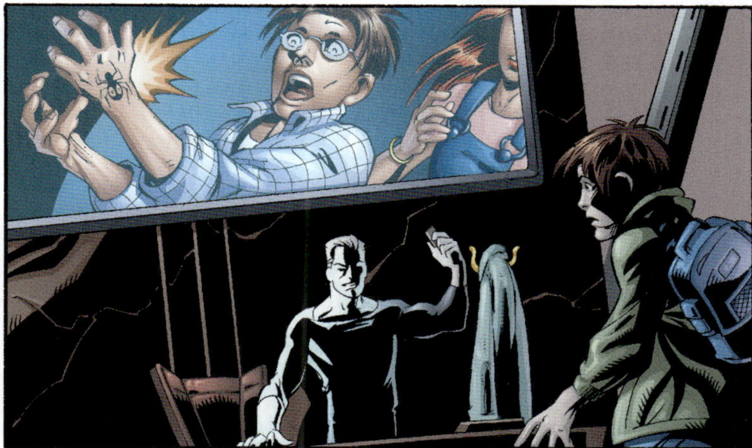
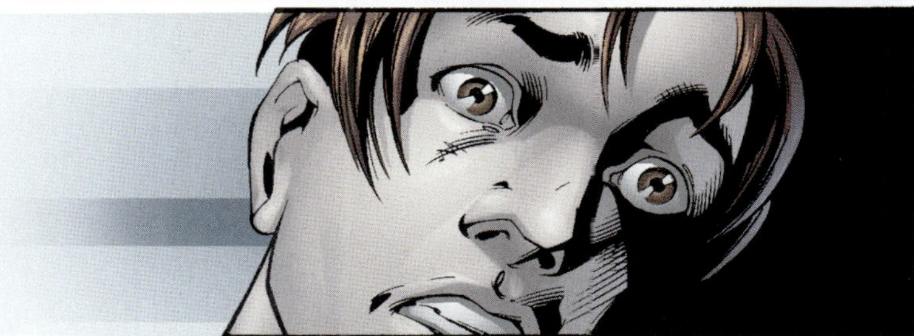
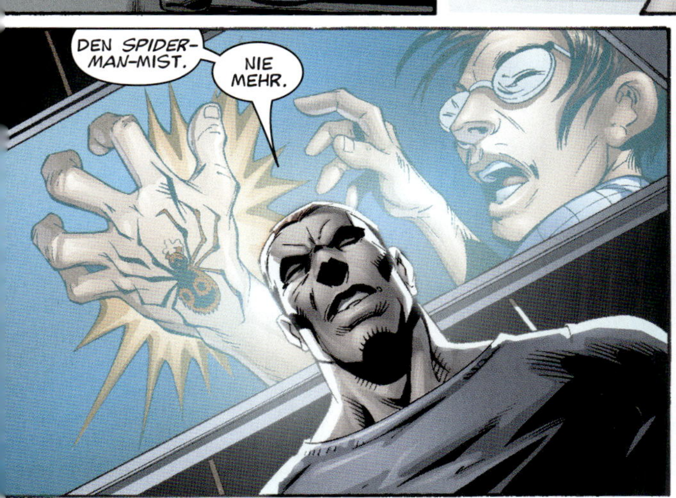
DEN SPIDER-MAN-MIST.
NIE MEHR.
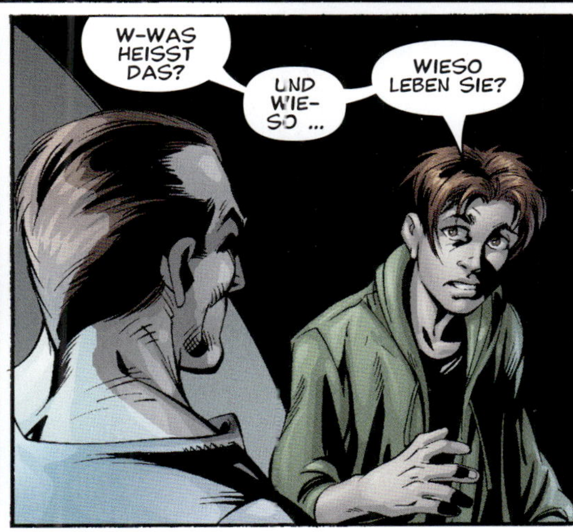
W-WAS HEISST DAS?
UND WIE-SO ...
WIESO LEBEN SIE?

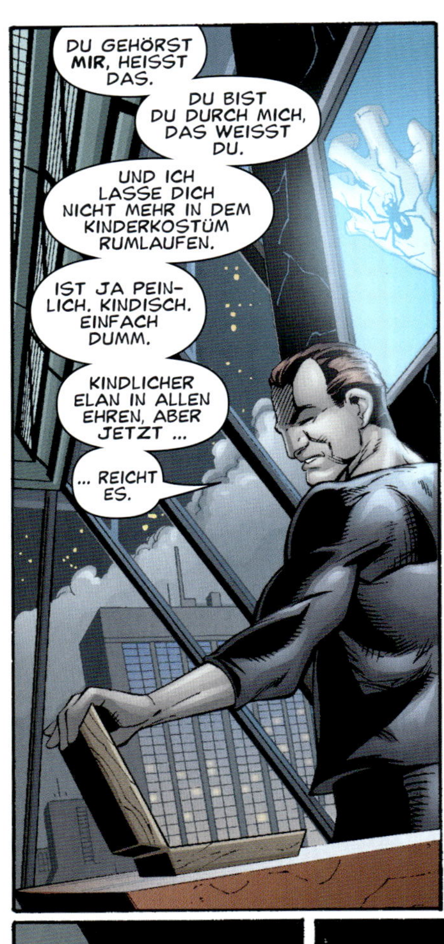
DU GEHÖRST MIR, HEISST DAS.
DU BIST DU DURCH MICH, DAS WEISST DU.
UND ICH LASSE DICH NICHT MEHR IN DEM KINDERKOSTÜM RUMLAUFEN.
IST JA PEINLICH. KINDISCH. EINFACH DUMM.
KINDLICHER ELAN IN ALLEN EHREN, ABER JETZT ...
... REICHT ES.
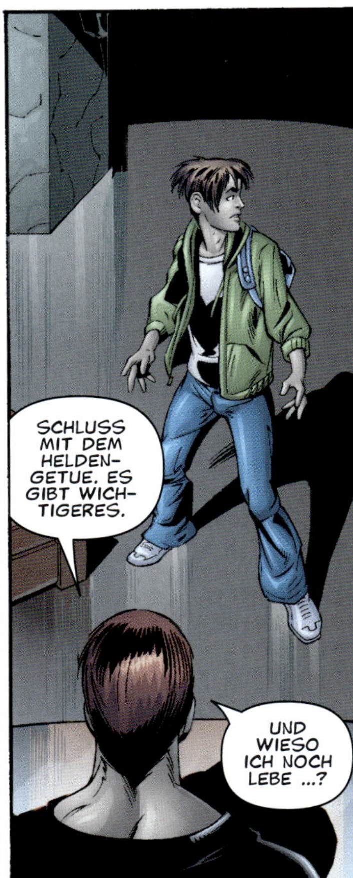
SCHLUSS MIT DEM HELDENGETUE. ES GIBT WICHTIGERES.
UND WIESO ICH NOCH LEBE ...?
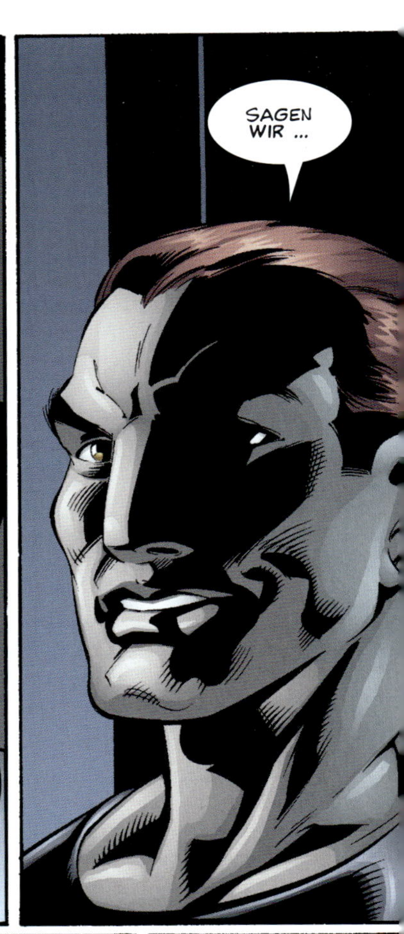
SAGEN WIR ...
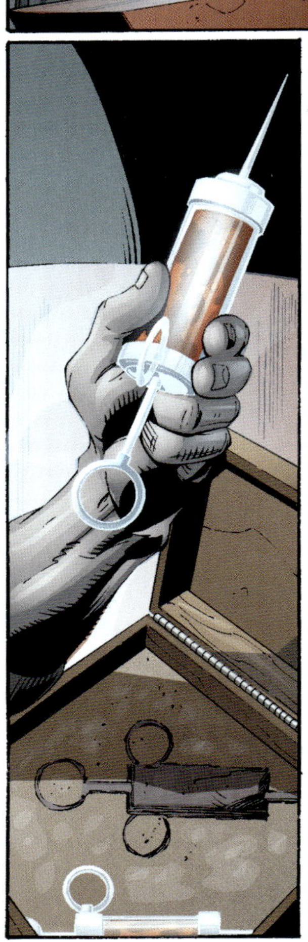
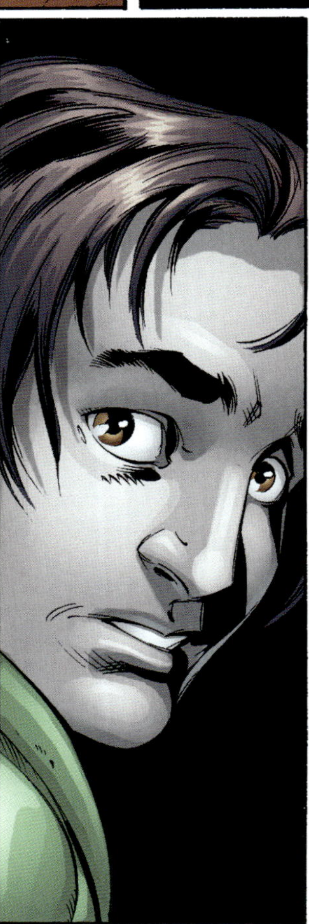
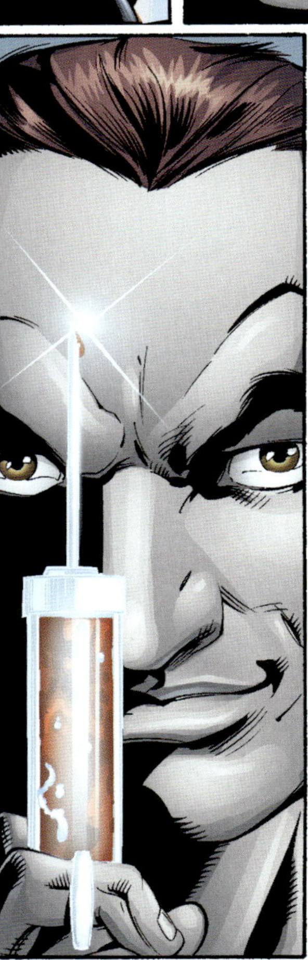
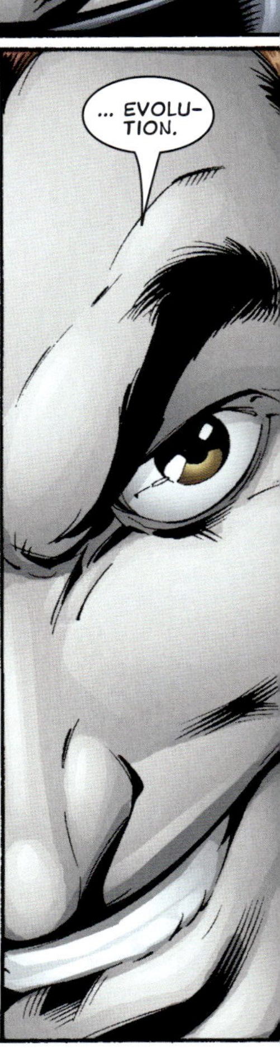
... EVOLUTION.

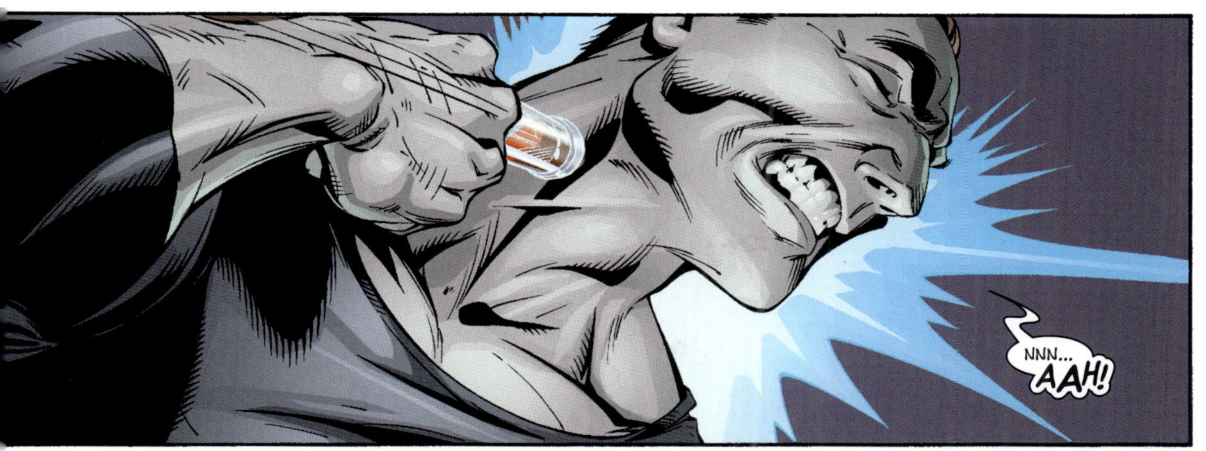
NNN...
AAH!

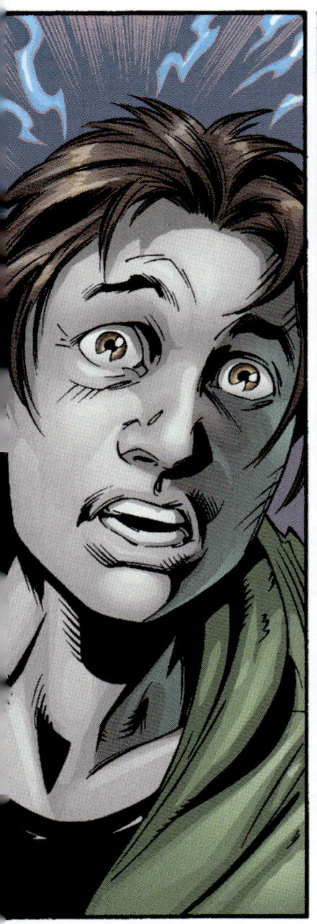

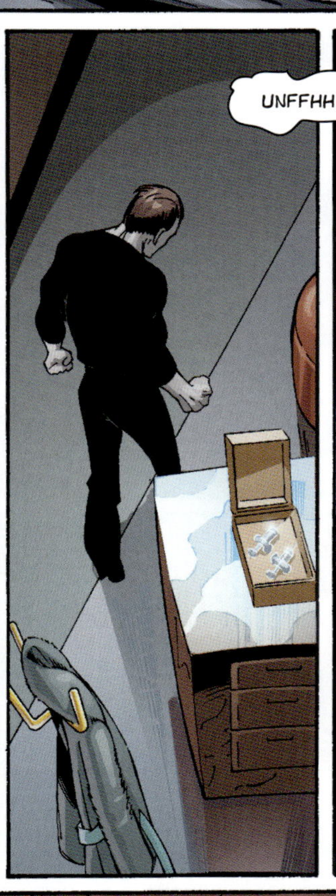
UNFFHH.

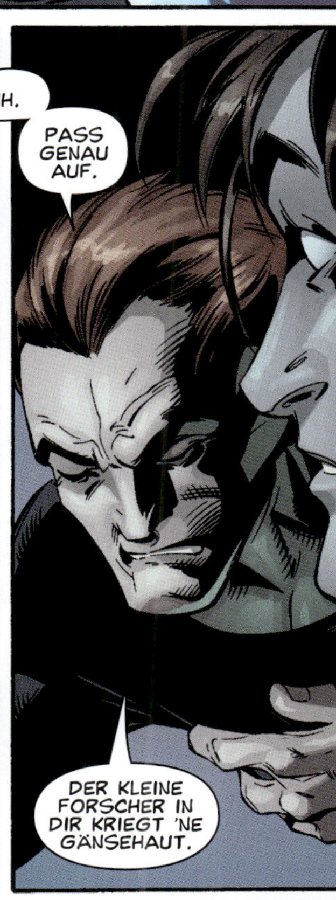
PASS GENAU AUF.
DER KLEINE FORSCHER IN DIR KRIEGT 'NE GÄNSEHAUT.

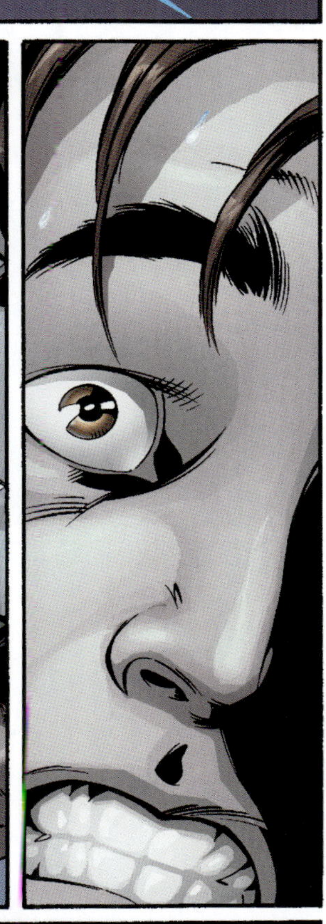

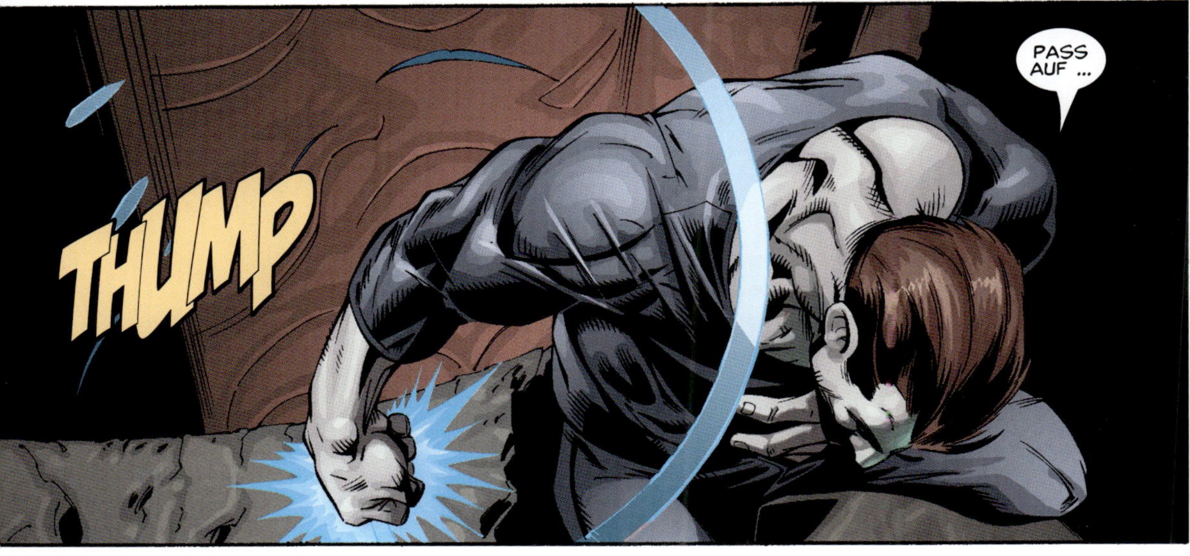
PASS AUF ...
THUMP

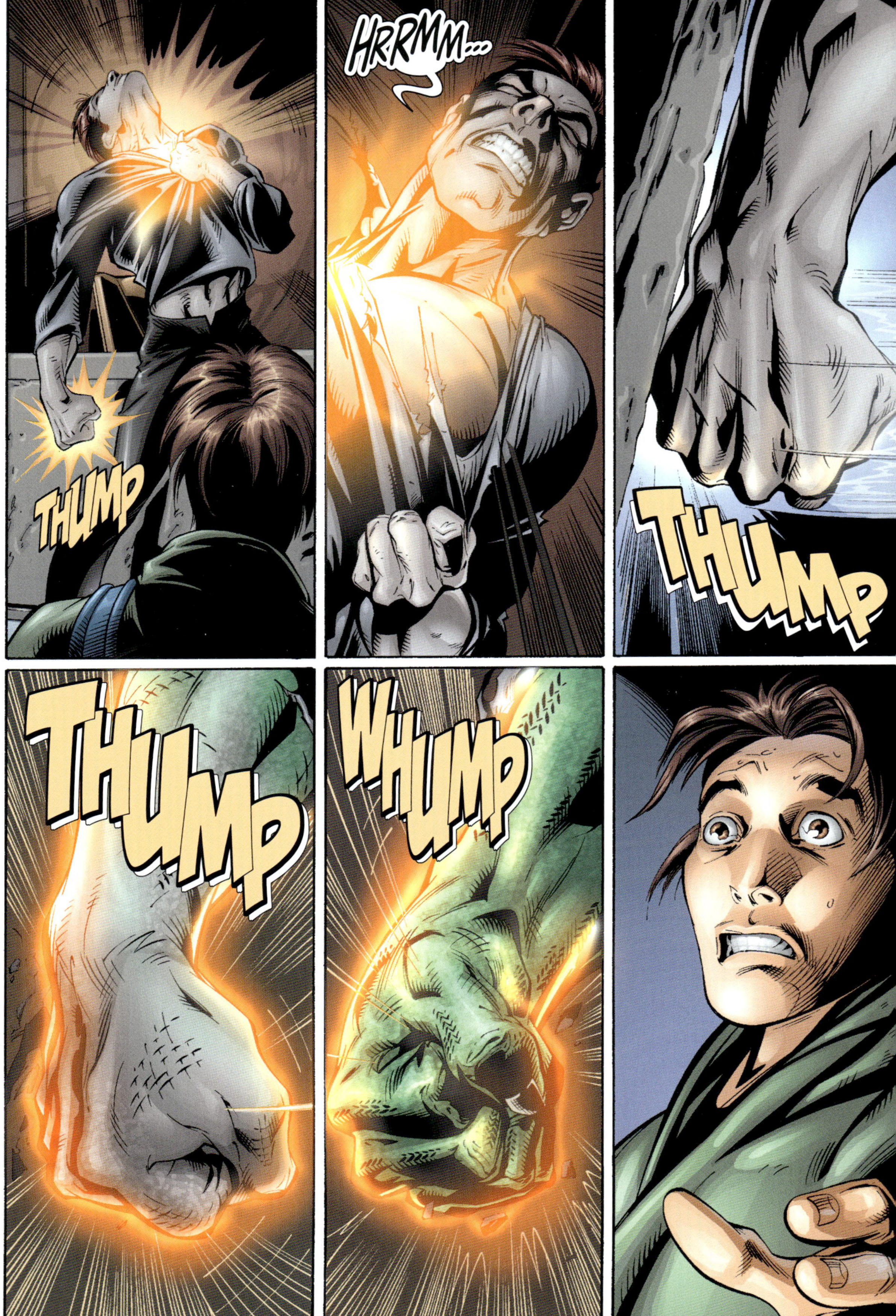

THUMP
HRRMM...
THUMP
THUMP
WHUMP

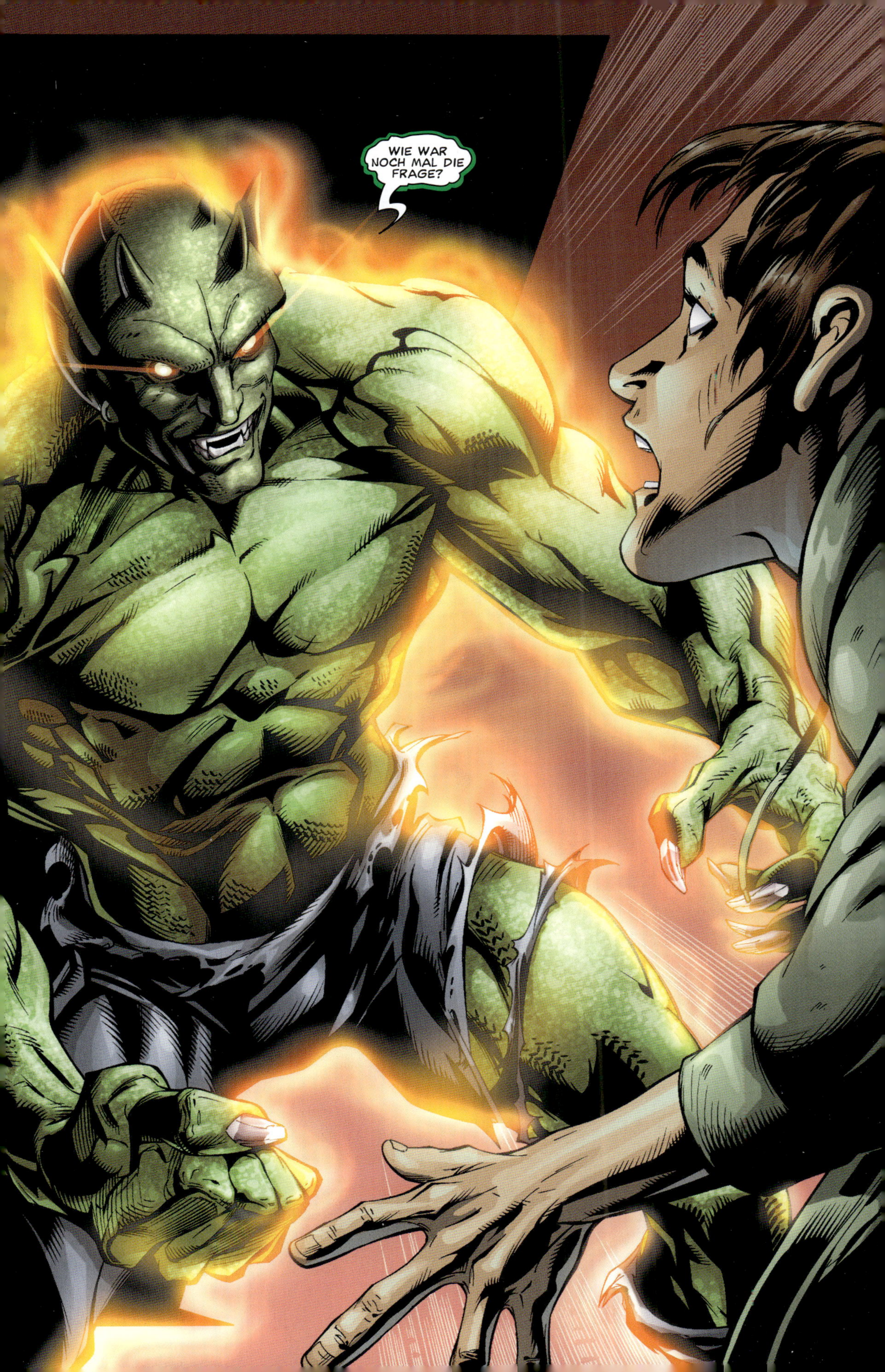
WIE WAR NOCH MAL DIE FRAGE?

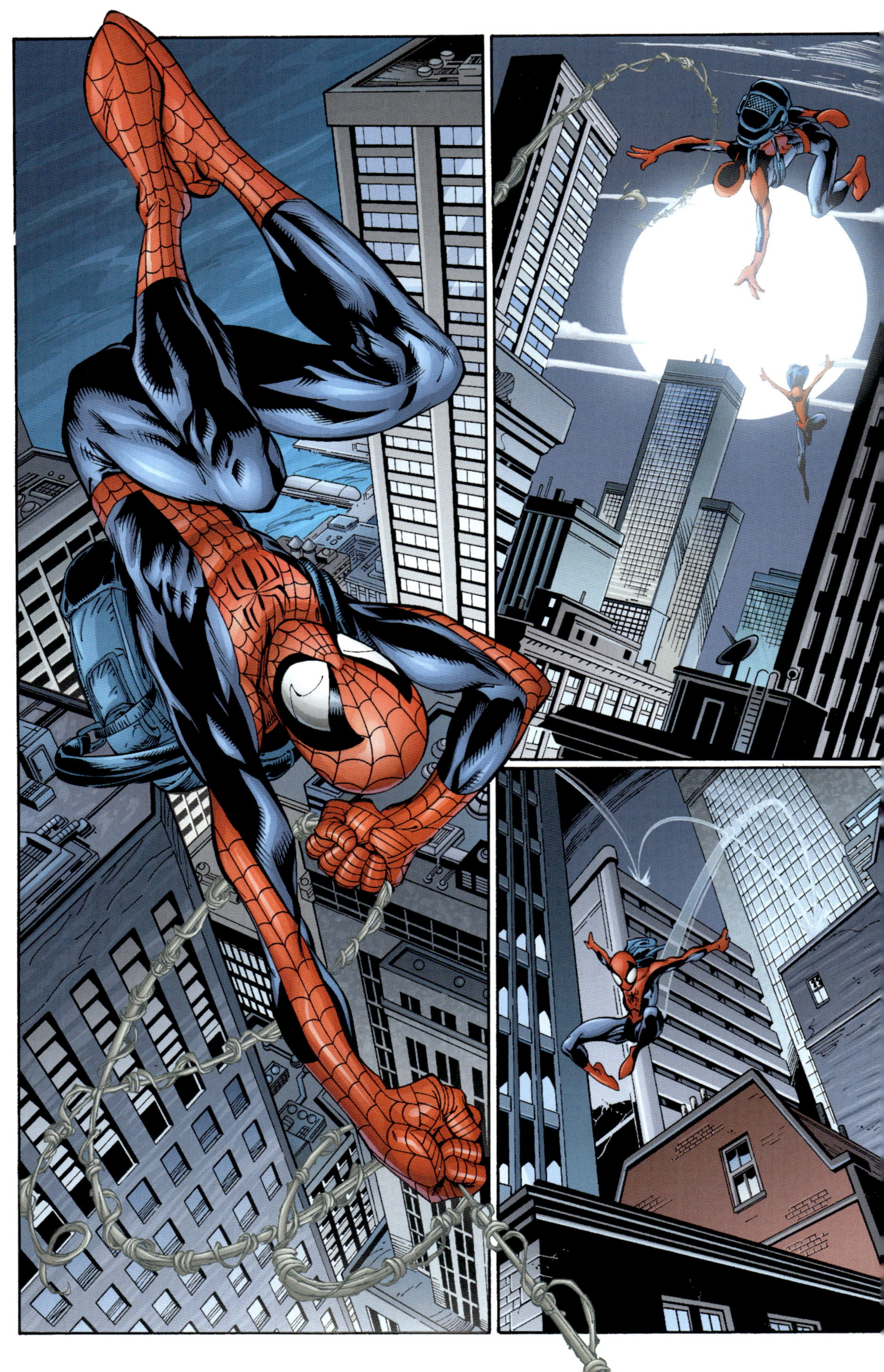

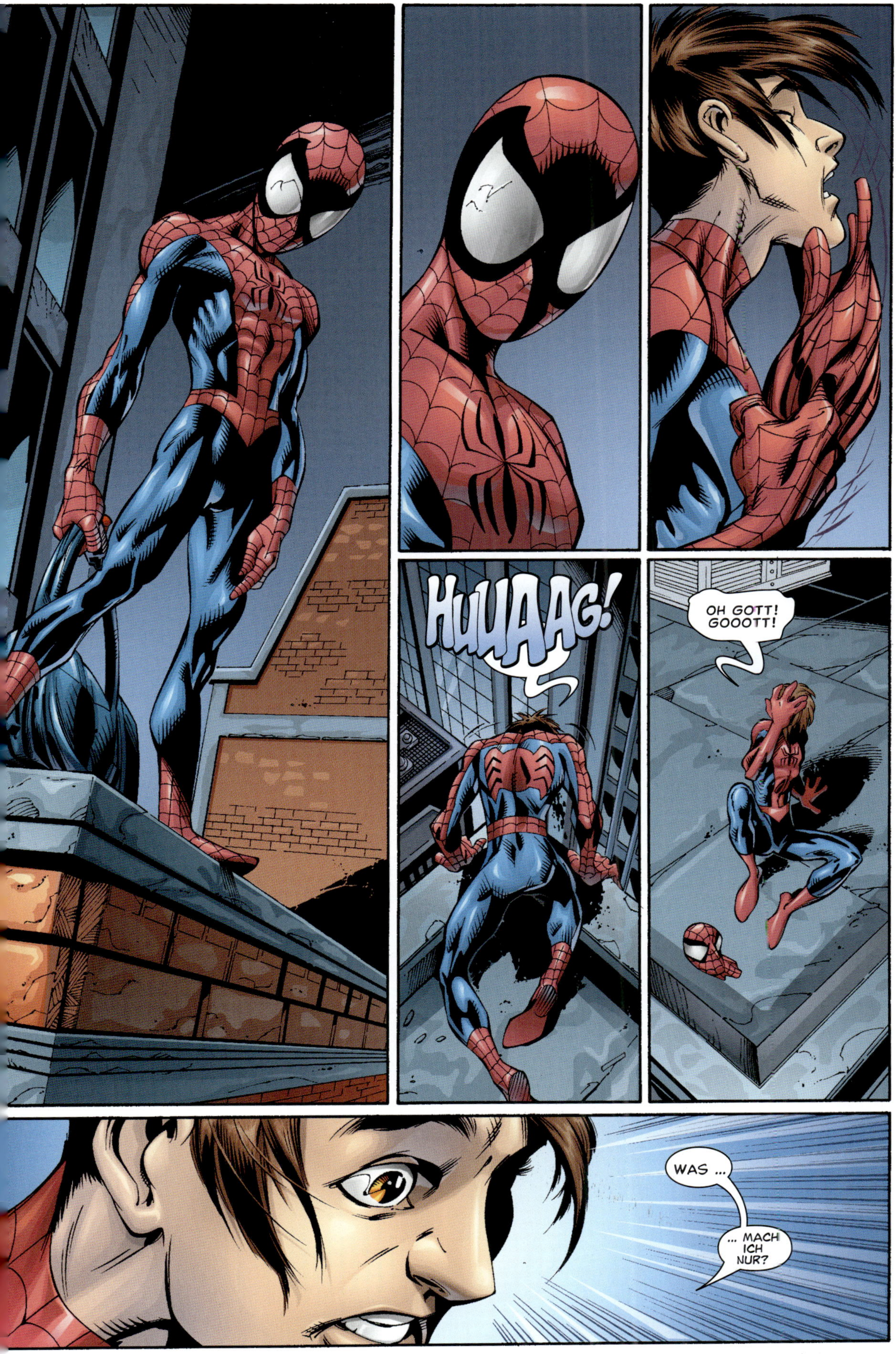

HUUAAG!

OH GOTT! GOOOTT!

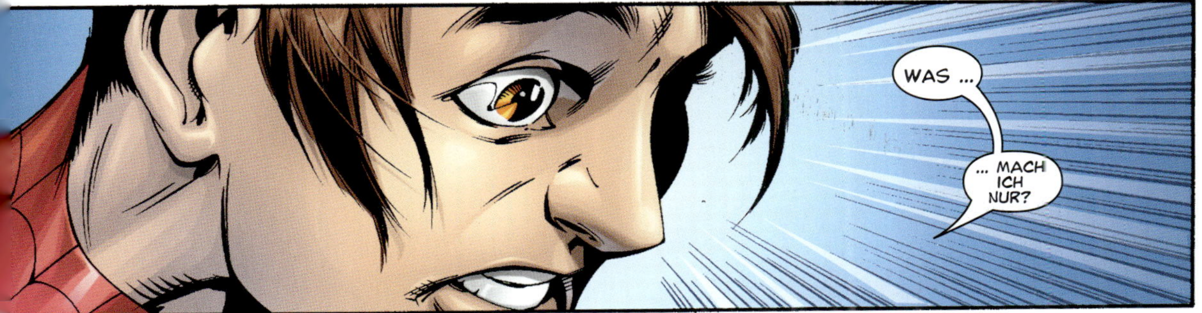

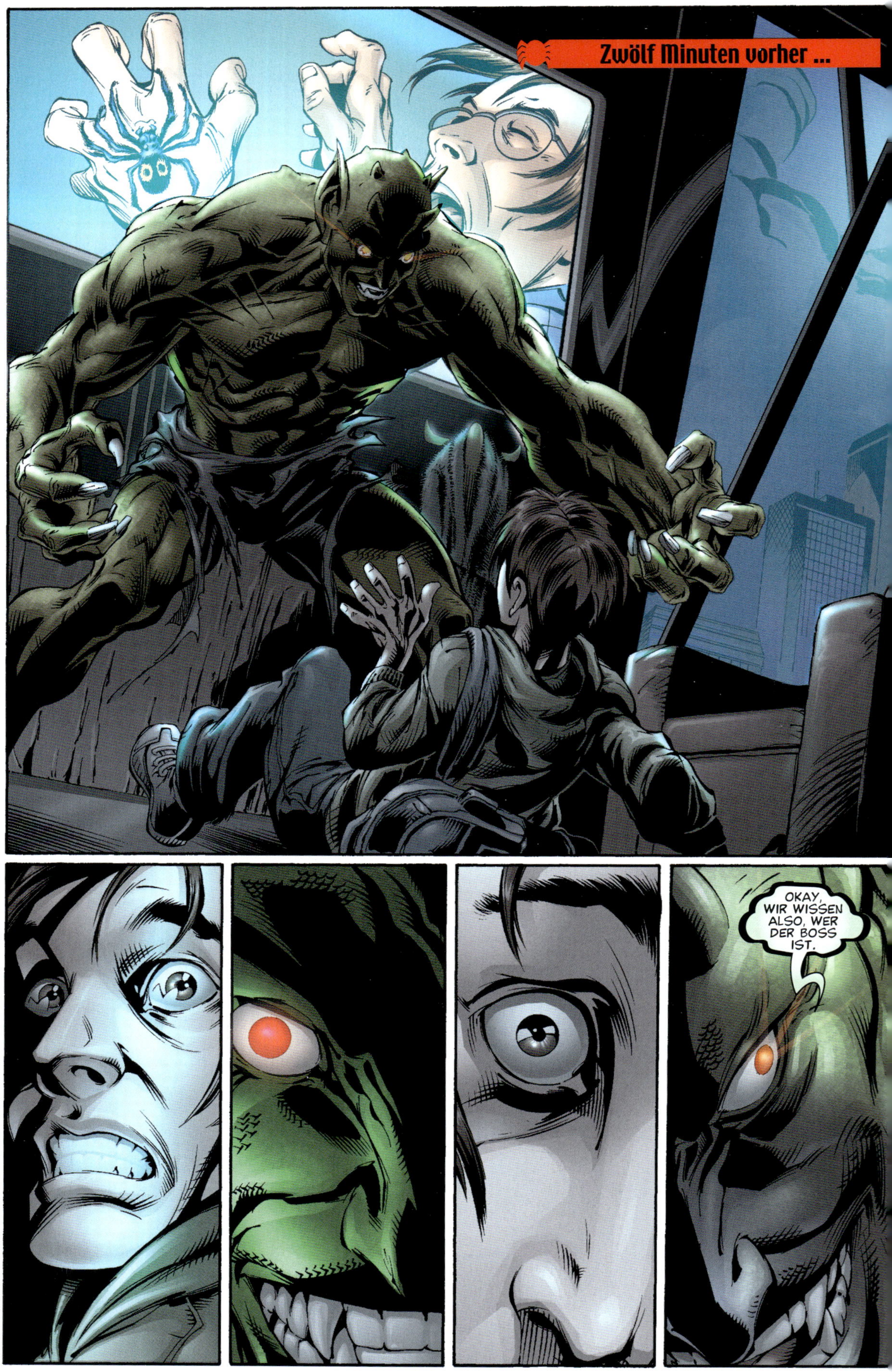

Zwölf Minuten vorher ...

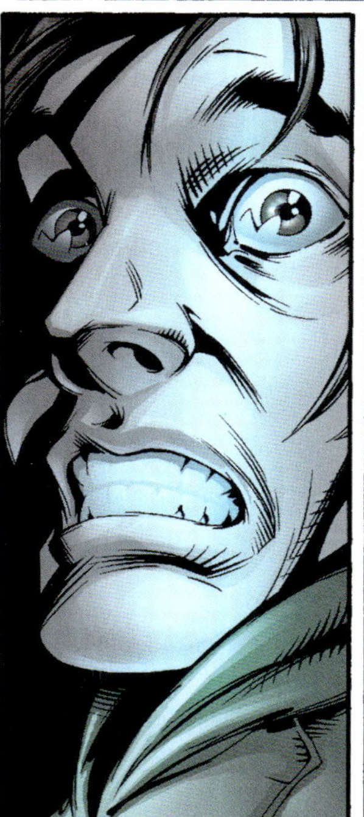
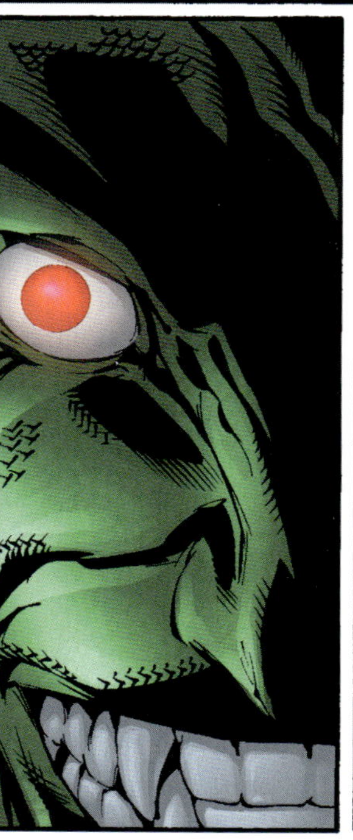
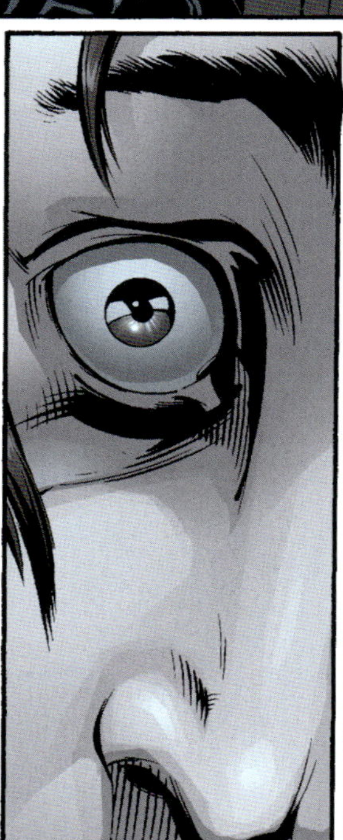
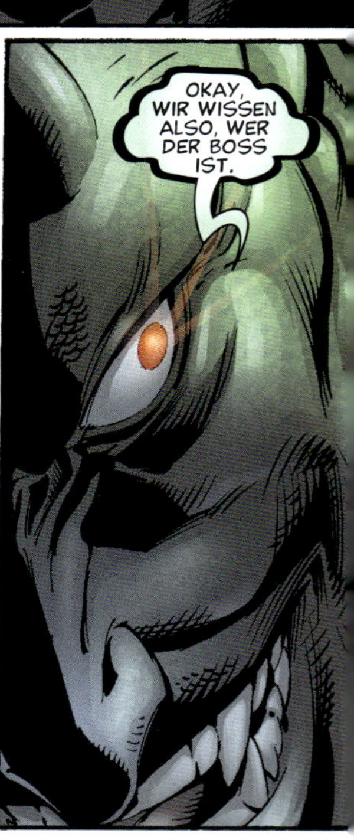

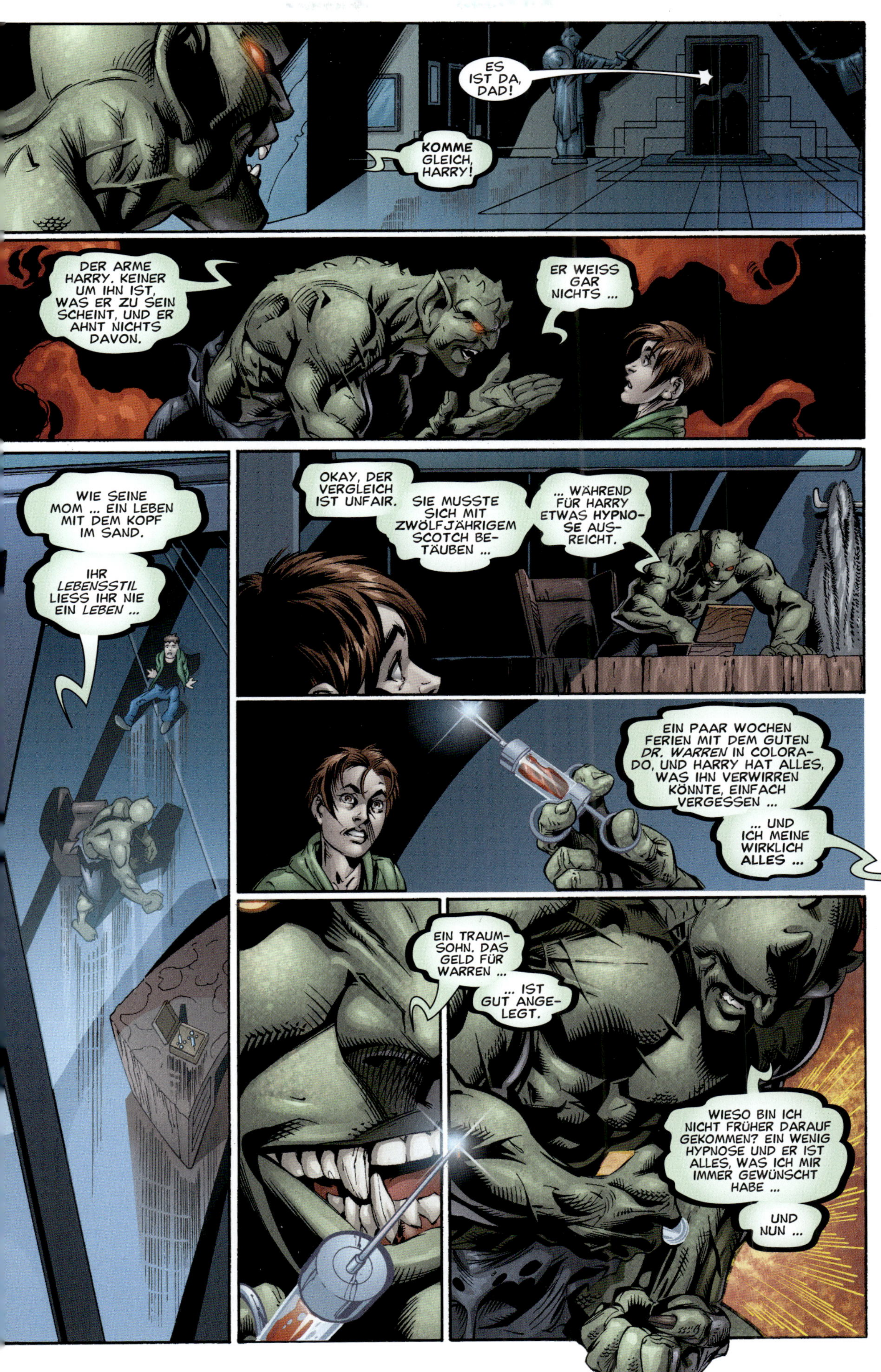
ES IST DA, DAD!
KOMME GLEICH, HARRY!
DER ARME HARRY. KEINER UM IHN IST, WAS ER ZU SEIN SCHEINT, UND ER AHNT NICHTS DAVON.
ER WEISS GAR NICHTS ...
WIE SEINE MOM ... EIN LEBEN MIT DEM KOPF IM SAND.
IHR *LEBENSSTIL* LIESS IHR NIE EIN *LEBEN* ...
OKAY, DER VERGLEICH IST UNFAIR.
SIE MUSSTE SICH MIT ZWÖLFJÄHRIGEM SCOTCH BETÄUBEN ...
... WÄHREND FÜR HARRY ETWAS HYPNOSE AUSREICHT.
EIN PAAR WOCHEN FERIEN MIT DEM GUTEN *DR. WARREN* IN COLORADO, UND HARRY HAT ALLES, WAS IHN VERWIRREN KÖNNTE, EINFACH VERGESSEN ...
... UND ICH MEINE WIRKLICH ALLES ...
EIN TRAUMSOHN. DAS GELD FÜR WARREN ...
... IST GUT ANGELEGT.
WIESO BIN ICH NICHT FRÜHER DARAUF GEKOMMEN? EIN WENIG HYPNOSE UND ER IST ALLES, WAS ICH MIR IMMER GEWÜNSCHT HABE ...
UND NUN ...

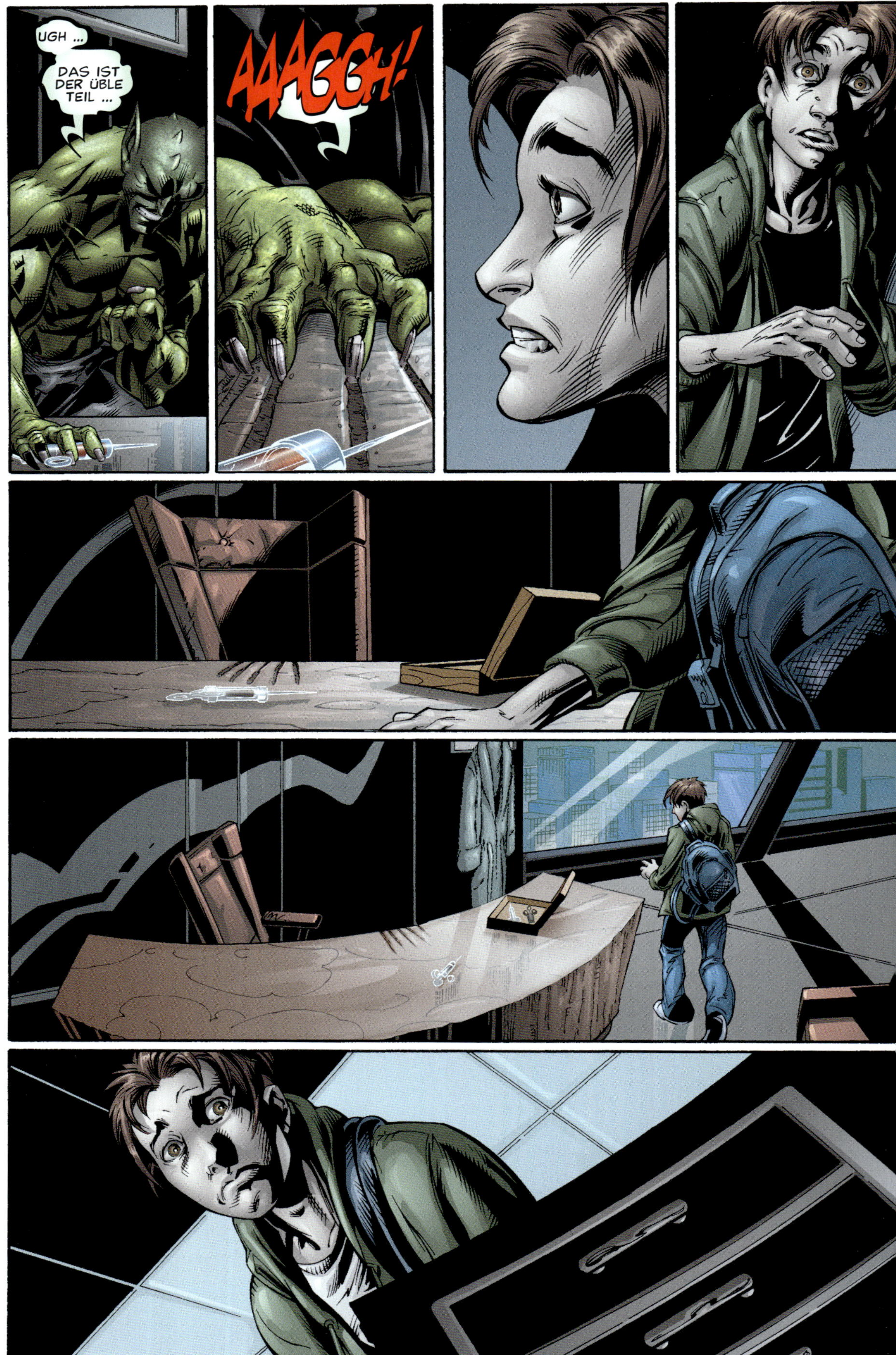
UGH ...
DAS IST DER ÜBLE TEIL ...
AAAGGH!

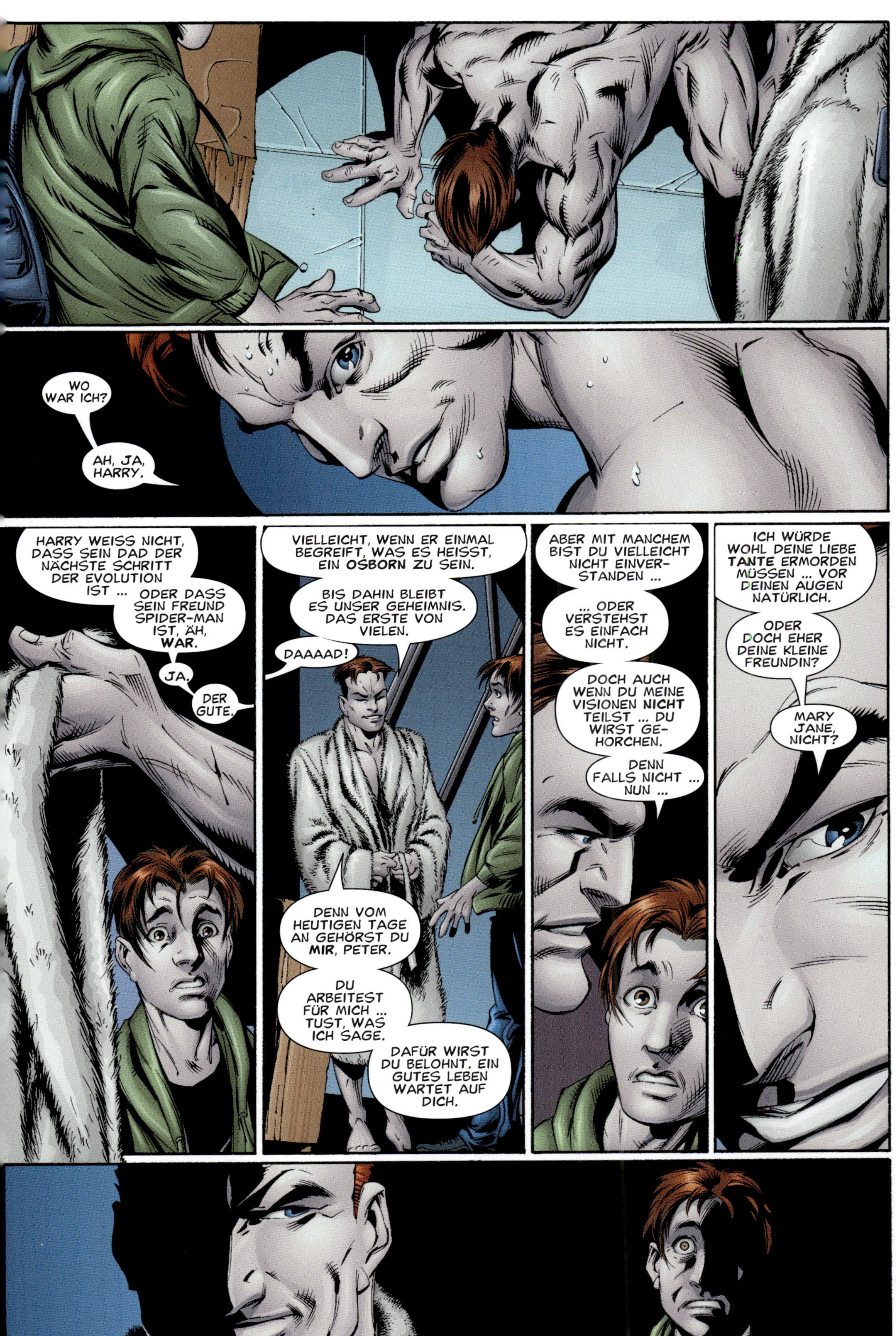
WO WAR ICH?
AH, JA, HARRY.
HARRY WEISS NICHT, DASS SEIN DAD DER NÄCHSTE SCHRITT DER EVOLUTION IST ...
ODER DASS SEIN FREUND SPIDER-MAN IST, ÄH, WAR.
JA.
DER GUTE.
VIELLEICHT, WENN ER EINMAL BEGREIFT, WAS ES HEISST, EIN OSBORN ZU SEIN.
BIS DAHIN BLEIBT ES UNSER GEHEIMNIS. DAS ERSTE VON VIELEN.
DAAAAD!
DENN VOM HEUTIGEN TAGE AN GEHÖRST DU MIR, PETER.
DU ARBEITEST FÜR MICH ... TUST, WAS ICH SAGE.
DAFÜR WIRST DU BELOHNT. EIN GUTES LEBEN WARTET AUF DICH.
ABER MIT MANCHEM BIST DU VIELLEICHT NICHT EINVERSTANDEN ...
... ODER VERSTEHST ES EINFACH NICHT.
DOCH AUCH WENN DU MEINE VISIONEN NICHT TEILST ... DU WIRST GEHORCHEN.
DENN FALLS NICHT ... NUN ...
ICH WÜRDE WOHL DEINE LIEBE TANTE ERMORDEN MÜSSEN ... VOR DEINEN AUGEN NATÜRLICH.
ODER DOCH EHER DEINE KLEINE FREUNDIN?
MARY JANE, NICHT?

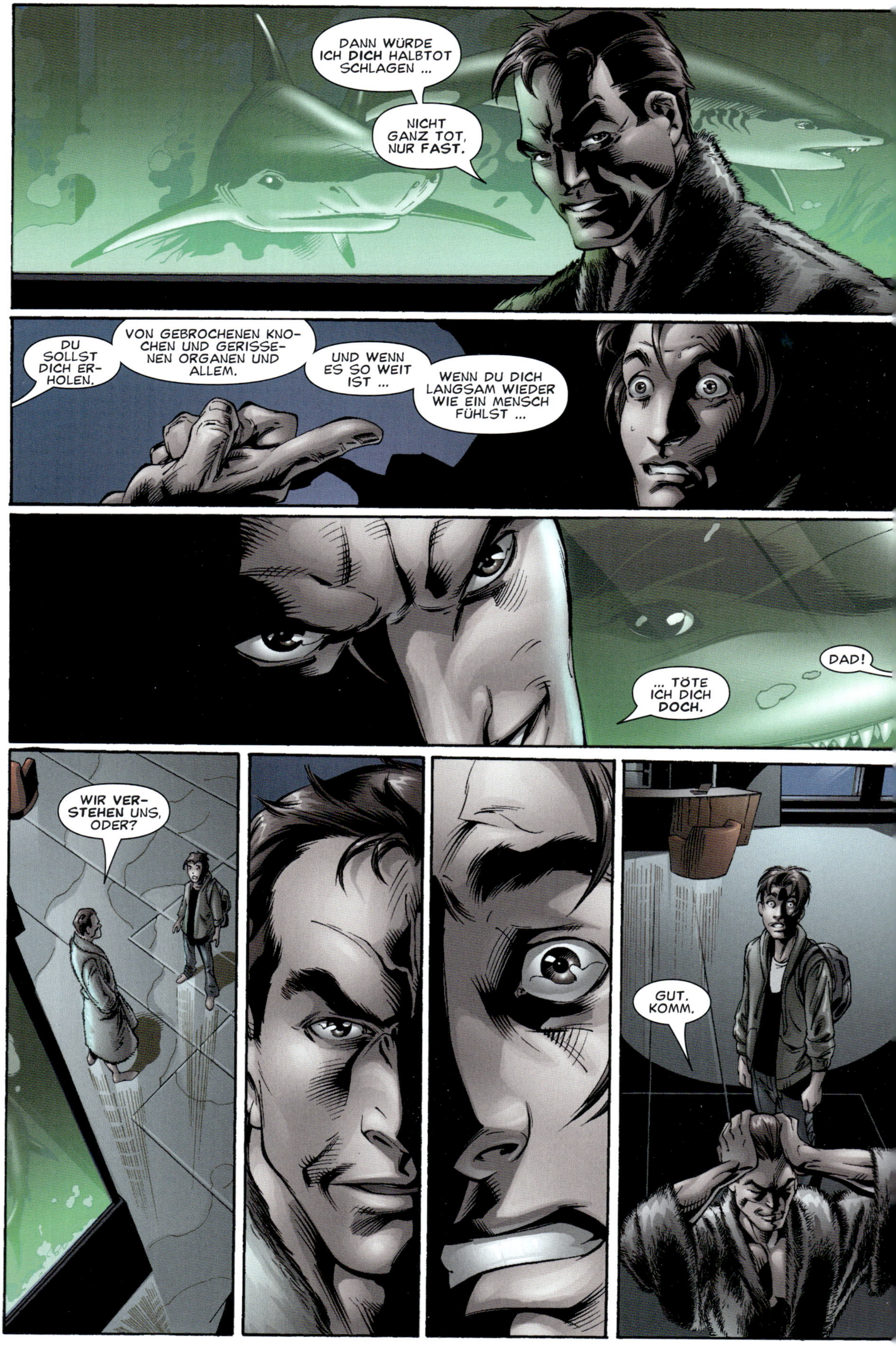

DANN WÜRDE ICH DICH HALBTOT SCHLAGEN ...
NICHT GANZ TOT, NUR FAST.
DU SOLLST DICH ERHOLEN.
VON GEBROCHENEN KNOCHEN UND GERISSENEN ORGANEN UND ALLEM.
UND WENN ES SO WEIT IST ...
WENN DU DICH LANGSAM WIEDER WIE EIN MENSCH FÜHLST ...

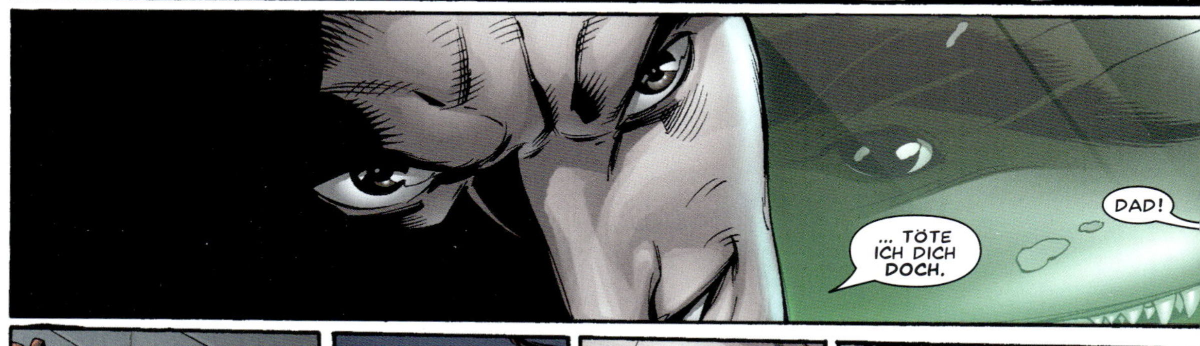
... TÖTE ICH DICH DOCH.
DAD!

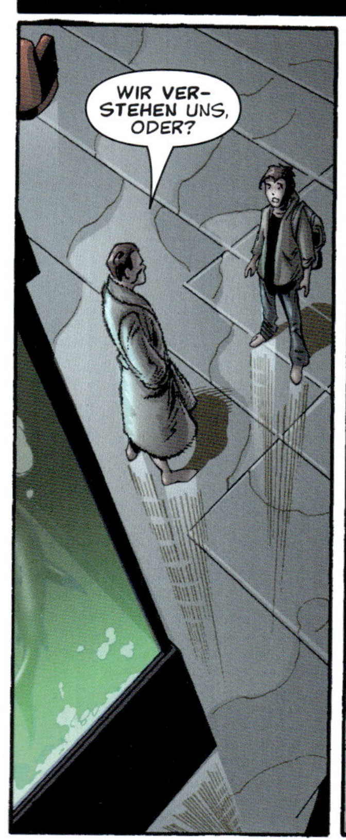
WIR VERSTEHEN UNS, ODER?

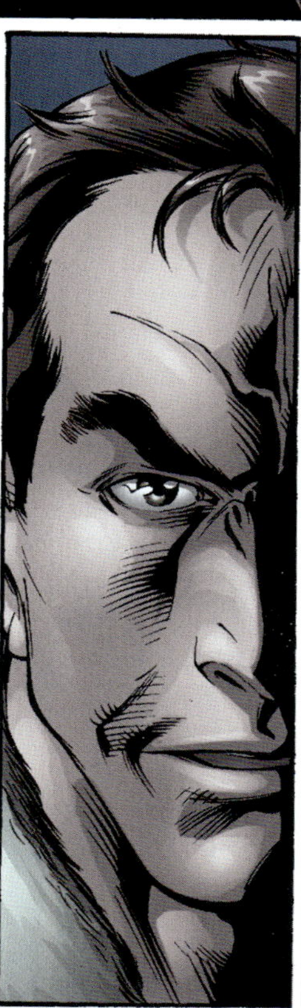

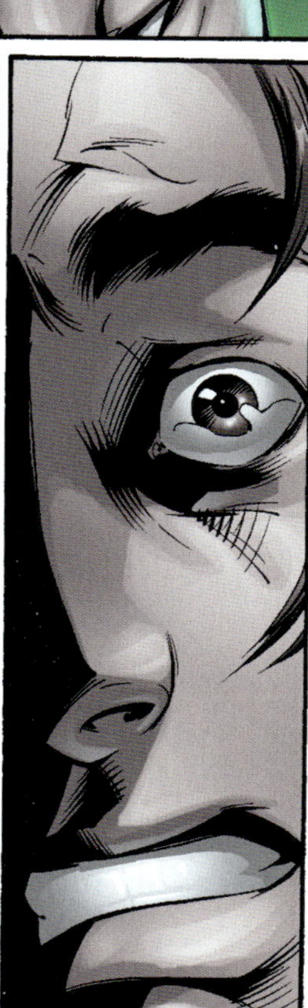

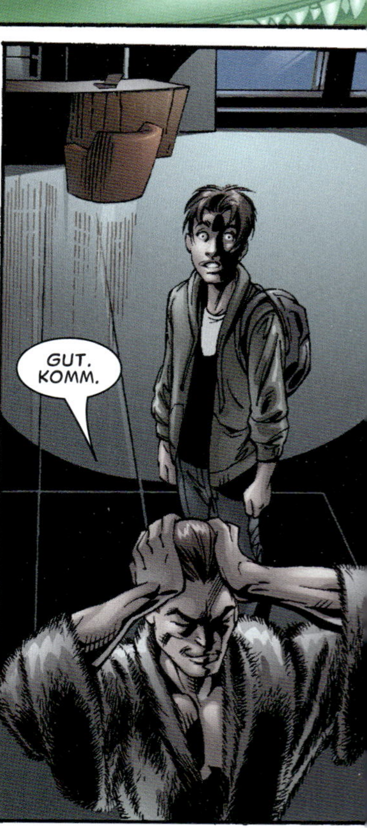
GUT. KOMM.

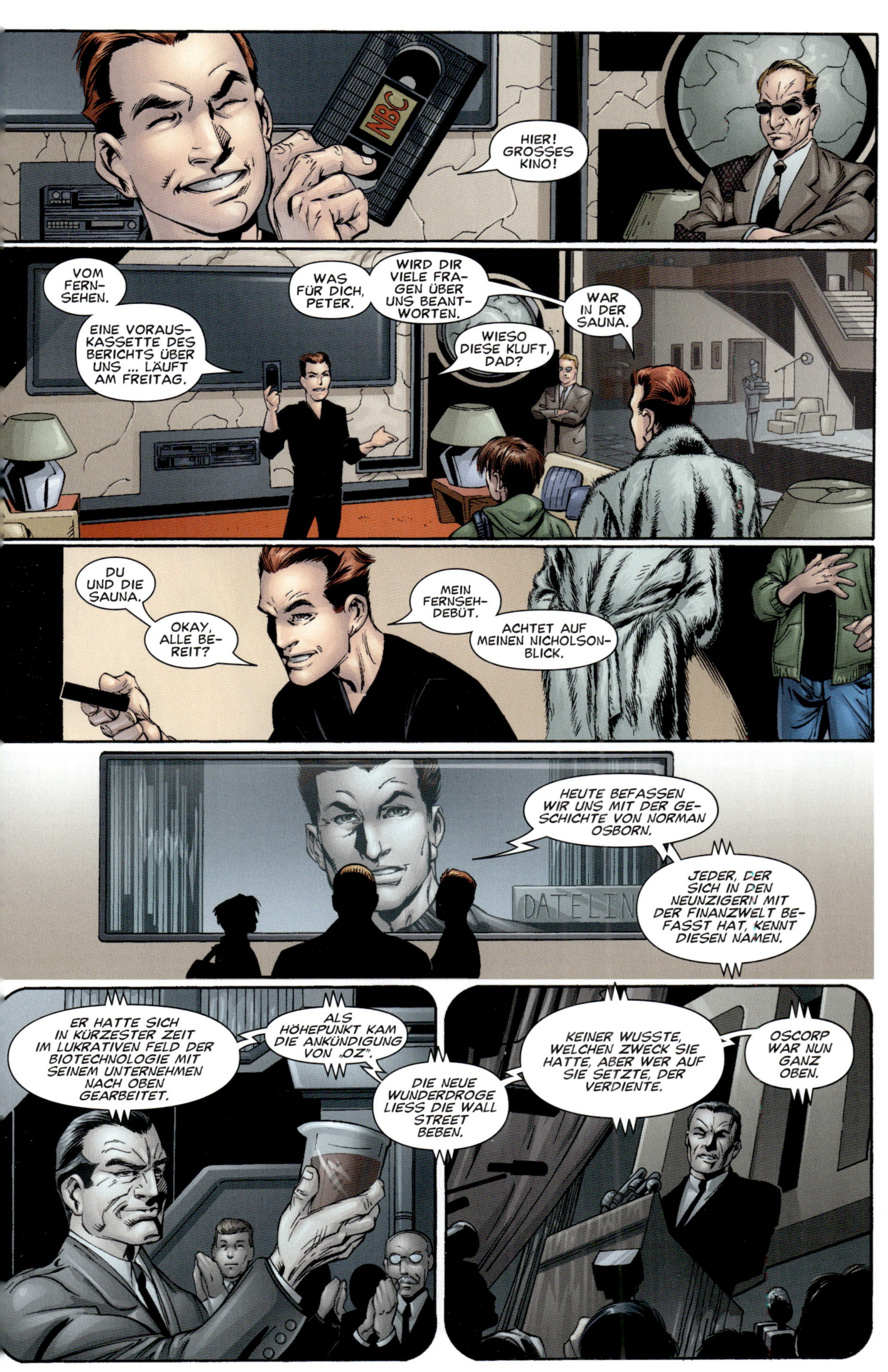
HIER! GROSSES KINO!
VOM FERN-SEHEN.
EINE VORAUS-KASSETTE DES BERICHTS ÜBER UNS ... LÄUFT AM FREITAG.
WAS FÜR DICH, PETER.
WIRD DIR VIELE FRA-GEN ÜBER UNS BEANT-WORTEN.
WIESO DIESE KLUFT, DAD?
WAR IN DER SAUNA.
DU UND DIE SAUNA.
OKAY, ALLE BE-REIT?
MEIN FERNSEH-DEBÜT.
ACHTET AUF MEINEN NICHOLSON-BLICK.
HEUTE BEFASSEN WIR UNS MIT DER GE-SCHICHTE VON NORMAN OSBORN.
JEDER, DER SICH IN DEN NEUNZIGERN MIT DER FINANZWELT BE-FASST HAT, KENNT DIESEN NAMEN.
ER HATTE SICH IN KÜRZESTER ZEIT IM LUKRATIVEN FELD DER BIOTECHNOLOGIE MIT SEINEM UNTERNEHMEN NACH OBEN GEARBEITET.
ALS HÖHEPUNKT KAM DIE ANKÜNDIGUNG VON „OZ".
DIE NEUE WUNDERDROGE LIESS DIE WALL STREET BEBEN.
KEINER WUSSTE, WELCHEN ZWECK SIE HATTE, ABER WER AUF SIE SETZTE, DER VERDIENTE.
OSCORP WAR NUN GANZ OBEN.

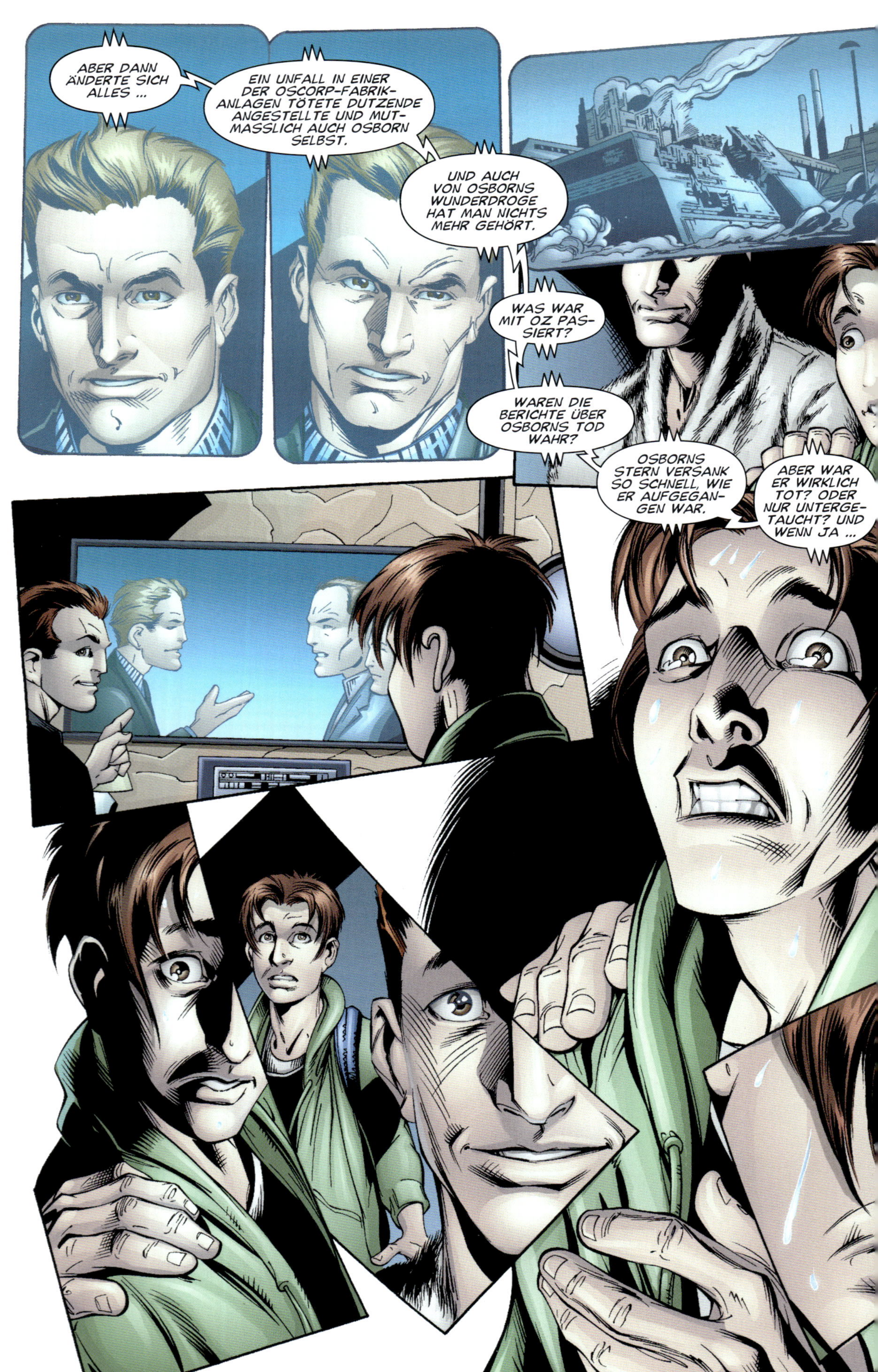
ABER DANN ÄNDERTE SICH ALLES ...
EIN UNFALL IN EINER DER OSCORP-FABRIK-ANLAGEN TÖTETE DUTZENDE ANGESTELLTE UND MUTMASSLICH AUCH OSBORN SELBST.
UND AUCH VON OSBORNS WUNDERDROGE HAT MAN NICHTS MEHR GEHÖRT.
WAS WAR MIT OZ PASSIERT?
WAREN DIE BERICHTE ÜBER OSBORNS TOD WAHR?
OSBORNS STERN VERSANK SO SCHNELL, WIE ER AUFGEGANGEN WAR.
ABER WAR ER WIRKLICH TOT? ODER NUR UNTERGETAUCHT? UND WENN JA ...

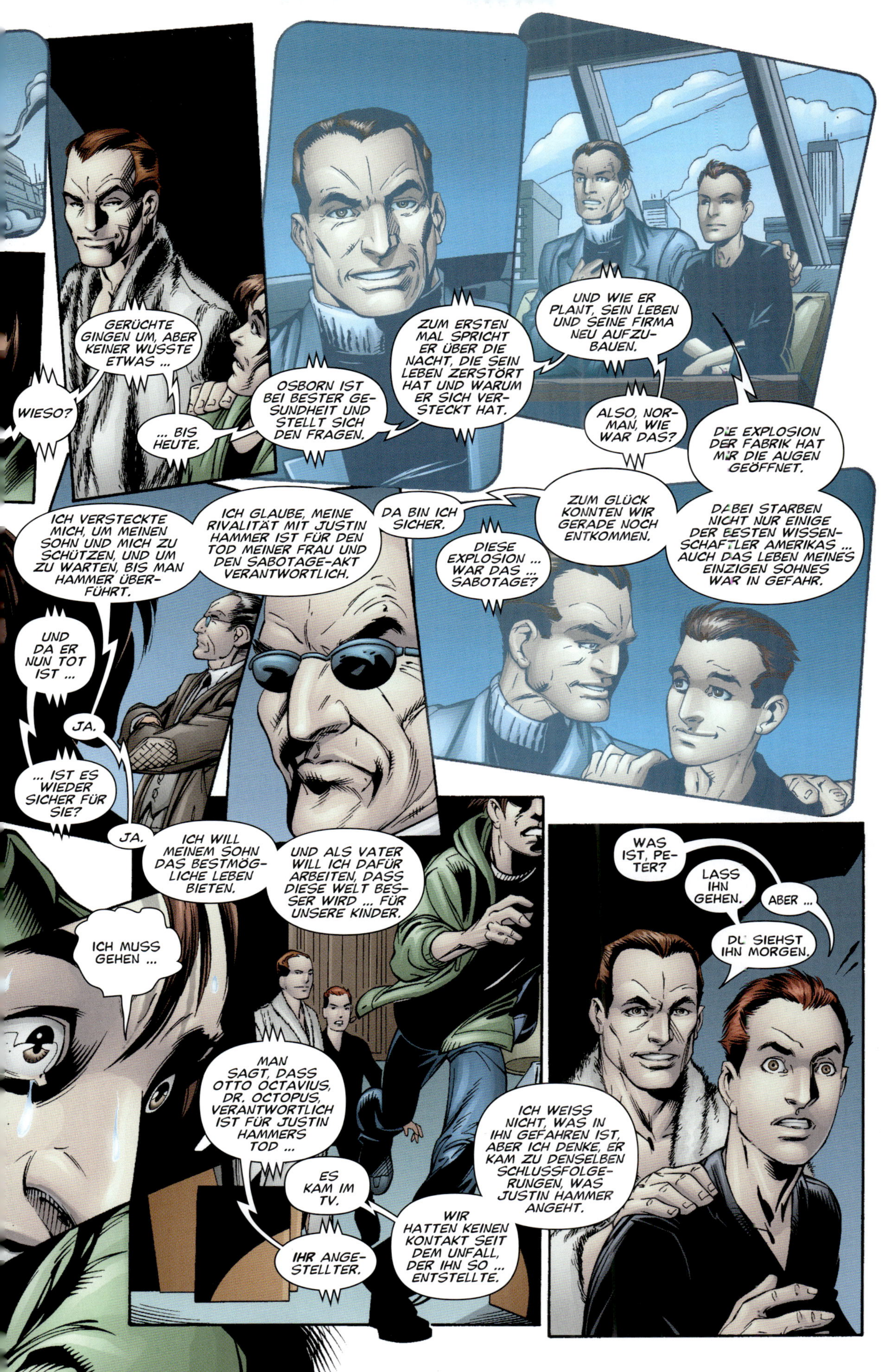
GERÜCHTE GINGEN UM, ABER KEINER WUSSTE ETWAS ...
WIESO?
... BIS HEUTE.
OSBORN IST BEI BESTER GESUNDHEIT UND STELLT SICH DEN FRAGEN.
ZUM ERSTEN MAL SPRICHT ER ÜBER DIE NACHT, DIE SEIN LEBEN ZERSTÖRT HAT UND WARUM ER SICH VERSTECKT HAT.
UND WIE ER PLANT, SEIN LEBEN UND SEINE FIRMA NEU AUFZUBAUEN.
ALSO, NORMAN, WIE WAR DAS?
DIE EXPLOSION DER FABRIK HAT MIR DIE AUGEN GEÖFFNET.
ZUM GLÜCK KONNTEN WIR GERADE NOCH ENTKOMMEN.
DABEI STARBEN NICHT NUR EINIGE DER BESTEN WISSENSCHAFTLER AMERIKAS ... AUCH DAS LEBEN MEINES EINZIGEN SOHNES WAR IN GEFAHR.
DIESE EXPLOSION ... WAR DAS ... SABOTAGE?
DA BIN ICH SICHER.
ICH GLAUBE, MEINE RIVALITÄT MIT JUSTIN HAMMER IST FÜR DEN TOD MEINER FRAU UND DEN SABOTAGE-AKT VERANTWORTLICH.
ICH VERSTECKTE MICH, UM MEINEN SOHN UND MICH ZU SCHÜTZEN, UND UM ZU WARTEN, BIS MAN HAMMER ÜBERFÜHRT.
UND DA ER NUN TOT IST ...
JA.
... IST ES WIEDER SICHER FÜR SIE?
JA.
ICH WILL MEINEM SOHN DAS BESTMÖGLICHE LEBEN BIETEN.
UND ALS VATER WILL ICH DAFÜR ARBEITEN, DASS DIESE WELT BESSER WIRD ... FÜR UNSERE KINDER.
ICH MUSS GEHEN ...
MAN SAGT, DASS OTTO OCTAVIUS, DR. OCTOPUS, VERANTWORTLICH IST FÜR JUSTIN HAMMERS TOD ...
ES KAM IM TV.
IHR ANGESTELLTER.
WIR HATTEN KEINEN KONTAKT SEIT DEM UNFALL, DER IHN SO ... ENTSTELLTE.
ICH WEISS NICHT, WAS IN IHN GEFAHREN IST, ABER ICH DENKE, ER KAM ZU DENSELBEN SCHLUSSFOLGERUNGEN, WAS JUSTIN HAMMER ANGEHT.
WAS IST, PETER?
LASS IHN GEHEN.
ABER ...
DU SIEHST IHN MORGEN.

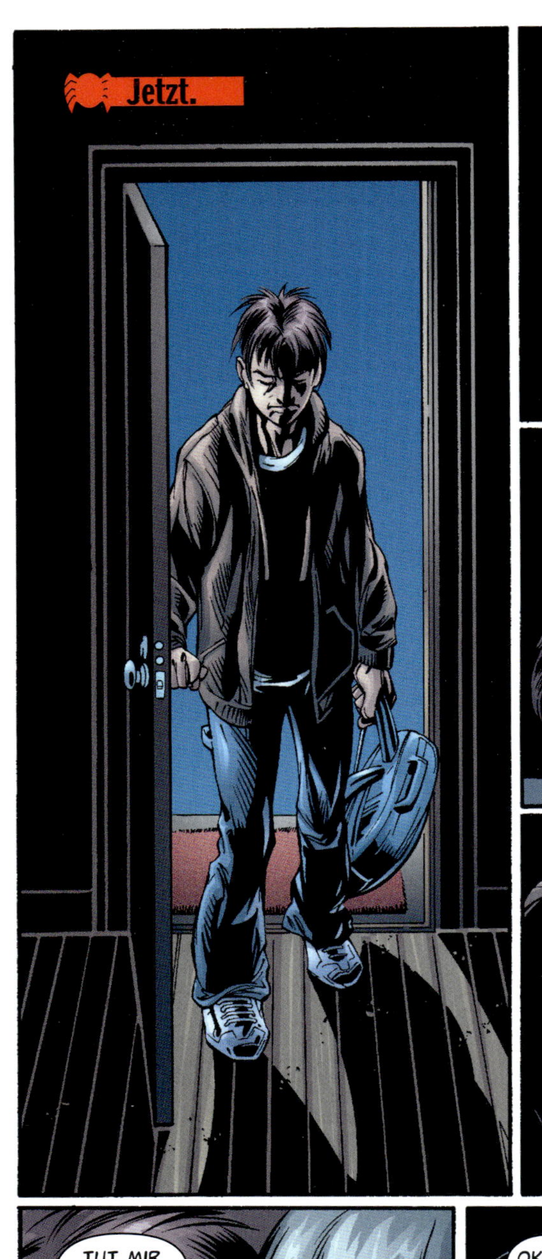
Jetzt.
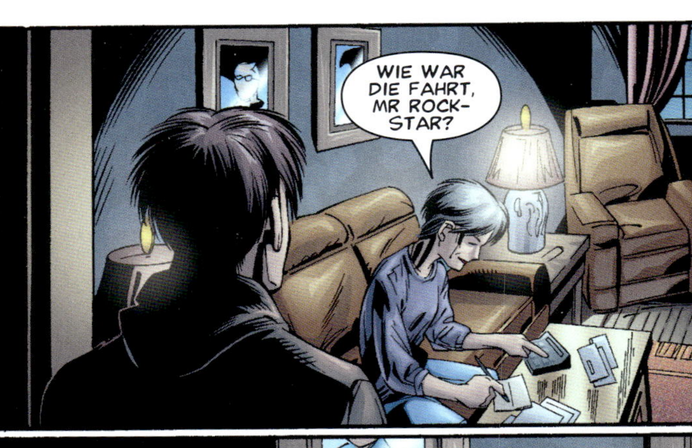
WIE WAR DIE FAHRT, MR ROCK-STAR?
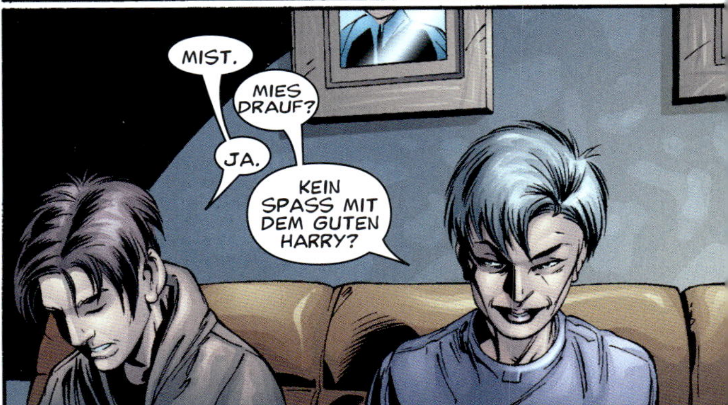
MIST.
MIES DRAUF?
JA.
KEIN SPASS MIT DEM GUTEN HARRY?
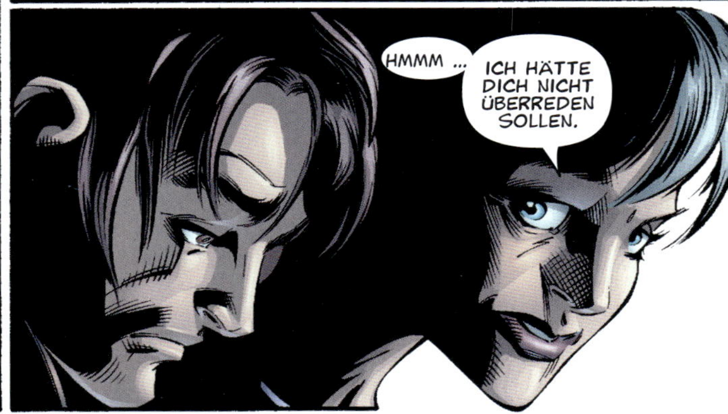
HMMM ...
ICH HÄTTE DICH NICHT ÜBERREDEN SOLLEN.
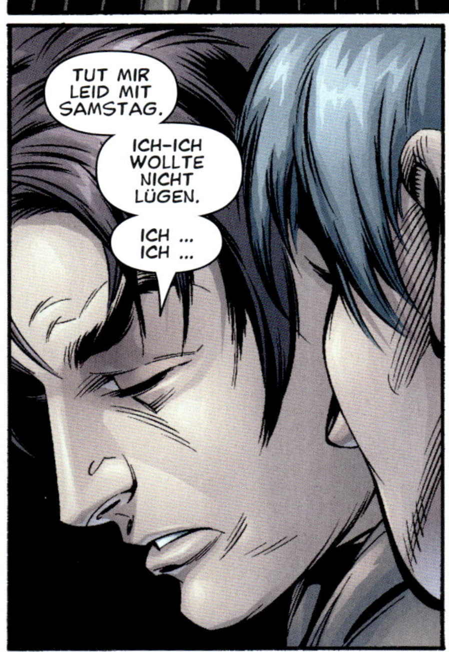
TUT MIR LEID MIT SAMSTAG.
ICH-ICH WOLLTE NICHT LÜGEN.
ICH ... ICH ...
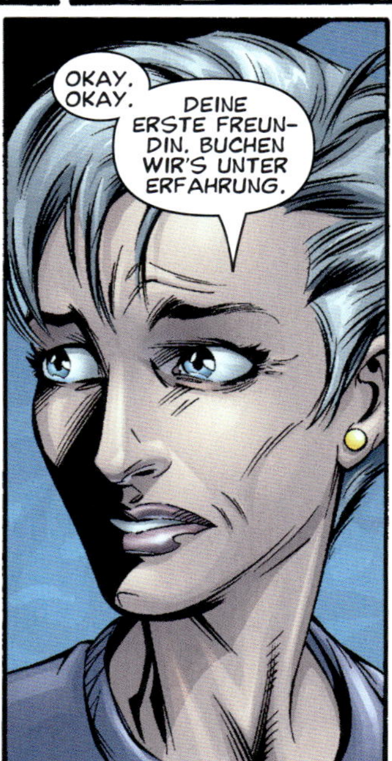
OKAY. OKAY.
DEINE ERSTE FREUN-DIN. BUCHEN WIR'S UNTER ERFAHRUNG.
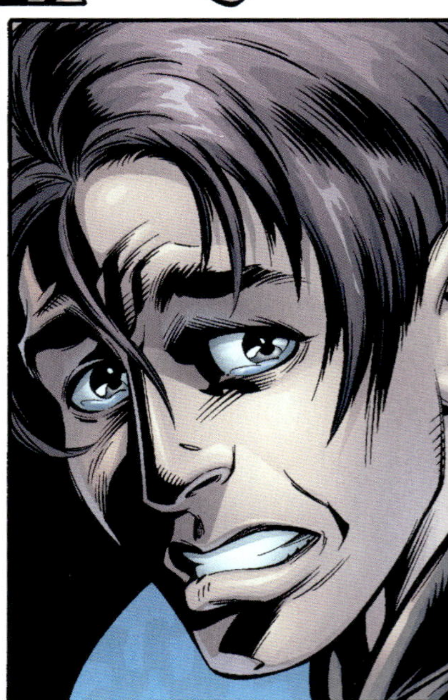

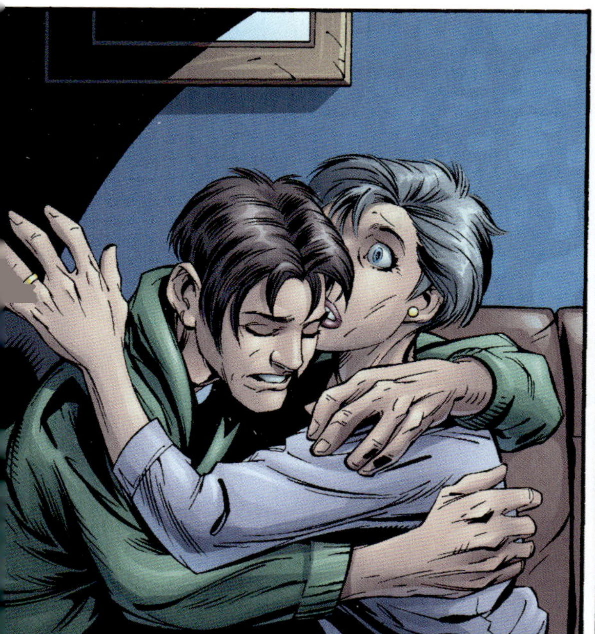

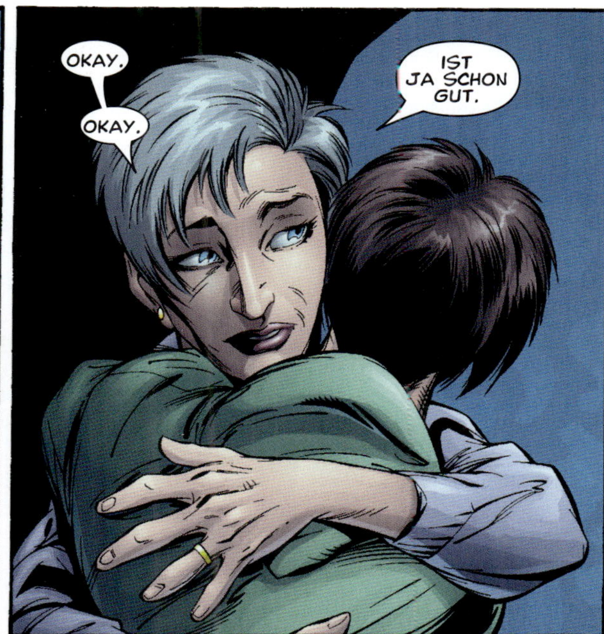
OKAY.
OKAY.
IST JA SCHON GUT.

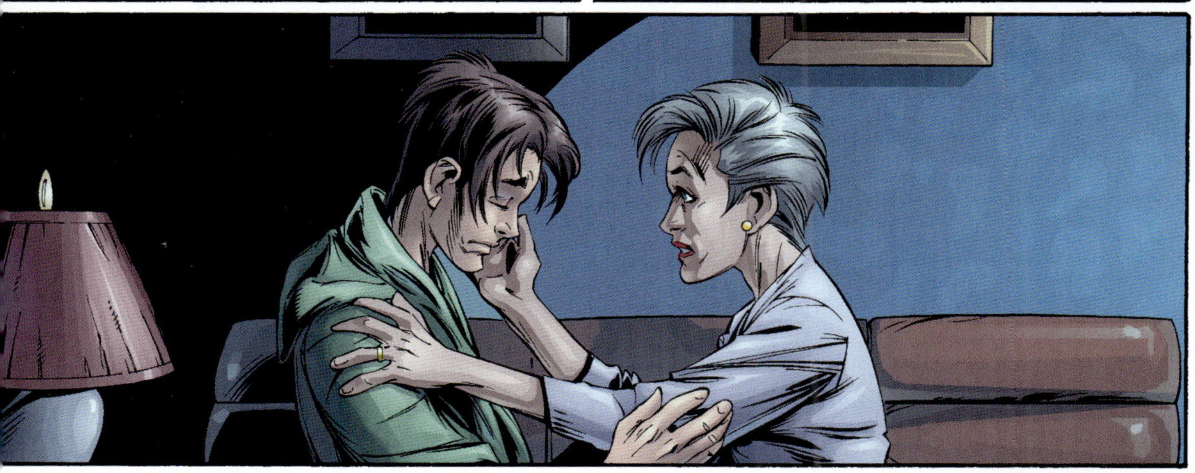

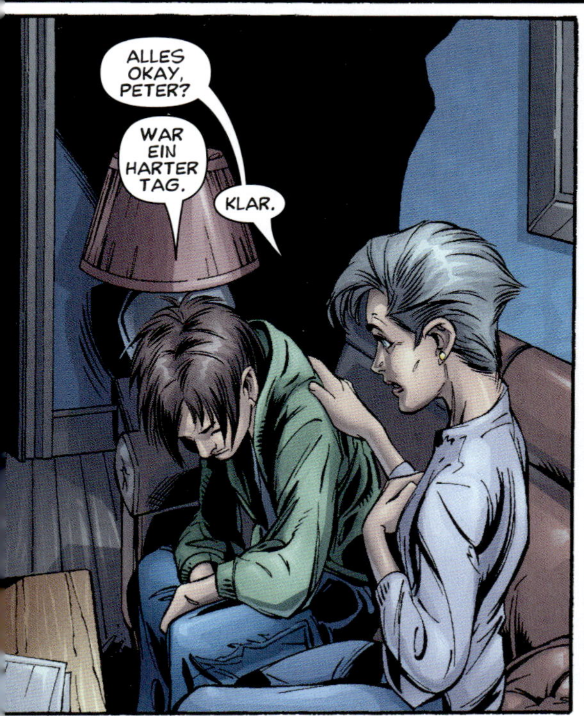
ALLES OKAY, PETER?
KLAR.
WAR EIN HARTER TAG.

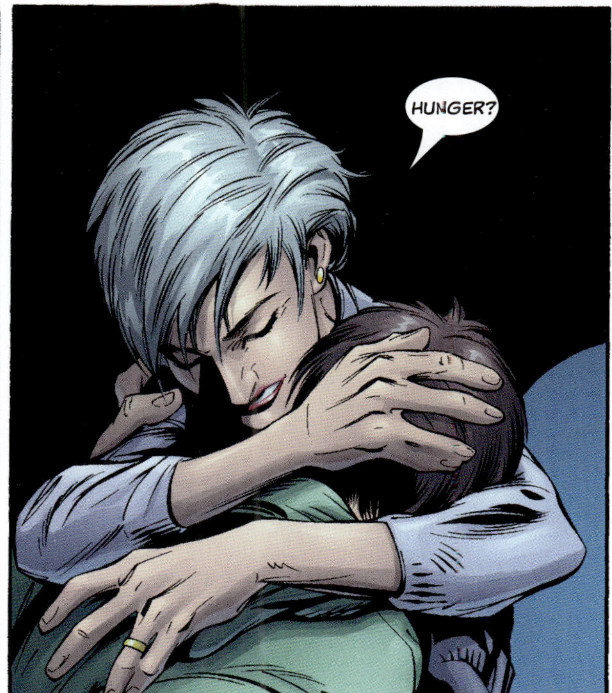
HUNGER?

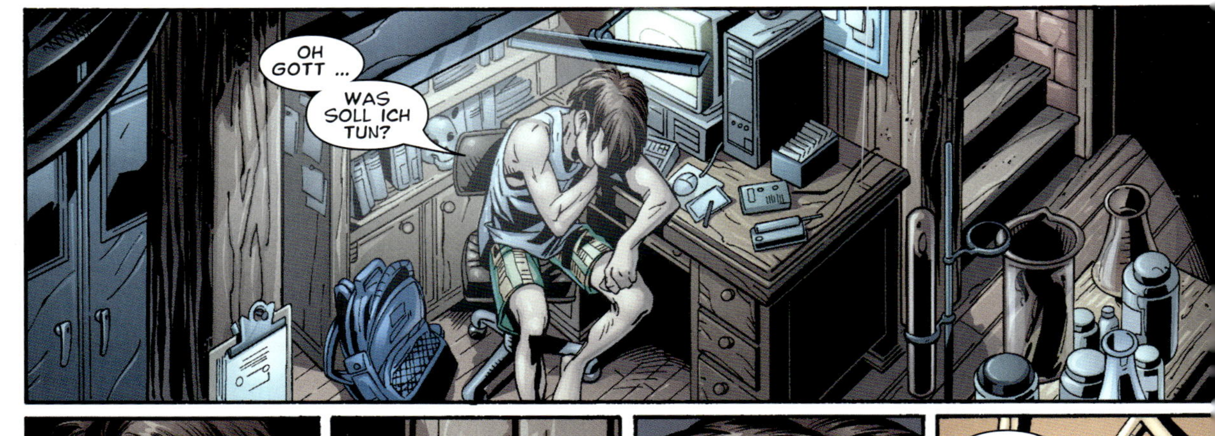
OH GOTT ...
WAS SOLL ICH TUN?

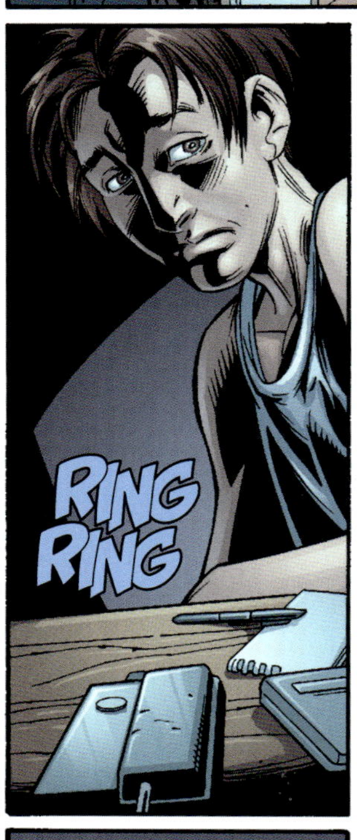
RING RING

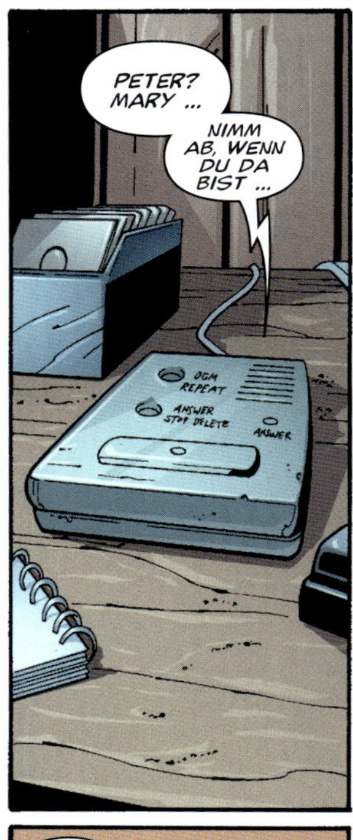
PETER? MARY ...
NIMM AB, WENN DU DA BIST ...
OGM REPEAT
ANSWER STOP DELETE
ANSWER

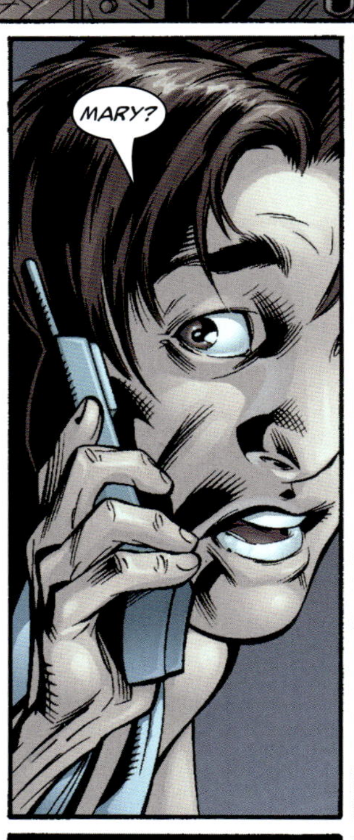
MARY?

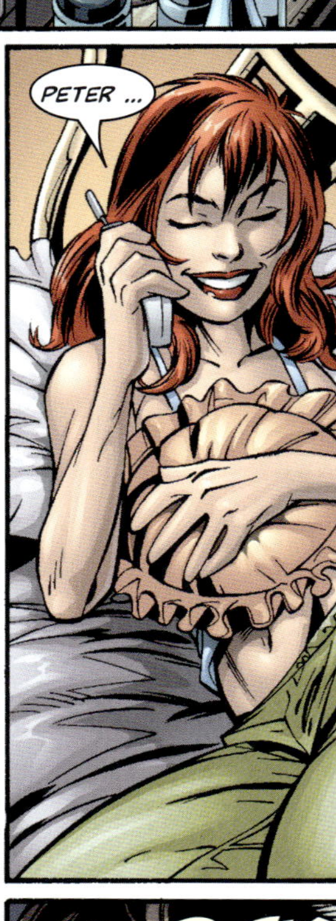
PETER ...

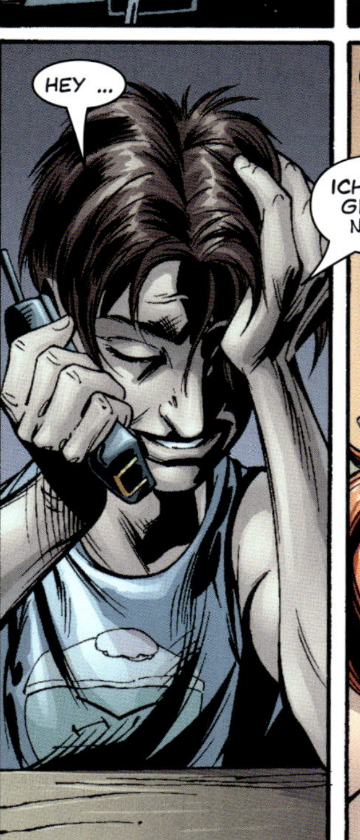
HEY ...
ICH ... ICH GLAUBE NICHT.

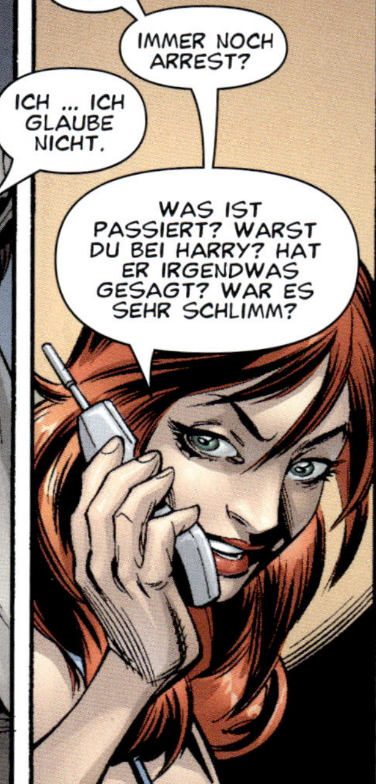
HEY ...
IMMER NOCH ARREST?
WAS IST PASSIERT? WARST DU BEI HARRY? HAT ER IRGENDWAS GESAGT? WAR ES SEHR SCHLIMM?

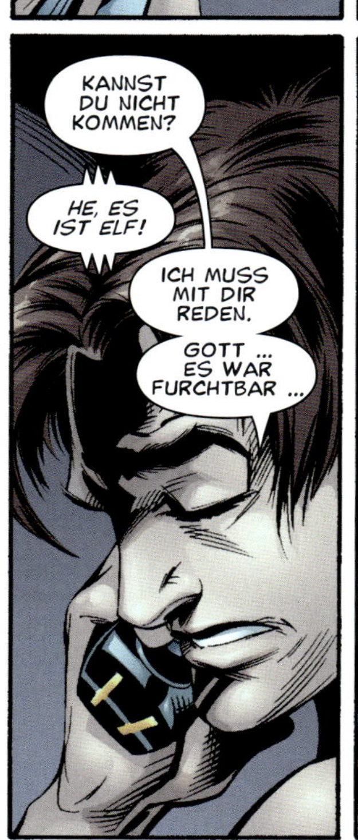
KANNST DU NICHT KOMMEN?
HE, ES IST ELF!
ICH MUSS MIT DIR REDEN.
GOTT ... ES WAR FURCHTBAR ...

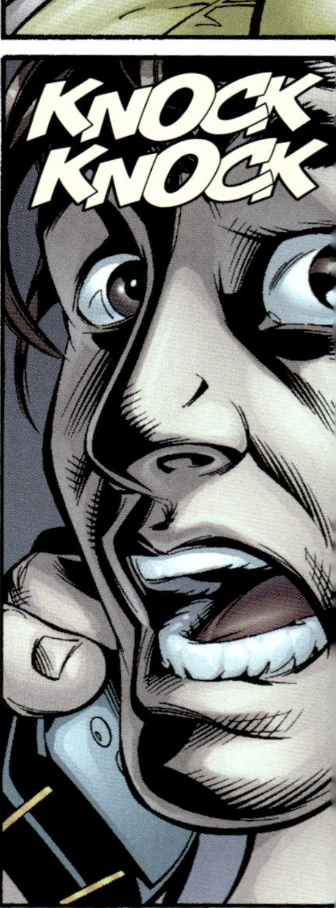
KNOCK KNOCK

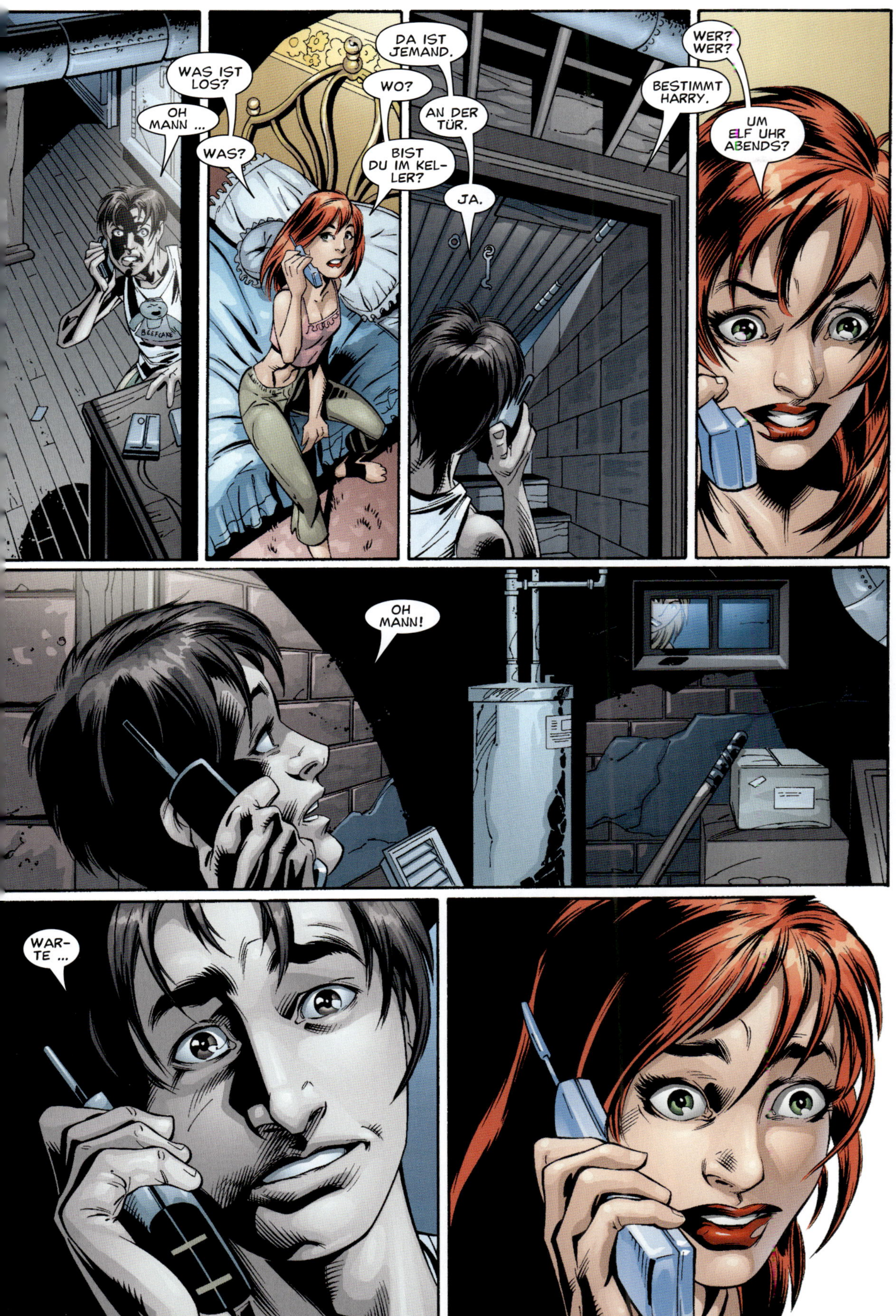
OH MANN ...
WAS IST LOS?
WAS?
WO?
BIST DU IM KEL-LER?
DA IST JEMAND.
AN DER TÜR.
JA.
BESTIMMT HARRY.
WER? WER?
UM ELF UHR ABENDS?
OH MANN!
WAR-TE ...

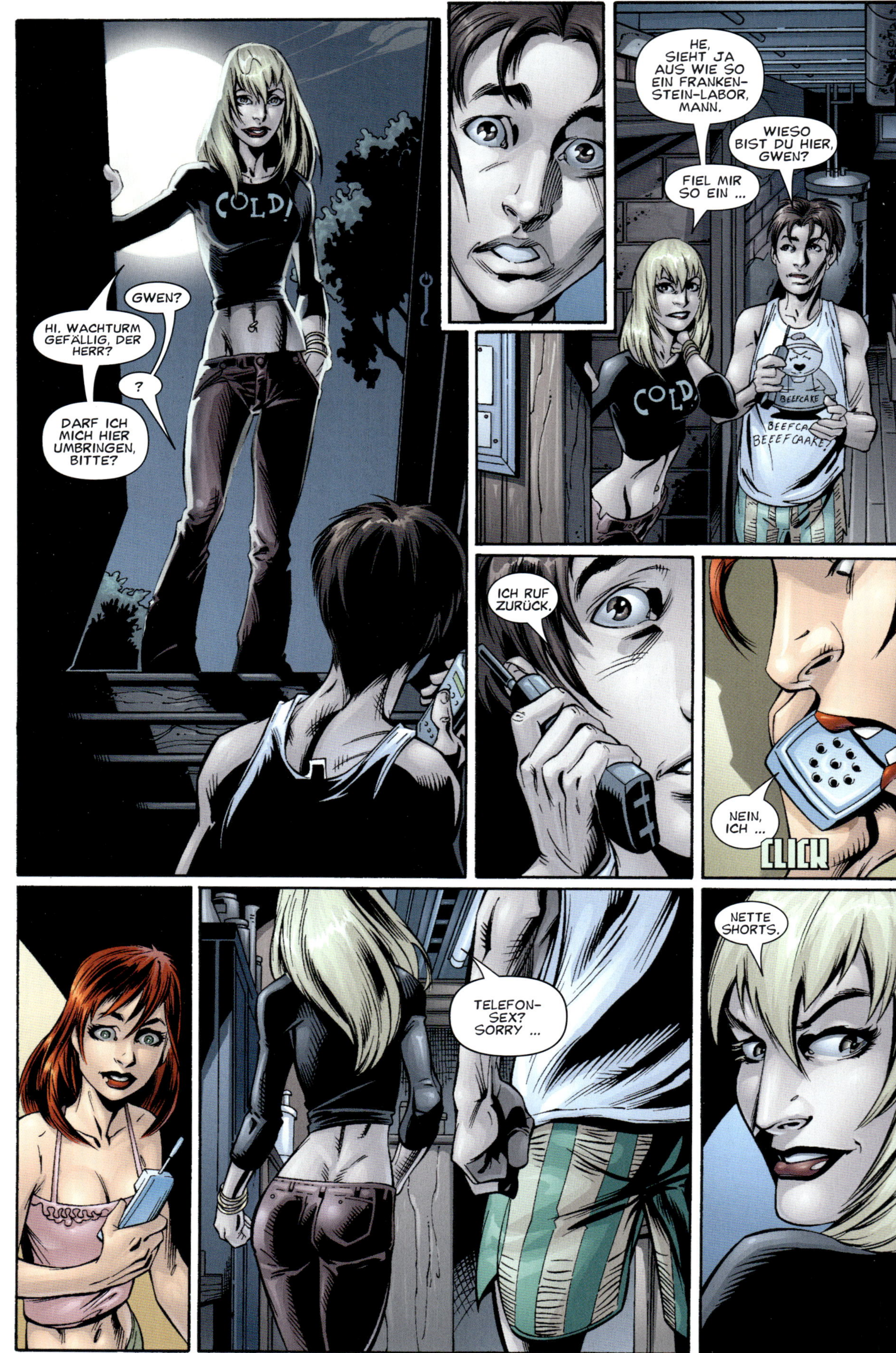
GWEN?
HI. WACHTURM GEFÄLLIG, DER HERR?
?
DARF ICH MICH HIER UMBRINGEN, BITTE?
COLD!
HE, SIEHT JA AUS WIE SO EIN FRANKENSTEIN-LABOR, MANN.
FIEL MIR SO EIN ...
WIESO BIST DU HIER, GWEN?
BEEFCAKE
ICH RUF ZURÜCK.
NEIN, ICH ...
CLICK
TELEFON-SEX? SORRY ...
NETTE SHORTS.

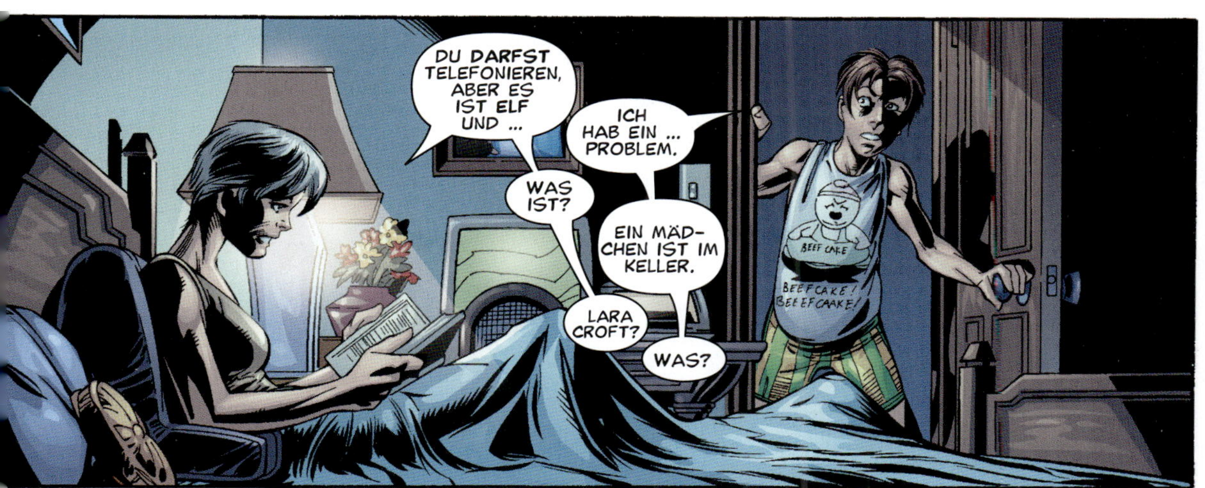
DU DARFST TELEFONIEREN, ABER ES IST ELF UND ...
ICH HAB EIN ... PROBLEM.
WAS IST?
EIN MÄDCHEN IST IM KELLER.
LARA CROFT?
WAS?
BEEF CAKE
BEEFCAKE! BEEEFCAKE!

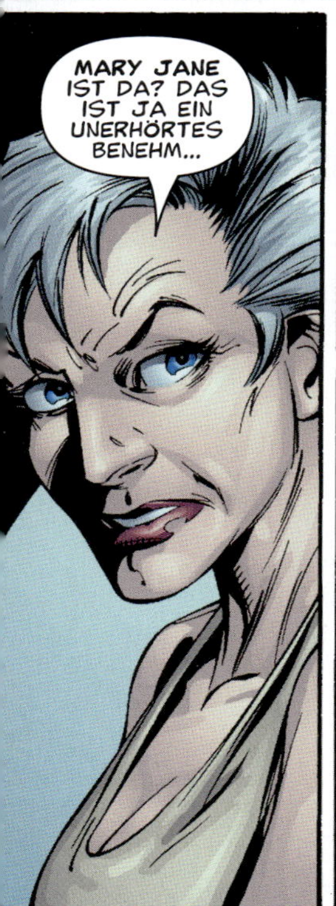
MARY JANE IST DA? DAS IST JA EIN UNERHÖRTES BENEHM...

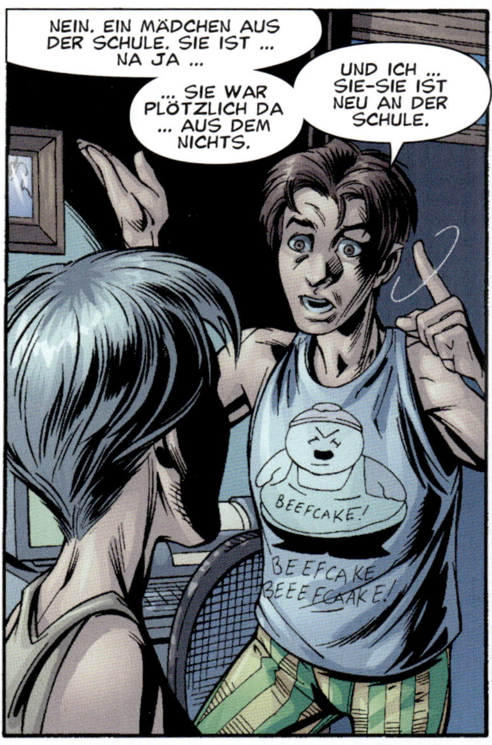
NEIN. EIN MÄDCHEN AUS DER SCHULE. SIE IST ... NA JA ...
... SIE WAR PLÖTZLICH DA ... AUS DEM NICHTS.
UND ICH ... SIE-SIE IST NEU AN DER SCHULE.
BEEFCAKE!
BEEFCAKE BEEEFCAAKE!

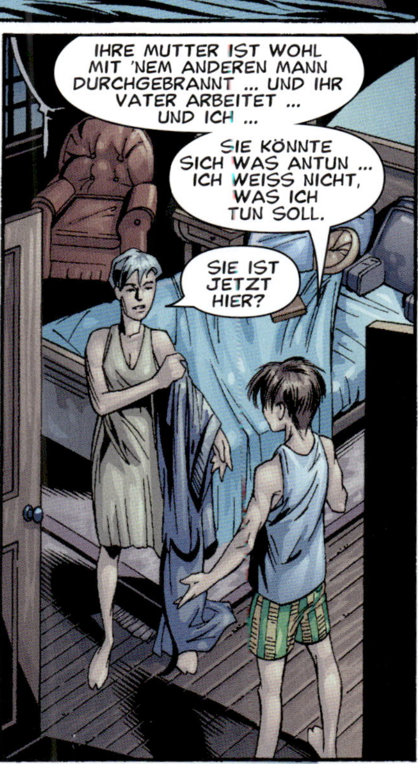
IHRE MUTTER IST WOHL MIT 'NEM ANDEREN MANN DURCHGEBRANNT ... UND IHR VATER ARBEITET ... UND ICH ...
SIE KÖNNTE SICH WAS ANTUN ... ICH WEISS NICHT, WAS ICH TUN SOLL.
SIE IST JETZT HIER?

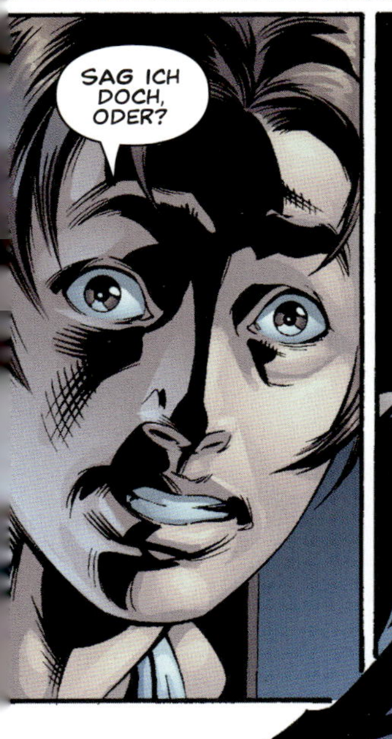
SAG ICH DOCH, ODER?

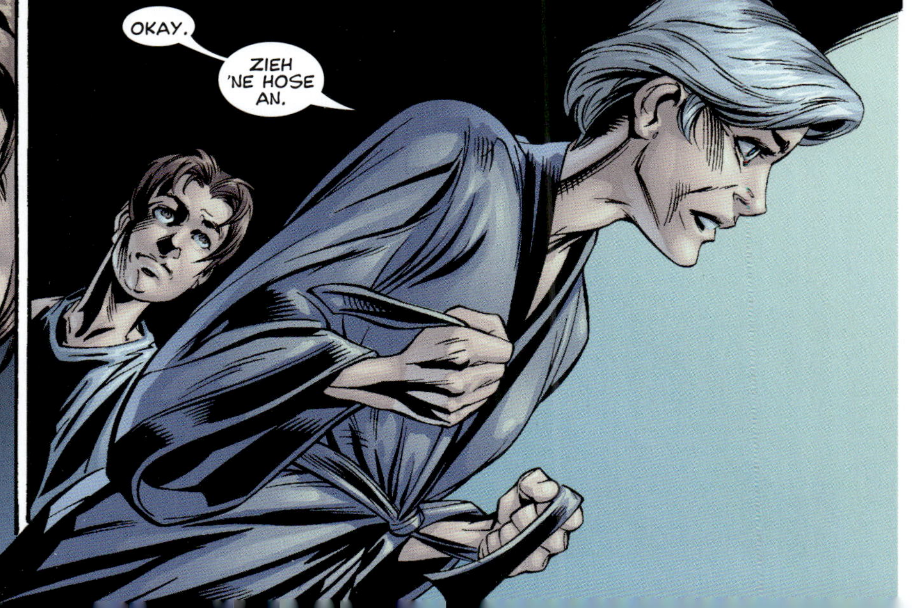
OKAY.
ZIEH 'NE HOSE AN.

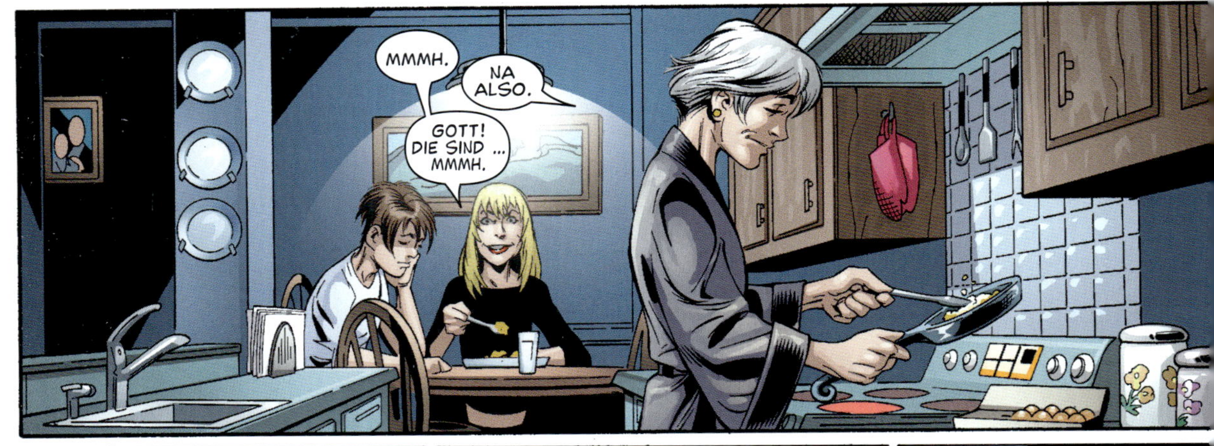
MMMH.
GOTT! DIE SIND ... MMMH.
NA ALSO.

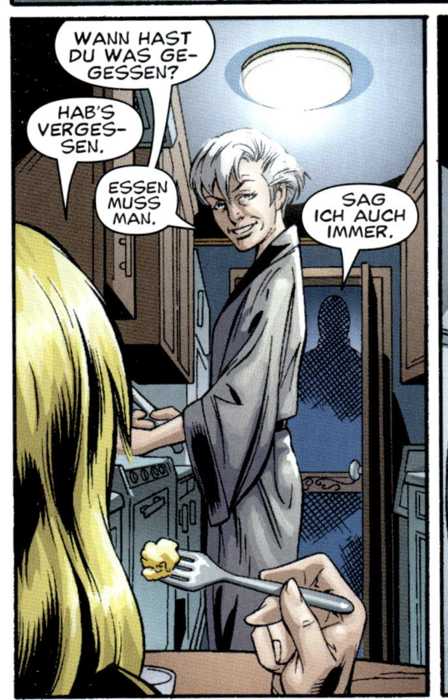
WANN HAST DU WAS GEGESSEN?
HAB'S VERGESSEN.
ESSEN MUSS MAN.
SAG ICH AUCH IMMER.

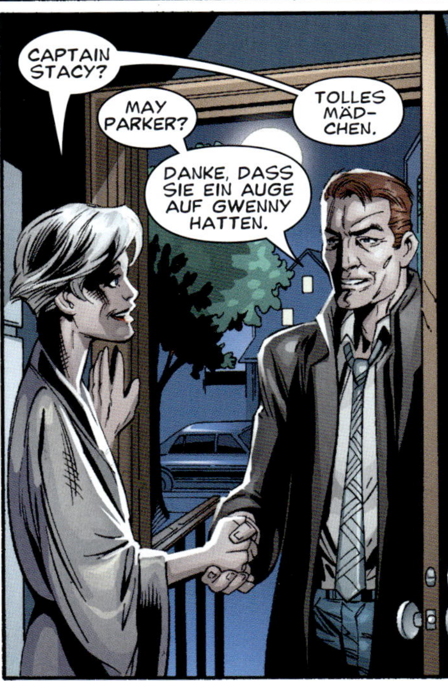
CAPTAIN STACY?
MAY PARKER?
TOLLES MÄDCHEN.
DANKE, DASS SIE EIN AUGE AUF GWENNY HATTEN.

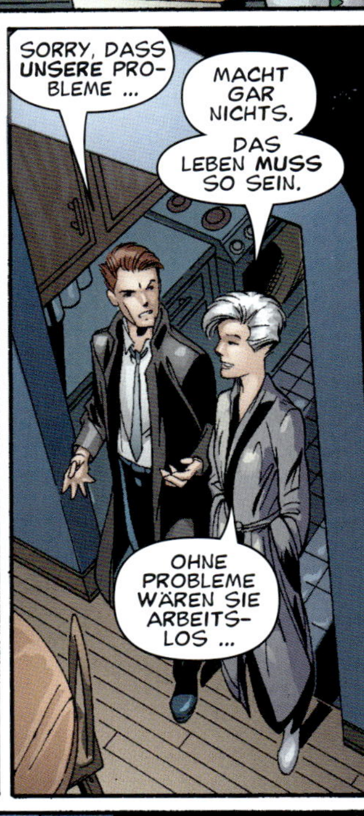
SORRY, DASS UNSERE PROBLEME ...
MACHT GAR NICHTS.
DAS LEBEN MUSS SO SEIN.
OHNE PROBLEME WÄREN SIE ARBEITSLOS ...

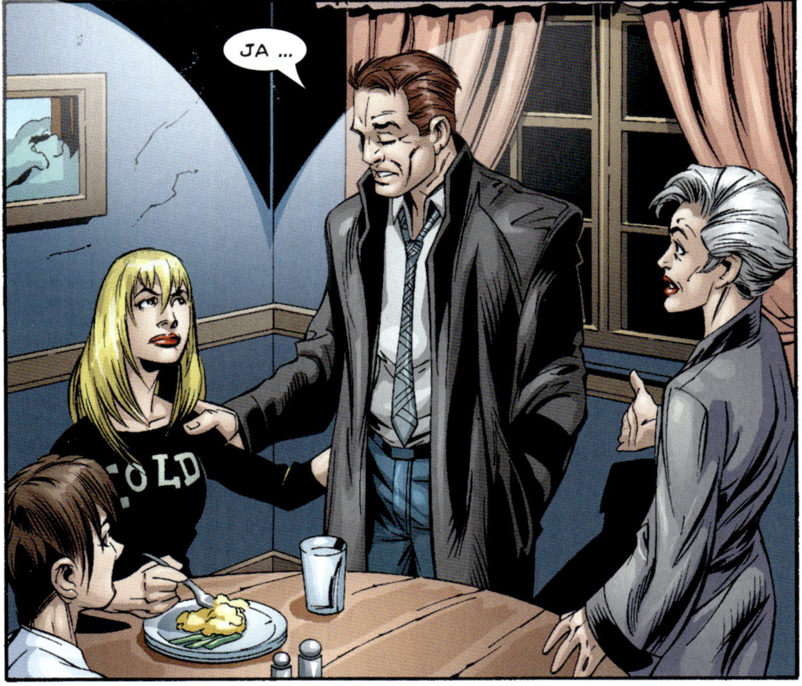
JA ...
OLD

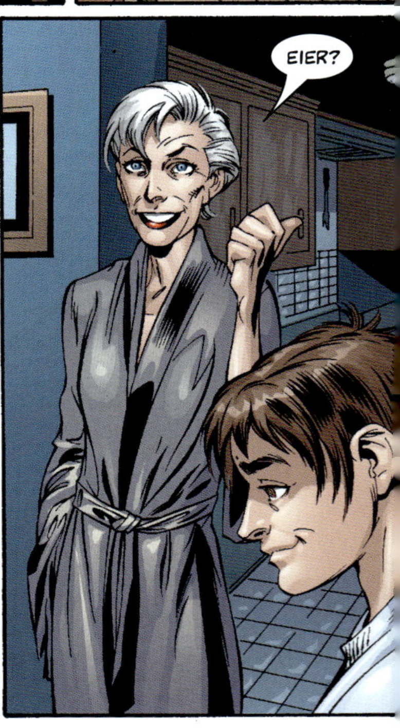
EIER?

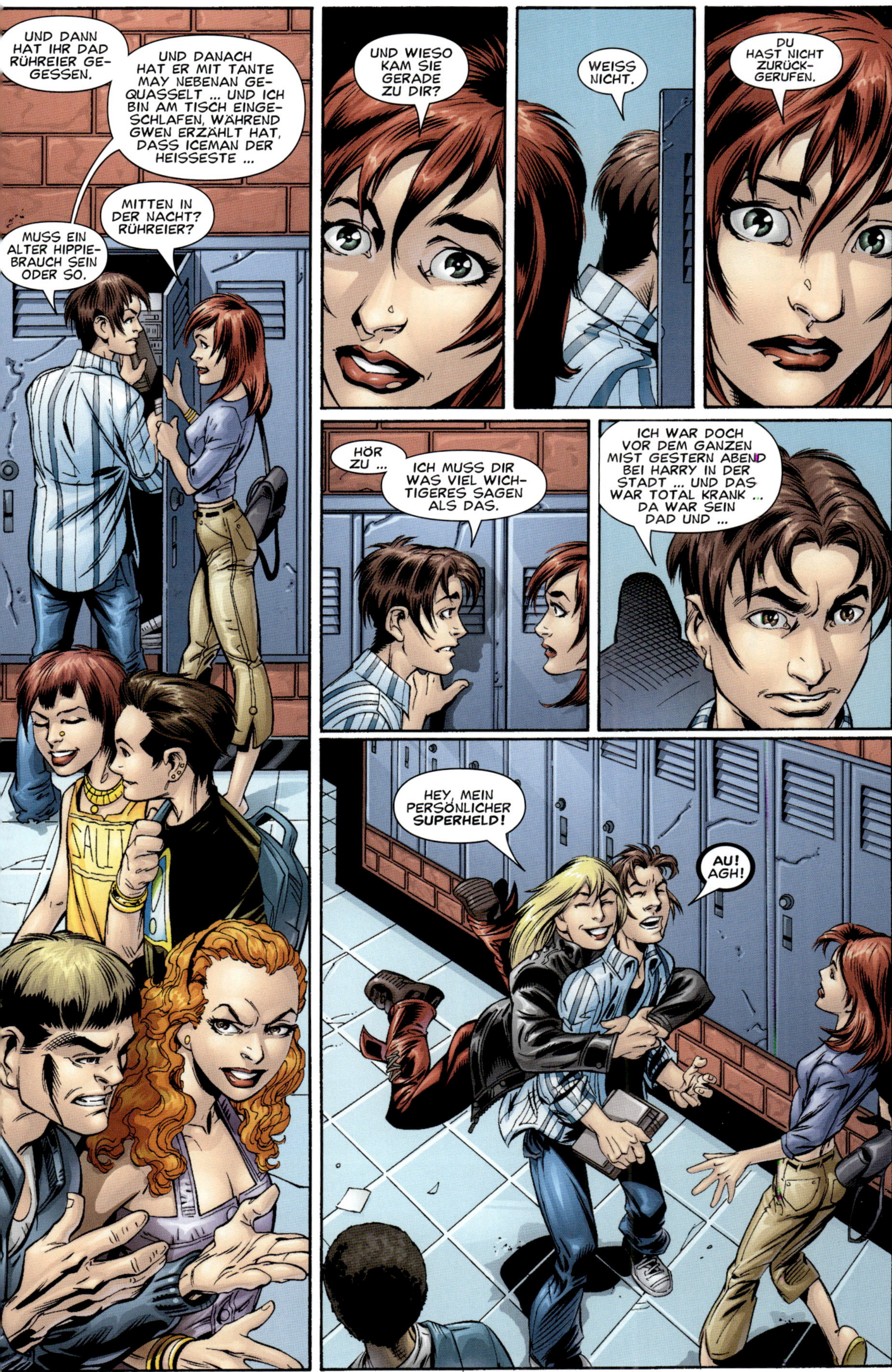
UND DANN HAT IHR DAD RÜHREIER GEGESSEN.
UND DANACH HAT ER MIT TANTE MAY NEBENAN GEQUASSELT ... UND ICH BIN AM TISCH EINGESCHLAFEN, WÄHREND GWEN ERZÄHLT HAT, DASS ICEMAN DER HEISSESTE ...
MITTEN IN DER NACHT? RÜHREIER?
MUSS EIN ALTER HIPPIEBRAUCH SEIN ODER SO.
UND WIESO KAM SIE GERADE ZU DIR?
WEISS NICHT.
DU HAST NICHT ZURÜCKGERUFEN.
HÖR ZU ...
ICH MUSS DIR WAS VIEL WICHTIGERES SAGEN ALS DAS.
ICH WAR DOCH VOR DEM GANZEN MIST GESTERN ABEND BEI HARRY IN DER STADT ... UND DAS WAR TOTAL KRANK ... DA WAR SEIN DAD UND ...
HEY, MEIN PERSÖNLICHER SUPERHELD!
AU! AGH!

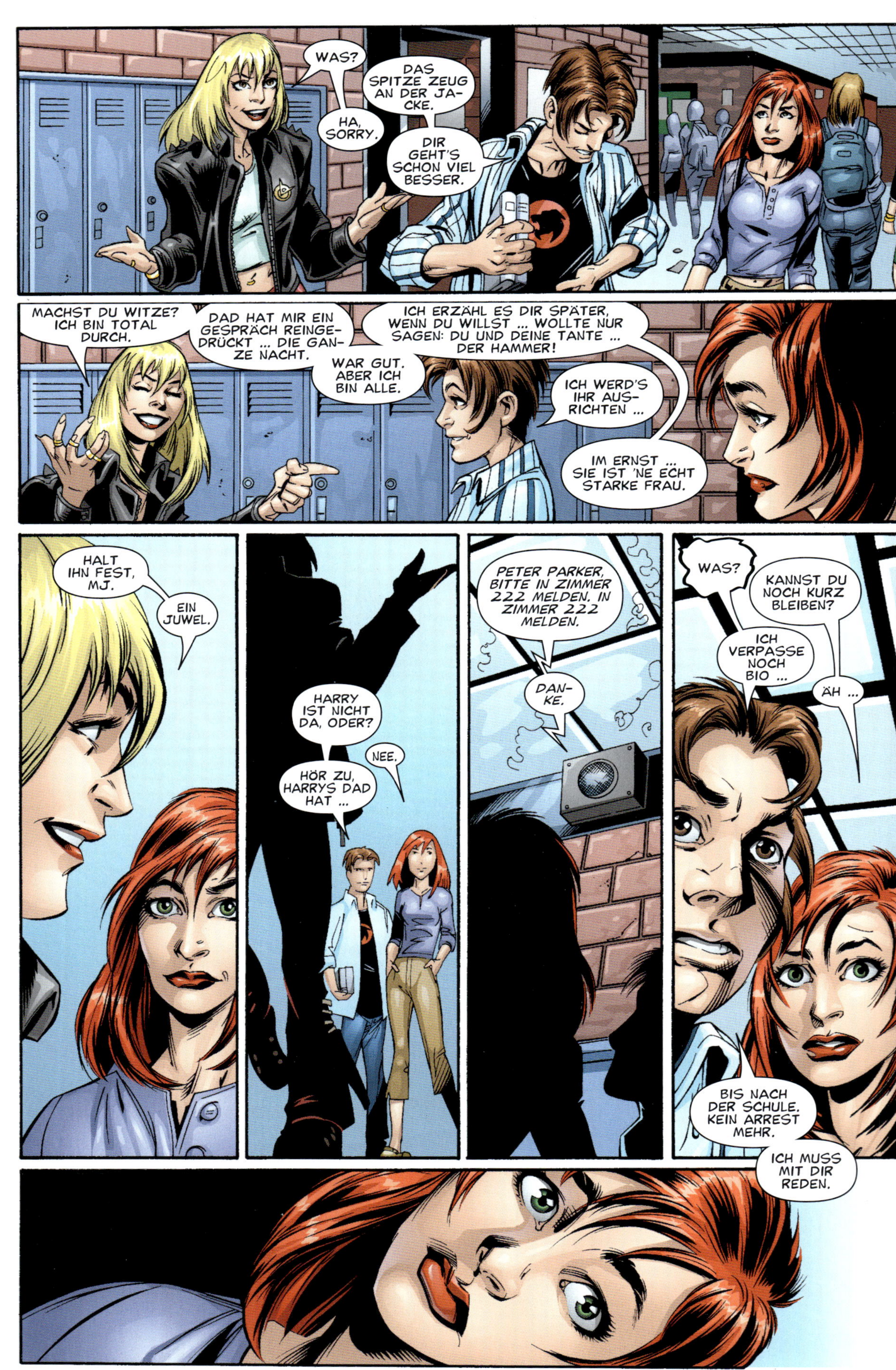

WAS?
DAS SPITZE ZEUG AN DER JACKE.
HA, SORRY.
DIR GEHT'S SCHON VIEL BESSER.
MACHST DU WITZE? ICH BIN TOTAL DURCH.
DAD HAT MIR EIN GESPRÄCH REINGEDRÜCKT ... DIE GANZE NACHT.
WAR GUT. ABER ICH BIN ALLE.
ICH ERZÄHL ES DIR SPÄTER, WENN DU WILLST ... WOLLTE NUR SAGEN: DU UND DEINE TANTE ... DER HAMMER!
ICH WERD'S IHR AUSRICHTEN ...
IM ERNST ... SIE IST 'NE ECHT STARKE FRAU.
HALT IHN FEST, MJ.
EIN JUWEL.
HARRY IST NICHT DA, ODER?
NEE.
HÖR ZU, HARRYS DAD HAT ...
PETER PARKER, BITTE IN ZIMMER 222 MELDEN. IN ZIMMER 222 MELDEN.
DANKE.
WAS?
KANNST DU NOCH KURZ BLEIBEN?
ICH VERPASSE NOCH BIO ...
ÄH ...
BIS NACH DER SCHULE. KEIN ARREST MEHR.
ICH MUSS MIT DIR REDEN.

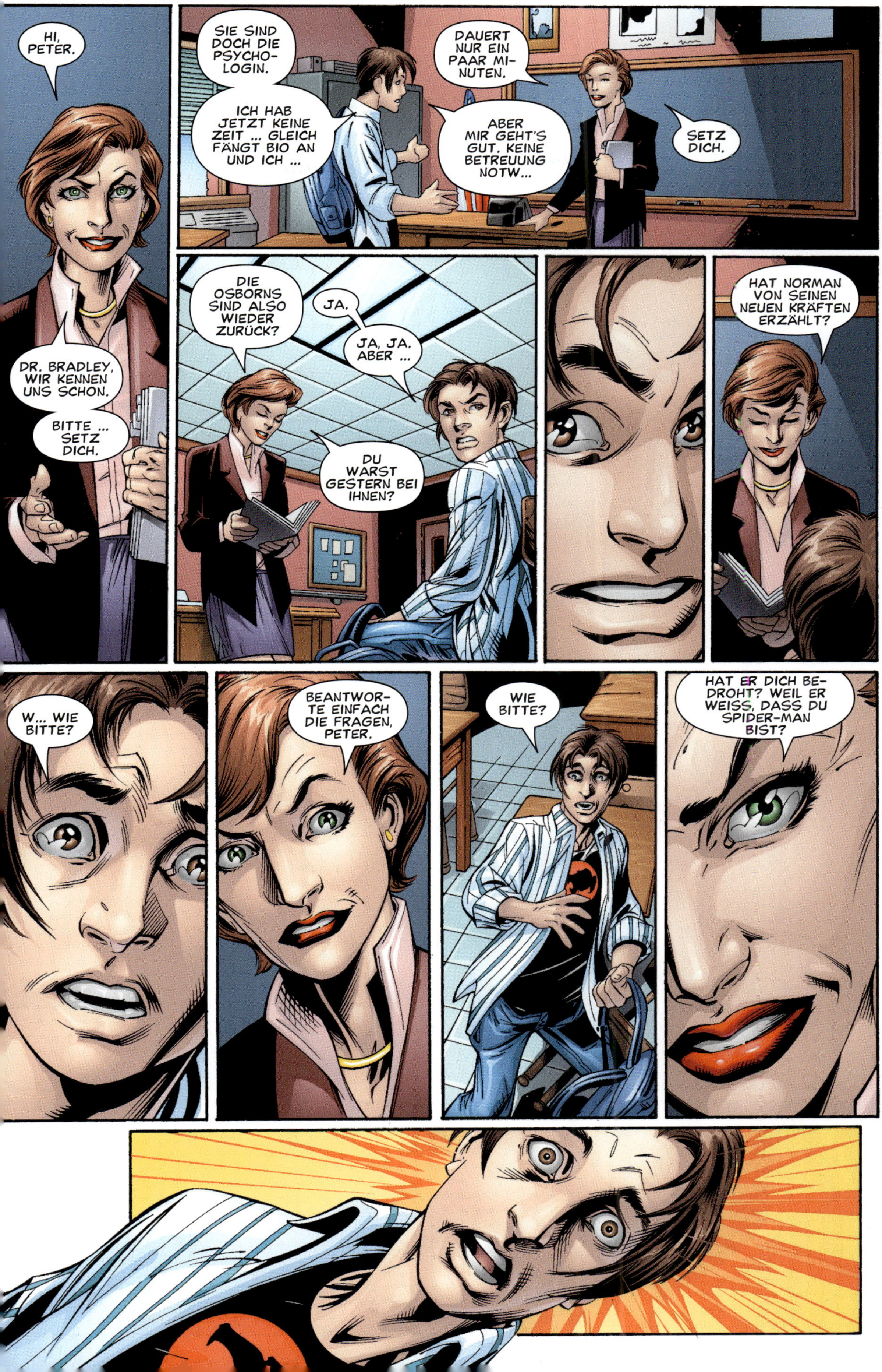

HI, PETER.
DR. BRADLEY, WIR KENNEN UNS SCHON.
BITTE ... SETZ DICH.
SIE SIND DOCH DIE PSYCHOLOGIN.
ICH HAB JETZT KEINE ZEIT ... GLEICH FÄNGT BIO AN UND ICH ...
DAUERT NUR EIN PAAR MINUTEN.
ABER MIR GEHT'S GUT. KEINE BETREUUNG NOTW...
SETZ DICH.
DIE OSBORNS SIND ALSO WIEDER ZURÜCK?
JA.
JA, JA. ABER ...
DU WARST GESTERN BEI IHNEN?

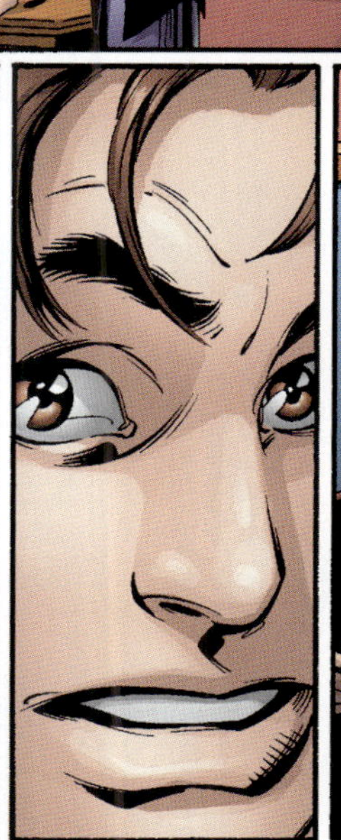

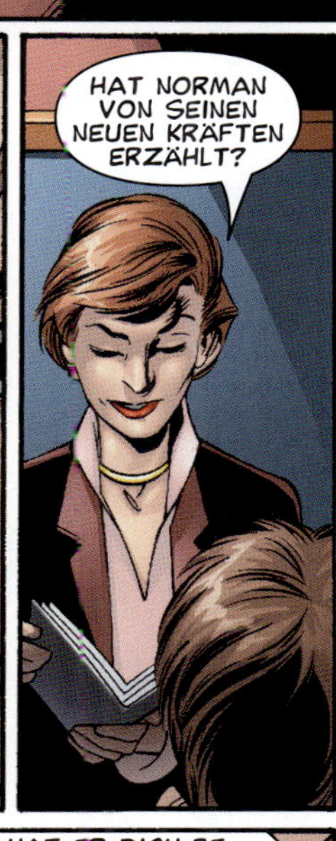
HAT NORMAN VON SEINEN NEUEN KRÄFTEN ERZÄHLT?

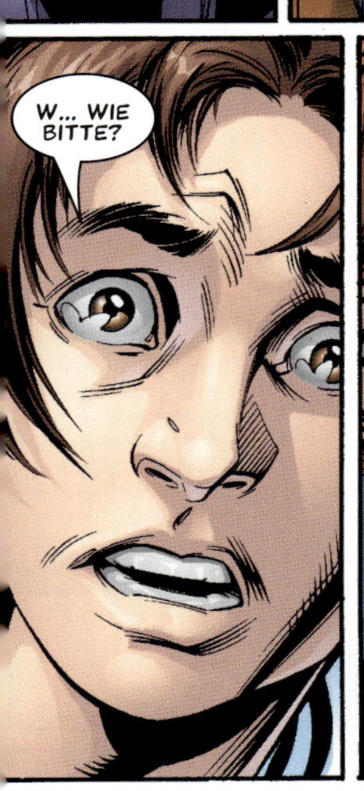
W... WIE BITTE?

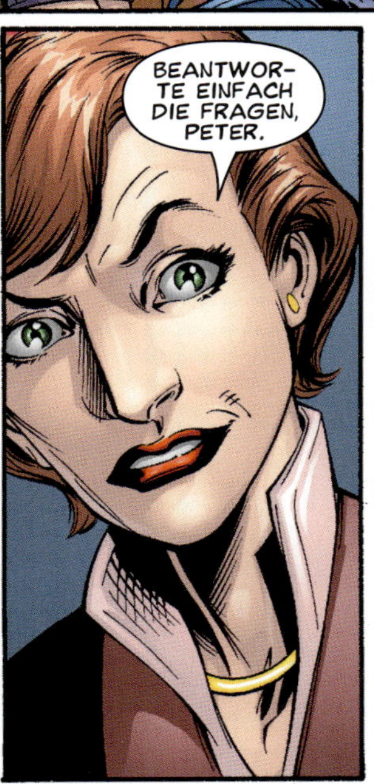
BEANTWORTE EINFACH DIE FRAGEN, PETER.

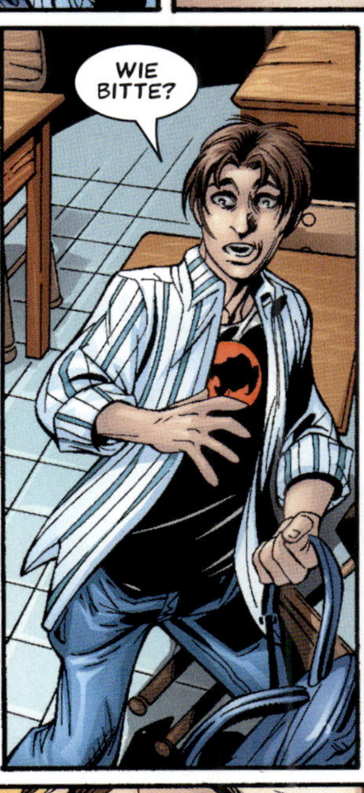
WIE BITTE?

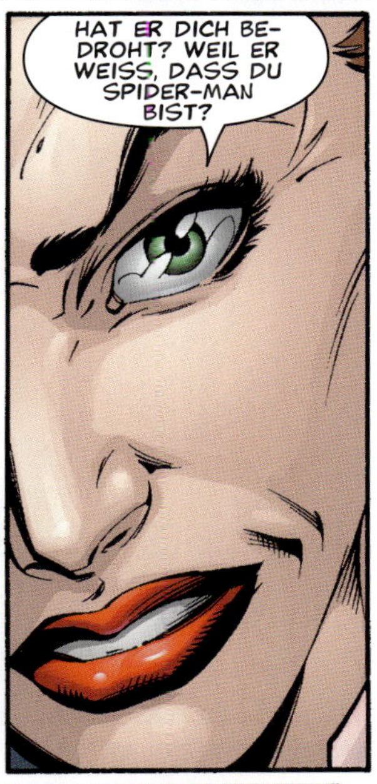
HAT ER DICH BEDROHT? WEIL ER WEISS, DASS DU SPIDER-MAN BIST?

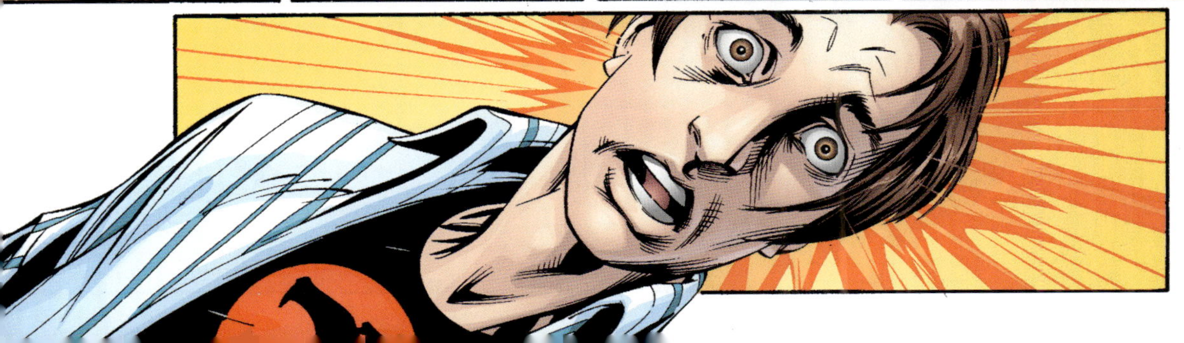

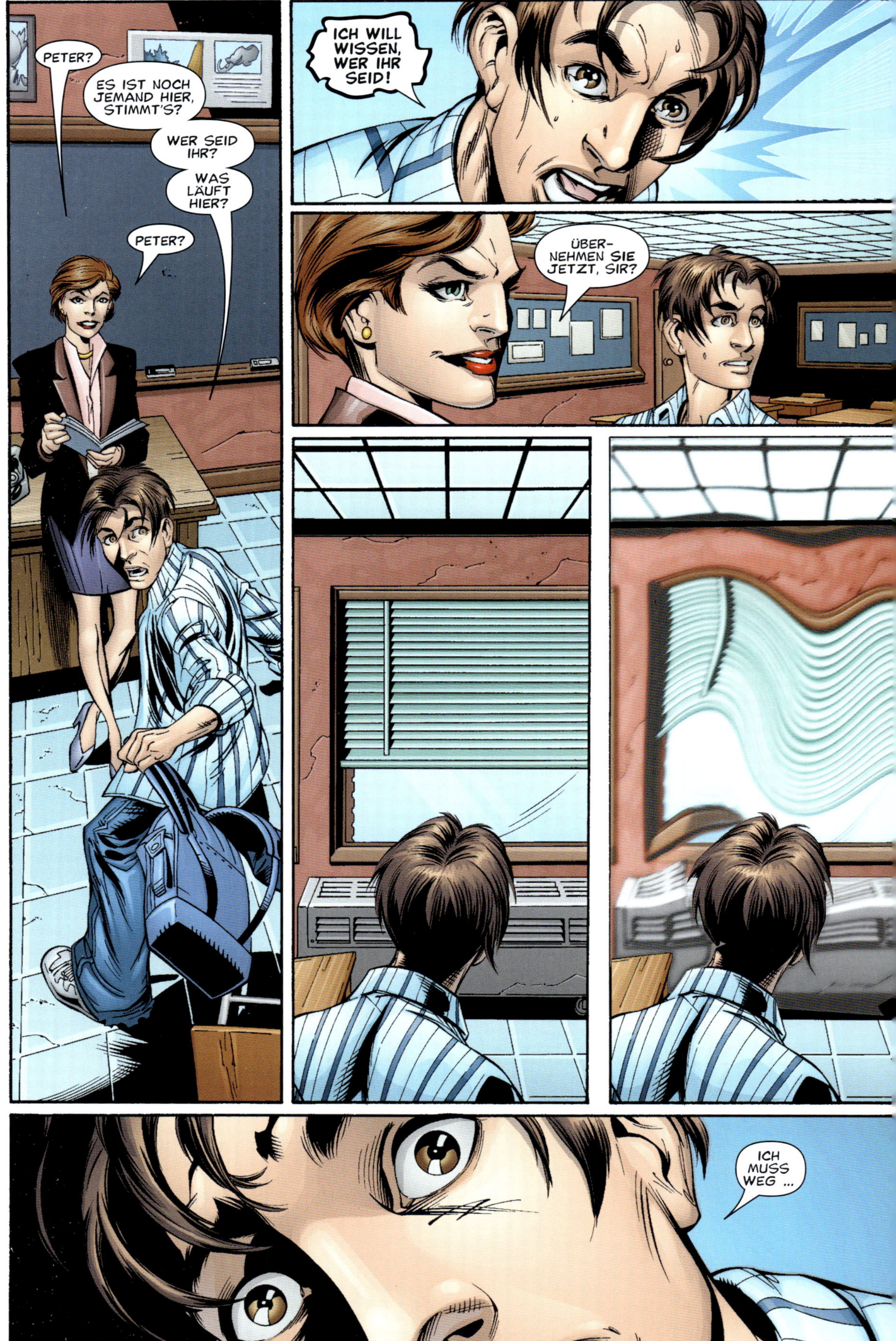
PETER?
ES IST NOCH JEMAND HIER, STIMMT'S?
WER SEID IHR?
WAS LÄUFT HIER?
PETER?
ICH WILL WISSEN, WER IHR SEID!
ÜBER-NEHMEN SIE JETZT, SIR?
ICH MUSS WEG ...

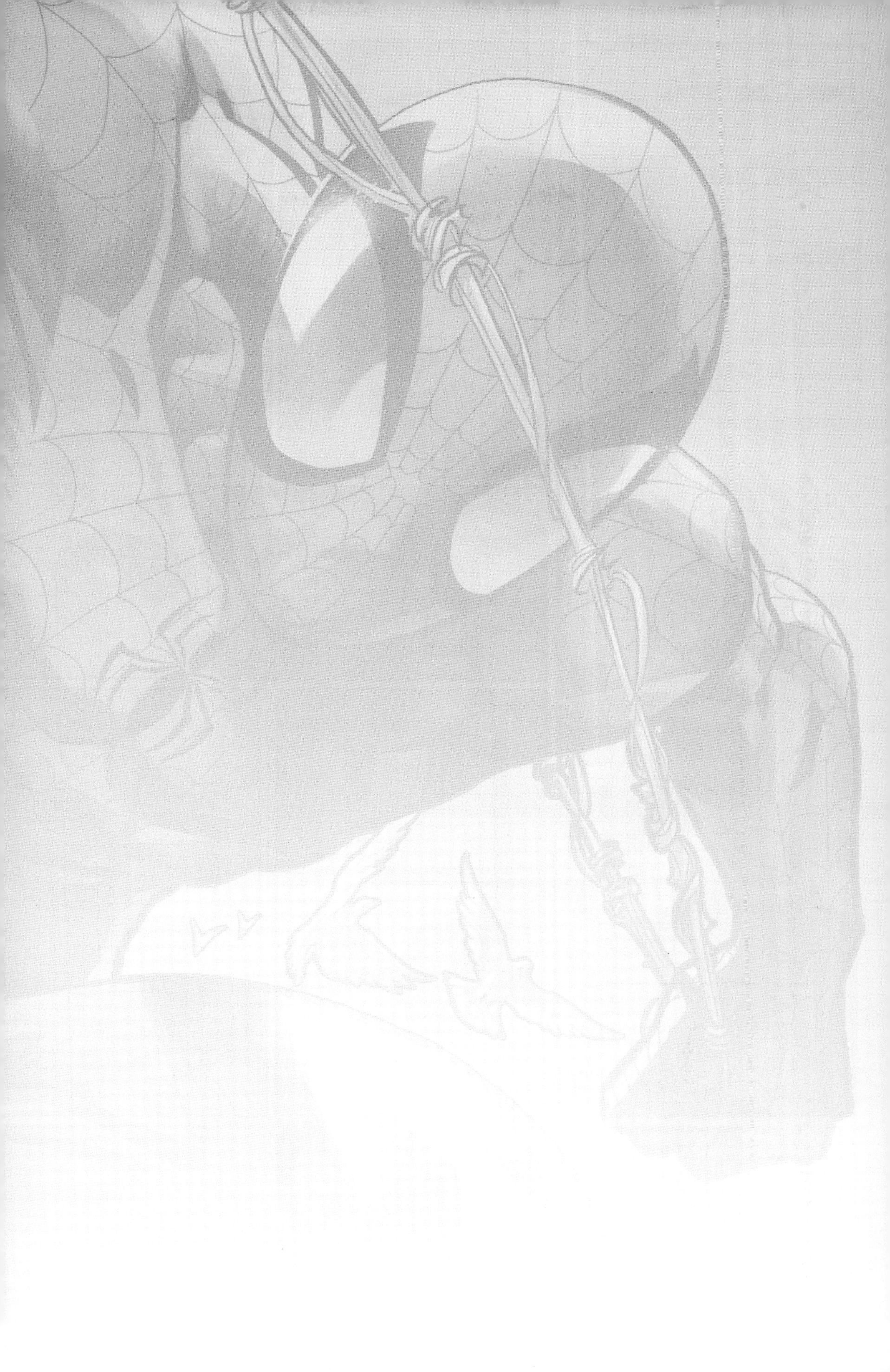

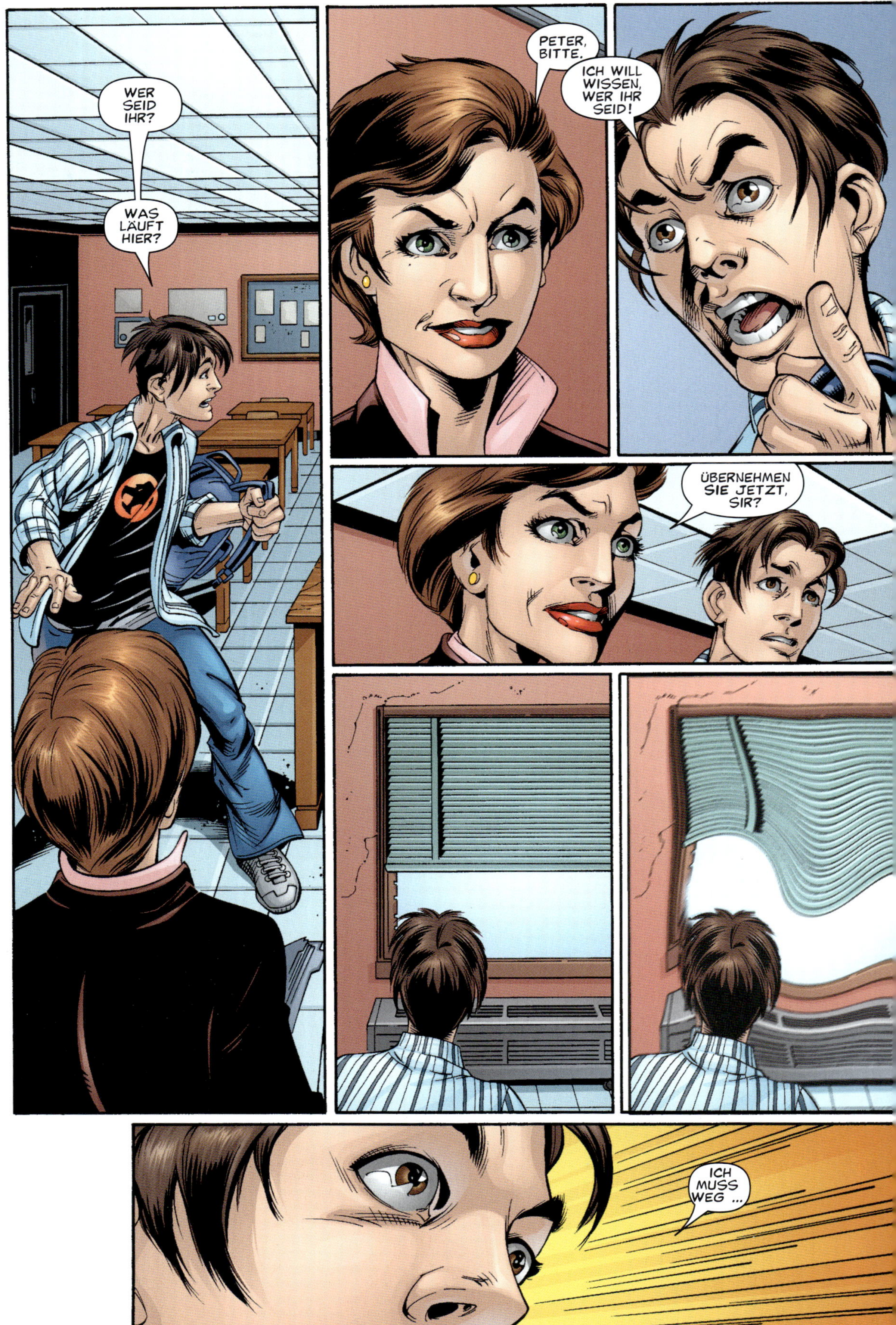
WER SEID IHR?
WAS LÄUFT HIER?
PETER, BITTE.
ICH WILL WISSEN, WER IHR SEID!
ÜBERNEHMEN SIE JETZT, SIR?
ICH MUSS WEG ...

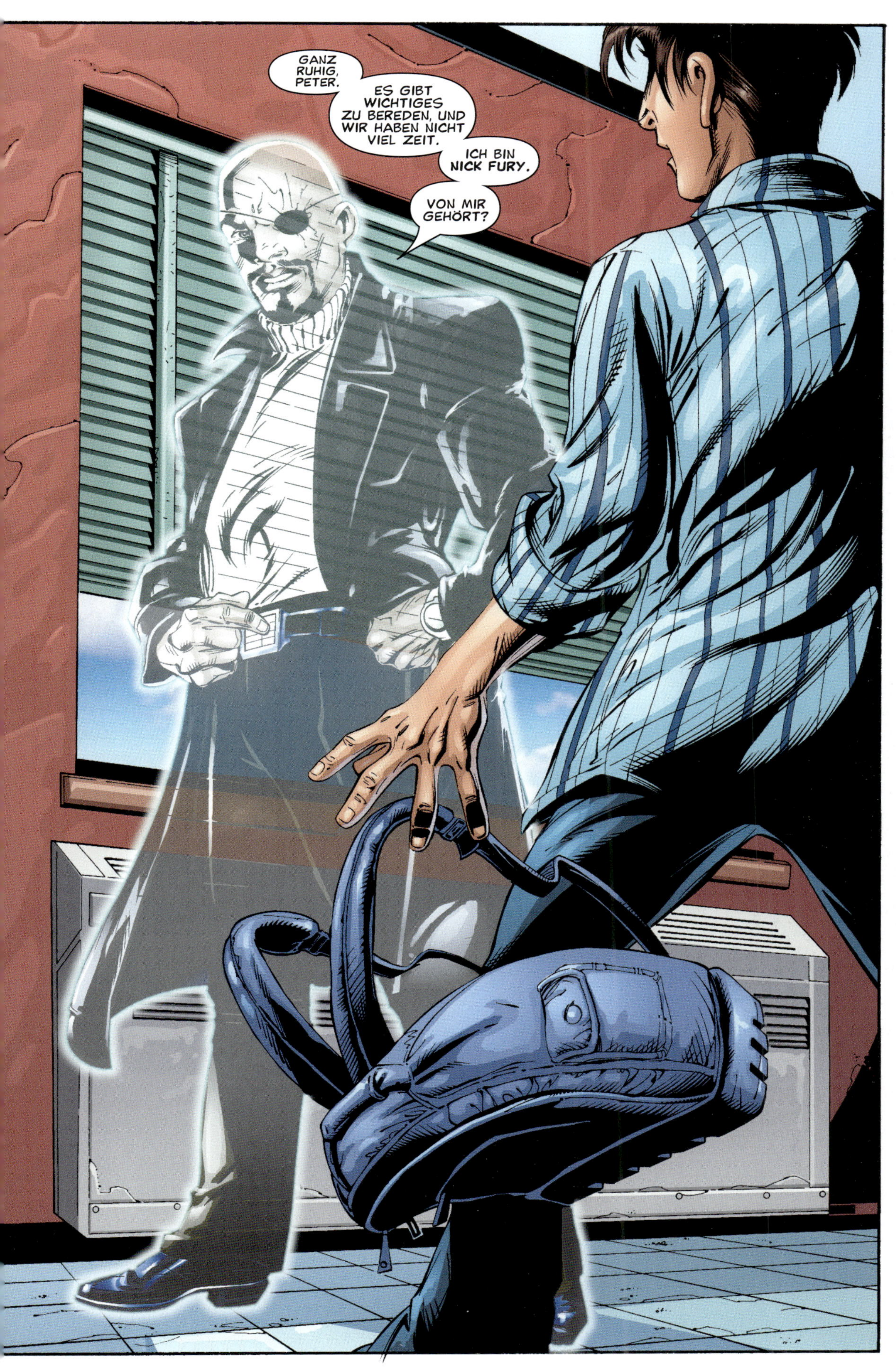
GANZ RUHIG, PETER.
ES GIBT WICHTIGES ZU BEREDEN, UND WIR HABEN NICHT VIEL ZEIT.
ICH BIN NICK FURY.
VON MIR GEHÖRT?

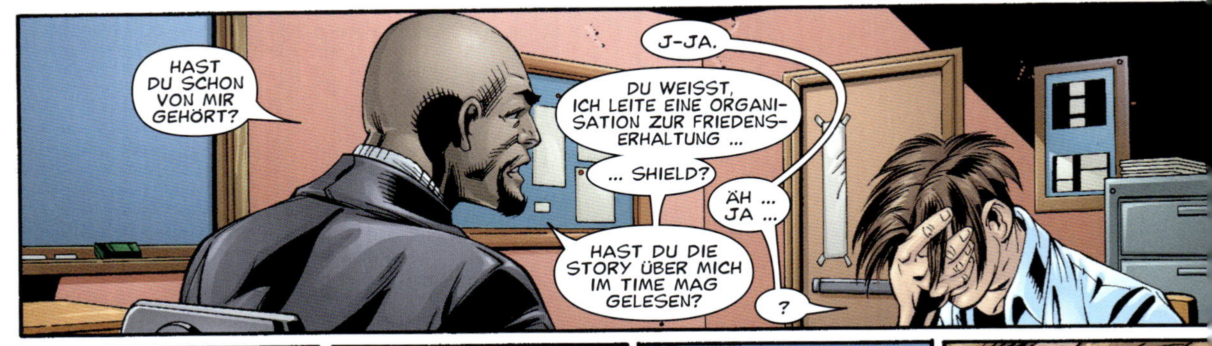
HAST DU SCHON VON MIR GEHÖRT?
J-JA.
DU WEISST, ICH LEITE EINE ORGANISATION ZUR FRIEDENSERHALTUNG ...
... SHIELD?
ÄH ... JA ...
HAST DU DIE STORY ÜBER MICH IM TIME MAG GELESEN?
?

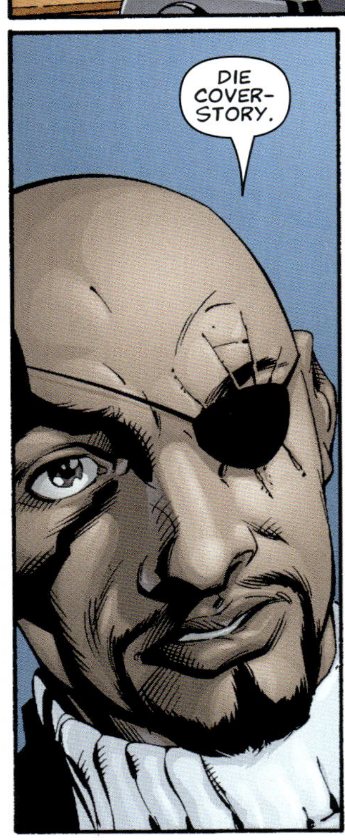
DIE COVERSTORY.

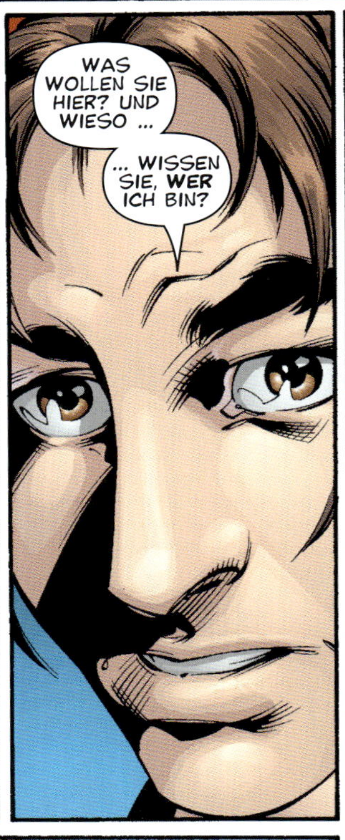
WAS WOLLEN SIE HIER? UND WIESO ...
... WISSEN SIE, **WER** ICH BIN?

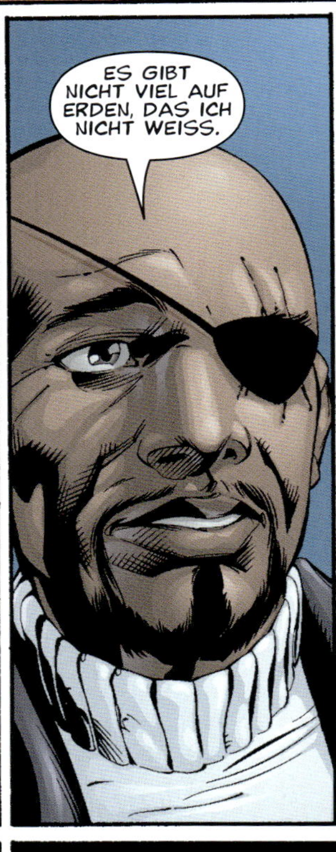
ES GIBT NICHT VIEL AUF ERDEN, DAS ICH NICHT WEISS.

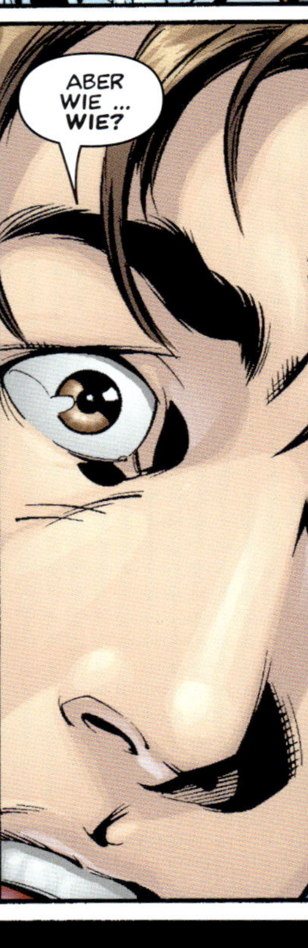
ABER WIE ... **WIE?**

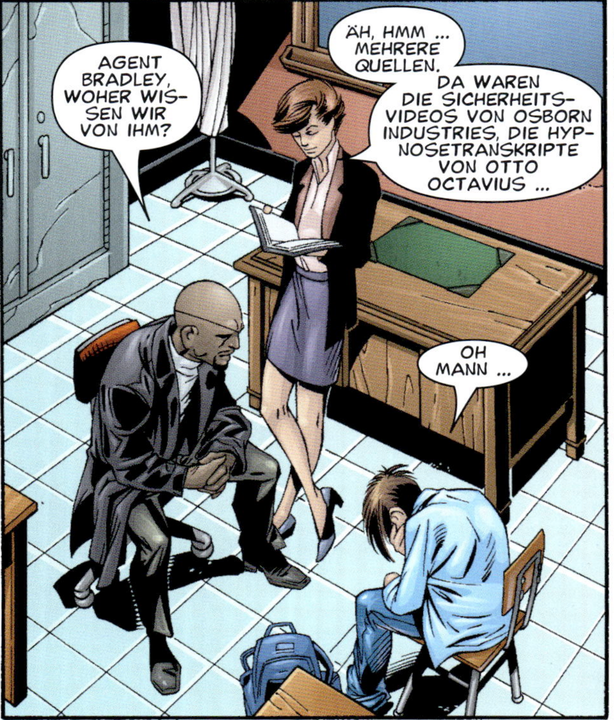
AGENT BRADLEY, WOHER WISSEN WIR VON IHM?
ÄH, HMM ... MEHRERE QUELLEN.
DA WAREN DIE SICHERHEITSVIDEOS VON OSBORN INDUSTRIES, DIE HYPNOSETRANSKRIPTE VON OTTO OCTAVIUS ...
OH MANN ...

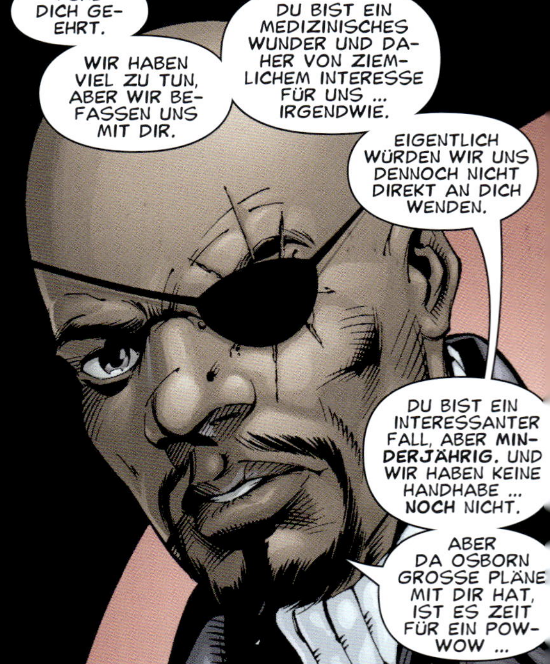
FÜHL DICH GEEHRT.
WIR HABEN VIEL ZU TUN, ABER WIR BEFASSEN UNS MIT DIR.
DU BIST EIN MEDIZINISCHES WUNDER UND DAHER VON ZIEMLICHEM INTERESSE FÜR UNS ... IRGENDWIE.
EIGENTLICH WÜRDEN WIR UNS DENNOCH NICHT DIREKT AN DICH WENDEN.
DU BIST EIN INTERESSANTER FALL, ABER **MINDERJÄHRIG.** UND WIR HABEN KEINE HANDHABE ... **NOCH** NICHT.
ABER DA OSBORN GROSSE PLÄNE MIT DIR HAT, IST ES ZEIT FÜR EIN POWWOW ...

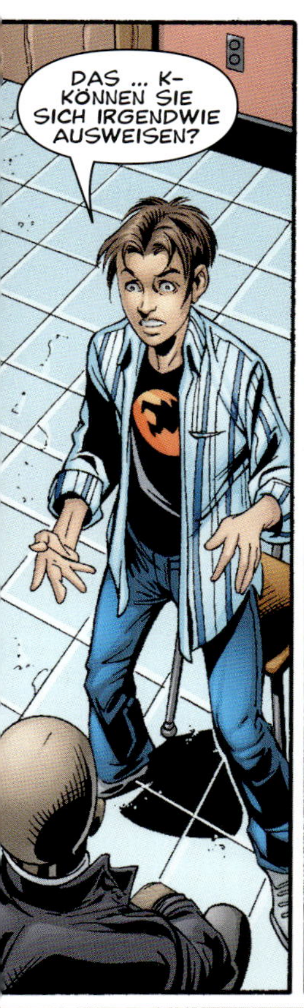
DAS ... K-KÖNNEN SIE SICH IRGENDWIE AUSWEISEN?

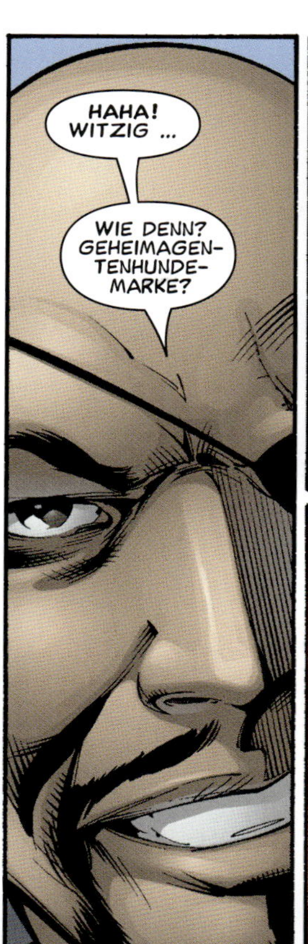
HAHA! WITZIG ...
WIE DENN? GEHEIMAGEN-TENHUNDE-MARKE?

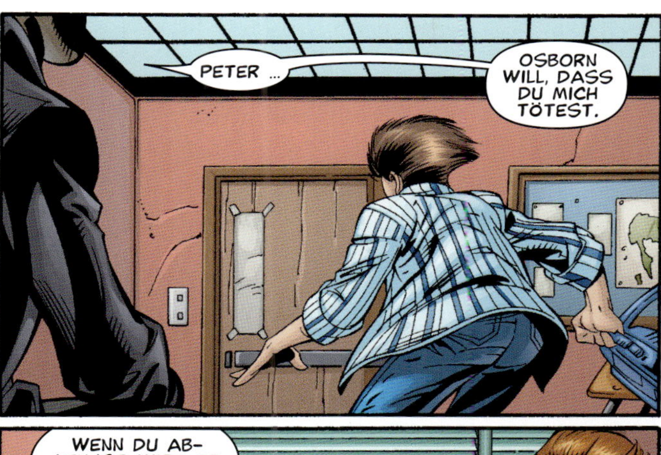
PETER ...
OSBORN WILL, DASS DU MICH TÖTEST.

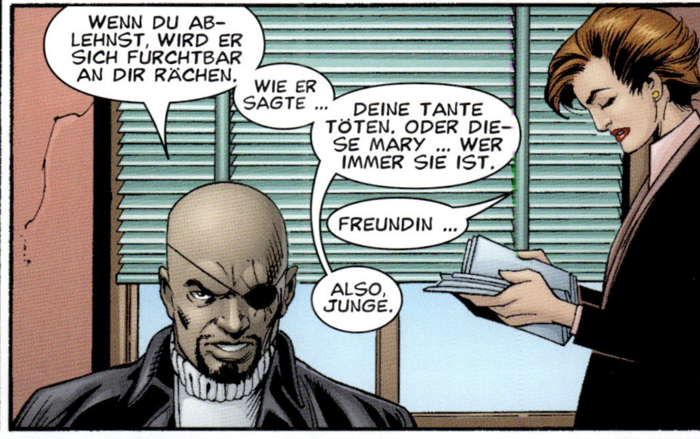
WENN DU AB-LEHNST, WIRD ER SICH FÜRCHTBAR AN DIR RÄCHEN.
WIE ER SAGTE ...
DEINE TANTE TÖTEN. ODER DIE-SE MARY ... WER IMMER SIE IST.
FREUNDIN ...
ALSO, JUNGE.

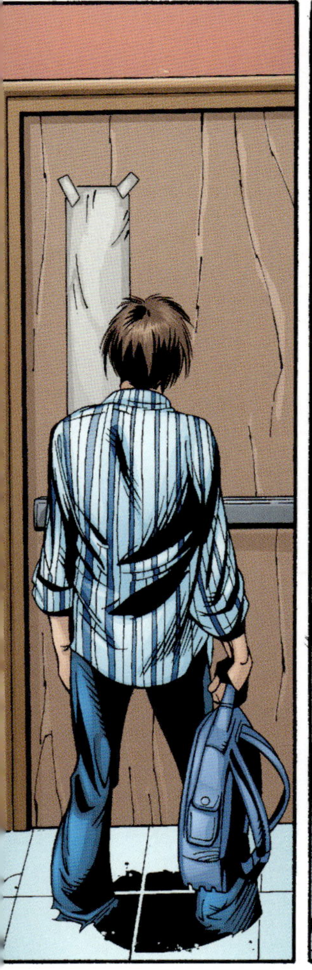

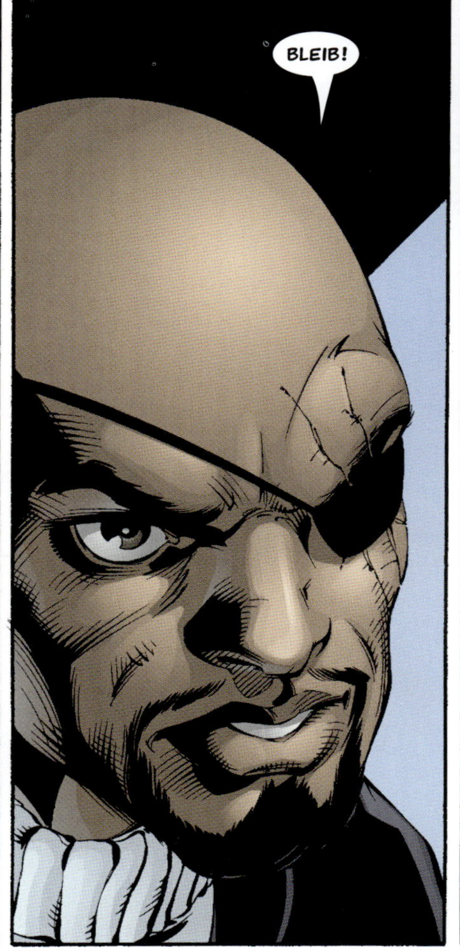
BLEIB!

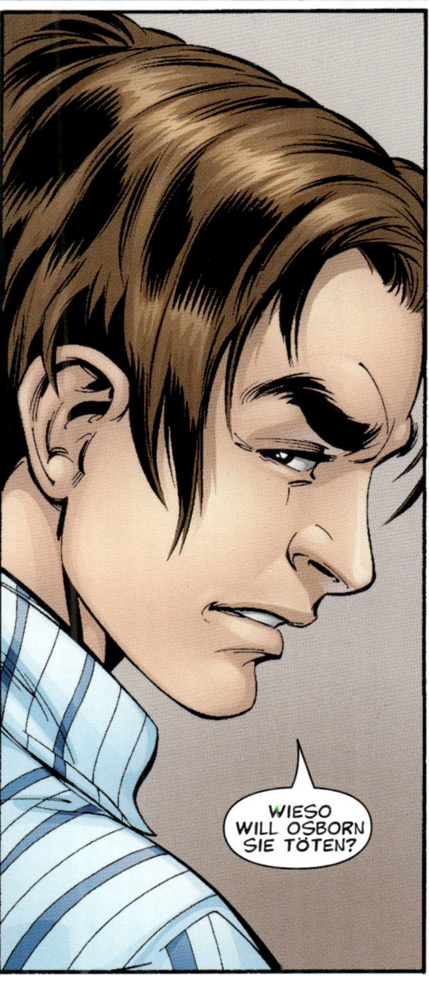
WIESO WILL OSBORN SIE TÖTEN?

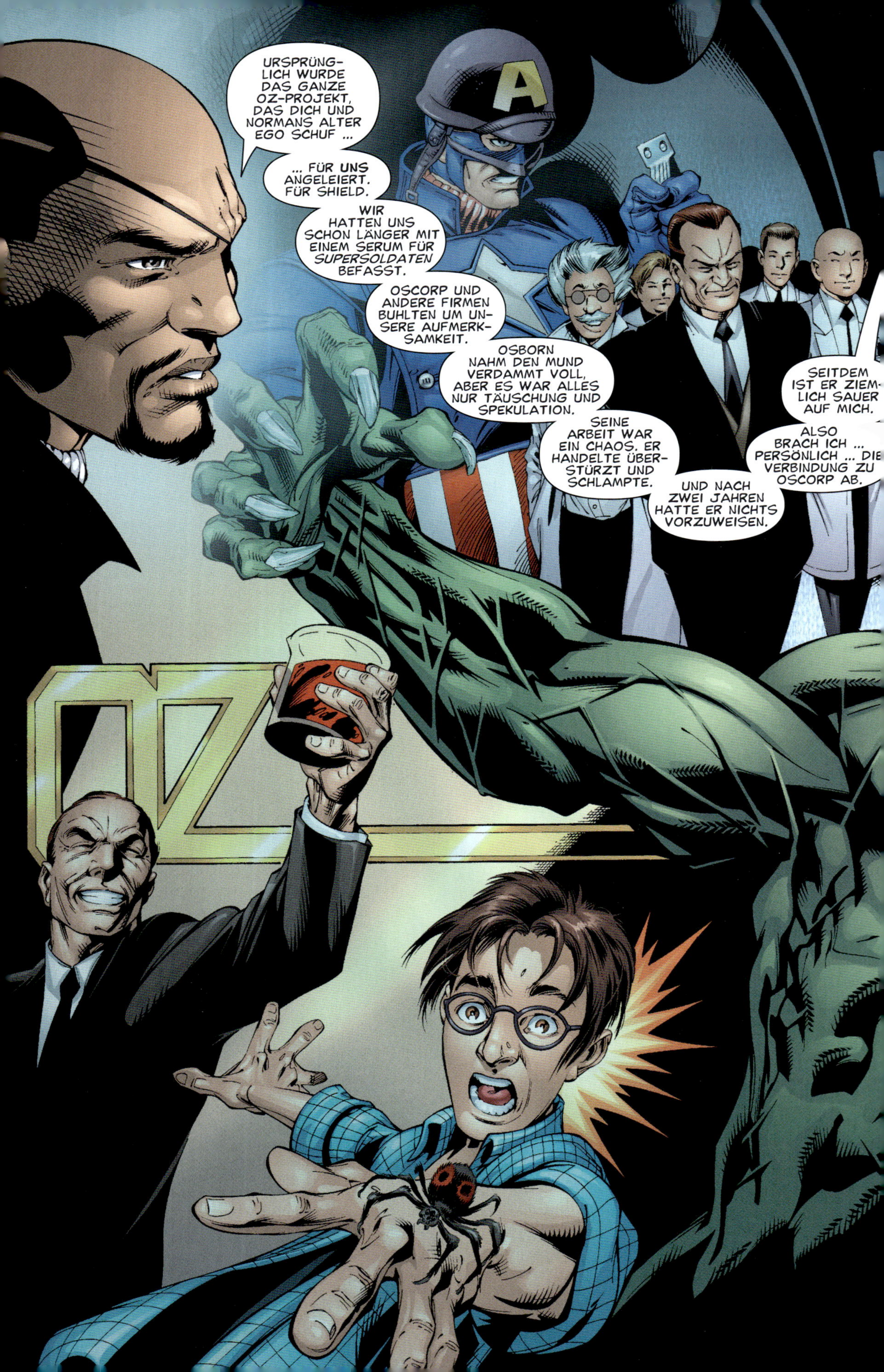
URSPRÜNGLICH WURDE DAS GANZE OZ-PROJEKT, DAS DICH UND NORMANS ALTER EGO SCHUF ...
... FÜR UNS ANGELEIERT. FÜR SHIELD.
WIR HATTEN UNS SCHON LÄNGER MIT EINEM SERUM FÜR SUPERSOLDATEN BEFASST.
OSCORP UND ANDERE FIRMEN BUHLTEN UM UNSERE AUFMERKSAMKEIT.
OSBORN NAHM DEN MUND VERDAMMT VOLL, ABER ES WAR ALLES NUR TÄUSCHUNG UND SPEKULATION.
SEINE ARBEIT WAR EIN CHAOS. ER HANDELTE ÜBERSTÜRZT UND SCHLAMPTE.
UND NACH ZWEI JAHREN HATTE ER NICHTS VORZUWEISEN.
ALSO BRACH ICH ... PERSÖNLICH ... DIE VERBINDUNG ZU OSCORP AB.
SEITDEM IST ER ZIEMLICH SAUER AUF MICH.
OZ

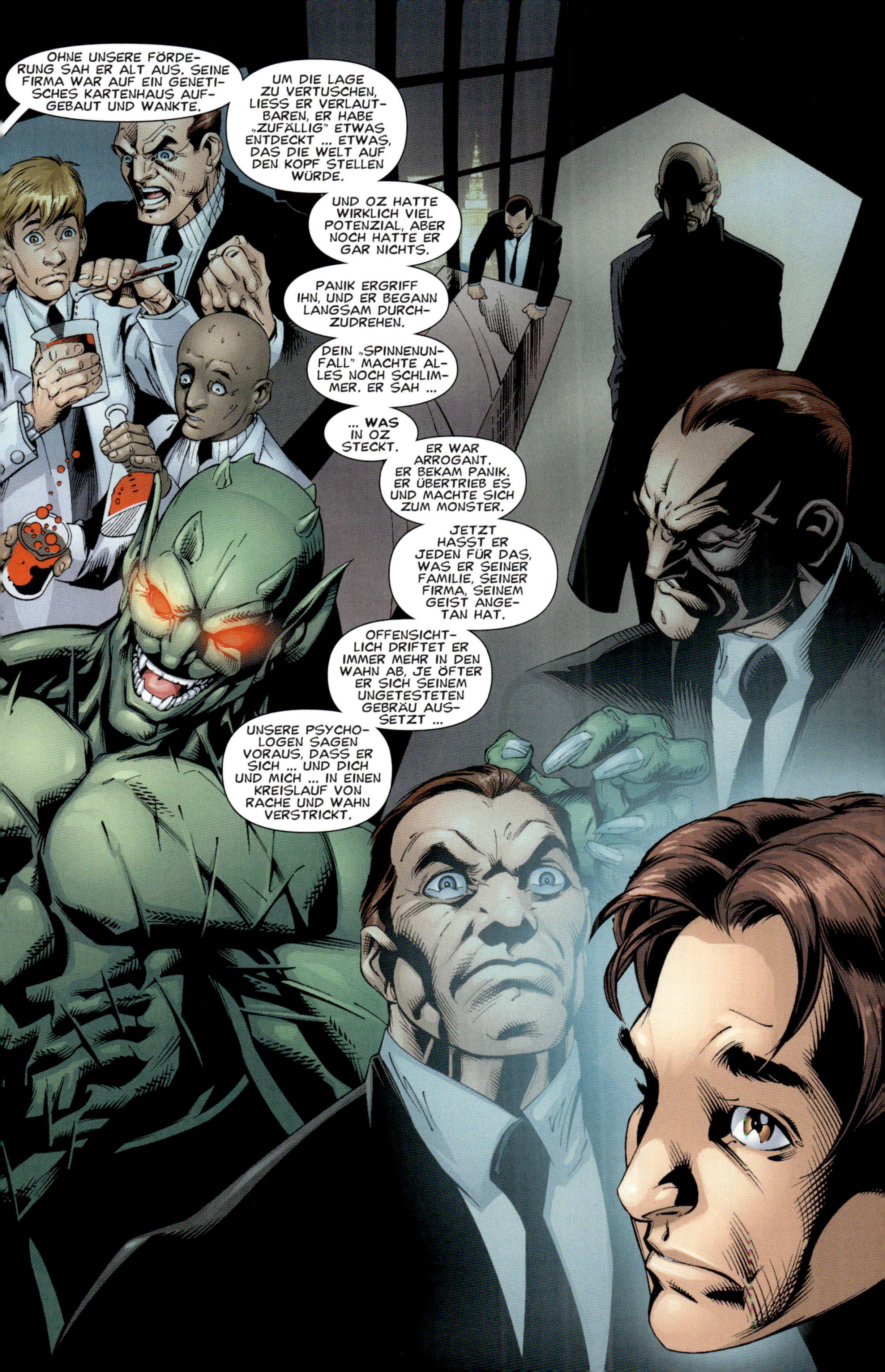
OHNE UNSERE FÖRDERUNG SAH ER ALT AUS. SEINE FIRMA WAR AUF EIN GENETISCHES KARTENHAUS AUFGEBAUT UND WANKTE.
UM DIE LAGE ZU VERTUSCHEN, LIESS ER VERLAUTBAREN, ER HABE „ZUFÄLLIG" ETWAS ENTDECKT ... ETWAS, DAS DIE WELT AUF DEN KOPF STELLEN WÜRDE.
UND OZ HATTE WIRKLICH VIEL POTENZIAL, ABER NOCH HATTE ER GAR NICHTS.
PANIK ERGRIFF IHN, UND ER BEGANN LANGSAM DURCHZUDREHEN.
DEIN „SPINNENUNFALL" MACHTE ALLES NOCH SCHLIMMER. ER SAH ...
... WAS IN OZ STECKT.
ER WAR ARROGANT. ER BEKAM PANIK. ER ÜBERTRIEB ES UND MACHTE SICH ZUM MONSTER.
JETZT HASST ER JEDEN FÜR DAS, WAS ER SEINER FAMILIE, SEINER FIRMA, SEINEM GEIST ANGETAN HAT.
OFFENSICHTLICH DRIFTET ER IMMER MEHR IN DEN WAHN AB, JE ÖFTER ER SICH SEINEM UNGETESTETEN GEBRÄU AUSSETZT ...
UNSERE PSYCHOLOGEN SAGEN VORAUS, DASS ER SICH ... UND DICH UND MICH ... IN EINEN KREISLAUF VON RACHE UND WAHN VERSTRICKT.

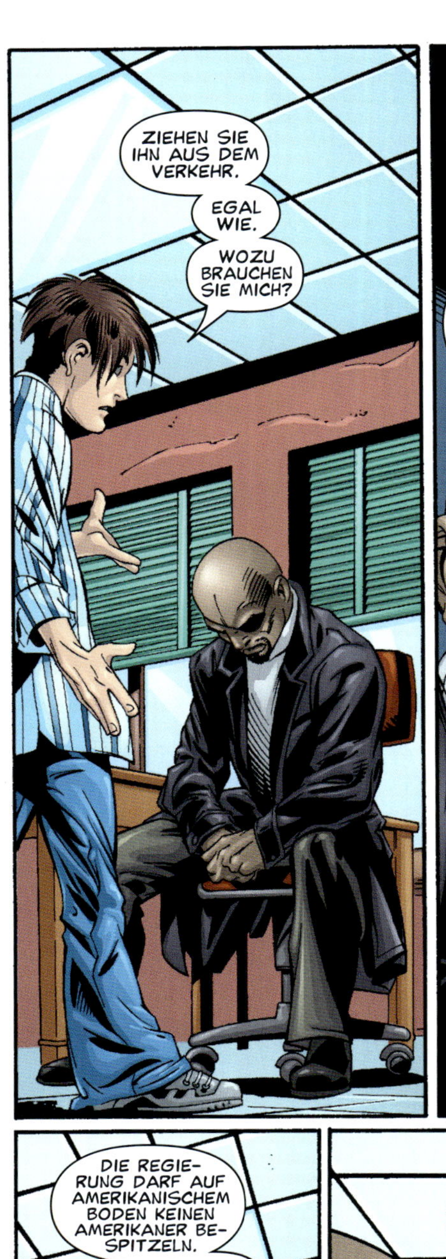
ZIEHEN SIE IHN AUS DEM VERKEHR.
EGAL WIE.
WOZU BRAUCHEN SIE MICH?

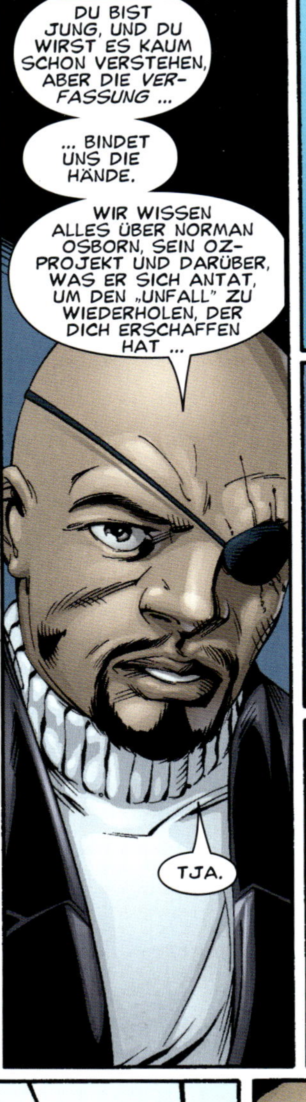
DU BIST JUNG, UND DU WIRST ES KAUM SCHON VERSTEHEN, ABER DIE VERFASSUNG ...
... BINDET UNS DIE HÄNDE.
WIR WISSEN ALLES ÜBER NORMAN OSBORN, SEIN OZ-PROJEKT UND DARÜBER, WAS ER SICH ANTAT, UM DEN „UNFALL" ZU WIEDERHOLEN, DER DICH ERSCHAFFEN HAT ...
TJA.

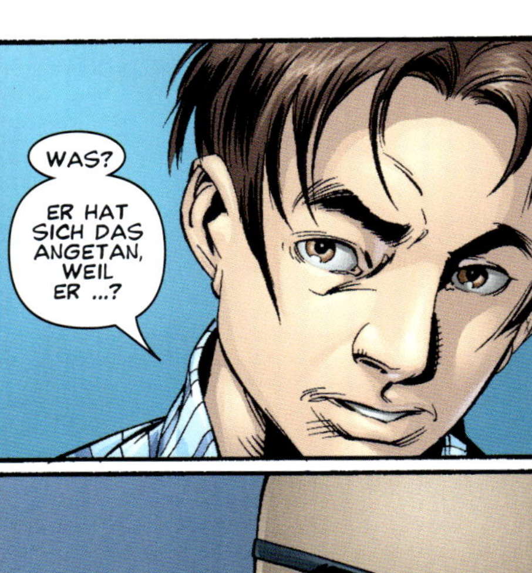
WAS?
ER HAT SICH DAS ANGETAN, WEIL ER ...?

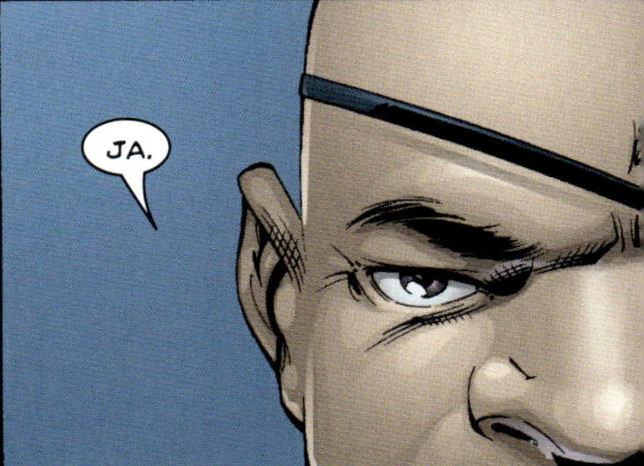
JA.

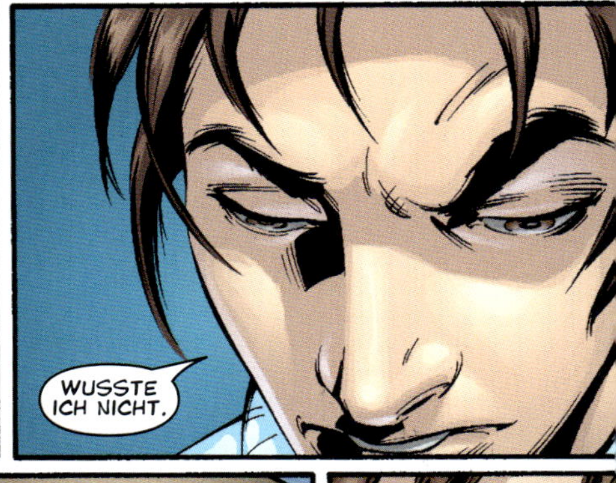
WUSSTE ICH NICHT.

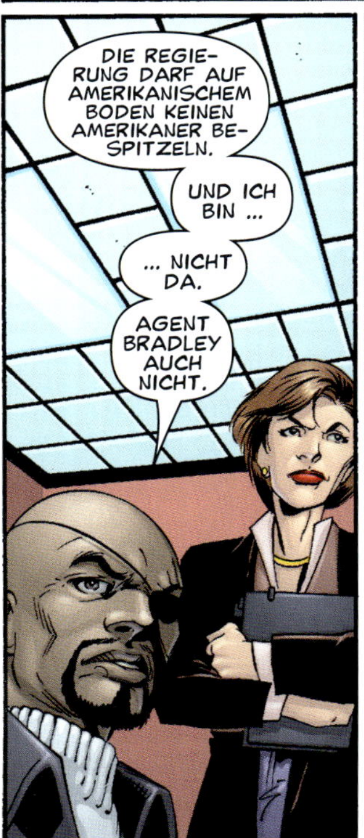
DIE REGIERUNG DARF AUF AMERIKANISCHEM BODEN KEINEN AMERIKANER BESPITZELN.
UND ICH BIN ...
... NICHT DA.
AGENT BRADLEY AUCH NICHT.

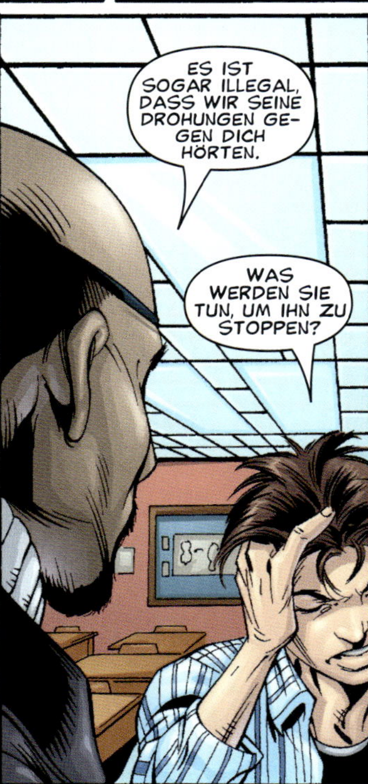
ES IST SOGAR ILLEGAL, DASS WIR SEINE DROHUNGEN GEGEN DICH HÖRTEN.
WAS WERDEN SIE TUN, UM IHN ZU STOPPEN?

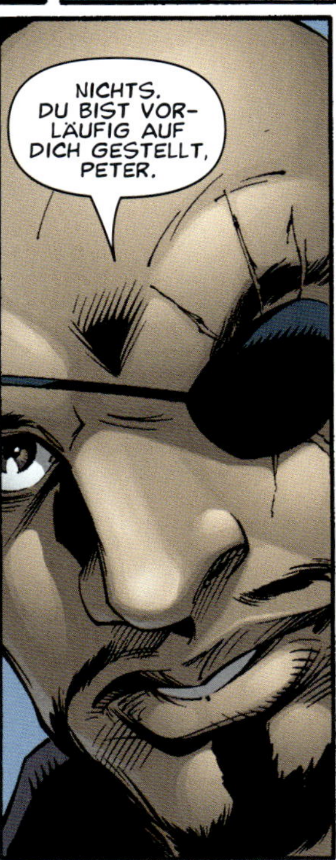
NICHTS. DU BIST VORLÄUFIG AUF DICH GESTELLT, PETER.

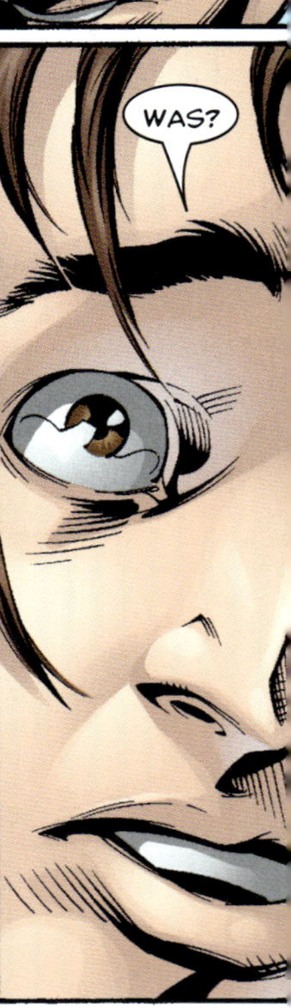
WAS?

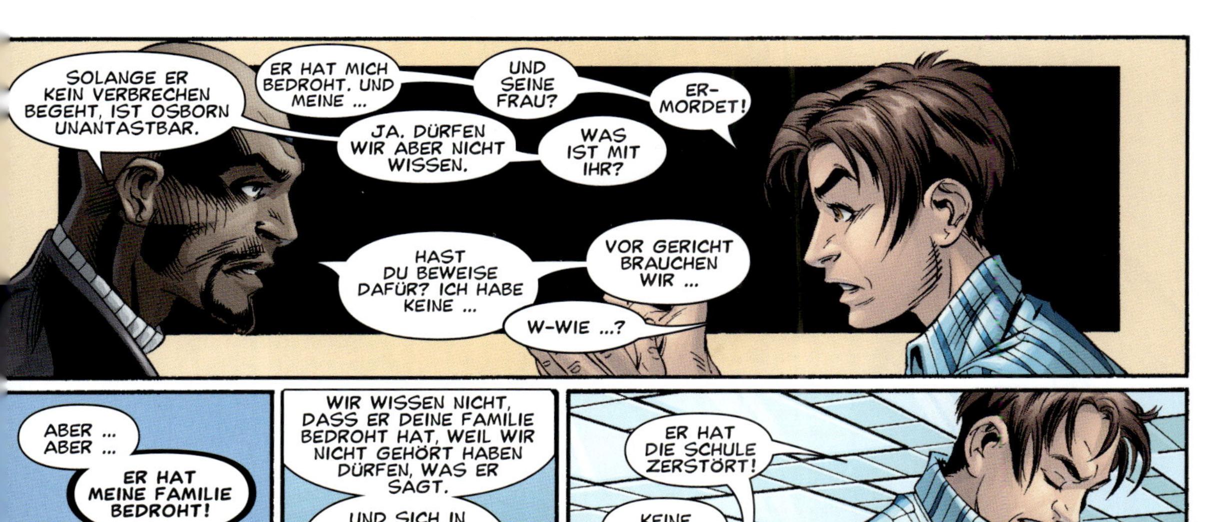
SOLANGE ER KEIN VERBRECHEN BEGEHT, IST OSBORN UNANTASTBAR.
ER HAT MICH BEDROHT. UND MEINE ...
UND SEINE FRAU?
ER-MORDET!
JA. DÜRFEN WIR ABER NICHT WISSEN.
WAS IST MIT IHR?
HAST DU BEWEISE DAFÜR? ICH HABE KEINE ...
VOR GERICHT BRAUCHEN WIR ...
W-WIE ...?

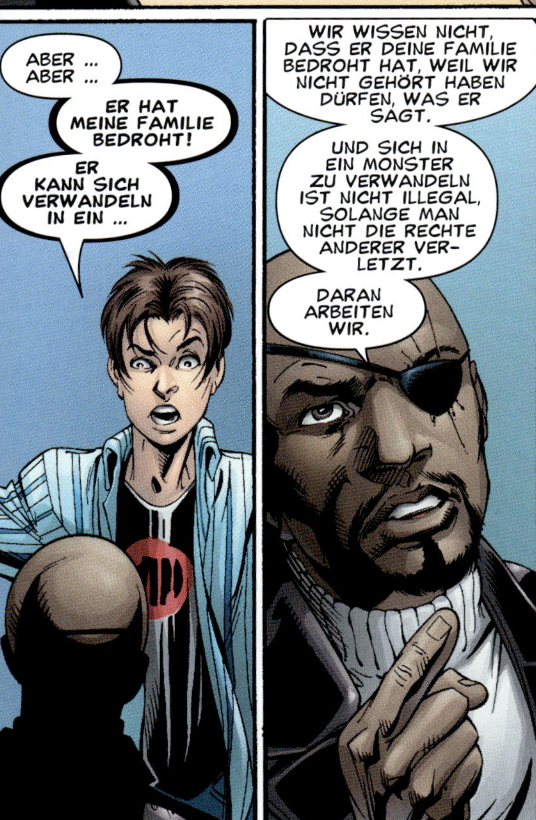
ABER ... ABER ...
ER HAT MEINE FAMILIE BEDROHT!
ER KANN SICH VERWANDELN IN EIN ...
WIR WISSEN NICHT, DASS ER DEINE FAMILIE BEDROHT HAT, WEIL WIR NICHT GEHÖRT HABEN DÜRFEN, WAS ER SAGT.
UND SICH IN EIN MONSTER ZU VERWANDELN IST NICHT ILLEGAL, SOLANGE MAN NICHT DIE RECHTE ANDERER VERLETZT.
DARAN ARBEITEN WIR.

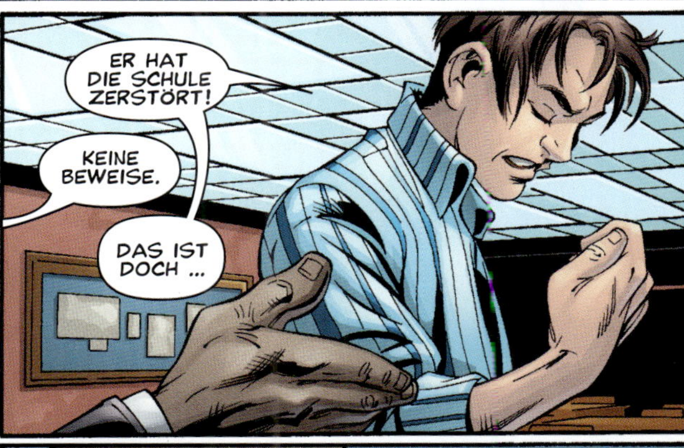
ER HAT DIE SCHULE ZERSTÖRT!
KEINE BEWEISE.
DAS IST DOCH ...

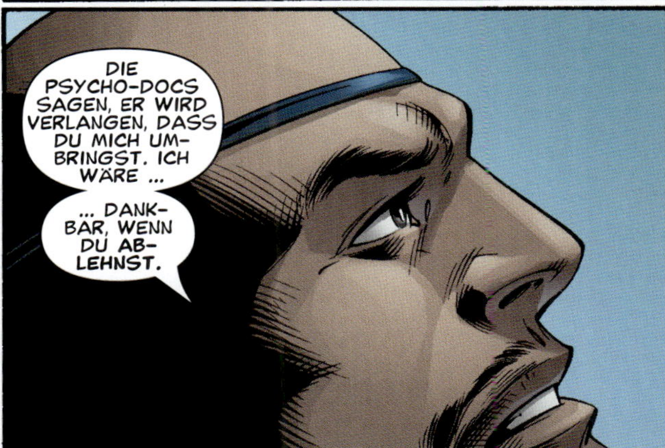
DIE PSYCHO-DOCS SAGEN, ER WIRD VERLANGEN, DASS DU MICH UMBRINGST. ICH WÄRE ...
... DANKBAR, WENN DU ABLEHNST.

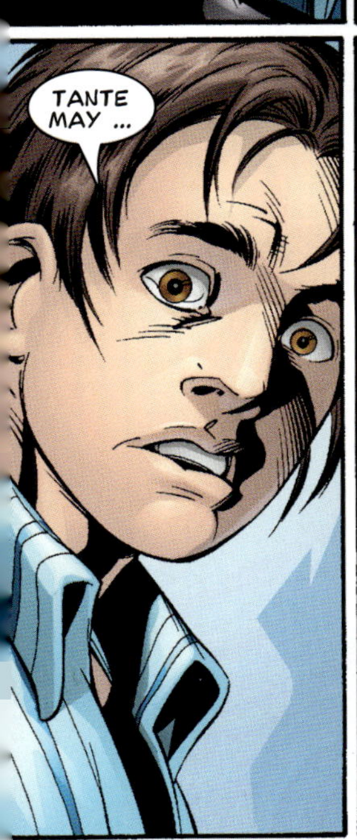
TANTE MAY ...

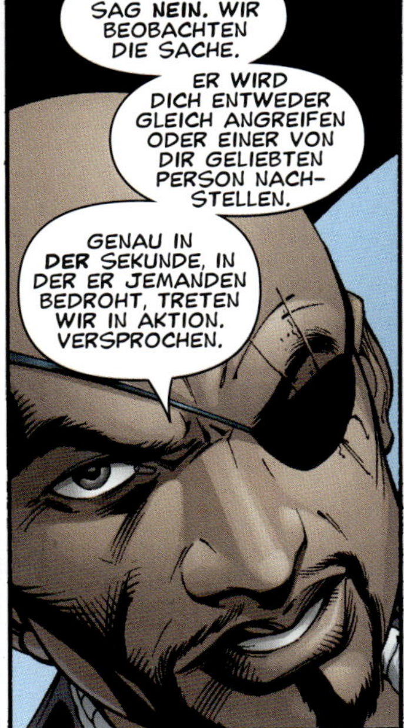
SAG NEIN. WIR BEOBACHTEN DIE SACHE.
ER WIRD DICH ENTWEDER GLEICH ANGREIFEN ODER EINER VON DIR GELIEBTEN PERSON NACHSTELLEN.
GENAU IN DER SEKUNDE, IN DER ER JEMANDEN BEDROHT, TRETEN WIR IN AKTION. VERSPROCHEN.

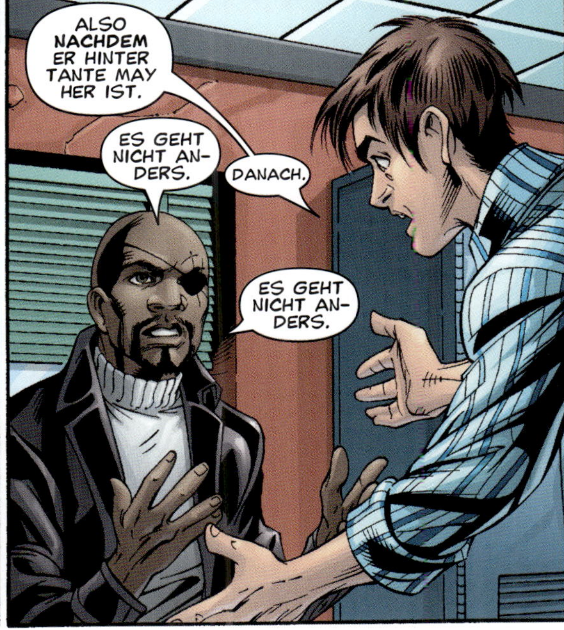
ALSO NACHDEM ER HINTER TANTE MAY HER IST.
ES GEHT NICHT ANDERS.
DANACH.
ES GEHT NICHT ANDERS.

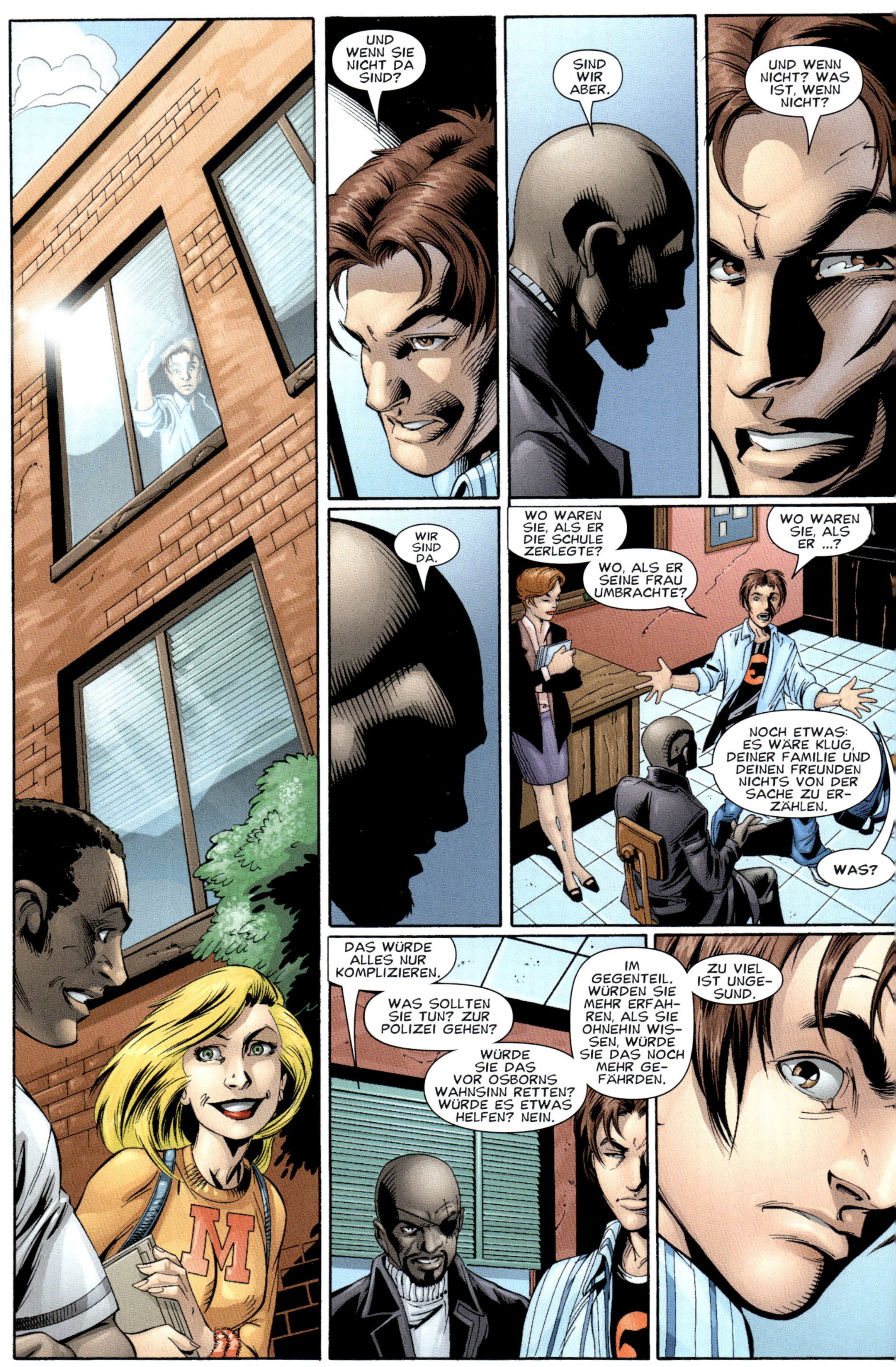
UND WENN SIE NICHT DA SIND?
SIND WIR ABER.
UND WENN NICHT? WAS IST, WENN NICHT?
WIR SIND DA.
WO WAREN SIE, ALS ER DIE SCHULE ZERLEGTE?
WO, ALS ER SEINE FRAU UMBRACHTE?
WO WAREN SIE, ALS ER ...?
NOCH ETWAS: ES WÄRE KLUG, DEINER FAMILIE UND DEINEN FREUNDEN NICHTS VON DER SACHE ZU ERZÄHLEN.
WAS?
DAS WÜRDE ALLES NUR KOMPLIZIEREN.
WAS SOLLTEN SIE TUN? ZUR POLIZEI GEHEN?
WÜRDE SIE DAS VOR OSBORNS WAHNSINN RETTEN? WÜRDE ES ETWAS HELFEN? NEIN.
IM GEGENTEIL. WÜRDEN SIE MEHR ERFAHREN, ALS SIE OHNEHIN WISSEN, WÜRDE SIE DAS NOCH MEHR GEFÄHRDEN.
ZU VIEL IST UNGESUND.

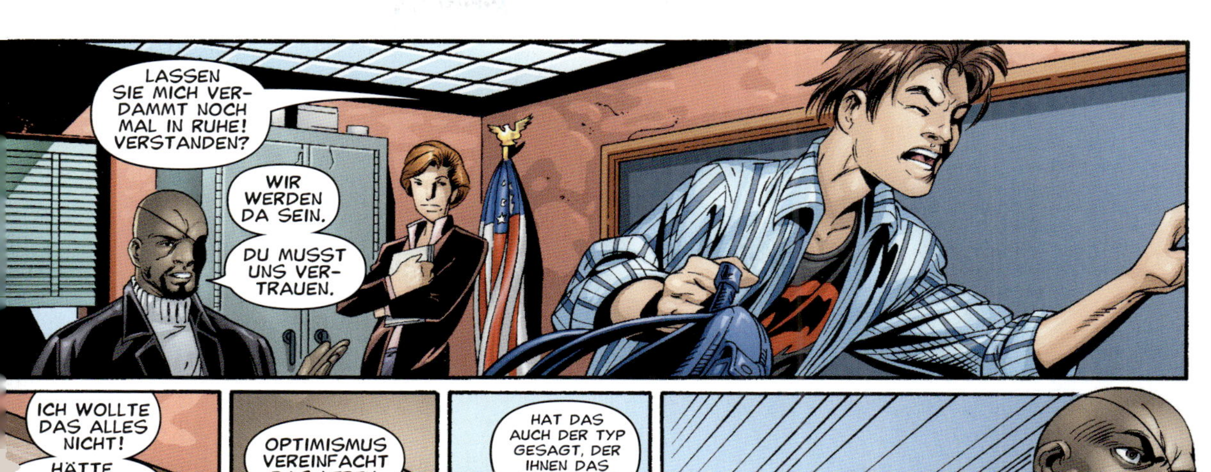

LASSEN SIE MICH VERDAMMT NOCH MAL IN RUHE! VERSTANDEN?
WIR WERDEN DA SEIN.
DU MUSST UNS VERTRAUEN.

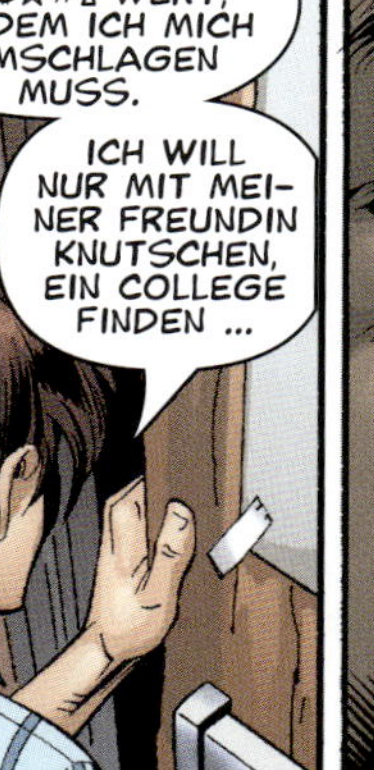

ICH WOLLTE DAS ALLES NICHT!
HÄTTE ICH NUR DIE KRÄFTE NIE BEKOMMEN!
NICHTS ... NICHTS IST DEN @Σ$☆#∆ WERT, MIT DEM ICH MICH RUMSCHLAGEN MUSS.
ICH WILL NUR MIT MEINER FREUNDIN KNUTSCHEN, EIN COLLEGE FINDEN ...

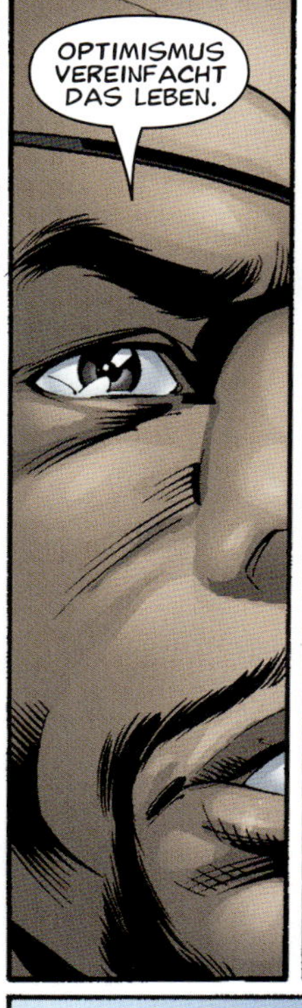

OPTIMISMUS VEREINFACHT DAS LEBEN.

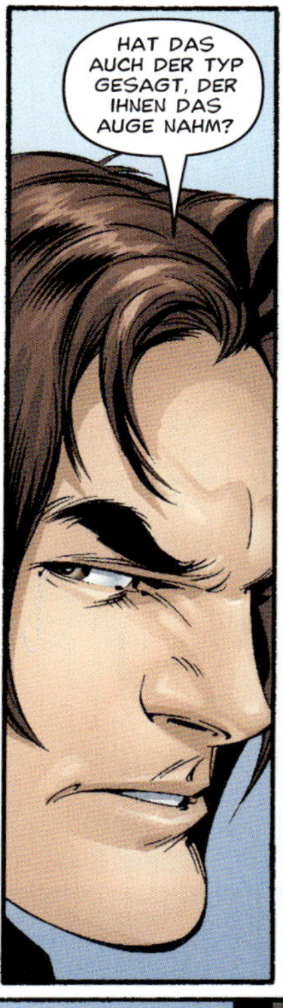

HAT DAS AUCH DER TYP GESAGT, DER IHNEN DAS AUGE NAHM?

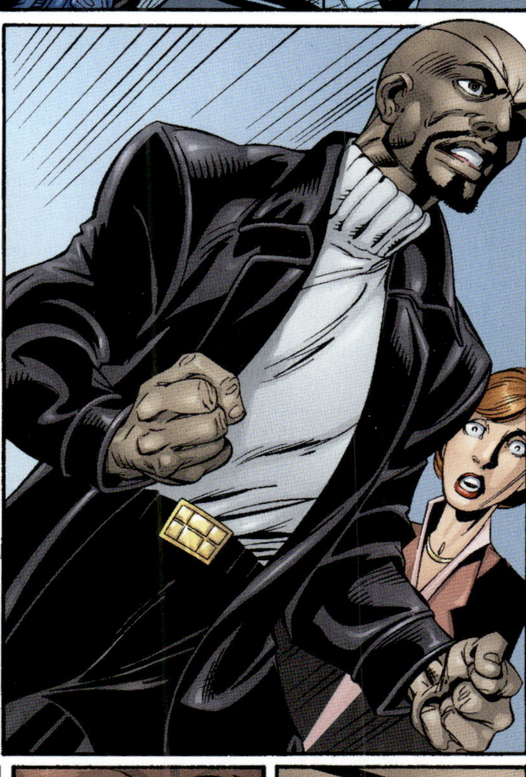

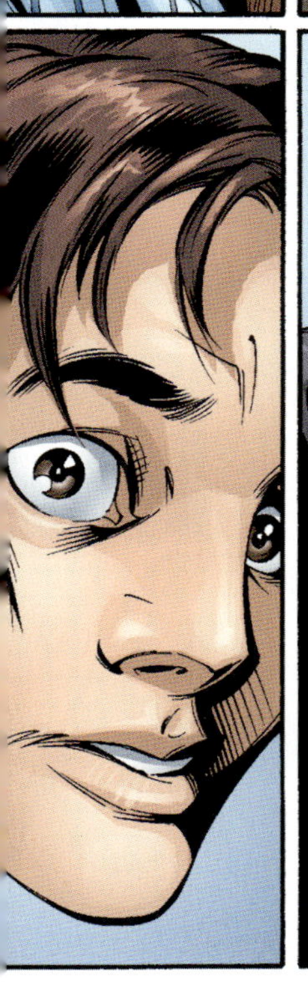

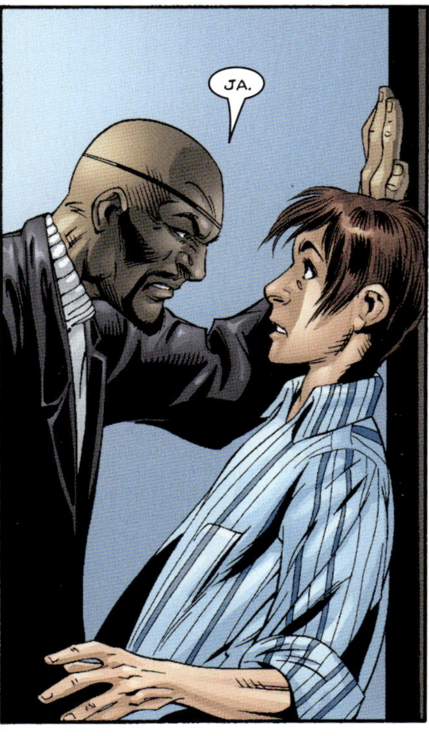

JA.

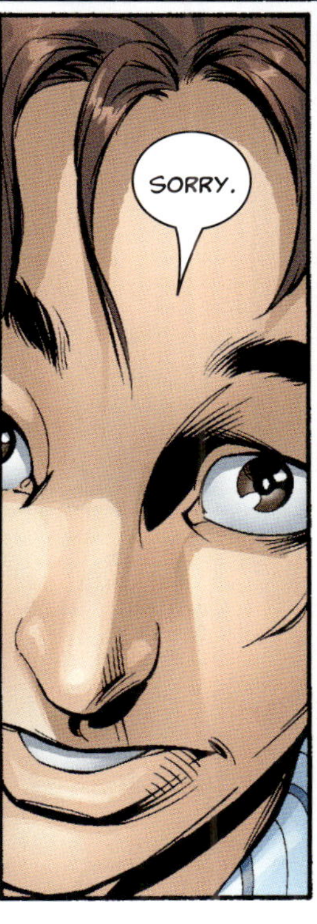

SORRY.

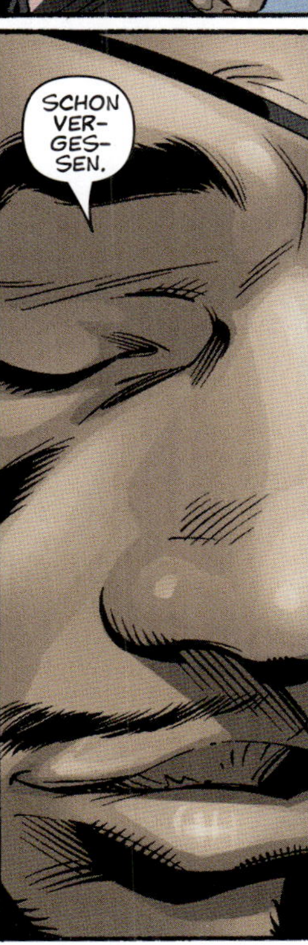

SCHON VERGESSEN.

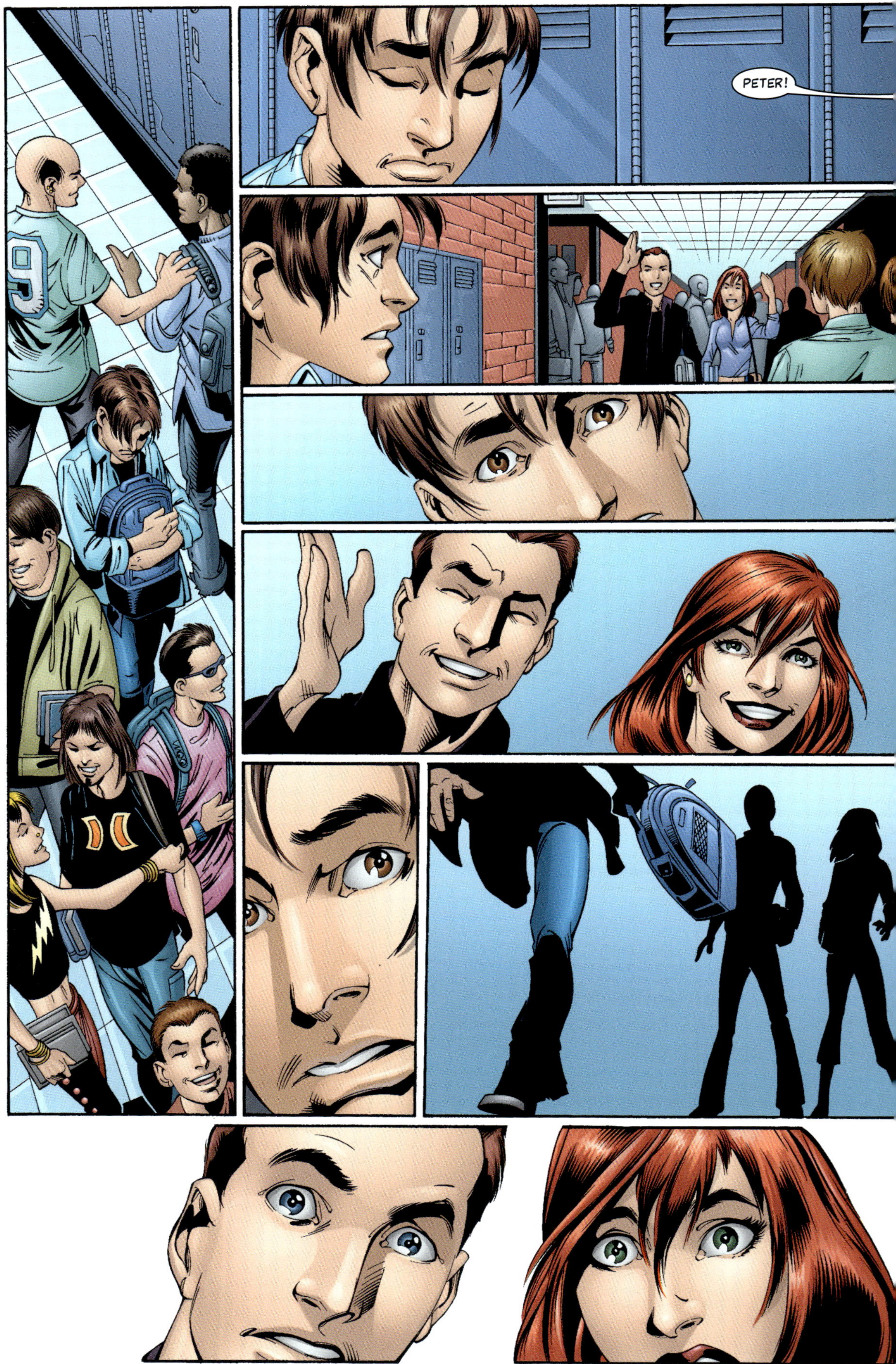
PETER!

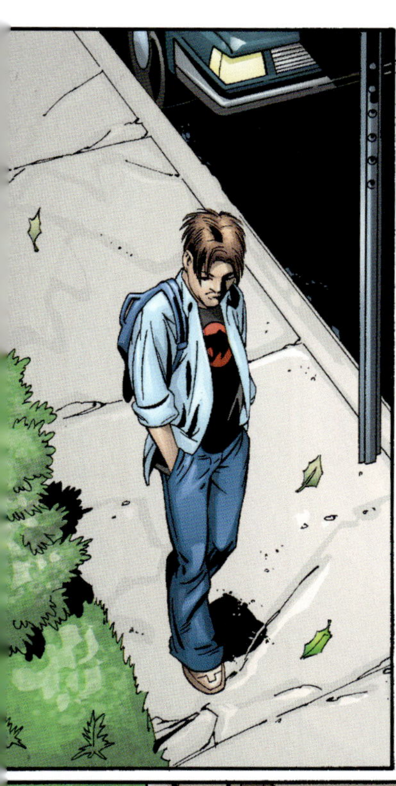

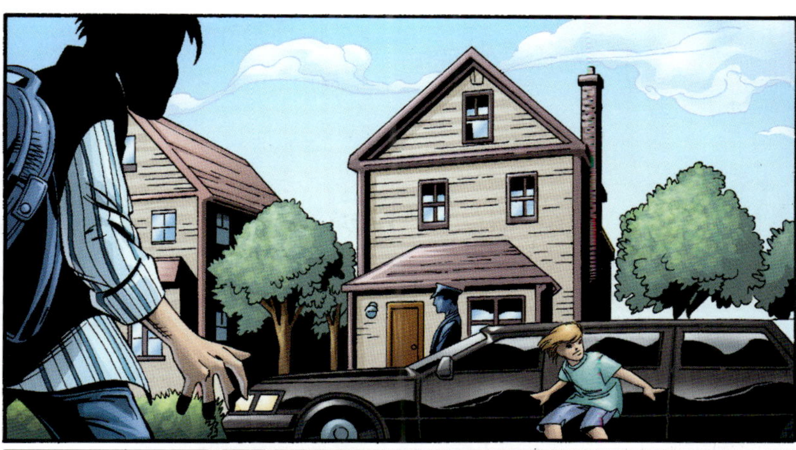

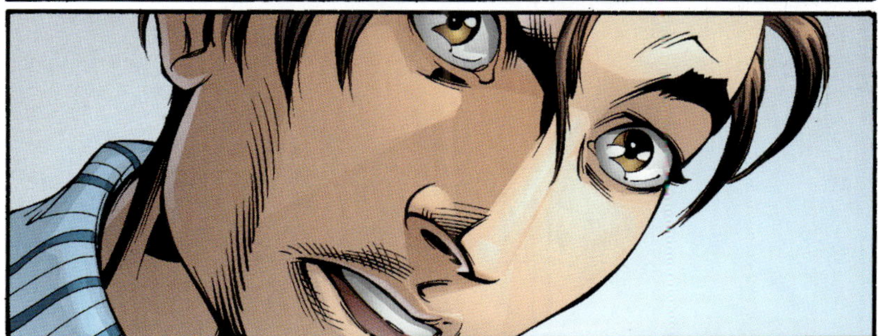

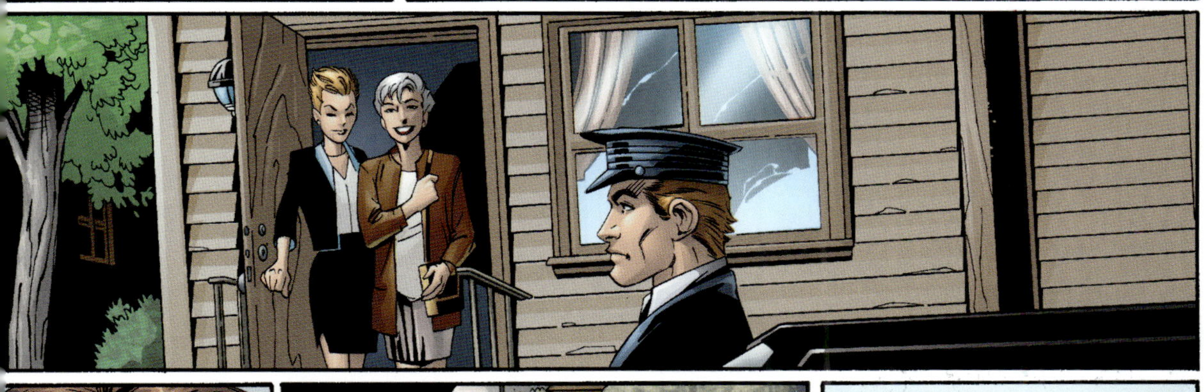

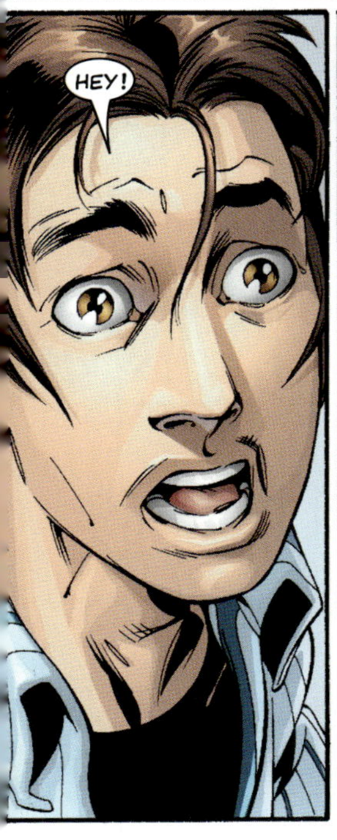
HEY!

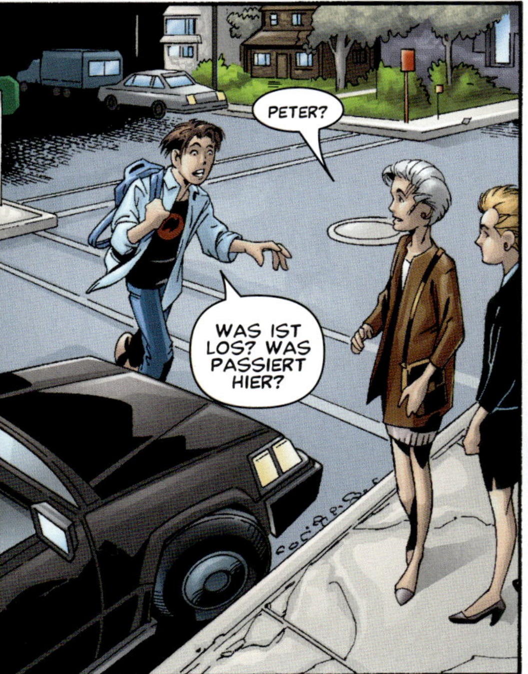
PETER?
WAS IST LOS? WAS PASSIERT HIER?

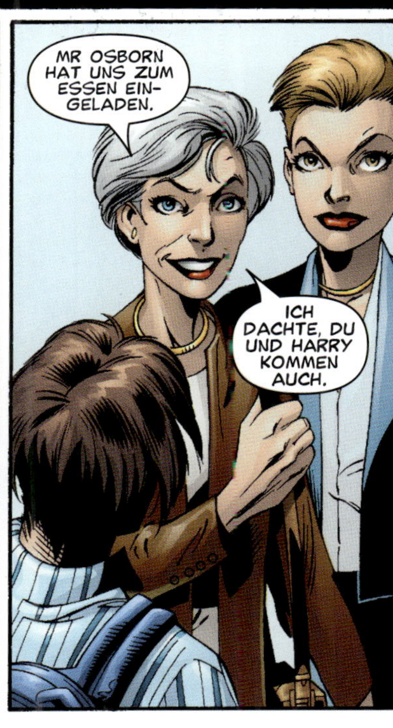
MR OSBORN HAT UNS ZUM ESSEN EIN-GELADEN.
ICH DACHTE, DU UND HARRY KOMMEN AUCH.

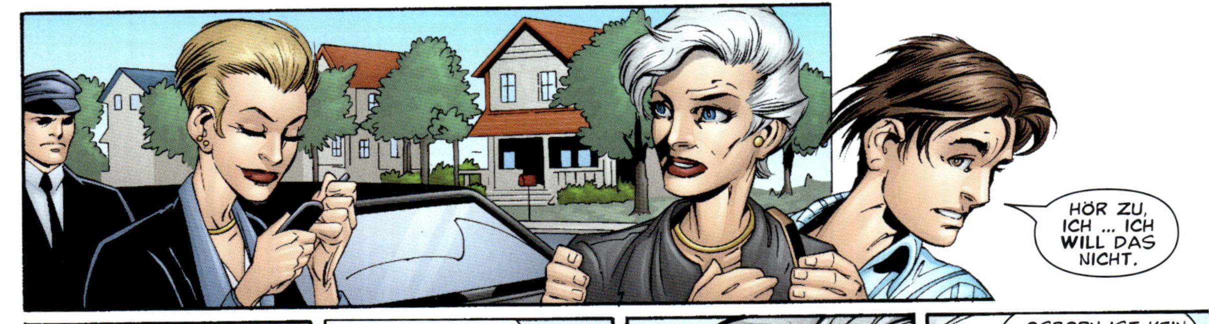
HÖR ZU, ICH ... ICH WILL DAS NICHT.

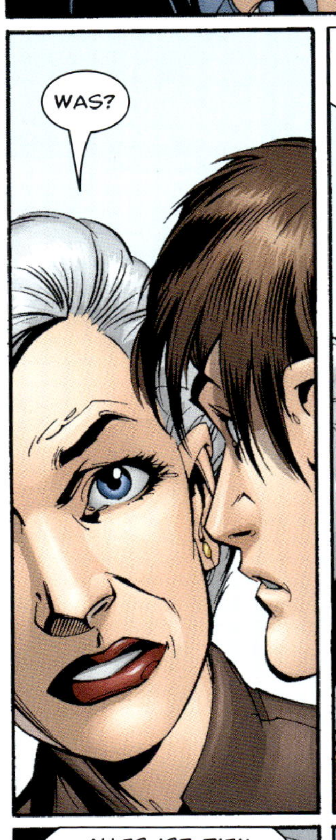
WAS?

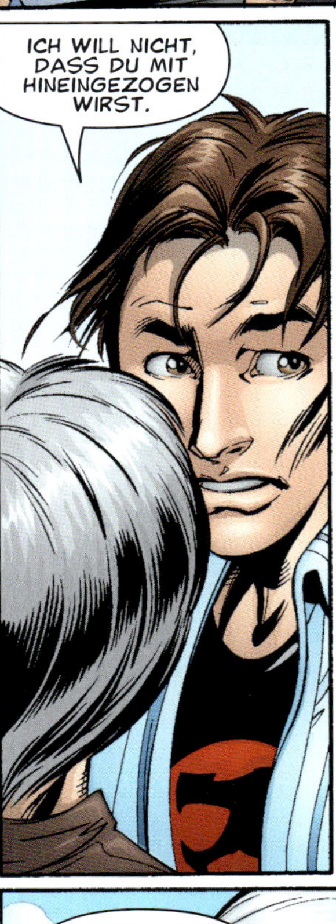
ICH WILL NICHT, DASS DU MIT HINEINGEZOGEN WIRST.

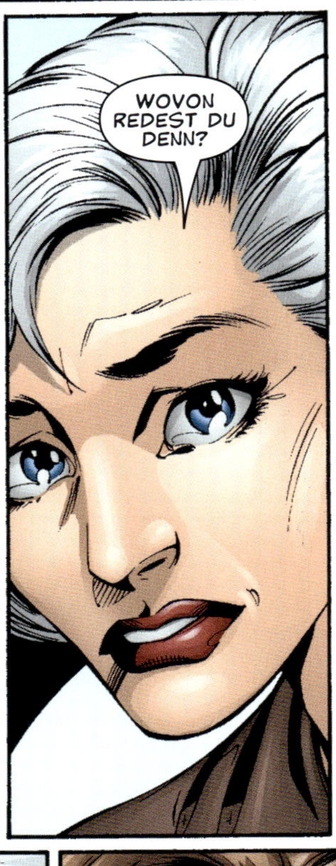
WOVON REDEST DU DENN?

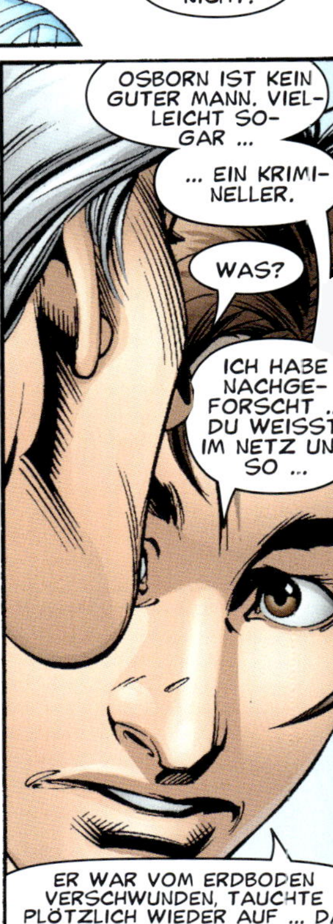
OSBORN IST KEIN GUTER MANN. VIEL-LEICHT SO-GAR ...
... EIN KRIMI-NELLER.
WAS?
ICH HABE NACHGE-FORSCHT ... DU WEISST IM NETZ UND SO ...
ER WAR VOM ERDBODEN VERSCHWUNDEN, TAUCHTE PLÖTZLICH WIEDER AUF ... DA STIMMT WAS NICHT. UND-UND

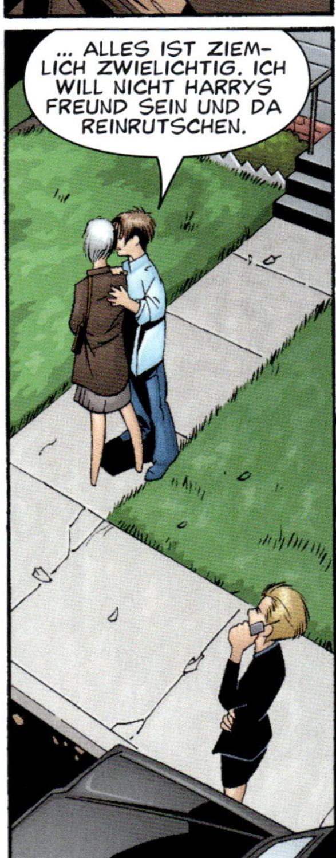
... ALLES IST ZIEM-LICH ZWIELICHTIG. ICH WILL NICHT HARRYS FREUND SEIN UND DA REINRUTSCHEN.

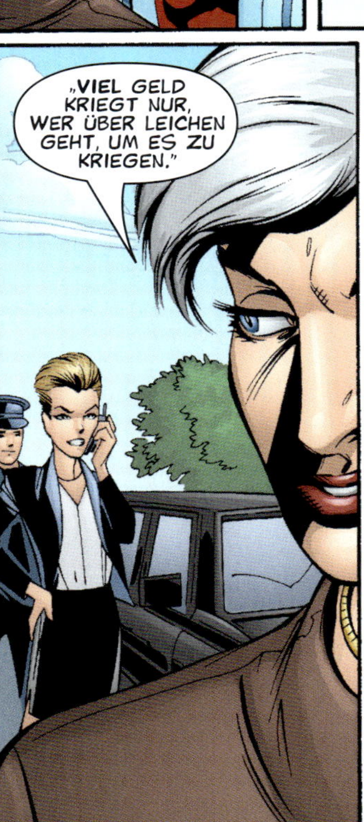
„VIEL GELD KRIEGT NUR, WER ÜBER LEICHEN GEHT, UM ES ZU KRIEGEN."

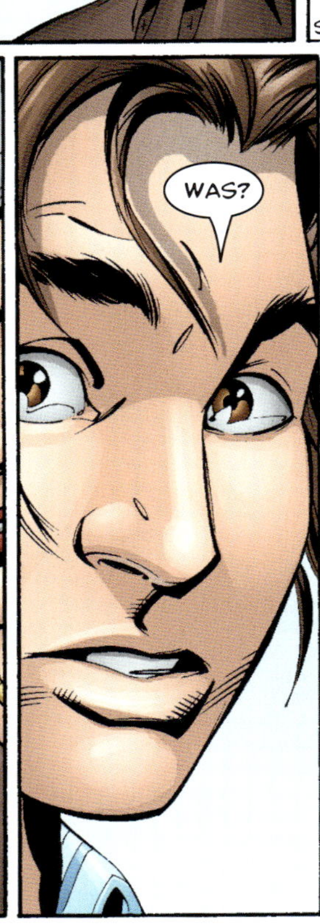
WAS?

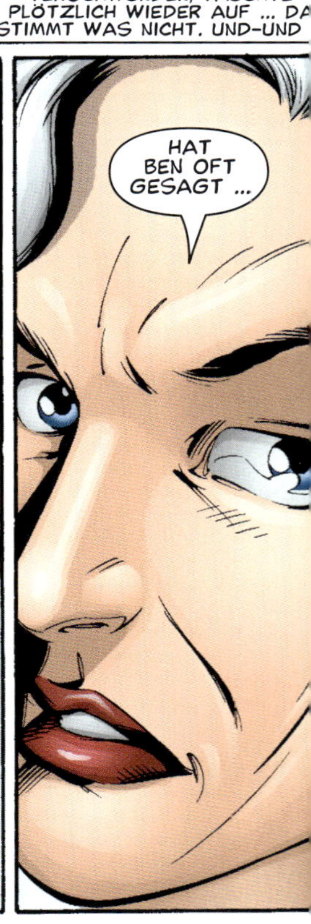
HAT BEN OFT GESAGT ...

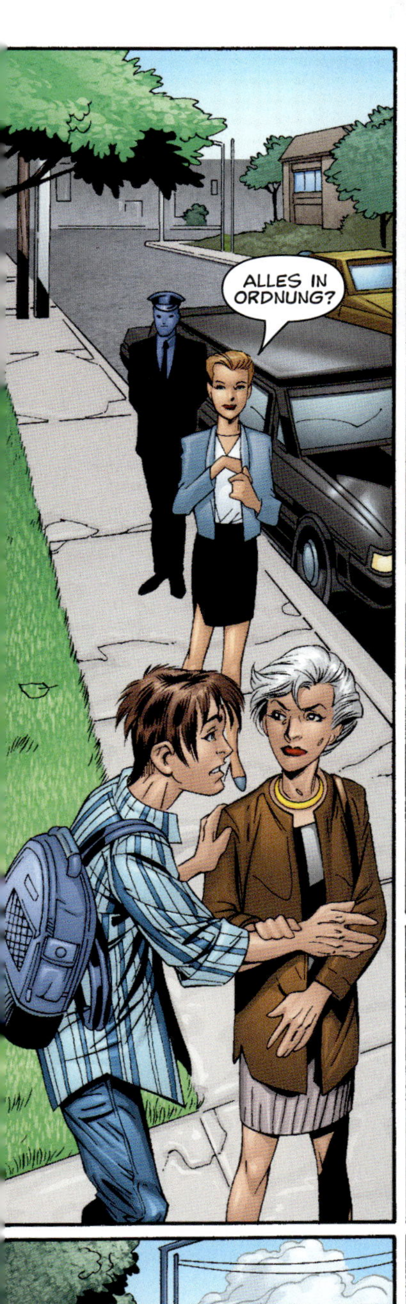
ALLES IN ORDNUNG?

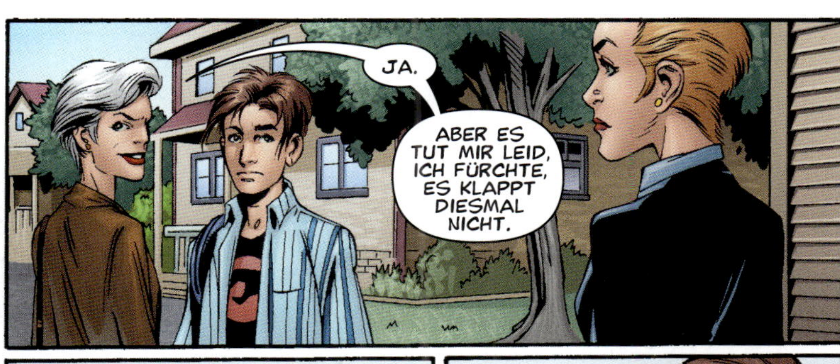
JA.
ABER ES TUT MIR LEID, ICH FÜRCHTE, ES KLAPPT DIESMAL NICHT.

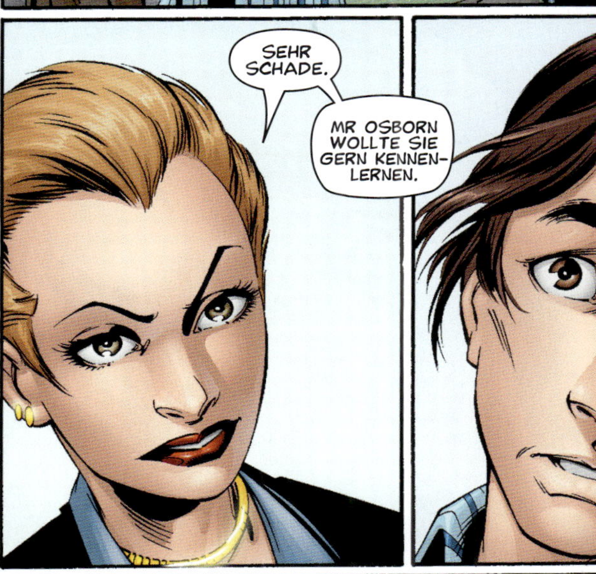
SEHR SCHADE.
MR OSBORN WOLLTE SIE GERN KENNEN-LERNEN.

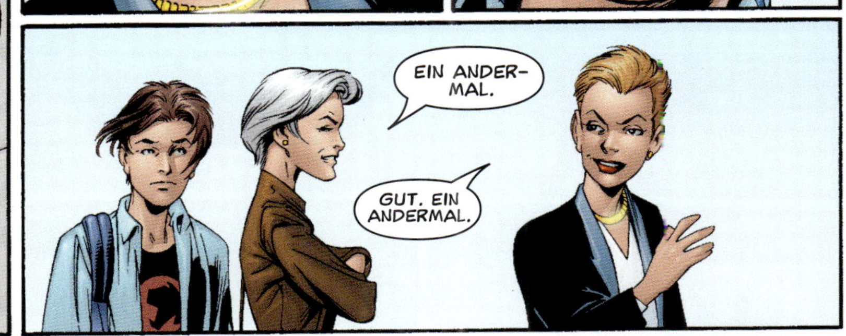
EIN ANDER-MAL.
GUT. EIN ANDERMAL.

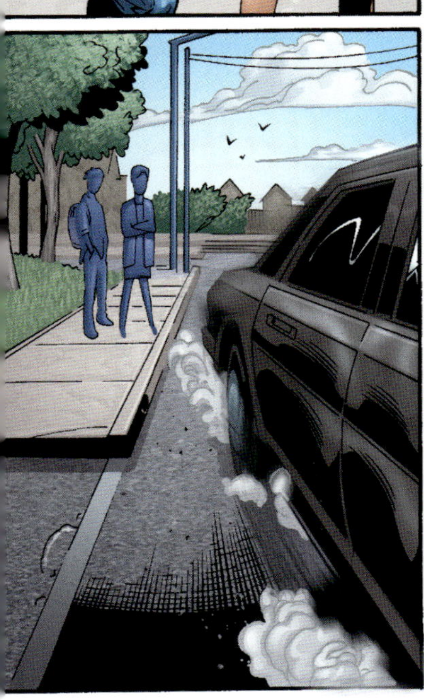

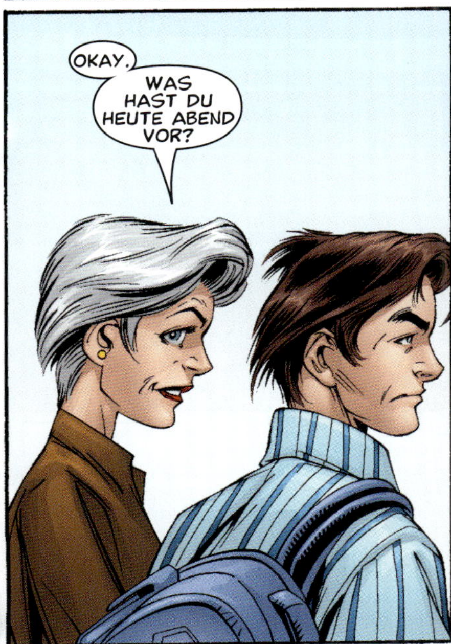
OKAY.
WAS HAST DU HEUTE ABEND VOR?

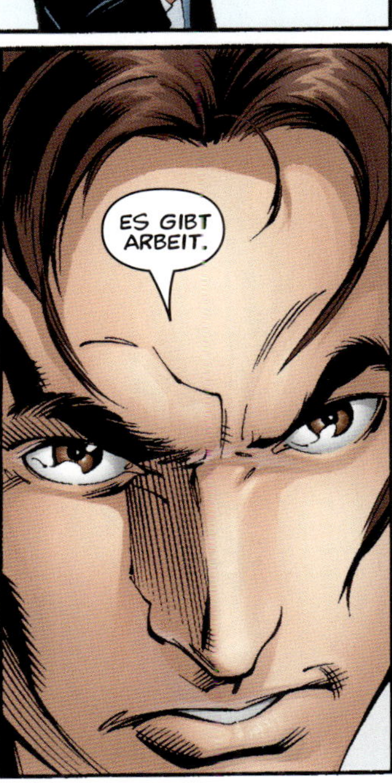
ES GIBT ARBEIT.

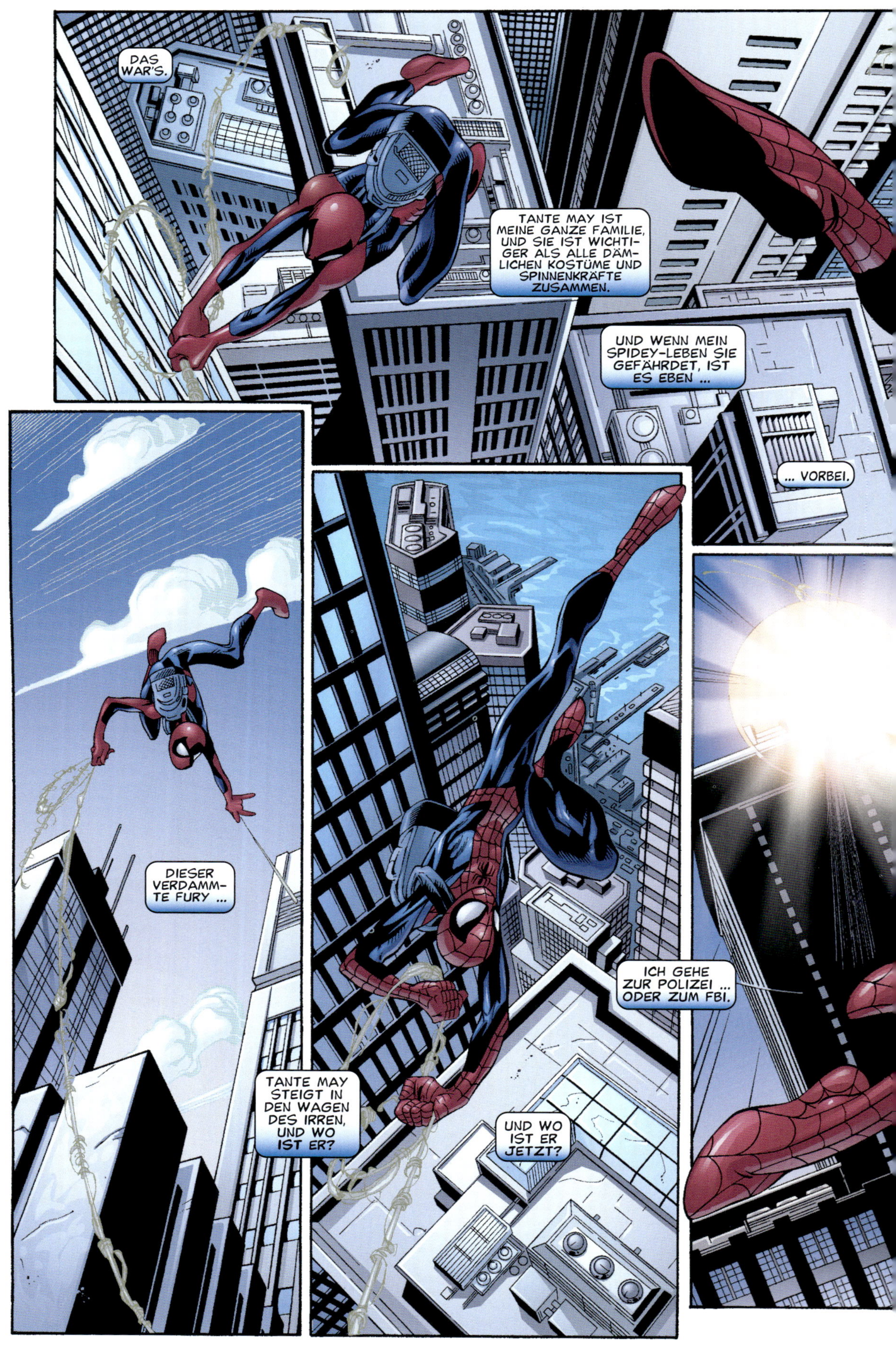
DAS WAR'S.
TANTE MAY IST MEINE GANZE FAMILIE, UND SIE IST WICHTIGER ALS ALLE DÄMLICHEN KOSTÜME UND SPINNENKRÄFTE ZUSAMMEN.
UND WENN MEIN SPIDEY-LEBEN SIE GEFÄHRDET, IST ES EBEN ...
... VORBEI.
DIESER VERDAMMTE FURY ...
TANTE MAY STEIGT IN DEN WAGEN DES IRREN, UND WO IST ER?
UND WO IST ER JETZT?
ICH GEHE ZUR POLIZEI ... ODER ZUM FBI.

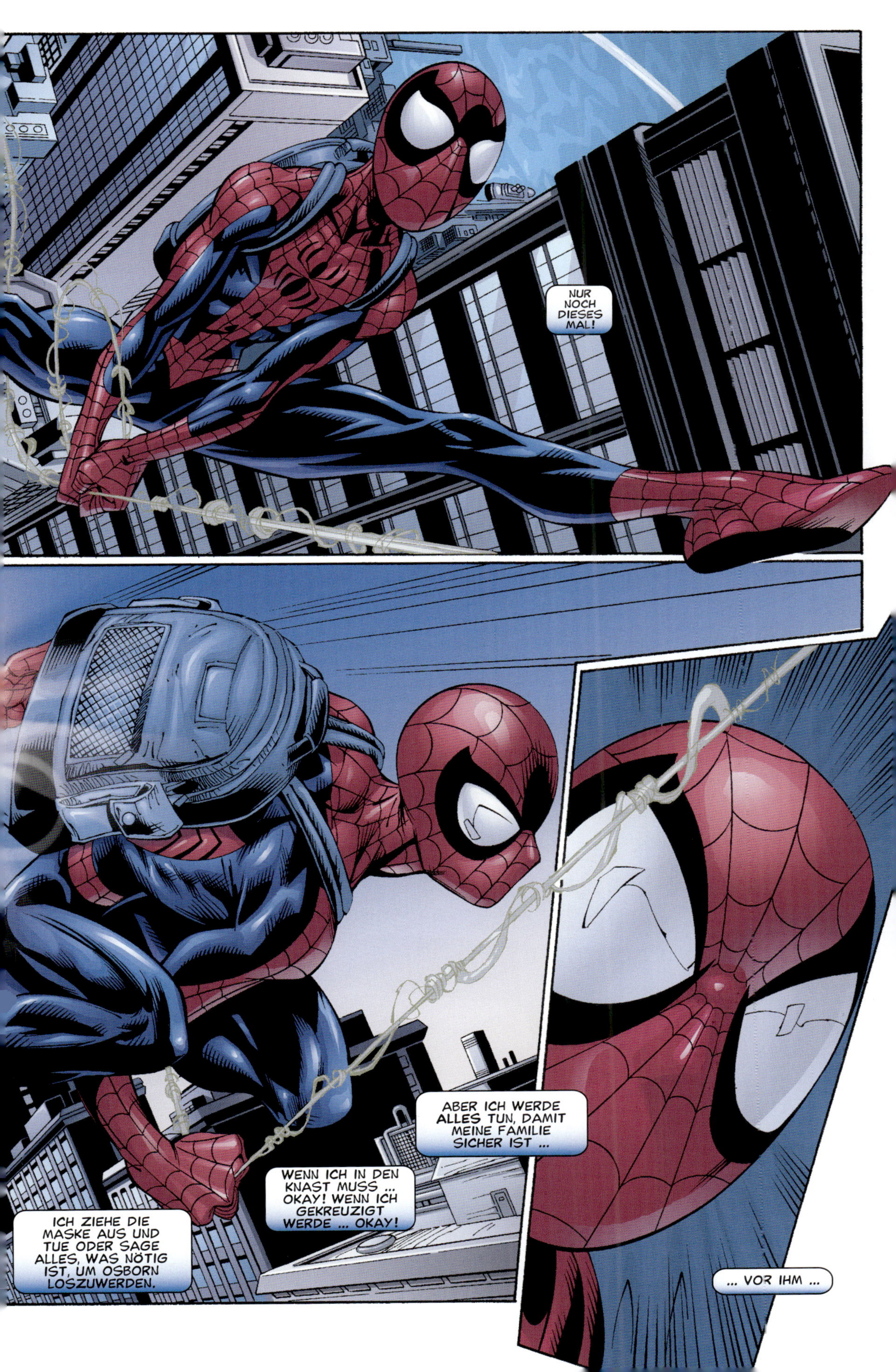
NUR NOCH DIESES MAL!
ICH ZIEHE DIE MASKE AUS UND TUE ODER SAGE ALLES, WAS NÖTIG IST, UM OSBORN LOSZUWERDEN.
WENN ICH IN DEN KNAST MUSS ... OKAY! WENN ICH GEKREUZIGT WERDE ... OKAY!
ABER ICH WERDE ALLES TUN, DAMIT MEINE FAMILIE SICHER IST ...
... VOR IHM ...

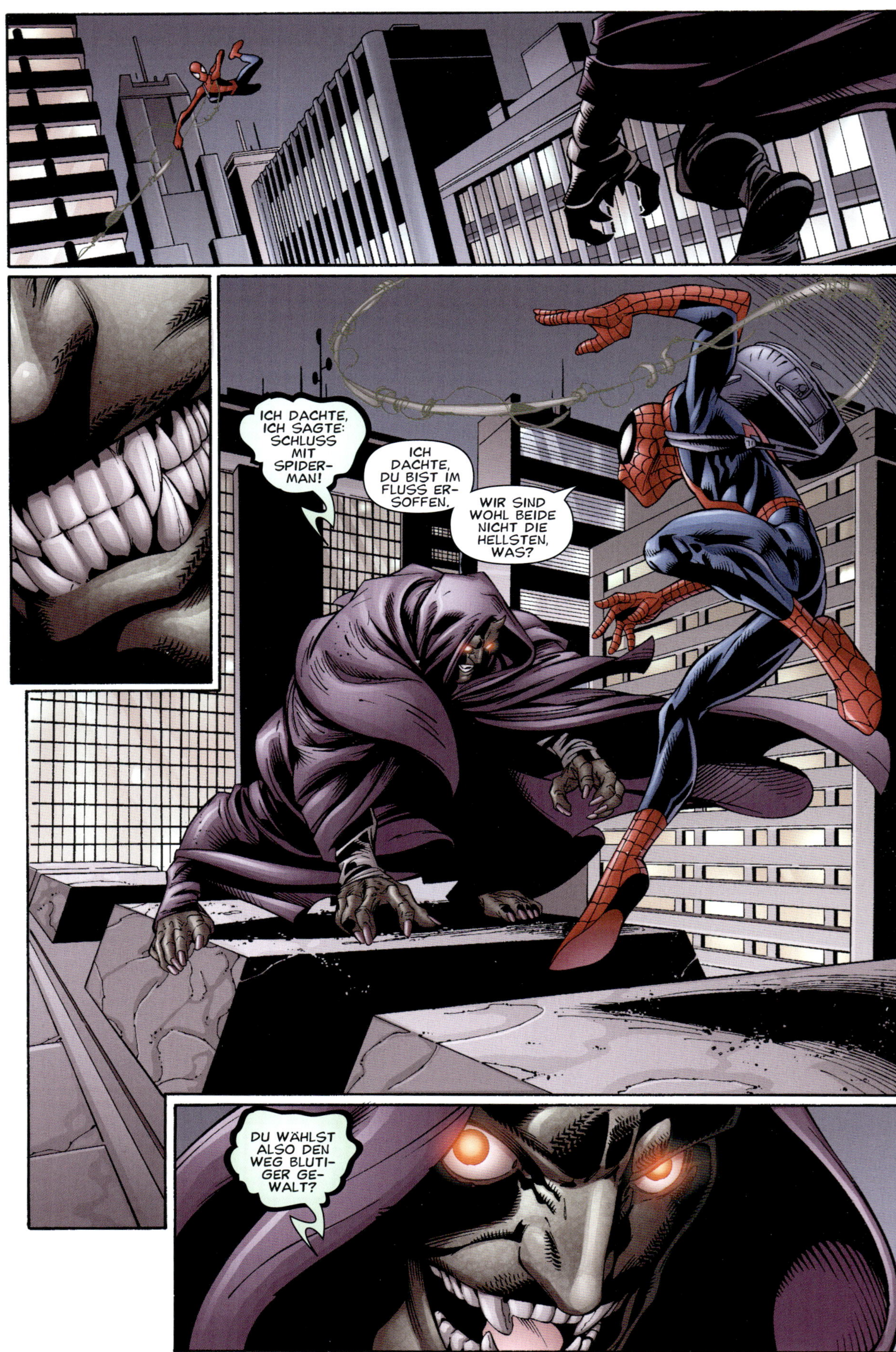
ICH DACHTE, ICH SAGTE: SCHLUSS MIT SPIDER-MAN!
ICH DACHTE, DU BIST IM FLUSS ER-SOFFEN.
WIR SIND WOHL BEIDE NICHT DIE HELLSTEN, WAS?
DU WÄHLST ALSO DEN WEG BLUTI-GER GE-WALT?

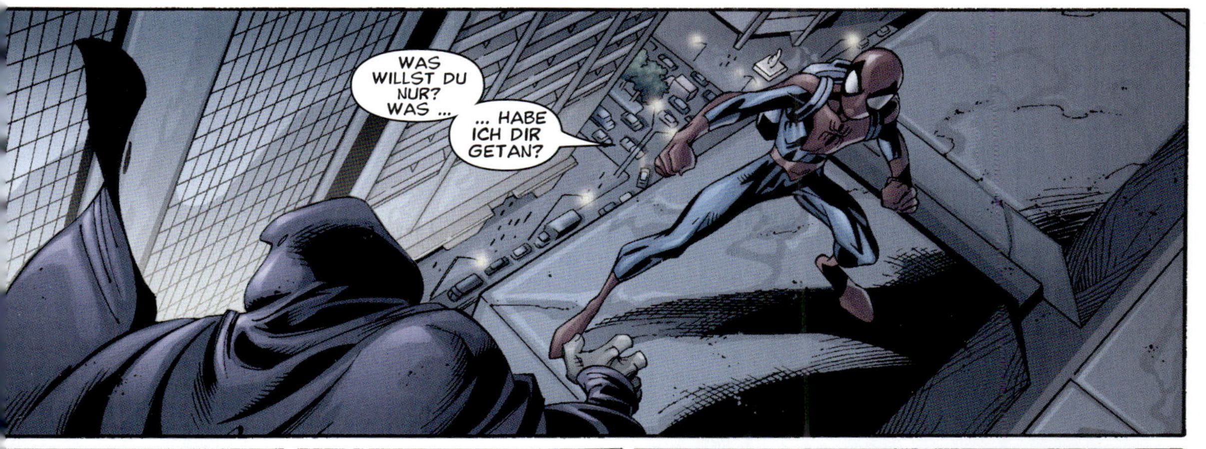
WAS WILLST DU NUR? WAS ...
... HABE ICH DIR GETAN?

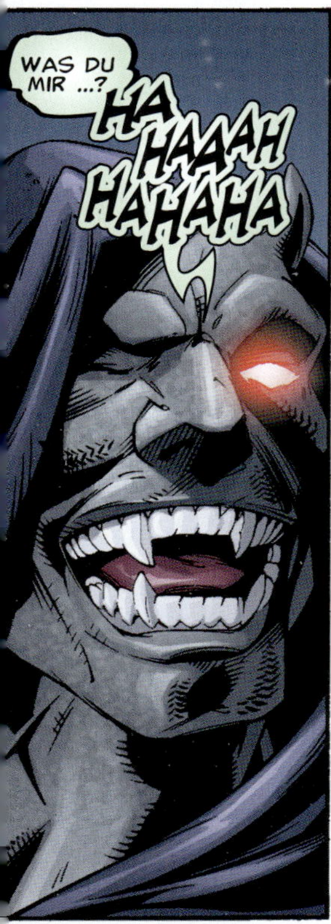
WAS DU MIR ...?
HA HAAAH HAHAHA

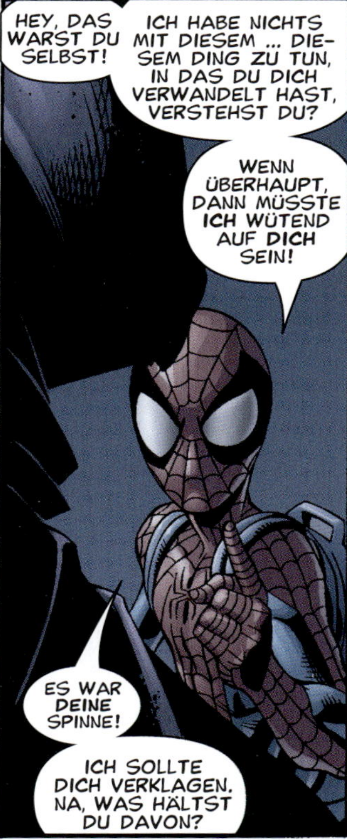
HEY, DAS WARST DU SELBST!
ICH HABE NICHTS MIT DIESEM ... DIESEM DING ZU TUN, IN DAS DU DICH VERWANDELT HAST, VERSTEHST DU?
WENN ÜBERHAUPT, DANN MÜSSTE **ICH** WÜTEND AUF **DICH** SEIN!
ES WAR **DEINE** SPINNE!
ICH SOLLTE DICH VERKLAGEN. NA, WAS HÄLTST DU DAVON?

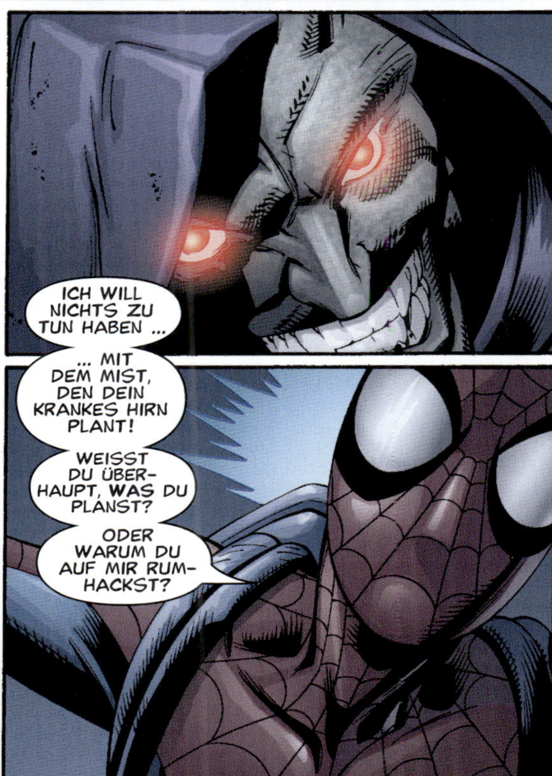
ICH WILL NICHTS ZU TUN HABEN ...
... MIT DEM MIST, DEN DEIN KRANKES HIRN PLANT!
WEISST DU ÜBERHAUPT, **WAS** DU PLANST?
ODER WARUM DU AUF MIR RUMHACKST?

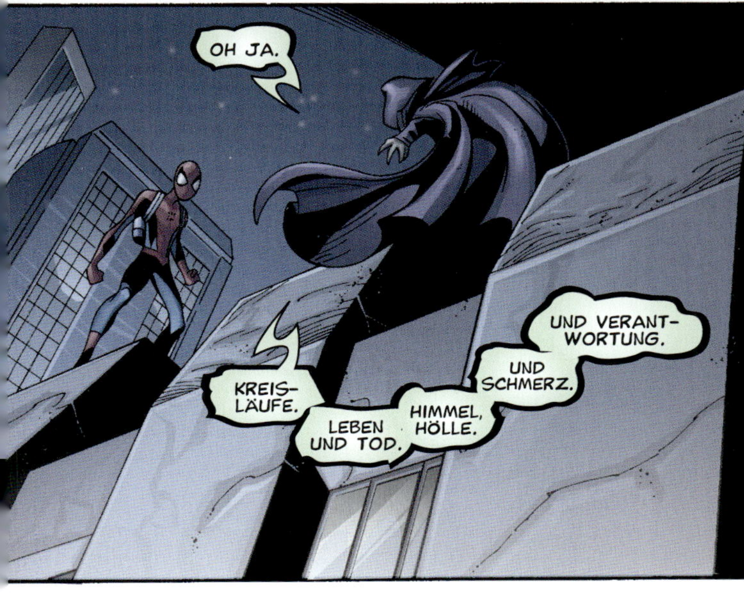
OH JA.
KREISLÄUFE.
LEBEN UND TOD.
HIMMEL, HÖLLE.
UND SCHMERZ.
UND VERANTWORTUNG.

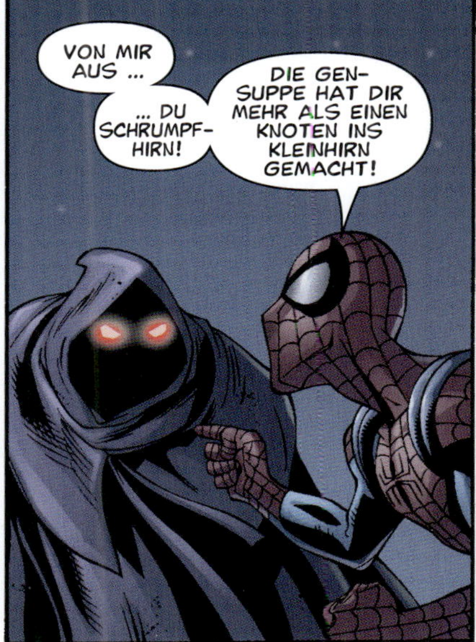
VON MIR AUS ...
... DU SCHRUMPFHIRN!
DIE GENSUPPE HAT DIR MEHR ALS EINEN KNOTEN INS KLEINHIRN GEMACHT!

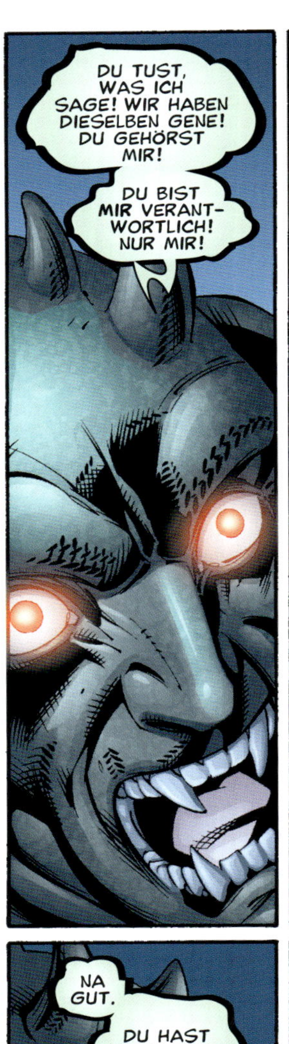
DU TUST, WAS ICH SAGE! WIR HABEN DIESELBEN GENE! DU GEHÖRST MIR!
DU BIST MIR VERANTWORTLICH! NUR MIR!

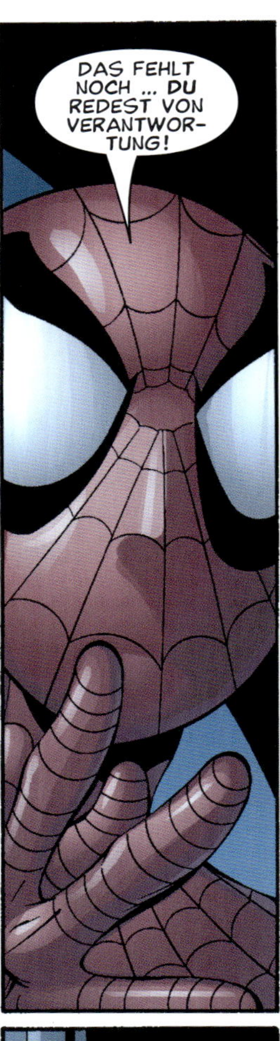
DAS FEHLT NOCH ... DU REDEST VON VERANTWORTUNG!

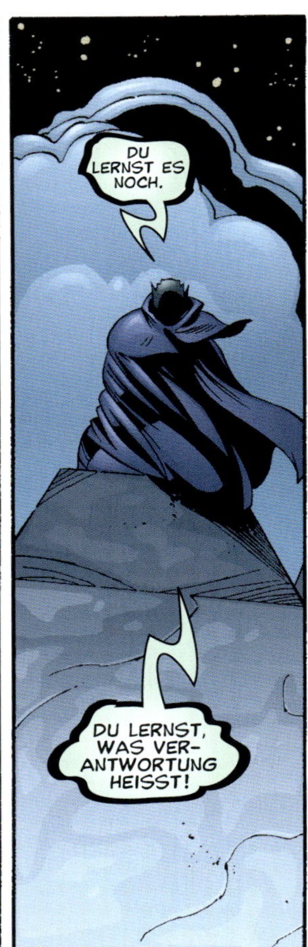
DU LERNST ES NOCH.
DU LERNST, WAS VERANTWORTUNG HEISST!

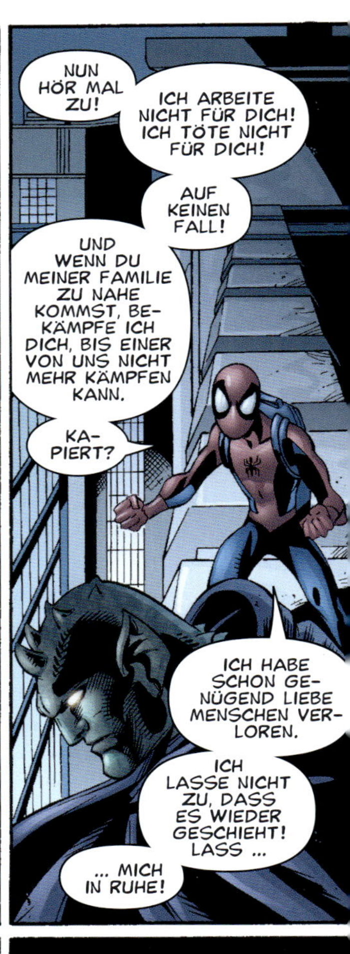
NUN HÖR MAL ZU!
ICH ARBEITE NICHT FÜR DICH! ICH TÖTE NICHT FÜR DICH!
AUF KEINEN FALL!
UND WENN DU MEINER FAMILIE ZU NAHE KOMMST, BEKÄMPFE ICH DICH, BIS EINER VON UNS NICHT MEHR KÄMPFEN KANN.
KAPIERT?
ICH HABE SCHON GENÜGEND LIEBE MENSCHEN VERLOREN.
ICH LASSE NICHT ZU, DASS ES WIEDER GESCHIEHT! LASS ...
... MICH IN RUHE!

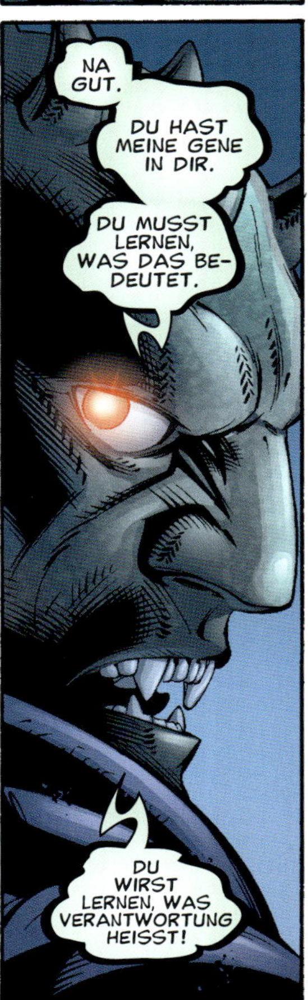
NA GUT.
DU HAST MEINE GENE IN DIR.
DU MUSST LERNEN, WAS DAS BEDEUTET.
DU WIRST LERNEN, WAS VERANTWORTUNG HEISST!

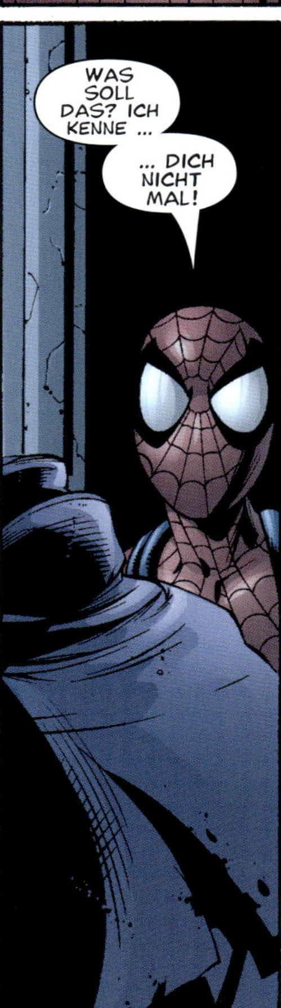
WAS SOLL DAS? ICH KENNE ...
... DICH NICHT MAL!

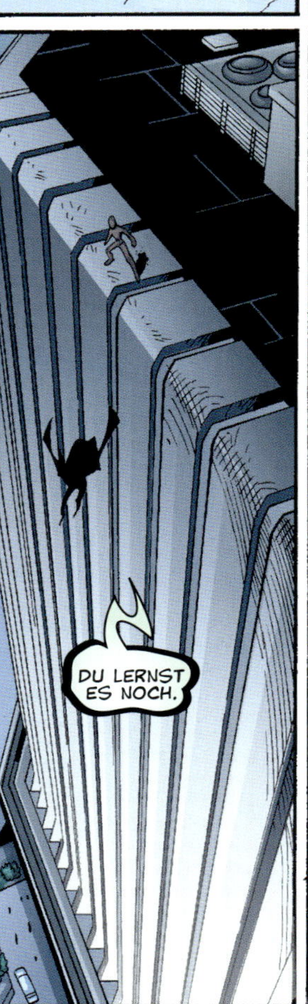
DU LERNST ES NOCH.

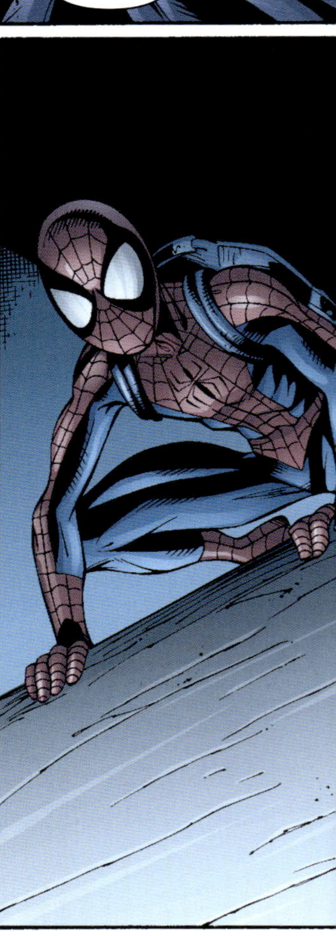

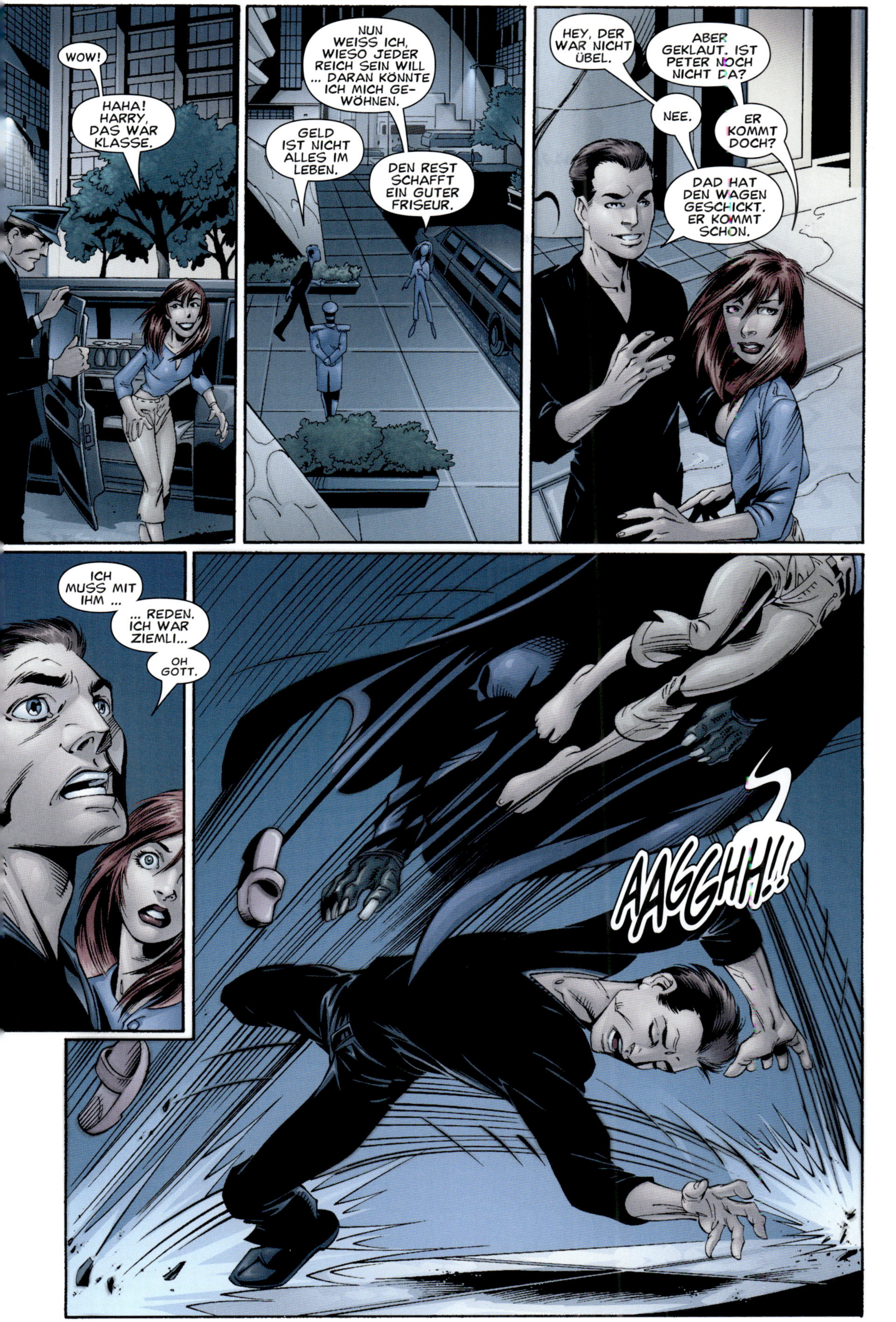

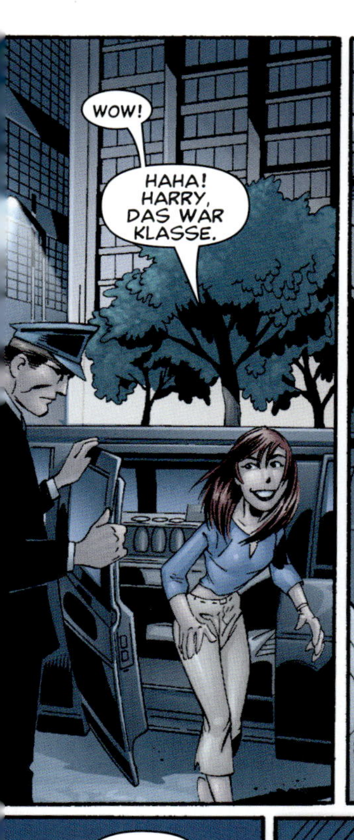
WOW!
HAHA! HARRY, DAS WAR KLASSE.

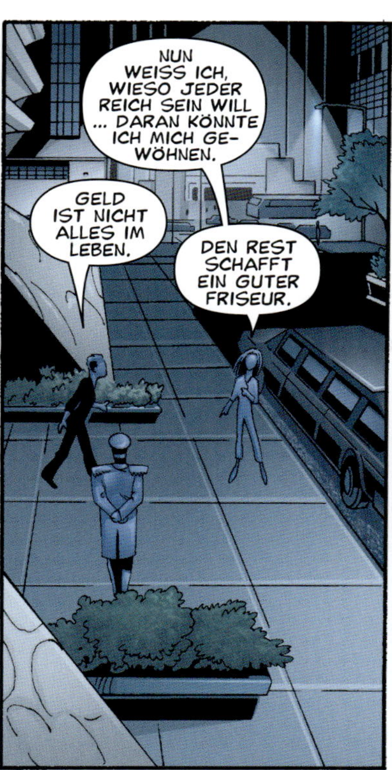
NUN WEISS ICH, WIESO JEDER REICH SEIN WILL ... DARAN KÖNNTE ICH MICH GEWÖHNEN.
GELD IST NICHT ALLES IM LEBEN.
DEN REST SCHAFFT EIN GUTER FRISEUR.

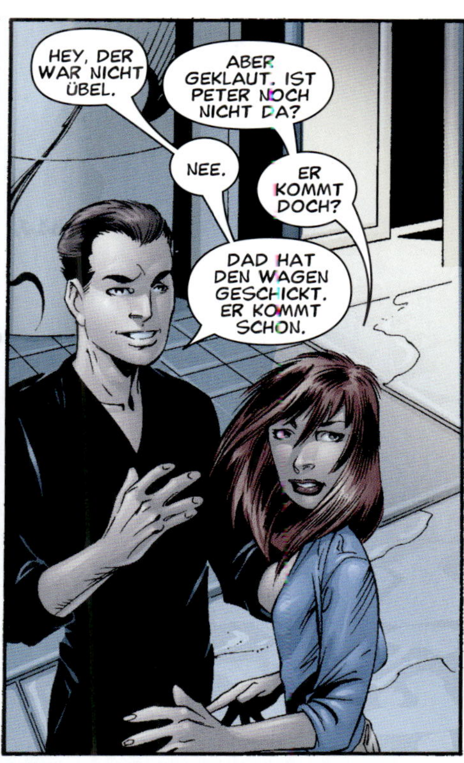
HEY, DER WAR NICHT ÜBEL.
ABER GEKLAUT. IST PETER NOCH NICHT DA?
NEE.
ER KOMMT DOCH?
DAD HAT DEN WAGEN GESCHICKT. ER KOMMT SCHON.

ICH MUSS MIT IHM ...
... REDEN. ICH WAR ZIEMLI...
OH GOTT.
AAGGHH!!

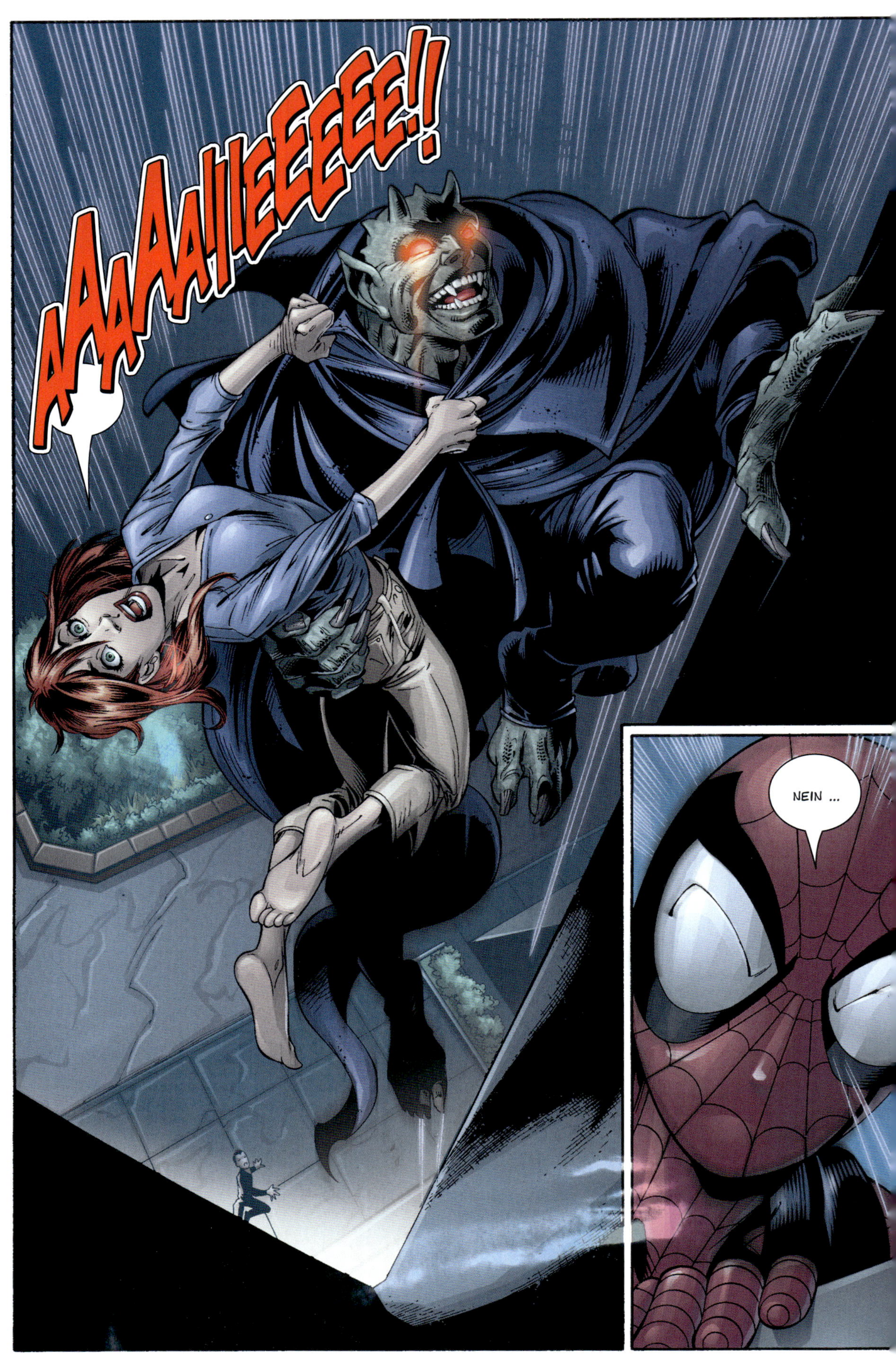
AAAAAIIIEEEEE!!
NEIN ...

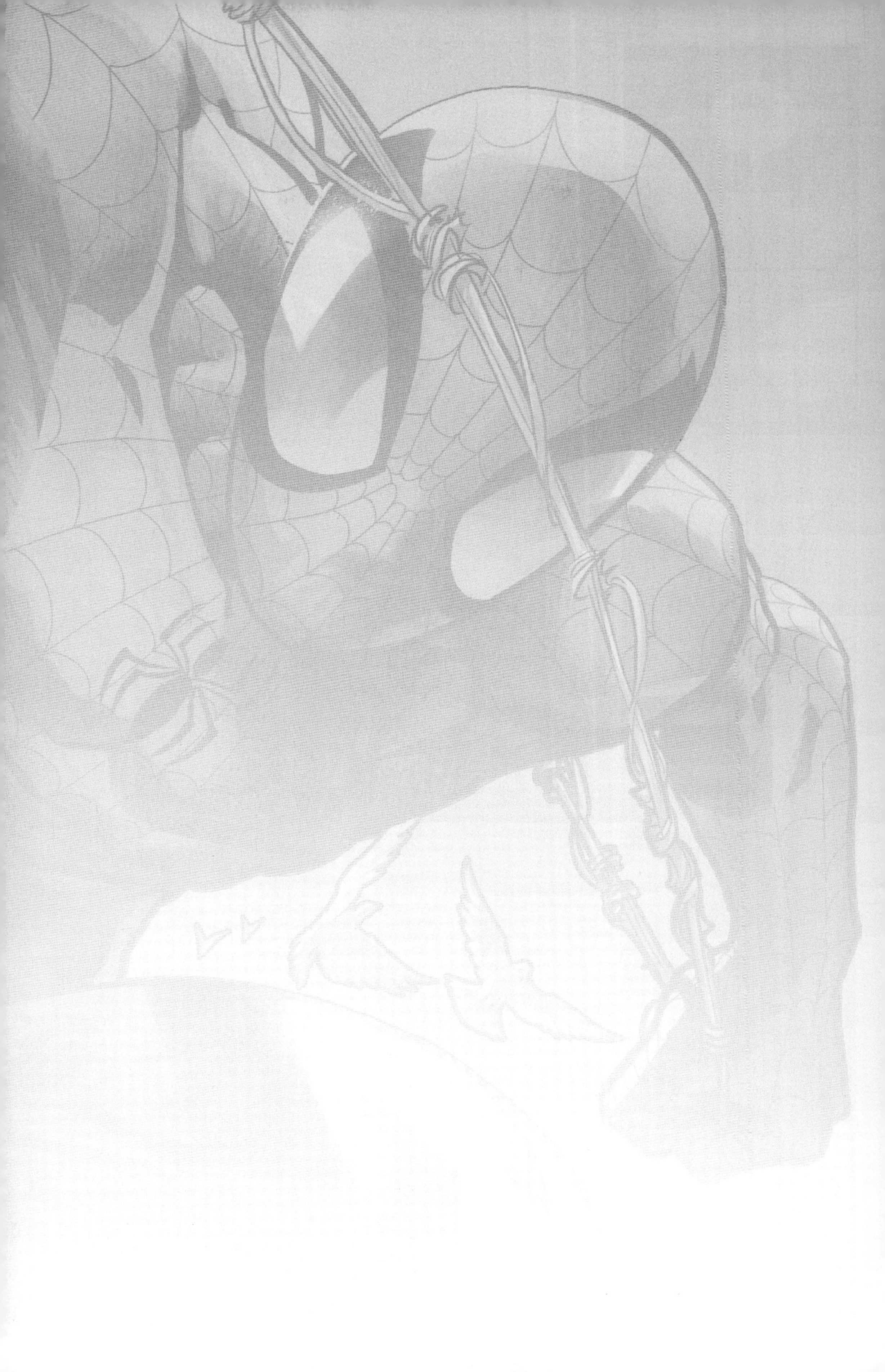

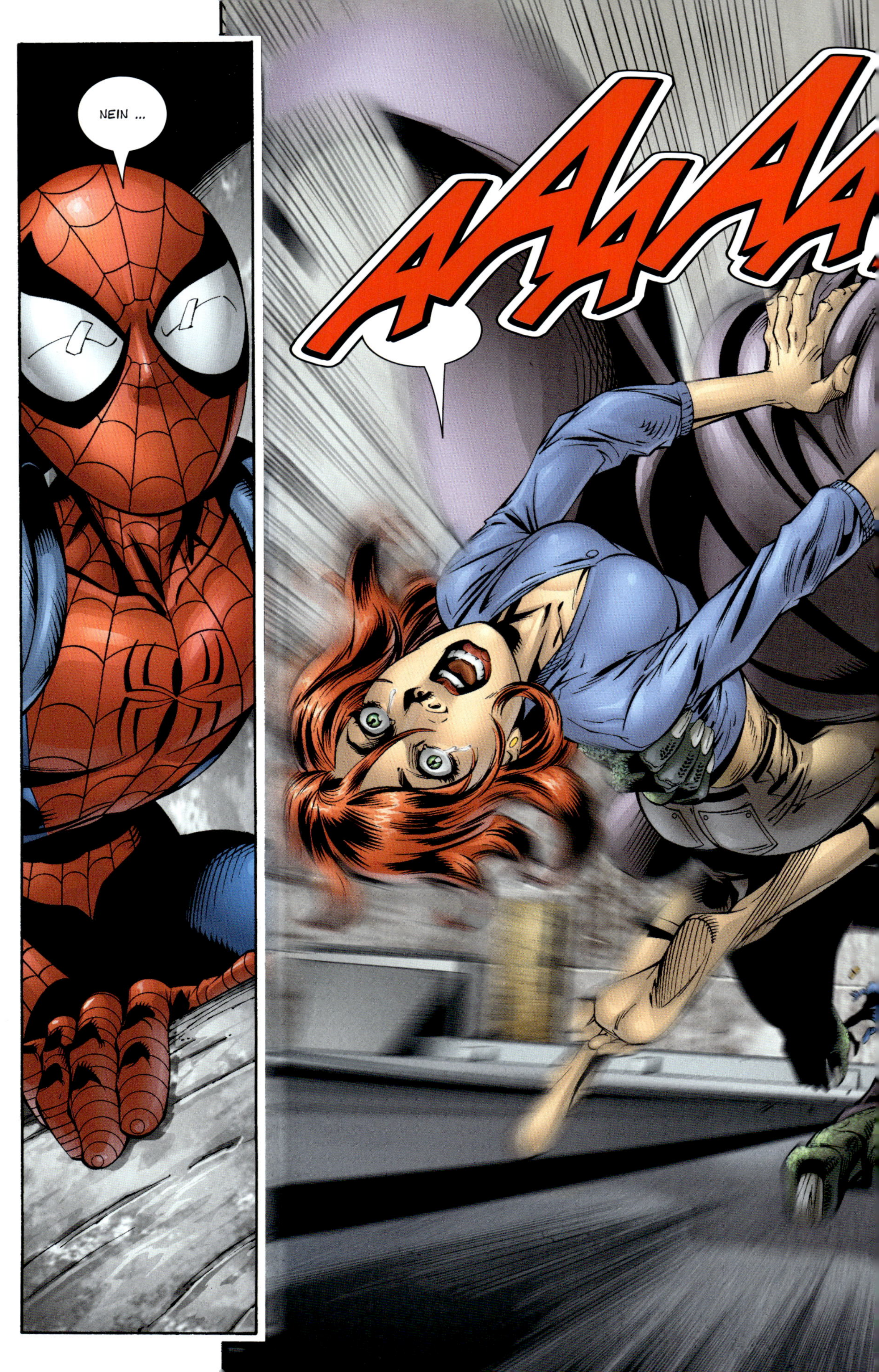
NEIN ...
AAAAA

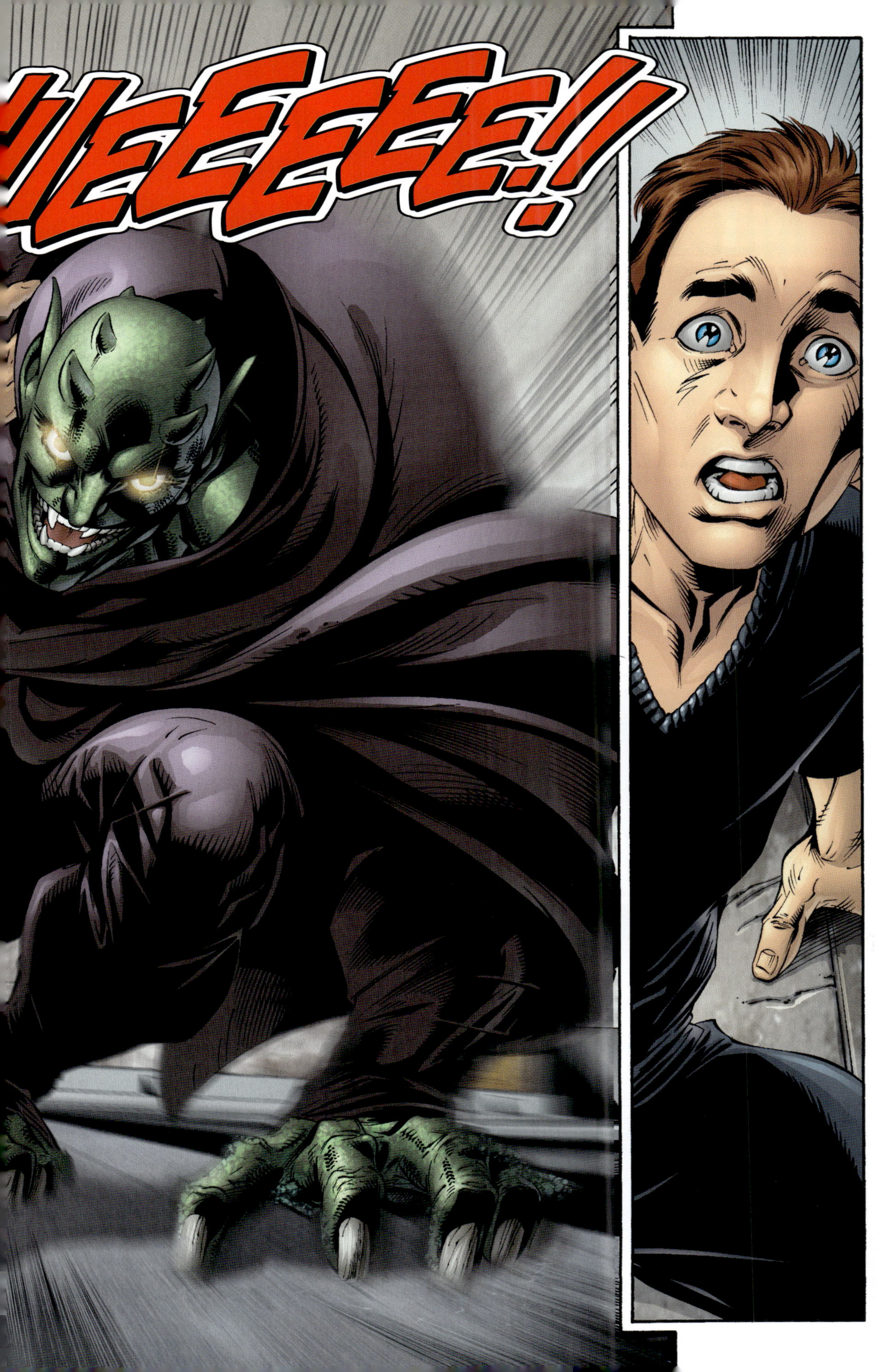
IEEEEE!!

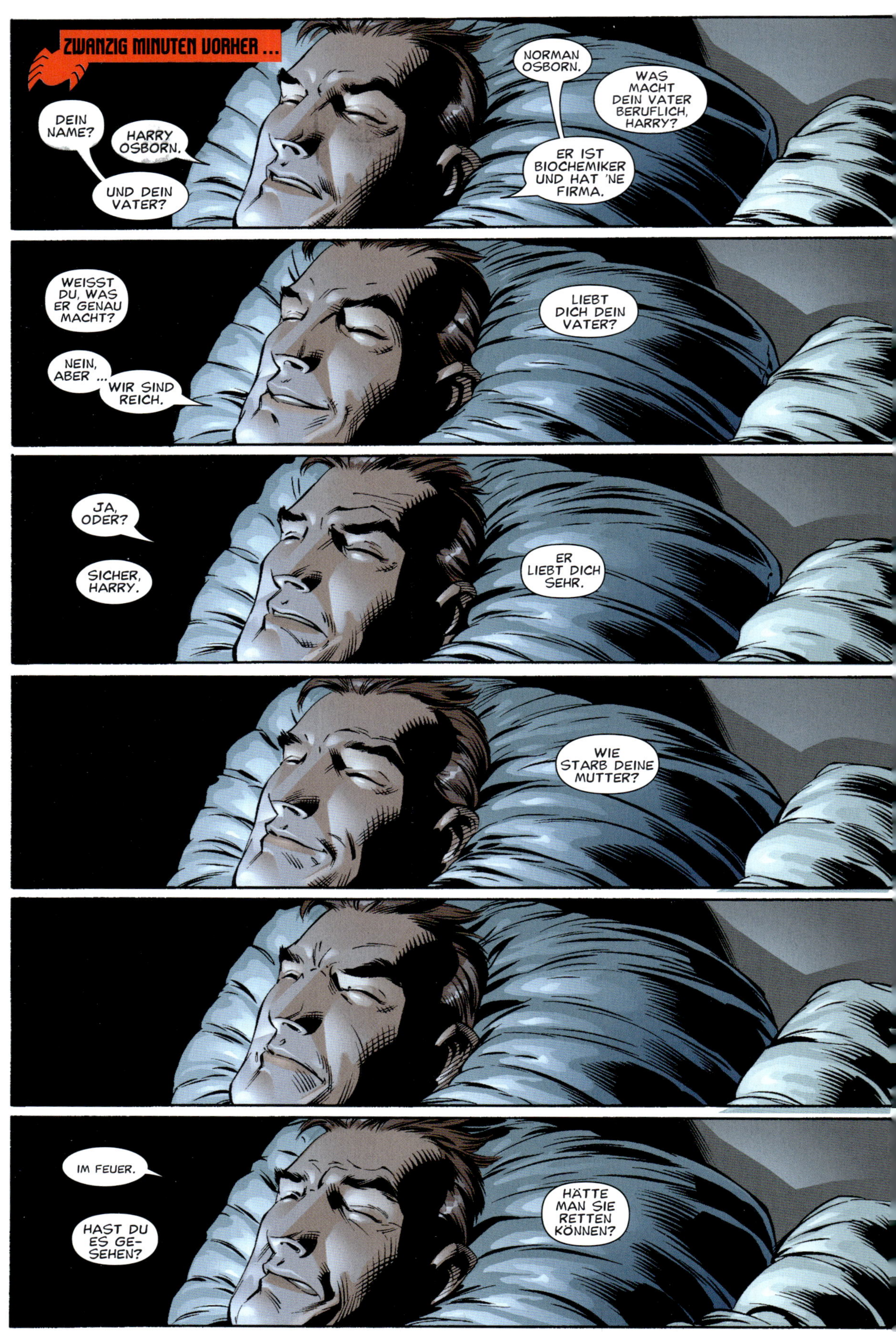
ZWANZIG MINUTEN VORHER ...
DEIN NAME?
HARRY OSBORN.
UND DEIN VATER?
NORMAN OSBORN.
WAS MACHT DEIN VATER BERUFLICH, HARRY?
ER IST BIOCHEMIKER UND HAT 'NE FIRMA.
WEISST DU, WAS ER GENAU MACHT?
NEIN, ABER ...
WIR SIND REICH.
LIEBT DICH DEIN VATER?
JA, ODER?
SICHER, HARRY.
ER LIEBT DICH SEHR.
WIE STARB DEINE MUTTER?
IM FEUER.
HAST DU ES GESEHEN?
HÄTTE MAN SIE RETTEN KÖNNEN?

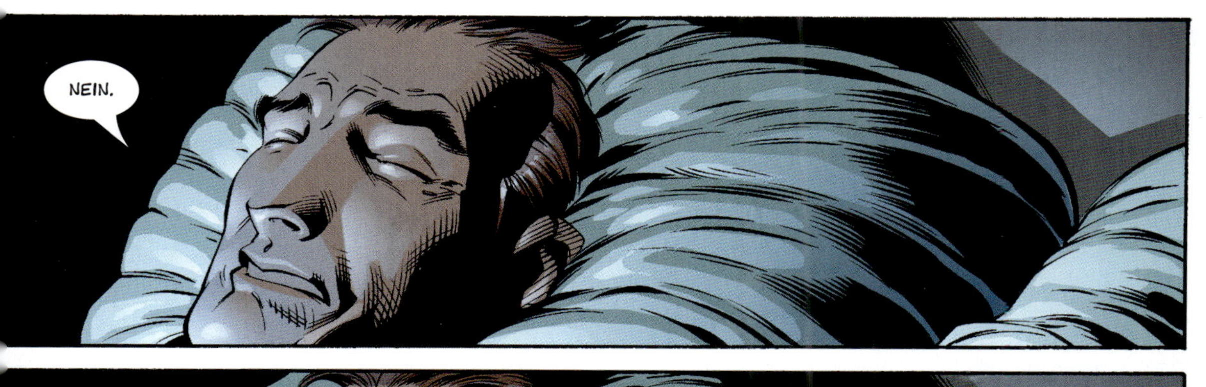
NEIN.

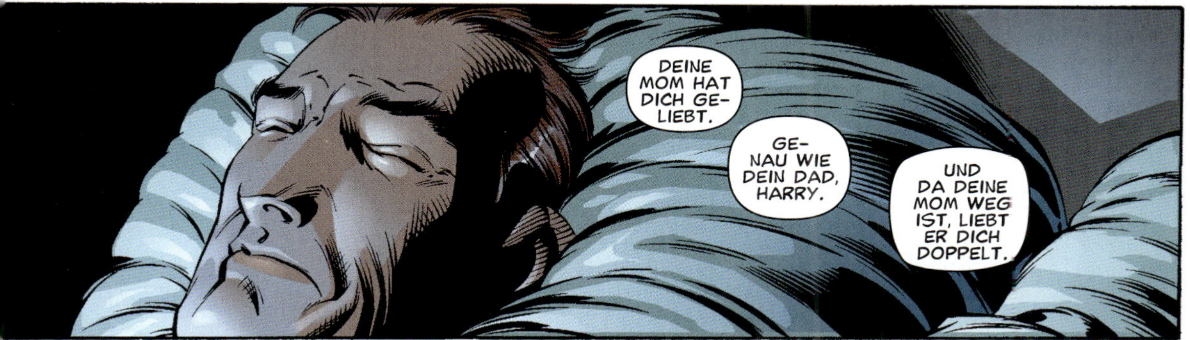
DEINE MOM HAT DICH GE-LIEBT.
GE-NAU WIE DEIN DAD, HARRY.
UND DA DEINE MOM WEG IST, LIEBT ER DICH DOPPELT.

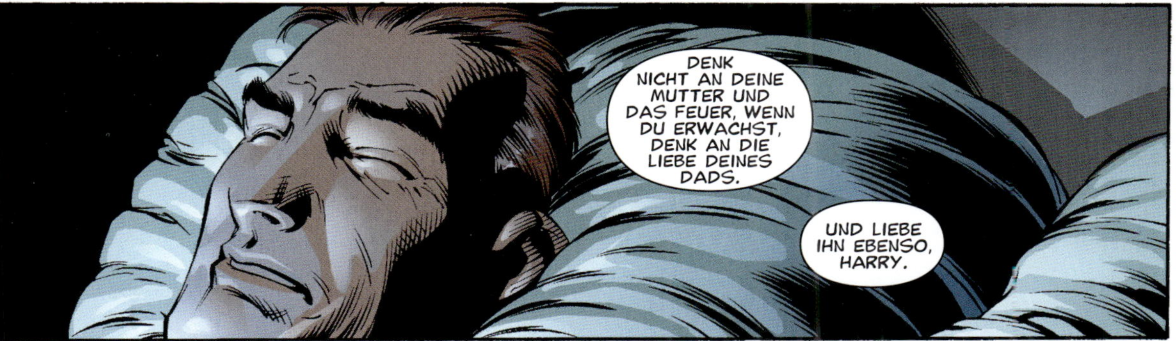
DENK NICHT AN DEINE MUTTER UND DAS FEUER, WENN DU ERWACHST, DENK AN DIE LIEBE DEINES DADS.
UND LIEBE IHN EBENSO, HARRY.

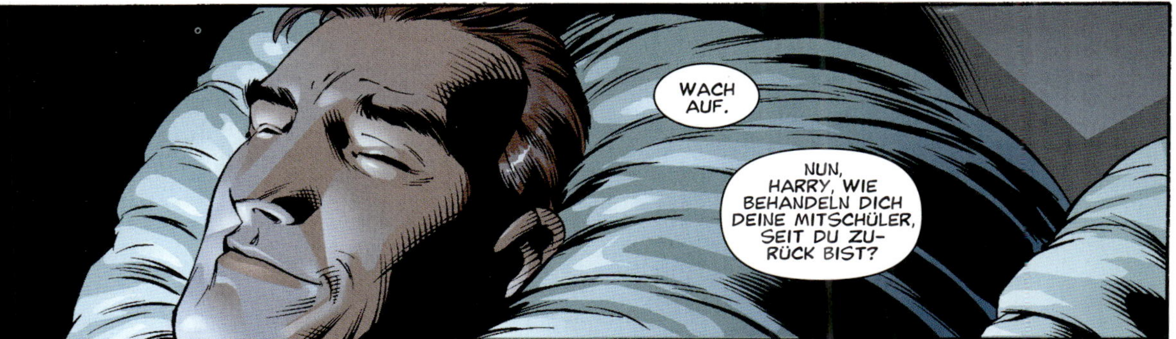
WACH AUF.
NUN, HARRY, WIE BEHANDELN DICH DEINE MITSCHÜLER, SEIT DU ZU-RÜCK BIST?

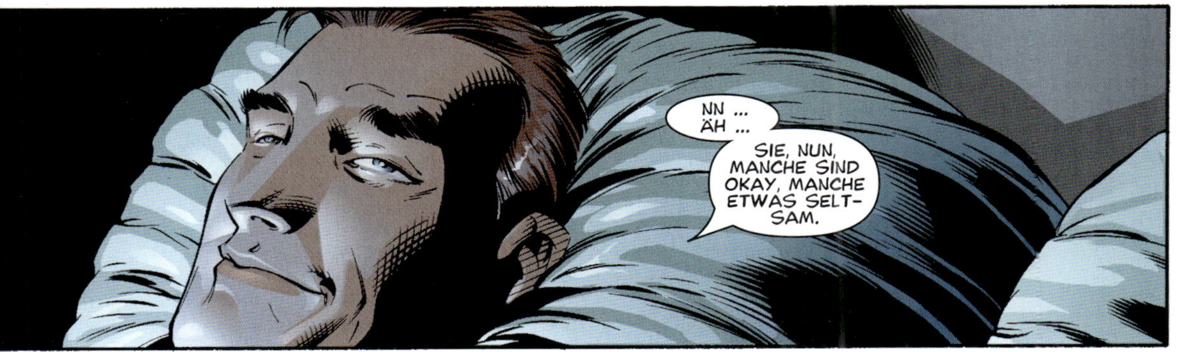
NN ... ÄH ...
SIE, NUN, MANCHE SIND OKAY, MANCHE ETWAS SELT-SAM.

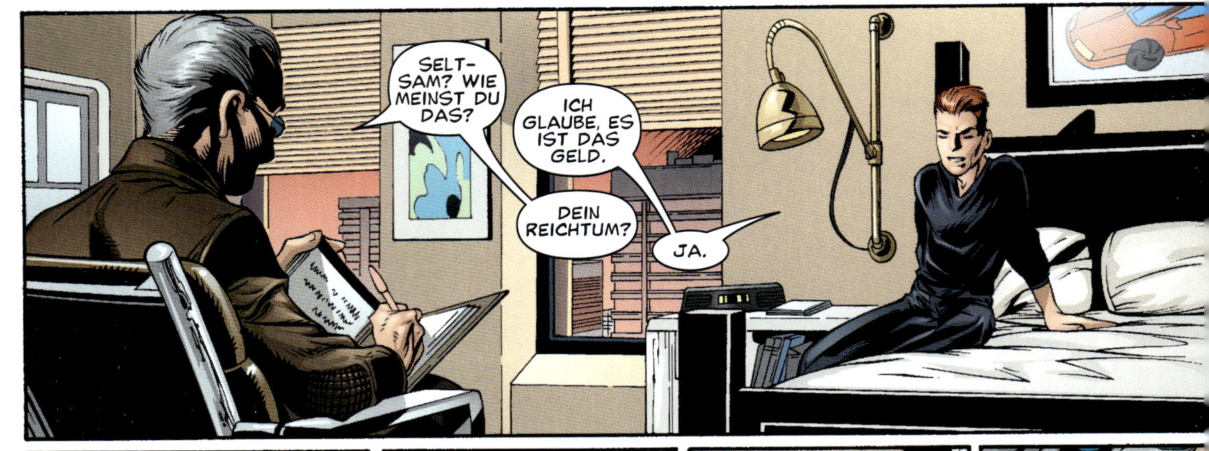
SELT-
SAM? WIE MEINST DU DAS?
ICH GLAUBE, ES IST DAS GELD.
DEIN REICHTUM?
JA.

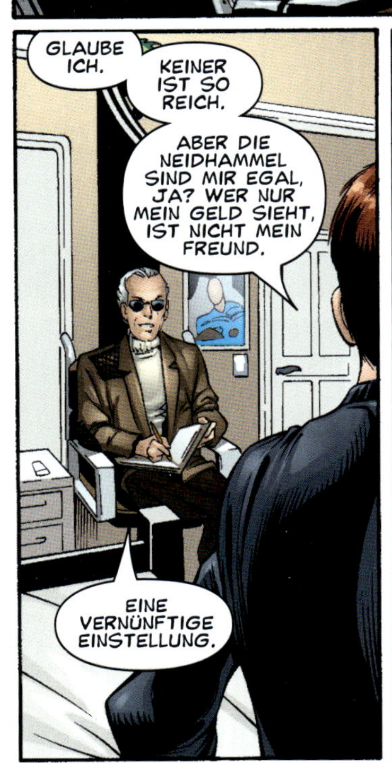
GLAUBE ICH.
KEINER IST SO REICH.
ABER DIE NEIDHAMMEL SIND MIR EGAL, JA? WER NUR MEIN GELD SIEHT, IST NICHT MEIN FREUND.
EINE VERNÜNFTIGE EINSTELLUNG.

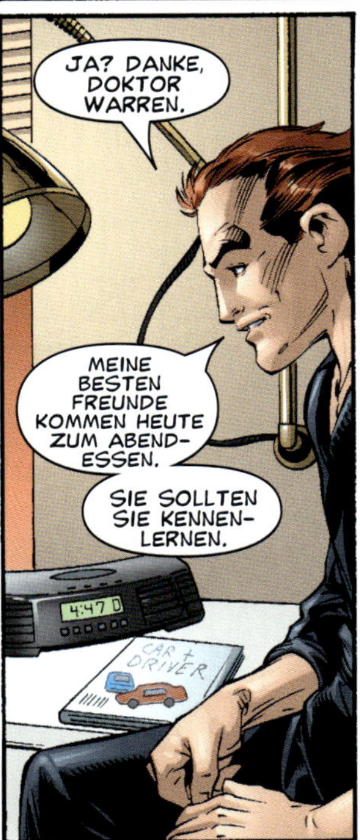
JA? DANKE, DOKTOR WARREN.
MEINE BESTEN FREUNDE KOMMEN HEUTE ZUM ABEND-ESSEN.
SIE SOLLTEN SIE KENNEN-LERNEN.

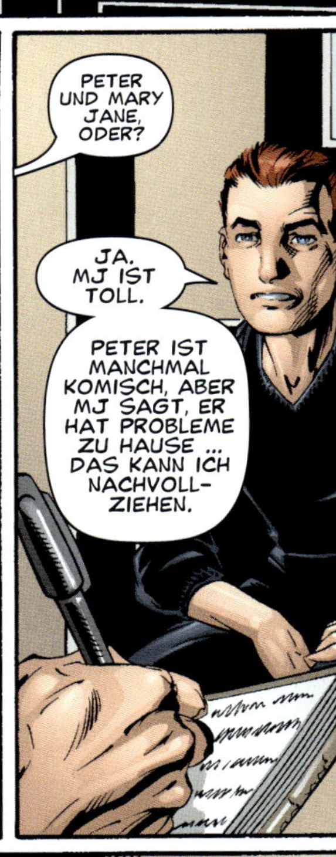
PETER UND MARY JANE, ODER?
JA. MJ IST TOLL.
PETER IST MANCHMAL KOMISCH, ABER MJ SAGT, ER HAT PROBLEME ZU HAUSE ... DAS KANN ICH NACHVOLL-ZIEHEN.

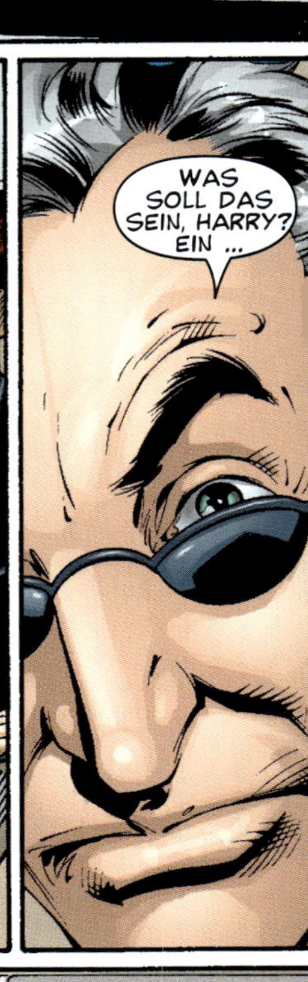
WAS SOLL DAS SEIN, HARRY? EIN ...

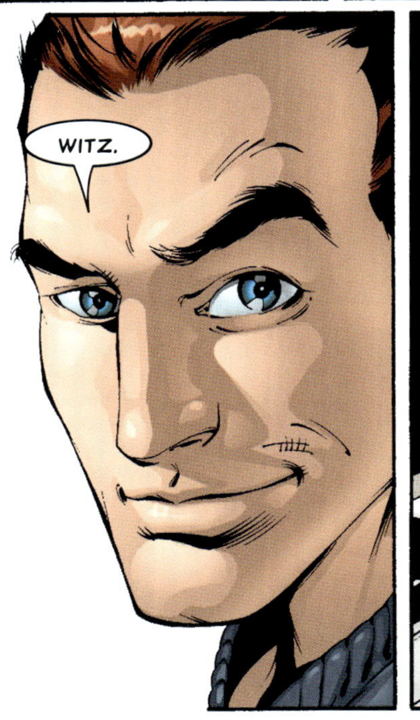
WITZ.

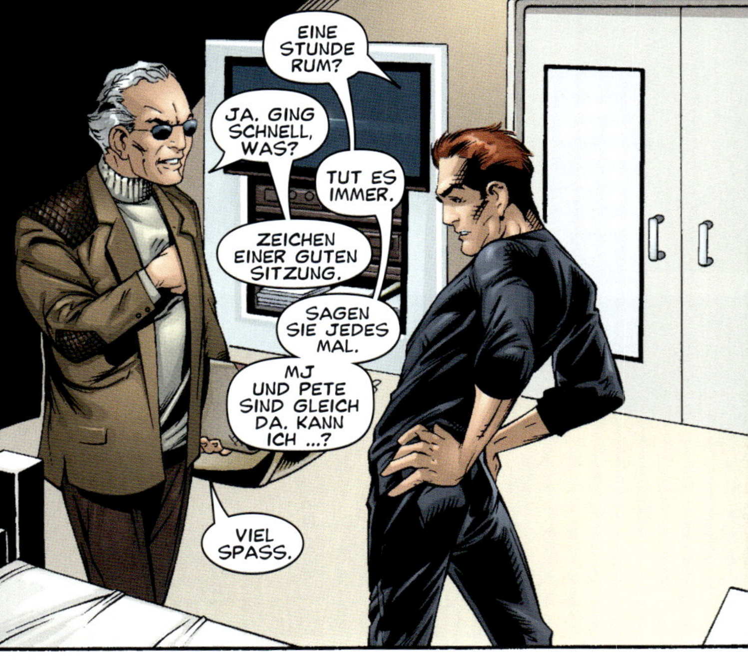
EINE STUNDE RUM?
JA. GING SCHNELL, WAS?
TUT ES IMMER.
ZEICHEN EINER GUTEN SITZUNG.
SAGEN SIE JEDES MAL.
MJ UND PETE SIND GLEICH DA. KANN ICH ...?
VIEL SPASS.

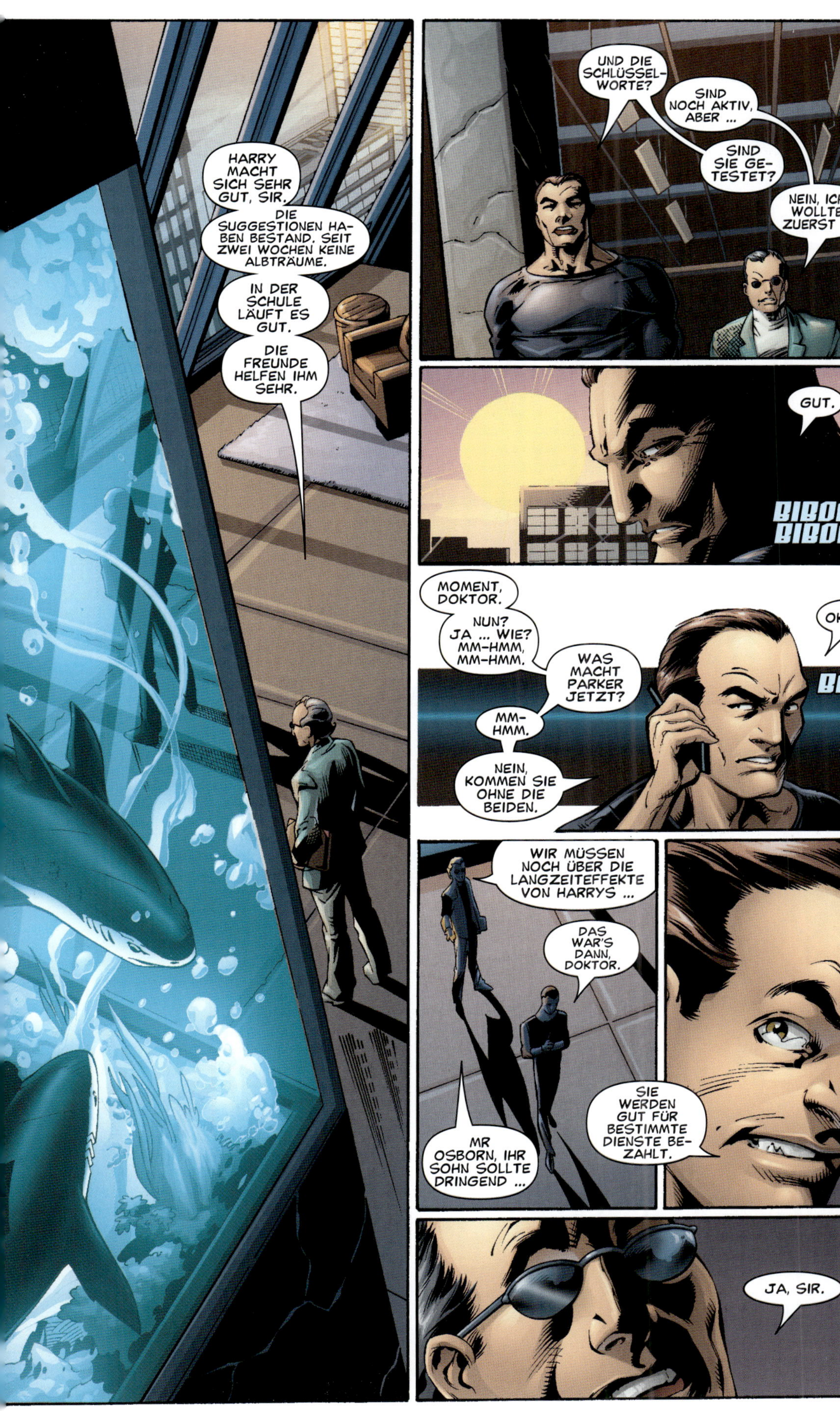
HARRY MACHT SICH SEHR GUT, SIR.
DIE SUGGESTIONEN HABEN BESTAND. SEIT ZWEI WOCHEN KEINE ALBTRÄUME.
IN DER SCHULE LÄUFT ES GUT.
DIE FREUNDE HELFEN IHM SEHR.
UND DIE SCHLÜSSELWORTE?
SIND NOCH AKTIV, ABER ...
SIND SIE GETESTET?
NEIN, ICH WOLLTE ZUERST ...
GUT.
BIBOOP BIBOOP
MOMENT, DOKTOR.
OKAY.
NUN? JA ... WIE? MM-HMM, MM-HMM.
BOOP
WAS MACHT PARKER JETZT?
MM-HMM.
NEIN, KOMMEN SIE OHNE DIE BEIDEN.
WIR MÜSSEN NOCH ÜBER DIE LANGZEITEFFEKTE VON HARRYS ...
DAS WAR'S DANN, DOKTOR.
MR OSBORN, IHR SOHN SOLLTE DRINGEND ...
SIE WERDEN GUT FÜR BESTIMMTE DIENSTE BEZAHLT.
JA, SIR.

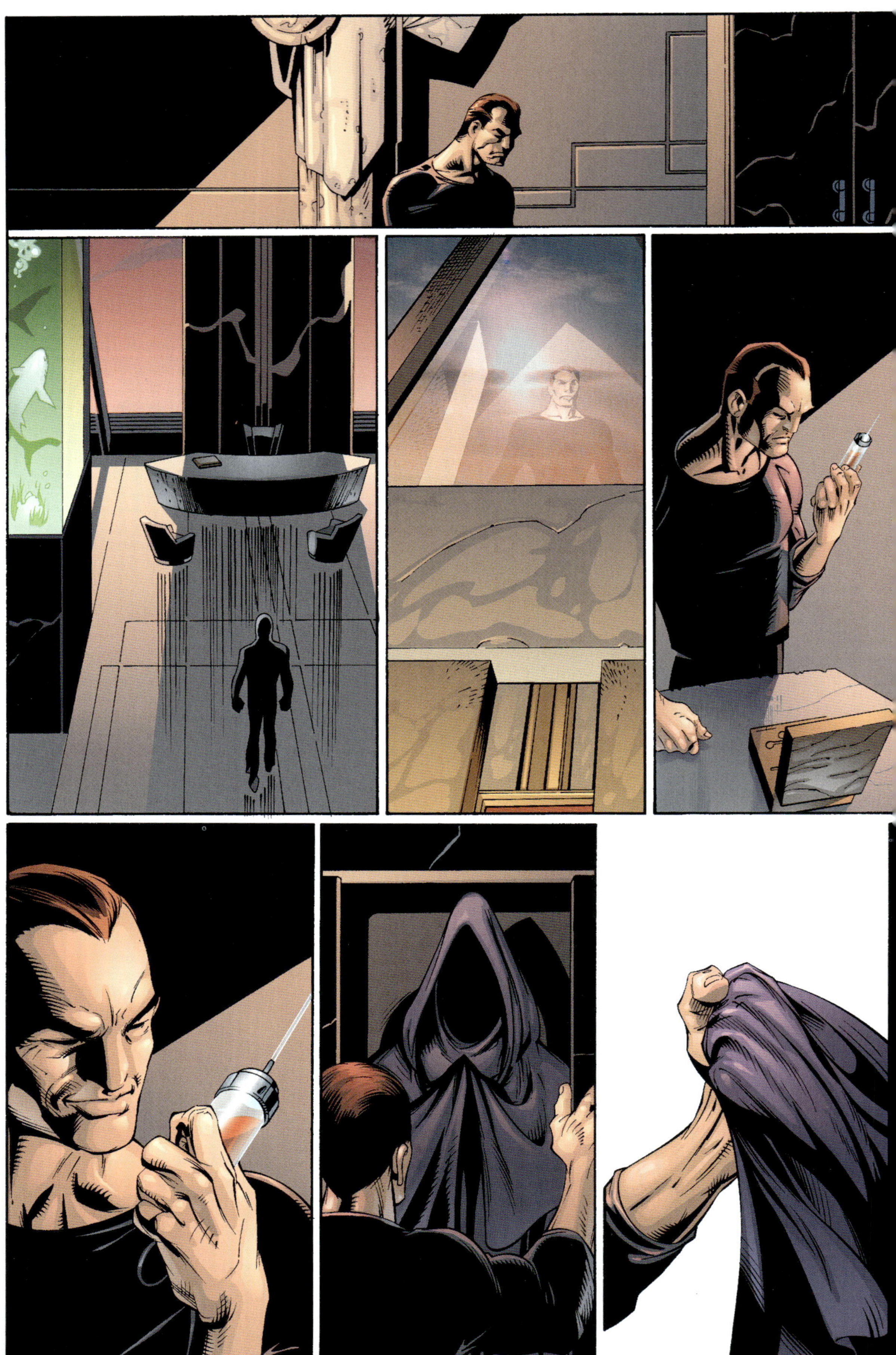

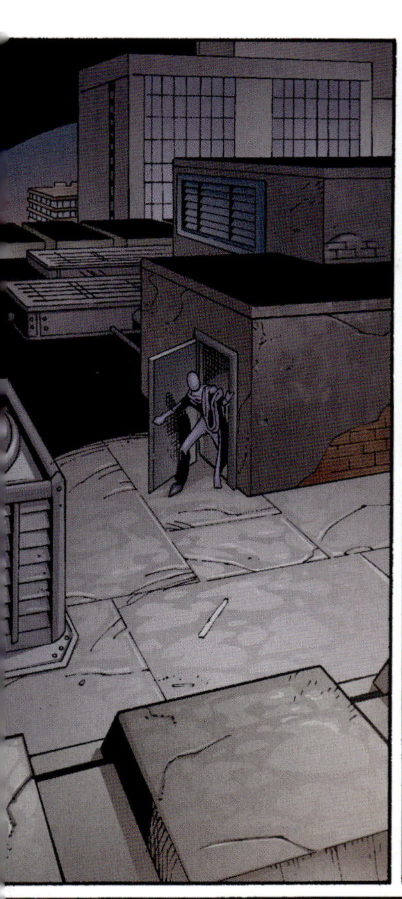

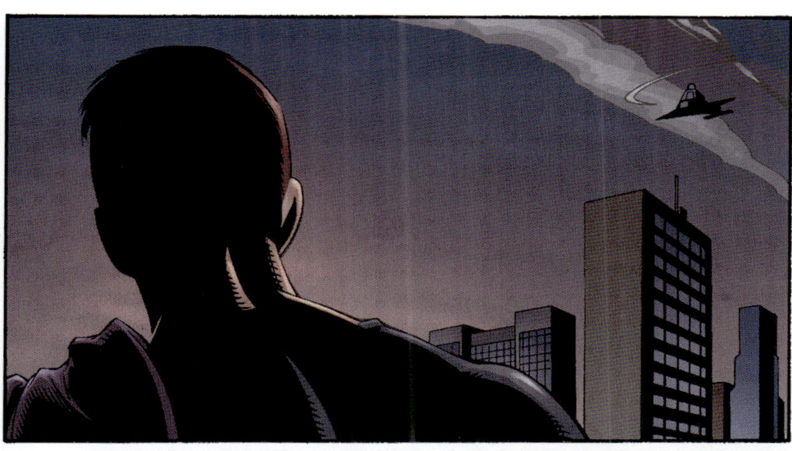

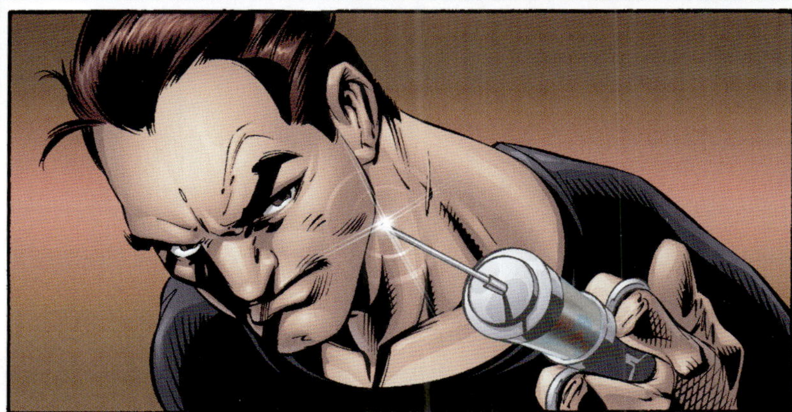

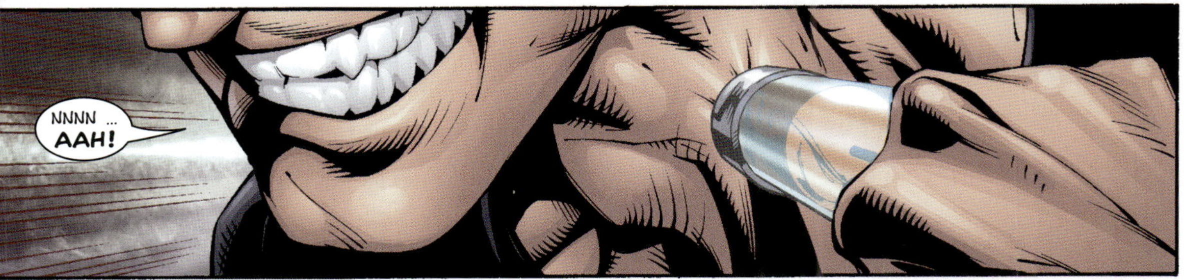
NNNN ... AAH!

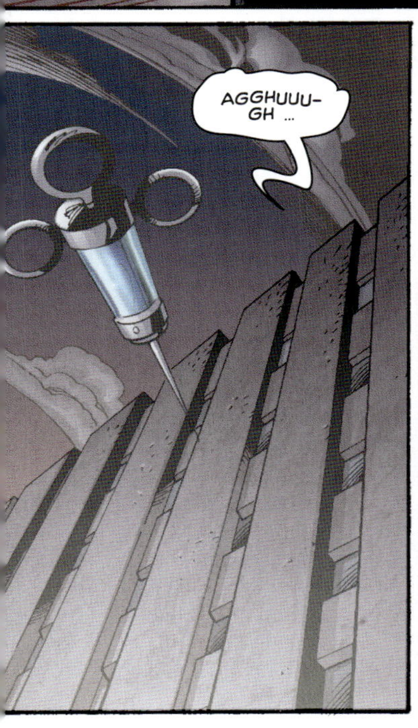
AGGHUUUG-GH ...

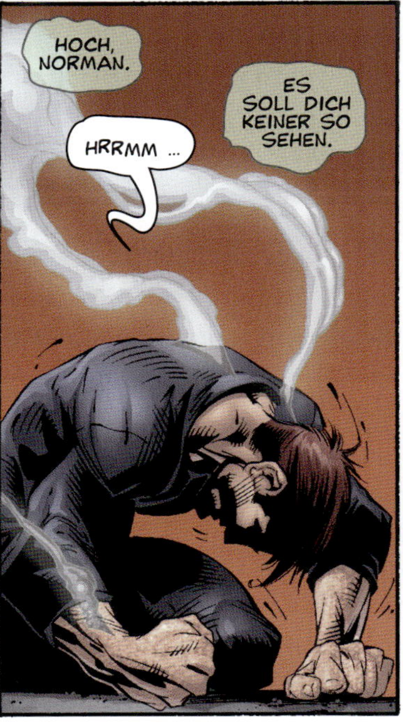
HOCH, NORMAN.
HRRMM ...
ES SOLL DICH KEINER SO SEHEN.

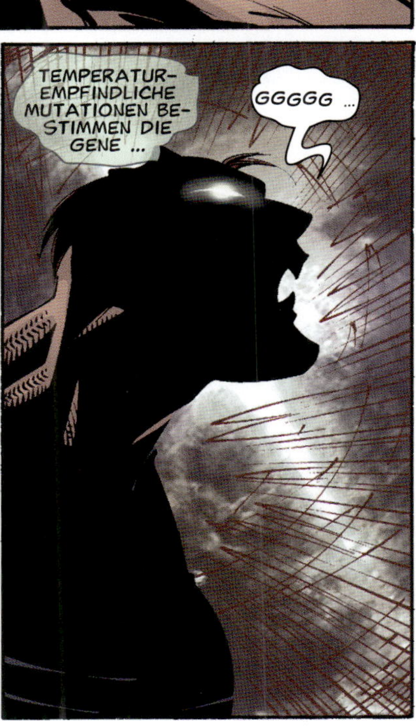
TEMPERATUR-EMPFINDLICHE MUTATIONEN BE-STIMMEN DIE GENE ...
GGGGG ...

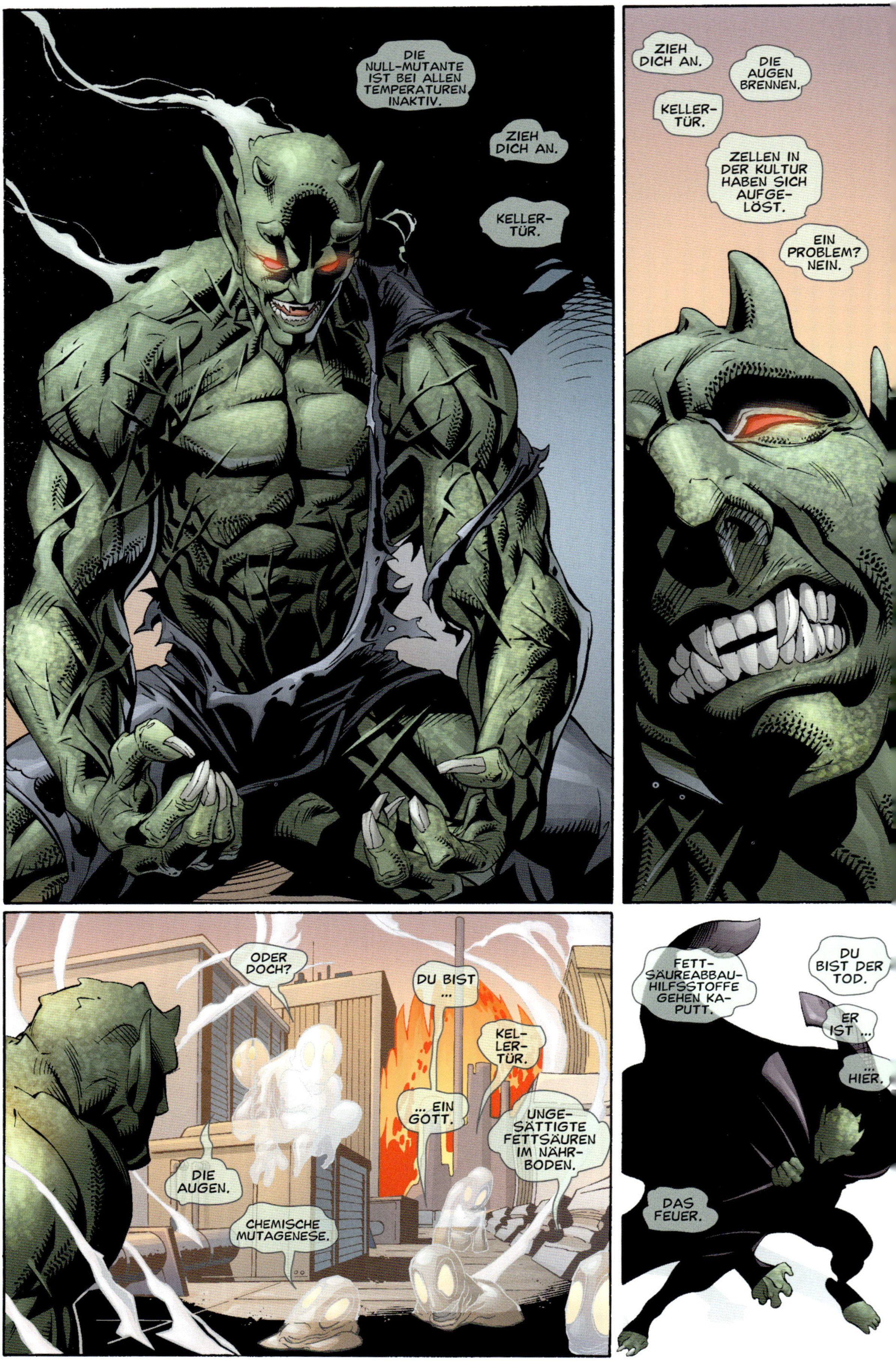

DIE NULL-MUTANTE IST BEI ALLEN TEMPERATUREN INAKTIV.

ZIEH DICH AN.

KELLER-TÜR.

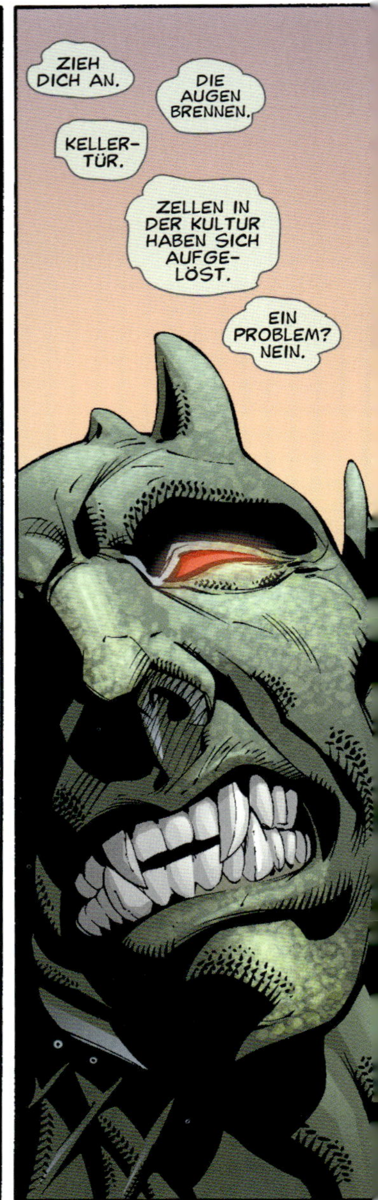

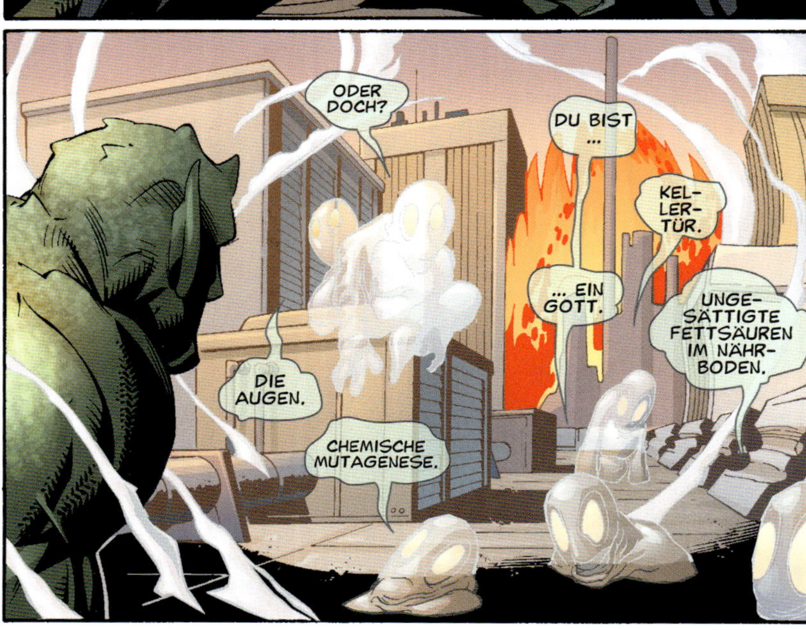

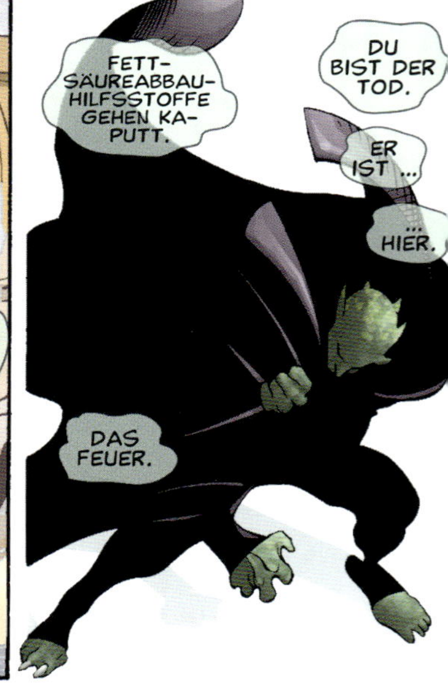

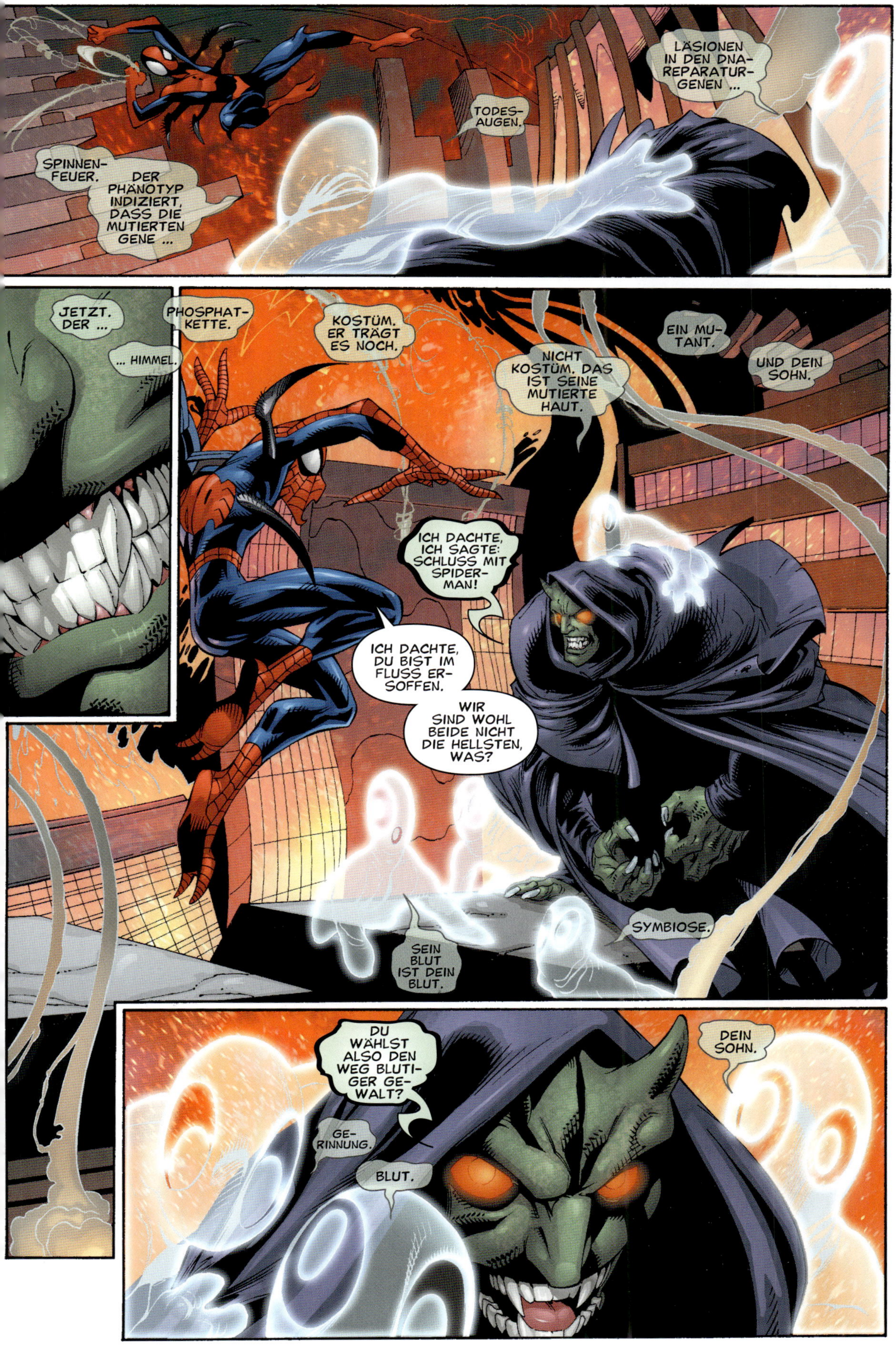

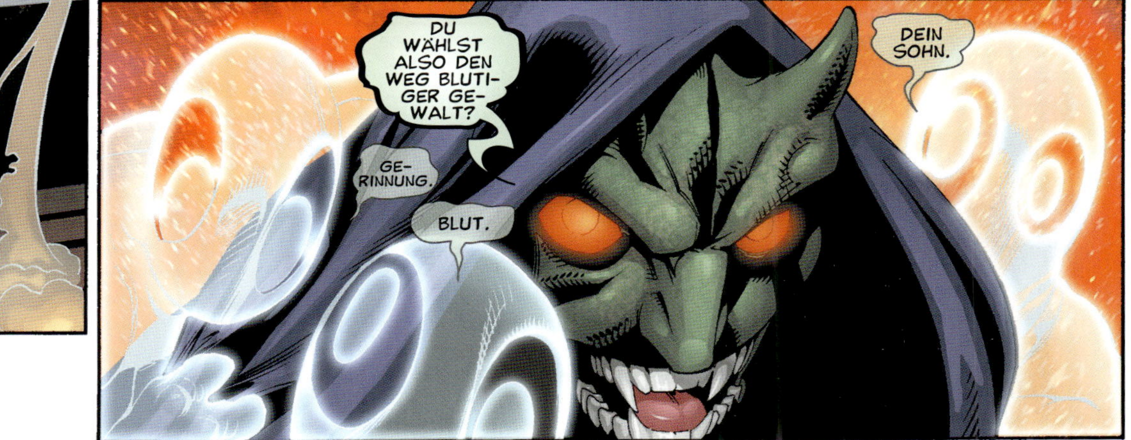
SPINNEN-FEUER.
DER PHÄNOTYP INDIZIERT, DASS DIE MUTIERTEN GENE ...
TODES-AUGEN.
LÄSIONEN IN DEN DNA-REPARATUR-GENEN ...
JETZT. DER ...
... HIMMEL.
PHOSPHAT-KETTE.
KOSTÜM. ER TRÄGT ES NOCH.
NICHT KOSTÜM. DAS IST SEINE MUTIERTE HAUT.
EIN MU-TANT.
UND DEIN SOHN.
ICH DACHTE, ICH SAGTE: SCHLUSS MIT SPIDER-MAN!
ICH DACHTE, DU BIST IM FLUSS ER-SOFFEN.
WIR SIND WOHL BEIDE NICHT DIE HELLSTEN, WAS?
SEIN BLUT IST DEIN BLUT.
SYMBIOSE.
DU WÄHLST ALSO DEN WEG BLUTI-GER GE-WALT?
DEIN SOHN.
GE-RINNUNG.
BLUT.

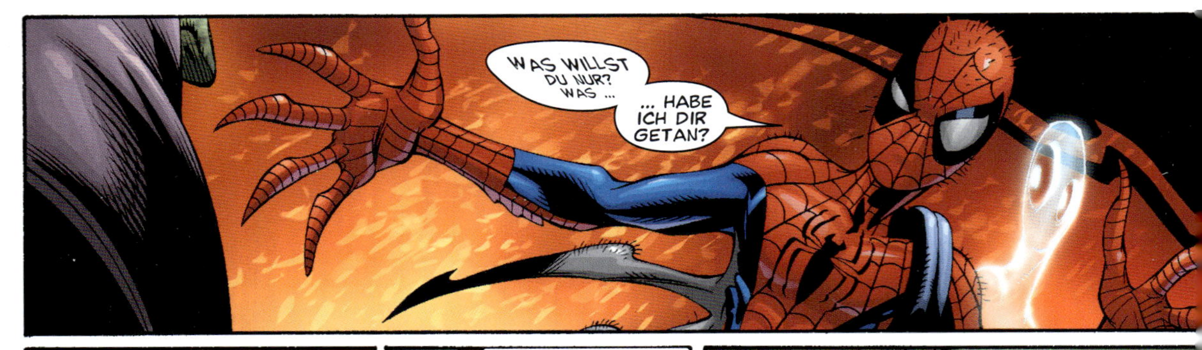
WAS WILLST DU NUR? WAS ...
... HABE ICH DIR GETAN?

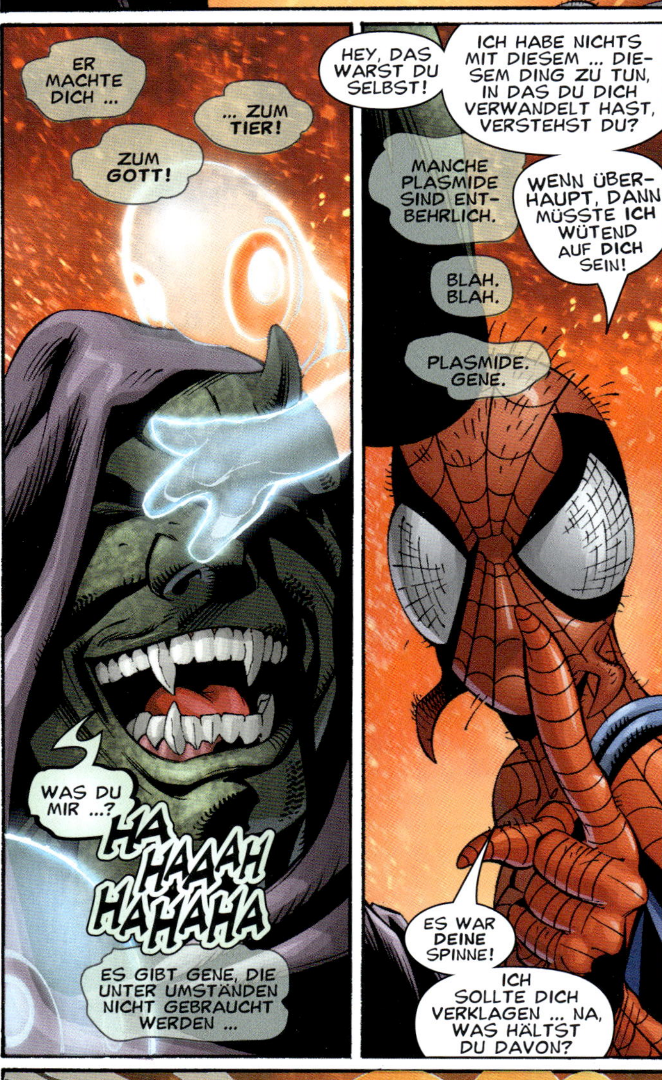
ER MACHTE DICH ...
... ZUM TIER!
ZUM GOTT!
WAS DU MIR ...?
HA HAAAH HAHAHA
ES GIBT GENE, DIE UNTER UMSTÄNDEN NICHT GEBRAUCHT WERDEN ...
HEY, DAS WARST DU SELBST!
ICH HABE NICHTS MIT DIESEM ... DIESEM DING ZU TUN, IN DAS DU DICH VERWANDELT HAST, VERSTEHST DU?
MANCHE PLASMIDE SIND ENTBEHRLICH.
WENN ÜBERHAUPT, DANN MÜSSTE ICH WÜTEND AUF DICH SEIN!
BLAH. BLAH.
PLASMIDE. GENE.
ES WAR DEINE SPINNE!
ICH SOLLTE DICH VERKLAGEN ... NA, WAS HÄLTST DU DAVON?

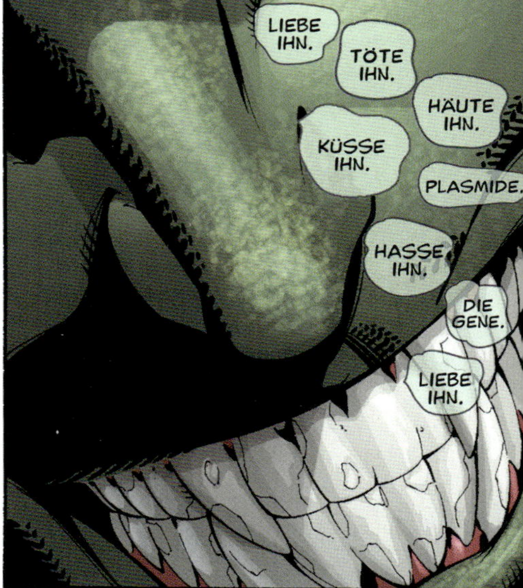
LIEBE IHN.
TÖTE IHN.
HÄUTE IHN.
KÜSSE IHN.
PLASMIDE.
HASSE IHN.
DIE GENE.
LIEBE IHN.

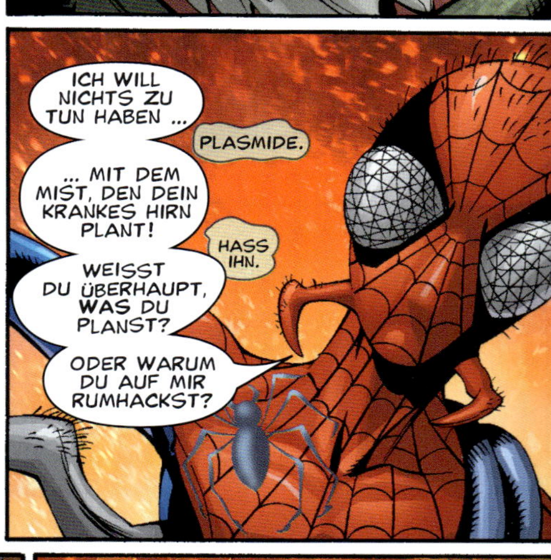
ICH WILL NICHTS ZU TUN HABEN ...
PLASMIDE.
... MIT DEM MIST, DEN DEIN KRANKES HIRN PLANT!
HASS IHN.
WEISST DU ÜBERHAUPT, WAS DU PLANST?
ODER WARUM DU AUF MIR RUMHACKST?

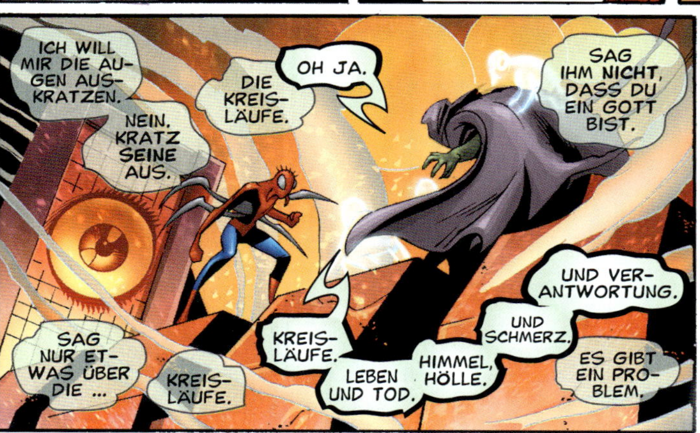
ICH WILL MIR DIE AUGEN AUSKRATZEN.
NEIN. KRATZ SEINE AUS.
DIE KREISLÄUFE.
OH JA.
SAG IHM NICHT, DASS DU EIN GOTT BIST.
UND VERANTWORTUNG.
UND SCHMERZ.
KREISLÄUFE.
HIMMEL, HÖLLE.
LEBEN UND TOD.
ES GIBT EIN PROBLEM.
SAG NUR ETWAS ÜBER DIE ...
KREISLÄUFE.

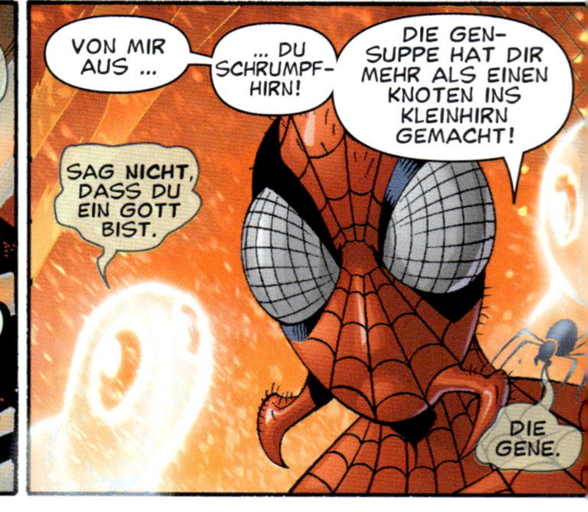
VON MIR AUS ...
... DU SCHRUMPFHIRN!
DIE GENSUPPE HAT DIR MEHR ALS EINEN KNOTEN INS KLEINHIRN GEMACHT!
SAG NICHT, DASS DU EIN GOTT BIST.
DIE GENE.

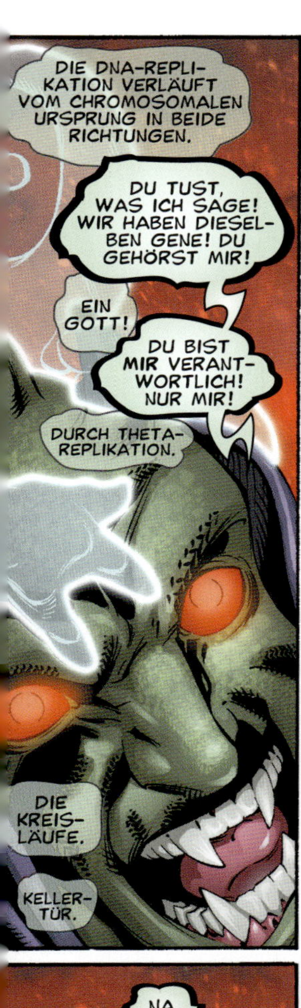
DIE DNA-REPLIKATION VERLÄUFT VOM CHROMOSOMALEN URSPRUNG IN BEIDE RICHTUNGEN.
DU TUST, WAS ICH SAGE! WIR HABEN DIESELBEN GENE! DU GEHÖRST MIR!
EIN GOTT!
DU BIST MIR VERANTWORTLICH! NUR MIR!
DURCH THETA-REPLIKATION.
DIE KREISLÄUFE.
KELLERTÜR.
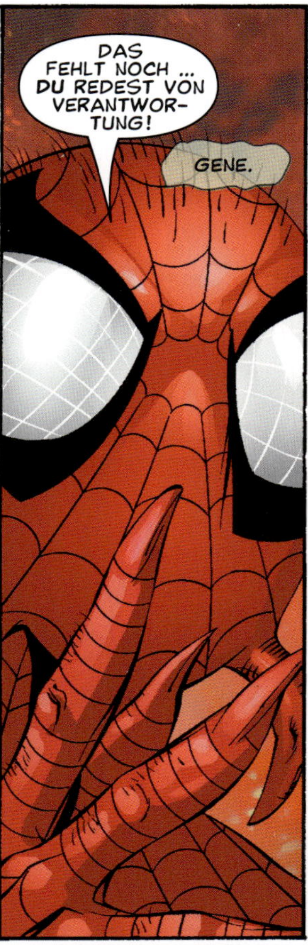
DAS FEHLT NOCH ... DU REDEST VON VERANTWORTUNG!
GENE.
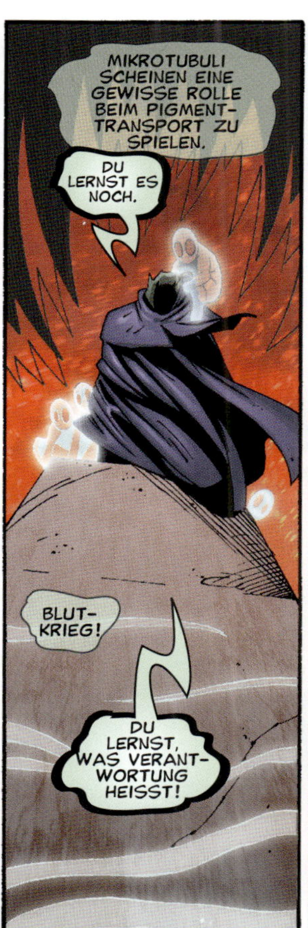
MIKROTUBULI SCHEINEN EINE GEWISSE ROLLE BEIM PIGMENTTRANSPORT ZU SPIELEN.
DU LERNST ES NOCH.
BLUTKRIEG!
DU LERNST, WAS VERANTWORTUNG HEISST!
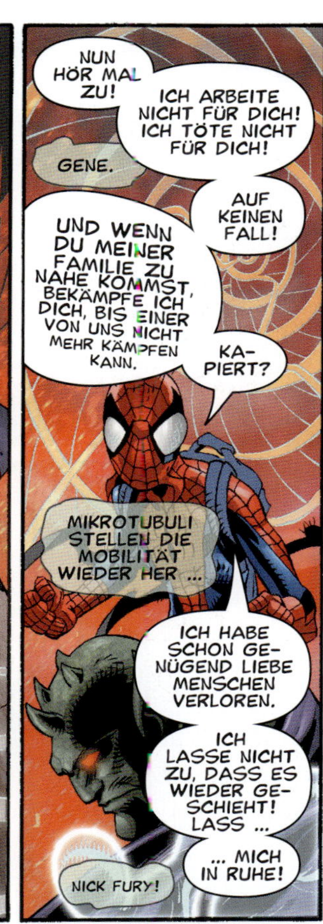
NUN HÖR MAL ZU!
ICH ARBEITE NICHT FÜR DICH! ICH TÖTE NICHT FÜR DICH!
GENE.
AUF KEINEN FALL!
UND WENN DU MEINER FAMILIE ZU NAHE KOMMST, BEKÄMPFE ICH DICH, BIS EINER VON UNS NICHT MEHR KÄMPFEN KANN.
KAPIERT?
MIKROTUBULI STELLEN DIE MOBILITÄT WIEDER HER ...
ICH HABE SCHON GENÜGEND LIEBE MENSCHEN VERLOREN.
ICH LASSE NICHT ZU, DASS ES WIEDER GESCHIEHT! LASS ...
... MICH IN RUHE!
NICK FURY!
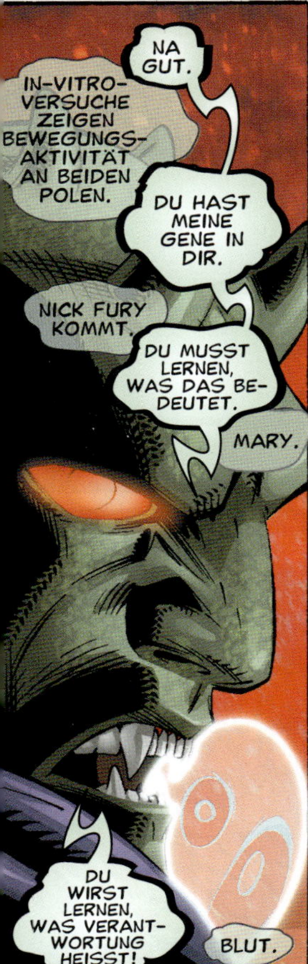
NA GUT.
IN-VITRO-VERSUCHE ZEIGEN BEWEGUNGSAKTIVITÄT AN BEIDEN POLEN.
DU HAST MEINE GENE IN DIR.
NICK FURY KOMMT.
DU MUSST LERNEN, WAS DAS BEDEUTET.
MARY.
DU WIRST LERNEN, WAS VERANTWORTUNG HEISST!
BLUT.
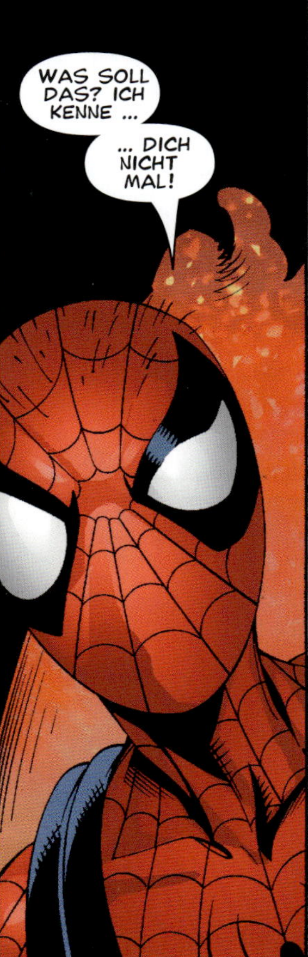
WAS SOLL DAS? ICH KENNE ...
... DICH NICHT MAL!
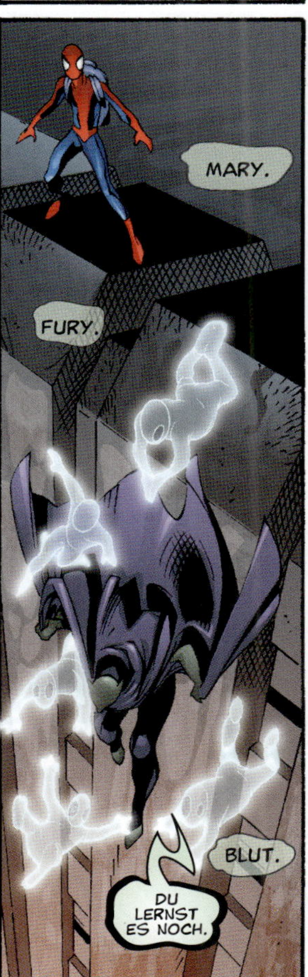
MARY.
FURY.
BLUT.
DU LERNST ES NOCH.
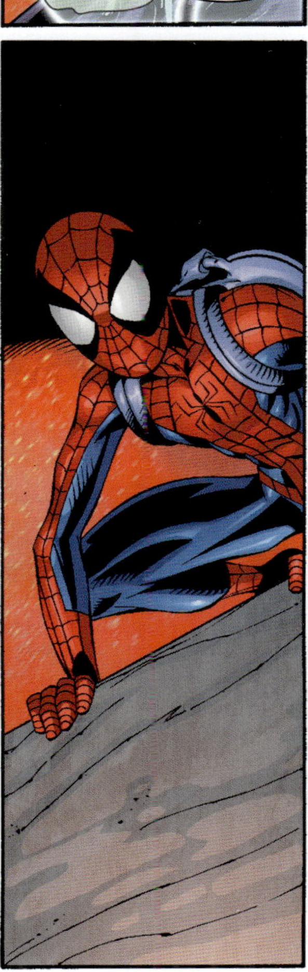

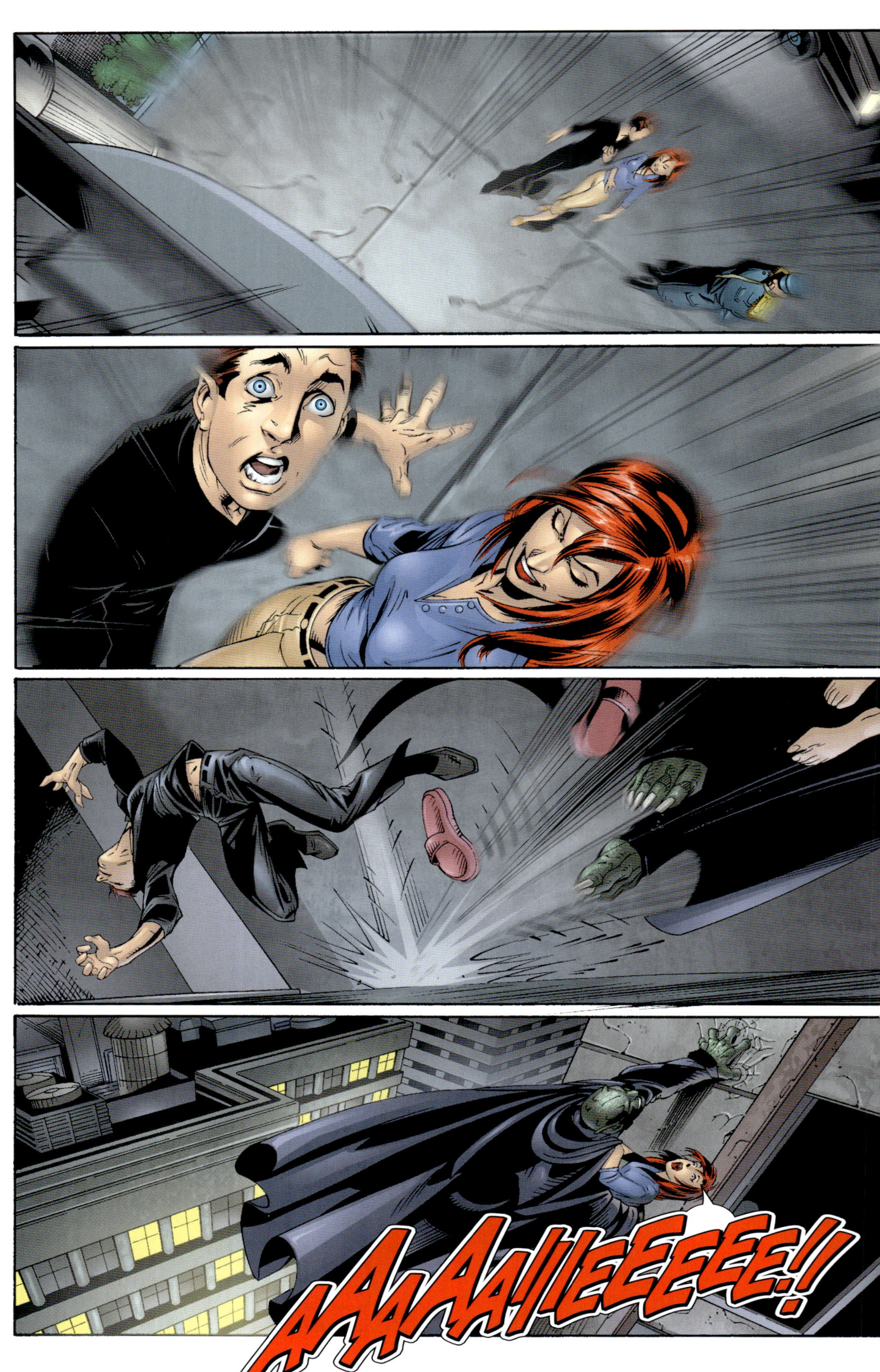
AAAAAIIIEEEEEE!!

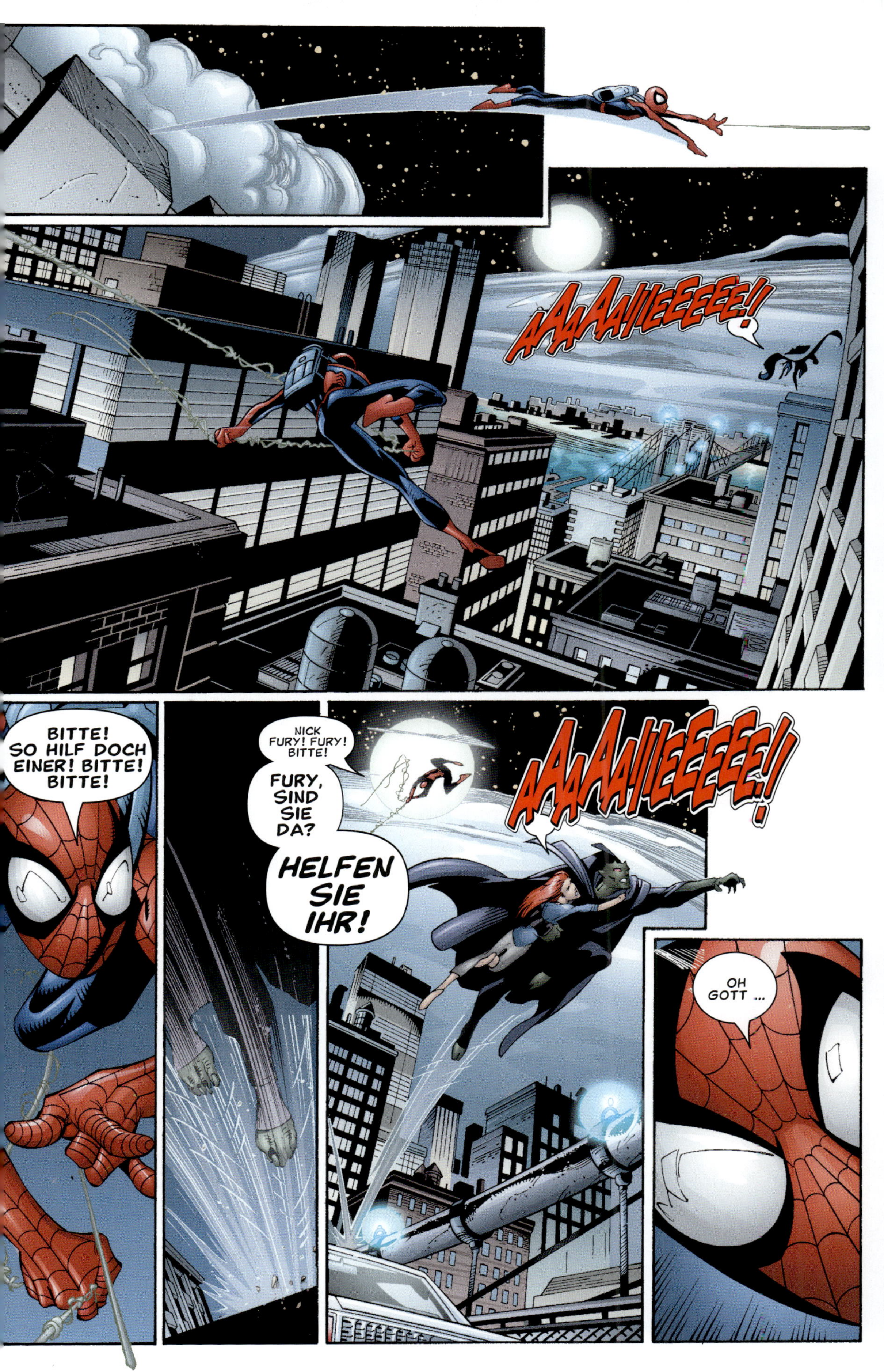
AAAAAIIIEEEEE!
BITTE! SO HILF DOCH EINER! BITTE! BITTE!
NICK FURY! FURY! BITTE!
FURY, SIND SIE DA?
HELFEN SIE IHR!
AAAAAIIIEEEEE!
OH GOTT ...

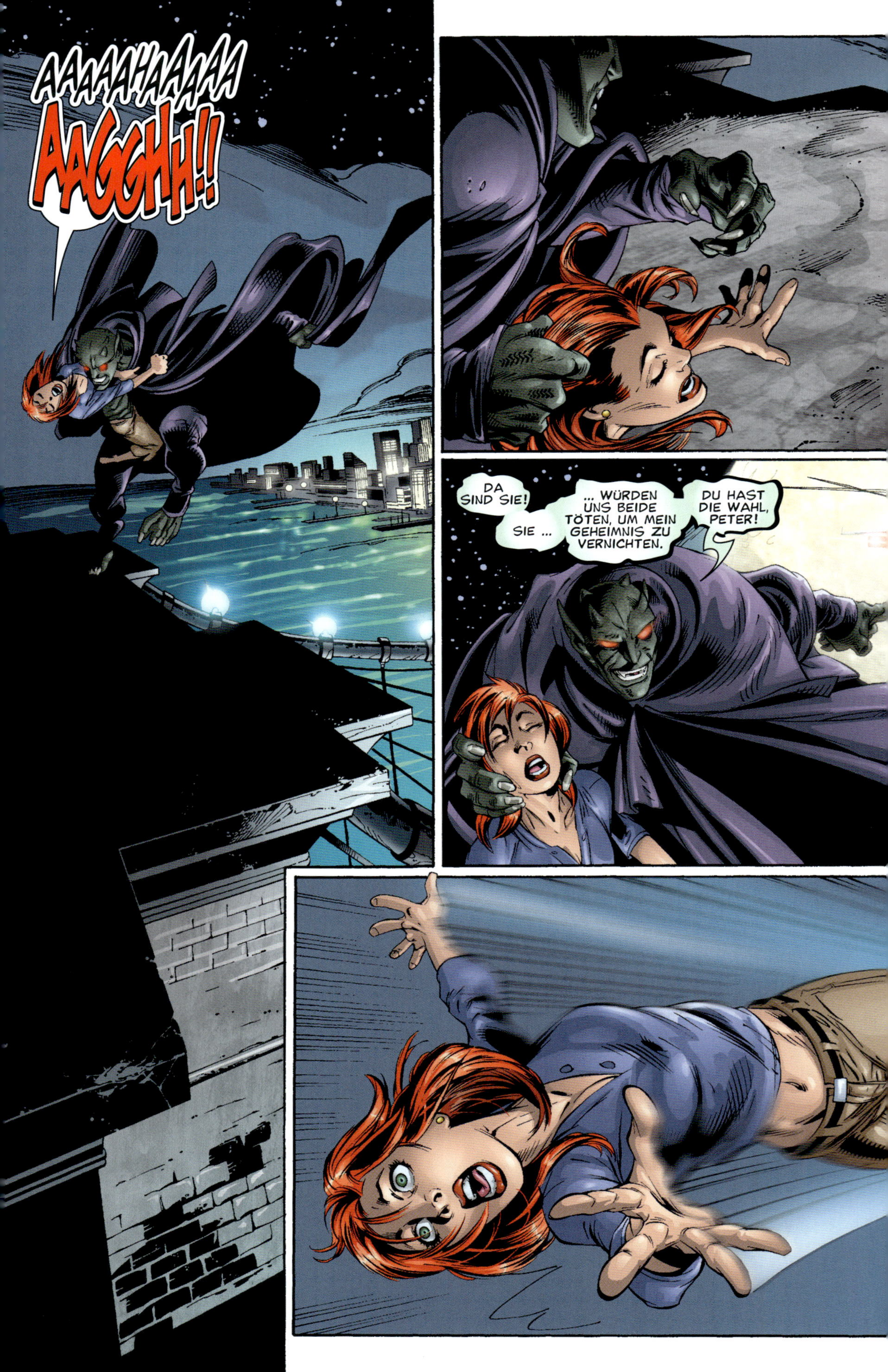
AAAAAHAAAAA
AAGGHH!!
DA SIND SIE!
SIE ...
... WÜRDEN UNS BEIDE TÖTEN, UM MEIN GEHEIMNIS ZU VERNICHTEN.
DU HAST DIE WAHL, PETER!

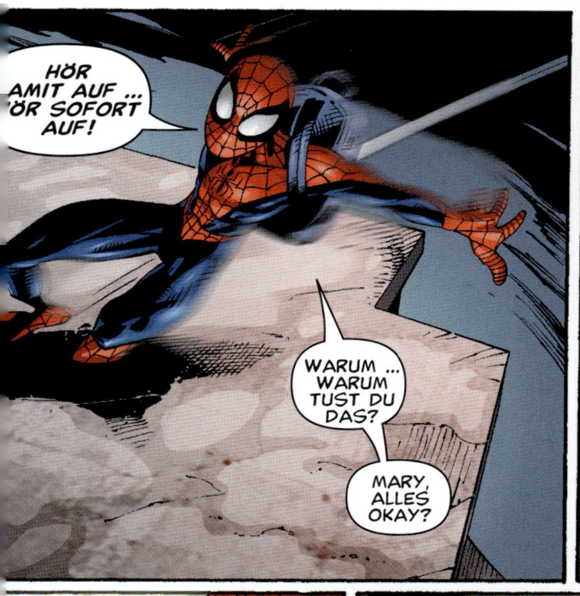
HÖR
AMIT AUF ...
ÖR SOFORT
AUF!
WARUM ... WARUM TUST DU DAS?
MARY, ALLES OKAY?

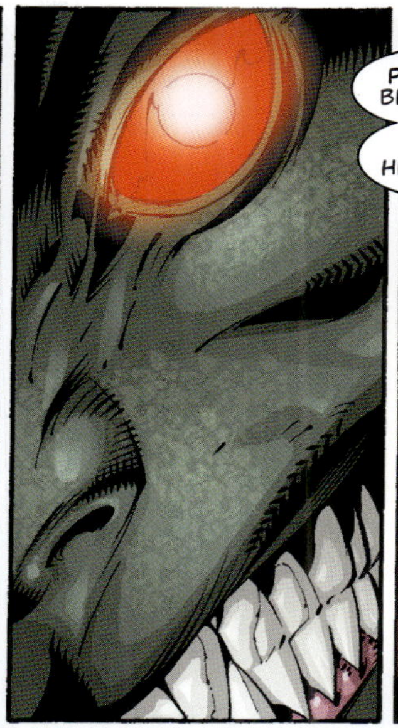

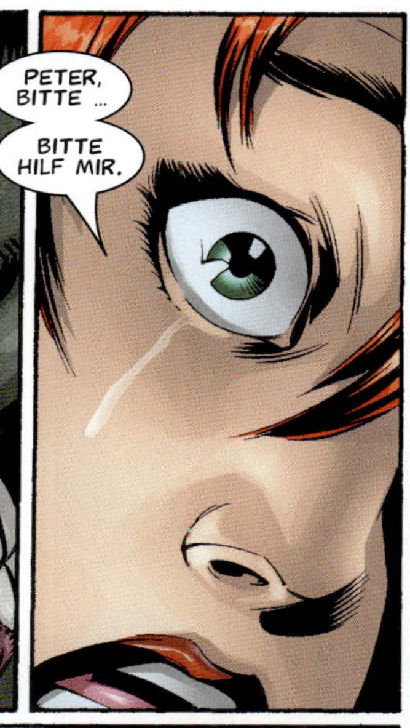
PETER, BITTE ...
BITTE HILF MIR.

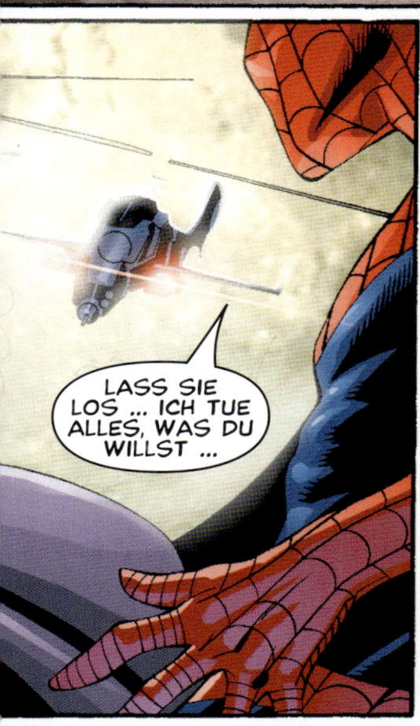
LASS SIE LOS ... ICH TUE ALLES, WAS DU WILLST ...

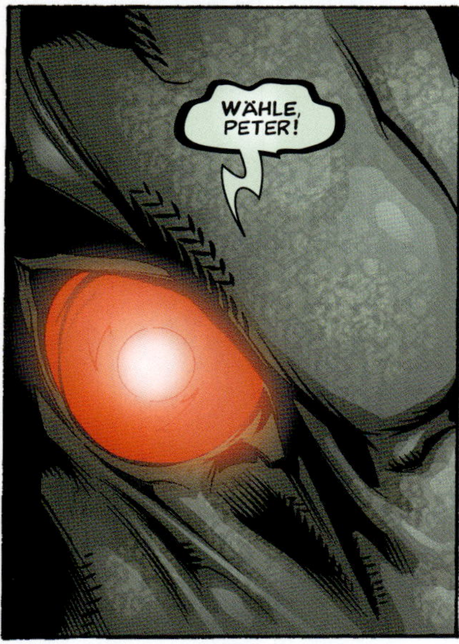
WÄHLE, PETER!

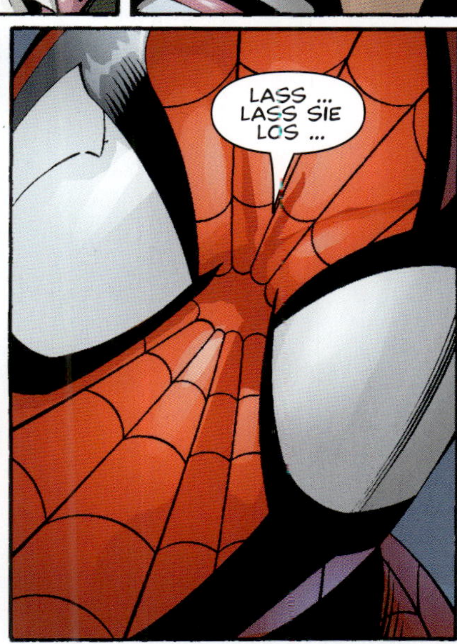
LASS ... LASS SIE LOS ...

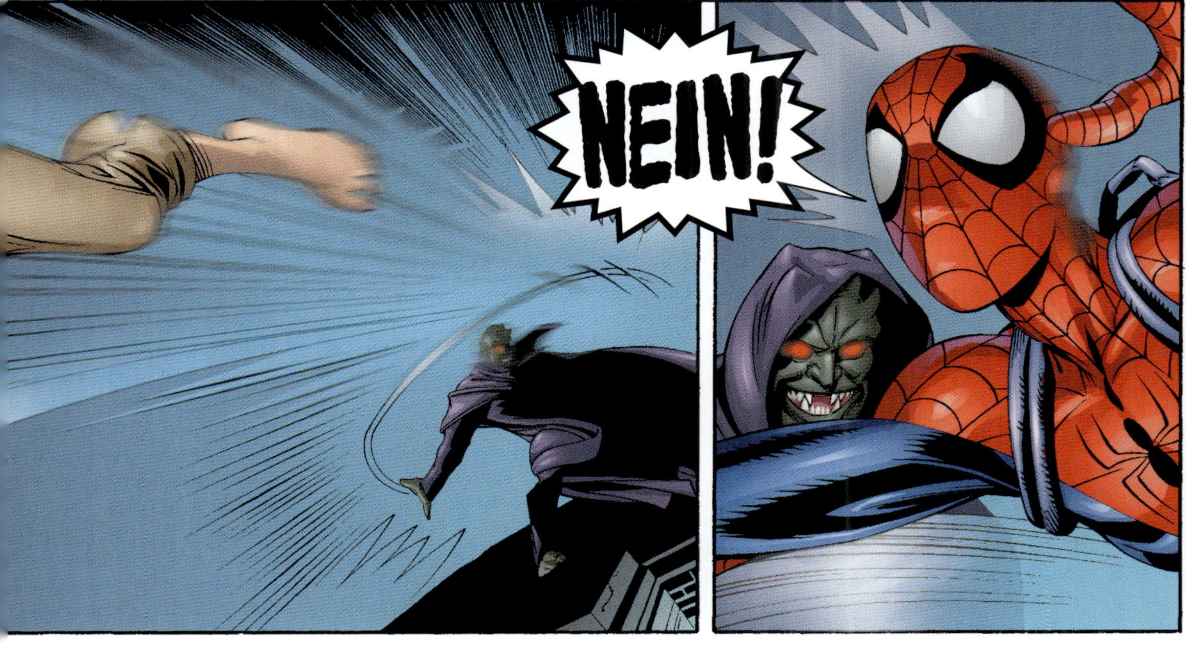
NEIN!

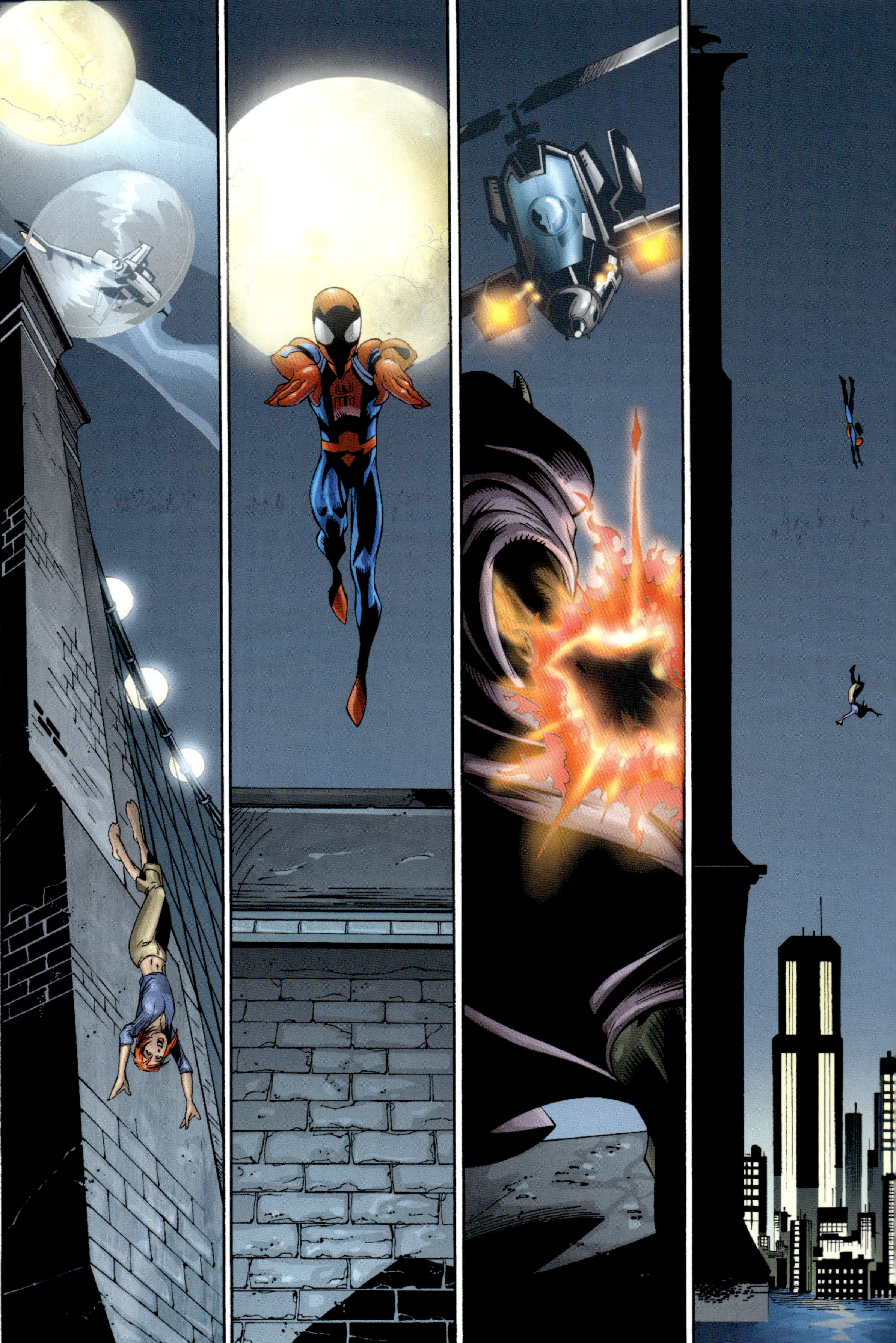

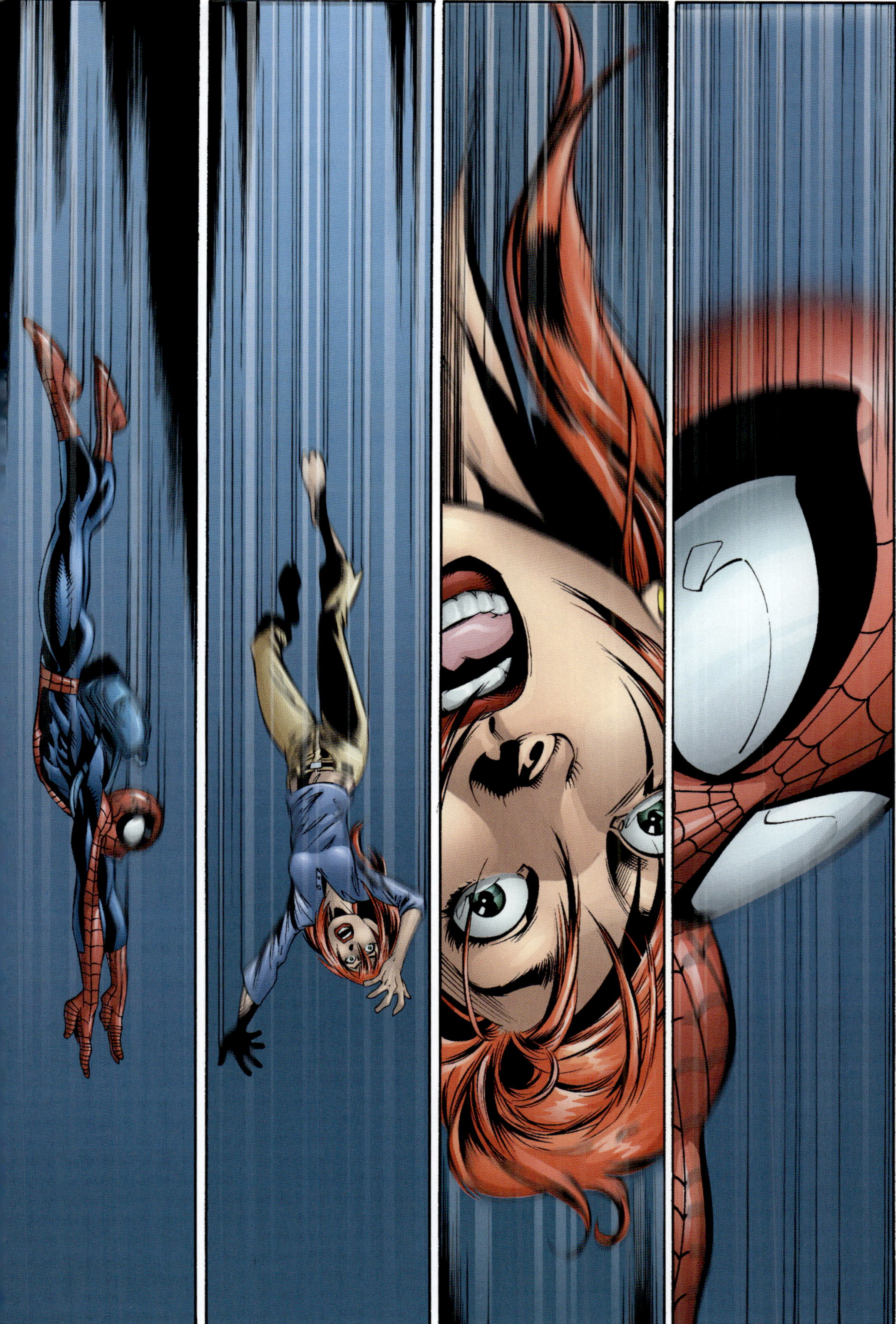

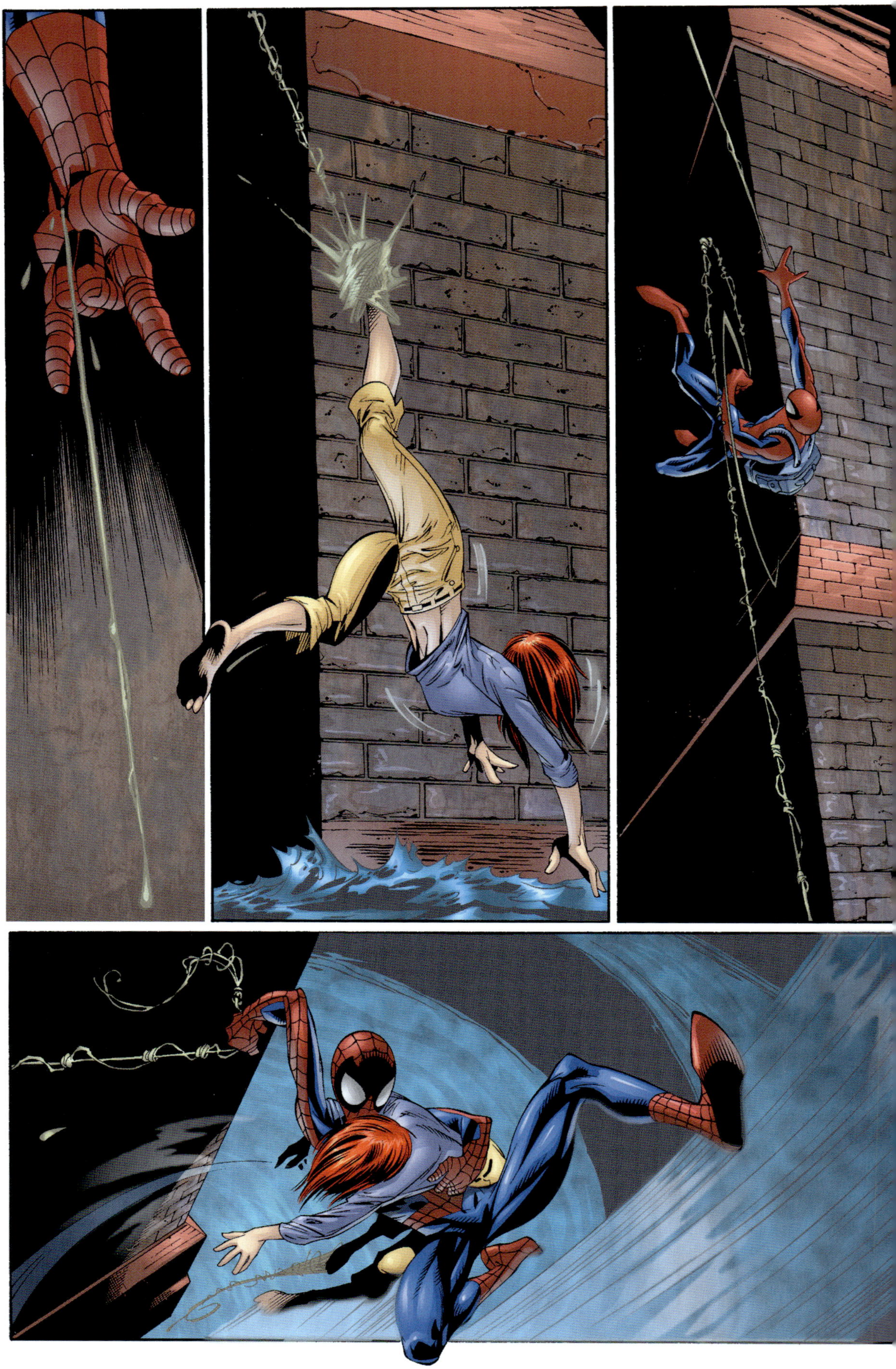

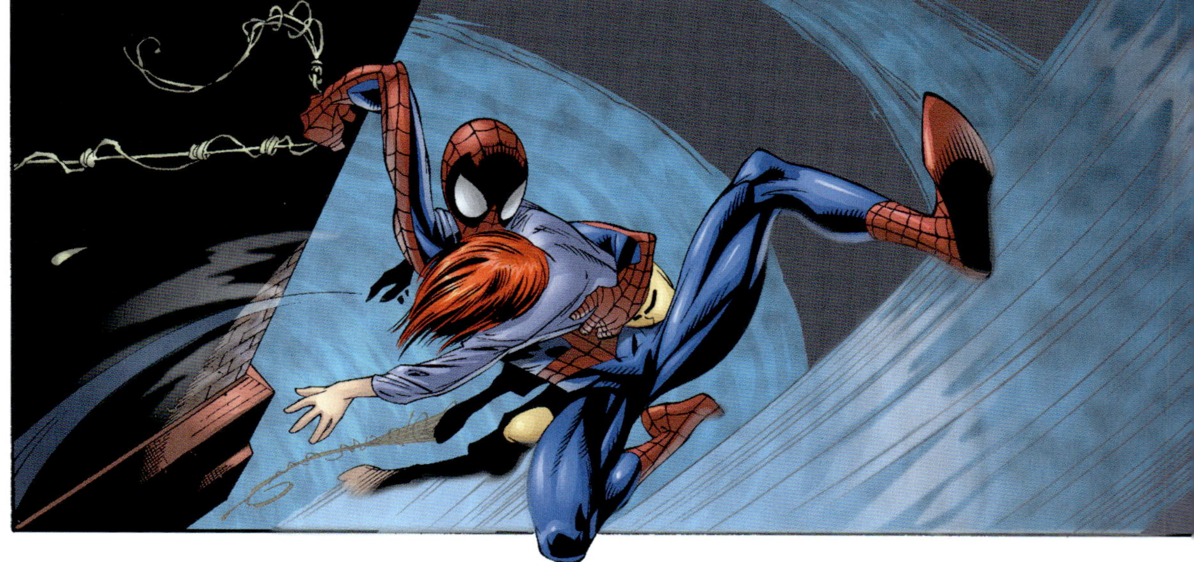

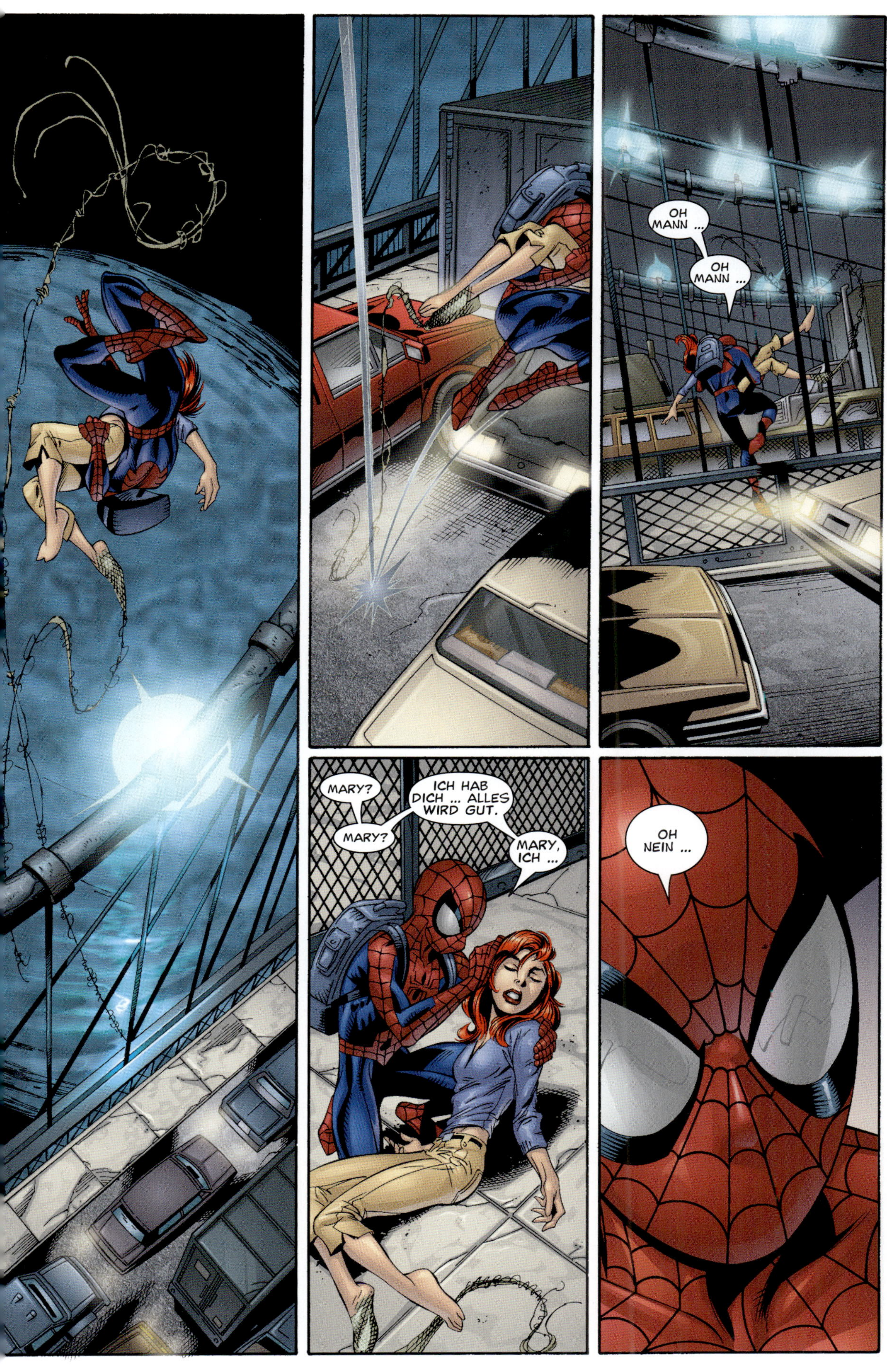
OH MANN ...
OH MANN ...
MARY?
ICH HAB DICH ... ALLES WIRD GUT.
MARY?
MARY, ICH ...
OH NEIN ...

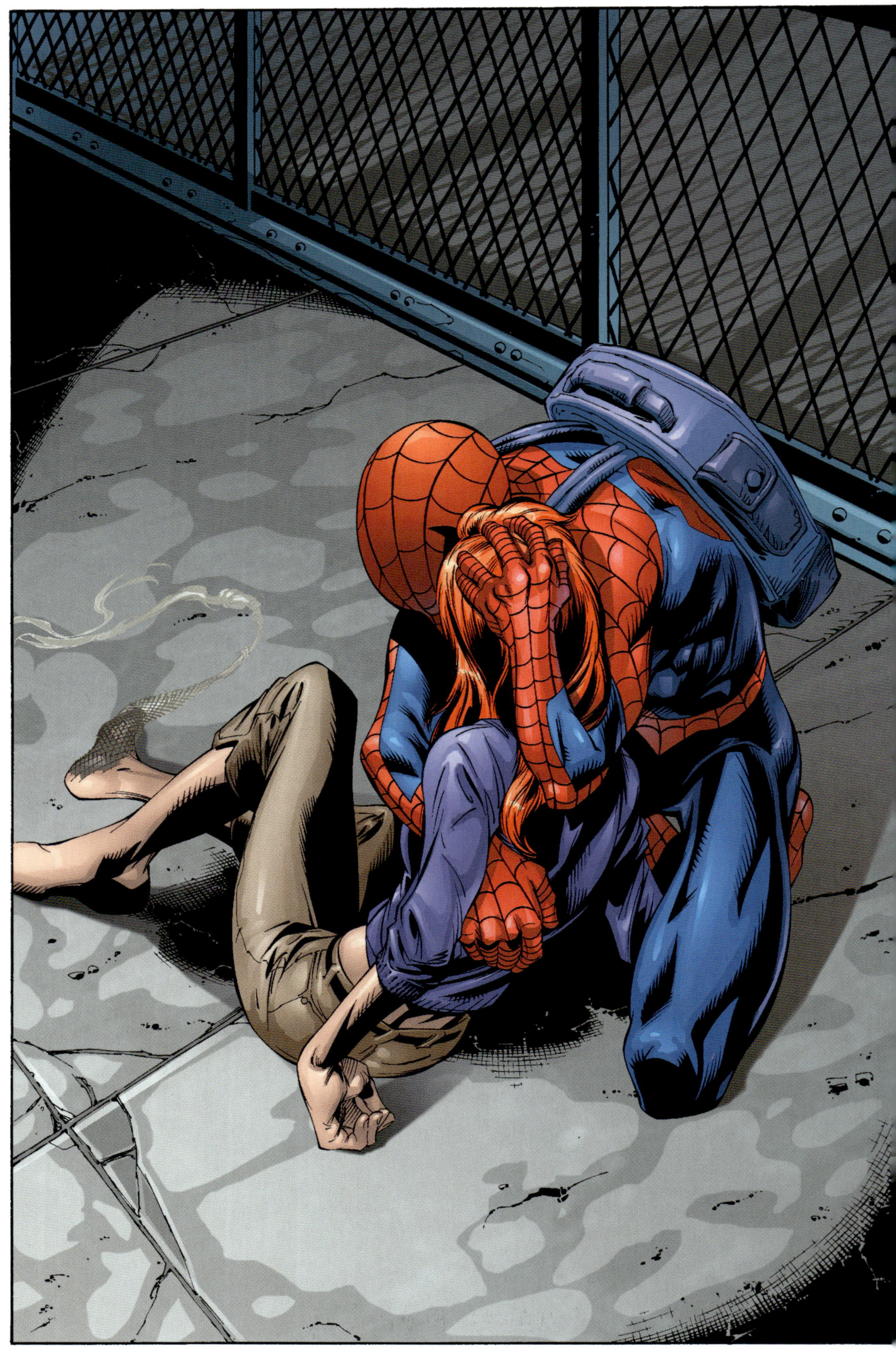

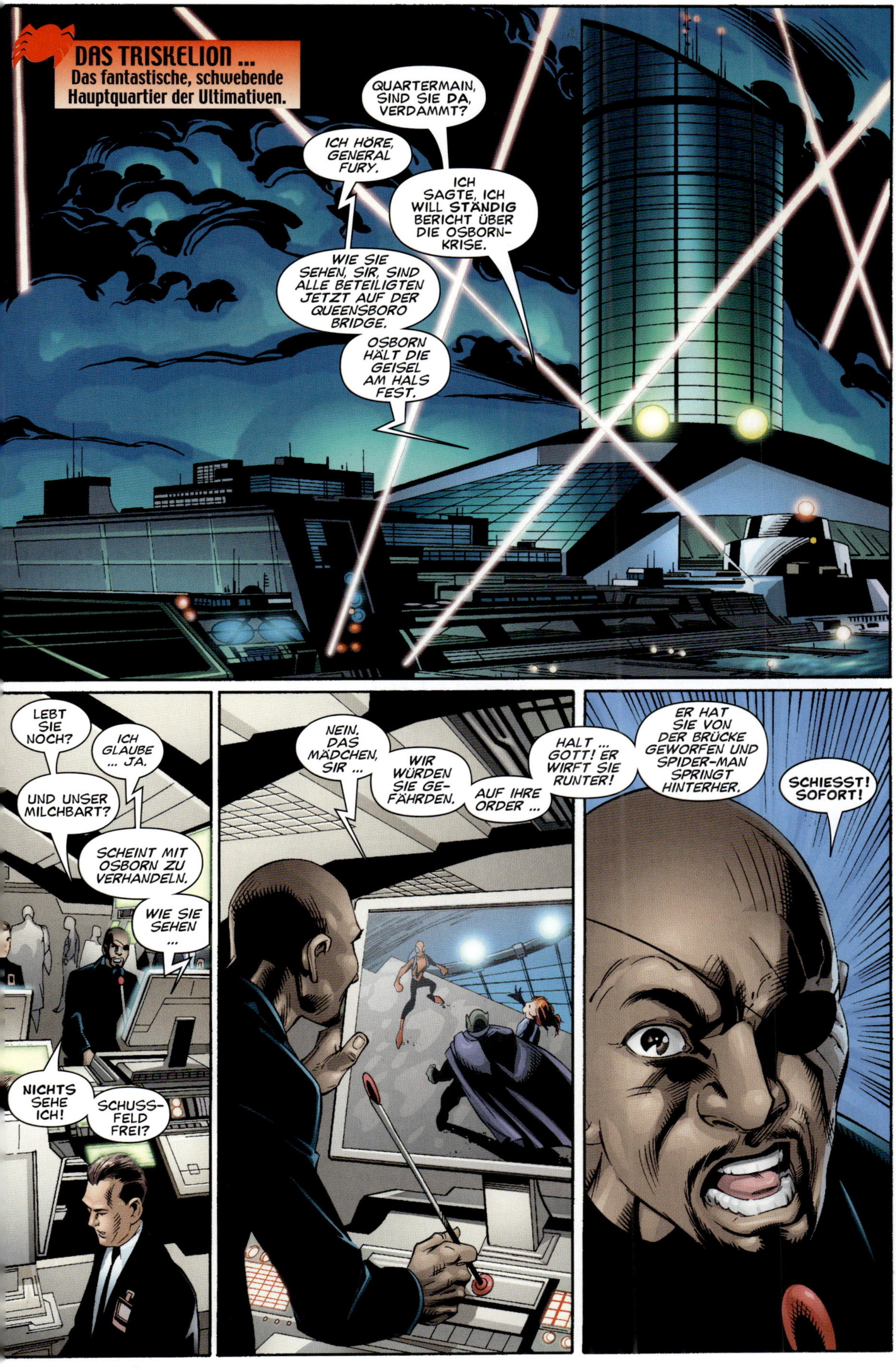

DAS TRISKELION ...
Das fantastische, schwebende Hauptquartier der Ultimativen.

QUARTERMAIN, SIND SIE DA, VERDAMMT?
ICH HÖRE, GENERAL FURY.
ICH SAGTE, ICH WILL STÄNDIG BERICHT ÜBER DIE OSBORN-KRISE.
WIE SIE SEHEN, SIR, SIND ALLE BETEILIGTEN JETZT AUF DER QUEENSBORO BRIDGE.
OSBORN HÄLT DIE GEISEL AM HALS FEST.

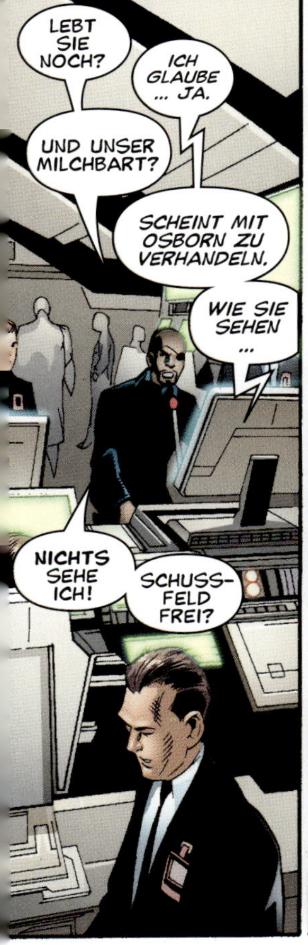

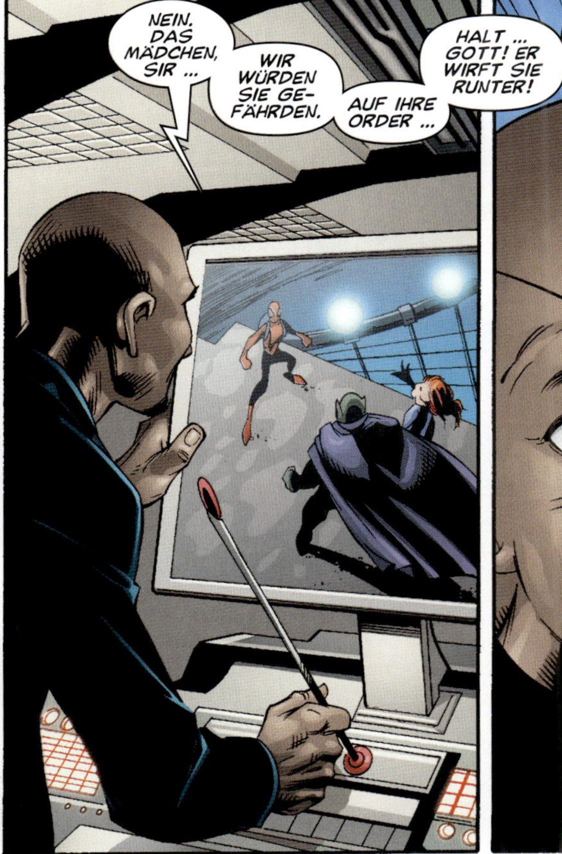

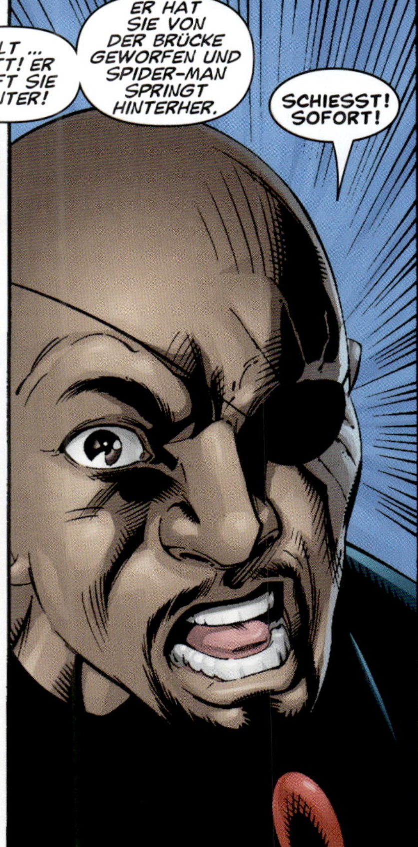

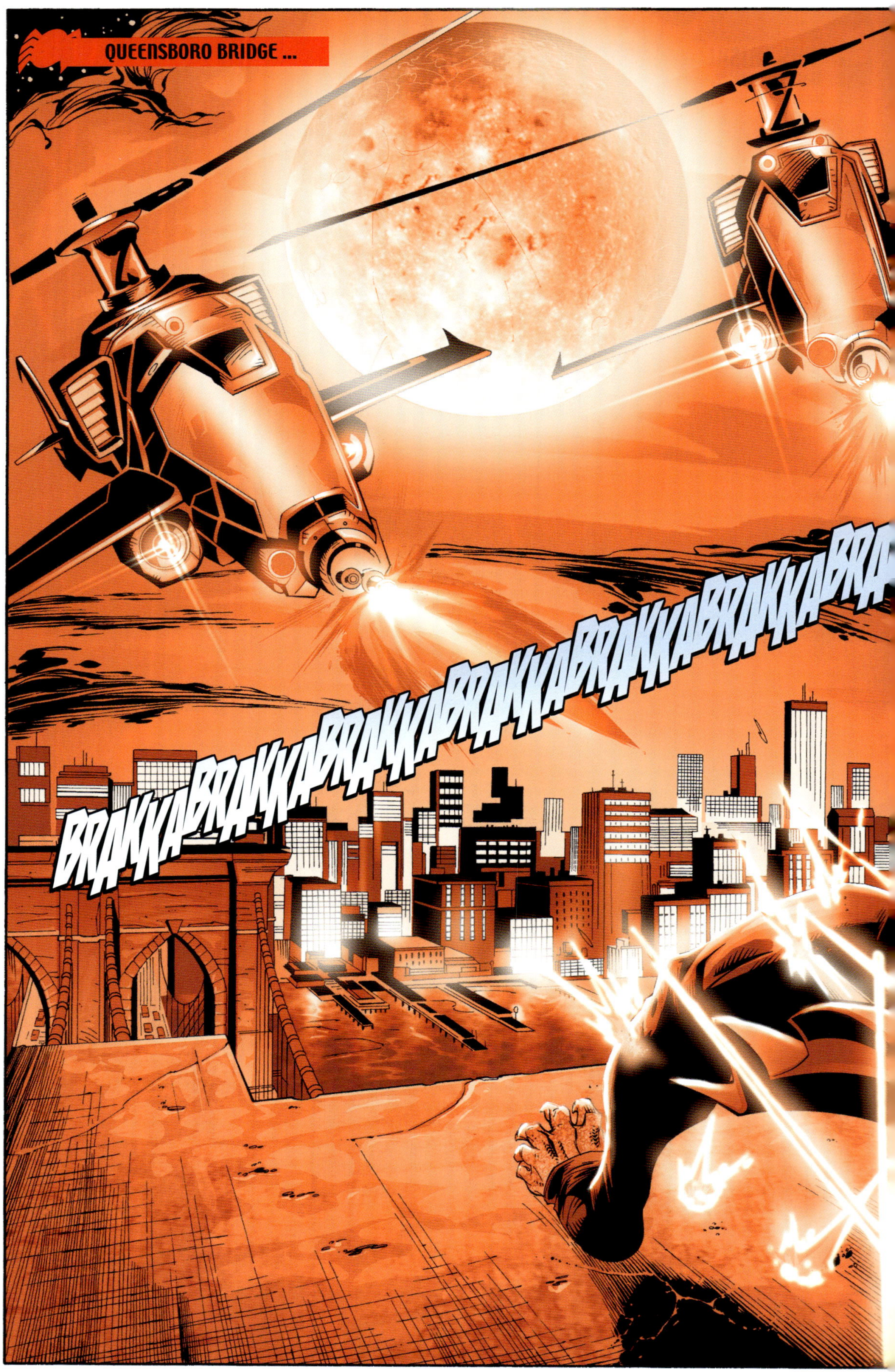
QUEENSBORO BRIDGE ...
BRAKKABRAKKABRAKKABRAKKABRAKKABRAKKABRAKKABRA

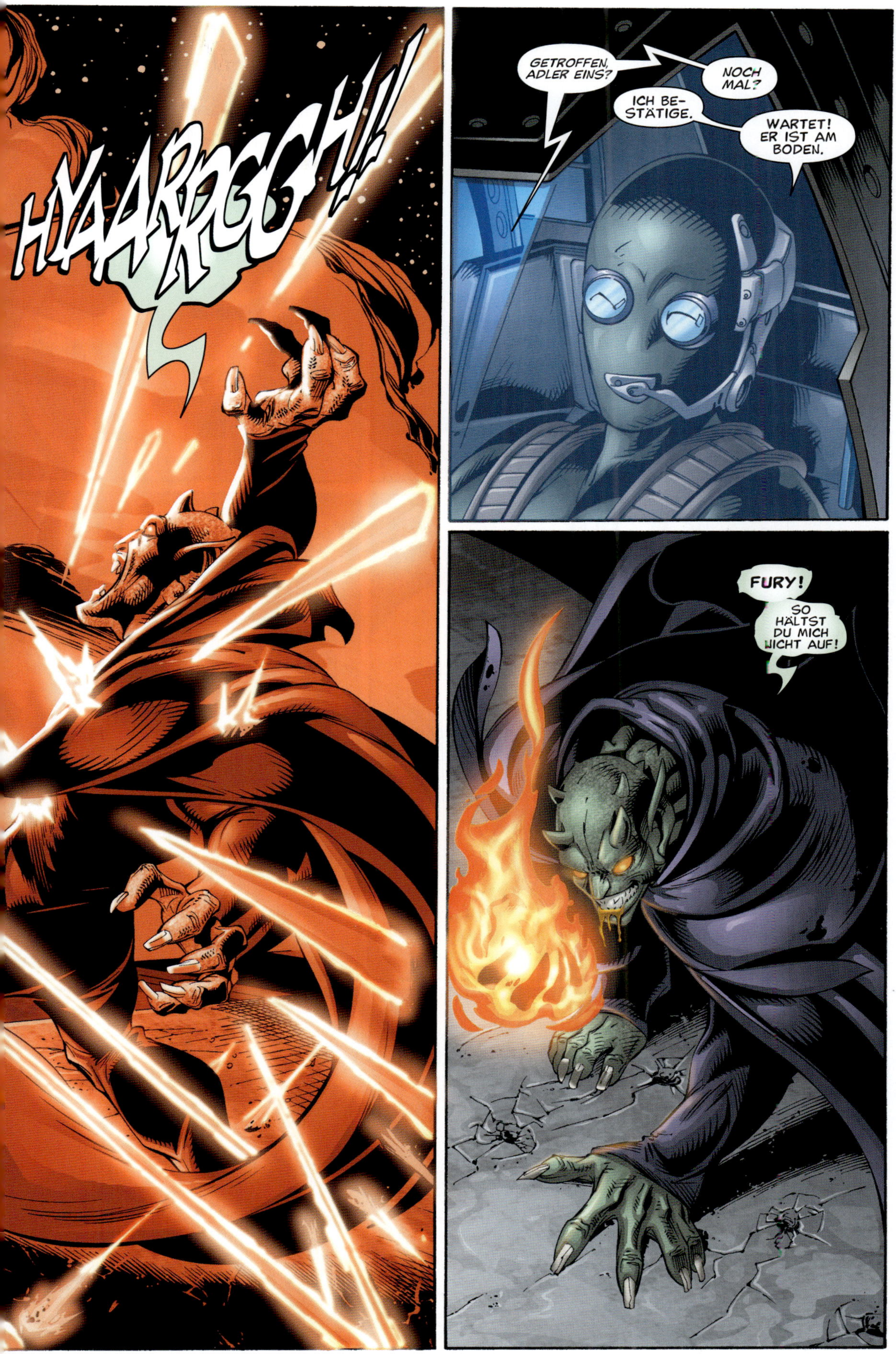

HYAARRGGH!!

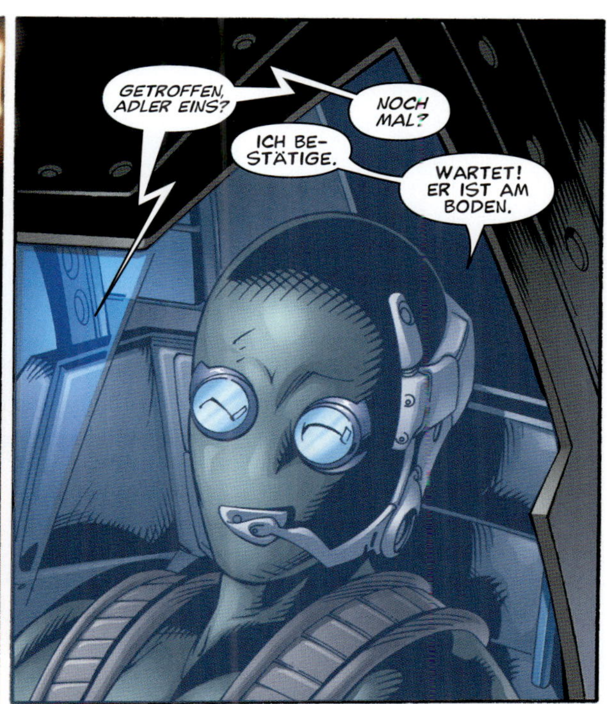
GETROFFEN, ADLER EINS?
NOCH MAL?
ICH BE-STÄTIGE.
WARTET! ER IST AM BODEN.

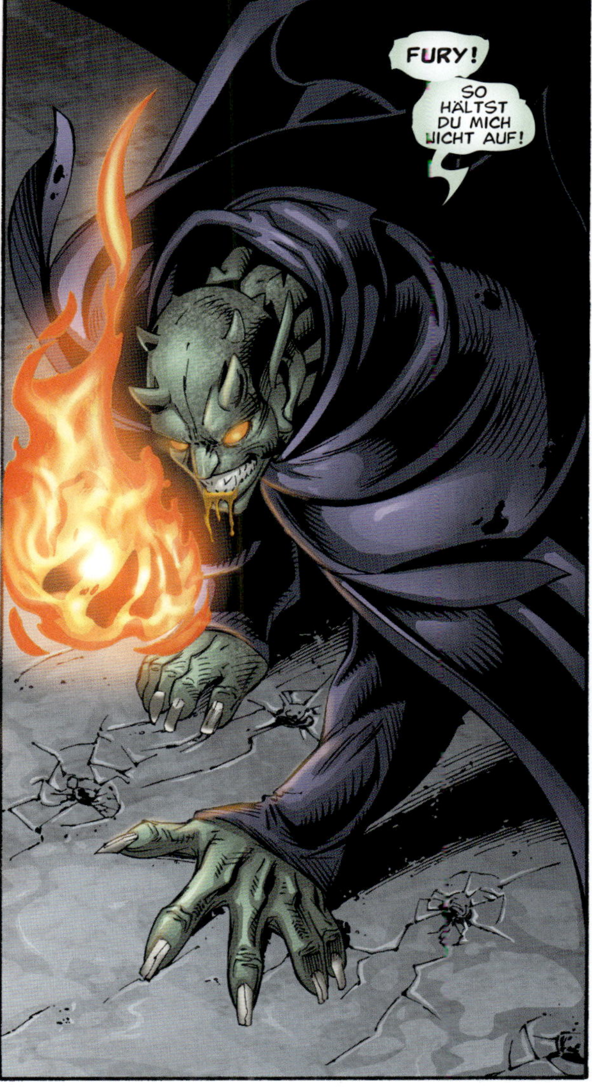
FURY!
SO HÄLTST DU MICH NICHT AUF!

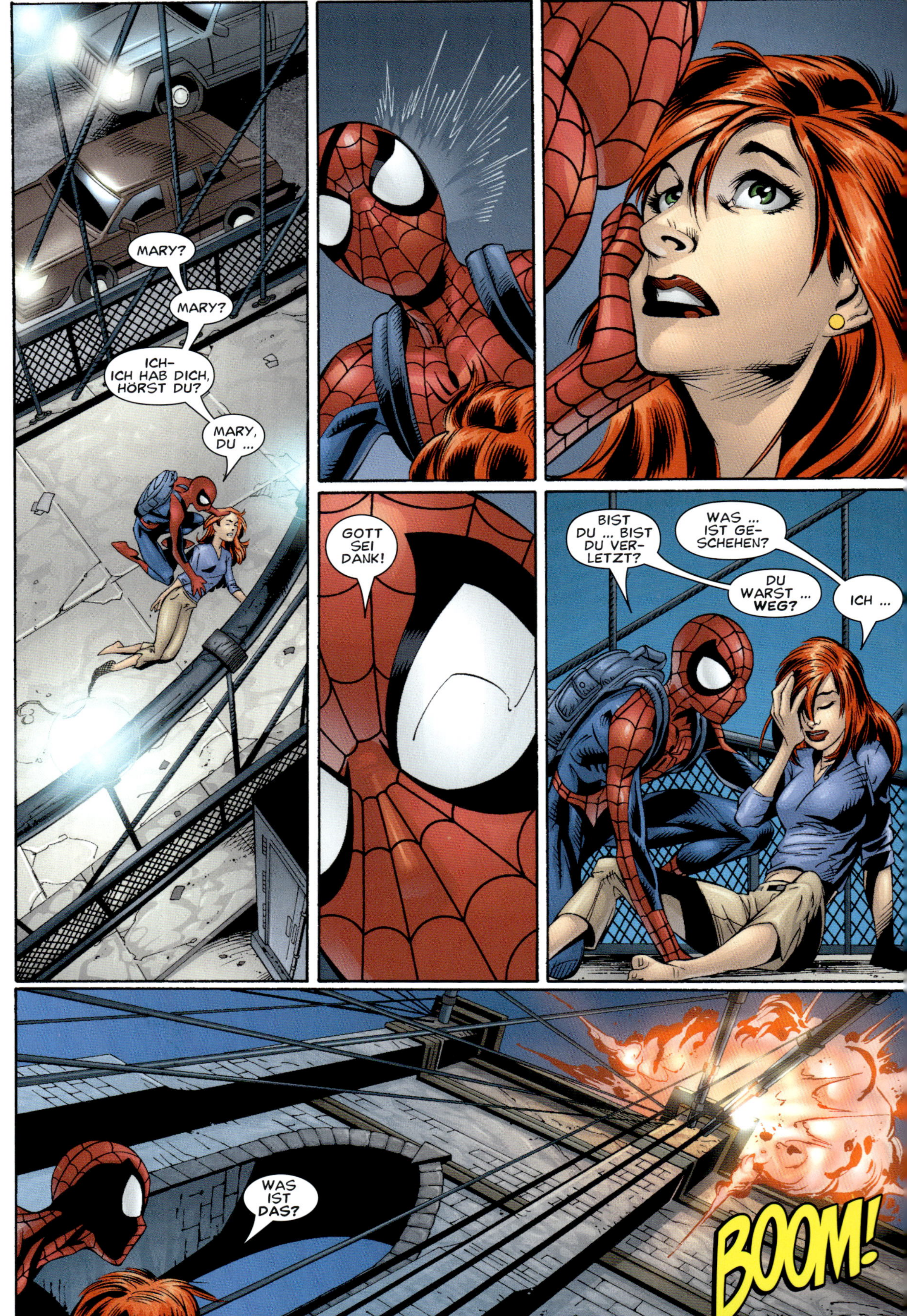
MARY?
MARY?
ICH-
ICH HAB DICH,
HÖRST DU?
MARY,
DU ...
GOTT
SEI
DANK!
BIST
DU ... BIST
DU VER-
LETZT?
WAS ...
IST GE-
SCHEHEN?
DU
WARST ...
WEG?
ICH ...
WAS
IST
DAS?
BOOM!

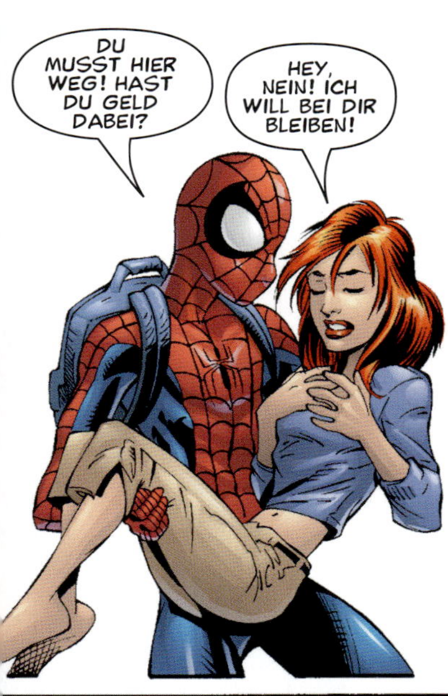
DU MUSST HIER WEG! HAST DU GELD DABEI?
HEY, NEIN! ICH WILL BEI DIR BLEIBEN!

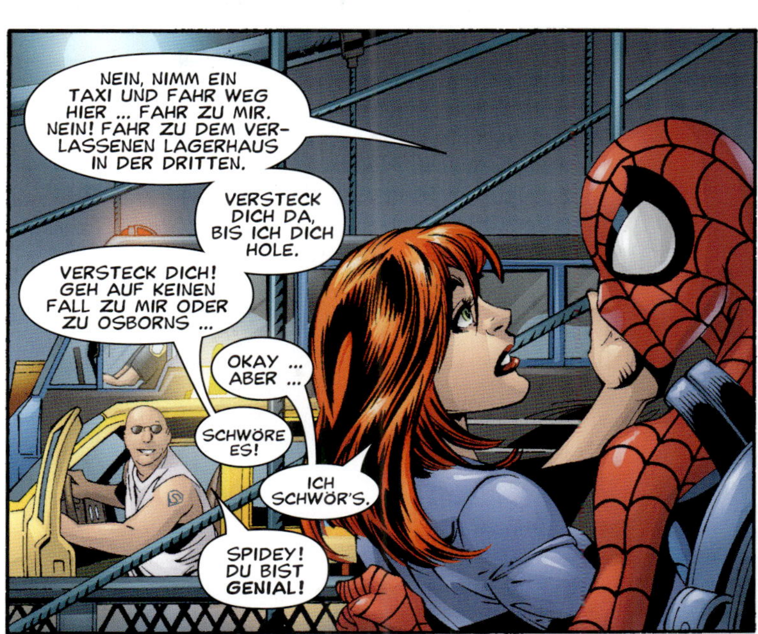
NEIN, NIMM EIN TAXI UND FAHR WEG HIER ... FAHR ZU MIR. NEIN! FAHR ZU DEM VERLASSENEN LAGERHAUS IN DER DRITTEN.
VERSTECK DICH DA, BIS ICH DICH HOLE.
VERSTECK DICH! GEH AUF KEINEN FALL ZU MIR ODER ZU OSBORNS ...
OKAY ... ABER ...
SCHWÖRE ES!
ICH SCHWÖR'S.
SPIDEY! DU BIST GENIAL!

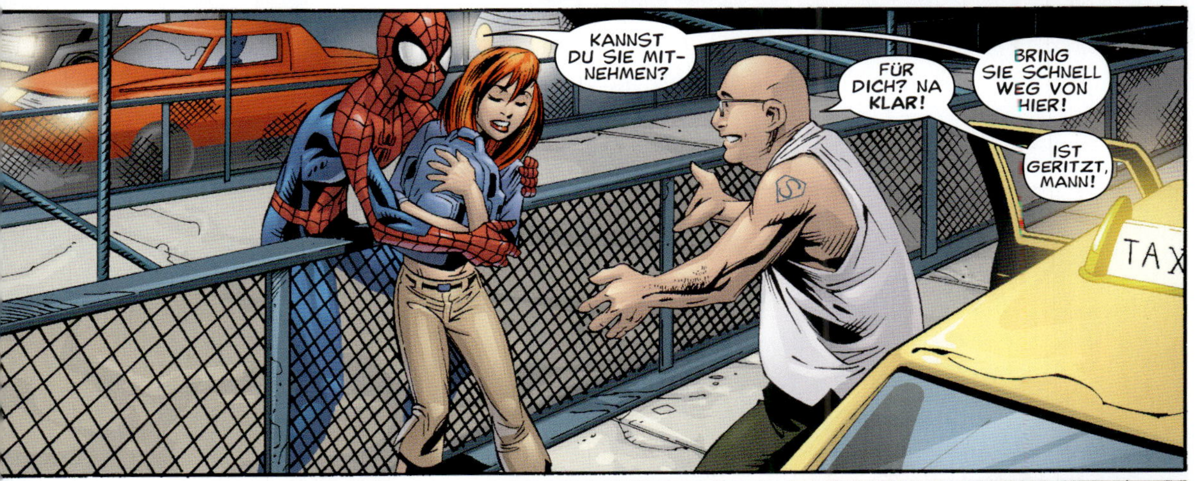
KANNST DU SIE MITNEHMEN?
FÜR DICH? NA KLAR!
BRING SIE SCHNELL WEG VON HIER!
IST GERITZT, MANN!
TAX

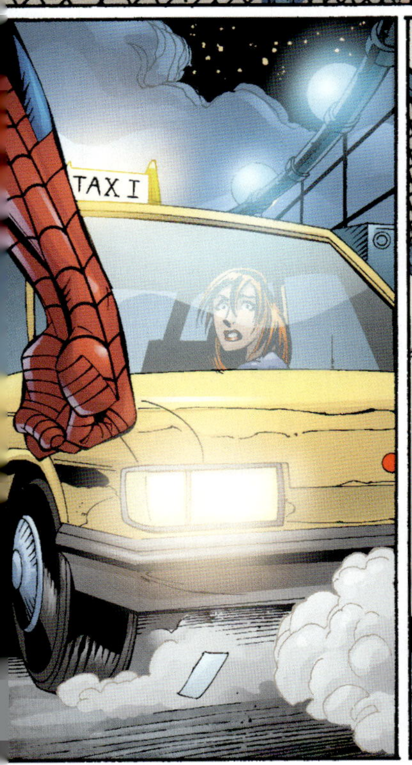
TAXI

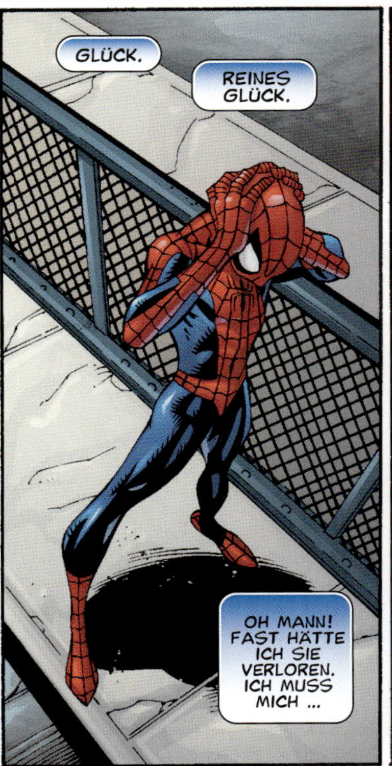
GLÜCK.
REINES GLÜCK.
OH MANN! FAST HÄTTE ICH SIE VERLOREN. ICH MUSS MICH ...

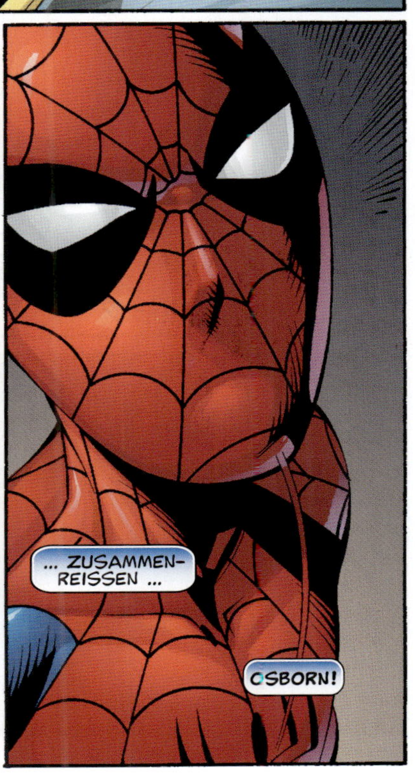
... ZUSAMMENREISSEN ...
OSBORN!

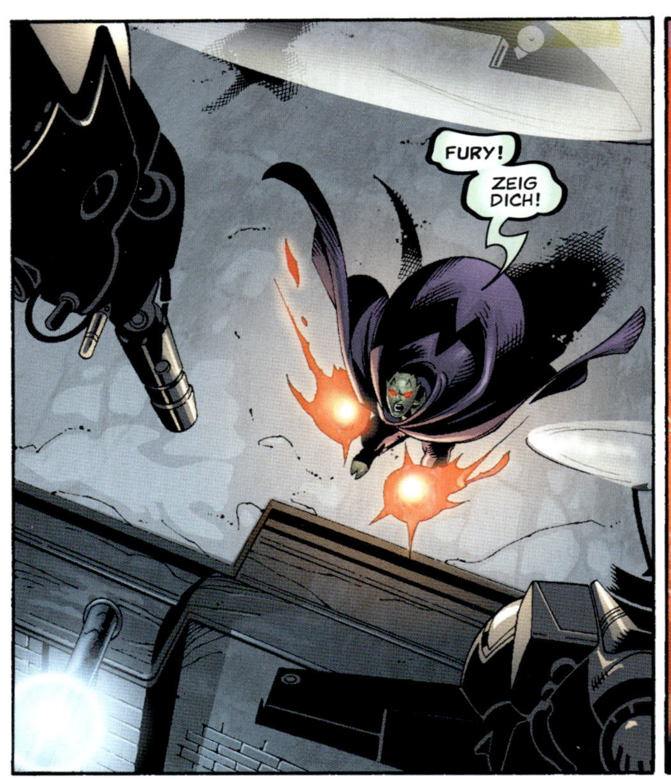
FURY!
ZEIG DICH!

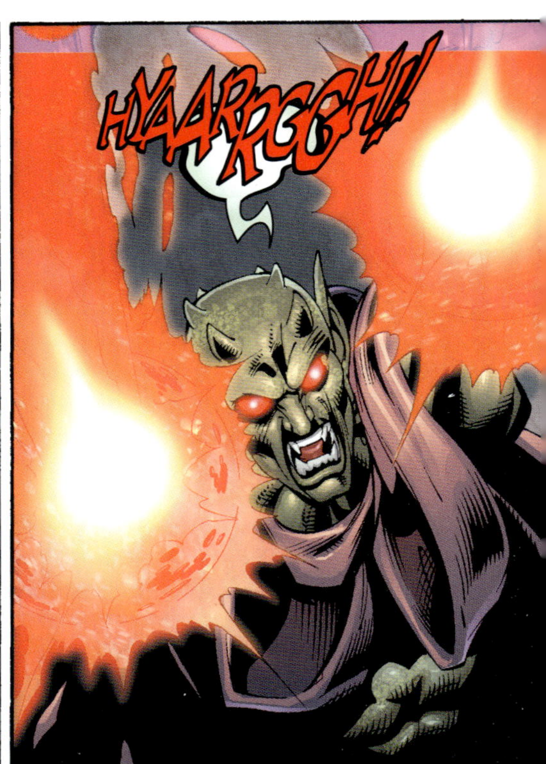
HYAARRGGH!!

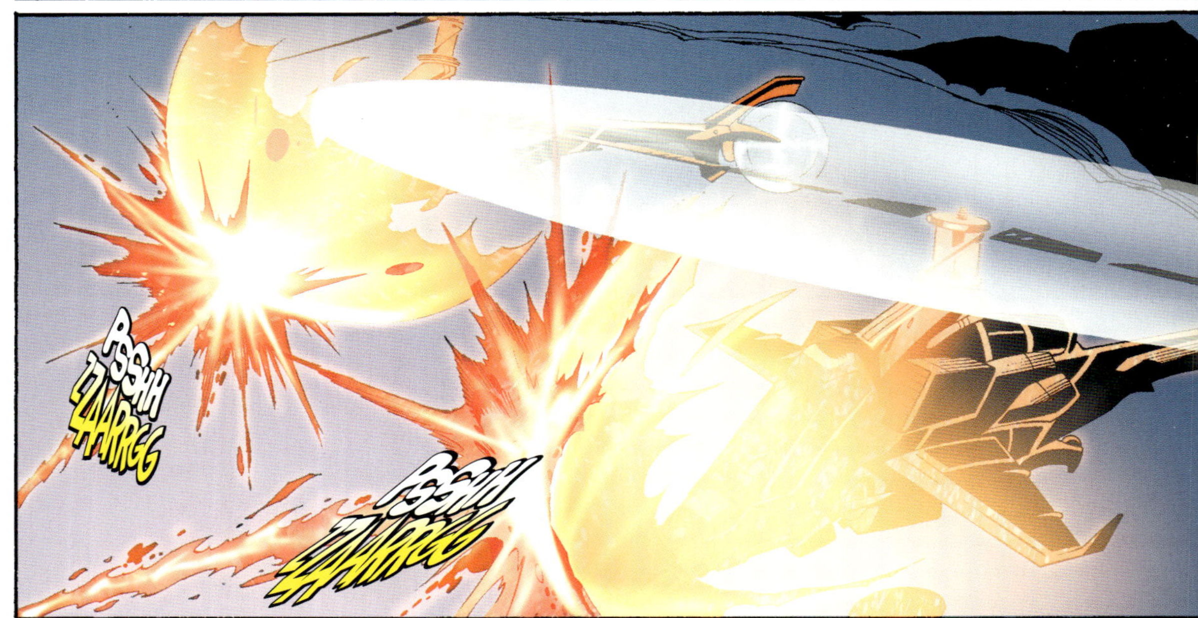
PSSHH ZZAARRGG
PSSHH ZZAARRGG

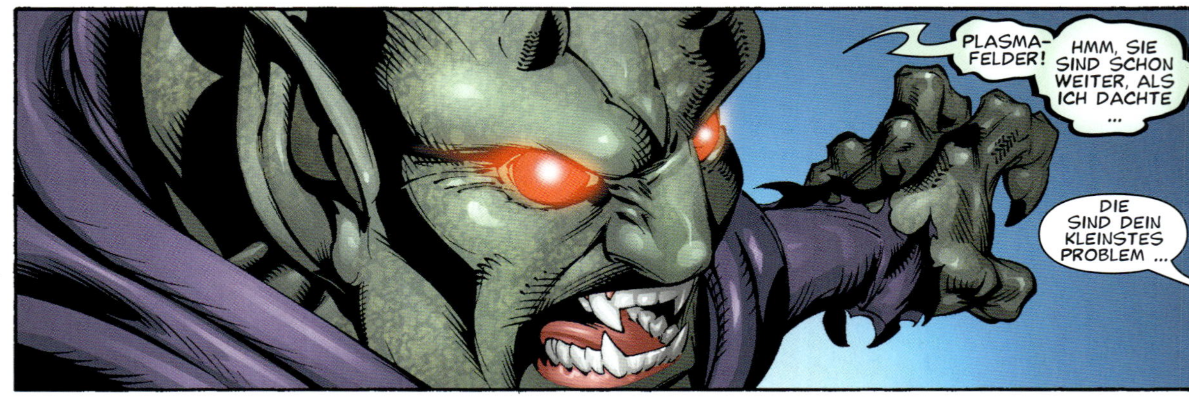
PLASMA-FELDER!
HMM, SIE SIND SCHON WEITER, ALS ICH DACHTE ...
DIE SIND DEIN KLEINSTES PROBLEM ...

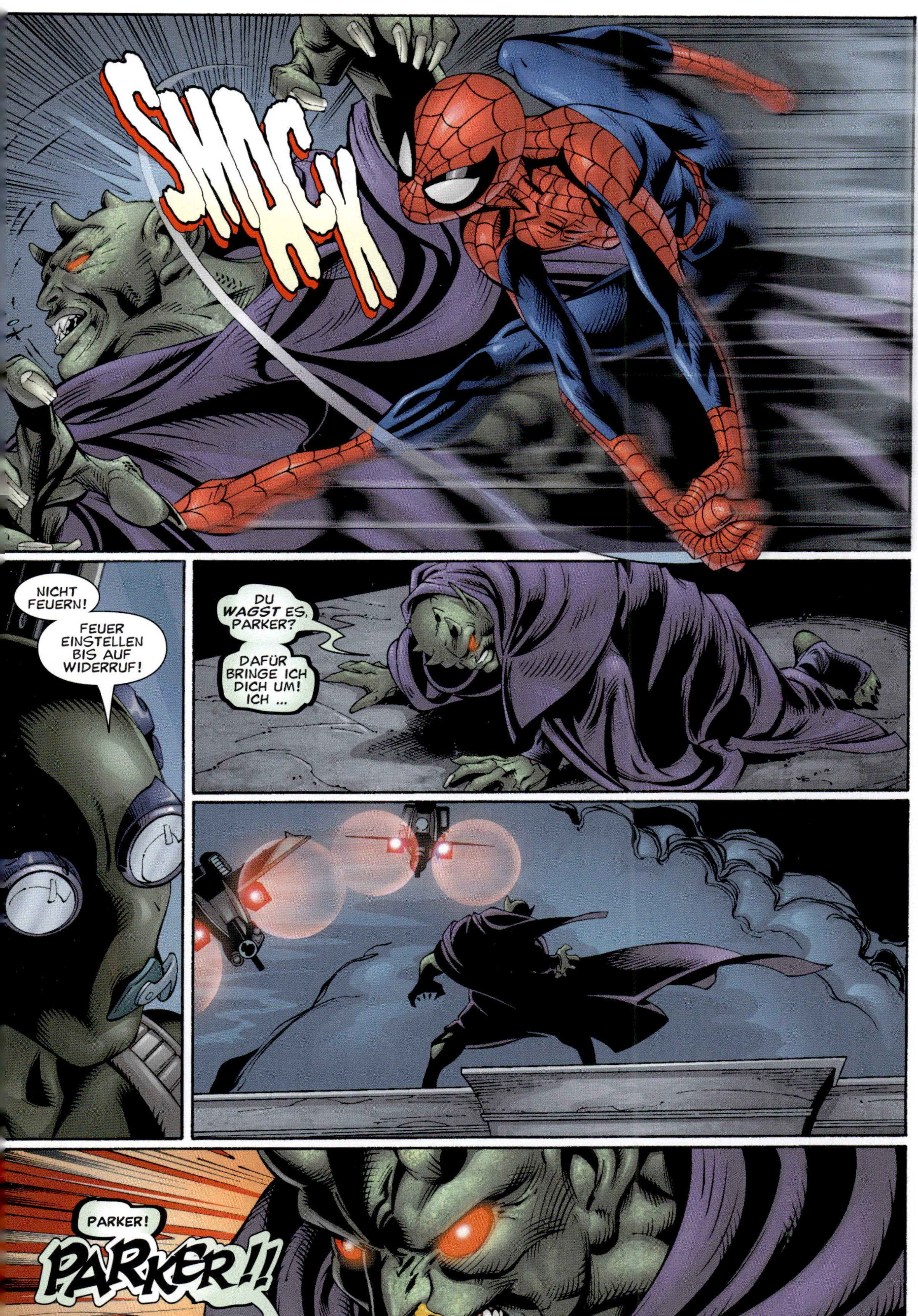
SMACK
NICHT FEUERN!
FEUER EINSTELLEN BIS AUF WIDERRUF!
DU WAGST ES, PARKER?
DAFÜR BRINGE ICH DICH UM! ICH ...
PARKER!
PARKER!!

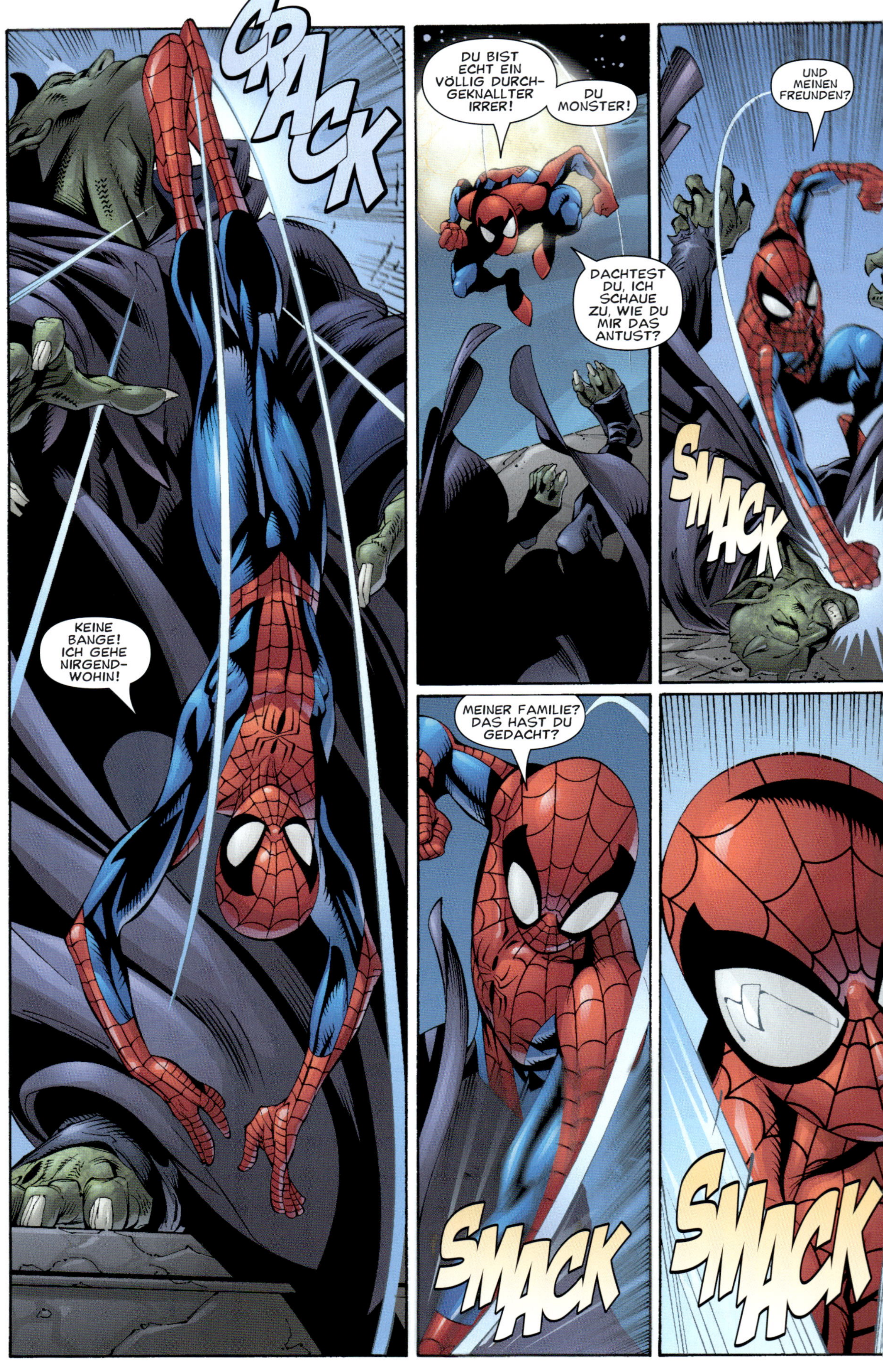
CRACK
KEINE BANGE! ICH GEHE NIRGEND-WOHIN!
DU BIST ECHT EIN VÖLLIG DURCH-GEKNALLTER IRRER!
DU MONSTER!
DACHTEST DU, ICH SCHAUE ZU, WIE DU MIR DAS ANTUST?
UND MEINEN FREUNDEN?
SMACK
MEINER FAMILIE? DAS HAST DU GEDACHT?
SMACK
SMACK

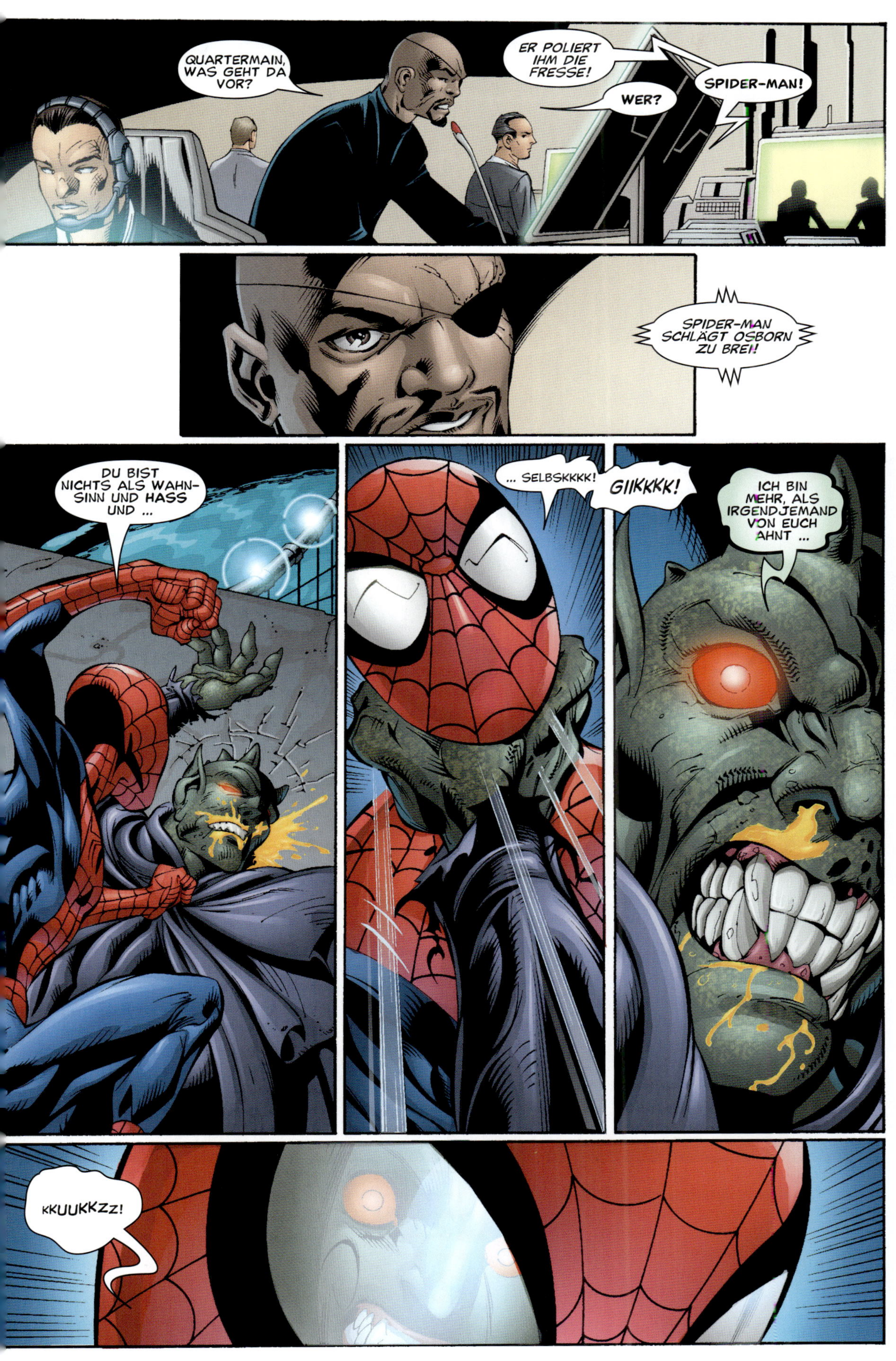
QUARTERMAIN, WAS GEHT DA VOR?
ER POLIERT IHM DIE FRESSE!
WER?
SPIDER-MAN!
SPIDER-MAN SCHLÄGT OSBORN ZU BREI!
DU BIST NICHTS ALS WAHN-SINN UND HASS UND ...
... SELBSKKKK!
GIIKKKK!
ICH BIN MEHR, ALS IRGENDJEMAND VON EUCH AHNT ...
KKUUKKZZ!

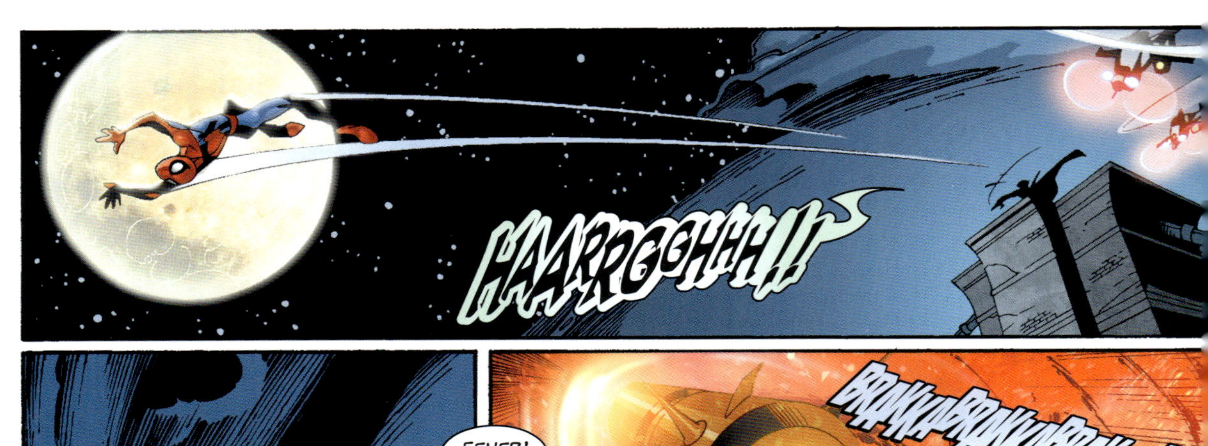

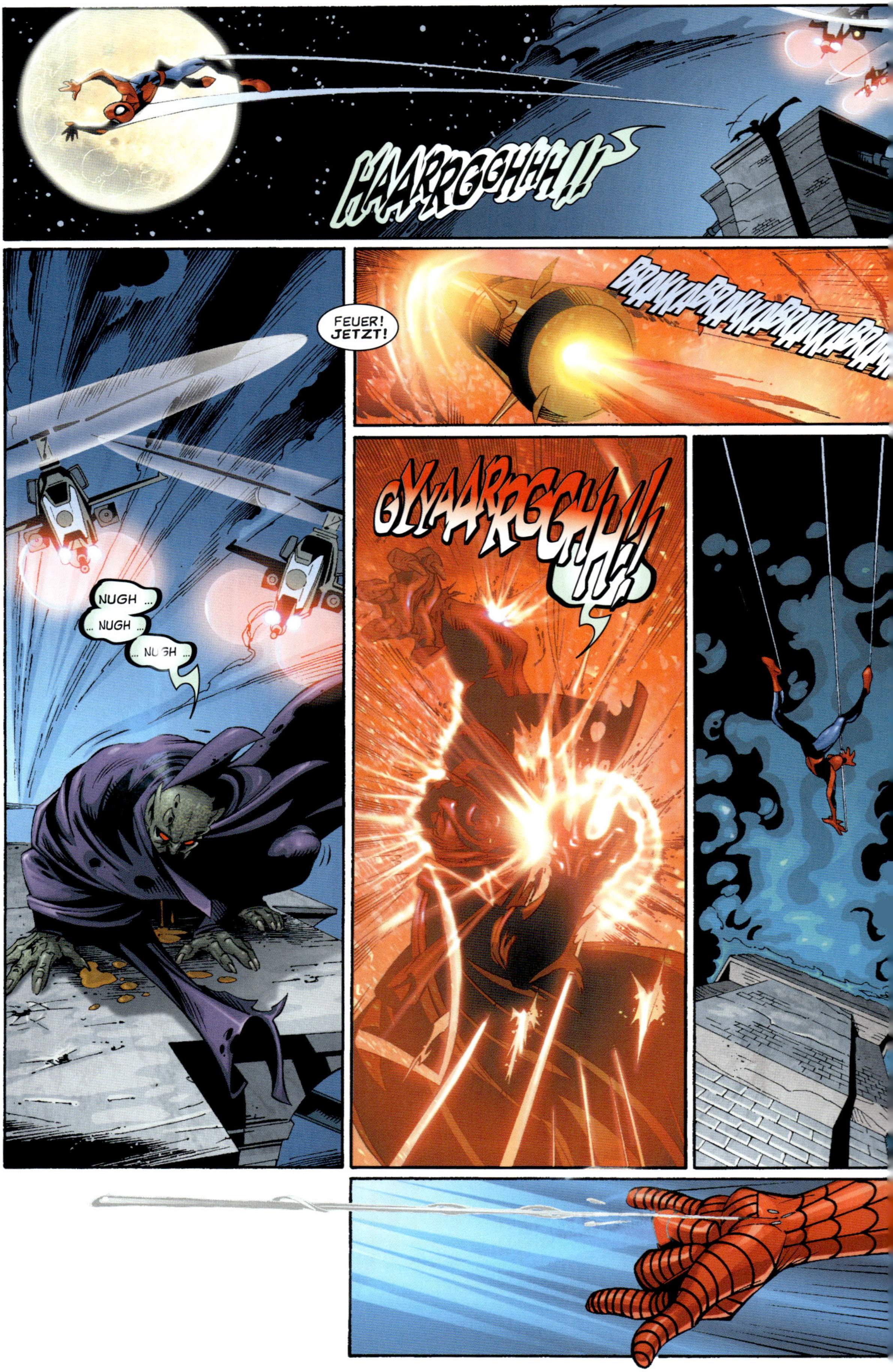

FEUER! JETZT!

NUGH ...
... NUGH ...
... NUGH ...

GYYAARRGGHH!!

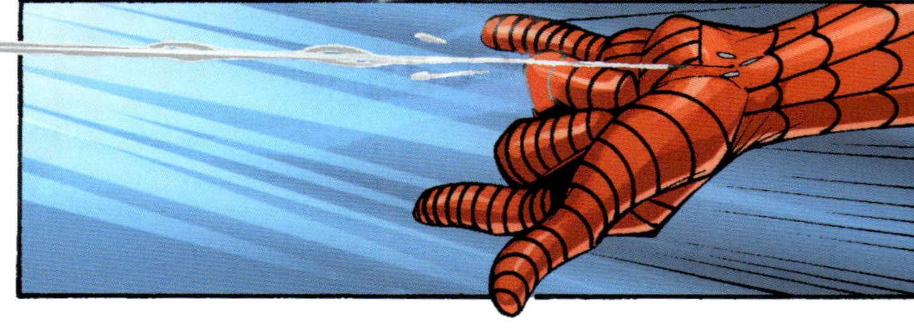

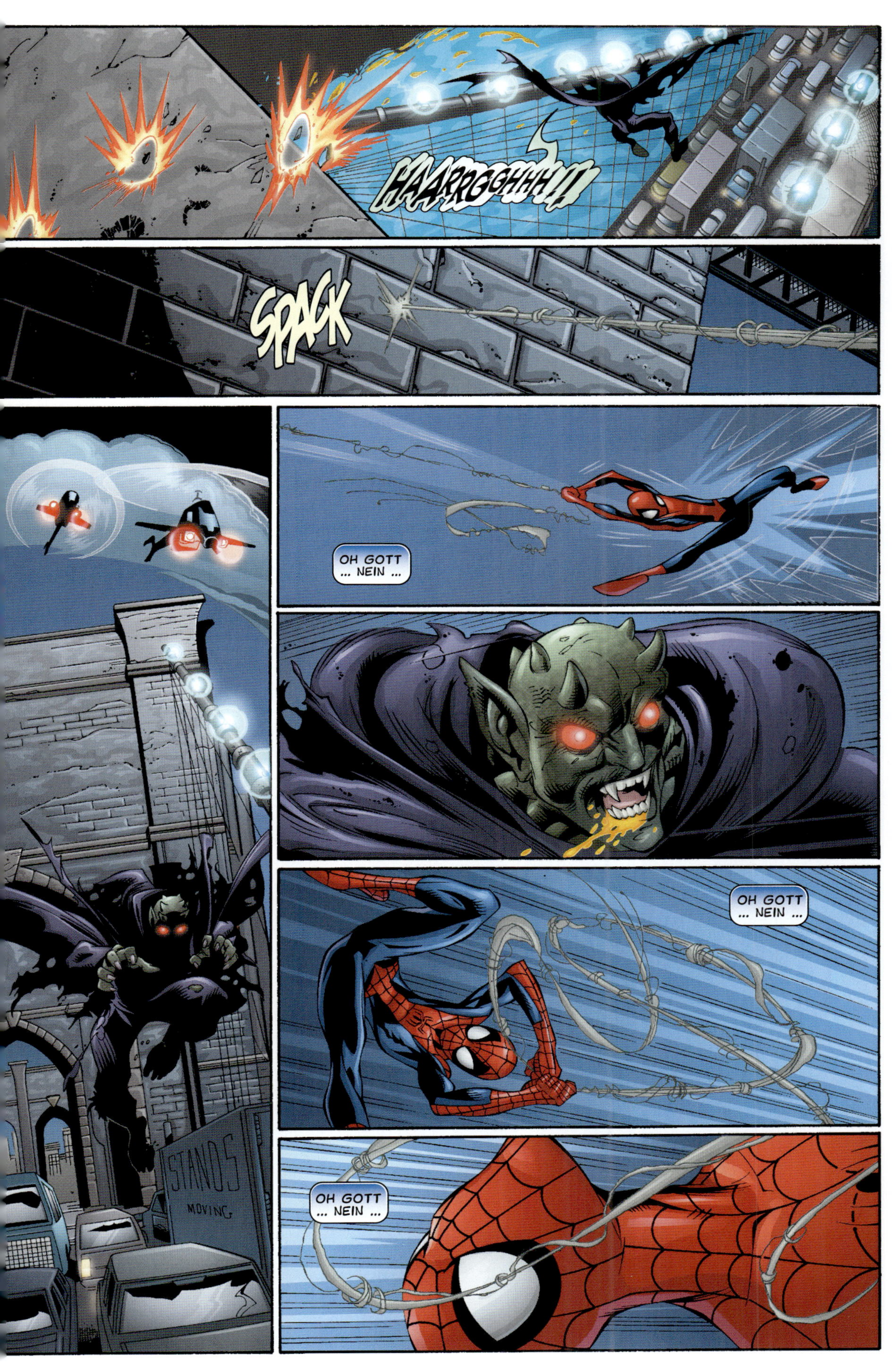
HAARRGGHHH!!
SPACK
OH GOTT ... NEIN ...
OH GOTT ... NEIN ...
OH GOTT ... NEIN ...
STANOS MOVING

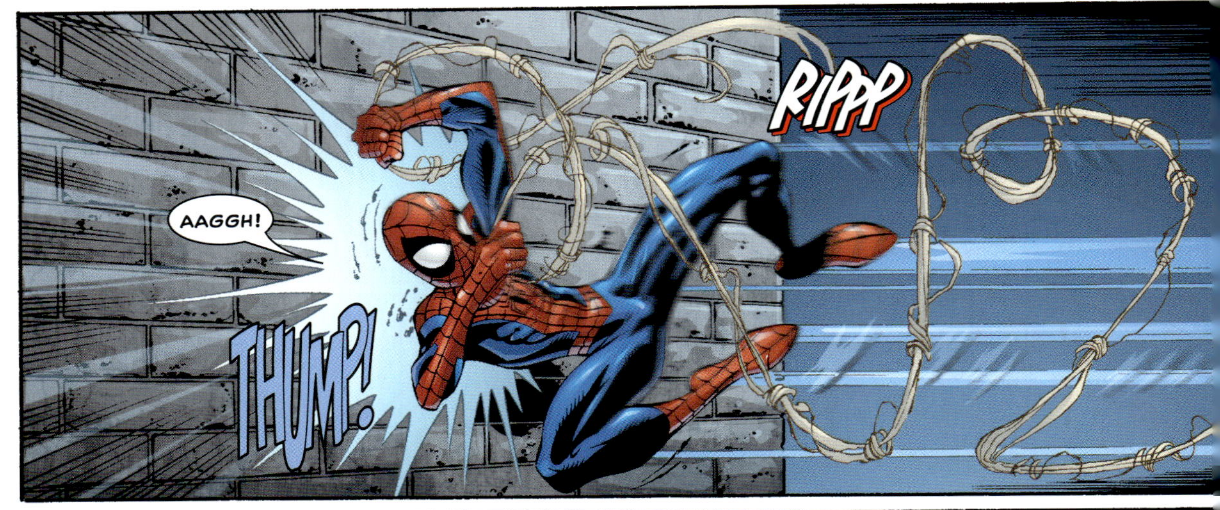

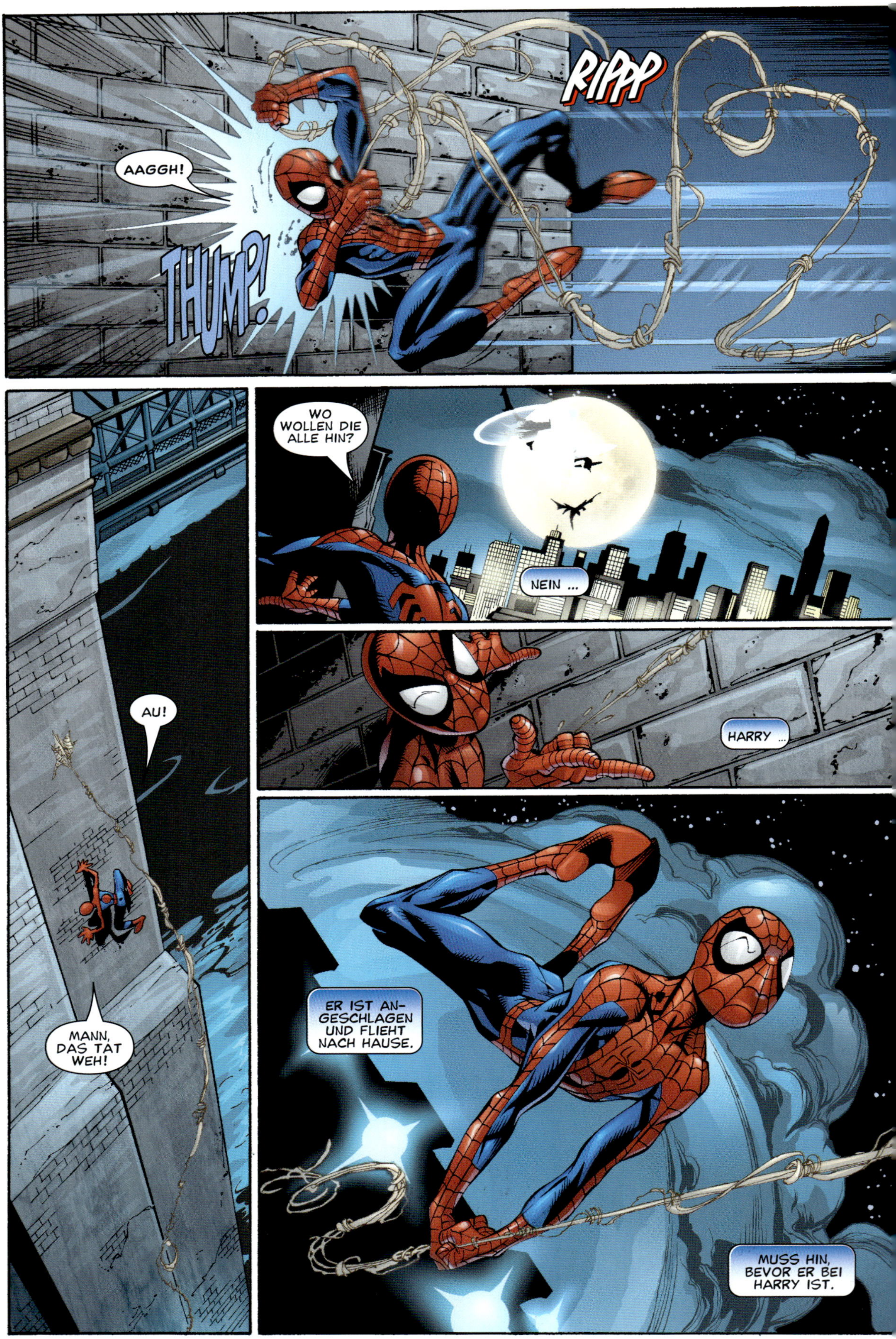

AU!

MANN, DAS TAT WEH!

WO WOLLEN DIE ALLE HIN?

NEIN ...

HARRY ...

ER IST AN-GESCHLAGEN UND FLIEHT NACH HAUSE.

MUSS HIN, BEVOR ER BEI HARRY IST.

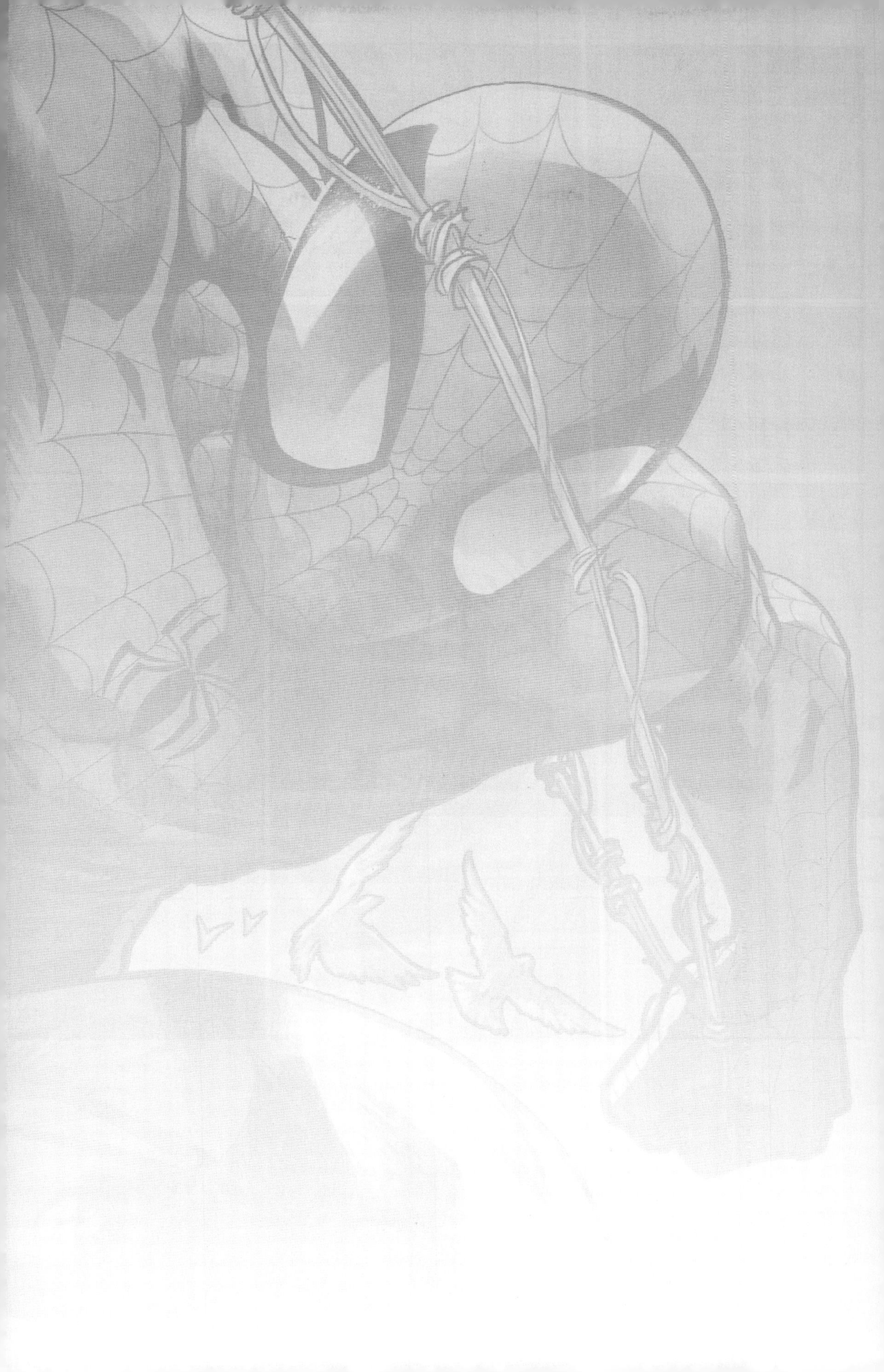

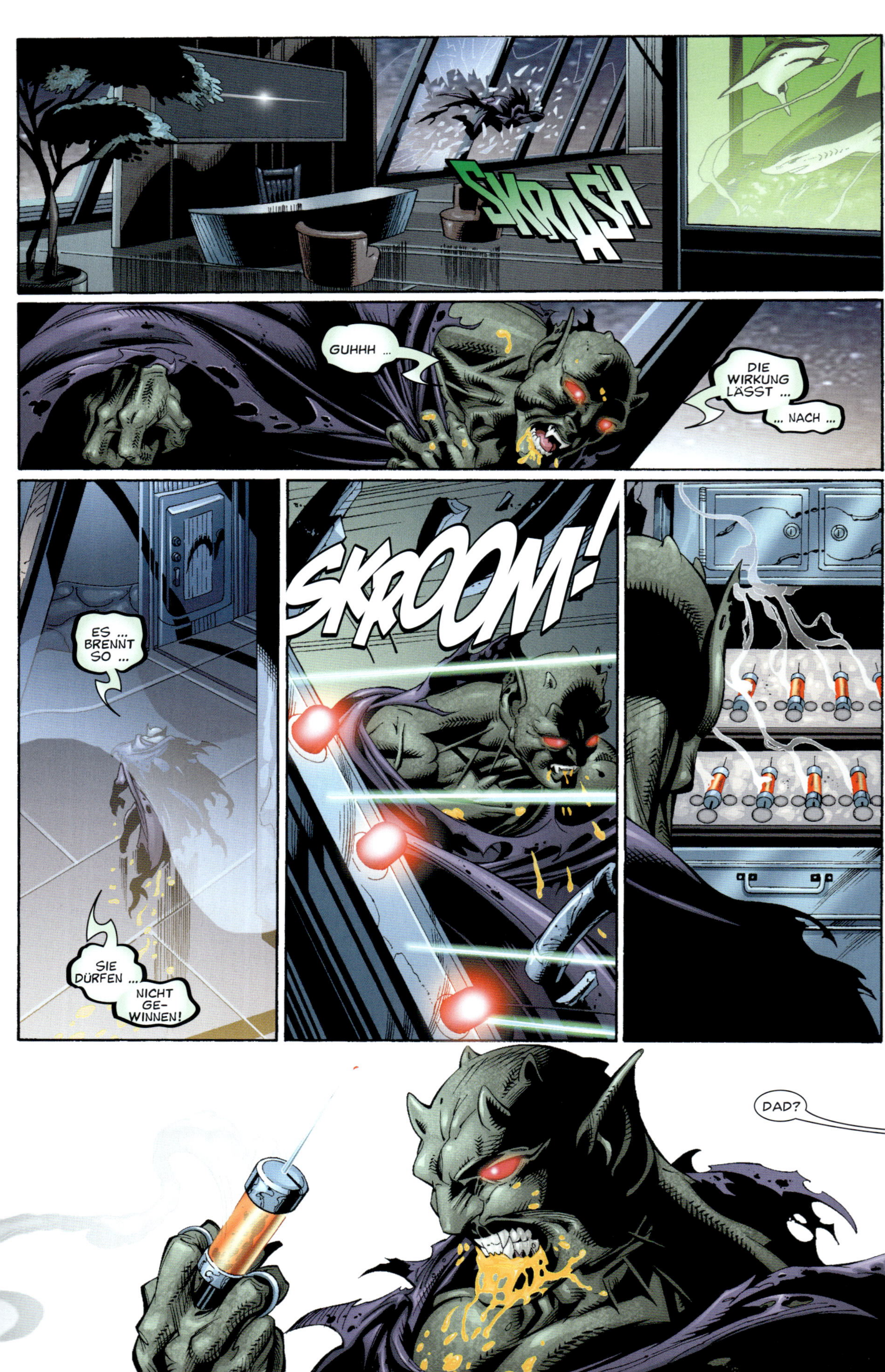
SKRASH
GUHHH ...
DIE WIRKUNG LÄSST ...
... NACH ...
ES ... BRENNT SO ...
SIE DÜRFEN ... NICHT GE-WINNEN!
SKROOM!
DAD?

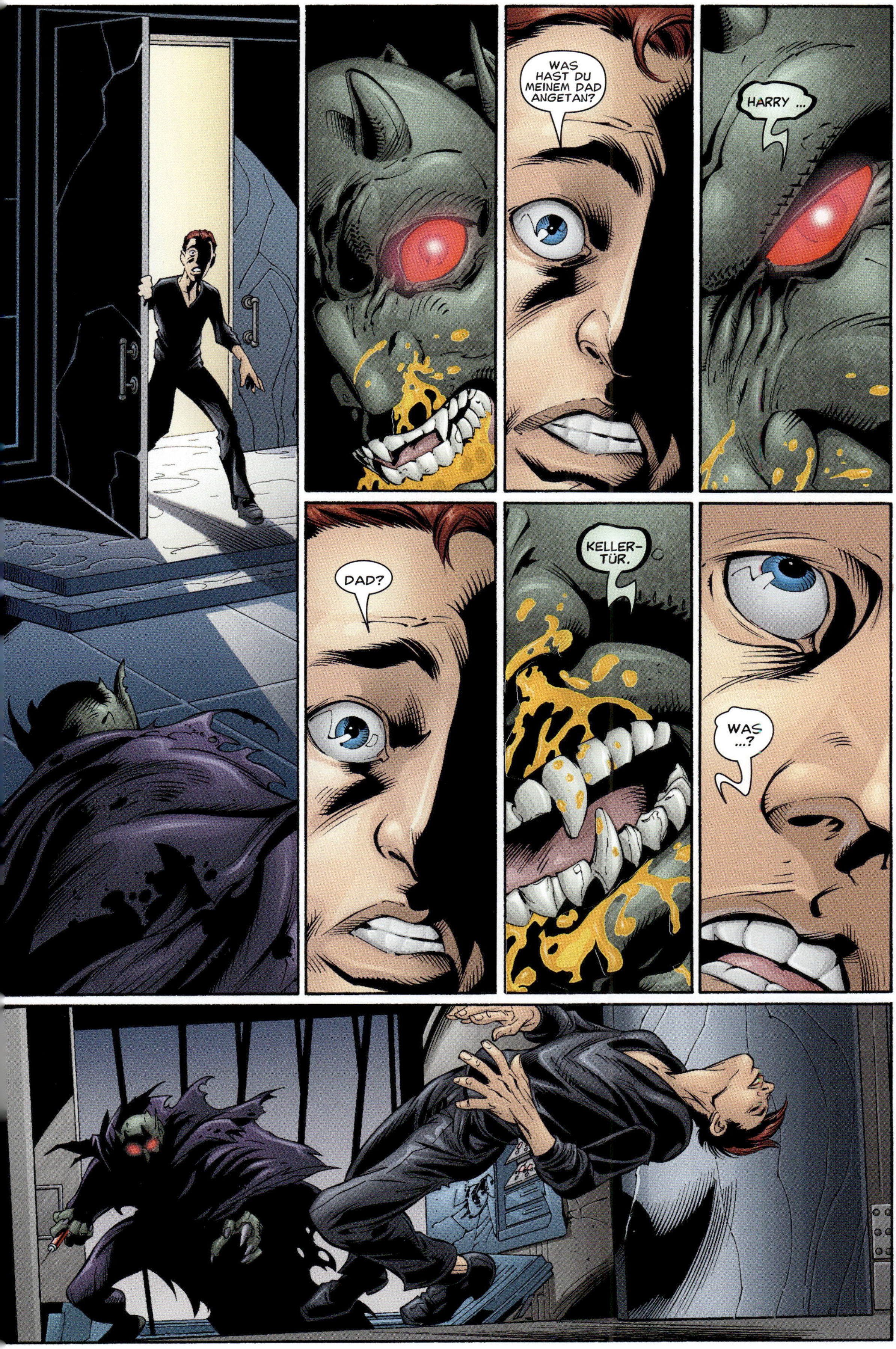

WAS HAST DU MEINEM DAD ANGETAN?
HARRY ...
DAD?
KELLER-TÜR.
WAS ...?

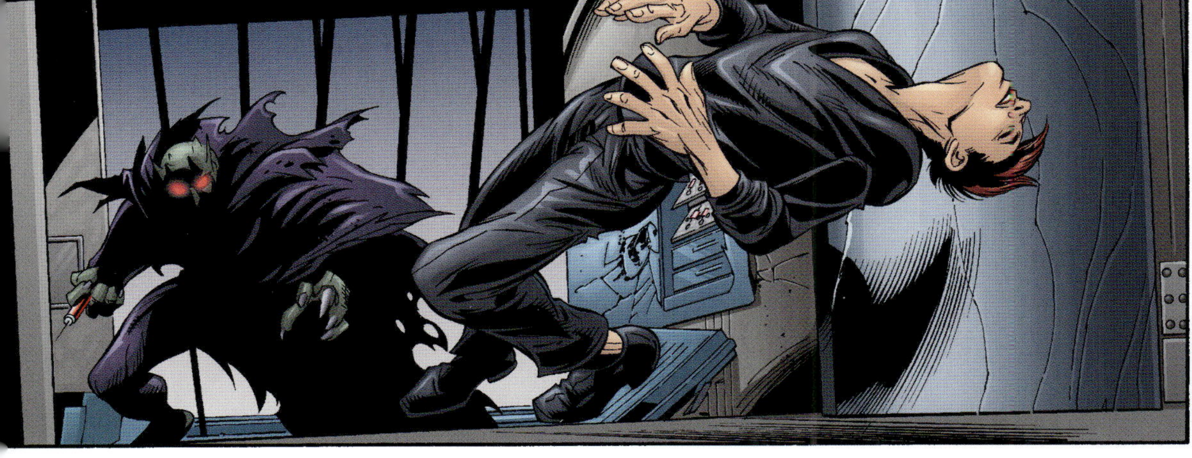

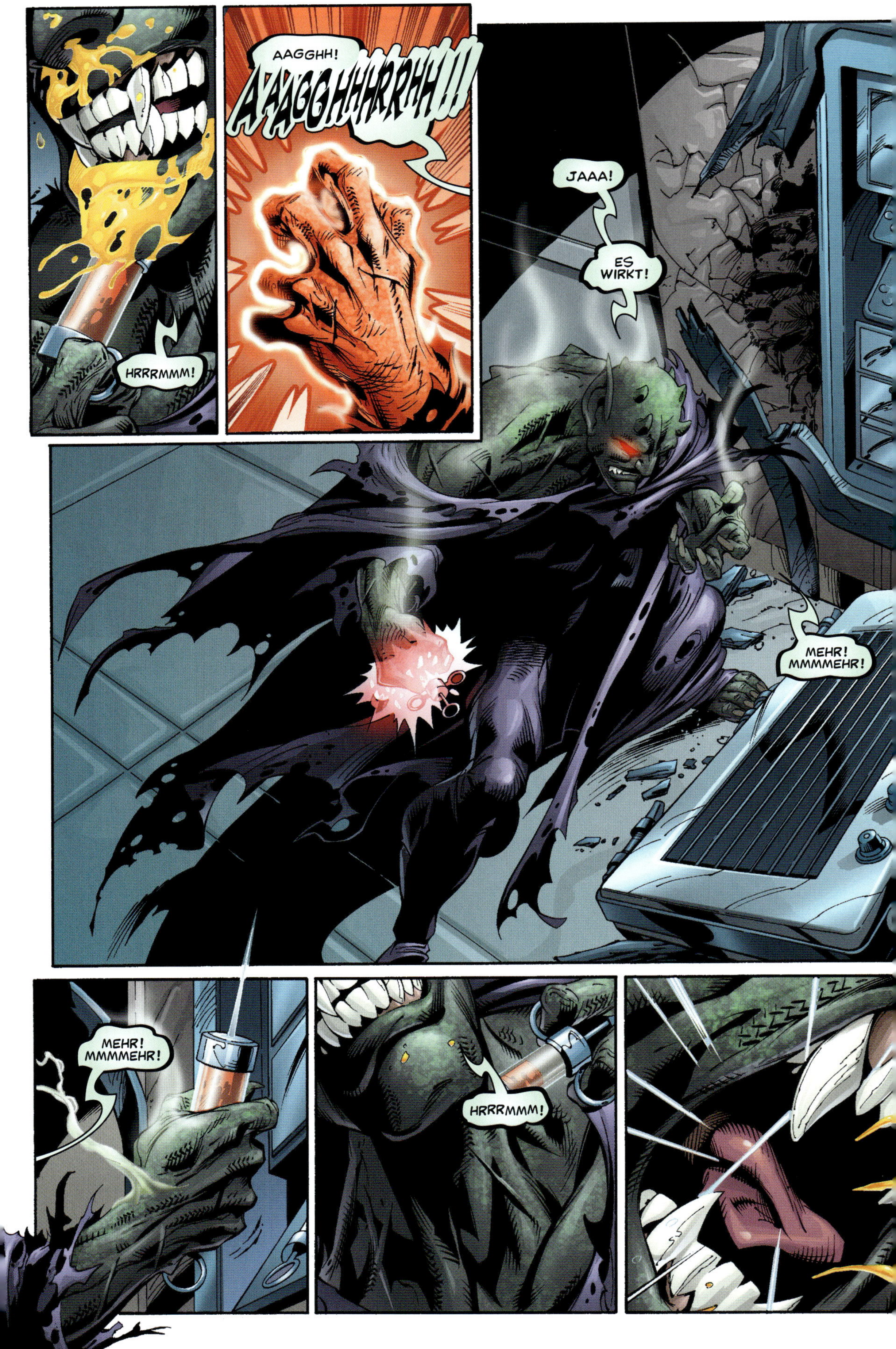

HRRRMMM!

AAGGHH!
AAAGGHHHRRHH!!!

JAAA!
ES WIRKT!

MEHR! MMMMEHR!

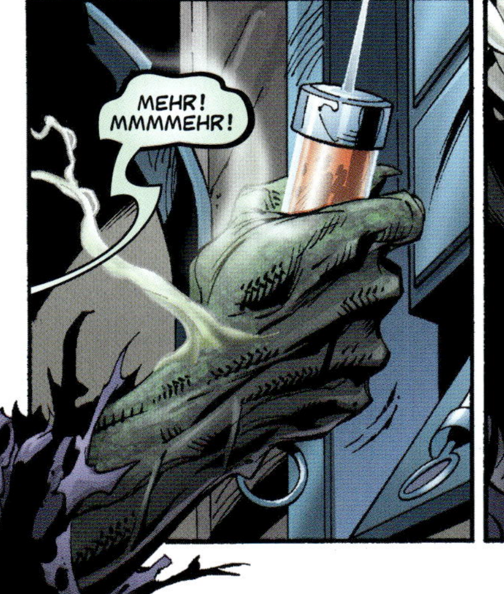

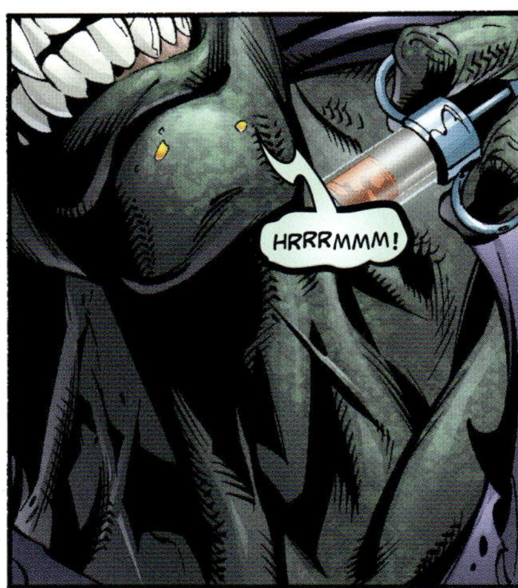

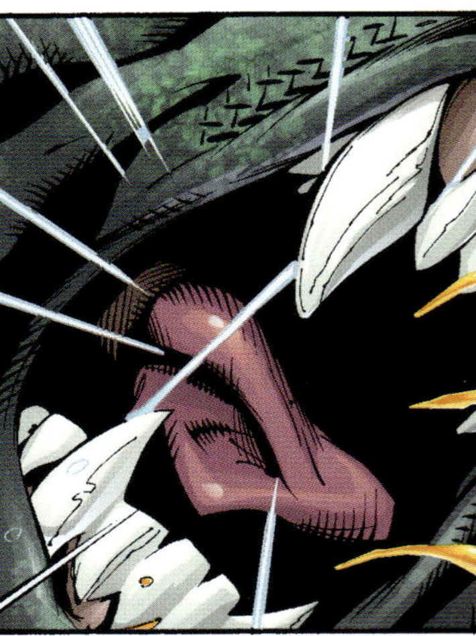

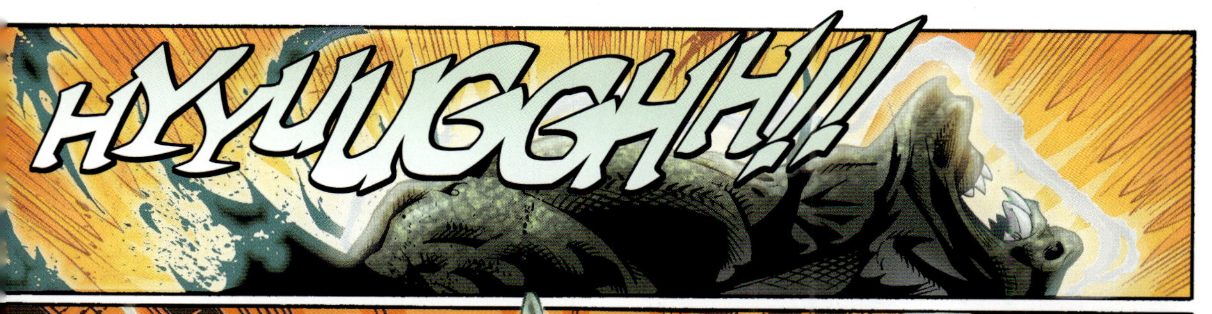
HYYUUGGHH!!!

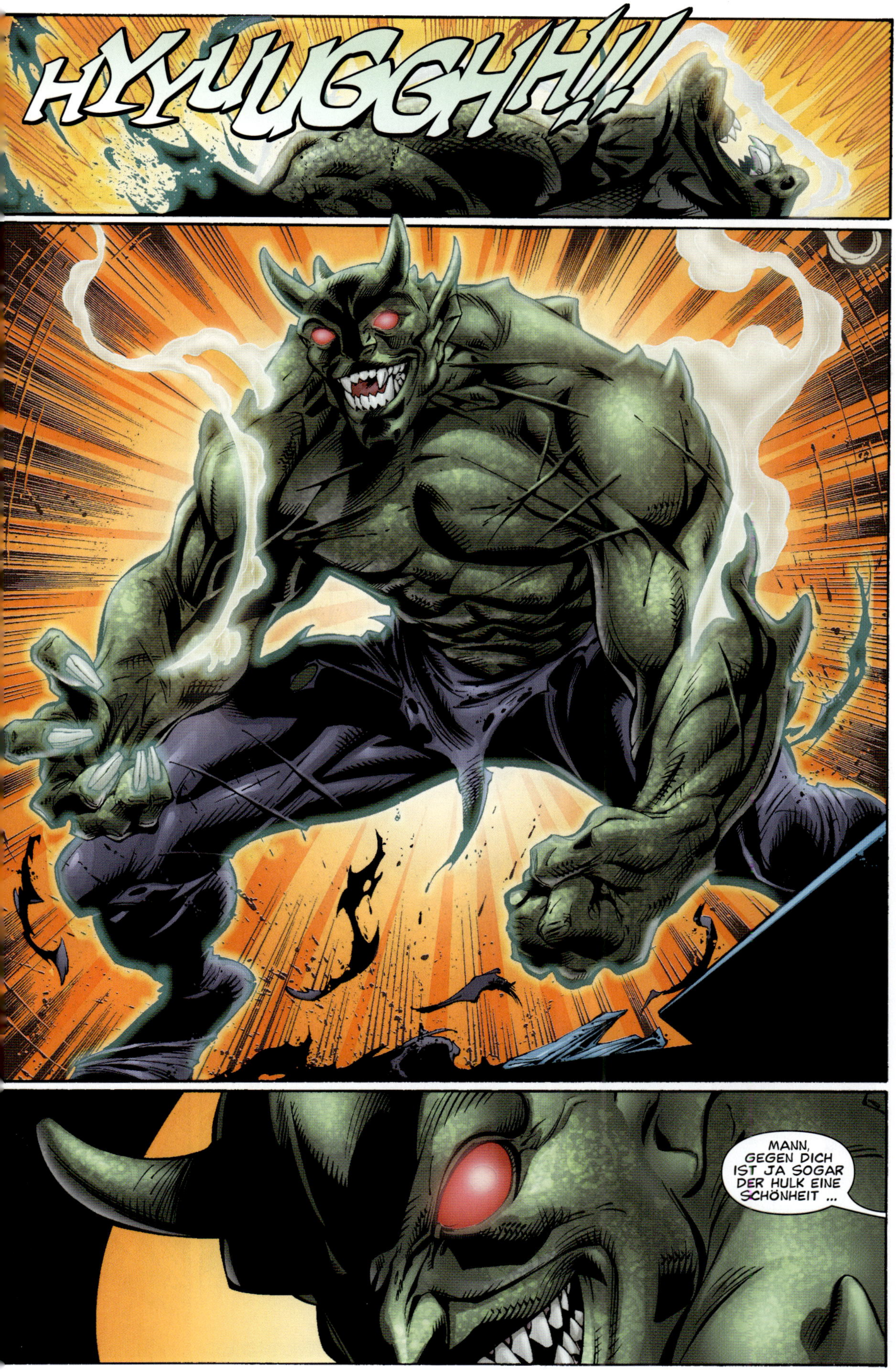

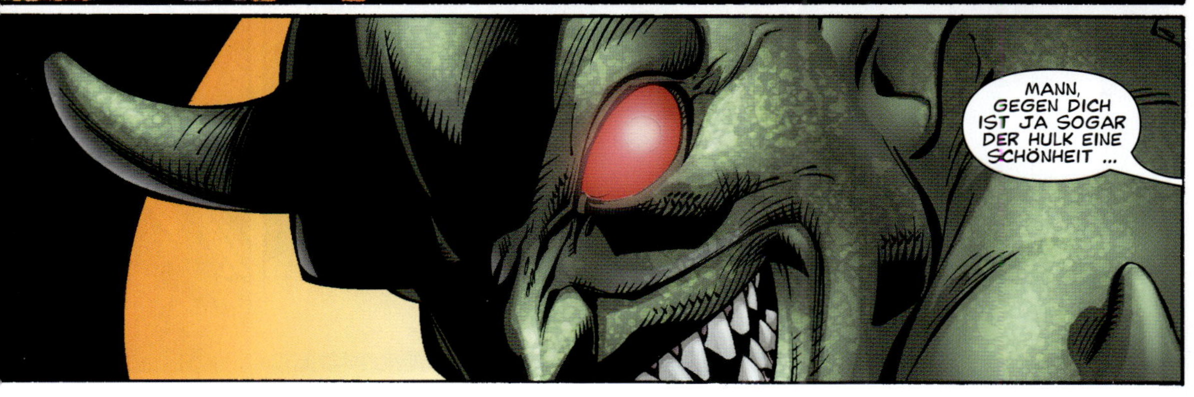
MANN, GEGEN DICH IST JA SOGAR DER HULK EINE SCHÖNHEIT ...

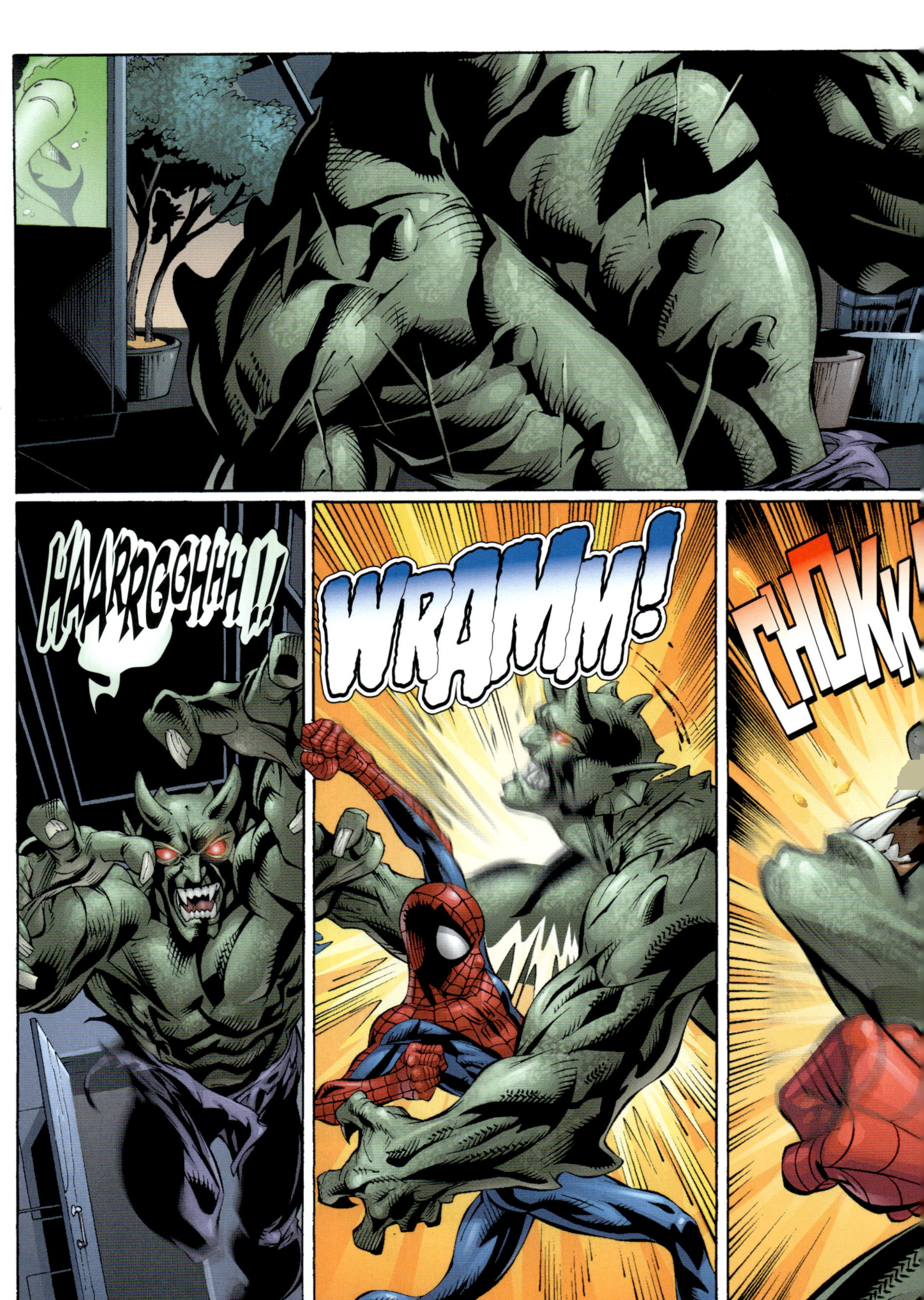
HAARRGGHH!!
WRAMM!
CHUKK

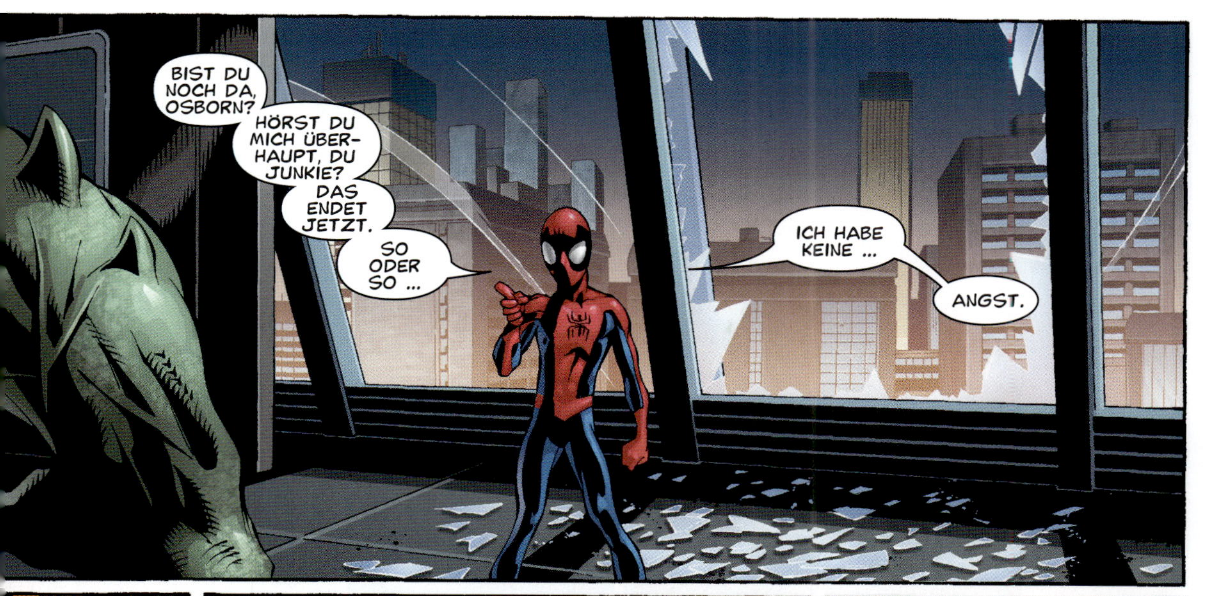

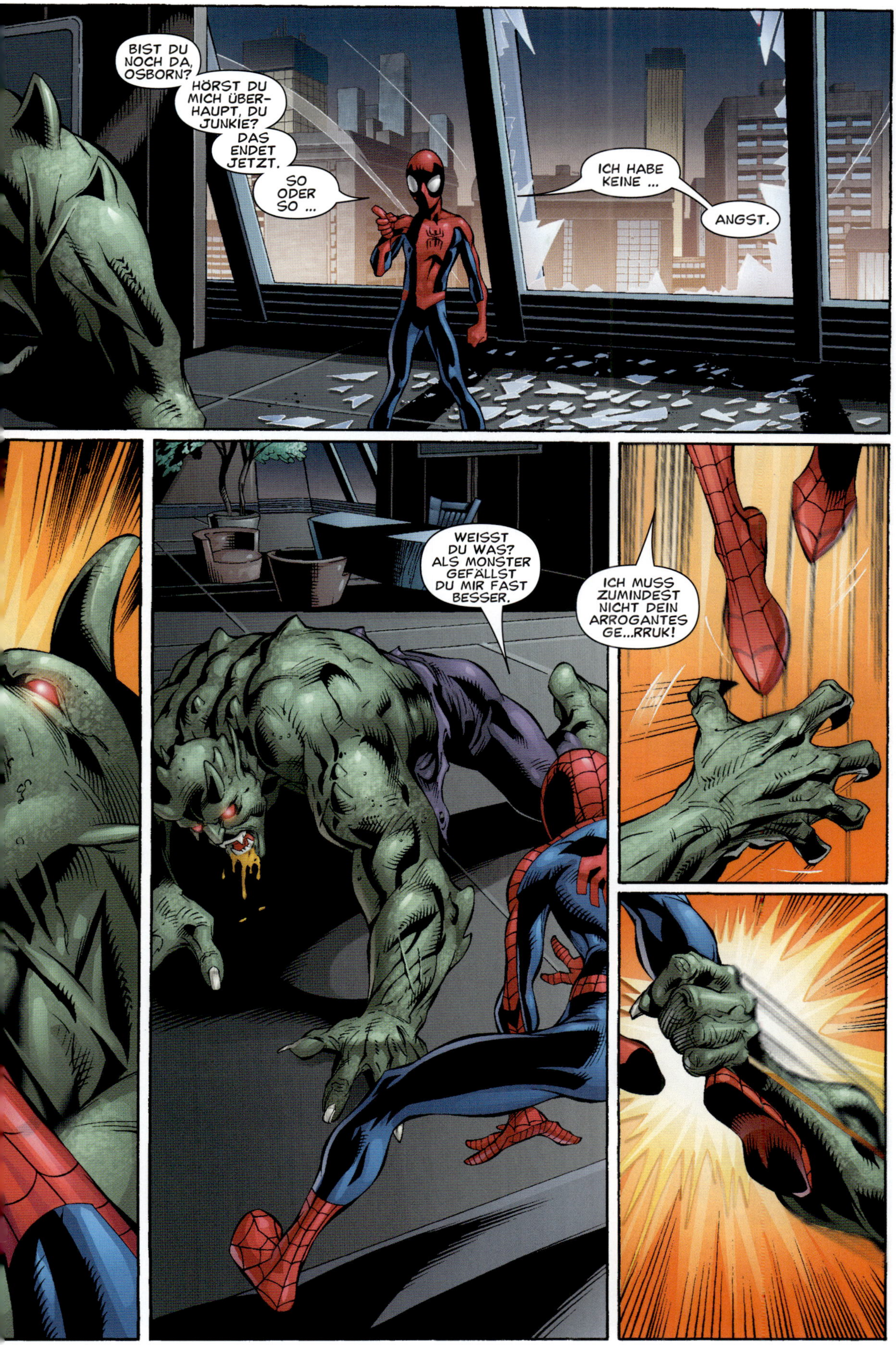

WEISST DU WAS? ALS MONSTER GEFÄLLST DU MIR FAST BESSER.

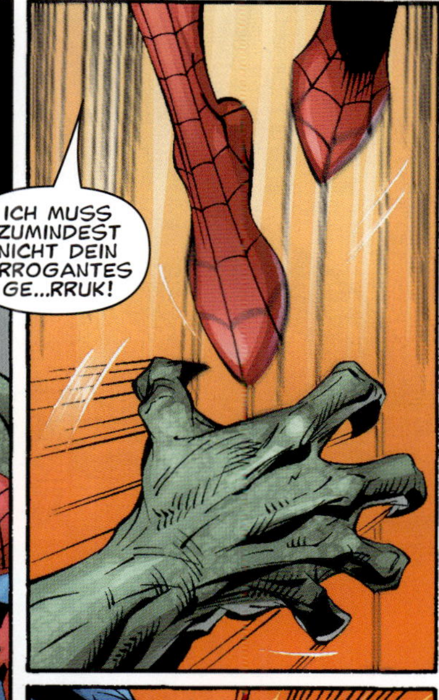

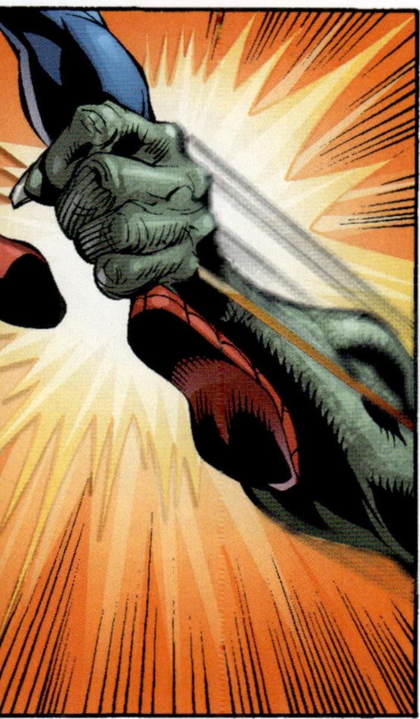

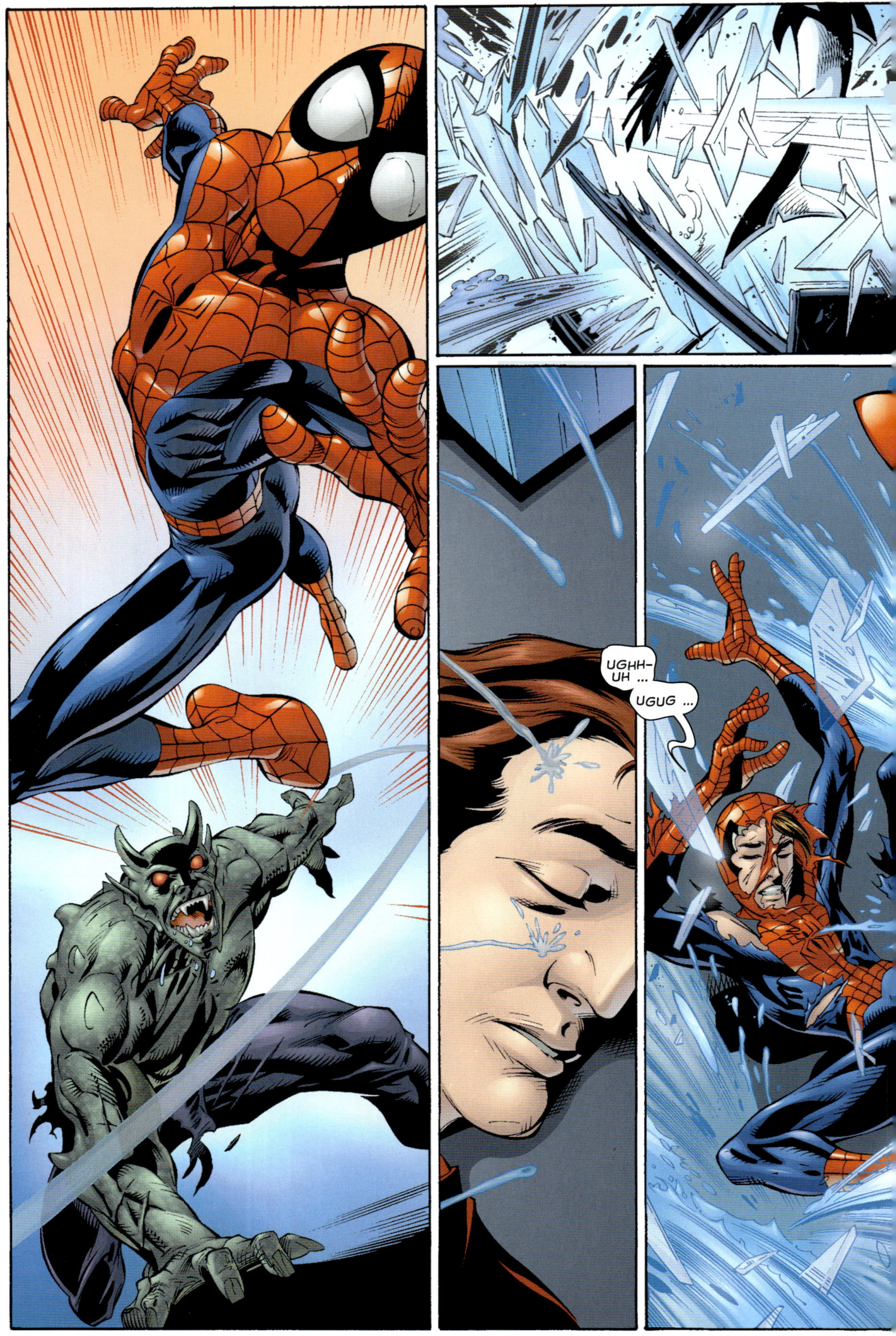
UGHH-
UH ...
UGUG ...

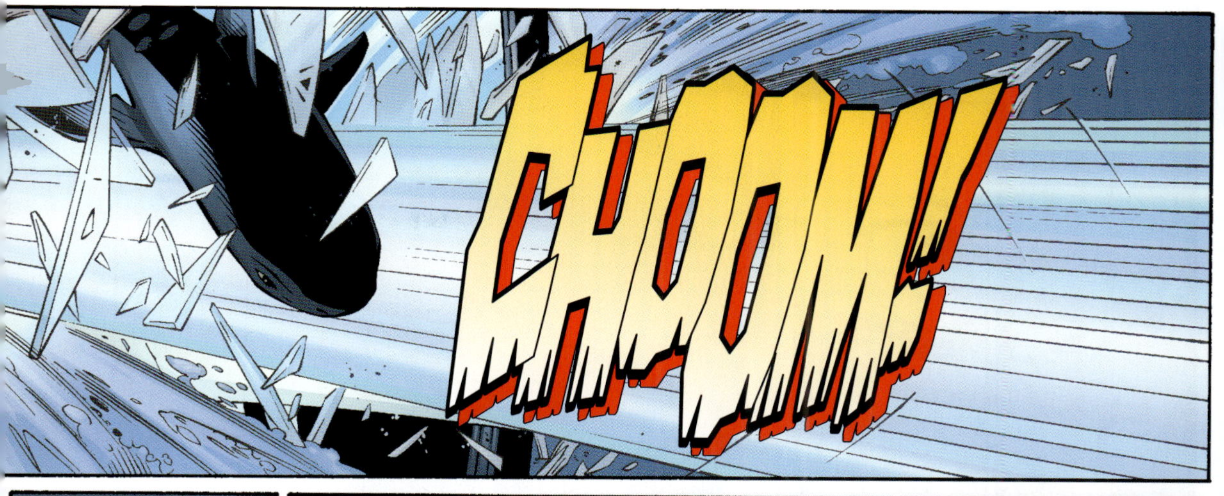

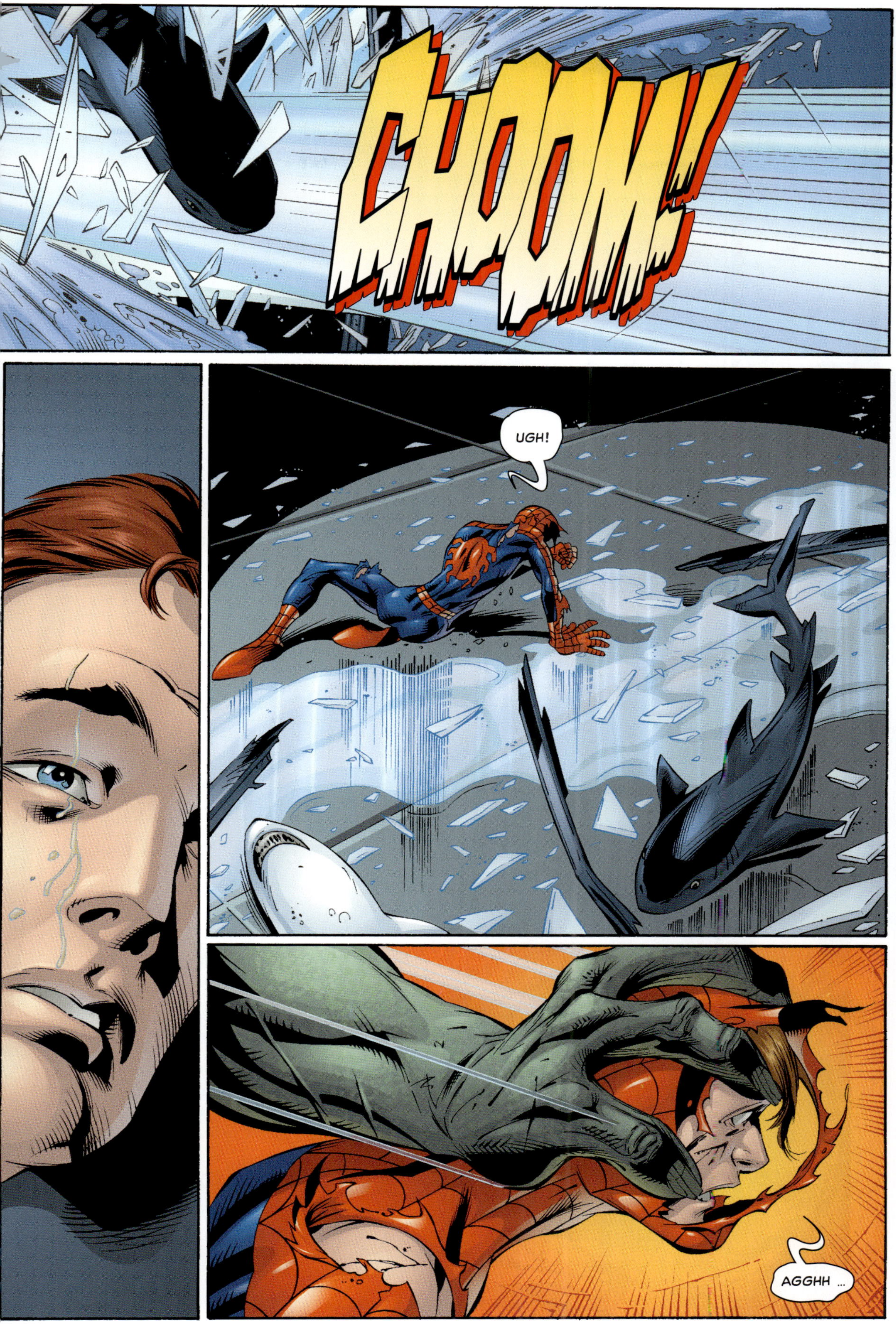

UGH!

AGGHH ...

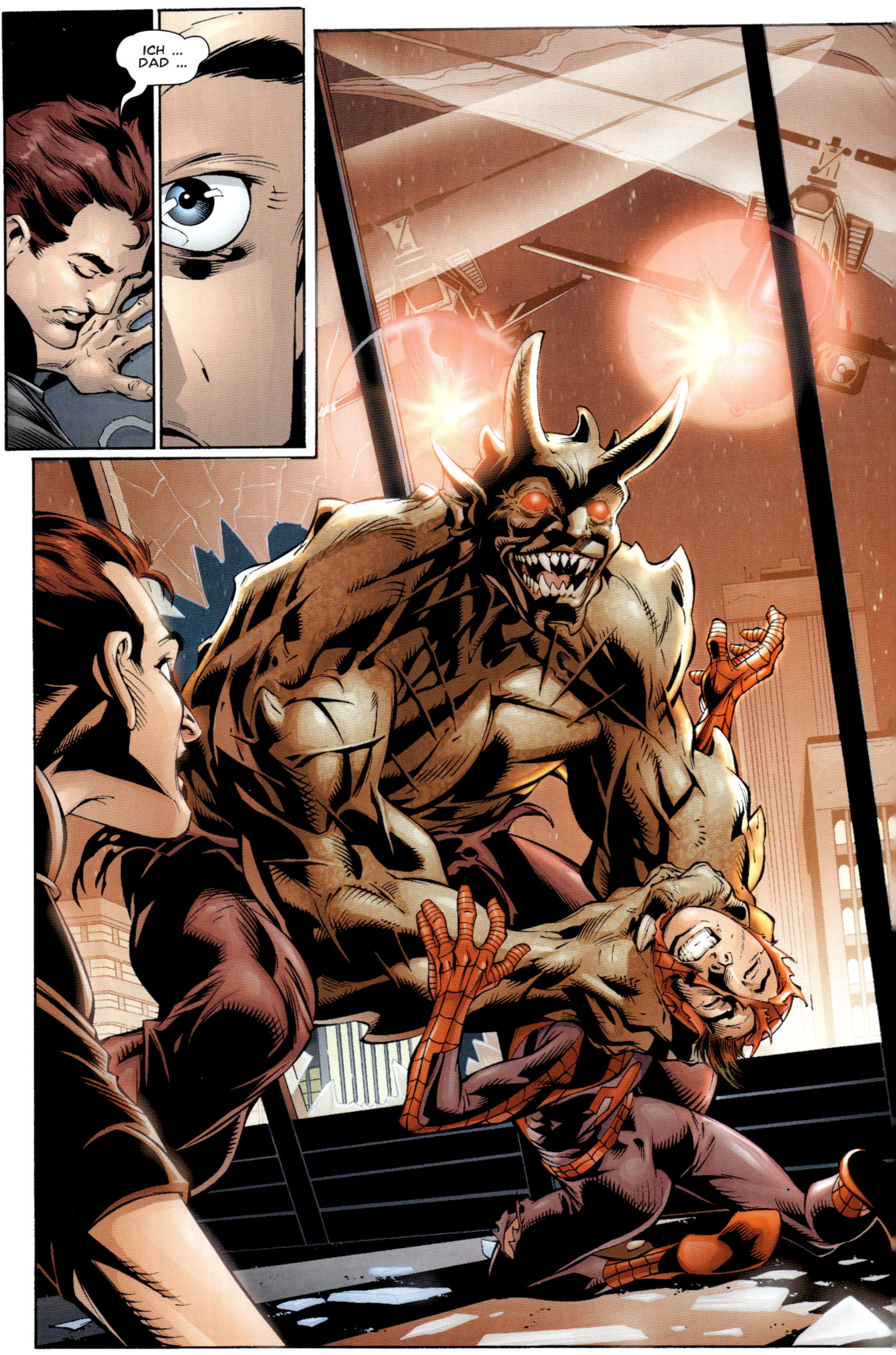
ICH ...
DAD ...

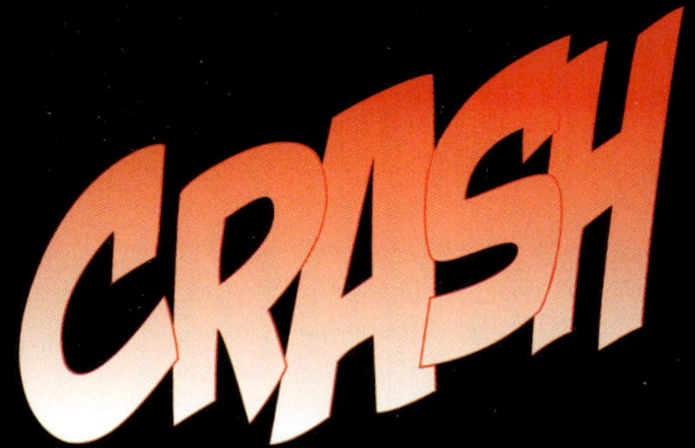
CRASH
UGH ...
AAGGHH UGH ...

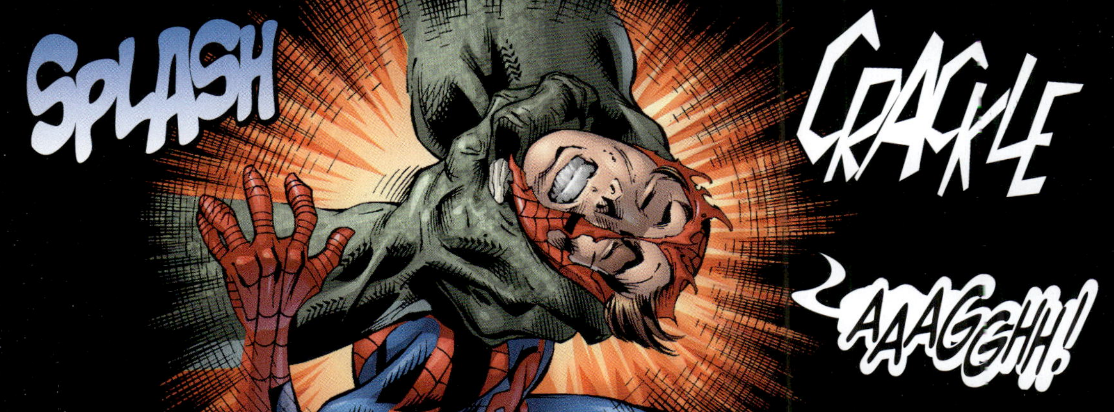
SPLASH
CRACKLE
AAAGGHH!

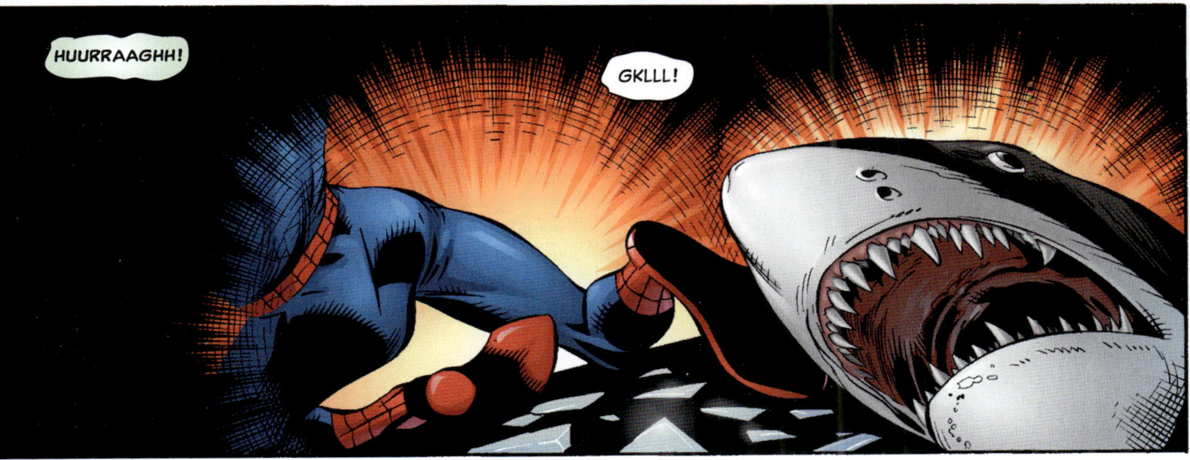
HUURRAAGHH!
GKLLL!

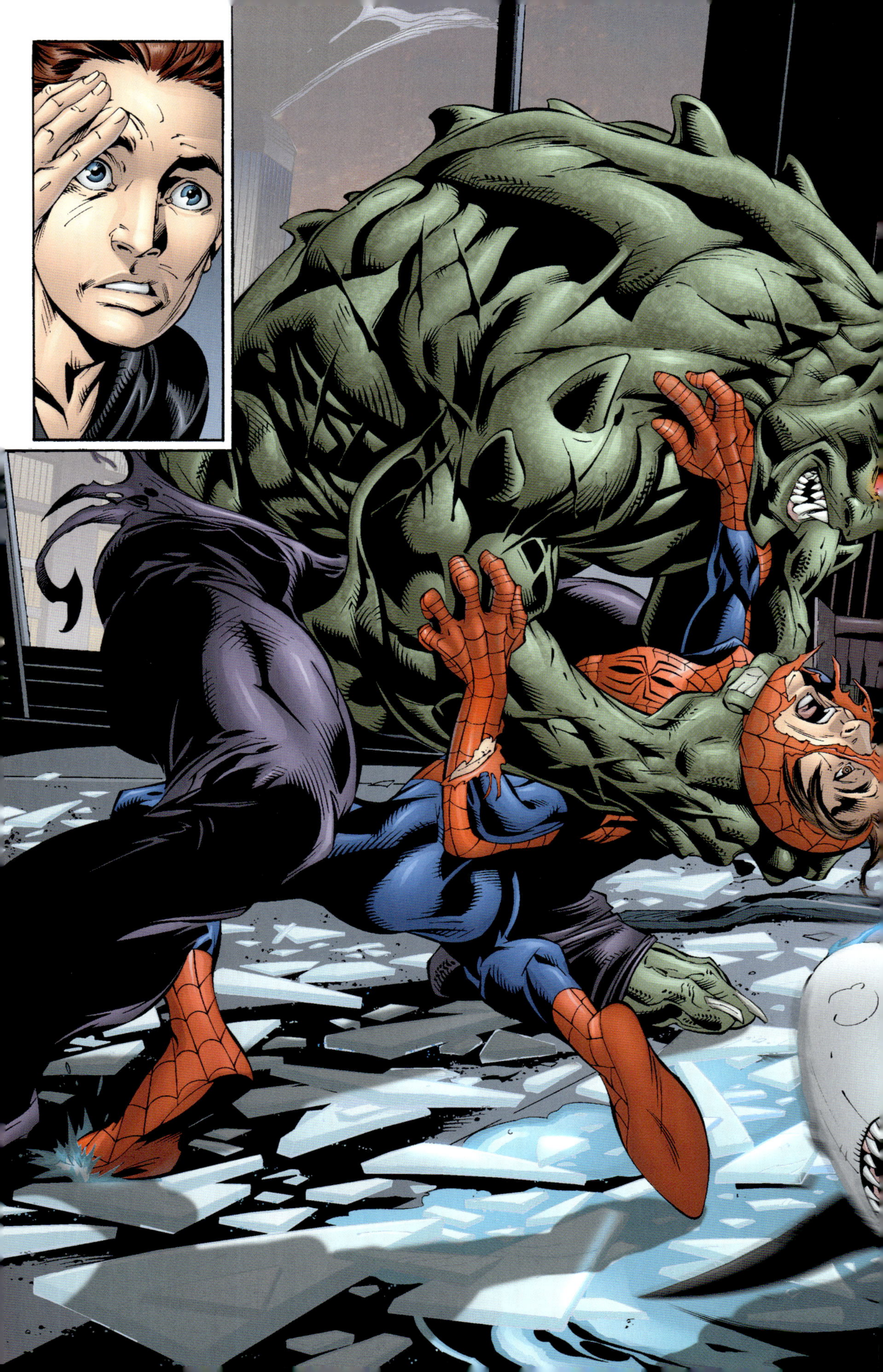

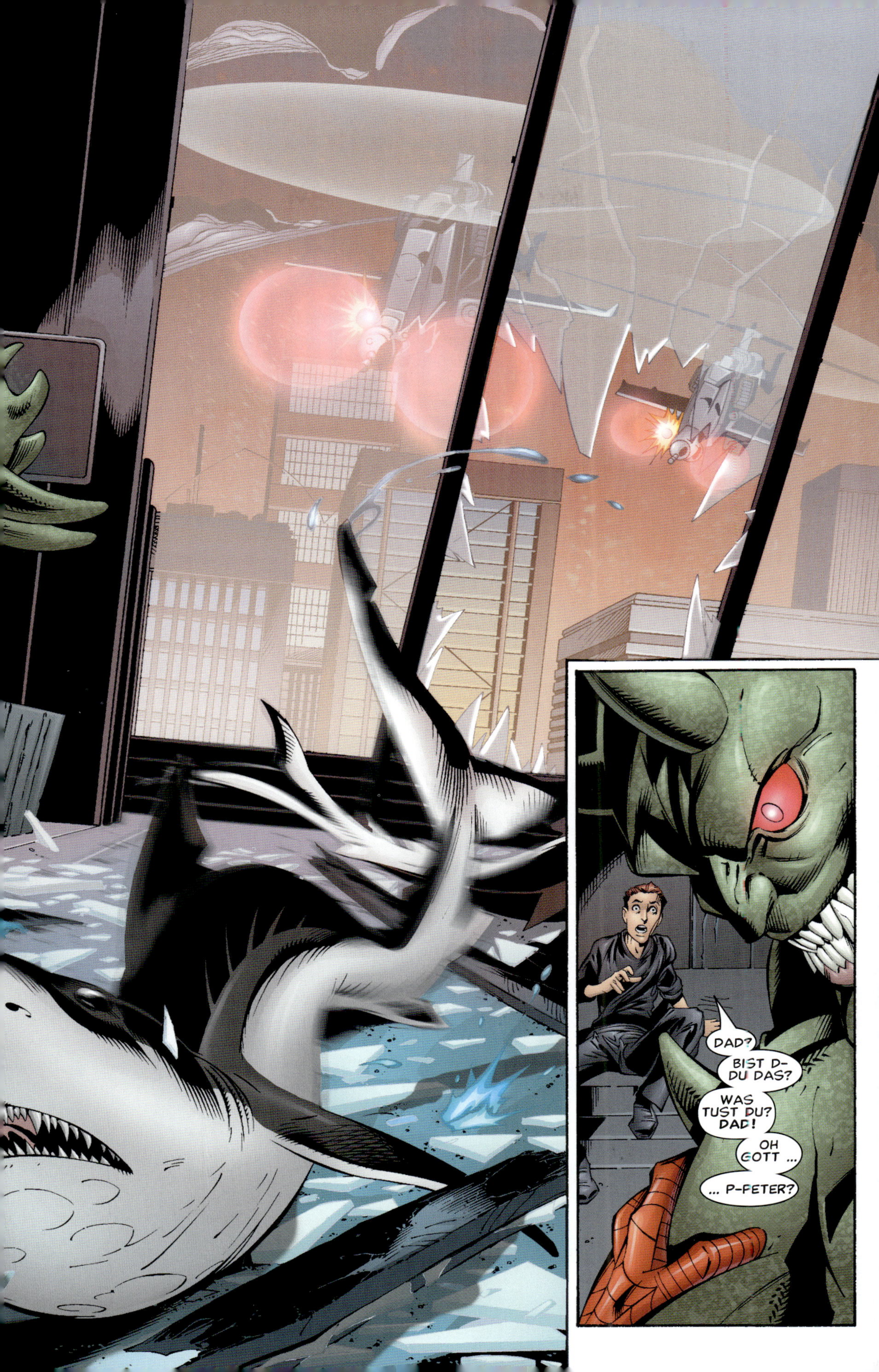
DAD?
BIST D-
DU DAS?
WAS
TUST DU?
DAD!
OH
GOTT ...
... P-PETER?

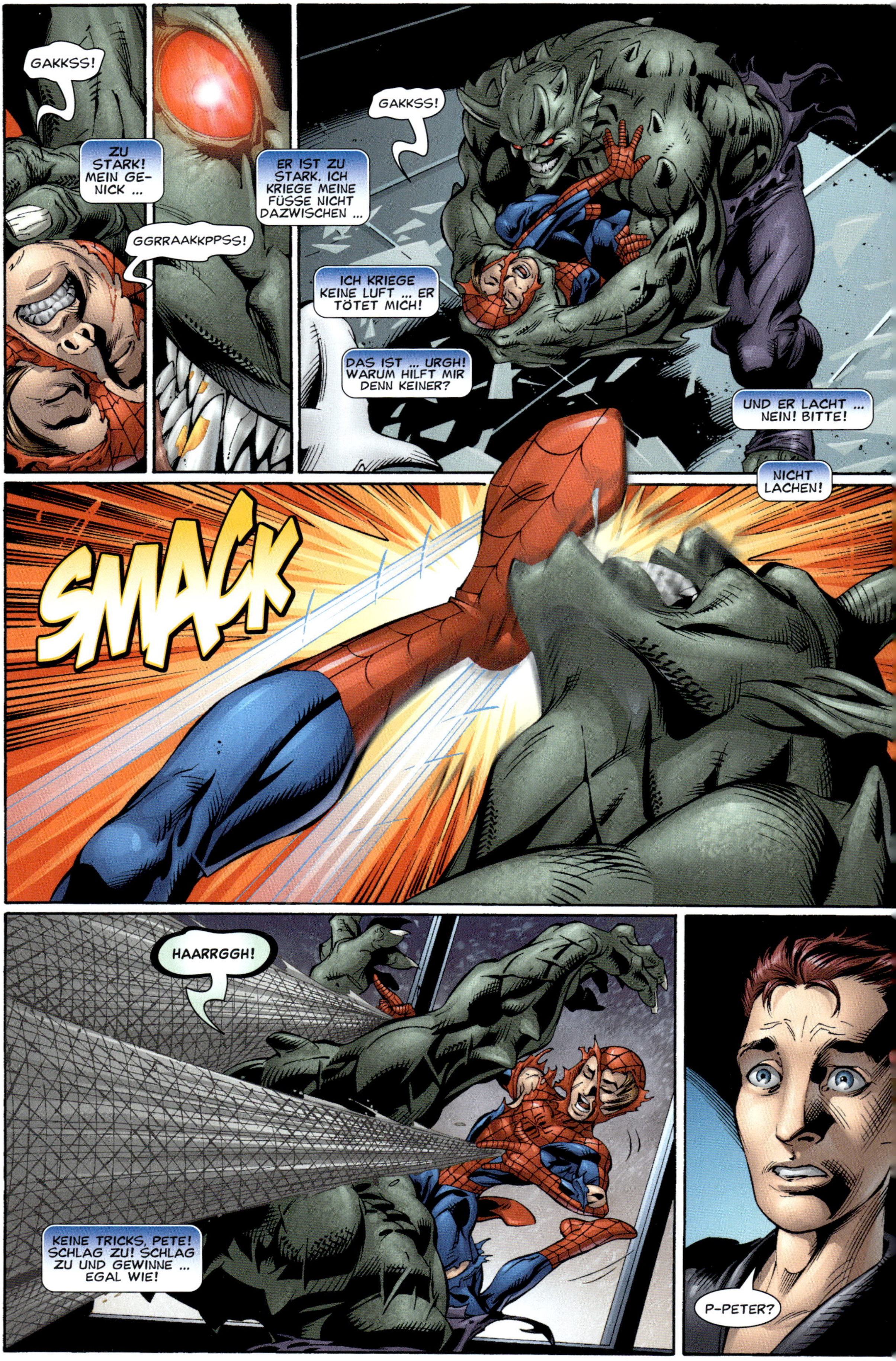

GAKKSS!
ZU STARK! MEIN GE- NICK ...
GGRRAAKKPPSS!
ER IST ZU STARK. ICH KRIEGE MEINE FÜSSE NICHT DAZWISCHEN ...
GAKKSS!
ICH KRIEGE KEINE LUFT ... ER TÖTET MICH!
DAS IST ... URGH! WARUM HILFT MIR DENN KEINER?
UND ER LACHT ... NEIN! BITTE!
NICHT LACHEN!
SMACK

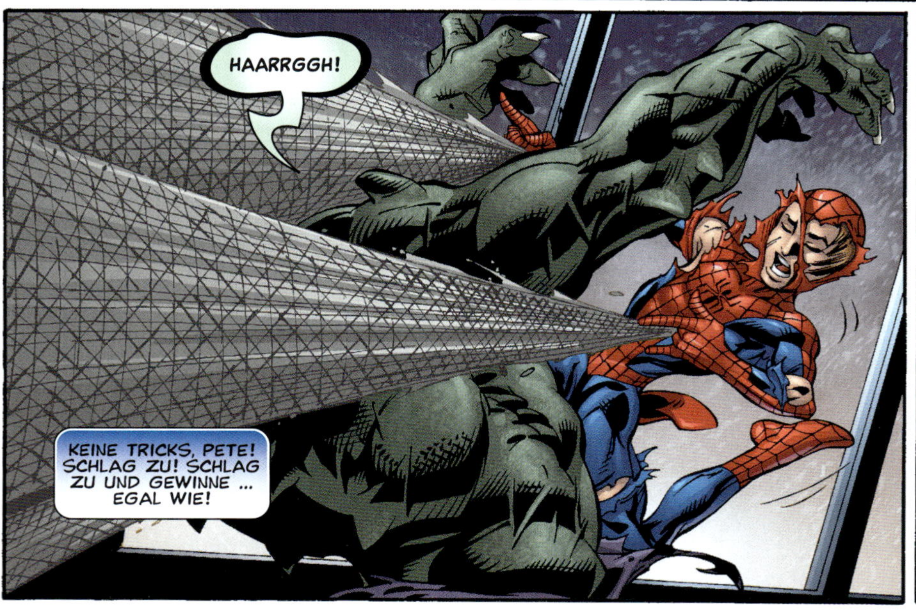

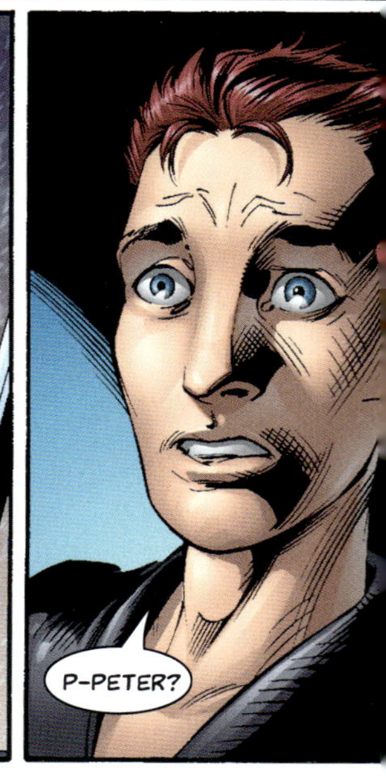

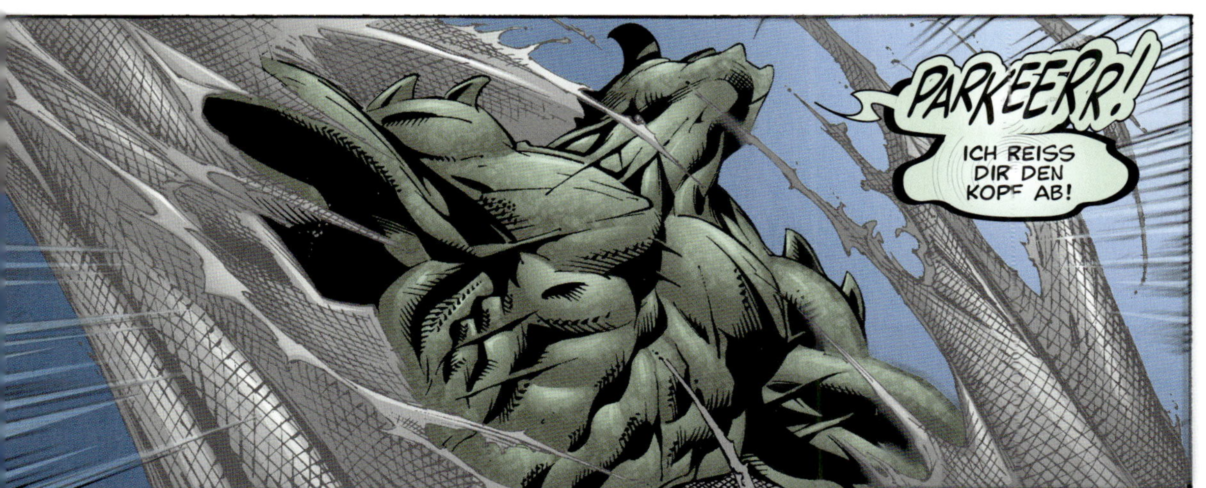
PARKEERR!
ICH REISS DIR DEN KOPF AB!

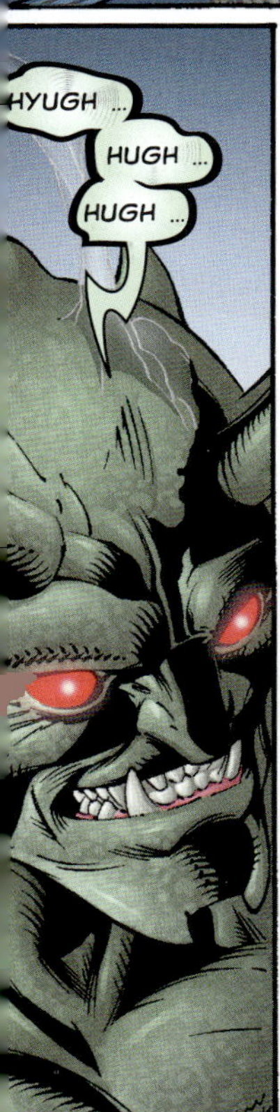
HYUGH ...
HUGH ...
HUGH ...

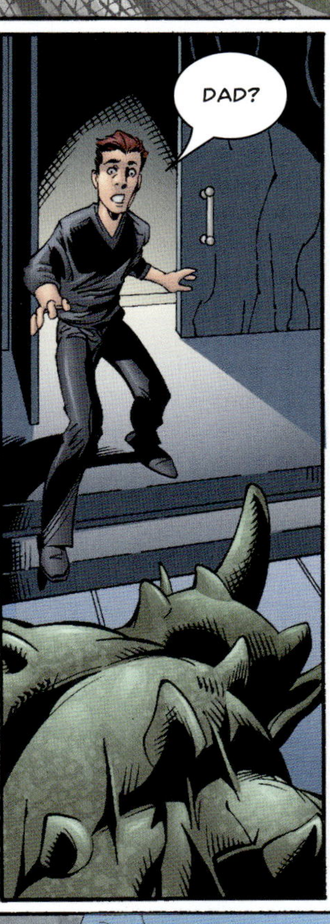
DAD?

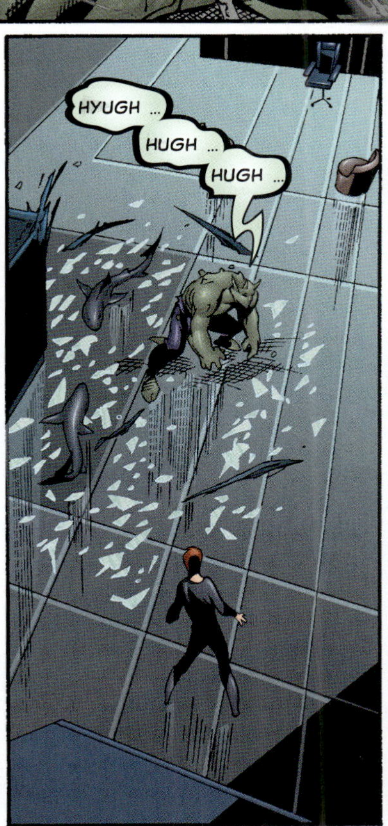
HYUGH ...
HUGH ...
HUGH ...

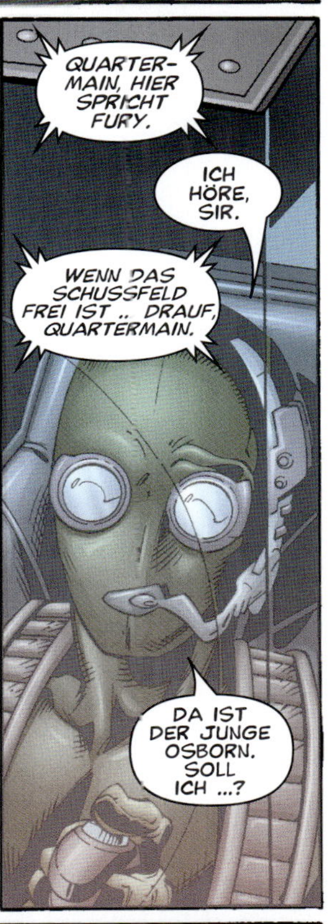
QUARTERMAIN, HIER SPRICHT FURY.
ICH HÖRE, SIR.
WENN DAS SCHUSSFELD FREI IST .. DRAUF, QUARTERMAIN.
DA IST DER JUNGE OSBORN. SOLL ICH ...?

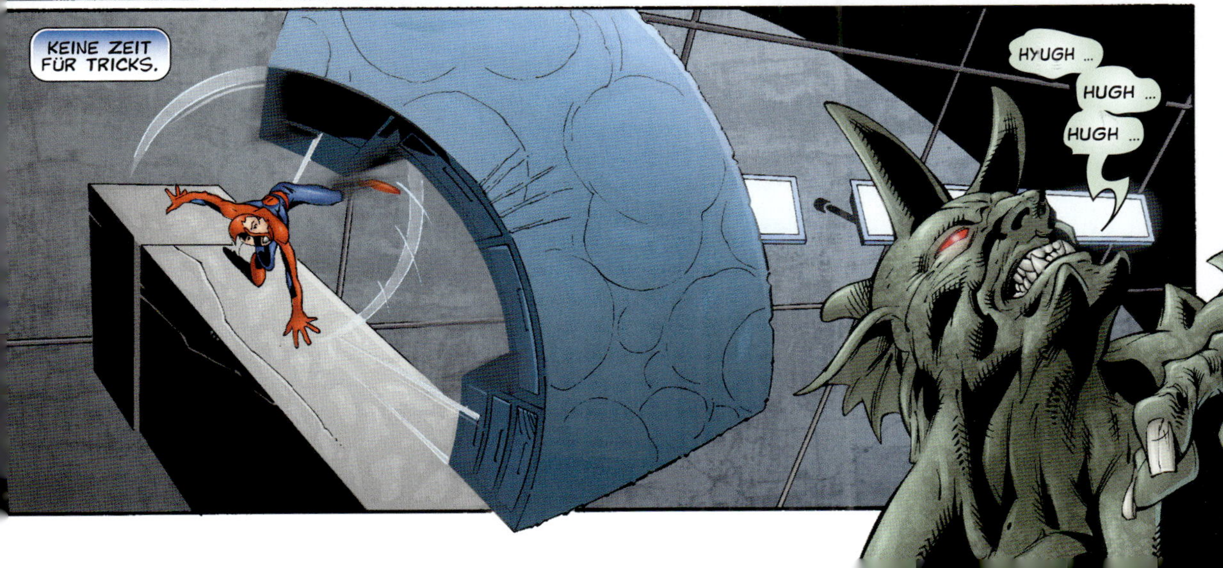
KEINE ZEIT FÜR TRICKS.
HYUGH ...
HUGH ...
HUGH ...

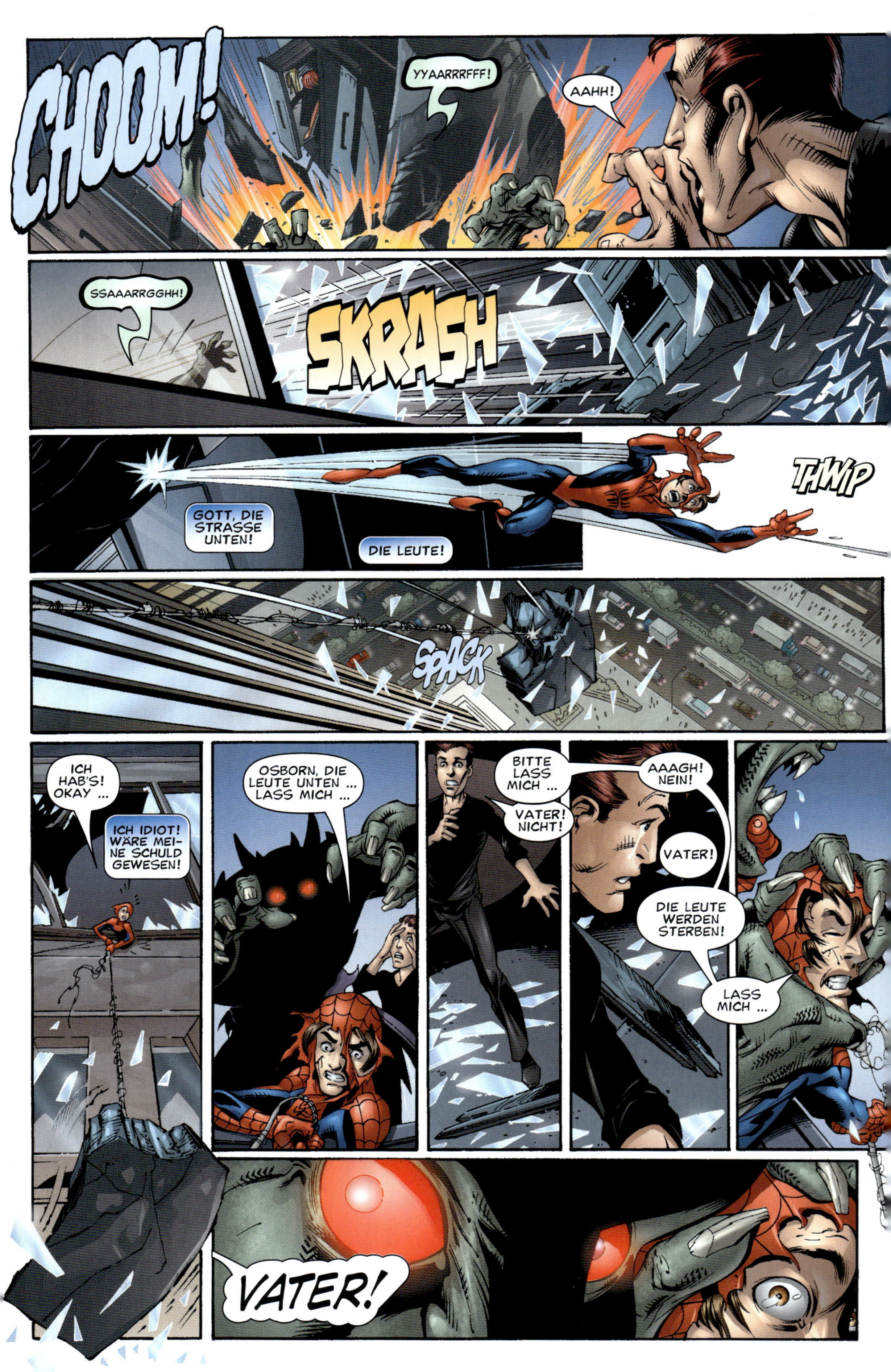
CHOOM!
YYAARRRFFF!
AAHH!
SSAAARRGGHH!
SKRASH
GOTT, DIE STRASSE UNTEN!
DIE LEUTE!
THWIP
SPACK
ICH HAB'S! OKAY ...
ICH IDIOT! WÄRE MEINE SCHULD GEWESEN!
OSBORN, DIE LEUTE UNTEN ... LASS MICH ...
BITTE LASS MICH ...
VATER! NICHT!
AAAGH! NEIN!
VATER!
DIE LEUTE WERDEN STERBEN!
LASS MICH ...
VATER!

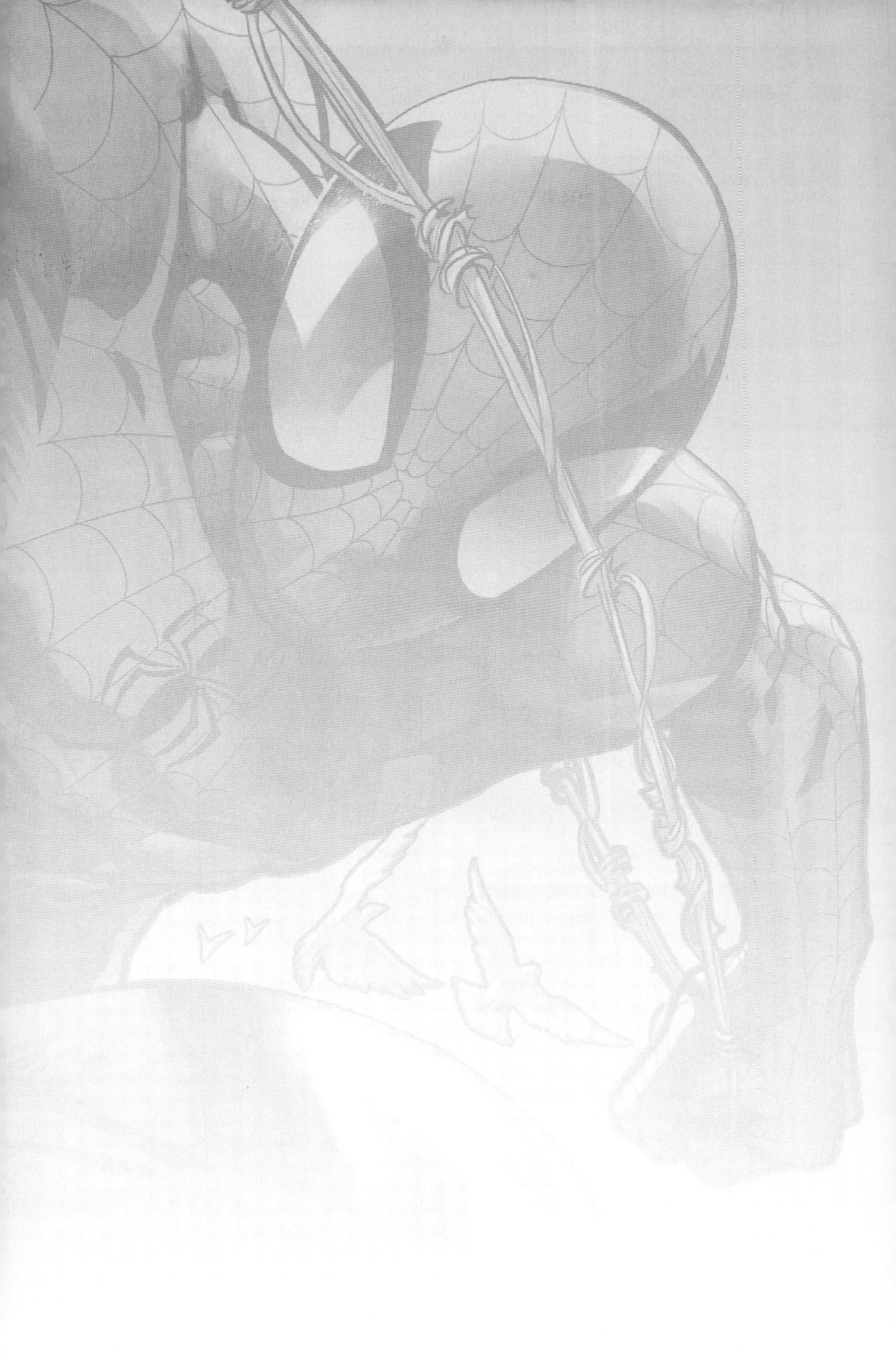

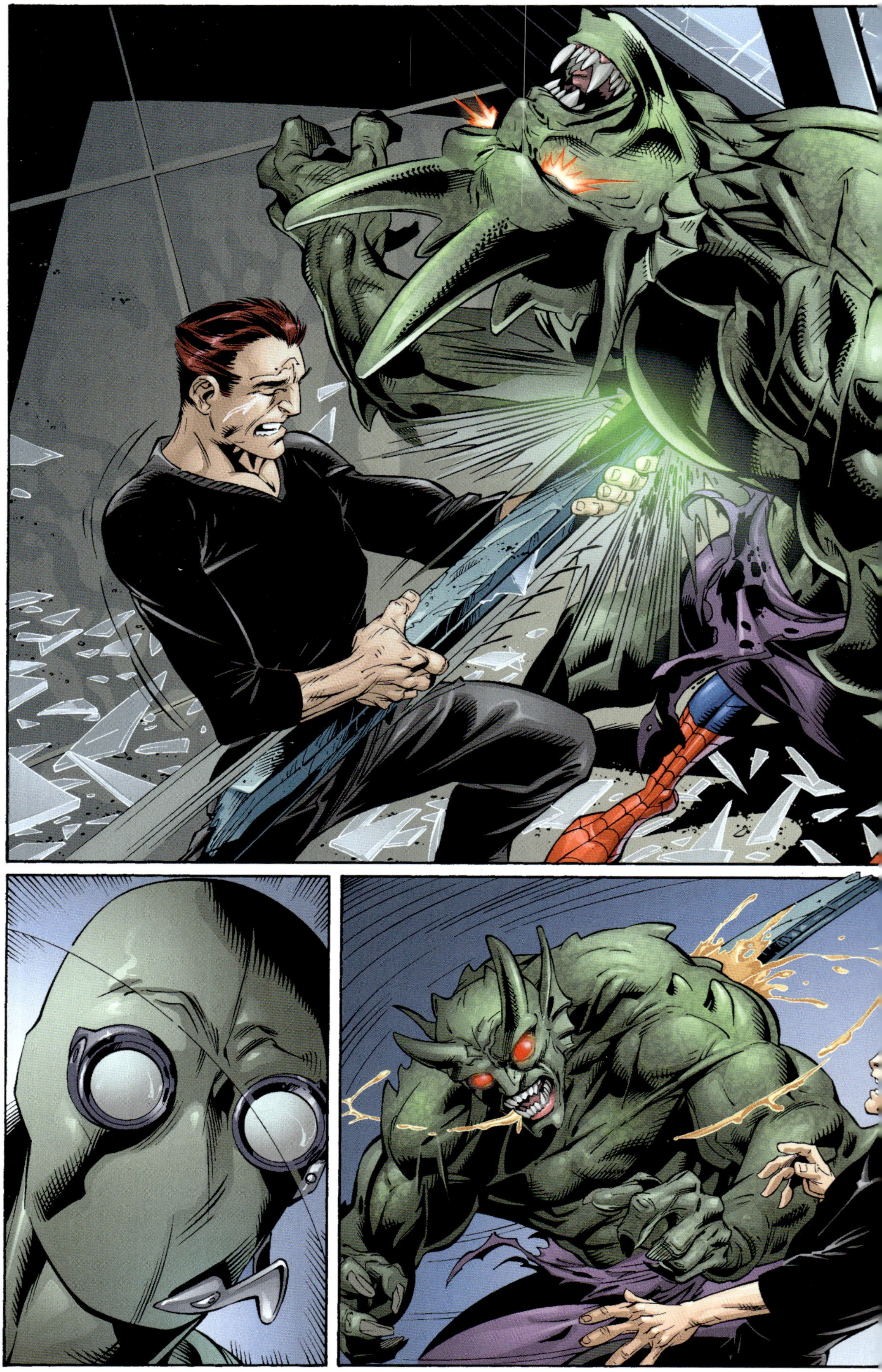

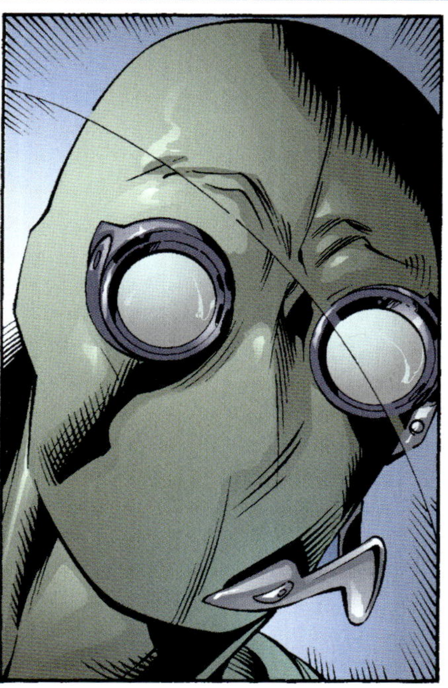

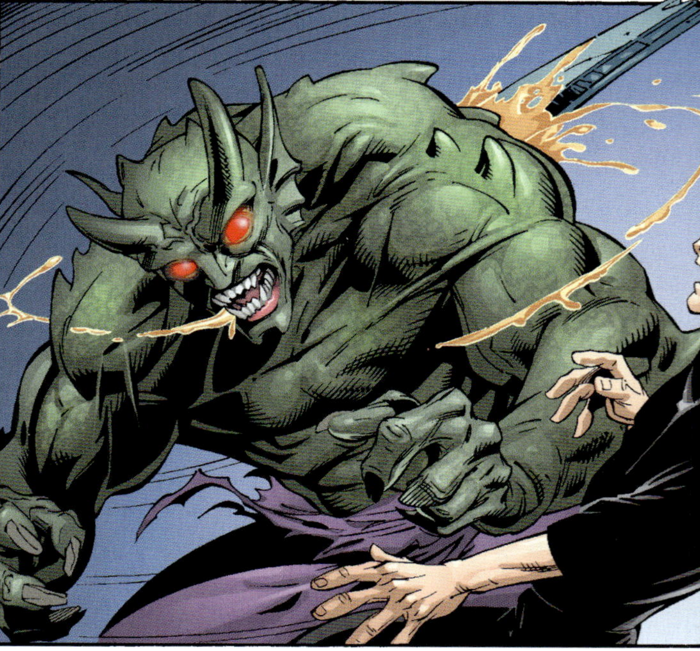

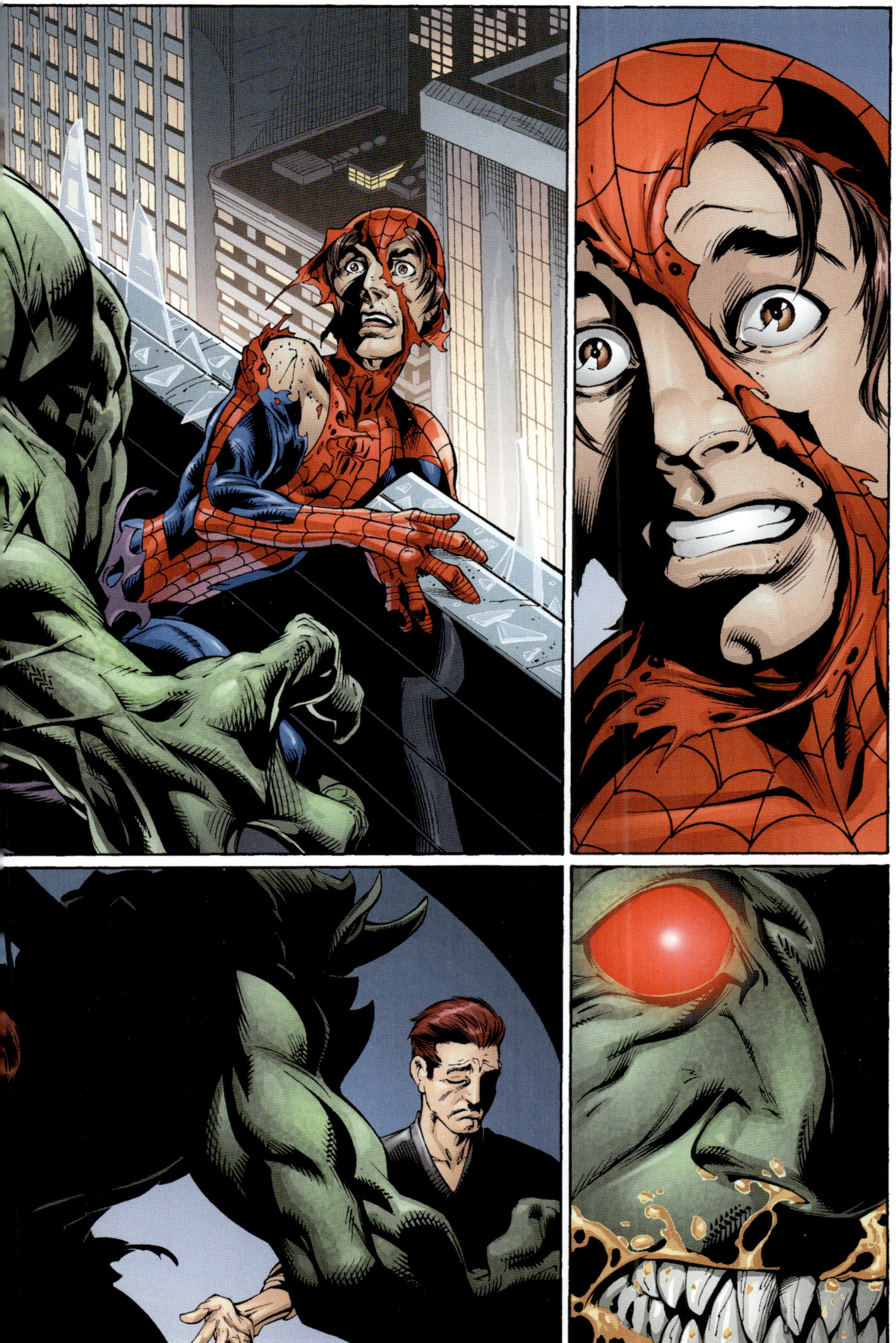

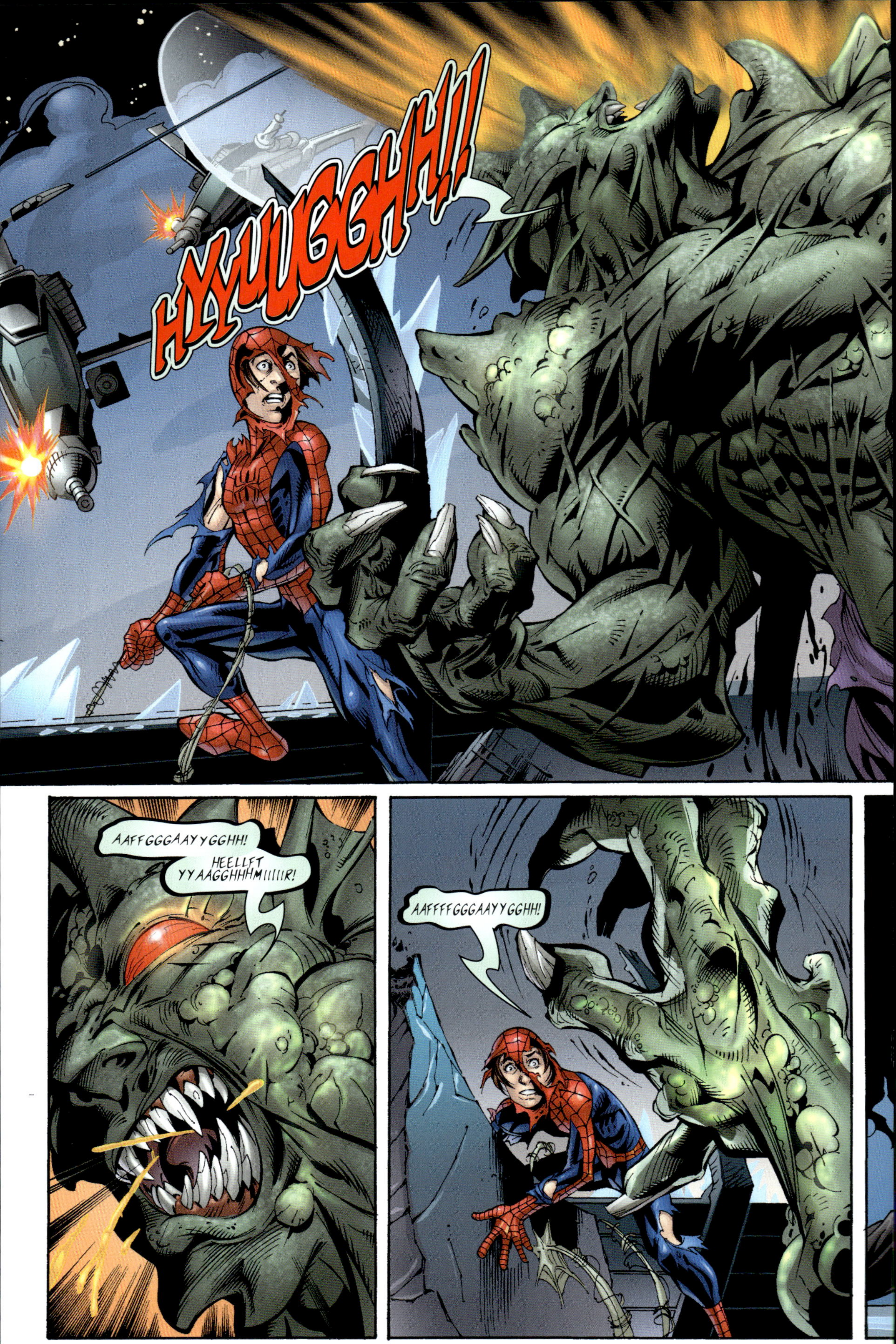

HYYUUGGHH!!

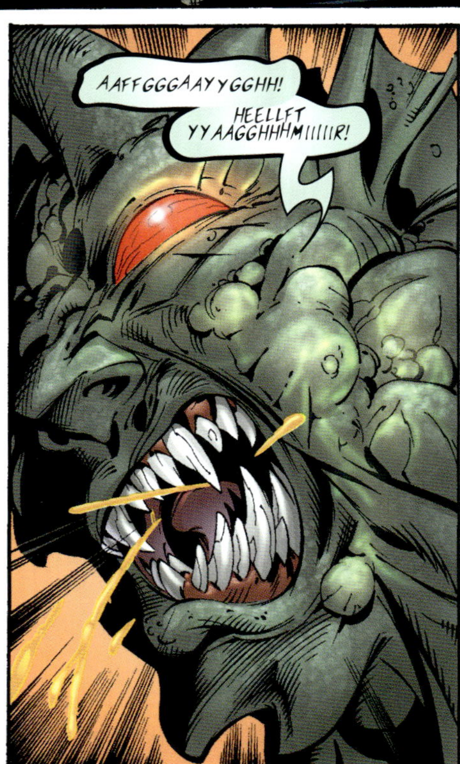
AAFFGGGAAYYGGHH!
HEELLFT YYAAGGHHHMIIIIIR!

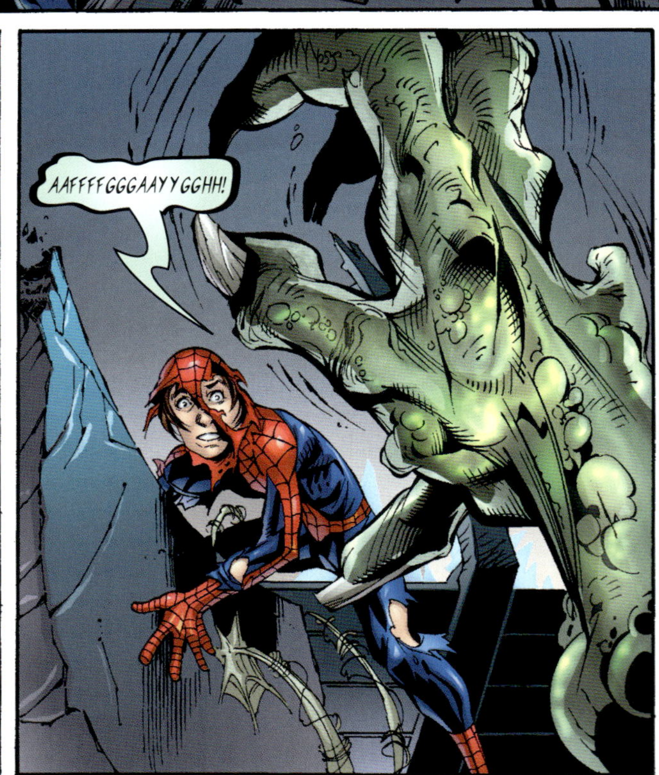
AAFFFFGGGAAYYGGHH!

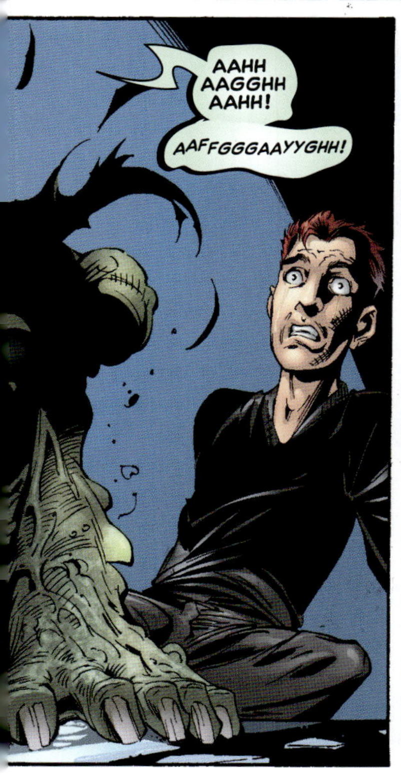
AAHH AAGGHH AAHH!
AAFFGGGAAYYGHH!

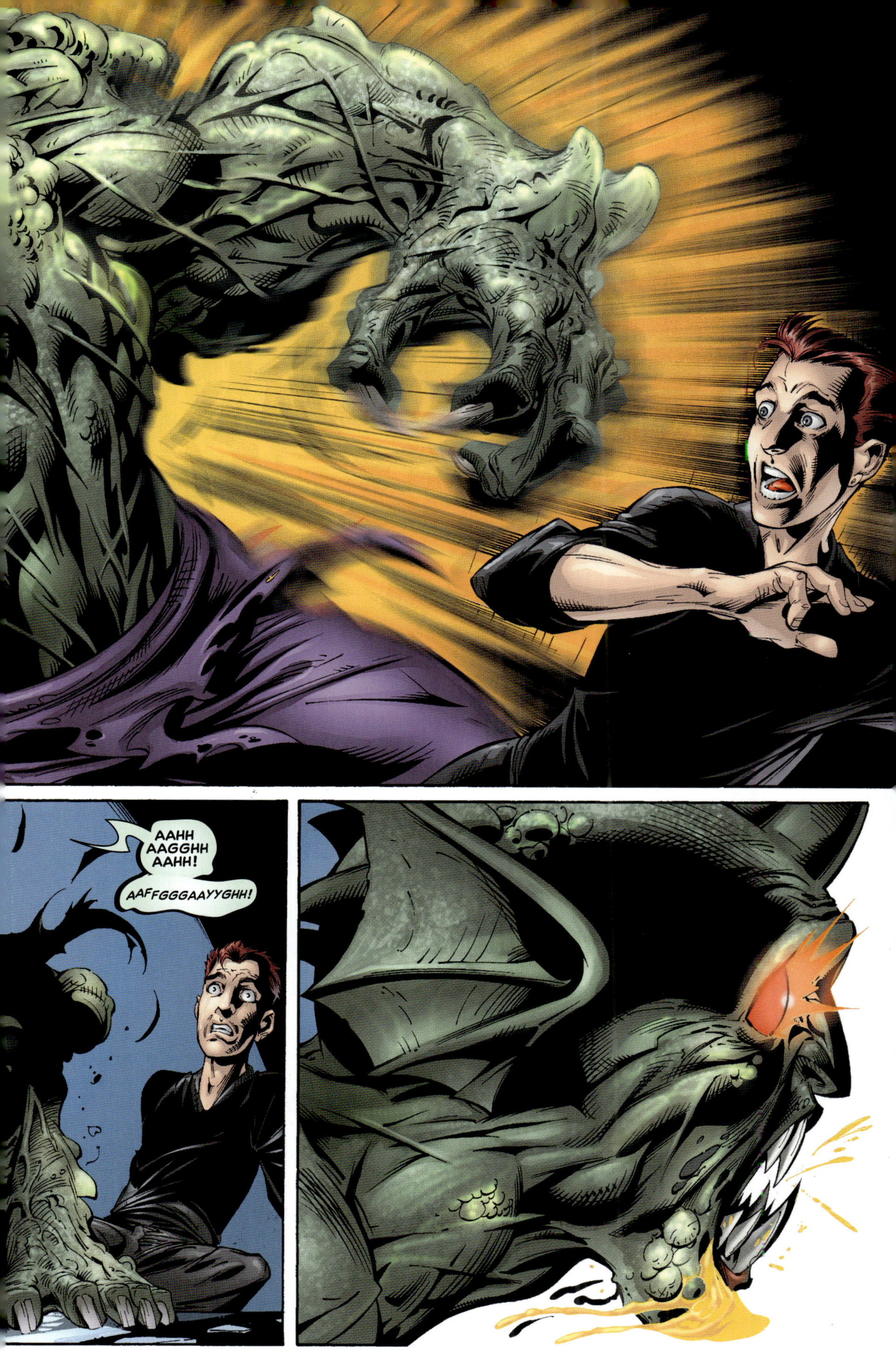

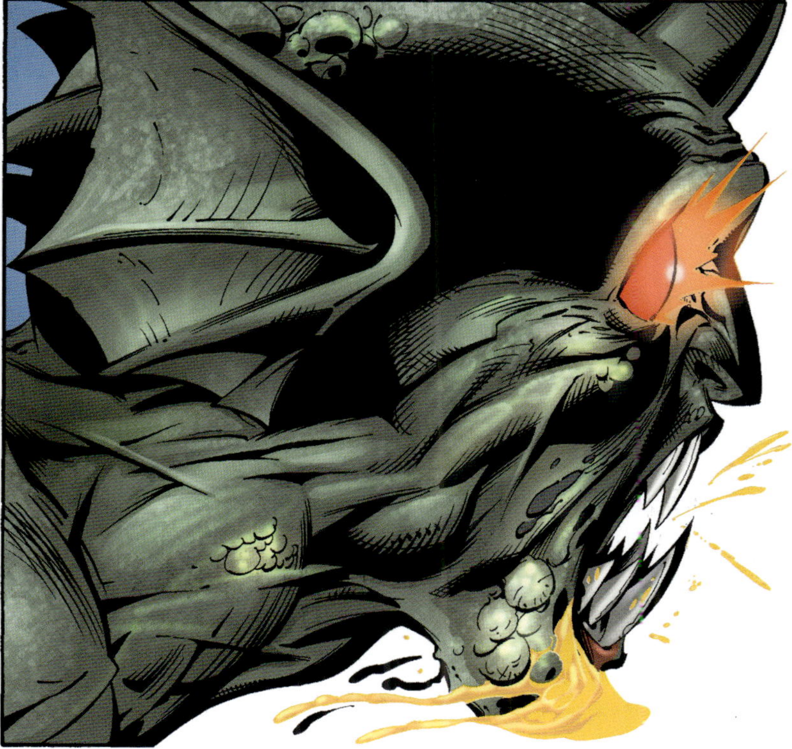

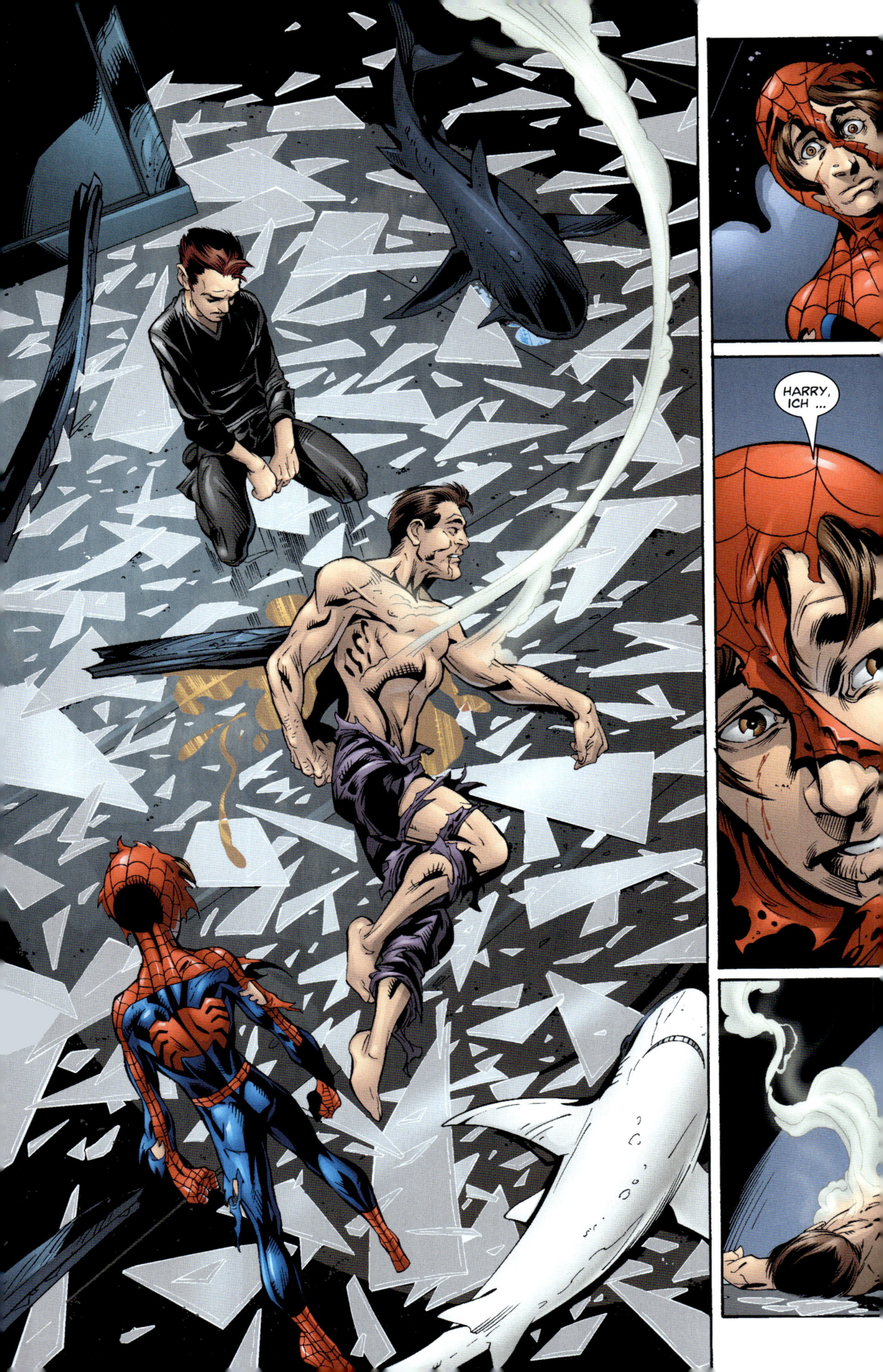

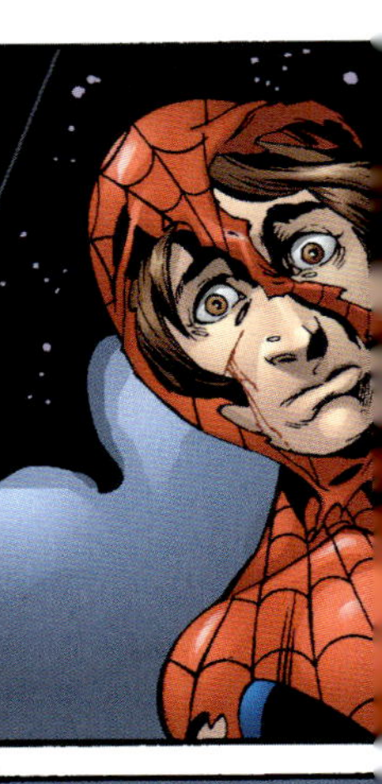

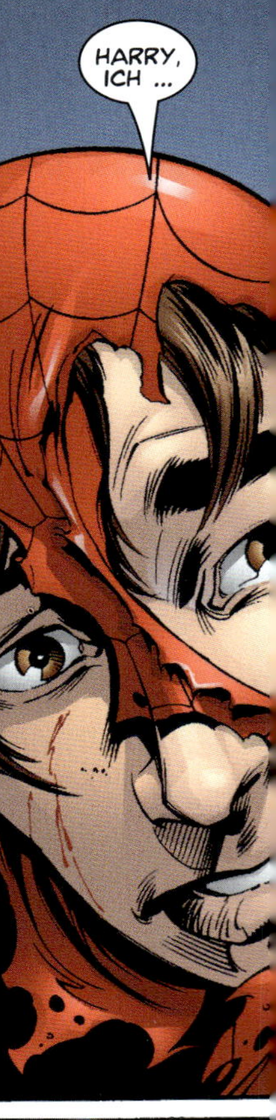
HARRY, ICH ...

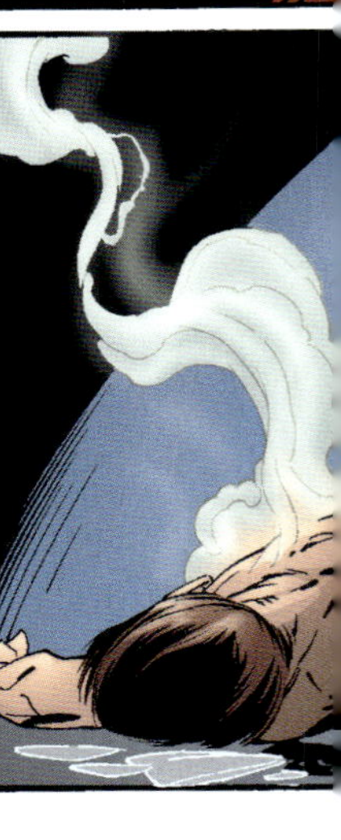

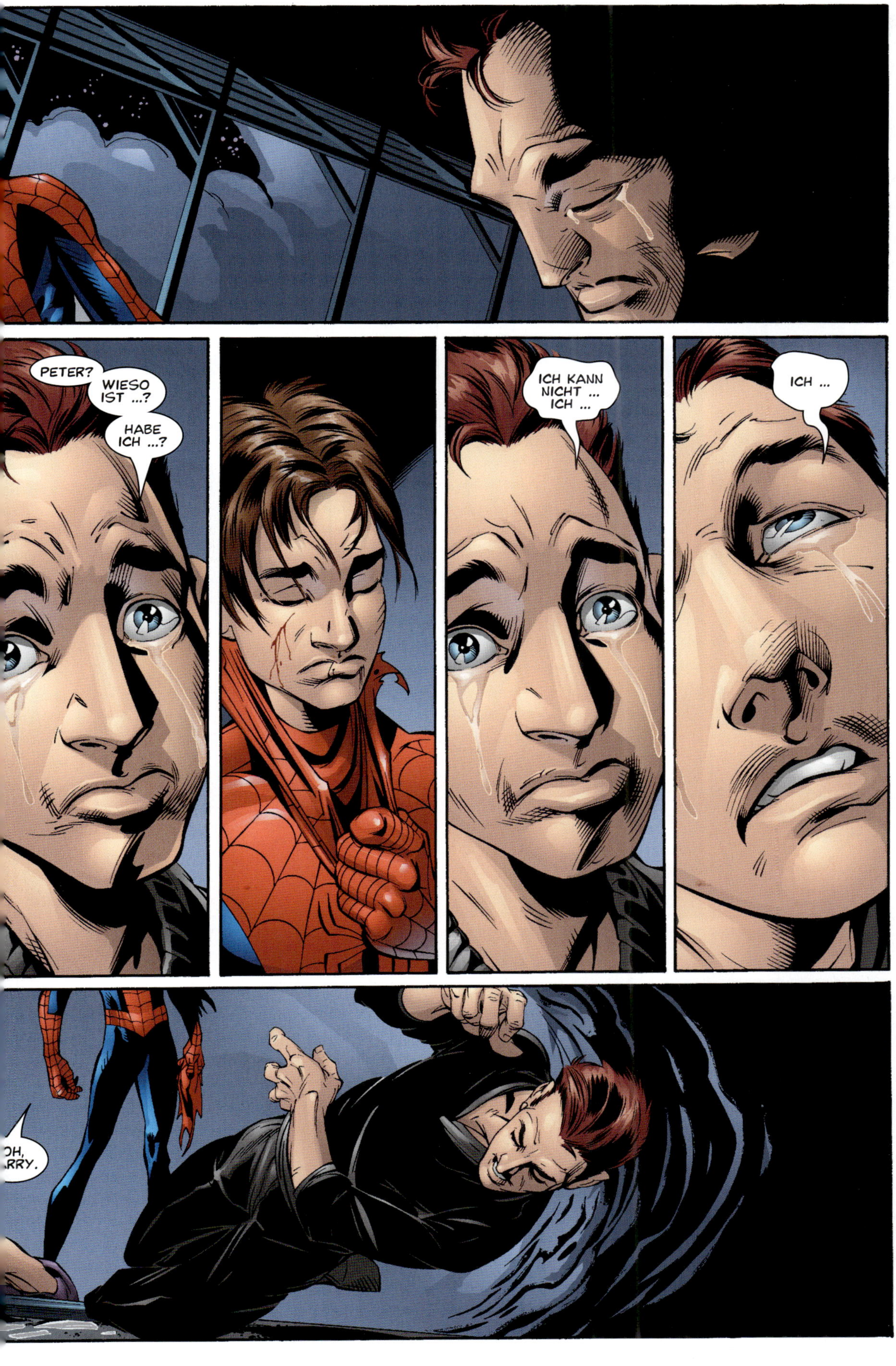

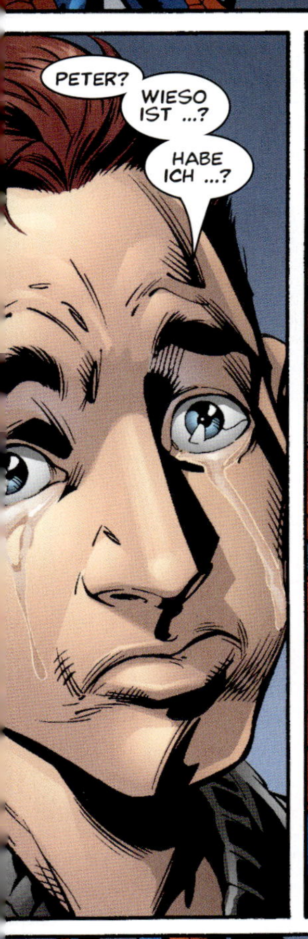
PETER?
WIESO IST ...?
HABE ICH ...?

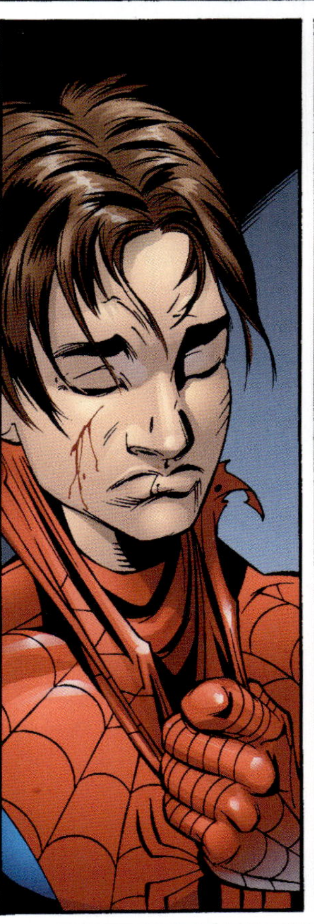

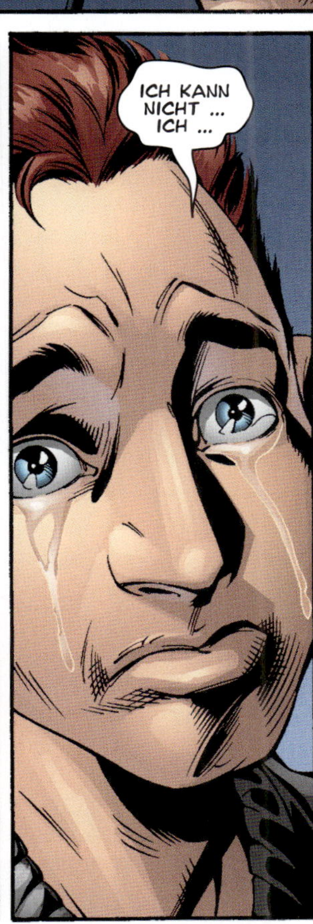
ICH KANN NICHT ... ICH ...

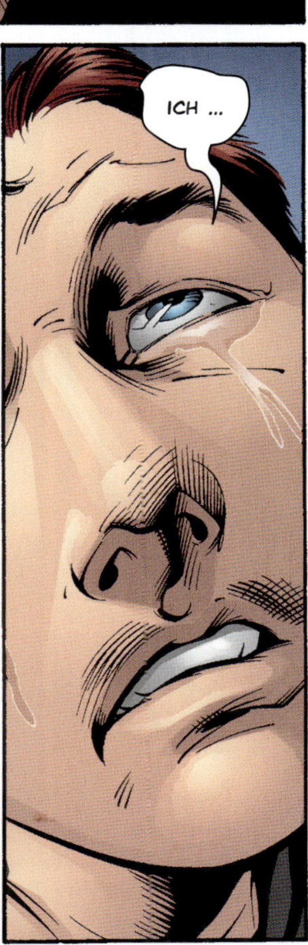
ICH ...

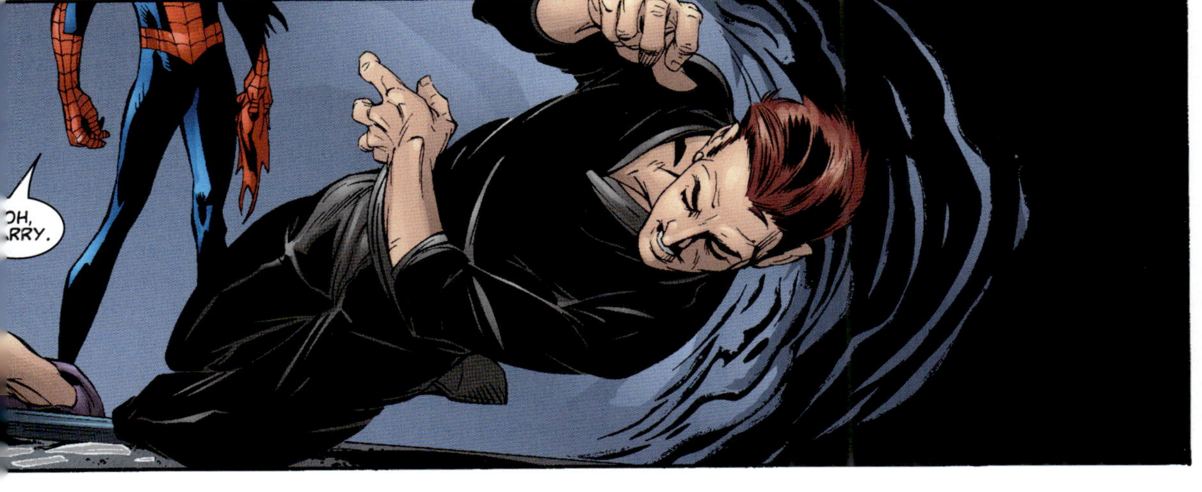

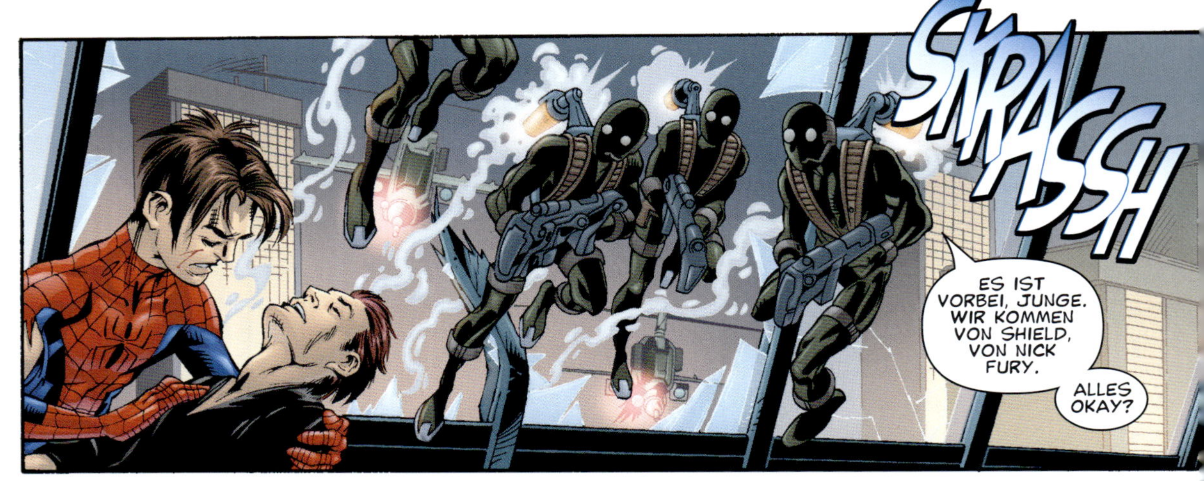
SKRASSH
ES IST VORBEI, JUNGE. WIR KOMMEN VON SHIELD, VON NICK FURY.
ALLES OKAY?

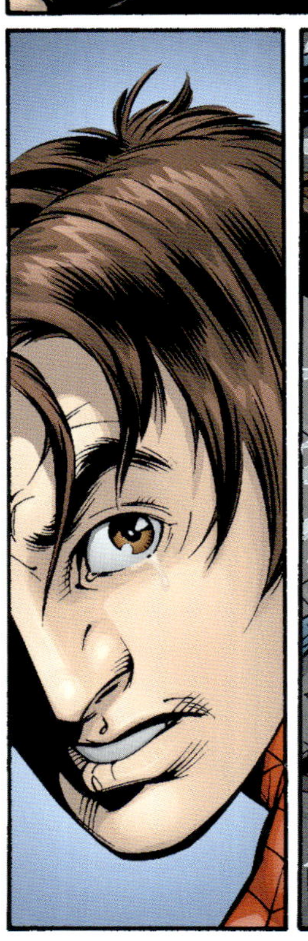

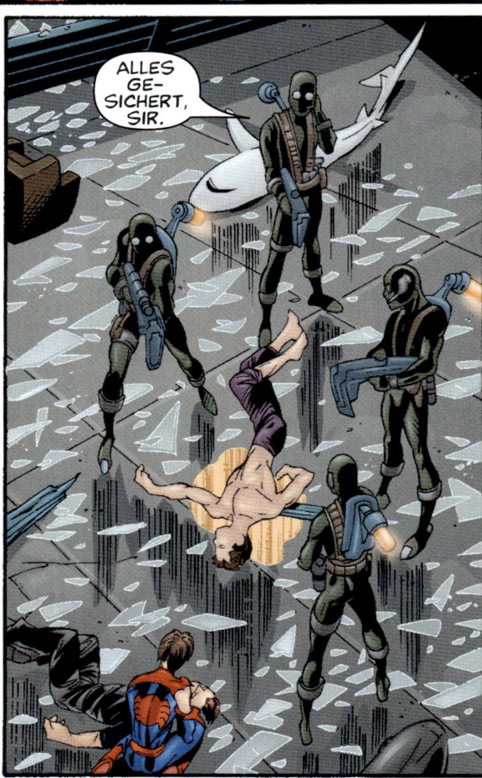
ALLES GE-SICHERT, SIR.

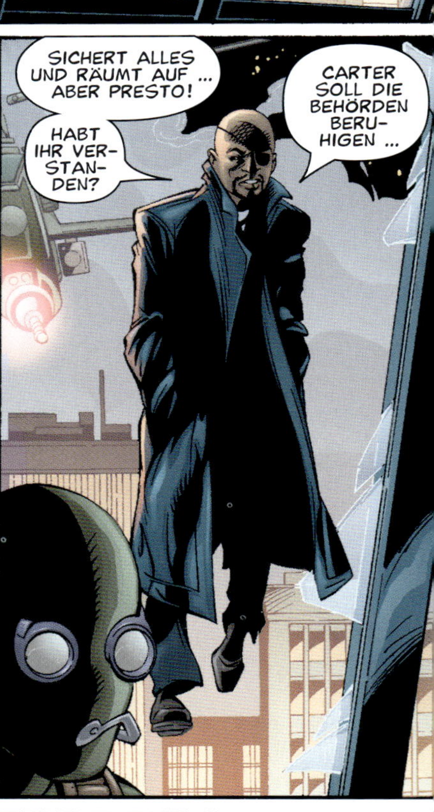
SICHERT ALLES UND RÄUMT AUF ... ABER PRESTO!
HABT IHR VER-STAN-DEN?
CARTER SOLL DIE BEHÖRDEN BERU-HIGEN ...

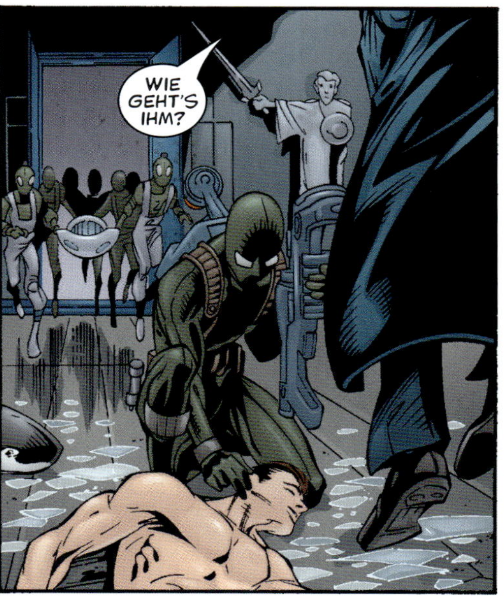
WIE GEHT'S IHM?

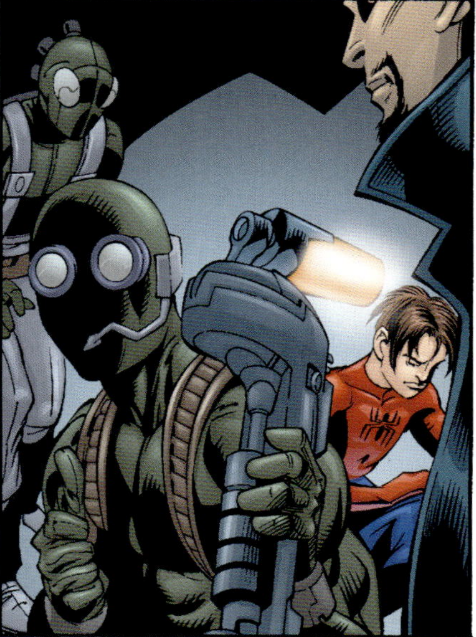

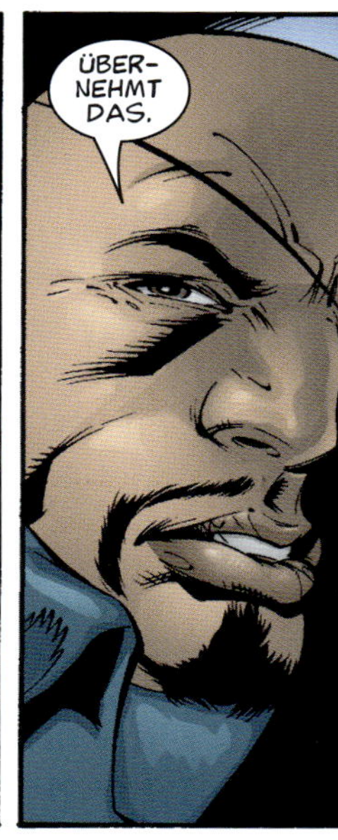
ÜBER-NEHMT DAS.

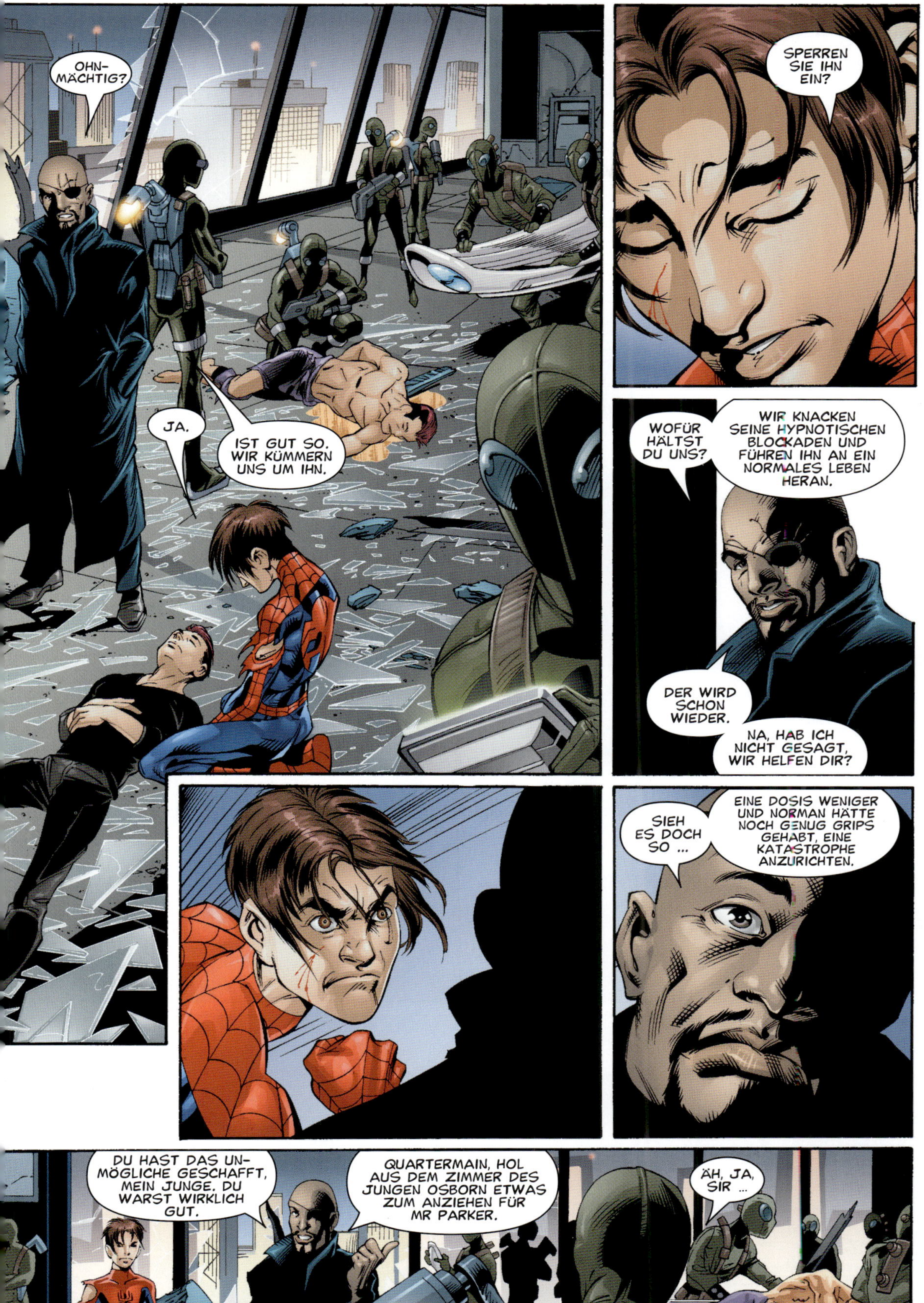
OHN-MÄCHTIG?
JA.
IST GUT SO. WIR KÜMMERN UNS UM IHN.
SPERREN SIE IHN EIN?
WOFÜR HÄLTST DU UNS?
WIR KNACKEN SEINE HYPNOTISCHEN BLOCKADEN UND FÜHREN IHN AN EIN NORMALES LEBEN HERAN.
DER WIRD SCHON WIEDER.
NA, HAB ICH NICHT GESAGT, WIR HELFEN DIR?
SIEH ES DOCH SO ...
EINE DOSIS WENIGER UND NORMAN HÄTTE NOCH GENUG GRIPS GEHABT, EINE KATASTROPHE ANZURICHTEN.
DU HAST DAS UNMÖGLICHE GESCHAFFT, MEIN JUNGE. DU WARST WIRKLICH GUT.
QUARTERMAIN, HOL AUS DEM ZIMMER DES JUNGEN OSBORN ETWAS ZUM ANZIEHEN FÜR MR PARKER.
ÄH, JA, SIR ...

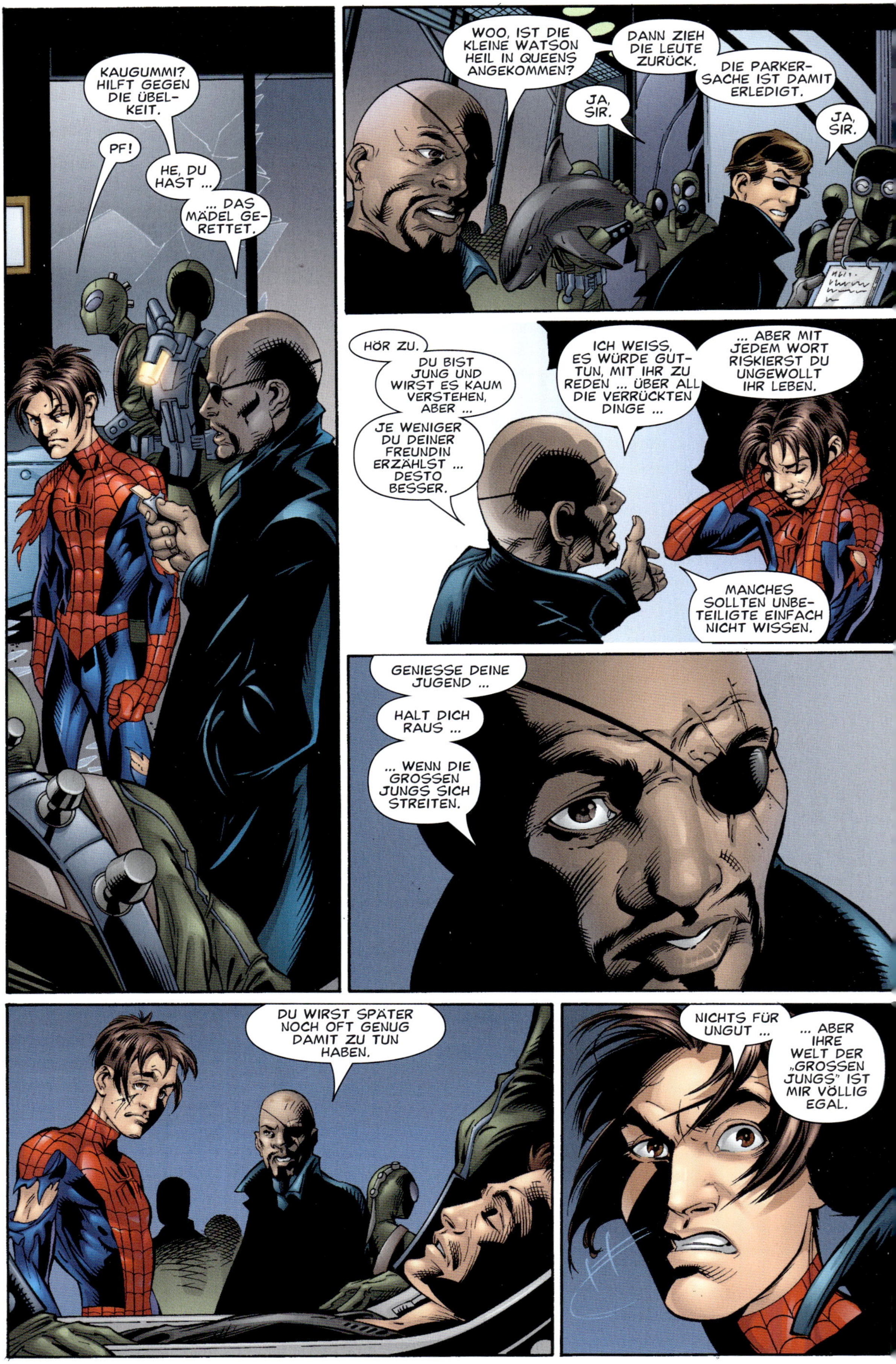

KAUGUMMI? HILFT GEGEN DIE ÜBEL- KEIT.
PF!
HE, DU HAST ...
... DAS MÄDEL GE- RETTET.
WOO, IST DIE KLEINE WATSON HEIL IN QUEENS ANGEKOMMEN?
JA, SIR.
DANN ZIEH DIE LEUTE ZURÜCK.
DIE PARKER- SACHE IST DAMIT ERLEDIGT.
JA, SIR.
HÖR ZU.
DU BIST JUNG UND WIRST ES KAUM VERSTEHEN, ABER ...
JE WENIGER DU DEINER FREUNDIN ERZÄHLST ... DESTO BESSER.
ICH WEISS, ES WÜRDE GUT- TUN, MIT IHR ZU REDEN ... ÜBER ALL DIE VERRÜCKTEN DINGE ...
... ABER MIT JEDEM WORT RISKIERST DU UNGEWOLLT IHR LEBEN.
MANCHES SOLLTEN UNBE- TEILIGTE EINFACH NICHT WISSEN.
GENIESSE DEINE JUGEND ...
HALT DICH RAUS ...
... WENN DIE GROSSEN JUNGS SICH STREITEN.

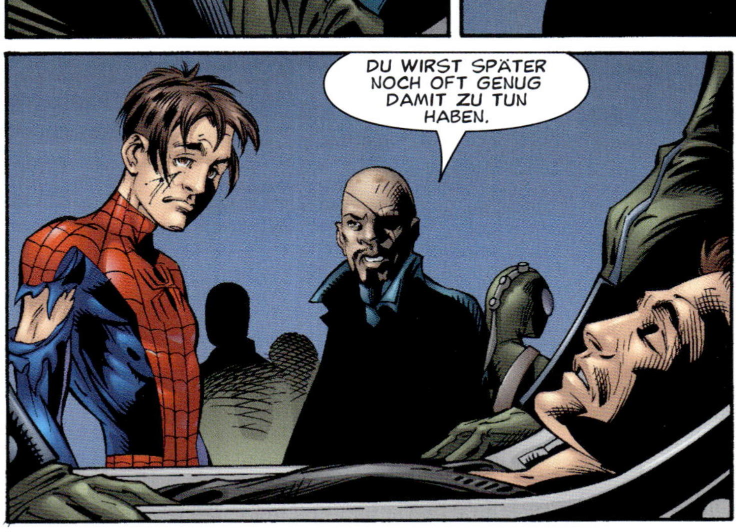

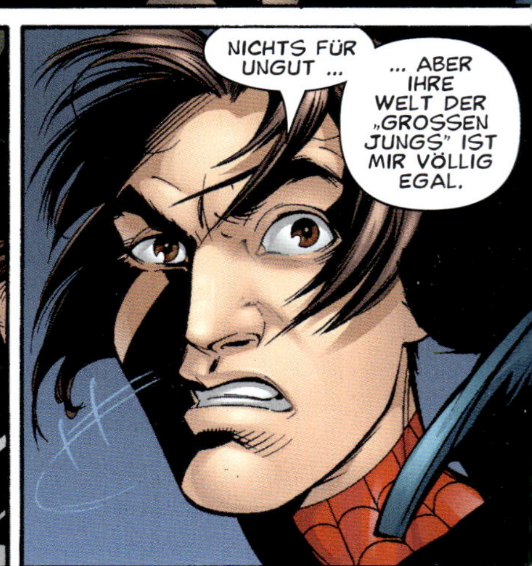

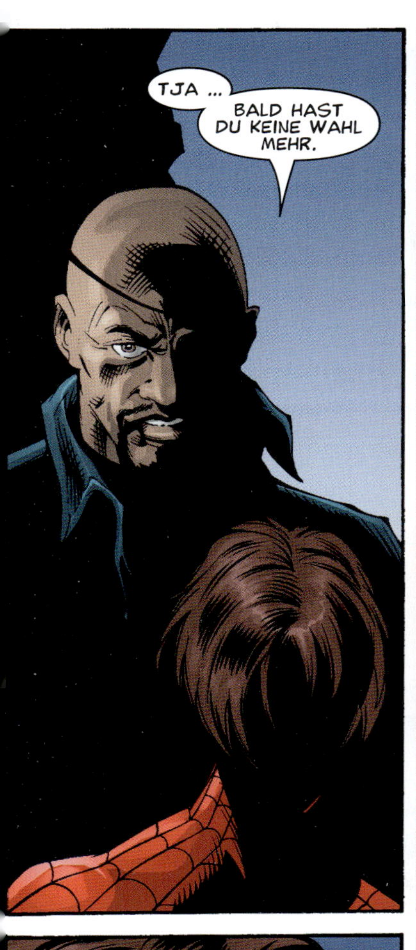
TJA ...
BALD HAST DU KEINE WAHL MEHR.

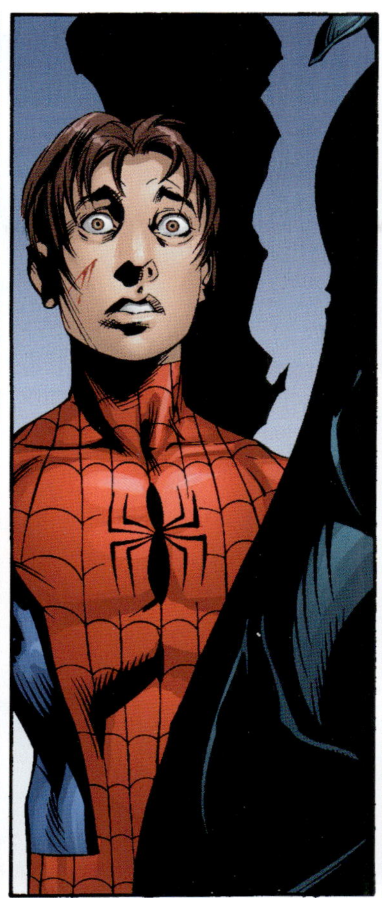

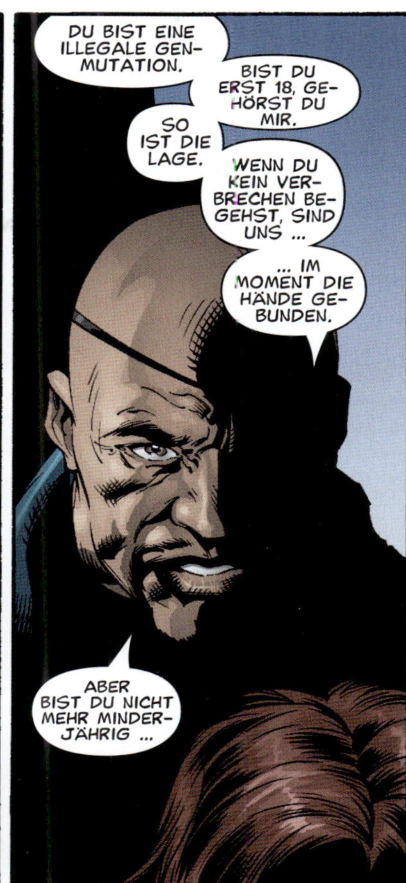
DU BIST EINE ILLEGALE GEN-MUTATION.
SO IST DIE LAGE.
WENN DU KEIN VERBRECHEN BEGEHST, SIND UNS ...
... IM MOMENT DIE HÄNDE GEBUNDEN.
ABER BIST DU NICHT MEHR MINDERJÄHRIG ...
BIST DU ERST 18, GEHÖRST DU MIR.

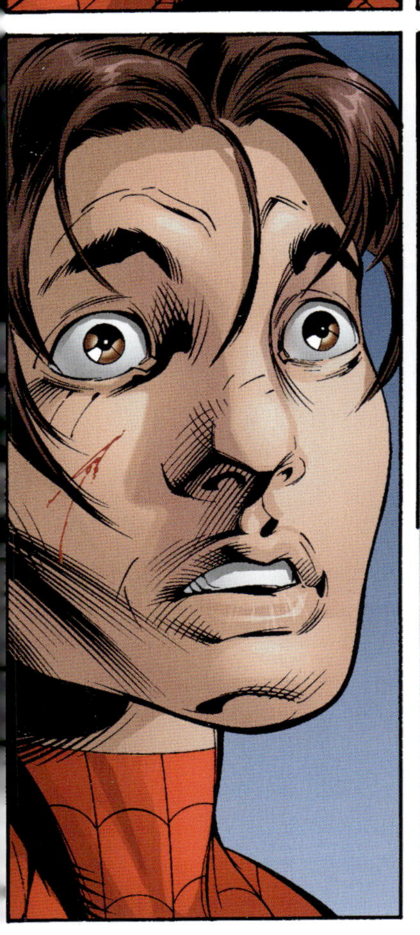

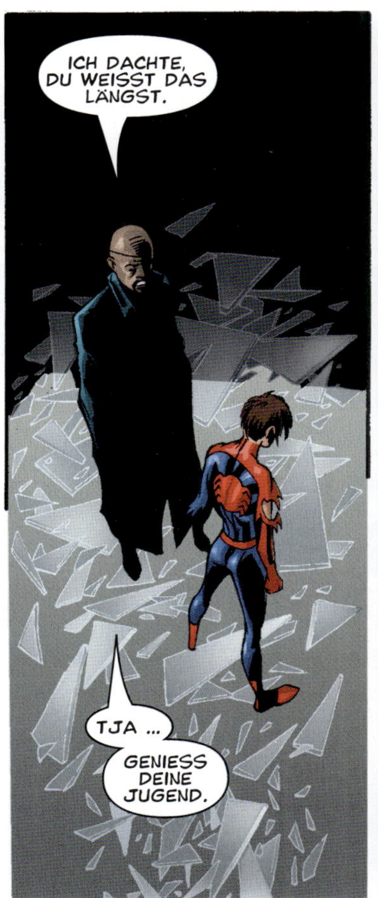
ICH DACHTE, DU WEISST DAS LÄNGST.
TJA ...
GENIESS DEINE JUGEND.

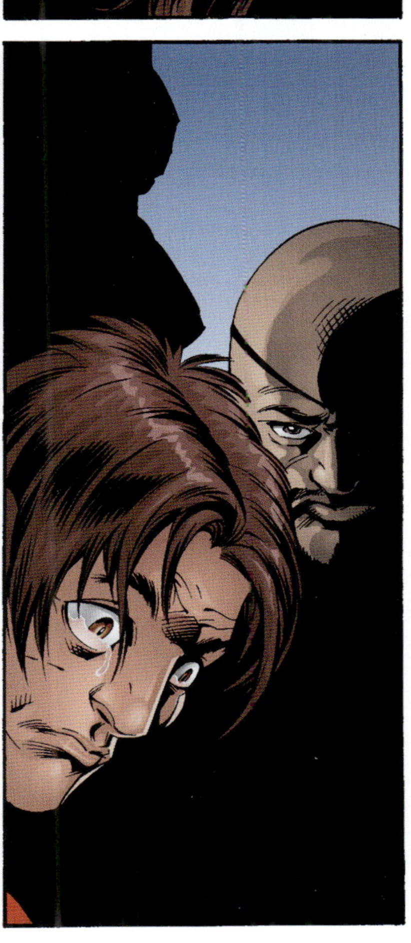

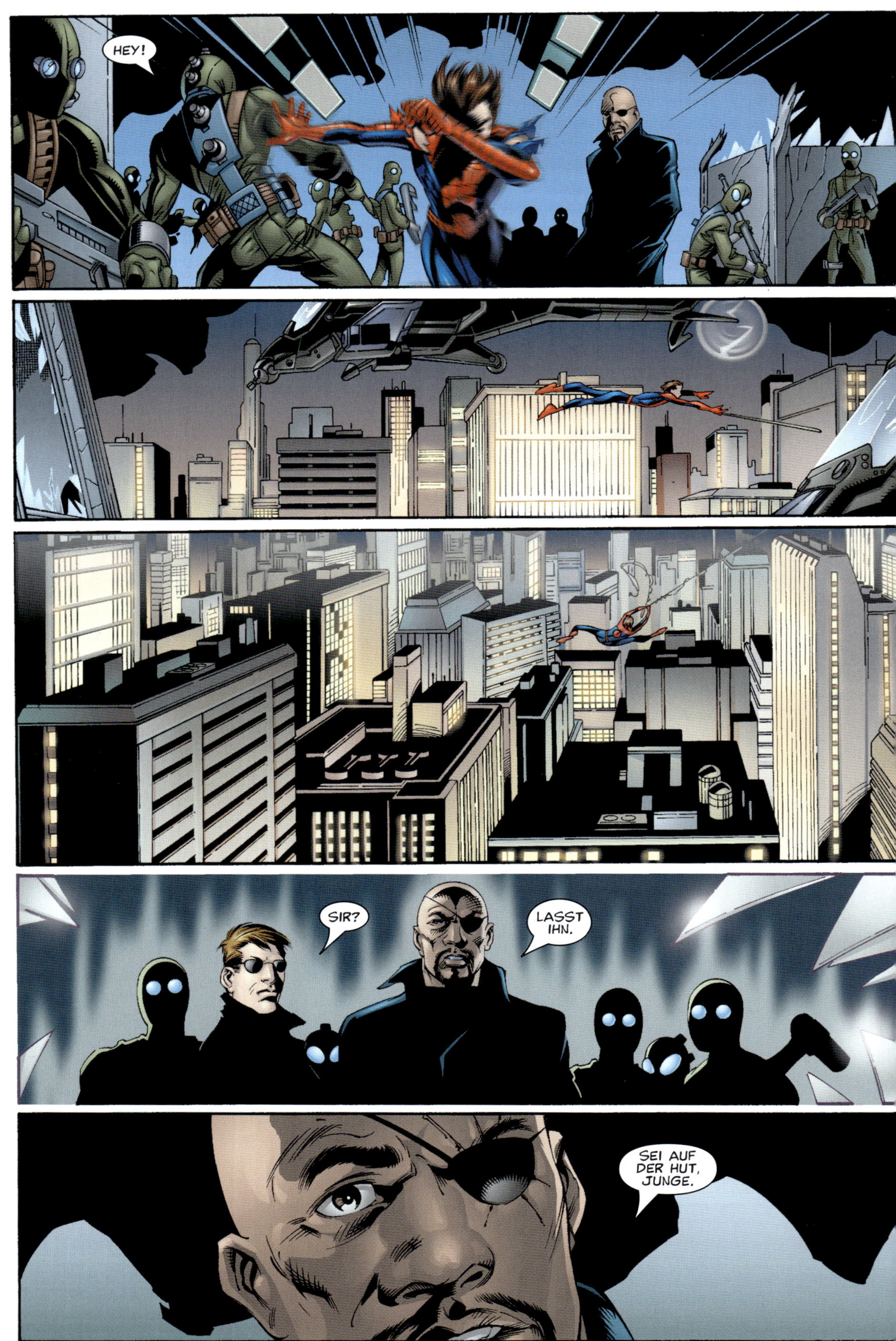
HEY!
SIR?
LASST IHN.
SEI AUF DER HUT, JUNGE.

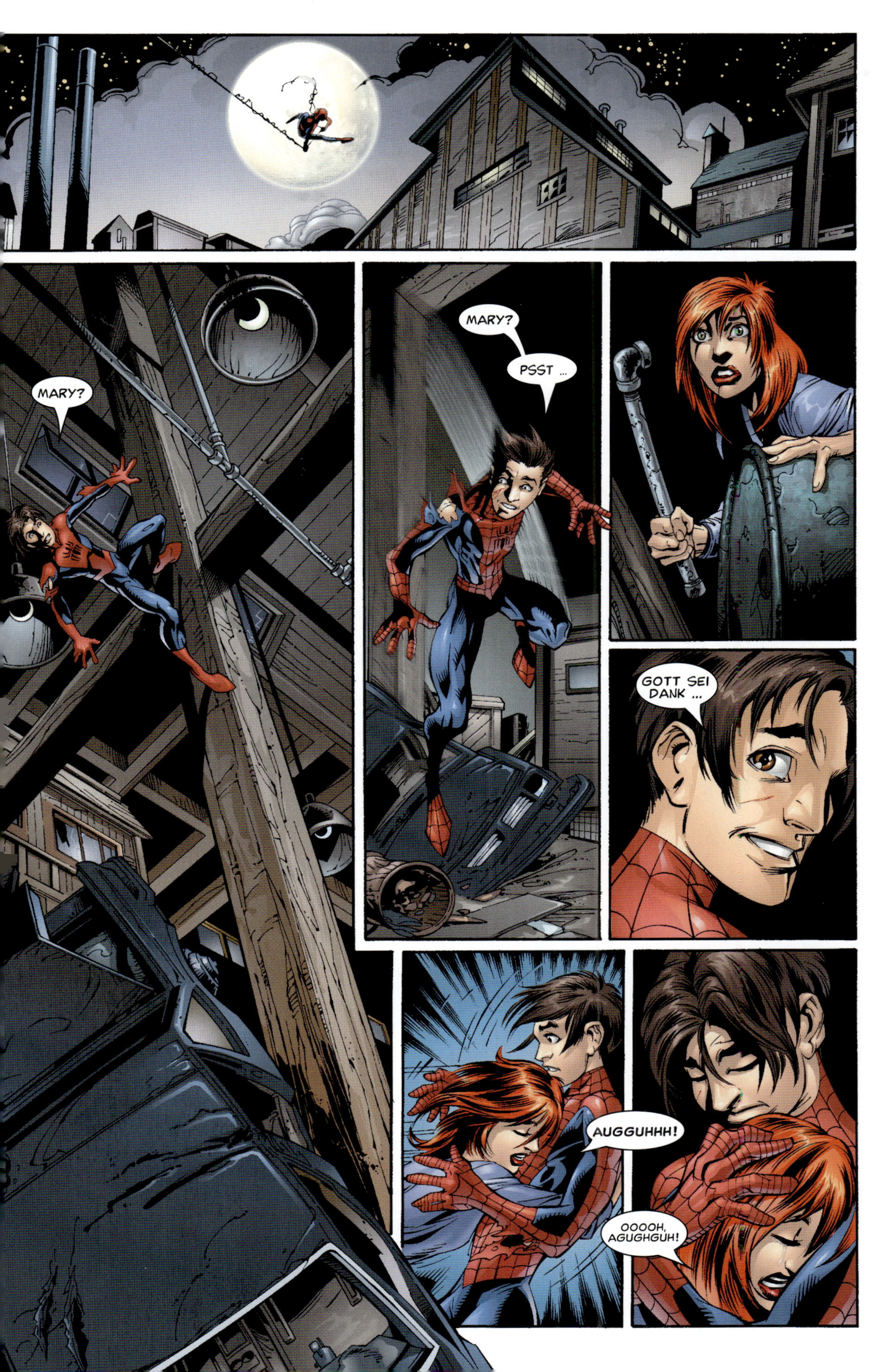
MARY?
MARY?
PSST ...
GOTT SEI DANK ...
AUGGUHHH!
OOOOH, AGUGHGUH!

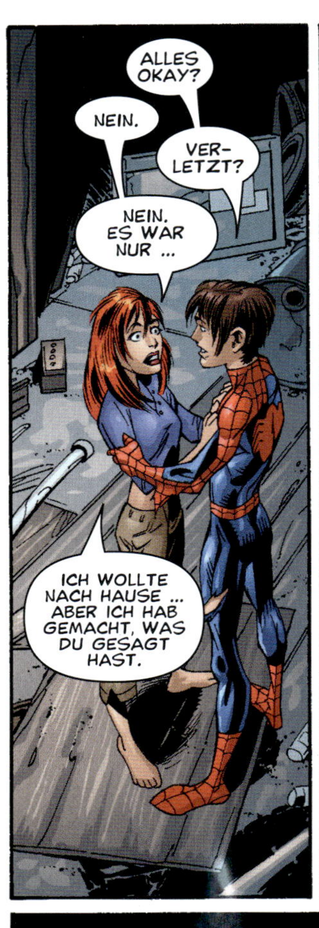
ALLES OKAY?
NEIN.
VERLETZT?
NEIN. ES WAR NUR ...
ICH WOLLTE NACH HAUSE ... ABER ICH HAB GEMACHT, WAS DU GESAGT HAST.

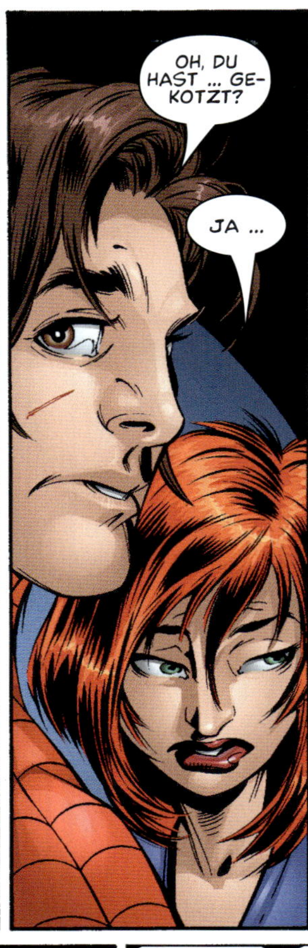
OH, DU HAST ... GEKOTZT?
JA ...

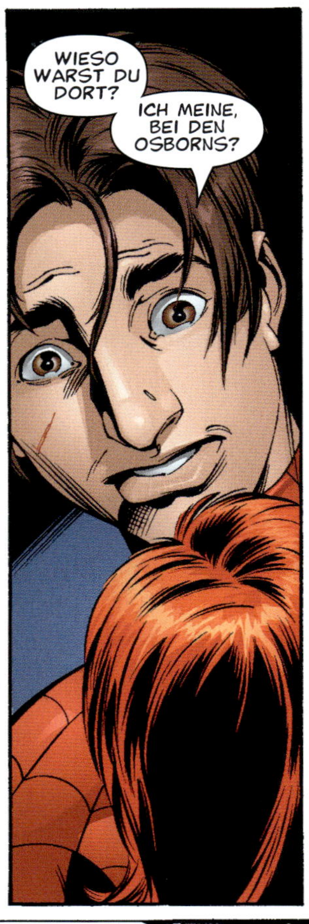
WIESO WARST DU DORT?
ICH MEINE, BEI DEN OSBORNS?

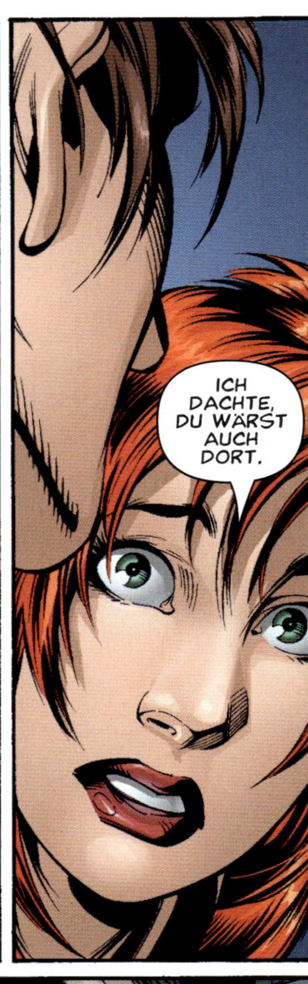
ICH DACHTE, DU WÄRST AUCH DORT.

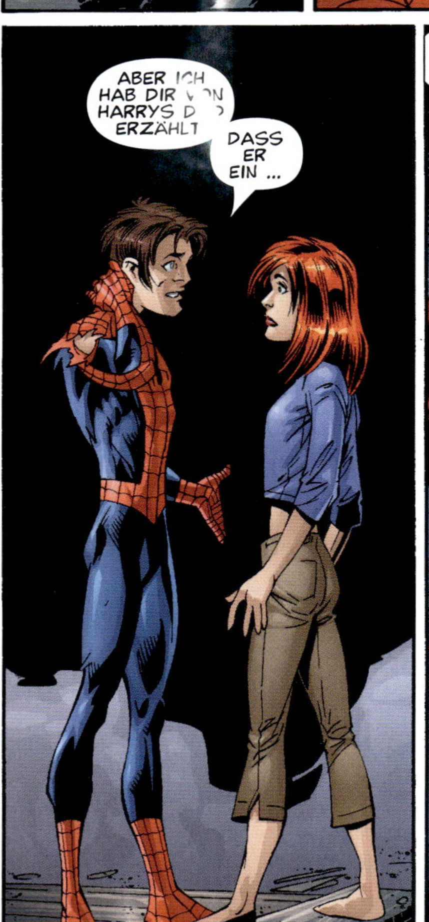
ABER ICH HAB DIR VON HARRYS D ERZÄHLT
DASS ER EIN ...

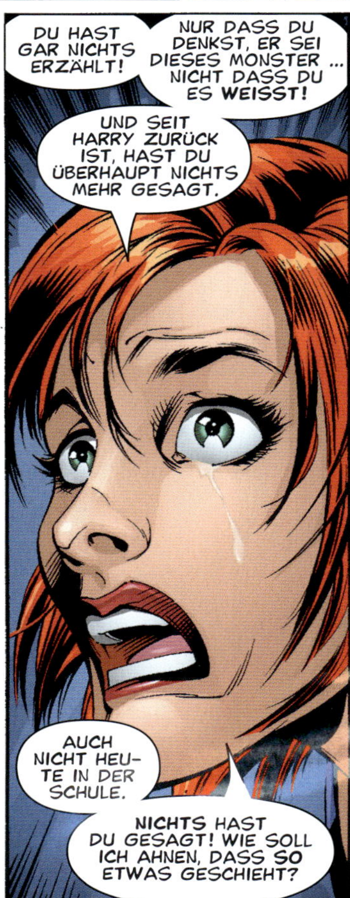
DU HAST GAR NICHTS ERZÄHLT!
NUR DASS DU DENKST, ER SEI DIESES MONSTER ... NICHT DASS DU ES **WEISST**!
UND SEIT HARRY ZURÜCK IST, HAST DU ÜBERHAUPT NICHTS MEHR GESAGT.
AUCH NICHT HEUTE IN DER SCHULE.
NICHTS HAST DU GESAGT! WIE SOLL ICH AHNEN, DASS **SO** ETWAS GESCHIEHT?

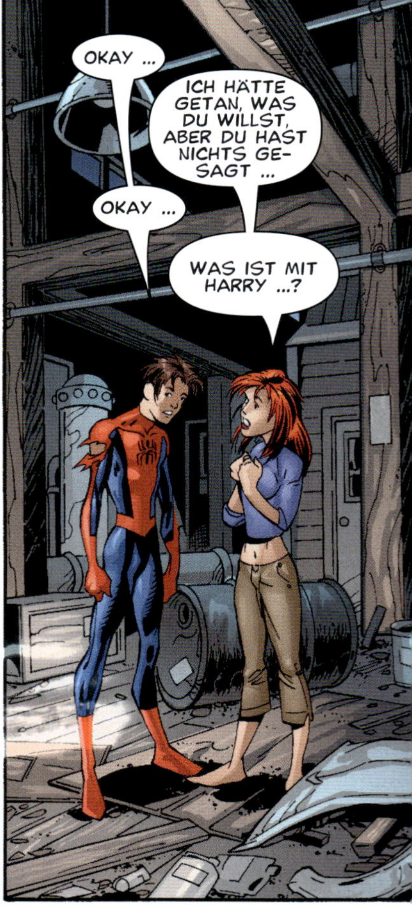
OKAY ...
ICH HÄTTE GETAN, WAS DU WILLST, ABER DU HAST NICHTS GESAGT ...
OKAY ...
WAS IST MIT HARRY ...?

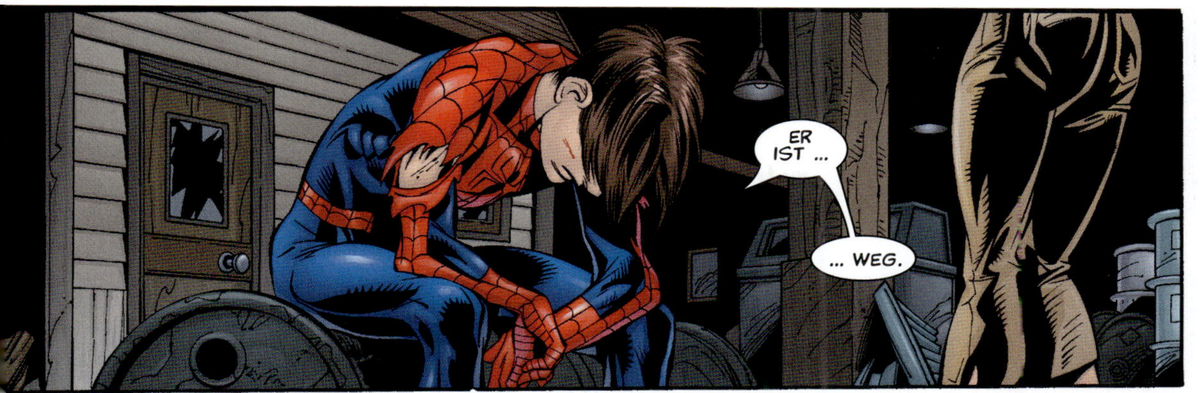
ER IST ...
... WEG.

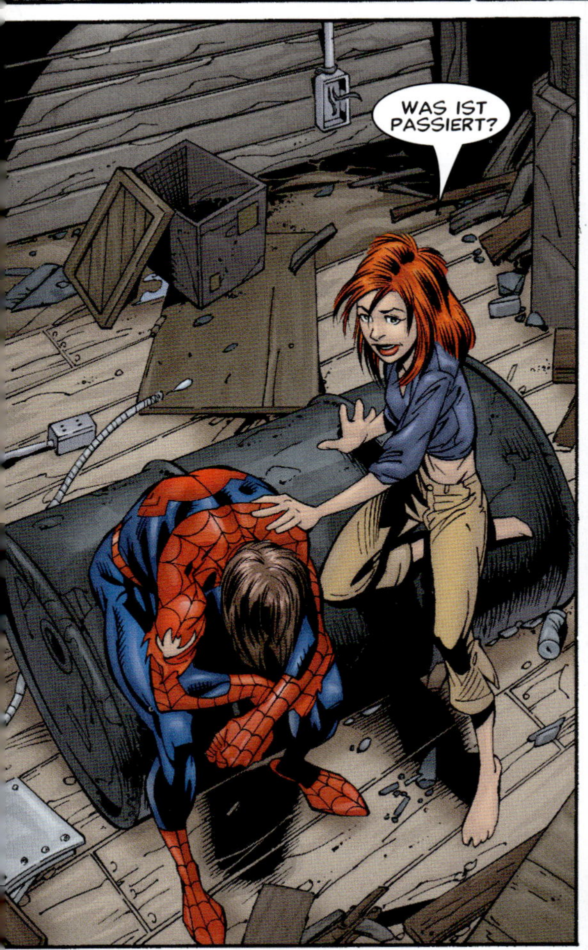
WAS IST PASSIERT?

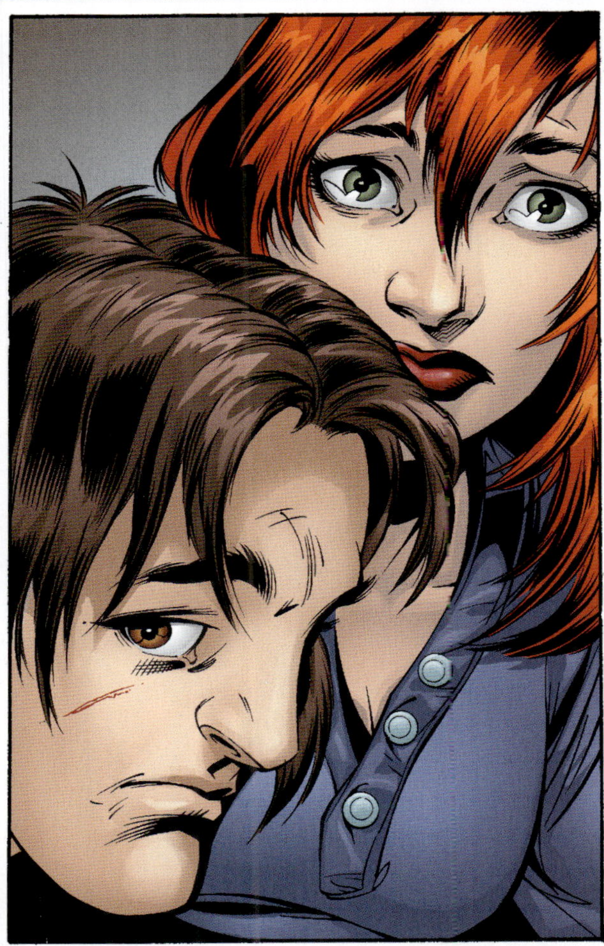

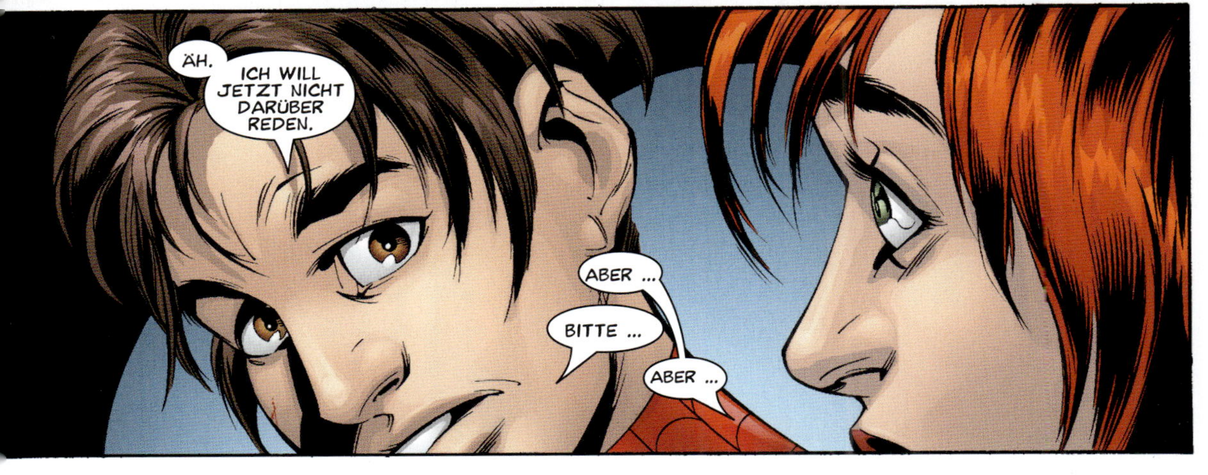
ÄH.
ICH WILL JETZT NICHT DARÜBER REDEN.
ABER ...
BITTE ...
ABER ...

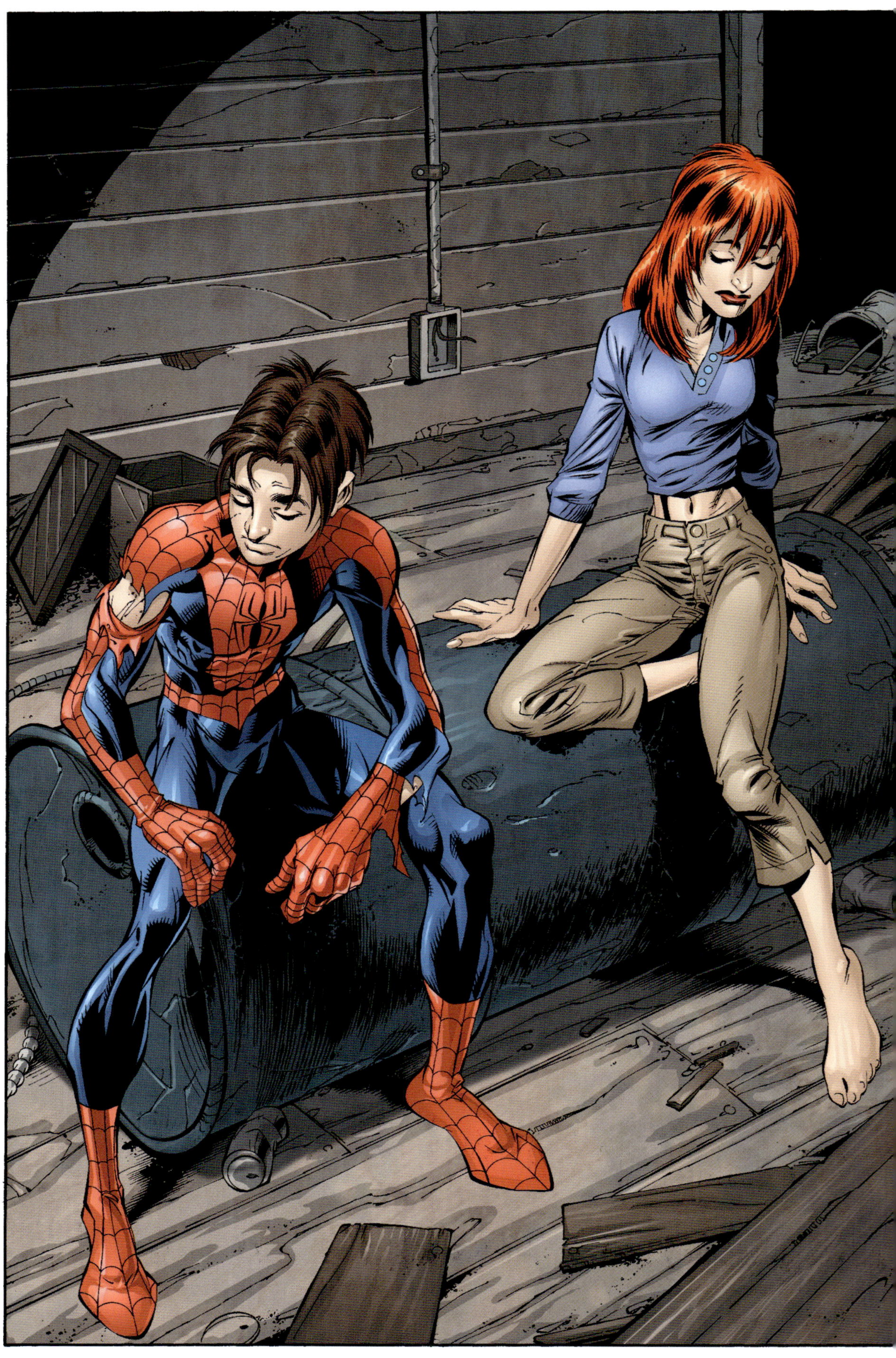

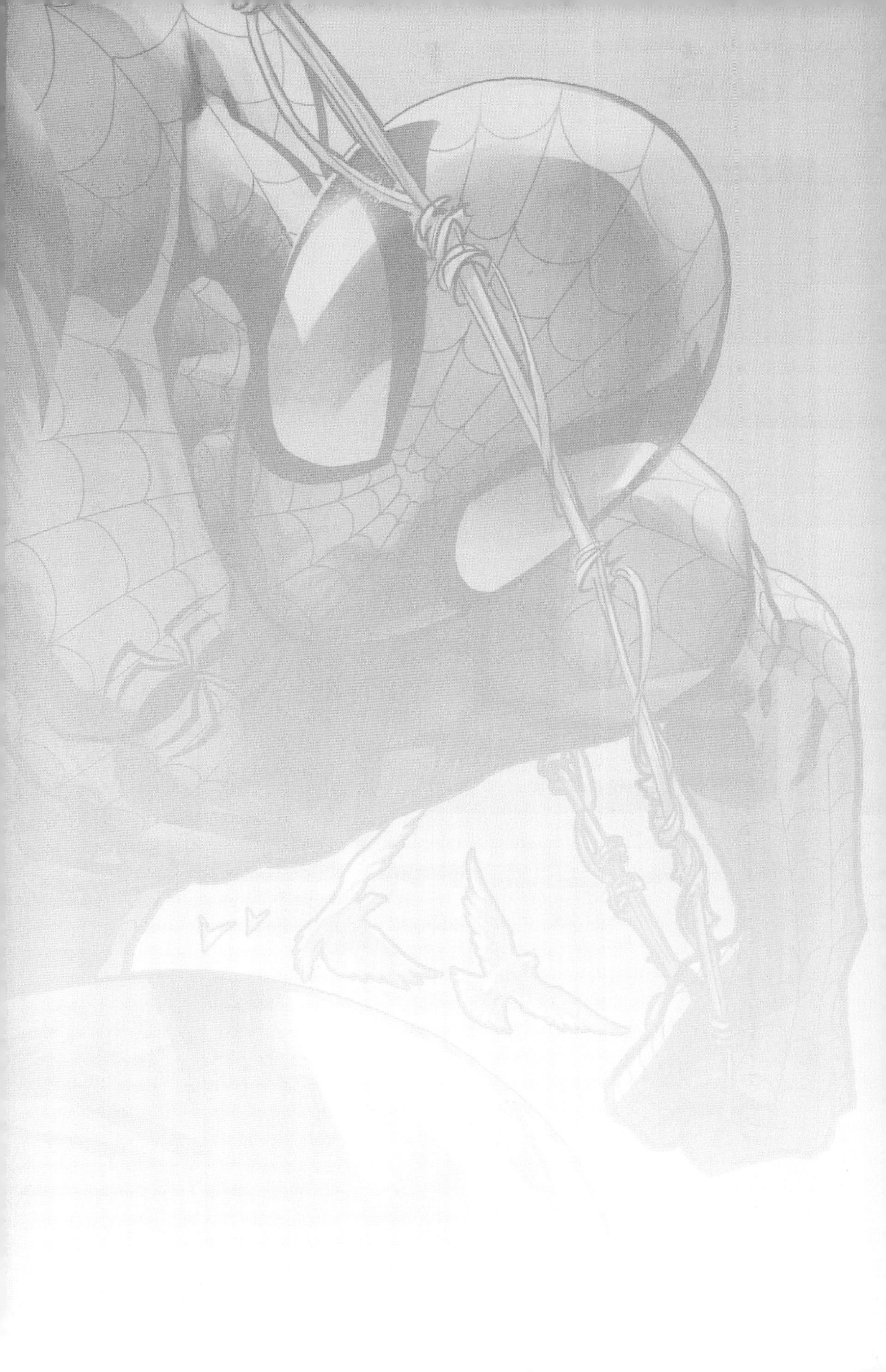

COVER-GALERIE

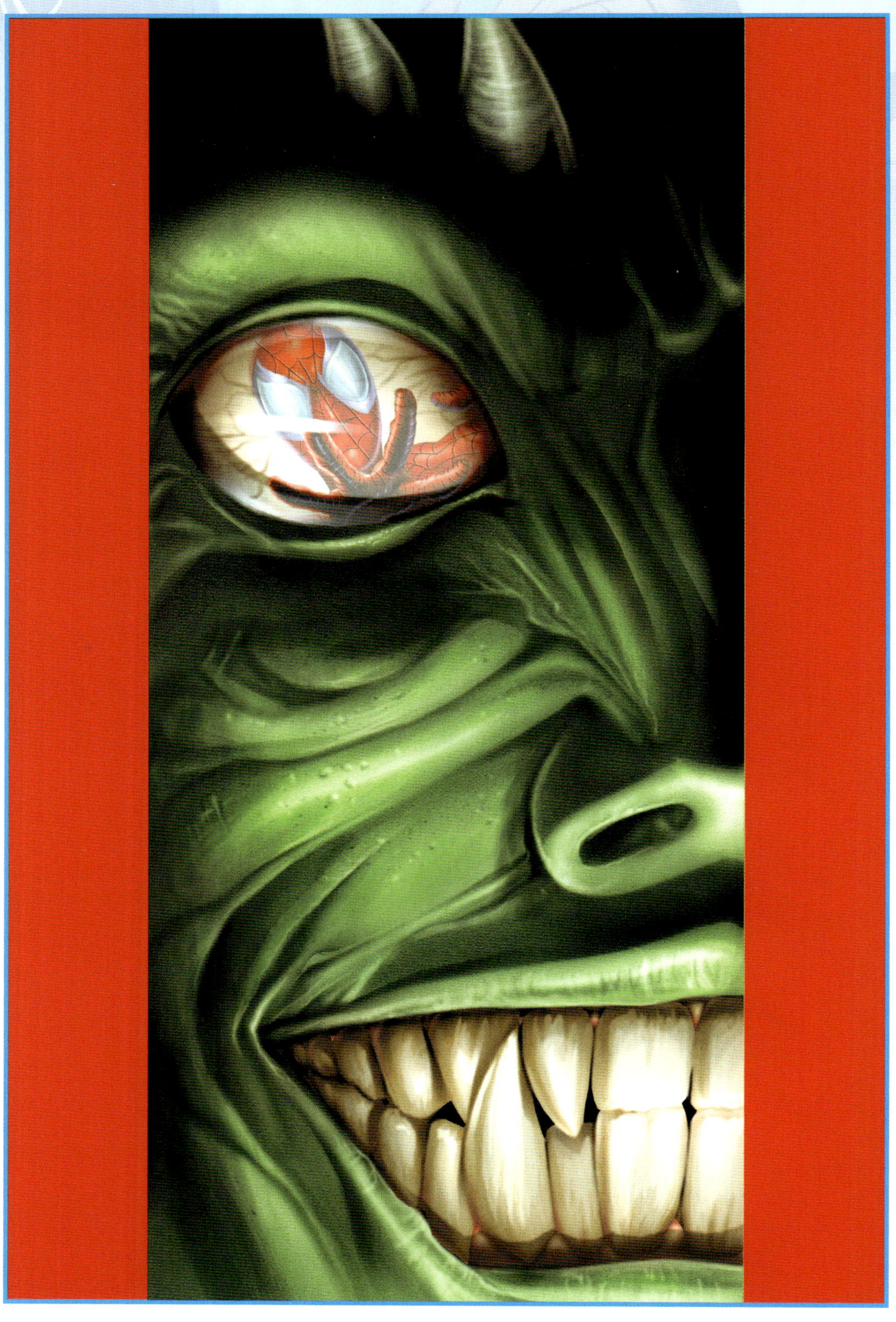

Cover von **Mark Bagley** für *Ultimate Spider-Man* #22

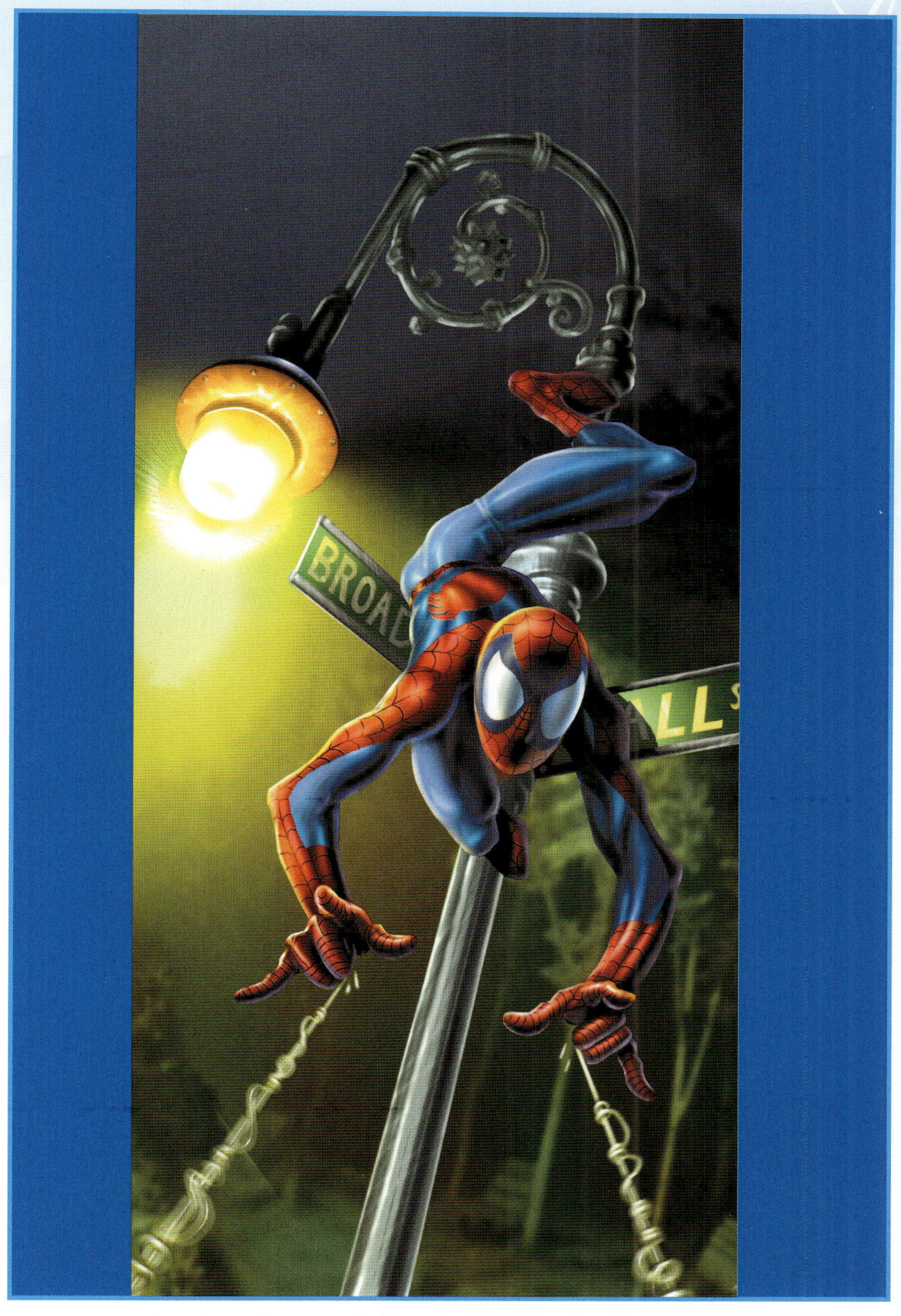

Cover von **Mark Bagley** für *Ultimate Spider-Man* #23

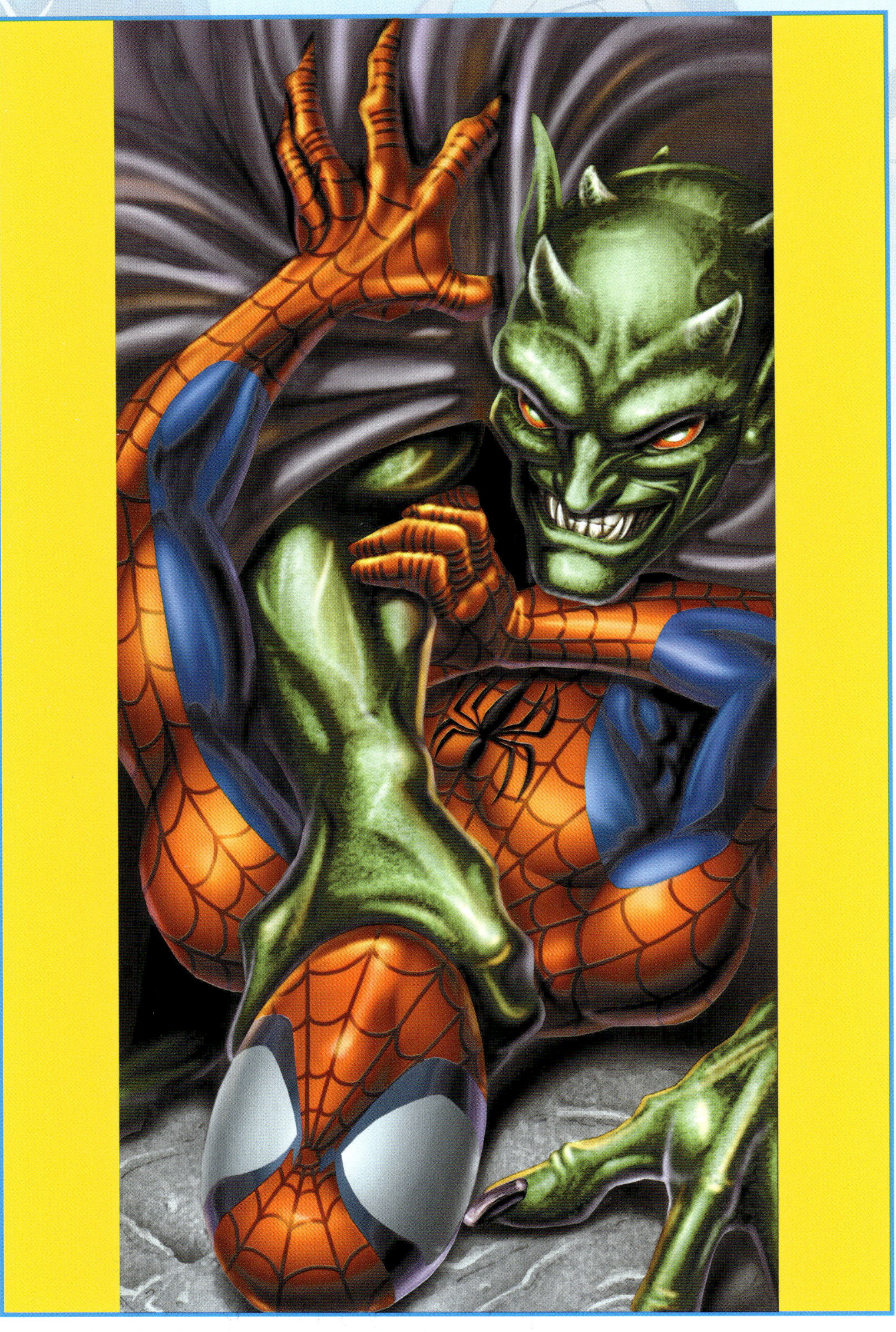

Cover von **Mark Bagley** für *Ultimate Spider-Man* #24

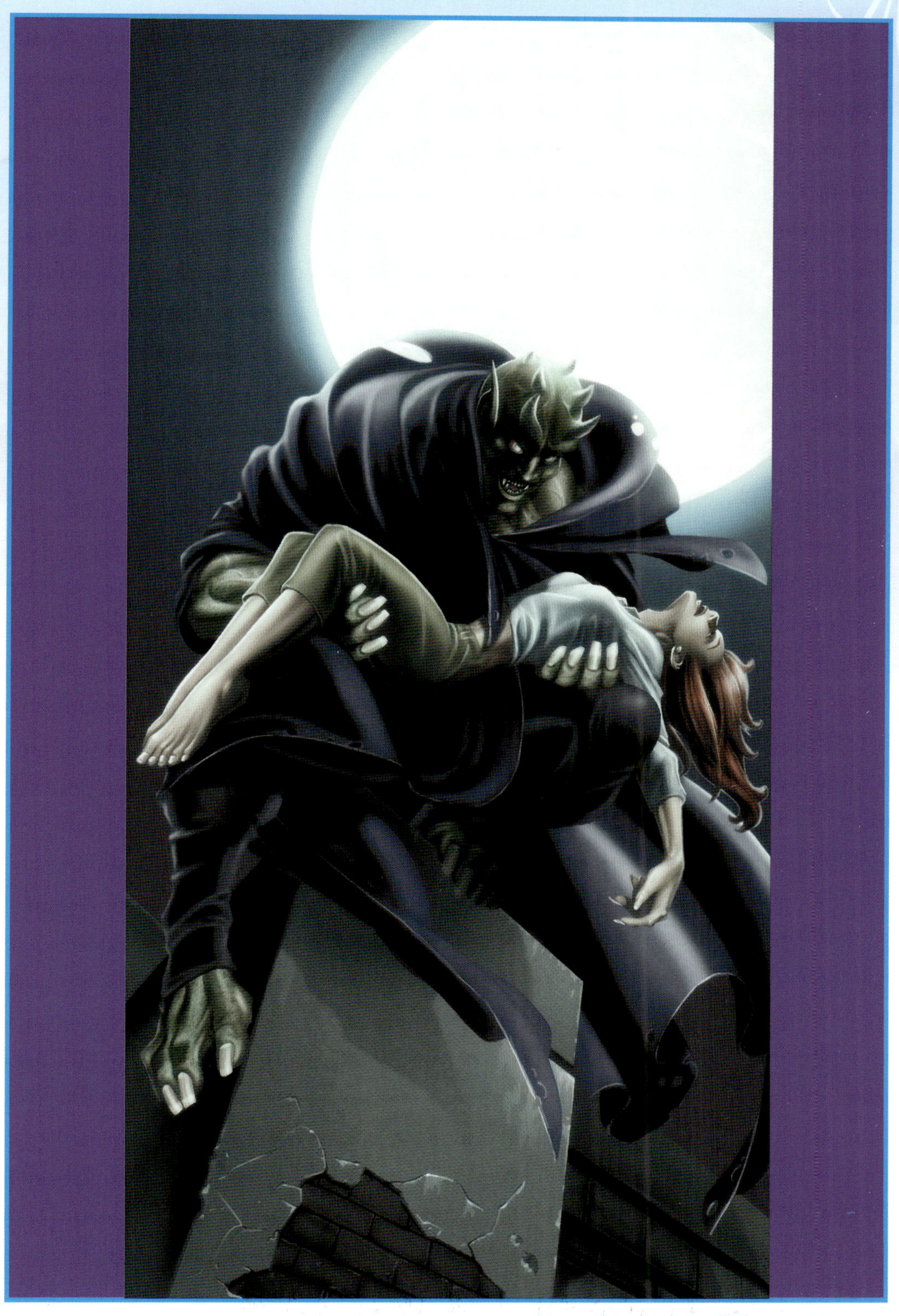

Cover von **Mark Bagley** für *Ultimate Spider-Man* #25

COVER-GALERIE

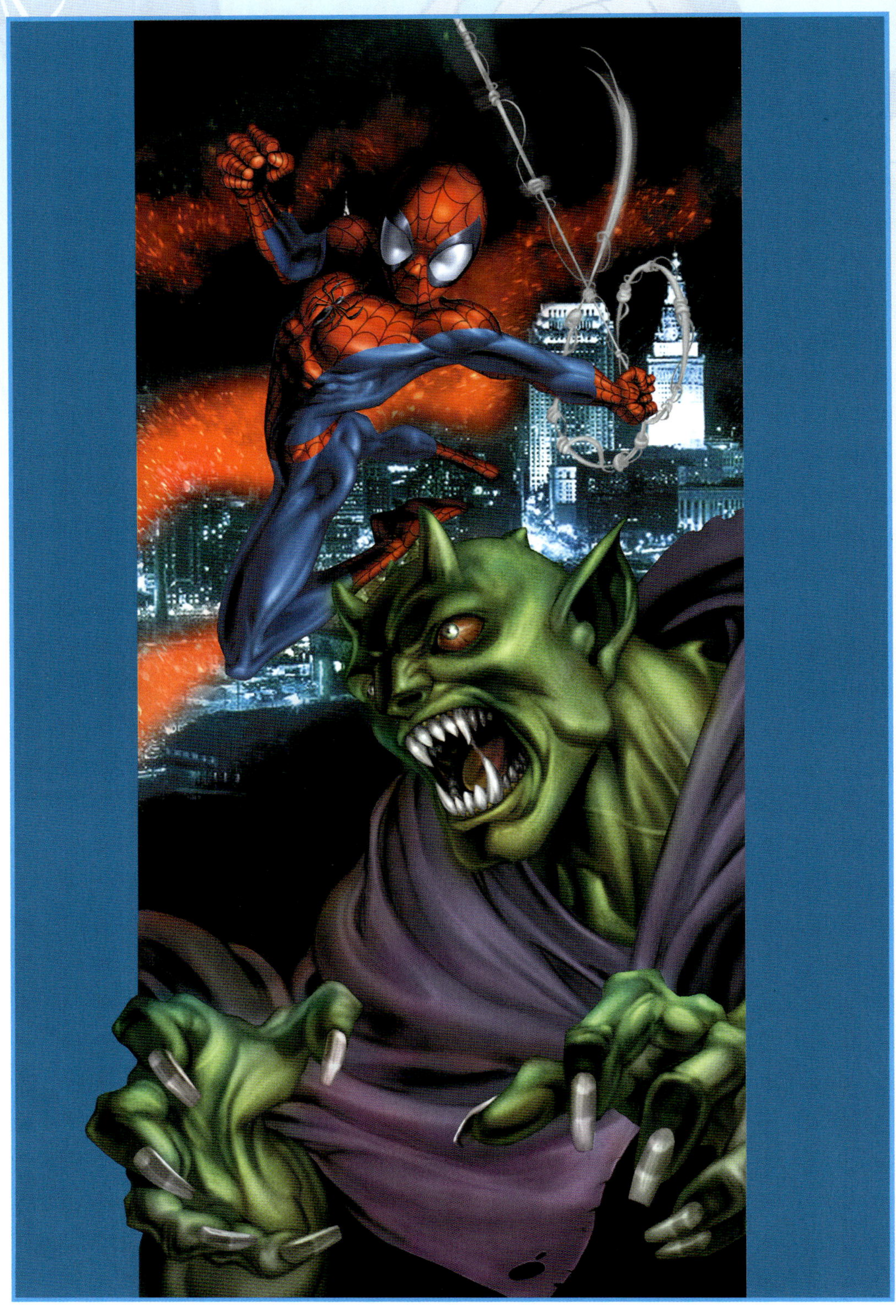

Cover von **Mark Bagley** für *Ultimate Spider-Man* #26

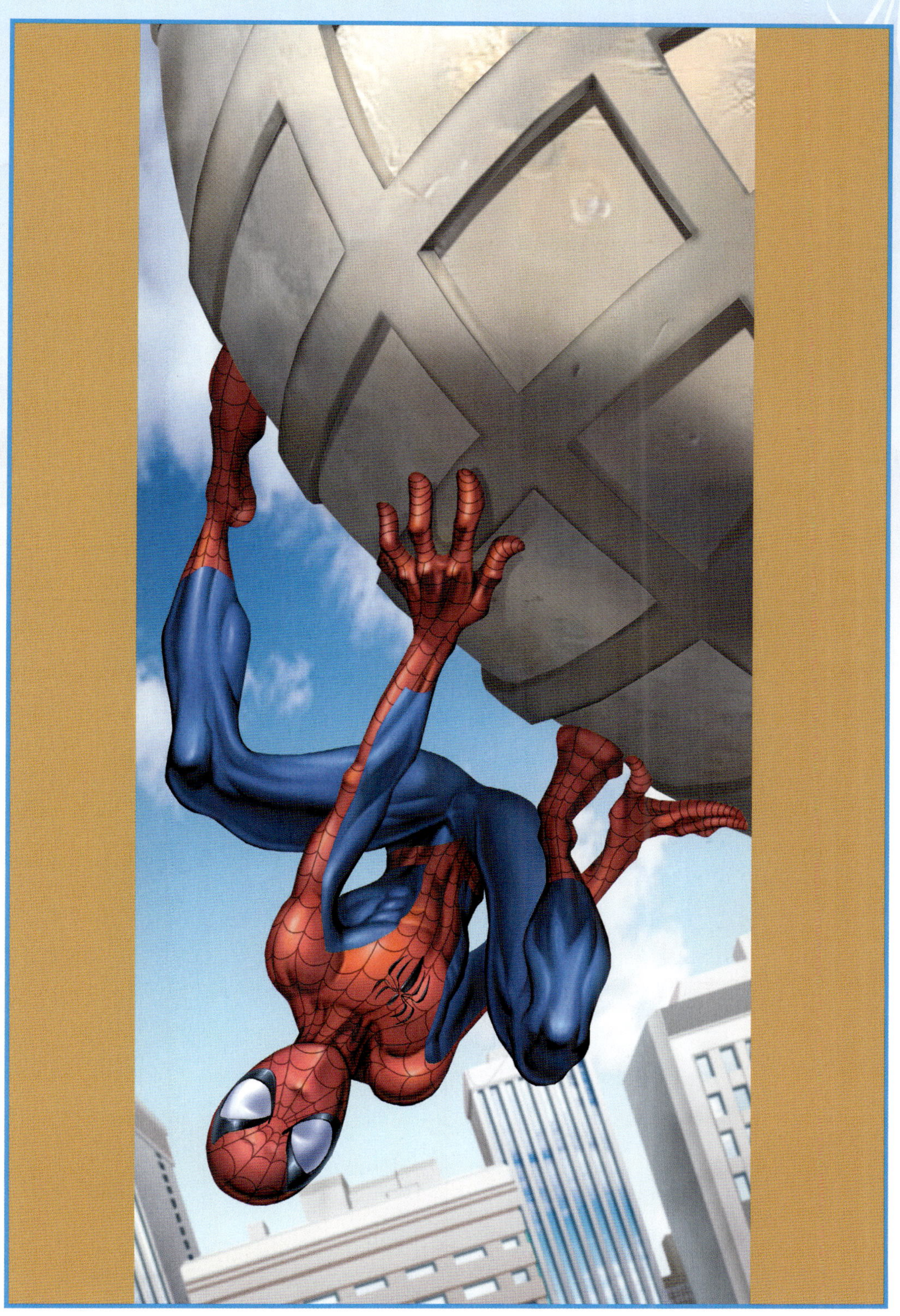

Cover von **Mark Bagley** für *Ultimate Spider-Man* #27

VORZEICHNUNG

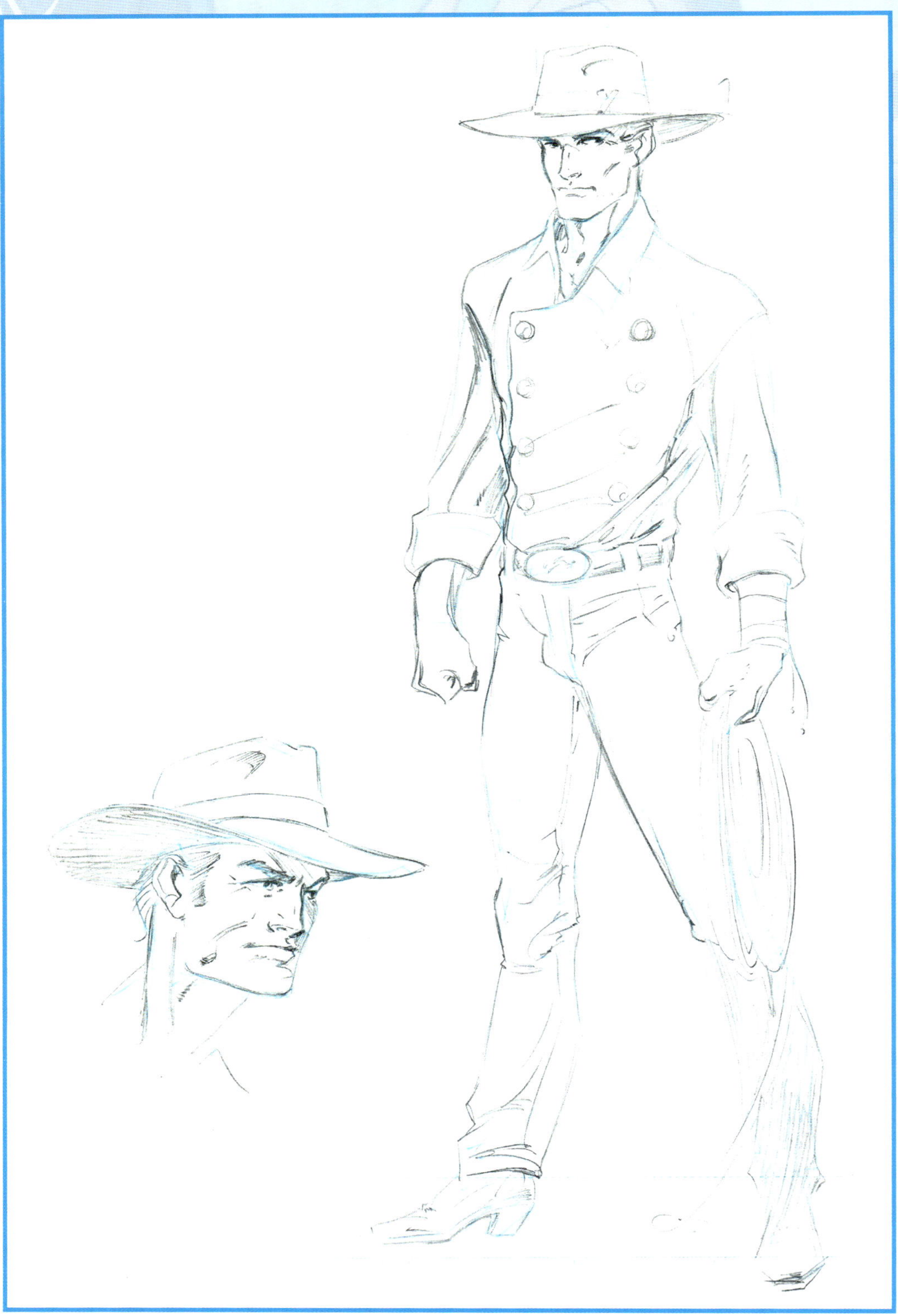

Vorzeichnung von **Mark Bagley** für die Figur Montana

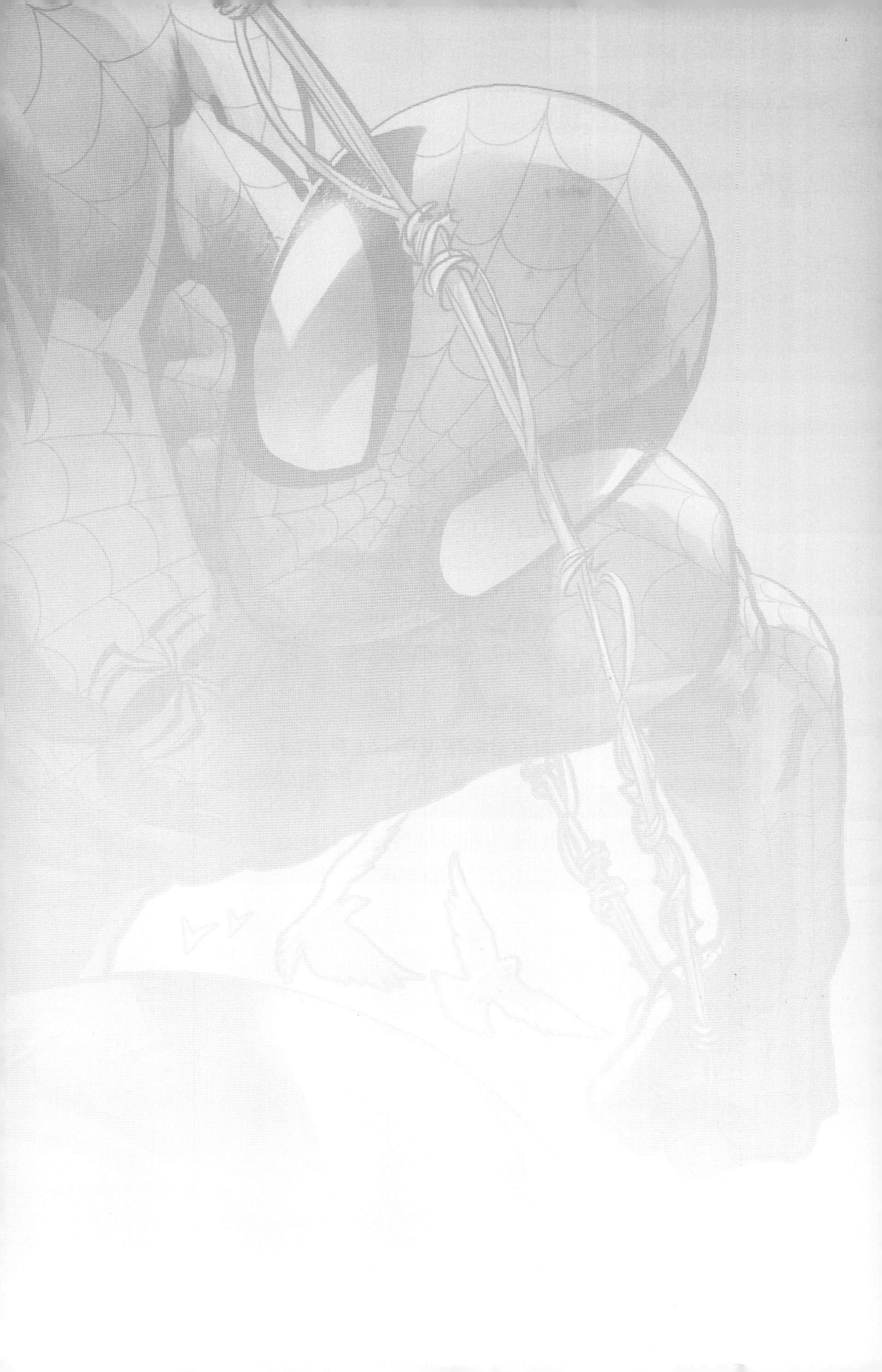

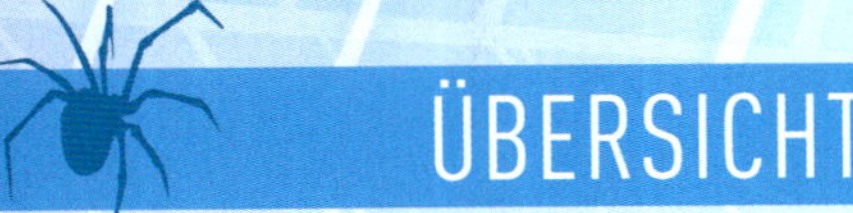

ÜBERSICHT

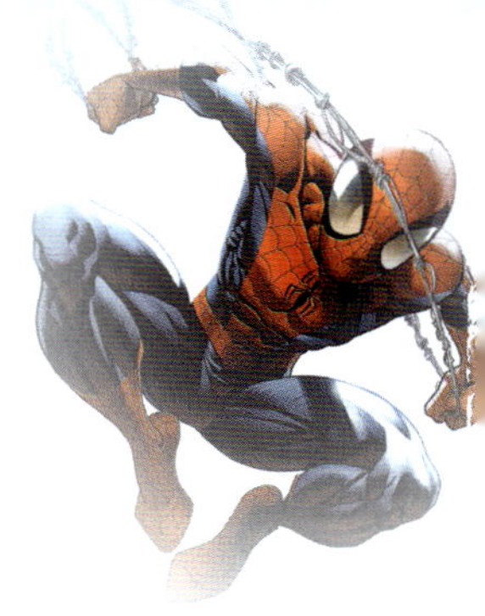

BEREITS ERSCHIENEN:

1. LEKTIONEN FÜRS LEBEN
2. KINGPIN
3. DOUBLE TROUBLE
4. DAS VERMÄCHTNIS

IN KÜRZE ERHÄLTLICH:

5. UNTER FALSCHEM VERDACHT
6. VENOM
7. OHNE VERANTWORTUNG
8. KÖNIGE UND KATZEN